U0947657

高等医学院校教材（供医学、儿科、口腔、卫生专业使用）

人体解剖学

实习指导与参考（第七版）

张书琴　徐慧君　主编

吉林出版集团
吉林科学技术出版社

内　容　提　要

本书分为三部分：第一部分为实习指导，是依照《人体解剖学教学大纲》的要求，按运动系统、内脏学、内分泌系统、脉管系统、感觉器和神经系统编写而成；第二部分为学习参考与进展，亦按系统排列；第三部分为复习思考题与考题示例。本书可供医学、儿科、口腔、卫生专业的本科和专科学生学习，研究生及临床医生参考。

主　编

张书琴　徐慧君

副主编

孔祥玉　高振平　王连璞　孙文琢　倪衡建
金国华　徐　飞　李德华　温玉新　李光昭

审　校

王根本

再版前言

1994年8月，由九所医学院校根据《人体解剖学教学大纲》的要求，结合各院校的教学特点与实践，吸收了国内人体解剖学多年的教学经验，并参考国内、外有关解剖学专业书籍，编写出版了《人体解剖学实习指导与参考》一书。编写本书的目的在于：通过实习指导部分，指导学生进行自学，培养其独立学习能力，巩固、强化教学大纲要求的内容；通过参考与进展部分，可以补充和丰富教科书未能包括或不够详尽的内容和某些新进展，拓宽知识面，基础联系临床，提高学习兴趣和素质；通过复习思考题与考题示例，巩固所学的解剖学知识，并锻炼分析问题和解决问题的能力。

自1994年至今已相继六次再版，共有15所医学院校使用了本教材。各版教材均按照医学教育改革的要求，在征求各院校师生意见和总结教学经验的基础上进行修改和完善。

本教材实习指导内容简炼易懂，重点突出；增加了一些面向临床、理论联系实际的内容，反应了解剖学科新进展的内容和中国人形态结构的特点；增加了复习思考题的题型及中、英文考题示例内容，并附有参考答案，使教材质量不断提高和更臻完善，适应医学院校的教学实际需要，受到师生们的好评。

在肯定第六版优点的基础上，决定第七版进一步修改，更新一些插图，适当增加一些新内容，提高教材质量，以适应我国高等医学教育的发展。

参加本教材编写的院校和人员如下：大连医科大学的张书琴、应福其、陈要武、隋鸿锦、刘绍壮、徐飞、王滨、马坚妹、张孟良、权赫梅、于胜波、李岩、付元山、范凯、张志宏、蔡琳、李菲菲、马威 ；吉林大学基础医学院的高振平、李幼琼、刘海岩、孟祥辉、王晓慧、夏常丽；南通大学医学院的徐慧君、倪衡建、金国华、吕广明；辽宁医学院的赵宝东、李德华、刘素伟、姜东；承德医学院的孔祥玉、张树斌、乔跃兵；沈阳医学院的王连璞、王正东、姚万才 ；大连大学医学院的孙文琢、陶然；北华大学医学院的何欣、姜兴杰、温玉新、王鹏、任爱华、沈维高、刘岩峰、安思训、王振江；延边大学基础医学院的李光照、金昱、崔春爱。

本书可供医学、儿科、口腔、卫生专业的本科和专科学生学习，研究生及临床医生等参考之用。

本书承蒙吉林大学王根本教授的审阅，并进行了修改，谨此表示感谢！

由于编者的水平有限，书中欠妥之处在所难免，衷心欢迎同道和医学生们提出宝贵的意见，为今后的修订工作提供参考依据，使教材的质量不断提高并日臻完善。

张书琴　徐慧君

2010年10月10日

目　录

第一部分　实习指导

第二部分 学习参考与进展

第三部分 复习思考题与考题示例

复习思考题与参考答案

考题示例与参考答案

第一部分

实习指导

第一篇 运动系统

运动系统包括骨学、关节学（骨连结）和肌学三部分。

第一章 骨 学

第一节 总 论

实习材料

1．脱钙骨及煅烧骨标本。2．游离的长、短、扁骨和不规则骨标本。3．长骨、短骨和扁骨纵剖面标本。4．骨膜、骺、骨髓、关节软骨的标本。

实习内容

1．骨的形态和分类　结合骨架能辨认出骨分为长骨、短骨、扁骨和不规则骨 4 类。

2．骨的构造　在长骨、短骨和扁骨的纵剖面标本上，辨明骨由骨质、骨膜和骨髓构成，此外尚含有血管和神经等。

（1）骨质的配布：① 长骨的纵剖面　长骨外层为一层坚硬致密的**骨密质**，骺内部为海绵状的**骨松质**，骨松质由许多骨小梁交错排列而成。中部骨体中央的空腔，称**髓腔**。② 扁骨的纵剖面　其内、外两层为骨密质，分别为**内板**和**外板**。颅盖各骨两板之间为一薄层骨松质，称**板障**。③ 短骨的纵剖面　表层为一薄层骨密质，其内部为骨松质。

（2）**骨膜、骨髓与关节软骨**：在部分剥离骨膜的骨纵剖面标本上，观察**骨膜**、**关节软骨**、**髓腔**以及骨松质网眼内的**骨髓**。骨表面除关节软骨覆盖的部分外，其余部分均被骨膜包裹。

（3）骺：观察小儿长骨纵剖面标本，可见长骨两端各有一块借软骨与体相连的部分，该骨块即骺。骺与体之间的软骨为**骺软骨**。在成人长骨纵剖面上，可见骺与体之间借**骺线**分隔。

3．骨的理化特性　① 脱钙骨　观察经稀盐酸处理后除去其中无机物的骨标本，此脱钙骨虽然仍保持骨的原形，但柔软而具有弹性，可将其扭曲。② 煅烧骨　观察用火焚烧已除去其中有机物的骨标本，此种骨虽然仍可保持其外形，但极脆，稍碰即碎。

第二节 各 论

一、躯 干 骨

实习材料

分离的躯干骨标本及串连的骨架。

实习内容

躯干骨包括椎骨（成人26块）、肋（12对）和胸骨（1块）。

（一）**椎骨**　包括颈椎、胸椎、腰椎、骶骨和尾骨。

1．椎骨的一般形态（椎骨的共同特征）　观察胸椎，认识椎骨的一般形态特征。椎骨由位于前方的**椎体**和位于后方的**椎弓**结合而成。**椎体**呈圆柱状。**椎弓**前部较窄的部分是**椎弓根**，后部宽扁的部分是**椎弓板**。由椎弓向上、下方各发出一对**上关节突**和**下关节突**；向两侧发出一对**横突**；向后下方发出一个**棘突**。

椎体与椎弓围成**椎孔**，全部椎孔共同连成**椎管**，内容脊髓及其被膜。

椎弓根的上、下缘凹陷，分别形成**椎上切迹**和**椎下切迹**。上一椎骨的椎下切迹与下一椎骨的椎上切迹围成**椎间孔**，有脊神经等通过。

2．各部椎骨的数目与主要特征

（1）**颈椎**：7个。椎体小，有**横突孔**。第2～6颈椎的棘突短而分叉。第1、2颈椎形状特殊，分别称**寰椎**和**枢椎**。寰椎呈环型，由前弓、后弓和侧块构成，无椎体、棘突和关节突，后弓上面有**椎动脉沟**。枢椎椎体上有向上突起的**齿突**。第7颈椎棘突最长，不分叉，称**隆椎**，是临床计数椎骨数目的标志。

（2）**胸椎**：12个。在椎体外侧面后部有与肋骨相接的关节面，且多数有两个，称**上肋凹**和**下肋凹**。在横突末端的前面有**横突肋凹**。棘突较长，末端不分叉，伸向后下方。

（3）**腰椎**：5个。椎体高大，棘突为呈矢状位的宽板，几乎平伸向后。

（4）**骶骨**：由5块骶椎融合而成。呈三角形。底朝上，其前缘向前突出称**岬**。尖朝下。骶骨前面为盆面，稍凹，有4对**骶前孔**。后面隆凸，有4对**骶后孔**。骶骨侧部上方有**耳状面**。骶骨内为骶管贯通。注意观察骶管下口处的**骶管裂孔**。裂孔两侧的下端突起称为**骶角**。

（5）**尾骨**：成人由4个尾椎融合而成。

（二）**肋**　包括12对肋骨和12对肋软骨。

肋骨
- **真肋**　即借肋软骨连于胸骨的上7对肋骨
- **假肋**
  - **弓肋**　第8～10对肋骨，依次借肋软骨与上位肋软骨相连，形成肋弓
  - **浮肋**　第11～12对肋骨，前端游离

典型的肋骨为第3到第10肋骨，其形态细长，呈弓形，属扁骨，可分为体和前、后端。前端：借肋软骨与胸骨或上位肋软骨相连；后端：与胸椎相接，末端膨大为**肋头**，有与胸椎体相连的关节面；肋头外侧缩窄的部分为**肋颈**，在颈与体之间有朝向后方的突起，称**肋结节**。**肋骨体**：扁而长，可分为内、外两面和上、下两缘。内面下缘处有**肋沟**。肋骨体后部转弯处为**肋角**。

第1肋骨短而上下扁宽，无肋角和肋沟，分为上、下面，内、外缘。其上面有**斜角肌结节**，在结节的前、后方，分别有**锁骨下静脉沟**和**锁骨下动脉沟**。第2肋骨较细长。第11、12肋骨无肋颈及肋结节。

（三）**胸骨**　分为三部分。**胸骨柄**：其上缘中部为**颈静脉切迹**，两侧为**锁切迹**。**胸骨体**：

与柄相接处形成**胸骨角**，其两侧接第 2 肋，是计数肋骨序数的体表标志。胸骨体侧缘连接第 2 ～ 7 肋。**剑突**：是位于胸骨体下方扁而薄的骨片。

二、上 肢 骨

实习材料

分离及串连的上肢骨标本。

实习内容

（一）上肢带骨　包括锁骨和肩胛骨。

1．**锁骨**　位于胸廓的前上方，呈“S”形，内侧 2/3 凸向前，外侧 1/3 凸向后。上面光滑，下面粗糙。内侧端膨大为**胸骨端**，外侧端扁平为**肩峰端**。

2．**肩胛骨**　位于胸廓后外方，为呈三角形的扁骨。有三个缘、三个角和两个面。

三缘：**上缘**，外侧有**肩胛切迹**。切迹外侧有指状突起为**喙突**。**外侧缘**，又称**腋缘**。**内侧缘**，又称**脊柱缘**。

三角：**上角**，平对第 2 肋。**下角**，平对第 7 肋或第 7 肋间隙。**外侧角**，肥厚，有朝向外侧的关节面为**关节盂**。盂的上、下方均有小的隆起，分别为**盂上结节**和**盂下结节**。

两面：前面，又称**肩胛下窝**。后面，被横行的**肩胛冈**分为上方的**冈上窝**和下方的**冈下窝**。肩胛冈的外侧端向前外伸展成一高耸的**肩峰**。

（二）自由上肢骨　包括肱骨、桡骨、尺骨和手骨。

1．**肱骨**　位于上肢的近侧，为长骨。分为体和上、下两端。

上端：有朝向内后方呈半球形的**肱骨头**；头的周围有一环形浅沟，为**解剖颈**。在颈的外侧及前方，各有一隆起，分别为**大结节**和**小结节**；大、小结节之间的沟为**结节间沟**。由大、小结节向下延伸的嵴分别为**大结节嵴**和**小结节嵴**。肱骨上端与体交界处稍细，为**外科颈**。

体：中部外侧面有**三角肌粗隆**；后面中部有一由上内斜向下外的浅沟，为**桡神经沟**。

下端：较扁，外侧有呈半球形的**肱骨小头**，内侧有呈滑车状的**肱骨滑车**。在下端前面，肱骨小头和滑车的上方，各有**桡窝**和**冠突窝**。在后面，肱骨滑车的上方，有**鹰嘴窝**。在小头的外侧和滑车的内侧各有一突起，分别为**外上髁**和**内上髁**；在内上髁的后下方有浅沟为**尺神经沟**。

2．**桡骨**　位于前臂的外侧，分为体和上、下端。

上端：小且有稍膨大的**桡骨头**，头上面的浅凹为**关节凹**，头的周围为**环状关节面**。头下方略细的部分为**桡骨颈**。颈下方的前内侧，有**桡骨粗隆**。体：呈三棱柱形，内侧缘是锐薄的**骨间缘**。下端：内侧有凹陷的关节面，为**尺切迹**；外侧部向下的突起为**桡骨茎突**；下面有**腕关节面**。

3．**尺骨**　位于前臂的内侧，分为体和上、下端。

上端：粗大，前面有呈半月形的凹陷为**滑车切迹**。在切迹的前下方和后上方各有一个突起，分别为**冠突**和**鹰嘴**。冠突外侧面的关节面是**桡切迹**，冠突前下方的粗糙隆起是**尺骨粗隆**。体：外侧缘锐利，为**骨间缘**。下端：细小，为**尺骨头**，其周缘有**环状关节面**，后内侧则有向下突出的**尺骨茎突**。

4．**手骨**　包括腕骨、掌骨和指骨。

（1）**腕骨**：属短骨，8 块，排成二列，由桡侧至尺侧，近侧列为**手舟骨**、**月骨**、**三角骨**和**豌豆骨**，远侧列为**大多角骨**、**小多角骨**、**头状骨**和**钩骨**。

（2）**掌骨**：5 块，称第 1 ～ 5 掌骨，均可分为底、体、头三部。

（3）**指骨**：14 块，分为近节指骨、中节指骨和远节指骨。拇指只有近、远节指骨。

三、下　肢　骨

实习材料

分离及串连的下肢骨标本，包括骨盆标本。

实习内容

（一）下肢带骨　即**髋骨**。此骨以髋臼为中心，分为后上方的髂骨，前下方的耻骨和后下方的坐骨。

1．**髂骨**　分为体和翼两部。**髂骨体**粗大，构成髋臼的上 2/5。**髂骨翼**是上方宽大的部分。其上缘为**髂嵴**。髂嵴前端为**髂前上棘**，后端为**髂后上棘**。在髂前上棘上后方 5 ～ 7cm 处髂嵴外唇向外的突起为**髂结节**。髂前、后上棘的下方各有一骨突，分别为**髂前下棘**和**髂后下棘**。髂骨翼内面前部凹陷而光滑，为**髂窝**。窝的后下方有**耳状面**。髂窝的下后方有一斜行隆嵴，为**弓状线**。

2．**坐骨**　分为体和支两部。**坐骨体**粗壮，构成髋臼的后下 2/5。体向后下延伸的粗糙肥厚的部分为**坐骨结节**。结节上方的三角形锐棘为**坐骨棘**。棘与结节之间较小的凹陷为**坐骨小切迹**，坐骨棘与髂后下棘之间的较大凹陷为**坐骨大切迹**。坐骨支较细，自坐骨结节伸出向前内接耻骨下支。

3．**耻骨**　分为体及上、下二支。**耻骨体**构成髋臼的前下 1/5，在它与髂骨体愈合处，骨面向上隆起，为**髂耻隆起**。自体向前内侧伸出**耻骨上支**；上支向下移行为**耻骨下支**。耻骨上支的上缘有一锐嵴，为**耻骨梳**，向前终止于**耻骨结节**。由耻骨结节至中线的上缘，为**耻骨嵴**。耻骨上、下支相互移行处内侧的粗糙面为**耻骨联合面**。耻骨上、下支与坐骨支围成**闭孔**。

髋臼是髂骨体、耻骨体和坐骨体三者融合处外面的深窝。髋臼中央凹陷的窝为**髋臼窝**，窝周围呈半月形的关节面为**月状面**。髋臼下部的缺口为**髋臼切迹**。

（二）自由下肢骨　包括股骨、髌骨、胫骨、腓骨和足骨。

1．**股骨**　是人全身最长、最粗大的骨，分为体和上、下端。

上端：有**股骨头**，呈球形，朝向上内方，上有关节面。在关节面中心处，有一小凹，为**股骨头凹**。头向外下延伸较细的部分为**股骨颈**。颈与体相接处外上方的隆起为**大转子**，内下方的隆起为**小转子**。大、小转子之间在后方相连形成的隆起为**转子间嵴**，在前方形成的隆起则为**转子间线**。

体：弓向前，其后面有纵行的骨嵴为**粗线**，向上续**臀肌粗隆**。

下端：有突向下后方的**内侧髁**和**外侧髁**。两髁后面隔有深窝，为**髁间窝**。两髁前面的关节面为**髌面**。内外侧髁的侧面均有粗糙隆起，分别为**内上髁**和**外上髁**。内上髁上方的突起为**收肌结节**。

2. **髌骨** 是人体内最大的籽骨、上宽下窄，前面粗糙，后面有关节面与股骨髌面相关节。

3. **胫骨** 位于小腿的内侧，为呈三棱柱状的长骨，分为体和上、下端。

上端：膨大，形成**内侧髁**和**外侧髁**，上有关节面。在两关节面之间有**髁间隆起**。外侧髁的后下面有**腓关节面**。

体：呈三棱柱状，其外侧缘为**骨间缘**，前缘的上方有一呈"V"字形的**胫骨粗隆**。

下端：稍膨大，其内侧向下延伸的突起，为**内踝**，其外侧面有关节面。下端的外侧面有**腓切迹**。下面有下关节面。

4. **腓骨** 细长，位于小腿外侧。分为体和上、下端。

上端：稍膨大，称为**腓骨头**。头下方缩窄的部分为**腓骨颈**。

体：内侧缘锐利，为**骨间缘**。

下端：膨大成为**外踝**，其内侧面有关节面。

5. **足骨** 包括跗骨、跖骨和趾骨。

(1) **跗骨**：7 块，分为远、近侧两列。远侧列由内侧向外侧依次为**内侧楔骨**、**中间楔骨**、**外侧楔骨**和**骰骨**。近侧列有**足舟骨**、**距骨**和**跟骨**。

(2) **跖骨**：5 块，称第 1 ~ 5 跖骨，均分为**底**、**体**、**头**三部。

(3) **趾骨**：形态及排列与指骨相同。

四、颅 骨

实习材料

1. 整颅标本。2. 分离颅骨标本。3. 颅正中矢状断面和水平断面标本。4. 显示鼻旁窦的标本。5. 婴儿颅标本。

实习内容

(一) 颅及分离颅骨概述 颅由 23 块分离的颅骨组成，除下颌骨和舌骨外，均借骨缝或软骨连结在一起。颅骨分为脑颅骨和面颅骨。

1. **脑颅骨** 先在整颅上辨认。脑颅骨有 8 块，其中不成对的有 4 块，**额骨**在前方，**枕骨**在后方，**蝶骨**在颅底中央，**筛骨**位于颅底前部，成对的亦有 4 块，两块**顶骨**在上方，两块**颞骨**在两侧。

(1) **蝶骨**：分为四部。**体**：位于中央，内有**蝶窦**。体上面中部的凹陷，为垂体窝。**小翼**：自体向前上方突出。**大翼**：自体向外侧突出。**翼突**：垂向下方。

(2) **筛骨**：由菲薄的骨板构成，额面观形似"巾"字，分为三部。**垂直板**：参与构成骨性鼻中隔。**筛板**：参与构成颅前窝，上有筛孔。**筛骨迷路**：内含筛小房(筛窦)，在迷路的内侧面上，有卷曲的**上鼻甲**和**中鼻甲**。

(3) **颞骨**：以外耳门为中心，分为三部。**鳞部**：位于外耳门前上方。**鼓部**：位于外耳门前下方。**岩部**：呈三棱锥体形，位于外耳门内侧，其尖端伸向前内，参与构成颅底，其位于外耳门后方向下的突起为**乳突**。

2．**面颅骨**　由 15 块颅骨组成。其中成对的有**上颌骨**、**腭骨**、**颧骨**、**鼻骨**、**泪骨**及**下鼻甲**，不成对的有**犁骨**、**下颌骨**及**舌骨**。

（1）**上颌骨**：位于面颅中央，其中部为**体**，内含**上颌窦**。体的上面为**眶面**，有**眶下沟**向前通**眶下孔**。上颌骨体的下缘向下突出形成**牙槽突**，向内发出**腭突**，形成骨腭的一部分，向上发出的突起为**额突**。

（2）**下颌骨**：呈蹄铁形，分为体和支。

下颌体：外面有**颏隆凸**和**颏孔**。内面有**颏棘**。

下颌支：支与体相交处为**下颌角**。下颌支内、外面后部的下方分别有**翼肌粗隆**和**咬肌粗隆**。下颌支向上方发出两个突起，前方的是**冠突**，后方的是**髁突**。髁突上端膨大，为**下颌头**。头下方较细为**下颌颈**。两突之间的凹陷为**下颌切迹**。下颌支内面有**下颌孔**，向下通**下颌管**。

（二）颅的整体观　观察整颅标本。

1．颅的顶面观　各骨间有骨缝相连，可见额骨和顶骨相接的**冠状缝**，左右顶骨相接的**矢状缝**，枕骨和二顶骨相接的**人字缝**。

2．颅的后面观　可见人字缝及两侧的**乳突**。枕骨中央最突出部为**枕外隆凸**。由隆凸向两侧延伸至乳突的骨嵴为**上项线**。

3．颅的内面观　观察颅水平断面的标本。

颅盖内面：沿正中线是**上矢状窦沟**，沟两侧有颗粒小凹。

颅底内面：有三个窝，分别为**颅前窝**、**颅中窝**和**颅后窝**。各窝内所见的结构，列表 1-1 如下。

表 1-1　颅前、中、后窝的分界，主要结构及通过孔、管、裂的结构

	构成及分界	主要结构	通过孔、管、裂的结构
颅前窝	居前，位置较高，由额骨眶板、筛骨筛板及蝶骨小翼构成，以蝶骨小翼后缘与颅中窝为界	筛板、筛孔、鸡冠	嗅神经通过筛孔
颅中窝	居中间，由蝶骨体、蝶骨大翼、颞骨岩部前面构成。借颞骨岩部上缘和鞍背与颅后窝为界	垂体窝、眶上裂、视神经管、颈动脉沟、圆孔、卵圆孔、棘孔、三叉神经压迹、破裂孔、颈动脉管内口	视神经、眼动脉经视神经管出入眶腔；圆孔通过上颌神经，卵圆孔通过下颌神经。脑膜中动脉穿棘孔入颅。眶上裂通过眼静脉、动眼神经、滑车神经、眼神经及展神经。颈内动脉通过颈动脉管内口入颅，并沿颈动脉沟前行
颅后窝	居后，主要由颞骨岩部后面和枕骨内面构成	枕骨大孔、舌下神经管内口、枕内隆凸、横窦沟、乙状窦沟、颈静脉孔、内耳门	舌下神经通过舌下神经管出颅。颈静脉孔通过颈内静脉、舌咽神经、迷走神经和副神经。面神经、前庭蜗神经通过内耳门

4. 颅底外面观　由前向后，可观察到如下结构：**牙槽弓**、**骨腭**、**切牙孔**、**腭大孔**、**鼻后孔**、**卵圆孔**、**棘孔**、**破裂孔**、**枕髁**、**枕骨大孔**、**舌下神经管外口**、**颈动脉管外口**及**颈静脉孔**。向两侧还可见**下颌窝**、**关节结节**、**茎突**、**乳突**及**茎乳孔**。

5. 颅的侧面观　在颞骨**乳突**前方有**外耳门**。外耳门的前上方有一弓状骨梁，为**颧弓**。此弓上方为**颞窝**，下方为**颞下窝**。在颞窝的内侧壁上，有由**额骨**、**顶骨**、**颞骨**和**蝶骨** 4 骨汇合构成的“H”形缝，为**翼点**。上颌骨体与蝶骨翼突之间的裂隙为**翼上颌裂**，向深部通**翼腭窝**。

6. 颅的前面观　上部为额骨。在眶上缘内侧半的上方，有**眉弓**，其深面有**额窦**。眉弓之间为**眉间**。**梨状孔**位于面部中央，向后通**骨性鼻腔**。孔的外上方为**眶**，下方为**骨性口腔**。

(1) **眶**：为呈锥体形的腔隙，有四个壁，尖向后内，通**视神经管**。在眶上缘和眶下缘中份下方处分别有**眶上切迹**（**或孔**）和**眶下孔**。在眶上壁的前外侧有**泪腺窝**，眶内侧壁前下方有**泪囊窝**。眶下壁上有**眶下沟**向前通**眶下管**，再通**眶下孔**。在眶外侧壁后部的上、下方，分别有**眶上裂**和**眶下裂**。

(2) **骨性鼻腔**：位于面颅正中，由骨性鼻中隔分成左、右两部。前为**梨状孔**，后为**鼻后孔**。鼻腔四个壁的结构，见颅正中矢状断面标本。

1）骨性鼻腔的各壁：上壁，主要是由**筛骨筛板**构成。下壁，是骨性鼻腔底（骨性口腔顶），由骨腭构成。内侧壁，为骨性鼻中隔。外侧壁，有上、中、下三个鼻甲。在每个鼻甲下方，形成鼻道，即**上鼻道**、**中鼻道**、**下鼻道**。上鼻甲后方是**蝶筛隐窝**。

2）鼻旁窦的位置和开口：观察显示鼻旁窦的标本。

鼻旁窦　位于骨性鼻腔周围的骨内，是与骨性鼻腔相通的四对含气的腔隙。**额窦**：位于额骨内，开口于中鼻道。**筛小房**（**筛窦**）：在筛骨迷路内，可分为前、中、后筛窦。前、中筛窦开口于中鼻道，后筛窦开口于上鼻道。**蝶窦**：在蝶骨体内，开口于**蝶筛隐窝**。**上颌窦**：在上颌骨体内，开口于中鼻道。

（三）新生儿颅的特征　　新生儿脑颅大于面颅，其比例为 8∶1。由于颅顶各骨的骨化中心明显，故颅呈“五角形”。各颅盖骨之间有较大的间隙，被结缔组织膜所封，称为**颅囟**。其中位于矢状缝前端、较大的是**前囟**（**额囟**），矢状缝的后端是**后囟**（**枕囟**）。此外，还有顶骨前下角处的**蝶囟**和后下角处的**乳突囟**。前囟在生后 1 ～ 2 岁期间闭合，后囟在生后不久闭合。新生儿颅的上、下颌骨不发达，鼻旁窦尚未发育，故口、鼻很小。

（李 岩　徐 飞）

第二章　关 节 学（骨连结）

第一节　总　　论

实习材料

1. 椎间盘、黄韧带标本。

2. 肩、髋、膝、颞下颌关节（切开）标本。

实习内容

全身骨连结可区分为直接连结和间接连结两大类。在示教标本上观察下列结构。

1. **直接连结** 有下列三种形式：

（1）**纤维连结** 包括两骨间借纤维结缔组织互相连结的缝，如相邻颅骨间的缝连结；以及韧带连结，如位于椎弓间的黄韧带。

（2）**软骨连结** 两骨间借软骨相连结，又可分为透明软骨连结（如第一肋与胸骨柄的连结）和纤维软骨连结（如椎间盘）。

（3）**骨性结合** 如各骶椎间由透明软骨骨化而成的骨性结合。

2. **间接连结** 又称**关节或滑膜关节**。

（1）关节的基本结构：①**关节面**，为相邻两骨的接触面，表面覆盖以**关节软骨**。②**关节囊**，附着于关节面周缘及其附近的骨面上，可分为内、外二层。内层为**滑膜层**，可分泌滑液；外层为**纤维层**，由纤维结缔组织构成，富含血管和神经。③**关节腔**，为关节软骨和关节囊滑膜层共同围成的密闭腔隙，内含少量滑液，呈负压。

（2）关节的辅助结构：①**韧带**，有囊内和囊外韧带，如髋关节囊内的股骨头韧带及膝关节囊外两侧的胫侧、腓侧副韧带。②**关节盘**，如颞下颌关节内的关节盘。③**关节唇**，如髋关节的髋臼唇。

第二节　各　论

一、躯干骨的连结

实习材料

1. 椎骨连结标本及通过两侧椎弓根的额状断面标本。2. 脊柱整体和纵切标本。3. 肋椎关节及胸肋关节标本。

实习内容

（一）脊柱

1. 椎骨间的连结　分椎体间连结和椎弓间连结。

（1）椎体间连结：① **椎间盘** 为介于上、下两椎体间的纤维软骨盘。其周围部是多层的纤维软骨环，称**纤维环**，中央部为呈胶状的**髓核**。② **前纵韧带** 上起枕骨，下达第1骶椎，紧贴各椎体的前面，并与椎间盘及椎体前缘牢固连结。③ **后纵韧带** 是在椎管内沿椎体后面纵行的韧带，几乎纵贯脊柱全长。

（2）椎弓的连结：① **关节突关节** 由相邻椎骨的上、下关节突的关节面连结而成。② **黄韧带** 在脊柱的纵切和额状断面标本上，可见该韧带连结相邻的两个椎弓板。③ **棘间韧带** 位于相邻各棘突间。④ **棘上韧带** 附着于各椎骨的棘突尖端。棘上韧带延至项部移行为**项韧带**，向上附于枕骨。

（3）寰椎与枢椎及枕骨的连结：① **寰枕关节** 由枕髁与寰椎上关节面组成。② **寰枢关节**，由寰椎的下关节面与枢椎的上关节面以及枢椎的齿突与寰椎的齿突凹组成。

2．脊柱的整体观　脊柱由椎骨、椎间盘、韧带及关节突关节组成，长约 70cm，上与颅相接，下端为尾骨（串连骨标本上不能见到韧带，椎间盘则用绒垫代替）。

（1）脊柱前面观：椎体自上而下逐渐增大，到第 2 骶椎最宽，自此向下则又缩小。再观察椎间盘，可见其在胸中部最薄，由此向上、下方逐渐加厚，以在腰部者为最厚。

（2）脊柱侧面观：可见脊柱具有四个弯曲，在颈部和腰部为两个凸向前的弯曲，分别称**颈曲**和**腰曲**，而在胸部和骶部则为凸向后的弯曲，分别称**胸曲**和**骶曲**。

（3）脊柱后面观：可见所有椎骨棘突连贯而形成纵嵴，位于背部正中线上。第 2 ～ 6 颈椎棘突短而分叉。胸部棘突长，斜向后下方，呈叠瓦状。腰椎棘突为呈矢状位的宽板，几乎水平伸向后方。

（二）**胸廓**　在骨架上观察胸廓的组成。

胸廓由 12 个胸椎、12 对肋骨与肋软骨以及胸骨连结而成。成人胸廓约呈圆锥形，上窄下宽，前后略扁，有上、下两口。**上口**由第 1 胸椎、第 1 肋和胸骨柄上缘围成。**下口**宽而不整齐，由第 12 胸椎、第 12 肋、第 11 肋、肋弓和剑突围成。两侧肋弓在剑突下形成**胸骨下角**。

构成胸廓的连结主要是肋椎关节和胸肋关节。**肋椎关节**包括**肋头关节**（由肋头关节面与相应的胸椎肋凹连结而成）及**肋横突关节**（由肋结节关节面与相应胸椎的横突肋凹相连结）。**胸肋关节**由第 2 ～ 7 肋软骨与胸骨相应的肋切迹连结而成。第 1 肋与胸骨柄之间为软骨结合。第 8 ～ 10 肋软骨依次与上位肋软骨相连结，形成**肋弓**。

二、上肢骨的连结

实习材料

上肢各主要关节完整和剖开的标本。

实习内容

上肢骨连结包括上肢带（骨）连结和自由上肢（骨）连结。

（一）上肢带（骨）连结　包括胸锁关节和肩锁关节。

1．**胸锁关节**　观察额切的胸锁关节标本。可见此关节由锁骨的胸骨端和胸骨的锁切迹及第 1 肋软骨上面共同组成。关节囊内有关节盘，将关节腔分为内下和外上两部分，使关节头与关节窝更为适应。

2．**肩锁关节**　由锁骨的肩峰端和肩峰的关节面组成。

3．**喙肩韧带**　连于喙突与肩峰之间，形成喙肩弓，架于肩关节的上方。

（二）自由上肢（骨）连结　包括肩关节、肘关节、前臂骨的连结和手关节等。

1．**肩关节**　取完整和剖开的肩关节标本观察。肩关节由肱骨头和肩胛骨的关节盂构成。关节囊薄而松弛，自肩胛骨关节盂周缘延至肱骨解剖颈。在关节囊上方有**喙肱韧带**增强。**盂唇**是围绕关节盂周缘的软骨环，它使关节盂稍微加大加深。关节囊内有肱二头肌长头肌腱穿过。

2．**肘关节**　取完整和剖开的肘关节标本观察。肘关节是复关节。它包括 3 个关节：①由肱骨滑车和尺骨滑车切迹构成的**肱尺关节**；②由肱骨小头和桡骨头关节凹构成的**肱桡关节**；③由桡骨头环状关节面与尺骨桡切迹构成的**桡尺近侧关节**。三个关节被包在同一关节囊内。关节囊的前后壁薄弱，尺侧和桡侧分别有**尺侧副韧带**和**桡侧副韧带**加强，此外还有**桡骨环状韧带**，环绕桡骨头并附着于尺骨桡切迹的前、后缘。

3. **前臂骨连结** 由桡尺近侧关节、桡尺远侧关节和前臂骨间膜组成。观察剖开的**桡尺远侧关节**标本，可见其由尺骨头的环状关节面与桡骨的尺切迹组成。在尺骨头的远侧可见一个三角形的关节盘。**前臂骨间膜**为一坚韧的纤维膜，连结于桡、尺骨的骨间缘之间。

4. **手关节** 包括桡腕关节、腕骨间关节、腕掌关节、掌骨间关节、掌指关节和指骨间关节。

(1) **桡腕关节**（又称腕关节）：观察腕关节的额切标本，可见其由桡骨的腕关节面和尺骨头下方的关节盘组成的关节窝和由手舟骨、月骨、三角骨组成的关节头连结而成，周围有韧带加强。

(2) **腕掌关节**：观察额切面标本，可见此关节由远侧列腕骨和掌骨底构成。其中**拇指腕掌关节**独立，由大多角骨和第一掌骨底构成，属鞍状关节。其他 4 指的腕掌关节腔不仅互通，并与腕骨间关节和掌骨间关节腔相通。

(3) **掌指关节**：由各指的掌骨头和近侧列指骨底构成，近似球窝关节。

(4) **指骨间关节**：为典型的滑车关节，由相邻两节指骨的指骨滑车和指骨底构成。拇指只有一个指骨间关节，而其余 4 指则有近侧和远侧两个指骨间关节。

三、下肢骨的连结

实习材料

下肢各主要关节的完整和剖开的标本。

实习内容

下肢骨连结包括下肢带（骨）连结和自由下肢（骨）连结。

（一）下肢带（骨）连结 包括骶髂关节、耻骨联合和大、小骨盆等。

1. **骶髂关节** 由骶骨和髂骨的耳状面连结构成，关节面凹凸不平，为微动关节。

2. **骶结节韧带**和**骶棘韧带** 两韧带主要起于骶、尾骨侧缘，分别止于坐骨结节和坐骨棘，骶棘韧带位于骶结节韧带的前面。

上述两条韧带与坐骨大、小切迹分别围成**坐骨大孔**和**坐骨小孔**。

3. **耻骨联合** 由两侧耻骨的耻骨联合面连结而成，其间有纤维软骨称**耻骨间盘**，软骨内往往有一纵行裂隙，称联合腔。

4. **闭孔膜** 为封闭闭孔的纤维膜，其上缘与闭孔上缘围成**闭膜管**，管内有闭孔血管和神经通过。

5. **大骨盆和小骨盆** 骨盆内面由界线将骨盆分为前上方的大骨盆和后下方的小骨盆。界线是由骶骨的岬、两侧骶翼、髂骨的弓状线、耻骨梳、耻骨结节和耻骨联合上缘构成的环状线。

通常所说的骨盆是指小骨盆而言，其腔即骨盆腔。**骨盆上口**为上述的界线，**骨盆下口**呈菱形，由尾骨、骶结节韧带、坐骨支及耻骨下支和耻骨联合下缘围成。两侧坐骨支与耻骨下支连成耻骨弓，它们的夹角称**耻骨下角**。

在全身骨骼中，性差在骨盆上表现得最明显（表1-2），这与女子的生育机能有关。

表1–2　男、女性骨盆的差别

性　别	男　性	女　性
骶骨的岬突出程度	大	小
骨盆上口形状	呈心形	呈椭圆形
耻骨下角	70°～75°	80°～100°（平均87.5°）
耻骨联合	窄而长	宽而短
骨盆腔	窄而长，呈漏斗形	宽而短，呈盆状
髂骨翼	峭　立	近水平位

（二）自由下肢（骨）连结　包括髋关节、膝关节、小腿骨的连结和足关节等。

1. **髋关节**　由髋臼和股骨头构成。先取完整的髋关节标本观察。可见其**关节囊**坚韧，上方始自髋臼的骨性边缘和髋臼唇，下方在前面止于股骨转子间线，在后面止于股骨颈中、外1/3交界处。关节囊周围有韧带加强，其中以囊前方的**髂股韧带**最强大，它是全身最强的韧带，上端起自髂前下棘，向下呈人字形放散止于转子间线，加厚囊壁。再观察剖开的髋关节标本，可见由**髋臼横韧带**延伸到股骨头凹的扁平纤维束，此即**股骨头韧带**。髋臼横韧带是架于髋臼切迹上的坚强韧带。**髋臼唇**则是附着于髋臼周缘加深髋臼的纤维软骨。

2. **膝关节**　取剖开的膝关节标本，确认其由股骨下端、胫骨上端及髌骨构成。在完整的膝关节标本上，可见关节囊的胫、腓侧分别有**胫侧副韧带**和**腓侧副韧带**加强。胫侧副韧带贴附于关节囊表面，而腓侧副韧带则为一独立的圆索，不和关节囊相贴。关节囊前方可见**髌韧带**，它是由髌骨下缘向下附于胫骨粗隆的坚实纤维带，上续股四头肌腱。在剖开的关节内，可见此关节内有两个半月板和膝交叉韧带。**内侧半月板**呈"C"形，**外侧半月板**呈"O"形，它们是相应地位于股骨内、外侧髁和胫骨内、外侧髁关节面之间的呈半月形的纤维软骨板。半月板下面平坦，上面略凹陷，外缘肥厚，内缘锐薄。膝交叉韧带有前、后两条。**前交叉韧带**起自胫骨髁间隆起的前方，行向后上外方，附于股骨外侧髁的内侧面。**后交叉韧带**起自胫骨髁间隆起后方，行向前上内方，附于股骨内侧髁的外侧面。取矢切的膝关节标本观察，可见在髌骨下方，滑膜被覆脂肪突入关节腔，形成一对**翼状襞**。

3. **小腿骨的连结**　包括**胫腓关节**、**小腿骨间膜**和**胫腓韧带连结**。

4. **足关节**　包括距小腿关节、跗骨间关节、跗跖关节、跖趾关节和趾骨间关节。

（1）**距小腿关节**：又称**踝关节**，由胫、腓骨下端的关节面和距骨滑车连结而成。在完整的关节标本上，可见关节囊的内侧有**内侧韧带**（又名**三角韧带**）加强，它上起自内踝，下附于跟骨、距骨和足舟骨；在外侧有三条独立的韧带：前为**距腓前韧带**、中为**跟腓韧带**、后为**距腓后韧带**，它们上方都起自外踝，向下分别行向前、下、后方，附着于跟骨和距骨。

（2）**跗骨间关节**：为相邻各跗骨间连结构成的关节。在剖开的标本上观察由距骨、跟骨和足舟骨共同组成的**距跟关节**和**距跟舟关节**。此外，由距跟舟关节和**跟骰关节**连合形成的**跗横关节**，其关节线横过跗骨中部。跗骨之间还借**跟舟足底韧带**和**分歧韧带**相连结。在足底还有**足底长韧带**和**跟骰足底韧带**连结跟骨、骰足和跖骨底。

（3）**跗跖关节**：由3块楔骨和骰骨与第1～5跖骨底连结而成，为平面关节。

（4）**跖骨间关节**：位于第2至第5跖骨底之间，连结紧密。

(5) **跖趾关节**：由跖骨头与近节趾骨底连结构成。

(6) **趾骨间关节**：由相邻两节趾骨的趾骨底和趾骨滑车构成。

5. **足弓**　观察制备的足弓和足主要韧带标本。**足弓**是跗骨和跖骨借韧带连结而成的弓，可分为纵弓和横弓两部分。纵弓又分为内、外侧纵弓。**外侧纵弓**的弓架较为平坦，由跟骨、骰骨和第4、5跖骨连结构成。**内侧纵弓**的曲度较大，由跟骨、距骨、足舟骨、3块楔骨和内侧3块跖骨连结构成，弓背的最高点是距骨滑车。**横弓**由骰骨、3块楔骨和第1～5跖骨连结构成，最高点在中间楔骨。

四、颅骨的连结

实习材料

1. 成人和婴儿的整颅标本。2. 颅正中矢状断面标本。3. 颞下颌关节标本。

实习内容

1. **颅骨**　取完整颅骨，从它的顶面观察，可见**矢状缝**、**冠状缝**、**人字缝**等。在婴儿标本上，可见各骨间的缝较宽，彼此由纤维组织相连结。在一些部位这些间隙被结缔组织膜所封闭，称为颅囟，较大的有**前囟**和**后囟**。

2. **颞下颌关节**　由下颌骨的下颌头和颞骨的下颌窝及关节结节构成。关节囊松弛，其外侧有**颞下颌韧带**加强。在剖开的标本上可见关节囊内有**关节盘**，为由纤维软骨板所形成的卵圆形盘，分隔关节腔为上、下两个独立的部分。

（付元山　陈要武）

第三章　肌　　学

第一节　总　　论

实习材料

1. 全尸。2. 瓶装肌形态学标本。3. 瓶装腱鞘标本。

实习内容

1. 肌的形态和构造　肌的形态多种多样，按其外形大致分为长肌、短肌、扁（阔）肌和轮匝肌四种。每块骨骼肌都由肌性（**肌腹**）和腱性（**肌腱或腱膜**）两部分构成。可在瓶装肌标本和全尸上观察，并联系其起止、功能和分布。

2. 肌的辅助装置　包括筋膜、腱鞘和滑膜囊。

(1) **筋膜**：分为**浅筋膜**（皮下筋膜）和**深筋膜**（固有筋膜）两种，通过观察深筋膜与肌腹、肌腱或腱膜的包裹关系，分清筋膜、腱膜两个概念。

(2) **腱鞘**：是包围在长肌腱外面的鞘管，存在于腕、踝、手指和足趾等活动较大的部位，以减少肌腱在活动时与骨之间的摩擦。腱鞘分为纤维层和滑膜层两部分。**纤维层**（腱纤维鞘）是外层，由深筋膜增厚形成。**滑膜层（腱滑膜鞘）**衬在纤维层内面，由滑膜构成，分为双层，包在肌腱表面的为脏层，贴在纤维层内面和骨面的为壁层。脏、壁两层相互移行形成腔隙，腔内含少量滑液。在完整和剖开腱鞘的示教标本上观察腱鞘的组成及与肌腱的关系。

（3）**滑膜囊**：滑膜囊为封闭的结缔组织小囊，内有滑液，多位于腱与骨面相接触的部位，以减少两者之间的磨擦，在关节附近的滑膜囊可与关节腔相通，如髌上囊等。

第二节　各　　论

一、背　　肌

实习材料

1．全尸。2．平脐的水平断面标本。3．上肢带肌标本。

实习内容

背肌位于躯干的背面，分浅、深两群。

（一）浅群

1．**斜方肌**　位于项部和背上部，为呈三角形的扁肌，左右侧合在一起呈斜方形。起自上项线及枕外隆凸、项韧带及全部胸椎棘突，止于锁骨的外侧1/3、肩峰及肩胛冈，可按肌纤维方向分析其作用：上部纤维提肩，下部纤维降肩，全部纤维使肩胛骨靠近脊柱。当肩胛骨固定时，可使头后仰。

2．**背阔肌**　位于背下部及胸后外侧区，呈扁三角形，是全身最大的扁肌。揭开斜方肌，可见此肌以腱膜起于下位6个胸椎棘突、全部腰椎棘突、骶正中嵴及髂嵴后部，以扁腱止于肱骨小结节嵴。其作用使肩关节内收、伸和旋内。当上肢上举被固定时，可引躯干向上。

3．**肩胛提肌和菱形肌**　二者均位于斜方肌的深面，可提肩胛骨，后者尚可使肩胛骨靠近脊柱。

（二）深群　主要有**竖脊肌**，在其深面还有许多短肌。竖脊肌位于浅肌群的深面，纵列于脊柱两侧的深沟内，粗壮有力，可伸脊柱、仰头，一侧收缩可使脊柱侧屈。

胸腰筋膜　为包裹竖脊肌和腰方肌的固有筋膜。用整体标本配以断面标本，并以竖脊肌和腰方肌为标志观察其分为浅、中、深三层；浅、中层构成竖脊肌鞘及三层沿竖脊肌的外缘汇合成为腹部扁肌起点的情况。

二、胸　　肌

实习材料

1．全尸。2．瓶装肋间肌。

实习内容

（一）胸上肢肌　是起于胸廓外面，止于上肢带骨或肱骨的肌肉。

1．**胸大肌**　为位于胸前外侧壁皮下呈扇形的大肌，起于锁骨内侧半、胸骨前面、上位6个肋软骨和腹直肌鞘的前层，以扁腱止于肱骨大结节嵴。可使肩关节内收和旋内。当上肢上举被固定时，可上提躯干；也可上提肋以助吸气。

2. **胸小肌** 在胸大肌的深面，呈三角形。可引肩胛骨向前下方，若肩胛骨固定时，可上提肋以助吸气。

3. **前锯肌** 为一贴附于胸廓侧壁的宽大扁肌。可引肩胛骨向前，下部肌束使肩胛骨下角旋外，助臂上举。

（二）胸固有肌 主要有肋间内、外肌，位于肋间隙内。

1. **肋间外肌** 居浅层，起自肋骨下缘，肌纤维斜向前下，止于下位肋骨上缘。在肋软骨间隙处，无肌纤维，被肋间外膜代替。能上提肋骨扩大胸腔，助吸气。

2. **肋间内肌** 居深层，肌纤维方向与肋间外肌相反，由后下走向前上，止于上位肋骨下缘。在肋角以后无肌纤维，被肋间内膜代替。能下降肋骨，助呼气。

三、膈

实习材料

游离膈。

实习内容

膈为分隔胸、腹腔的扁肌，向上膨隆呈穹窿状。可分为肌性和腱性两部。肌性部按其起点可分为**胸骨部**、**肋部**和**腰部**。腰部以左、右两个膈脚起自上 2 ～ 3 个腰椎，还起自位于腰大肌和腰方肌表面的内、外侧弓状韧带。在胸骨部与肋部之间有**胸肋三角**，在腰部与肋部之间有**腰肋三角**，两个三角为无肌纤维的小间隙，是膈的薄弱区。**腱性部**居中央称**中心腱**。

膈上有 3 个裂孔。**主动脉裂孔**：在第 12 胸椎前方，由左、右膈脚与脊柱共同围成，有降主动脉和胸导管通过。**食管裂孔**：在主动脉裂孔左前方，平第 10 胸椎，有食管和迷走神经的前、后干通过。**腔静脉孔**：在食管裂孔右前方，平第 8 胸椎，位于中心腱上，有下腔静脉通过。

膈是主要的呼吸肌，收缩时中心腱下降，使胸腔容积加大，引起吸气；舒张时中心腱上升，恢复原位，引起呼气。膈与腹肌同时收缩能增加腹压。

四、腹　肌

实习材料

1. 全尸。2. 腹股沟区标本。

实习内容

（一）前外侧群

1. **腹直肌** 位于腹前外侧壁正中线的两侧，呈上宽下窄的带状，外有腱膜性套即**腹直肌鞘**（后观察）包裹。

2. **腹外斜肌** 为宽阔扁肌，居最浅层，肌束由外上斜向前下方，大部移行为腱膜，经腹直肌前面至正中线，与对侧腱膜相交织，此处称**腹白线**，腹外斜肌腱膜参与构成腹直肌鞘前层。腱膜下缘增厚，连于髂前上棘与耻骨结节之间形成**腹股沟韧带**，此韧带内侧端有一小束腱纤维行向下后方止于耻骨梳，形成**腔隙韧带**（陷窝韧带）。在耻骨结节外上方，腱膜形成三角形裂孔，称**腹股沟管浅环**。

3. **腹内斜肌** 位于腹外斜肌深面，肌束呈扇形，大部分自外下方斜向前上方，小部分（下部）斜向前下方，肌束达腹直肌外侧缘时移行为腱膜，并分为两层，分别参加形成腹直肌鞘的前、后层和腹白线。

4. **腹横肌** 在腹内斜肌深面，肌束横行向前，延续为腱膜，参加形成腹直肌鞘后层和腹白线。腹内斜肌与腹横肌最下部的肌束与精索伴行，形成**提睾肌**（男性），二肌腱膜的前下部相互汇合，沿腹直肌外缘下降止于耻骨梳，形成**腹股沟镰**（或称**联合腱**）。此肌深面有一层薄的深筋膜，称**腹横筋膜**。

腹肌是腹部手术必经之路，它们的位置、层次、纤维方向较为重要，应重点仔细观察，并在标本上认清三层阔肌腱膜形成的腹股沟韧带、腹股沟管浅环、腔隙韧带和腹股沟镰等结构。

（二）后群 腰方肌位于第 12 肋和髂嵴之间，可降第 12 肋，并使脊柱侧屈。

（三）**腹直肌鞘和腹白线** 对照图谱在标本上观察腹直肌鞘前、后层的形成。腹直肌鞘为包被腹直肌的腱膜鞘，前层由腹外斜肌腱膜和腹内斜肌腱膜的前层所形成。后层由腹内斜肌腱膜的后层和腹横肌腱膜所形成。在脐以下 4 ～ 5cm 处，后层缺如，其下缘形成弧形的**弓状线**，因此在弓状线以下的区域，腹直肌的后面直接贴腹横筋膜。**腹白线**是腹部三层扁肌腱膜在腹前壁正中线上与对侧腱膜相交织形成。

（四）**腹股沟管** 为位于腹股沟韧带内侧半的上方、介于肌、腱膜和筋膜之间的一个裂隙。按解剖学方位，并以精索为中心，观察其位置，四个壁、二个口和通过的内容。管的前壁为腹外斜肌腱膜和腹内斜肌，后壁为腹横筋膜并有腹股沟镰增强，上壁为腹内斜肌和腹横肌的弓状下缘，下壁为腹股沟韧带。外口为**腹股沟管浅环(皮下环)**，内口为**腹股沟管深环**（**腹环**），深环位于腹股沟韧带中点上方约 1.5cm 处，为腹横筋膜向外的一个突口。腹股沟管长约 4.5cm，男性有**精索**通过，女性有**子宫圆韧带**通过。

五、颈 肌

实习材料

1. 全尸。2. 瓶装颈肌标本。

实习内容

（一）颈肌浅群

1. **颈阔肌** 为皮肌，也属于表情肌。可下降下颌骨并能牵引口角向下。

2. **胸锁乳突肌** 斜位于颈部两侧，起自胸骨柄前面和锁骨的胸骨端，斜向后上止于乳突。一侧收缩可使头向同侧侧屈，脸转向对侧；两侧同时收缩可使头后仰。

（二）舌骨上、下肌

1. **舌骨上肌** 位于舌骨与下颌骨和颅底之间，构成口腔的底，每侧有 4 块，主要有**二腹肌**和**下颌舌骨肌**，此外还有**茎突舌骨肌**和**颏舌骨肌**。该肌群可上提舌骨，协助吞咽；舌骨固定时还能拉下颌骨向下。

2. **舌骨下肌**　位于颈前部，在舌骨下方的正中线两侧，每侧有4块，分浅、深两层。浅层有**胸骨舌骨肌**和**肩胛舌骨肌**。深层有**胸骨甲状肌**和**甲状舌骨肌**。该肌群可下降舌骨和喉。

观察舌骨上、下肌时应对照骨架有关骨点，按各肌的名称（与起止一致）进行辨认。

（三）颈肌深群　位于脊柱颈部两侧和前方，主要有**前斜角肌**、**中斜角肌**和**后斜角肌**。前、中斜角肌与第1肋之间形成一呈三角形的间隙，称**斜角肌间隙**，内有锁骨下动脉和臂丛通过。各斜角肌收缩可上提第1～2肋，以助吸气；一侧收缩可使颈屈向同侧。

六、头　肌

实习材料

1. 全尸。2. 瓶装头肌标本。3. 咀嚼肌标本。

实习内容

头肌分为面肌和咀嚼肌两部分。

（一）**面肌**　为扁薄的皮肌，大多起自颅骨的不同部位，止于面部皮肤，分布于面部孔、裂的周围，呈环形或辐射状，收缩时可开大或闭合孔裂，并能牵动面部皮肤，赋予颜面以各种表情，故又称表情肌，主要有枕额肌、眼轮匝肌、口轮匝肌、颊肌及一些辐射状肌。

（二）**咀嚼肌**　配布于颞下颌关节的周围，起于颅的不同部位，止于下颌骨，参与咀嚼运动。

1. **咬肌**　呈长方形，起自颧弓，止于下颌支后下份外面的咬肌粗隆，可上提下颌骨。

2. **颞肌**　呈扇形，起自颞窝，止于下颌骨的冠突，可上提下颌骨，后部肌束可拉下颌骨向后。

3. **翼外肌**　位于颞下窝，一侧收缩使下颌骨向对侧移动，两侧同时收缩可拉下颌骨向前。

4. **翼内肌**　位于下颌支的内面，一侧收缩可使下颌骨向对侧移动，两侧同时收缩，可上提下颌骨并可牵拉下颌骨向前。

按照颞下颌关节的运动方式，可将咀嚼肌对下颌骨的作用分组归纳如下：上提（闭口），咬肌、颞肌和翼内肌；下降（张口），舌骨上、下肌；前移，两侧翼内肌和翼外肌；后退，颞肌后部纤维；侧方运动，一侧翼内肌、翼外肌收缩使下颌骨向对侧移动。

七、上 肢 肌

实习材料

1. 全尸。2. 游离上肢肌标本。3. 瓶装手肌。4. 腱鞘。

实习内容

上肢肌分为上肢带肌、臂肌、前臂肌和手肌。

（一）**上肢带肌**　为连接上肢带骨和肱骨的肌肉。

1. **三角肌**　呈三角形，覆盖于肩关节的外上方，起于锁骨的外侧段、肩峰和肩胛冈，纤维向下外聚合止于肱骨的三角肌粗隆。可使肩关节外展、前部肌纤维使肩关节屈和旋内，后部纤维使肩关节伸和旋外。

2. **冈上肌** 位于冈上窝，可使肩关节外展。

3. **冈下肌** 位于冈下窝，可使肩关节旋外。

4. **小圆肌** 位于冈下肌下方，作用同冈下肌。

5. **大圆肌** 位于小圆肌下方，肌腱与背阔肌一同止于小结节嵴，作用同背阔肌。使肩关节内收、伸和旋内。

6. **肩胛下肌** 位于肩胛下窝，可使肩关节旋内。

（二）**臂肌** 分前、后两群

1. 前群 为屈肌群

（1）**肱二头肌**：位于臂前面浅层，呈梭形，因有长、短二头而得名。长头在外侧，起于肩胛骨的盂上结节，通过肩关节囊，沿肱骨结节间沟下降；短头起于肩胛骨的喙突。两头于臂中部汇合下行并形成**肱二头肌腱**，过肘关节前面止于桡骨粗隆。长头居短头外侧，因起始段位于肩关节囊内，故粗浅一看似较短头为短。肱二头肌可屈肘关节，并可使前臂旋后，此外，长头还能协助屈肩关节。

（2）**喙肱肌**：贴附于肱二头肌短头的后内方，可屈及内收肩关节。

（3）**肱肌**：在肱二头肌下半部的深面，可屈肘关节。

2. 后群 为伸肌

肱三头肌 位于臂后面，起端有3个头，长头起于肩胛骨盂下结节，外侧头起自肱骨后面桡神经沟外上方的骨面，内侧头起自桡神经沟内下方的骨面，三头合成肌腹后，以一共同腱止于尺骨鹰嘴。可伸肘关节，长头还能伸和内收肩关节。

观察时以长头为标志，内、外侧头分别位于其内下方和外上方，二头以桡神经沟相隔。

（三）**前臂肌** 分为前、后两群。

1. 前群 位于前臂前面及内侧，属于屈肌和旋前肌，共9块，排列成浅、深两层。

浅层 有6块，由桡侧向尺侧依次为：

（1）**肱桡肌**：位于前臂桡侧浅面，可屈肘关节。

（2）**旋前圆肌**：斜位于前臂上部，可使前臂旋前（并屈肘）。

（3）**桡侧腕屈肌**：由上内斜向下外，位于前臂的浅面，可屈肘关节和桡腕关节，并使后者外展。

（4）**掌长肌**：肌腹小而腱细长，向下连于掌腱膜（为手掌的深筋膜，厚而坚韧），可屈桡腕关节并紧张掌腱膜。

（5）**尺侧腕屈肌**：位于前臂尺侧，可屈桡腕关节并使其内收。

（6）**指浅屈肌**：肌腹为上述诸肌遮盖，肌纤维向下移行为4条肌腱，分别止于第2～5指中节指骨体的两侧。可屈第2～5指近侧指骨间关节，也能屈掌指关节和桡腕关节。

观察此层肌肉时，应先找到肱桡肌，此肌为前群中唯一起自肱骨外上髁的肌肉，向下止于桡骨茎突而不通过桡腕关节(据此可与后群桡侧腕伸肌相区别)。在确认肱桡肌之后，按肌肉的排列关系，命名及止点辨认各肌，如旋前圆肌止于桡骨，屈腕肌止于桡腕关节远侧附近，屈指肌止于指骨。

深层 有3块，紧贴于桡、尺骨及前臂骨间膜的掌侧面。

（1）**拇长屈肌**：居桡侧，可屈拇指。

（2）**指深屈肌**：居尺侧，分为 4 条肌腱，分别止于第 2 ～ 5 指远节指骨底掌侧，可屈第 2 ～ 5 指的远侧与近侧指骨间关节、掌指关节和桡腕关节。

（3）**旋前方肌**：呈扁平四方形，贴在桡、尺骨远侧段的前面，可使前臂旋前。

2. 后群　位于前臂后面及外侧，属于伸肌和旋后肌，共 10 块，排列为浅、深两层。

浅层　有 5 块，由桡侧向尺侧依次为。

（1）**桡侧腕长、短伸肌**：长伸肌位于肱桡肌的后外侧，短伸肌位于长伸肌的内侧，可伸桡腕关节并使其外展，亦能伸肘关节。

（2）**指伸肌**：肌束向下移为四条肌腱，分别到第 2 ～ 5 指的指背，形成**指背腱膜**，止于各指的中节和远节指骨底。可伸指及腕，并能协助伸肘关节。

（3）**小指伸肌**：细长，贴附于指伸肌内侧，可伸小指。

（4）**尺侧腕伸肌**：位于前臂背面尺侧，可伸桡腕关节并使其内收。

此层伸腕肌分列桡、尺两侧，伸指肌则位居中间，小指除有指伸肌分布外尚有专门的伸肌。辨认各肌时仍以肱桡肌为标志，根据各肌的命名和止点，依次逐一识别。

深层　有 5 块，由上外向下内依次为：

（1）**旋后肌**：甚短，肌纤维斜向外下，止于桡骨上 1/3 的前面，可使前臂旋后。

（2）**拇长展肌**：可外展拇指及桡腕关节。

（3）**拇短伸肌**：可伸拇指。

（4）**拇长伸肌**：可伸拇指。

（5）**示指伸肌**：位于最内侧，可伸示指。

此群肌肉较难辨认，应先找到位于最上方，止于桡骨的旋后肌，再依次根据肌的命名和止点逐一辨认其余各肌。此肌群中有 3 块专管拇指的肌，自上向下排列（两长夹一短），皆以功能命名，三肌的肌腱皆经过拇指腕掌关节的背侧，并于该处在拇长展肌腱、拇短伸肌腱和拇长伸肌腱之间形成一“鼻烟壶”，此在活体伸和外展拇指时可以观察到。

前臂肌数目众多，分群复杂，各肌形态相似，位置接近，较难确认。观察前应将肌恢复原位，对齐断头，分清层次；再根据起止或其他特征，确认可作为标志的肌，然后以其为标准按排列顺序对照图谱进行辨认。

（四）**手肌**　手的固有肌全部位于手的掌面，分为三群。

1. 外侧群　有 4 块短肌，较为发达，并分两层，在手掌拇指侧形成隆起，称**鱼际**。可使拇指屈、收、外展和对掌。

2. 内侧群　主要有 3 块短肌，在手掌小指侧也形成隆起，称**小鱼际**。可使小指屈、外展和对掌。

3. 中间群　位于掌心，包括蚓状肌和骨间肌。

（1）**蚓状肌**：为 4 条呈细束状的小肌，可屈掌指关节，伸指骨间关节。

（2）**骨间肌**：共 7 块，位于掌骨的骨间隙内，分为**骨间掌侧肌**和**骨间背侧肌**，前者有 3 块可使第 2、4、5 指内收，后者有 4 块，可使第 2、3、4 指外展。

手肌分群可由教师在手肌标本上示教，同时提示各群肌的命名和作用。

应用腱鞘瓶装标本，由教师示教腕掌、背侧和指掌侧的腱鞘。

八、下 肢 肌

实习材料

1．全尸。2．游离下肢肌和髋肌标本。3．瓶装髋肌标本。4．足肌及腱鞘标本。

实习内容

下肢肌可分为髋肌、大腿肌、小腿肌和足肌四部分。

（一）**髋肌**　又称盆带肌，为连接骨盆和股骨的肌肉，主要起自骨盆的内面或外面，越过髋关节止于股骨的近侧端，根据与髋关节的位置关系，可分为前、后两群。

1．前群　为屈肌群。

（1）**髂腰肌**：包括腰大肌和髂肌。① **腰大肌**，呈圆柱形，位于脊柱腰部的两侧。② **髂肌**，呈扇形，位于腰大肌外侧的髂窝内。两肌向下汇合成腱，止于小转子。可使髋关节屈曲和旋外；下肢固定时可通过髋关节和脊柱腰部屈曲而使躯干前屈。

（2）**阔筋膜张肌**：位于大腿上部的前外侧，肌腹被包在阔筋膜两层之间。可屈髋关节并使阔筋膜紧张。

2．后群　主要位于臀部，又称臀肌。主要有：

（1）**臀大肌**：位于臀部皮下，宽而厚，略呈四方形，起自髂骨翼外面和骶骨背面，肌纤维斜向外下，止于股骨的臀肌粗隆和髂胫束。可使髋关节伸和旋外。

（2）**臀中肌**：呈扇形，在臀大肌深面，可使髋关节外展，其前部和后部纤维分别可使髋关节旋内和旋外。

（3）**臀小肌**：位于臀中肌深面，亦呈扇形，可使髋关节外展和旋内。

（4）**梨状肌**：位于臀中肌下方，通过坐骨大孔出骨盆腔，将坐骨大孔分为上、下两部，分别称**梨状肌上、下孔**。可使髋关节旋外。

（5）**闭孔内肌、闭孔外肌和股方肌**：这些小肌经过髋关节后方，均能使髋关节旋外。

（二）**大腿肌**　位于股骨周围，共10块，可分为前群、内侧群和后群。

1．前群　位于股前部，有2块。

（1）**缝匠肌**：为窄长而扁的带状肌，可屈髋关节和膝关节，并使屈曲的膝关节旋内。

（2）**股四头肌**：为全身最大的肌肉，以四个头起始，分别为：① **股直肌**，位于大腿前面，起自髂前下棘。② **股内侧肌**，位于大腿的前内侧面，股直肌的内侧，起自股骨粗线。③ **股外侧肌**，位于大腿的前外侧面，也起自股骨粗线。④ **股中间肌**，位于股直肌的深面，起自股骨体的前面。四个头向下形成**股四头肌腱**，包绕髌骨，延为**髌韧带**，止于胫骨粗隆。股四头肌可伸膝关节，股直肌还可屈髋关节。

2．内侧群　位于大腿的内侧，有5块。

（1）**耻骨肌**：呈长方形，位于大腿根部，髂腰肌内侧，股血管的深部。

（2）**长收肌**：呈三角形，位于耻骨肌的内下方。

（3）**股薄肌**：呈扁带状，位于大腿最内侧。

（4）**短收肌**：呈三角形，位于耻骨肌和长收肌深面。

（5）**大收肌**：强厚，呈三角形，位置最深，被上述各肌覆盖，其下份的止腱和股骨之间形成一裂孔，称**收肌腱裂孔**。

内收肌群主要使髋关节内收，且可使其屈曲、旋外。

3．后群　位于大腿后面，有3块：

（1）**股二头肌**：位于股后部外侧，有长、短二头，短头短小被长头掩盖。

（2）**半腱肌**：位于股后部内侧，居浅层，肌之下半被一长腱所代替。

（3）**半膜肌**：位于半腱肌的深面，肌之上份为一呈膜片状的腱板。

后群肌的作用主要为屈膝关节、伸髋关节；当膝关节屈曲时，股二头肌能使小腿旋外，半腱肌及半膜肌则可使小腿旋内。

（三）**小腿肌**　有10块，可分为前群、外侧群及后群。

1．前群　位于小腿骨间膜前面，有3块，自内侧向外侧分别为：

（1）**胫骨前肌**：位于胫骨前缘的外侧，可背屈（伸）踝关节，并使足内翻。

（2）**趾长伸肌**：并列于胫骨前肌的外侧，可伸第2～5趾和背屈（伸）踝关节。

（3）**踇长伸肌**：位于前二肌之间，起端被二肌掩盖，可伸踇趾和使踝关节背屈。

2．外侧群　位于腓骨外侧，几乎掩盖腓骨全长。有2块。

（1）**腓骨长肌**：位置较浅，上部直接贴附于腓骨。

（2）**腓骨短肌**：较腓骨长肌短，位于其下部的深面。此二肌可使足外翻和跖屈踝关节。

3．后群　有5块，分浅、深两层

浅层　有腓肠肌和比目鱼肌，合称小腿三头肌。

（1）**腓肠肌**：位于膝及小腿后面，有内、外侧两头，分别起自股骨内、外侧髁的后面，两头在小腿中部互相融合成一肌腹，向下移行为腱。

（2）**比目鱼肌**：位于腓肠肌深面，起自胫、腓骨后面上部，肌束向下移行为腱。腓肠肌与比目鱼肌的腱合成粗大的跟腱，止于跟骨。此二肌可跖屈踝关节，腓肠肌尚可屈膝关节。

深层　有4块，自胫侧向腓侧分别为：

（1）**腘肌**：斜位于腘窝底，屈膝关节并使小腿旋内。

（2）**趾长屈肌**：位于胫侧，可屈第2～5趾和跖屈踝关节。

（3）**胫骨后肌**：位于趾长屈肌腓侧，可跖屈踝关节和使足内翻。

（4）**踇长屈肌**：位于胫骨后肌腓侧，可屈踇趾和跖屈踝关节。

（四）足肌　分为足背肌和足底肌。

（1）**足背肌**：短小，可伸踇趾和第2～5趾。

（2）**足底肌**：也分为内侧、外侧和中间群，其配布情况和作用与手肌相似，但无与拇指和小指对掌肌相当的肌肉。

（刘素伟　赵宝东　李德华）

第二篇 内 脏 学

内脏包括消化系统、呼吸系统、泌尿系统和生殖系统。

第一章 消化系统

实习材料

1．头颈部正中矢状切面标本。2．各类牙的离体标本。3．舌标本。 4．口腔腺标本。5．咽腔标本（咽后壁剖开）。6．纵切开的食管离体标本。7．腹腔（前外侧壁切开）。8．纵切开的胃、空肠、回肠、盲肠、结肠、直肠的离体标本。9．盆腔正中矢状切面的标本。10．肝离体标本。11．肝、胆囊、胰与十二指肠相连续的标本。12．腹膜标本及模型。13．消化器官模型。

实习内容

消化系统包括消化管和消化腺两部分。消化管分为口腔、咽、食管、胃、小肠和大肠。消化腺包括口腔腺、肝和胰等。

一、口 腔

口腔 是消化管的起始部分。口腔的前壁和侧壁由上、下唇和颊构成。上、下唇围成口裂。口腔后壁不完整，经咽峡与咽相通。

（一）口腔的分部 在张口时，可见以上、下牙弓为界，将口腔分成两部。

1．**口腔前庭** 为位于牙弓与唇、颊之间的呈蹄铁形的裂隙。

2．**固有口腔** 为位于牙弓与咽峡之间的间隙，是口腔的主体部分。上壁为硬腭和软腭；下壁即口腔底，由粘膜、骨骼肌和舌构成。

（二）口腔的内容物 包括腭、牙和舌等。

1．**腭** 其前 2/3 为硬腭，后 1/3 为软腭。软腭后部斜向后下，称**腭帆**。腭帆后缘游离，其中部有向下的突起，称**腭垂**或**悬雍垂**。由腭帆向两侧各有两条弓状皱襞，前方的为**腭舌弓**，向下连至舌根；后方的为**腭咽弓**，向下连至咽侧壁。两弓间的三角形凹陷区称**扁桃体窝**，容纳**腭扁桃体**。未被扁桃体充满的空间称**扁桃体上窝**。

咽峡由腭帆游离（后）缘、腭垂、腭舌弓、腭咽弓及舌根围成。有些学者认为腭咽弓不参与咽峡的形成。

2．**牙**

（1）数量：**恒牙** 28-32 个，**乳牙** 20 个。

（2）一般形态：观察上、下牙弓。**牙冠**：暴露于口腔内的部分；**牙根**：嵌于牙槽内的部分；**牙颈**：位于冠、根交界处，有**牙龈**被覆。

（3）分类及主要形态特征：见表 1-3（观察离体标本）。

表 1-3　牙的形态比较

名　称	牙冠形态	牙根数量
切　牙	扁　平	1 个根
尖　牙	锥　形	1 个根
前磨牙	方圆形，2～3 个结节	1 个根
磨　牙	方形，4～5 个结节	上颌 3 个根，下颌 2 个根

（4）构造：观察牙的纵切面。**牙（本）质**为牙的主体，**釉质**位于牙冠处的牙（本）质表面，**牙骨质**位于牙根及牙颈的牙本质表面。**牙髓**充填于**牙冠腔**和**牙根管**内，为含有丰富血管和神经的结缔组织。牙冠腔和牙根管统称**牙腔**。

（5）牙周组织：由牙周膜、牙槽骨和牙龈构成，对牙有保护、固定和支持作用。

3．**舌**　位于固有口腔底，主要由骨骼肌构成。

（1）形态：其上面即舌背，借**界沟**分为**舌体**和**舌根**两部分，舌体前端为**舌尖**。舌下面可见**舌系带**、**舌下阜**和**舌下襞**。

（2）构造：

1）粘膜：舌背的粘膜上有许多小突起，称为**舌乳头**。舌乳头有 4 种，其形态、数量、大小及分布有很大差异(表 1-4)。舌根的粘膜内有许多淋巴组织形成的小结节，称**舌扁桃体**。

表 1-4　舌乳头的位置、形态和功能

名　称	位　置	形　态	功　能
轮廓乳头	界沟前方	中央隆起较大	味觉
丝状乳头	舌背前 2/3	白色小而密集	一般感觉
菌状乳头	散在于丝状乳头间	孤立、红色菌状	味觉
叶状乳头	侧缘后部	皱襞状	味觉

2）肌：为骨骼肌，可分为舌内肌和舌外肌。**舌内肌**（舌固有肌）起、止于舌，收缩时使舌变形。在舌的切面上可观察其断端（纵肌、横肌、垂直肌）。**舌外肌**起于舌周围各骨，止于舌，收缩时使舌位置移动(**舌骨舌肌**使舌向后下方，**茎突舌肌**使舌向后上方，**颏舌肌**单侧收缩使舌尖伸向对侧，双侧收缩使舌伸向前下）。

二、唾 液 腺

唾液腺 位于口腔周围，通过不同长度的导管向口腔内排泄唾液，故又称**口腔腺**。

1. **腮腺** 分浅、深两部分。其浅部呈不规则三角形，位于头面部两侧深筋膜的深面，外耳道下方，胸锁乳突肌前缘与咬肌后缘间。腺体大，**腮腺管**在颧弓下一横指处前行，横越咬肌表面，穿入颊肌并开口于平对上颌第2磨牙牙冠的颊粘膜上的腮腺管乳头。深部在下颌支的深面。

2. **下颌下腺** 位于下颌体与二腹肌之间，其腺管开口于舌下阜。

3. **舌下腺** 位于舌下襞的深方，腺体较小，腺管分大、小两种，其大管开口于舌下阜，小管开口于舌下襞。

三、咽

咽 位于颅底与第6颈椎体下缘水平之间。向前借鼻后孔、咽峡、喉口分别与鼻腔、口腔和喉腔相通；向下与食管相续；向两侧借咽鼓管与中耳鼓室相通。观察头颈部正中矢状切面标本。

（一）分部 按照咽前方的毗邻，将咽分为3部分。

1. **鼻咽（部）** 位于颅底与腭帆后缘水平之间，向前经鼻后孔通鼻腔，向两侧借咽鼓管通鼓室。

2. **口咽（部）** 位于腭帆后缘与会厌上缘水平之间，经咽峡与口腔相通。

3. **喉咽（部）** 位于会厌上缘与第6颈椎体下缘水平之间，其前壁上部有喉口通喉腔。

（二）内面结构 在矢状切面和咽后壁剖开的标本上观察。

1. **咽鼓管咽口** 为位于鼻咽部侧壁上的三角形孔，大约与下鼻甲后端平齐，其后上方有明显的隆起，称**咽鼓管圆枕**。咽鼓管咽口周围有**咽鼓管扁桃体**。

2. **咽隐窝** 为咽鼓管圆枕后方与咽后壁间的隐窝，是鼻咽癌的多发部位。

3. **腭扁桃体** 位于口咽部侧壁的扁桃体窝内。

4. **咽扁桃体** 位于咽后壁内，并与咽鼓管扁桃体、腭扁桃体及舌扁桃体共同构成**咽淋巴环**。

5. **会厌正中襞** 为舌根与会厌相连的粘膜皱襞，其两侧为会厌谷是异物易停留处。

6. **梨状隐窝** 为位于喉口两侧的隐窝，是异物容易滞留的部位。

（三）咽壁的构造（咽肌部分） 咽肌是骨骼肌，由斜行的咽缩肌和纵行的咽提肌相互交织而成。咽缩肌分上、中、下3部分，并自上而下呈迭瓦状排列。咽提肌包括**茎突咽肌**、**腭咽肌**和**咽鼓管咽肌**，收缩时可上提咽和喉，协助吞咽和封闭喉口。

四、食　　管

食管　在头颈胸整体标本上，可见其位于第 6 颈椎体下缘水平与第 11 胸椎体下缘水平之间。其上端与咽相接，下端与胃延续，前方借心包与左心房相邻，后方有胸主动脉、奇静脉、胸导管伴行。

（一）形态　食管是消化管中最狭窄的器官，长约 25cm，静止状态时前后扁平。

（二）分部　食管全长可分为颈部、胸部和腹部。其中胸部最长、腹部最短。

（三）生理狭窄　食管有 3 处生理狭窄。第 1 个狭窄在食管的起始处，距上颌中切牙约 15cm；第 2 个狭窄在左主支气管跨越食管左前方处，距上颌中切牙约 25cm；第 3 个狭窄在穿膈的食管裂孔处，距上颌中切牙约 40cm。

五、胃

胃　是消化管中内腔最膨大的器官，在活体上，它的形状与大小随其内容物的多少及邻近器官的形态而发生相应的变化。在腹前外侧壁被切除的标本上，可见其大部分位于左季肋区（部），小部分位于腹上区（部）。其毗邻前壁自右向左为肝左叶、腹前壁和膈；后壁为胰，横结肠，左肾和左肾上腺；胃底邻脾和膈。

（一）形态　有入口和出口，入口为**贲门**，位于第 11 胸椎体左侧，出口为**幽门**，位于第 1 腰椎体右侧。另有前、后面，大、小弯。**胃小弯**最低处可见**角切迹**。**胃大弯**起始处为**贲门切迹**；近幽门处不明显的浅沟为**中间沟**。

（二）分部　经贲门平面和以角切迹为准，可将胃分成 4 部，贲门附近的**贲门部**；贲门切迹以上的部分为**胃底**（胃穹）；自胃底向下至角切迹的部分称为**胃体**；近幽门的部分称**幽门部**。幽门部以中间沟为界分为左侧**幽门窦**和右侧**幽门管**。临床上称幽门窦为**胃窦**。

（三）胃壁的构造　由内向外是：

1. 粘膜与粘膜下层　活体上呈橙色，空虚时形成长短不一的皱襞。其中近胃小弯处有 4 ～ 5 条纵形粘膜皱襞，皱襞间的纵沟称**胃道**。贲门与幽门处粘膜皱襞呈放射状。覆盖幽门括约肌的粘膜形成环状襞，称**幽门瓣**。其他部位的皱襞不规则。胃粘膜表面呈小丘状的隆起称**胃区**，其表面有许多小凹陷为胃腺的开口，称**胃小凹**。

2. 肌层　由内斜、中环、外纵三层平滑肌构成，环层肌在幽门处增厚，形成**幽门括约肌**。

3. 浆膜　属于脏腹膜。

六、小　　肠

小肠是消化管中最长的器官，可分为十二指肠、空肠和回肠，成人小肠全长 5 ～ 7m。

（一）**十二指肠**　切开腹前外侧壁，并将浅层脏器翻开，可见位于腹上区偏向右侧近腹后壁处的十二指肠。

1. 形态　全长约 20 ～ 25cm，包绕胰头呈蹄铁形。

2. 分部及各部特点见表 1-5。

表 1–5　十二指肠各部位置及解剖特点

名　称	位　置	解剖特点
上　部	幽门至肝门下，第 1 腰椎体右侧	近幽门处为球部，粘膜光滑无环形皱襞，是溃疡好发部位
降　部	第 1 ～ 3 腰椎体右侧	后内侧壁上有十二指肠纵襞，其下部有十二指肠大乳头
水平部（下部）	横过第 3 腰椎体前方	肠系膜上动、静脉从其前方跨过
升　部	从水平部至第 2 腰椎体左侧	参与形成十二指肠空肠曲

其中上部与降部相交处为**十二指肠上曲**，降部与水平部相交处为**十二指肠下曲**，十二指肠与空肠转折处形成**十二指肠空肠曲**。

3. 特殊结构　十二指肠空肠曲的上后壁借十二指肠悬肌固定于腹后壁的右膈脚上。**十二指肠悬韧带**（即 Treitz 韧带）由**十二指肠悬肌**及其下段表面的腹膜皱襞共同构成，手术中借此韧带确定空肠的起始端。

（二）**空肠和回肠**　空、回肠借肠系膜连于腹后壁，故统称系膜小肠。二者形态基本相似。空、回肠的主要区别如表 1-6。

表 1–6　空、回肠的区别

名　称	位　置	肠壁厚度及腔	颜　色	环形皱襞	淋巴滤泡	系膜动脉弓
空　肠	腹腔左上部	较厚　腔大	淡　红	高而密集	孤立淋巴滤泡	1 ～ 2 级
回　肠	腹腔右下部	较薄　腔小	苍　白	低而稀疏	孤立和集合淋巴滤泡	3 ～ 5 级

有 2% 的人于距回肠末端 0.3 ～ 1m 处，有 **Meckel 憩室**。为胚胎期卵黄囊管遗留所成，发炎时似阑尾炎。

七、大　肠

大肠　全长约 1.5m，可分为盲肠、阑尾、结肠、直肠和肛管 5 部分。大肠的主要特征（直肠、肛管和阑尾除外）有结肠带、结肠袋和肠脂垂。**结肠带**由肠壁纵肌增厚形成，有 3 条平行排列。**结肠袋**是由肠管形成的为许多横行浅沟所隔成的囊状凸起。**肠脂垂**是由结肠带附近的浆膜下脂肪组织外包腹膜形成的多个小突起。

（一）**盲肠**　位于右髂窝。**盲肠**（离体盲肠所见）长约 6 ～ 8cm，呈囊袋状，其内侧壁有回肠末端的开口，称**回盲口**。回盲口处有两片半月形的粘膜皱襞，称**回盲瓣**。回盲口的下方有阑尾开口，称阑尾口。

（二）**阑尾** 为一长约 6 ～ 8cm 的盲管。其近侧端（根部）位于盲肠 3 条结肠带的汇集处，体表投影多在麦氏（Mc Burney）点处（右髂前上棘与脐连线的中、外 1/3 交界处），有时以 Lanz 点（两髂前上棘连线的右、中 1/3 交点处）表示，此处在急性炎症时可有局限性压痛。其远侧端（尖端）游离，多数为回肠下位和盲肠后位。

（三）**结肠** 结肠呈方框状包绕于系膜小肠周围，具有典型的大肠特征。分为升结肠、横结肠、降结肠和乙状结肠（表 1-7）。

表 1–7　结肠各部位置、长度及其与系膜的关系

名　称	位　置	长　度	特　点
升结肠	右髂窝～肝右叶下方	15 ～ 20cm	无系膜
横结肠	肝右叶下方～脾脏面下方	50cm	有系膜
降结肠	脾脏面下方～左髂嵴水平	15 ～ 20cm	无系膜
乙状结肠	左髂嵴水平～第 3 骶椎平面	40 ～ 45cm	有系膜

升结肠与横结肠以及横结肠与降结肠的移行处分别称为**结肠右曲**（**肝曲**）和**结肠左曲**（**脾曲**）。

（四）**直肠和肛管**

1. **直肠** 亦称直肠盆部。在盆腔正中矢状切面的标本上，可见直肠位于小骨盆腔内，从第 3 骶椎至盆膈平面。全长约 10 ～ 14cm。在矢状切面上，上部可见凸向后的**直肠骶曲**，其下方尚有凸向前的**直肠会阴曲**。直肠壁上有三个**直肠横襞**（Houston 瓣），中间一个大而恒定的横襞距肛门约 7cm，位于直肠右壁，可作为直肠镜检的定位标志。直肠下段肠腔膨大称**直肠壶腹**。直肠穿过盆膈与肛管相续。

2. **肛管** 亦称直肠肛门部，长约 3 ～ 4cm，下端终于肛门。肛管的内面可见下列诸结构：**肛柱**为肛管上段纵行的粘膜皱襞，有 6 ～ 10 条。**肛瓣**为相邻肛柱下端间的半月形皱襞。**肛窦**为每一个肛瓣与其相邻的两个肛柱下端之间的袋状凹陷。**肛直肠线**为各肛柱上端的连线，分隔直肠与肛管。肛瓣与肛柱下端共同连成**齿状线**。**肛梳**（**痔环**）为齿状线下方约 1cm 宽的光滑的环形区。**白线**为位于肛梳下缘可触知的环形浅沟，为肛门内、外括约肌的分界处。肛管下端的开口称**肛门**。

3. **肛门括约肌** 有肛门内、外括约肌。**肛门内括约肌**由肠壁环形肌下端增厚形成，属平滑肌；**肛门外括约肌**是会阴肌的一部分，属骨骼肌，受意志支配，分皮下部、浅部和深部。由肛门内括约肌，肠壁的纵行肌，肛门外括约肌的浅、深部以及肛提肌的耻骨直肠肌共同构成**肛门直肠环**。

八、肝和肝外胆道系统

（一）**肝** 肝质软而脆，活体上呈棕红色，是人体最大的腺体。

1. **位置** 肝大部分位于右季肋区和腹上区，小部分位于左季肋区。其上界与膈的高度一致。在直立平静呼吸状态下，肝上界从右至左大约在右锁骨中线上平第 5 肋或第 5 肋间隙高度，在前正中线上平剑胸结合，在左锁骨中线上在该线与第 5 肋间隙相交处。肝下界右侧与右肋弓下缘一致，左侧则经剑突下 3cm 处向左上方，至左锁骨中线第 5 肋间隙。成人右肋弓下一般不应触及到肝。三岁以下小儿可于肋弓下触及，但不能超过 3cm。

2. 形态　肝右端圆钝，左端窄薄，呈楔形。在离体肝上观察膈、脏两面和前、后、左、右四缘。

（1）膈面（上面）：隆凸对向膈，可见镰状韧带和冠状韧带的附着线。无腹膜复盖部分称**肝裸区**。

（2）脏面（下面）：凹陷，可见一些邻近脏器的压迹和“H”字形的浅沟。左纵沟前段容纳**肝圆韧带**，后段容纳**静脉韧带**；右纵沟前段称**胆囊窝**，容纳胆囊，后段为**腔静脉沟**，有下腔静脉通过；横沟即**肝门**，有肝门静脉左、右支，肝固有动脉左、右支，肝左、右管和神经及淋巴管通过。这些出入肝门的结构被结缔组织包绕称**肝蒂**。

（3）四缘：前缘锐，前缘偏左侧有**肝圆韧带切迹**，偏右侧有**胆囊切迹**；后缘及右缘钝；左缘薄锐。

3. 分叶　肝的上面（膈面）借肝镰状韧带分为左叶和右叶；肝的下面（脏面）以“H”形沟分为**左叶**、**方叶**、**尾状叶和右叶**。

（二）肝外胆道

1. **胆囊**　位于胆囊窝内，具有浓缩和贮存胆汁的作用。呈梨形，分为底、体、颈、管四部。**底**为突向前下方的盲端，其体表投影点位于右锁骨中线与右肋弓交点处。**体**为胆囊的主体部分。**颈**是体以直角向左下弯转的窄细部分，由颈移行为**胆囊管**。颈、管的粘膜有**螺旋襞**。

2. **胆道**　由从肝门出肝的**肝左**、**右管**合成**肝总管**，肝总管与胆囊管合成**胆总管**。在十二指肠降部的后内侧壁内，有胆总管与主胰管汇合形成并略膨大的**肝胰壶腹**（Vater 壶腹），开口于**十二指肠大乳头**。肝胰壶腹周围有**肝胰壶腹括约肌**，胆总管及胰管末段分别有**胆总管括约肌**和**胰管括约肌**。

3. **胆囊三角**　是由肝总管、胆囊管和肝下面围成的三角形区域，胆囊动脉常经此至胆囊。

九、胰

胰　是体内第 2 大腺体，具有内分泌和外分泌的双重功能。内分泌功能部分为胰腺内的胰岛。胰重约 80 ～ 120g，呈灰红色、三棱柱状，扁而长，平第 1 ～ 2 腰椎水平，横过腹后壁。

胰分为头、颈、体、尾 4 部：① **胰头** 为右端的膨大部，被十二指肠包绕，其向左下突出的部分称为**钩突**。② **胰颈** 为胰头左侧的缩窄部。③ **胰体** 为胰中间的大部分。④ **胰尾** 为胰体左侧细窄部分，伸向左上方，抵达脾门。

胰实质内的**胰管**自胰尾向胰头走行，最后与胆总管汇合，形成膨大的**肝胰壶腹**，开口于**十二指肠大乳头**。有时在胰管上方有一**副胰管**，开口于**十二指肠小乳头**。

十、腹　膜

腹膜　是衬覆在腹、盆腔壁内面及腹、盆腔脏器表面的浆膜（在腹、盆腔矢状切面及横断面上观察）。

（一）分部

1. **壁腹膜**　衬覆在腹、盆腔壁的内表面。

2. **脏腹膜**　覆盖于腹、盆腔脏器的表面。

腹膜腔：为脏腹膜与壁腹膜相互移行所形成的一个不规则并含有少量浆液的潜在性间隙。该腔在女性可借生殖管道与外界相通；在男性则呈封闭状态。

（二）腹膜与脏器的被覆关系

1. 内位器官　胃、空肠、回肠、盲肠、阑尾、横结肠、乙状结肠、脾、卵巢和输卵管等。

2. 间位器官　升结肠、降结肠、直肠上部、肝、胆囊、膀胱和子宫等。

3. 外位器官　十二指肠降部和水平部、直肠中下部，胰、肾、肾上腺和输尿管等。

（三）腹膜形成的结构

1. 网膜

（1）**小网膜**：为由肝门移行于胃小弯和十二指肠上部的双层腹膜。肝门与胃小弯之间的称**肝胃韧带**，与十二指肠上部之间的称**肝十二指肠韧带**。小网膜右缘后方有网膜孔。

（2）**大网膜**：呈围裙状，主由四层腹膜组成。前两层自胃大弯和十二指肠上部向下垂至脐平面以下；再向后返折上行到横结肠，此为后两层。**胃结肠韧带**系指胃大弯至横结肠之间的大网膜前两层而言。

2. **系膜**　是将某些肠管连于腹后壁或其他器官的双层腹膜。其名称、形态和附着见表 1-8。

表 1–8　　各系膜的形态和根部附着部位

名　　称	形　　态	根部附着部位
小肠系膜	扇　形	第 2 腰椎左侧至右骶髂关节
阑尾系膜	三角形	小肠系膜下端
横结肠系膜	横位、宽阔	自结肠右曲至左曲系于腹后壁
乙状结肠系膜	扇　形	左髂窝至骨盆腔左后壁

3. **韧带**　指脏腹膜与壁腹膜移行处或连于脏器之间的腹膜。

（1）**镰状韧带**：位于膈穹下面与肝膈面之间，呈矢状位，在正中线右侧。游离缘内有肝圆韧带。

（2）**冠状韧带**：位于肝膈面与膈之间，呈冠状位，分前、后两层（在肝膈面处两层分开，使肝与膈直接相贴的区域，称肝裸区）。冠状韧带的两端，前后两层会合形成左、右三角韧带。

（3）**胃脾韧带**：位于胃底与脾门之间。

（4）**脾肾韧带**：位于脾门与左肾之间。

（5）**膈脾韧带**：由膈与脾之间的腹膜构成。

（6）**膈结肠韧带**：位于膈与结肠左曲之间。

4. **网膜囊**　是腹膜腔的一部分，借**网膜孔**与腹膜腔相通。其主体部分位于胃与小网膜的后方。其各壁的构成如下：① 前壁为小网膜、胃后壁及大网膜前两层；② 后壁为横结肠及其系膜、大网膜后两层及覆被于胰前面的腹膜；③ 上壁为肝左叶、尾状叶及膈下面；④ 下壁为大网膜前、后层移行处；⑤ 左壁为脾、胃脾韧带和脾肾韧带；⑥ 右壁借**网膜孔**通腹膜腔，此孔可容纳 1 ～ 2 指通过。网膜孔上界为肝尾状叶，下界为十二指肠上部，前界为肝十二指肠韧带，后界为覆于下腔静脉前面的腹膜。

5. **隐窝及陷凹**　为腹膜皱襞间或皱襞与壁腹膜之间的大小不一的凹陷。

（1）**隐窝**：多位于腹后壁，主要有位于十二指肠空肠曲与腹主动脉左侧之间的**十二指肠上、下隐窝**；位于盲肠后方的**盲肠后隐窝**；位于乙状结肠系膜左下方的**乙状结肠间隐窝**；位于肝右叶与右肾间的**肝肾隐窝**。

（2）**陷凹**：位于骨盆腔。如见于男性的**直肠膀胱陷凹**，女性的**直肠子宫陷凹**和**膀胱子宫陷凹**。

附：1. 腹部标志线

（1）上横线：通过两侧肋弓最低点的直线。

（2）下横线：通过两侧髂结节的直线。

（3）左、右垂线：分别经由左、右腹股沟韧带中点向上所做的垂线。

2. 腹部分区　上述四条直线将腹前外侧壁分成三部九区。

上腹部	右季肋区	腹上区	左季肋区
中腹部	右腹外侧区	脐　区	左腹外侧区
下腹部	右髂区	腹下区	左髂区

（王正东　王连璞）

第二章　呼吸系统

实习材料

1. 头部正中矢状切面标本。2. 喉正中矢状切面、环甲膜标本和喉肌标本。3. 支气管树和肺段标本。4. 肺和肺门标本。5. 胸膜标本。6. 纵隔标本。

实习内容

呼吸系统包括**呼吸道**和**肺**。呼吸道包括鼻、咽、喉、气管和支气管；肺包括肺内支气管分支肺、泡及肺间质。前者是呼吸气体的通道，后者是气体交换的场所。

一、鼻

（一）**外鼻**　位于面部中央。介于两眶之间的部分为**鼻根**，下延成**鼻背**，下端最突出部称**鼻尖**，它向两侧扩展成**鼻翼**。鼻以**鼻孔**与外界相通。外鼻由骨和软骨作为支架，表面覆以皮肤。

（二）**鼻腔** 由骨和软骨作支架，内面被覆皮肤和粘膜，被鼻中隔分为左、右两个鼻腔。每侧鼻腔向前经鼻孔与外界相通，向后经**鼻后孔**通咽，并以**鼻阈**为界，分为鼻前庭和固有鼻腔。**鼻前庭**为鼻腔前下部的扩大部，位于鼻尖和鼻翼内面，上方以鼻阈的弧形隆起与固有鼻腔分界。鼻前庭内衬皮肤，也含有汗腺和皮脂腺，并有坚硬的鼻毛，借以滤过净化空气。**固有鼻腔**分为顶、底、内侧壁及外侧壁。鼻腔内侧壁是**鼻中隔**，它由筛骨垂直板、犁骨和鼻中隔软骨覆以粘膜而成。鼻腔外侧壁结构复杂，由**上**、**中**、**下鼻甲**及**上**、**中**、**下鼻道**构成。在上鼻甲的后上方有**蝶筛隐窝**。切除中鼻甲，可见**半月裂孔**，其前端有**筛漏斗**。半月裂孔上方有**筛泡**。**鼻泪管**位于下鼻道的前上方。

鼻腔粘膜分为两部分：**嗅区**位于上鼻甲内侧面以及与其相对应的鼻中隔部分，呈淡黄色，内含嗅细胞；**呼吸区**为除嗅区以外的部分，粘膜呈红色，内含丰富的血管及粘液腺。

（三）**鼻旁窦** 由骨性鼻旁窦内衬覆粘膜而成，有额窦、筛窦、蝶窦和上颌窦共 4 对，左右对称，开口于鼻腔。

1. **上鼻道** 位于**上鼻甲**的外下方，**后筛窦**开口于此。在上鼻甲的后上方有**蝶筛隐窝**，**蝶窦**开口于此。

2. **中鼻道** 位于**中鼻甲**的外下方，**额窦**，**上颌窦**，**前**、**中筛窦**开口于此。

3. **下鼻道** 位于**下鼻甲**的外下方，**鼻泪管**开口于此。

二、喉

喉 是构造较复杂的管状器官，不仅是空气出入肺的管道，也是发音器官，由软骨、关节、韧带、喉肌及喉粘膜、神经和血管构成，居颈前中部，喉咽部前方。向上借喉口与喉咽部相通，向下接续气管。一般上界平对第 4、5 颈椎体之间，下界平对第 6 颈椎体的下缘。

（一）喉的软骨 喉软骨构成喉的支架。共有 5 块，不成对的有甲状软骨、环状软骨、会厌软骨；成对的有杓状软骨。

1. **甲状软骨** 由两片对称的四边形软骨板连接而成，构成喉前壁和侧壁的大部。两板前缘以直角（女性为纯角）相连形成前角，前角上端向前突出称**喉结**，成年男性特别突出。由后缘向上、向下各有一突起，分别称**上角**和**下角**。下角与环状软骨相关节。

2. **环状软骨** 在甲状软骨下方，是喉部唯一呈环状的软骨。前面大部较窄，称**环状软骨弓**；后部高而宽，称**环状软骨板**。板的上缘有关节面，与杓状软骨底相关节。弓与板交界处的外侧面上有关节面，与甲状软骨下角相关节。

3. **会厌软骨** 形如树叶，上阔下窄，上端游离，位于舌根和舌骨的后上方，下端借韧带附着于甲状软骨前角的后面。

4. **杓状软骨** 位于环状软骨板上方，左右各一，构成喉后壁的上部。杓状软骨近似三棱锥体形，分为一尖、一底、两突和三个面。尖向上。底朝下，与环状软骨板相关节。底向前方的突起称**声带突**，有声韧带附着，向外侧较钝的突起称**肌突**，是一些喉肌的附着处。

（二）喉软骨的连结 包括喉软骨彼此间的关节、纤维膜和韧带，以及喉软骨与舌骨或气管软骨间的纤维膜和韧带。

1. **环杓关节** 由杓状软骨底和环状软骨板上缘的关节面构成。其关节囊松弛。环杓关节的运动形式有两种：一方面可作微弱的向前、向后、向内及向外等方向的滑动；另一方面杓状软骨通过此关节可沿垂直轴作旋转运动，使声门裂开大或缩小。

2. **环甲关节** 由甲状软骨下角的关节面与环状软骨弓和板交界处外侧面上的关节面构成。甲状软骨通过此关节可在冠状轴上作前倾和复位的运动，使甲状软骨前角与杓状软骨声带突之间的距离增大或缩短，从而使声襞紧张或松弛。

3. **弹性圆锥** 又称**环声膜**。是张于环状软骨弓上缘、甲状软骨前角后面和杓状软骨声带突之间的膜状结构。此膜上缘游离，附着于甲状软骨前角后面和杓状软骨声带突之间，称**声韧带**。

4. **方形膜** 位于会厌软骨侧缘、甲状软骨前角内面和杓状软骨之间的略呈斜方形的弹性纤维膜。此膜下缘游离而增厚，称**前庭韧带**。方形膜上缘游离，构成杓状会厌襞的基础。

5. **甲状舌骨膜** 是连于甲状软骨上缘与舌骨之间的薄膜。

6. **环状软骨气管韧带** 连于环状软骨下缘与第1气管软骨之间。

（三）喉肌 均为横纹肌，分为内、外两群。外群有**环甲肌**；内群有**环杓后肌**、**环杓侧肌**、**甲杓肌**、**杓横肌**和**杓斜肌**等。主要作用是运动环甲关节和环杓关节，分别使声襞紧张或松弛和使声门裂开大或缩小（详见教材）

（四）喉腔 是由喉软骨作支架围成的筒状腔隙。腔壁覆以粘膜，向上借喉口通喉咽部，向下与气管相通。

1. **喉口** 是喉腔的上口，由会厌上缘、**杓状会厌襞**和**杓间切迹**围成。杓状会厌襞外侧的陷窝称**梨状隐窝**。

2. **前庭襞和声襞** 喉腔中部的侧壁上，有上、下两对呈矢状位的粘膜皱襞突入腔内。上襞称**前庭襞**（室襞），下襞称**声襞**。**声带**是由声韧带、声带肌及其表面的粘膜构成。前庭襞间的裂隙称**前庭裂**；两侧声襞及杓状软骨基部之间的裂隙称**声门裂**，此裂前3/5为**膜间部**，后2/5为**软骨间部**。

3. **喉前庭**、**喉中间腔**和**声门下腔** 喉口至前庭裂平面之间的部分是**喉前庭**。前庭裂平面至声门裂平面之间的部分，称**喉中间腔**。声门裂平面至环状软骨下缘平面之间的部分是**声门下腔**。喉中间腔向两侧方突出至前庭襞与声襞之间的梭形隐窝，称**喉室**。

三、气管和主支气管

（一）**气管** 为介于喉与主支气管之间的呼吸道，由一系列14～18个“C”字形气管软骨借环状韧带连接而成。气管分杈处称为**气管杈**，其内面形成向上凸的纵嵴，称**气管隆嵴**。根据气管的行程和位置，可分为颈、胸两部。

（二）**主支气管** 由气管分出后，斜向外下进入肺门。右主支气管短、粗，平均长度男性为2.1cm，女性为1.9cm，走向较陡直，约在平第5胸椎体高度处经肺门入右肺。左主支气管细、长，平均长度男性为4.8cm，女性为4.5cm，走向倾斜，约在平第6胸椎高度处经肺门入左肺。

四、肺

肺 位于胸腔内，纵隔两侧。肺一般呈圆锥形，具有一尖、一底、肋面、纵隔面和前、后、下三缘。**肺尖**向上稍圆钝，伸入颈根。**肺底**凹陷与膈的凸面相对应，故又称**膈面**。肺的**前缘**及**下缘**薄而锐。左肺的前缘下半有一切迹，称**左肺心切迹**，下方有一突起，称**左肺小舌**。**后缘**厚而钝。**肋面**即**外侧面**，朝向外侧，与肋及肋间隙相贴。**纵隔面**即**内侧面**稍凹，中间有椭圆形凹陷，称**肺门**，是主支气管、肺动脉、肺静脉以及支气管动、静脉、淋巴管和神经进出肺的地方。这些结构由结缔组织包绕在一起称为**肺根**。左、右肺根内诸结构的排列由前向后依次为上肺静脉、肺动脉和主支气管。自上而下左肺根内依次为左肺动脉、左主支气管及左下肺静脉；右肺根内为右主支气管、右肺动脉及右下肺静脉。

左肺被**斜裂**分为上、下两叶，右肺被斜裂和**水平裂**分为上、中、下三叶。

肺内支气管和支气管肺段 左、右主支气管在肺门处分出肺叶支气管，肺叶支气管入肺叶后再分为肺段支气管，此后反复分支，呈树枝状，称支气管树。每一肺段支气管的分支以及它所属的肺组织，构成**支气管肺段**，其整体呈圆锥形，尖向肺门，底在肺表面。各肺段之间以薄层结缔组织隔开。

五、胸膜及胸膜腔

胸膜 为浆膜。被覆于肺表面的部分，称**脏胸膜**；被覆于胸壁内面、膈上面和纵隔侧面的部分，称**壁胸膜**。脏、壁两胸膜间封闭的潜在性间隙称**胸膜腔**。**壁胸膜**分**肋胸膜**、**膈胸膜**、**纵隔胸膜**和**胸膜顶**。在肺根下方，纵隔胸膜移行至肺，形成一个呈冠状位的双层胸膜皱襞，称**肺韧带**。在壁胸膜相互移行处，胸膜腔可留有一定的间隙，此处称为**胸膜隐窝**，较明显者有**肋膈隐窝**和**肋纵隔隐窝**。

六、纵　　隔

纵隔 是左、右纵隔胸膜之间的全部器官、结构与结缔组织的总称。其前界为胸骨，后界为脊柱胸部，两侧界为纵隔胸膜，上达胸廓上口，下至膈。一般通过胸骨角和第 4 胸椎体下缘的平面，将纵隔分为上纵隔和下纵隔两部分。下纵隔又以心包为界分成前、中、后 3 个纵隔；上纵隔内主要含有胸腺、头臂静脉、上腔静脉、主动脉弓及其分支、迷走神经、膈神经、食管胸部、气管胸部和胸导管等；前纵隔内含有少量淋巴结等；中纵隔内含有心包、心及与心相连大血管的根部；后纵隔内含有胸主动脉、奇静脉和半奇静脉、迷走神经、食管胸部及胸导管等。

（李幼琼）

第三章 泌尿系统

实习材料

1．泌尿系统整体标本。2．肾冠状切面标本。3．游离的膀胱标本。4．两性骨盆腔正中矢状切面标本。

实习内容

泌尿系统包括肾、输尿管、膀胱和尿道。肾是造尿器官，输尿管是输尿器官、膀胱是储尿器官，尿道是排尿器官。

一、肾

（一）肾的外形 肾形似蚕豆。分前面和后面、外侧缘和内侧缘、上端和下端。内侧缘中部凹陷，称**肾门**，是肾的血管、淋巴管、神经及肾盂出入的部位。这些出入肾门的结构由结缔组织包裹在一起，合成**肾蒂**。肾蒂内各结构的排列关系，由前向后依次为肾静脉、肾动脉和肾盂，从上而下依次为肾动脉、肾静脉和肾盂。肾门向肾内续于一个较大的腔隙，称**肾窦**，窦内含有肾动脉及其分支、肾静脉及其属支、肾盏和肾盂，以及神经、淋巴管和脂肪组织等。

（二）肾的位置 肾位于腹膜后间隙后上部的脊柱两侧，是腹膜外位器官。两肾的上端靠近，而下端稍远离；外侧缘稍向后偏，而内侧缘稍向前偏。肾门约平第1腰椎体。右肾稍低于左肾。左肾的上端约平第11胸椎体下缘，下端约平第2、3腰椎间盘之间，而右肾的上端约平第12胸椎体上缘，下端约平第3腰椎体上缘。肾的后面贴附于膈的腰部、腰方肌和腹横肌。其内侧缘接近腰大肌的外侧缘。

（三）肾的被膜 肾由三层被膜包裹。内层为**纤维囊**，由致密结缔组织构成，紧贴肾表面；中层为**脂肪囊**，位于纤维囊外面，也称**肾床**；外层为**肾筋膜**，在脂肪囊外面，由腹膜外筋膜所构成，肾筋膜深面发出许多结缔组织小梁穿过脂肪囊连于纤维囊，固定肾。肾筋膜分为前、后两层，包被肾和肾上腺。在肾的外侧缘和肾上腺上方两层融合，在肾的内侧和下方两层互相分离。

（四）肾的构造 在肾的冠状切面标本上观察其构造。肾外层是**皮质**，主要由肾小体和肾小管构成；内层是**髓质**，由许多肾小管组成。肾皮质深入肾髓质肾锥体之间的部分为**肾柱**。髓质由15～20个**肾锥体**构成。肾锥体呈圆锥形，底向皮质，尖伸向肾窦称**肾乳头**。肾乳头上有10～30个小孔称**乳头孔**。肾乳头被**肾小盏**包绕，几个肾小盏合成2～3个**肾大盏**，肾大盏再集合成**肾盂**。

二、输尿管

输尿管 是一对细长的扁管状器官，属腹膜外位器官。按走行位置可分为腹部、盆部和壁内部3部。自肾盂与输尿管移行部至跨越髂血管处的一段为腹部；自髂血管处至膀胱壁的一段为盆部；自入膀胱壁至输尿管口的一段为壁内部。

输尿管在肾盂与输尿管移行处，在越过小骨盆上口与髂血管交叉处，在输尿管壁内部形成3个狭窄。

三、膀　　胱

（一）膀胱的形态　空虚的膀胱近似锥体形，可分为体、底、尖和颈4部分。朝向前上方的尖顶部称**膀胱尖**；中部大部为**膀胱体**；后面呈三角形，称为**膀胱底**；下部与前列腺（男性）或尿生殖膈（女性）邻接部为**膀胱颈**。

（二）膀胱的位置　空虚的膀胱全部位于小骨盆腔内，在耻骨联合之后，其底朝向直肠盆部。男性精囊、输精管的末端与膀胱底相贴。女性膀胱的位置较低，其底朝向子宫和阴道。膀胱颈在男性紧接前列腺；在女性则邻近尿生殖膈。

（三）膀胱内面结构　膀胱内面的粘膜形成许多皱襞。在两输尿管口与尿道内口之间的三角形区称**膀胱三角**，此处由于无粘膜下组织，粘膜与肌层紧密相连，故无论膀胱充盈或空虚时，均无粘膜皱襞。两输尿管口之间的横向粘膜皱襞称**输尿管间襞**，是膀胱镜检时寻找输尿管口的标志。

（四）膀胱与腹膜的关系　在固定的尸体上观察膀胱，在耻骨联合后方可见稍稍隆起的膀胱。骨盆腔侧壁的腹膜向膀胱反折，从其底和两侧缘铺向其上面而至腹前外侧壁，在活体当膀胱充满尿液时，腹膜覆盖它的面积增大，膀胱侧面和体的上面均为腹膜所遮盖，此时膀胱的前下壁直接与腹前壁相贴。膀胱为腹膜间位器官。

观察由腹膜在盆腔内各脏器之间反折所形成的陷凹：**直肠膀胱陷凹**，在男性，由膀胱底下降的腹膜反折至直肠前面而形成的陷凹。**膀胱子宫陷凹**，在女性，由膀胱上面的腹膜反折至子宫前面而形成的陷凹。**直肠子宫陷凹**，在女性，由子宫颈及阴道穹后部反折至直肠前面所形成的陷凹，其深度大于膀胱子宫陷凹，为腹膜腔的最低处。

四、尿　　道

尿道　起于膀胱的**尿道内口**。男性尿道长，构造较复杂，除有排尿功能外，还兼有排精作用，这将在男性生殖系统内观察。

女性尿道短而直，长约5cm，直径约6mm，起自尿道内口，经阴道前方走向下，在穿尿生殖膈处，周围有**尿道阴道括约肌**环绕，止于阴道前庭的**尿道外口**。

尿道阴道隔　是尿道与阴道之间的结缔组织隔。

尿道旁腺　为位于尿道下段粘膜下层的一些腺体，其导管开口于尿道外口附近。

（高振平　郭京丽）

第四章　生殖系统

第一节　男性生殖器

实习材料

1．男性盆部正中矢状切标本。2．男性生殖器（睾丸、附睾、输精管及输精管壶腹、前列腺、精囊）游离标本。3．睾丸矢状切标本。4．阴茎纵切和横切标本。5．显示阴囊层次标本。6．阴茎三条海绵体分离标本。

实习内容

男性生殖器包括内生殖器和外生殖器。内生殖器包括生殖腺（睾丸）、输送管道（附睾、输精管、射精管、尿道）和附属腺体（精囊、尿道球腺、前列腺），外生殖器包括阴囊和阴茎。

一、内生殖器

（一）生殖腺　即睾丸，可分为内、外面，上、下端，前、后缘，表面包有**睾丸白膜**。在睾丸矢状切面的标本上可观察如下内部结构：

1．**睾丸纵隔**　由白膜在睾丸后缘增厚，并突入睾丸内而形成。

2．**睾丸小隔**　由睾丸纵隔发出，将睾丸分成许多睾丸小叶。

3．**精曲小管**　是睾丸小叶内的蟠曲的小管，其上皮能产生精子。精曲小管向纵隔方向移行并汇成**精直小管**。

4．**睾丸网**　由精直小管在睾丸纵隔内相互吻合而成。

5．**睾丸输出小管**　是睾丸网通向附睾头的小管。

（二）输送管道　包括附睾、输精管和射精管等。

1．**附睾**　贴附于睾丸后缘，分头、体、尾3部。尾部弯向后上移行为输精管。体、尾内有蟠曲的**附睾管**。

2．**输精管和射精管**　**输精管**起于附睾尾，全长约50cm，壁厚腔小，触之有坚实感。按行程分为**睾丸部**、**精索部**、**腹股沟部**和**盆部**。精索部在阴囊根部皮下易于触及和暴露，是输精管结扎时常选择的部位。盆部沿骨盆腔侧壁下行，越输尿管之前上至膀胱底后面，且膨大成为**输精管壶腹**。壶腹末端变细，与居于其外侧的精囊（腺）排泄管合成**射精管**，穿前列腺，开口于尿道前列腺部。

（三）附属腺　包括前列腺、精囊和尿道球腺。

1．**前列腺**　形如栗子，上端为**前列腺底**，紧连于膀胱颈下面，下端为**前列腺尖**，抵尿生殖膈。底与尖之间为**前列腺体**，尿道穿行其中，其排泄管即开口于该部尿道壁。此腺后面正中可见纵行的**前列腺沟**，是前列腺触诊的重要标志。

前列腺分为 5 个叶。中叶位于尿道与射精管之间；中叶的前方和两侧分别为前叶和侧叶；中叶和侧叶之后为后叶。

2. **精囊**（又称**精囊腺**） 位于膀胱底后面，输精管壶腹外下方，形似囊袋。其排泄管与输精管壶腹末端合成射精管。分泌物参与构成精液。

3. **尿道球腺** 埋于会阴深横肌内、豌豆形，其排泄管开口于尿道球部。

（四）**精索** 为圆柱形索状结构，自腹股沟管深环延伸至睾丸上端。精索内含有输精管、睾丸动脉、蔓状静脉丛、神经、淋巴管和腹膜鞘突的残余等，其外包有3层被膜。

二、外生殖器

（一）**阴茎** 分头、体、根3部。头部顶端有尿道外口。阴茎由两个阴茎海绵体和一个尿道海绵体，外包被膜及皮肤构成。

1. **阴茎海绵体** 并列于阴茎背侧。前端并拢，后端分开附着于坐、耻骨下支，称**阴茎脚**。阴茎海绵体被白膜包裹。

2. **尿道海绵体** 位于两条阴茎海绵体的腹侧。前端膨大称**阴茎头**，后端稍膨大为**尿道球**，外亦被白膜包裹。尿道纵贯其全长。

阴茎海绵体和尿道海绵体共同被阴茎筋膜包被。阴茎皮肤薄而富伸展性，并在阴茎头之前褶转形成**阴茎包皮**。在阴茎头腹侧中线上，包皮与尿道外口之间借**包皮系带**相连。

（二）**阴囊** 是阴茎根部下垂的皮肤囊袋。其皮色较深，布满皱褶和稀疏阴毛。皮肤深面有**肉膜**，主要由弹性纤维和平滑肌纤维构成。在正中线肉膜形成**阴囊隔**，将阴囊分隔成左、右两个独立的囊腔，分别容纳同侧的睾丸和附睾。

（三）睾丸和精索的被膜 在阴囊肉膜的深面，被覆于精索和睾丸外面的被膜依次为：**精索外筋膜**、**提睾肌**、**精索内筋膜**和**睾丸固有鞘膜**（表1-9）。睾丸固有鞘膜分脏、壁两层，二者在睾丸后缘处返折移行，并构成**睾丸鞘膜腔**。

上述各层被膜皆系相应腹壁结构下延而成。

表1–9 睾丸和精索被膜与相应腹壁层次的关系

睾丸与精索被膜	腹壁层次
精索外筋膜	腹外斜肌腱膜
提睾肌	腹内斜肌、腹横肌
精索内筋膜	腹横筋膜
睾丸鞘膜（脏、壁层）	腹膜

（四）男性尿道 全长16～22cm，可分为前列腺部、膜部和海绵体部。

1. **前列腺部** 自尿道内口向下贯穿前列腺，长约2.5cm。观察该部尿道，可见在后壁正中线上有呈纵行的隆起称**尿道嵴**，嵴中部的梭形膨大称**精阜**。精阜上有射精管开口，两侧有多数肉眼不易看到的前列腺排泄管开口。

2. **膜部** 穿经尿生殖膈，长约1.5cm。有尿道膜部括约肌环绕。

3. **海绵体部** 纵贯尿道海绵体全长，长约15cm。行于尿道球内的一段称**尿道球部**，尿道球腺开口于此。尿道在阴茎头内扩大称**舟状窝**。阴茎头顶端有**尿道外口**。

尿道全程有3个狭窄，分别在尿道内口、尿道膜部和尿道外口处；3个扩大部在前列腺部、尿道球部和舟状窝处；两个弯曲即**耻骨下弯**和**耻骨前弯**。

第二节　女性生殖器

实习材料

1．女性盆部正中矢状切面标本。2．女性骨盆腔显示内生殖器的标本。3．女性生殖器游离标本及模型。4．女性外生殖器标本。5．显示前庭球和前庭大腺的标本。6．女性乳房标本。

实习内容

女性生殖器包括内生殖器和外生殖器。内生殖器包括生殖腺（卵巢）、输送管道（输卵管、子宫、阴道）和附属腺（前庭大腺）。

一、内生殖器

（一）生殖腺　即**卵巢**，呈扁卵圆形，可分为内、外面，前、后缘，上、下端，位于卵巢窝内。其主要的固定装置有：

1．**卵巢悬韧带**　又称**骨盆漏斗韧带**，是连接卵巢上端与小骨盆上口边缘的腹膜皱襞，其中含有卵巢动、静脉。

2. **卵巢固有韧带**　是连接卵巢下端与子宫角的纤维索。包于子宫阔韧带二层腹膜之间。

3．**卵巢系膜**　是将卵巢前缘连到子宫阔韧带后层上的双层腹膜皱襞。

（二）输送管道

1．**输卵管**　位于子宫底两侧，子宫阔韧带游离缘内。由外向内分为漏斗、壶腹、峡和子宫部4部。**输卵管漏斗**的末端有**输卵管腹腔口**通于腹膜腔，口周缘有**输卵管伞**。**输卵管壶腹**膨大，是精、卵相遇受精之处。**输卵管峡**较细，是输卵管结扎的最适宜部位。**输卵管子宫部**穿子宫壁，借**输卵管子宫口**与子宫腔相通。

2．**子宫**　位于骨盆腔内，介于膀胱和直肠之间，下端接阴道。子宫呈前、后略扁的倒置梨形，可分为底、体、颈3部。**子宫底**为输卵管子宫口以上隆起部分；下部狭窄为**子宫颈**，其下1/3凸入阴道内称**子宫颈阴道部**，上2/3称**子宫颈阴道上部**。底与颈之间为**子宫体**；子宫颈阴道上部与子宫体相接处较狭窄的部分称**子宫峡**。子宫的内腔分为子宫腔和子宫颈管两部。**子宫腔**位于子宫体内，为三角形扁隙，上外侧角通两侧输卵管，下角通子宫颈管。**子宫颈管**在子宫颈内，为一梭形腔隙，上口为**子宫颈管内口**，通子宫腔；下口为**子宫颈管外口**，即**子宫口**，通阴道，未产妇为圆形，经产妇呈横裂状，口的前、后缘分别称**前唇**和**后唇**。

子宫壁可分3层，内层为粘膜，即子宫内膜，中层为肌层，外层为浆膜。

成年女性，正常子宫呈轻度前倾、前屈位，其固定装置主要有：① **子宫阔韧带**呈冠状位，由子宫侧缘与骨盆腔侧壁及盆底间的双层腹膜皱襞构成，上缘游离，内藏输卵管。此韧带可限制子宫向侧方移位。② **子宫圆韧带**是连于子宫前面的上外侧与大阴唇皮下的纤维索，系维持子宫前倾的主要装置。③ **子宫主韧带**位于子宫颈两侧与骨盆腔侧壁之间，由阔韧带下部两层腹膜之间的平滑肌纤维和结缔组织构成，有限制子宫颈向侧方移位及下垂的作用。④ **骶子宫韧带**起自子宫颈上部后面，绕过直肠，附于骶骨前面，其主要作用为维持子宫的前屈。

3. **阴道**　位于小骨盆腔下部中央，前邻膀胱、尿道，后贴直肠和肛管。其上端较宽，包绕子宫颈阴道部，形成环形的**阴道穹**。前穹及侧穹较浅，**后穹**最深，仅以阴道壁和腹膜与直肠子宫陷凹相隔，临床上可经后穹进行骨盆腔穿刺。阴道下端以**阴道口**通阴道前庭。

二、外生殖器

1. **阴阜**　为耻骨联合前方的皮肤隆起，生有阴毛。

2. **大阴唇**　是阴裂两侧的一对纵行的皮肤皱襞，其前、后端相连，分别称**阴唇前连合**和**阴唇后连合**。

3. **小阴唇**　是大阴唇内侧的一对较薄的皮肤皱襞，其前端分成 2 个小皱襞分别形成**阴蒂包皮**及**阴蒂系带**，后端合成**阴唇系带**。

4. **阴蒂**　由**阴蒂海绵体**构成，其前端游离称**阴蒂头**，位于阴道前庭的前端，被阴蒂包皮覆盖；后端借**阴蒂脚**固定于耻、坐骨支。

5. **阴道前庭**　是两侧小阴唇之间的菱形间隙，前部有尿道外口，后部有阴道口。阴道口处有**处女膜**。

6. **前庭球**　相当于男性的尿道海绵体，位于阴道口和尿道口的两侧。

7. **前庭大腺**　状如豌豆，位于阴道口两侧前庭球的后方，其排泄管开口于阴道前庭。

三、乳　房

成年女性的乳房呈半球形。位于胸大肌和前锯肌的表面，第 2 ～ 6 肋之间。乳房的中央有**乳头**，其表面有**输乳孔**。乳头周围的色素沉着环形皮区称**乳晕**。乳房内含有 15 ～ 20 个**乳腺叶**。乳腺叶均以乳头为中心呈放射状排列。乳腺叶的排泄管称**输乳管**，进入乳头之前扩大成**输乳管窦**，其末端变细开口于乳头上的**输乳孔**。

第三节　会　阴

实习材料

1. 男、女性盆部正中矢状切标本。2. 暴露男、女性会阴部浅深层结构的标本和模型。

实习内容

会阴　广义的会阴是指封闭骨盆腔下口的全部软组织。此区呈菱形，前为耻骨联合下缘，后为尾骨尖，两侧为耻骨下支、坐骨支、坐骨结节和骶结节韧带。以两侧坐骨结节间连线分为前方的**尿生殖区**（尿生殖三角），男性有尿道通过，女性有尿道和阴道通过；后方的**肛区**（肛门三角），有直肠通过。会阴的结构，除男、女性外生殖器外，主要由会阴肌及其筋膜组成。狭义的会阴是指肛门与外生殖器之间的软组织。

一、盆　　膈

盆膈　又称盆底，封闭骨盆腔下口，由肛提肌、尾骨肌和覆盖在两肌上、下面的盆膈上、下筋膜组成。

（一）盆膈肌　包括**肛提肌**和**尾骨肌**，封闭骨盆腔下口的大部，在耻骨联合后形成**盆膈裂孔**。盆膈裂孔的下方为尿生殖膈所封闭。

（二）**盆膈上、下筋膜**　是覆盖于盆膈肌上、下面的深筋膜。

二、肛区（肛门三角）

肛区　中央为肛门，其周围有环形增厚的骨骼肌，称肛门外括约肌，肛门两侧有坐骨肛门（直肠）窝。

坐骨肛门（直肠）窝　是位于肛管与坐骨结节间的楔形间隙，内含大量脂肪组织，阴部内动、静脉和阴部神经沿其外侧壁前行。肛周脓肿常发生于此处。

三、尿生殖区（尿生殖三角）

尿生殖区的软组织由筋膜和筋膜之间的肌以及神经、血管等结构构成。

（一）会阴筋膜　由浅及深分为3层：第1层为**浅会阴筋膜**，第2层为**尿生殖膈下筋膜**，第3层为**尿生殖膈上筋膜**。第1、2层筋膜间构成**会阴浅隙**；第2、3层间构成**会阴深隙**。

（二）尿生殖区（三角）肌

1. 会阴浅隙内的肌　有**会阴浅横肌**、**球海绵体肌**和**坐骨海绵体肌**。球海绵体肌在男性包裹尿道球，女性覆盖前庭球，称**阴道括约肌**。坐骨海绵体肌在男性覆盖阴茎脚，女性覆盖阴蒂脚。

2. 会阴深隙内的肌　有**会阴深横肌**和**尿道膜部括约肌**。尿道膜部括约肌在男性围绕尿道膜部称**尿道外括约肌**；在女性围绕尿道和阴道，故又称**尿道阴道括约肌**。会阴深横肌、尿道膜部括约肌及覆盖其上、下面的尿生殖膈上、下筋膜共同构成**尿生殖膈**，封闭尿生殖区。

（三）会阴浅、深隙内的其他结构　会阴浅隙内除含有会阴的神经、血管外，在男性还有尿道球和阴茎脚；在女性有前庭球、阴蒂脚和前庭大腺。会阴深隙内，除有分布于阴茎（或阴蒂）的神经、血管通过外，在男性有尿道膜部及尿道球腺，在女性有尿道和阴道通过。

（孔祥玉　张树斌）

第三篇　内分泌系统

内分泌系统由内分泌腺和内分泌组织构成。内分泌腺包括垂体、松果体、肾上腺、甲状腺和甲状旁腺等。内分泌组织散在于其他器官之内，例如胰内的胰岛、胸腺内的网状上皮细胞、睾丸内的间质细胞和卵巢内的卵泡细胞及黄体等。

实习材料

1．甲状腺标本。2．甲状旁腺标本。3．胸腺标本。4．肾上腺标本。5．脑垂体标本。6．松果体标本。

实习内容

内分泌系统是所有产生内分泌—激素的腺体和组织的总称，它们的分泌物不经导管排出，而是直接进入血液或淋巴，经血液循环运送到靶器官而起生理调节作用。

一、甲　状　腺

甲状腺　位于喉下部、气管上部的两则和前面，可分为左、右两个侧叶和中间的峡部。**甲状腺侧叶**呈锥体形，其上端约平甲状软骨的中部，下端可达第5或第6气管软骨的水平。两侧叶中间借一横行的**甲状腺峡**相连。有时有第三叶，即**锥状叶**，它由峡向上伸出，可上延至舌骨水平。侧叶的后面与颈动脉鞘相贴。腺质之外包有两层由结缔组织形成的囊。

二、甲状旁腺

甲状旁腺　通常有上、下两对，位于甲状腺侧叶的后面，附着于甲状腺被膜上，为扁椭圆形小体。腺组织的表面光滑，呈棕黄色，腺质之外包有结缔组织膜。

三、胸　　腺

胸腺　位于胸腔内上纵隔的前部，可分为左、右两叶，其形状变化颇大，儿童期特别发达，随着年龄的增长而逐渐萎缩。

四、肾　上　腺

肾上腺　贴附于肾上端的内上方，后面贴附膈，右肾上腺近似三角形，左肾上腺呈半月形。肾上腺的前面有肾上腺门，是血管、神经和淋巴管进出之处。肾上腺虽然与肾共同包在肾筋膜内，但它有独立的纤维囊和脂肪囊。剖开的肾上腺可分外周的皮质与中央的髓质两部分。

五、垂　　体

垂体　为圆形或椭圆形小体，位于蝶骨体的垂体窝内，上面借漏斗连于下丘脑。垂体根据其发生和结构上的特点，可分为**腺垂体**和**神经垂体**两部分。各部划分如下：

- 垂体
  - 腺垂体
    - 远部 } 前叶
    - 结节部 } 前叶
    - 中间部 } 后叶
  - 神经垂体
    - 神经部 } 后叶
    - 漏斗部 } 漏斗
    - 正中隆起 } 漏斗

六、松　果　体

松果体　又称脑上腺，为位于上丘脑缰连合后上方的小体，形似松果，它以柄连于第三脑室顶的后部。其基底有浅的隐窝，称松果体隐窝。

七、其　　他

胰内的**胰岛**和**生殖腺**（男性睾丸的间质细胞，女性卵巢的卵泡细胞及黄体）内的内分泌细胞，以及其他内分泌组织，详见组织学及生理学。

（李光昭　金　昱　崔春爱）

第四篇　脉管系统

脉管系统包括心血管系统和淋巴系统，是人体内封闭连续的管道系统。

第一章　心血管系统

一、心

实习材料

1．离体心和冠状血管标本。2．切开心（显示各心腔的内部结构）标本。3．切去心房的标本（显示心结缔组织支架和瓣膜）。4．牛心或羊心（显示心传导系）。5．示教标本（显示心的位置和心包）。

实习内容

（一）心的位置　用显示心的位置和心包的示教标本可观察到心位于中纵隔内、膈之上、两侧纵隔胸膜之间，约 2/3 在正中线左侧，1/3 在右侧。心包的前方大部分被肺和胸膜遮盖，未被遮盖的为心包裸区，注意观察心包裸区的位置。

（二）心的外形　心呈圆锥状，**心底**朝向右后上方，**心尖**朝向左前下方，故心的长轴是倾斜的。在心的表面，可见房、室之间有环行的**冠状沟**，其前方被肺动脉干和升主动脉所中断。冠状沟以下的部分为心室，左、右心室间在胸肋面有**前室间沟**，在膈面有**后室间沟**。心分为四腔，即右心房、右心室、左心房与左心室。右心房的后上方和后下方分别有上腔静脉和下腔静脉注入的开口。

心有二面：**胸肋面**即**前面**，大部由右心房和右心室构成；**膈面**即下面，与膈相贴，大部分由左心室，小部分由右心室构成。

心有三缘：**右缘**垂直，由右心房构成；**左缘**圆钝，主要由左心室构成；**下缘**近乎水平，主要由右心室及心尖构成。

在离体心上，注意观察出入心的大血管、心尖、心底、两面、三缘、冠状沟、前、后室间沟的组成与位置。

（三）心的内部结构　结合模型，对照切开的心标本，观察左、右心房和左、右心室的入口与出口、瓣膜、腱索、乳头肌、房间隔及室间隔等的形态、位置和组成。

1．**右心房**　为心的右上部。分为固有心房（前部）和腔静脉窦（后部），二部之间以界沟为界。界沟为位于上、下腔静脉口之间心房表面的一纵形浅沟。界沟内面对应的肌嵴为**界嵴**。

固有心房的前壁呈锥形的突起为右心耳。右心房内面从界嵴向前发出平行排列的**梳状肌**。

腔静脉窦的内面光滑，入口有上**腔静脉口**、**下腔静脉口**和**冠状窦口**。上、下腔静脉口分别位于腔静脉窦的上、下方。下腔静脉口的前缘有**下腔静脉瓣**。冠状窦口位于下腔静脉口与右房室口之间。

固有心房出口为**右房室口**，位于下腔静脉口的左前方。

房间隔位于右心房和左心房之间，构成右心房的后内侧壁，下部有一浅凹，称**卵圆窝**，是胚胎时期卵圆孔闭锁的遗迹。

2．**右心室**　位于右心房的左前下方。右心室腔被室上嵴分为窦部（流入道）和漏斗部（流出道）。**室上嵴**是位于右房室口与肺动脉口之间的右心室壁上的横行肌隆起。

窦部的入口为**右房室口**，口周缘有**三尖瓣环**，其上附着3个三角形的**右房室瓣**（**三尖瓣**），分别称**前尖**（瓣）、**后尖**（瓣）和**隔侧尖**（瓣）。

观察右心室壁的内面，可见有许多纵、横交错的肌性隆起，名**肉柱**，其中呈圆锥形，突向心室腔内的称**乳头肌**，有前、后和隔侧3个。乳头肌的顶端借许多**腱索**，连于右房室瓣。注意腱索附着于瓣尖的心室面和边缘而非附于其心房面。观察前乳头肌，其基部常有一肌束，横过心室腔而连于室间隔，该肌束名**隔缘肉柱**（**节制带**）。三尖瓣环、三尖瓣、腱索和乳头肌合称**三尖瓣复合体**。

漏斗部是窦部向左上方延伸的部分，形如倒置的漏斗，称为**动脉圆锥**。动脉圆锥上端有**肺动脉口**，肺动脉干由此起始。

肺动脉口周缘有**肺动脉瓣环**，其上附有3个半月形的瓣膜，称**肺动脉瓣**，每个瓣膜游离缘的中央有一个小结节，称半**月瓣小结**。

3．**左心房**　在前面仅可以见到左心房的心耳，其余部分偏于后方。

左心房的入口为4个**肺静脉口**，每侧各有2个，开口于左心房后部两侧。

左心房的出口为左房室口，较右房室口稍小。

4．**左心室**　位于左心房的左前下方。左心室腔分为窦部（流入道）和主动脉前庭（流出道），两者之间的界线为二尖瓣的前瓣。

窦部入口为**左房室口**，口周缘有**二尖瓣环**，其上附着两个三角形的**左房室瓣**，分为**前尖**（瓣）和**后尖**（瓣），其尖与腱索的关系与右房室瓣相同。左房室瓣又称**二尖瓣**或**僧帽瓣**。二尖瓣环、二尖瓣、腱索和乳头肌合称**二尖瓣复合体**。

主动脉前庭的出口称**主动脉口**，口周缘有主动脉瓣环，其上附有3个半月形的**主动脉瓣**。瓣膜相对的动脉壁向外膨出，瓣膜与动脉壁之间的内腔称**主动脉窦**，可分为左、右、后3个窦。

左心室内部与右心室相似，但乳头肌较为粗大（有前、后两组）。左心室壁的厚度约为右心室壁的3倍。

（四）心壁的构造　心壁由心内膜、心肌和心外膜3层构成。

1．**心内膜** 是被覆心腔面的一层光滑的膜。心内膜向心腔折叠成双层，其间夹一层致密结缔组织则形成心的各瓣膜。

2．**心　肌**　由心肌细胞构成，分心房肌和心室肌，两者互不连续。

3．**心外膜**　是被覆心肌表面的一层光滑的膜，为浆膜心包的脏层。

4．**房间隔**　在左、右心房间，由两层心内膜之间夹以结缔组织和少量心肌细胞组成。

5．**室间隔**　在左、右心室间，大部分由心肌构成，称**肌部**。其上部有一卵圆形缺乏肌质的部分称室间隔**膜部**，应注意观察。

（五）心的传导系　由特殊分化的心肌细胞构成。它包括窦房结、结间束、房室结、房室束及其分支。在牛、羊心上可观察到房室结、房室束及其分支。

1．**窦房结**　在上腔静脉口附近右心房的心外膜下，呈长椭圆形。

2．**房室结**　在房间隔下部右侧心内膜下，冠状窦口的前上方，呈扁椭圆形。

3．**结间束**　为窦房结与房室结之间的传导束，有前、中和后结间束。

4．**房室束、左束支和右束支**　房室束起自房室结，沿室间隔膜部下缘前行，于室间隔肌部上缘分为左、右束支。左、右束支分别沿室间隔左、右侧心内膜下向下走行，至乳头肌根部再分支形成浦肯野氏（Purkinje）纤维网。浦肯野氏纤维末端与一般的心肌细胞相连。

（六）心的血管　在离体标本上注意观察左、右冠状动脉的起点、行径及分支。

1．**动脉**　营养心的动脉是左、右冠状动脉。

（1）**左冠状动脉**：起自主动脉左窦，其主要分支有：**前室间支**沿前室间沟下行，分布至左、右心室前壁一部分和室间隔的前2/3。**旋支**沿冠状沟绕心左缘至膈面，分布至左心房和左心室。

（2）**右冠状动脉**：起自主动脉右窦，沿冠状沟行向右下，绕心右缘至膈面。其主要分支有：**窦房结支**分布至窦房结。**房室结支**分布至房室结。**动脉圆锥支**起始后向左横过动脉圆锥的前面，与前室间支的分支吻合。**后室间支**分布至左、右心室后壁及室间隔后1/3部。**左室后支**分布至左心室后壁一部分。**右缘支**沿心下缘走行，分布至右心室。

2．**静脉**　心的静脉由冠状窦、心前静脉和心最小静脉组成。

（1）**冠状窦**：位于冠状沟后部，左房、室之间，借冠状窦口开口于右心房。其主要属支有：**心大静脉**，行于前室间沟，绕冠状沟终于冠状窦左端。**心中静脉**，沿后室间沟上行，注入冠状窦右端。**心小静脉**，位于冠状沟右侧半内，注入冠状窦右端。

（2）**心前静脉**：起于右心室前壁，有2～3条，直接开口于右心房。

（3）**心最小静脉**：是心壁内的一些小静脉，直接开口于心的各腔。

（七）**心包**　为包在心及大血管根部外面的一个锥形囊，分为纤维心包和浆膜心包。**纤维心包**由致密的纤维结缔组织构成。**浆膜心包**又分为脏层和壁层，脏层即心外膜，壁层贴附于纤维心包内面，此两层不易分开。脏层包裹着全心及出入心的大血管根部，在此反折而成为壁层。浆膜心包脏层与壁层之间的腔隙称**心包腔**。在心包腔内注意查看**心包横窦**（升主动脉和肺动脉干与上腔静脉和左心房前壁之间）及**心包斜窦**（在左心房后壁、左、右肺静脉、下腔静脉与心包后壁之间）。

（安思训　姜兴杰）

二、动　　脉

实习材料

1．示教尸体标本。2．游离心（显示出入心大血管及动脉韧带）标本。3．头、颈部的动脉标本。4．颈动脉窦及颈动脉小球的标本。5．游离上肢（显示上肢动脉及其分支）标本。6．手的动脉（显示掌浅、深弓）标本。7．腹腔干及其分支标本。8．肠系膜上动脉及其分支标本。9．肠系膜下动脉及其分支标本。10．盆部矢状切面标本（显示盆部动脉）。11．会阴部示教标本（显示阴部内动脉及其分支）。12．游离下肢（显示下肢动脉及其分支）标本。13．足底及足背动脉标本。

实习内容

（一）**肺动脉干** 短而粗，全部包于心包内。起于右心室，向左上后方行走，在主动脉弓下方约平第 4 胸椎体处分为左、右肺动脉。注意观察连于左肺动脉起始部与主动脉弓下缘之间的**动脉韧带**。

（二）**主动脉** 起于左心室，分为升主动脉、主动脉弓及降主动脉。注意观察主动脉的起始部位和行程，升主动脉、主动脉弓和降主动脉的分段标志，以及主动脉与上腔静脉、肺动脉干及其分支的位置关系。

1. **升主动脉** 起自左心室，位于心包内。在其起始处，3 片主动脉瓣与动脉壁之间的腔隙为主动脉窦，左、右冠状动脉分别从左、右窦的动脉壁上发出。

2. **主动脉弓** 注意观察其起止及其与出入心底大血管、气管、气管杈、肺动脉干及其分支的位置关系。主动脉弓自右向左发出头臂干、左颈总动脉和左锁骨下动脉。

（1）**头臂干**：于右胸锁关节后方分为右锁骨下动脉和右颈总动脉。

（2）**左颈总动脉**：为垂直上升至颈部左侧的动脉。

（3）**左锁骨下动脉**：为稍向左上方弯曲供应左头颈部及左上肢的动脉干。

3. **降主动脉** 接续主动脉弓垂直下行，分为左、右髂总动脉而终。降主动脉又以膈的主动脉裂孔为界，分为胸主动脉和腹主动脉。

（三）**颈总动脉** 前已见到其发出处。颈总动脉出胸腔后，沿喉外侧上升，至甲状软骨上缘水平，分为颈内动脉与颈外动脉，沿途并无分支。在颈总动脉分为颈内、外动脉处，有两个重要结构：**颈动脉窦**和**颈动脉小球**。注意观察它们的位置和形态，并掌握此两结构的功能。

颈总动脉的分支：

1. **颈外动脉** 自颈总动脉发出后，先稍行向上前，继上升至下颌颈的后面、腮腺内分为颞浅动脉和上颌动脉两终支。主要有下列分支：

（1）**甲状腺上动脉**：自颈外动脉起始处的前方发出，成弓状弯曲向下，在颈总动脉和喉之间下降至甲状腺侧叶上极。

（2）**舌动脉**：平舌骨大角水平起自颈外动脉的前方，行向前内方入舌。

（3）**面动脉**：在舌动脉发出处的稍上方起始，行向前上方，过下颌下腺的深面，在咬肌止点前缘处绕过下颌体下缘至面部，再经口角、鼻翼外侧至内眦，移行为内眦动脉。面动脉行经面部时发支供应邻近的肌肉和皮肤。

（4）**枕动脉**：与面动脉的起点相对，在乳突根部的内侧后行至枕部。

（5）**耳后动脉**：在二腹肌后腹上缘水平处起始，在乳突之前上升至颅顶及耳廓。

（6）**颞浅动脉**：是颈外动脉两终支之一，经外耳门前方上行，跨过颧弓后端至颞部皮下分为顶支和额支，分布于颞、顶和额的皮肤、筋膜和肌肉。

（7）**上颌动脉**：是颈外动脉的两终支之一，平下颌颈处呈直角向前行经颞下窝、翼腭窝，在下颌颈深面发出**脑膜中动脉**及**下牙槽动脉**。

（8）**咽升动脉**：自颈外动脉起始端的内侧壁发出，沿咽侧壁上升达颅底，分支至咽、腭扁桃体等。

2. **颈内动脉** 沿咽侧壁垂直上升至颅底，经颈动脉管入颅腔，在颈部无分支。

（四）**锁骨下动脉** 此动脉经胸廓上口出胸腔后即呈向上凸的弧形，斜越胸膜顶前面向外穿斜角肌间隙，越第 1 肋外缘，移行为腋动脉。锁骨下动脉以前斜角肌为标志分为 1、2、3 段。

锁骨下动脉的分支：

1. **椎动脉**　在前斜角肌内侧垂直上升，穿过上 6 个颈椎横突孔，经枕骨大孔入颅腔。

2. **胸廓内动脉**　起自锁骨下动脉第一段的下缘，靠近胸锁关节后方，沿胸骨侧缘外侧约 1cm 处平行下降，经过第 1－6 肋软骨后面，至第 6 肋软骨下缘处分为**肌膈动脉**和**腹壁上动脉**两终支。沿途发出上 6 个肋间前支、穿支和心包膈动脉。

3. **甲状颈干**　在靠近前斜角肌内侧缘处起始，干甚短，有 3 个分支：

（1）**甲状腺下动脉**：先向上行，继向内侧，至甲状腺侧叶的下极。

（2）**肩胛背动脉**：起自甲状颈干或直接起自锁骨下动脉，横过前斜角肌的浅面，行向外侧至肩胛提肌的前缘，分为升、降两支，升支上升至枕部肌肉，降支参与构成肩胛动脉网。

（3）**肩胛上动脉**：在颈横动脉稍下方发出，行向外下，在前斜角肌和锁骨下动脉之前越肩胛切迹，至冈上、下窝。

4. **肋颈干**　为一短干，起自锁骨下动脉第二段，发出后即分为**颈深动脉**和**肋间最上动脉**。

（五）**腋动脉**　在第 1 肋外缘处续接锁骨下动脉，经腋腔深部至大圆肌下缘处移行为肱动脉。主要分支有：

1. **胸肩峰动脉**　在胸小肌上缘处起始，其主要分支为胸肌支、三角肌支和肩峰支。

2. **胸外侧动脉**　自腋动脉发出后沿胸小肌下缘下行至前锯肌。

3. **肩胛下动脉**　在平对肩胛下肌下缘处以短干起始，稍向下行，立即分为两支。

（1）**胸背动脉**：沿肩胛骨腋缘下行至前锯肌和背阔肌。

（2）**旋肩胛动脉**：穿三边孔向后行、至冈下窝，布于附近肌肉，并与肩胛上动脉吻合。

4. **旋肱后动脉**　较粗大，在肩胛下动脉起点的下方发起，绕肱骨外科颈内侧，与腋神经共同穿四边孔后行，布于三角肌、肩关节及附近诸肌，并同肩胛上动脉与旋肩胛动脉吻合成肩胛动脉网。

5. **旋肱前动脉**　较小，沿肱骨外科颈前面至外侧，与旋肱后动脉吻合。

（六）**肱动脉**　是腋动脉的延续部分，沿肱二头肌内侧下行入肘窝，平对桡骨颈处分为桡动脉与尺动脉。**肱深动脉**为肱动脉的最大分支，与桡神经一同经桡神经沟下降，布于肱三头肌，其终支参与**肘关节网**。

（七）**桡动脉**　在肘窝处由肱动脉分出后，先在肱桡肌与旋前圆肌之间，继经肱桡肌腱与桡侧腕屈肌腱之间下行，之后绕桡骨茎突，经过至拇指的三个肌腱的深面至手背，穿第 1 掌骨间隙入手掌，与尺动脉的掌深支吻合形成掌深弓。桡动脉的分支有：

1. **掌浅支**　一般在桡动脉弯向手背之前发出，与尺动脉的末端吻合形成掌浅弓。

2. **拇主要动脉**　在桡动脉入手掌深部处发出，分为三支，布于拇指的两侧缘和示指的桡侧缘。

（八）**尺动脉**　在肘窝内由肱动脉发出后，斜向下内，伴尺神经下行，经豌豆骨外侧，屈肌支持带浅面达手掌。尺动脉末端与桡动脉的掌浅支吻合，形成掌浅弓。尺动脉的分支有：

1. **掌深支**　在豌豆骨的远侧由尺动脉发出，在手掌深部与桡动脉末端吻合形成掌深弓。

2. **骨间总动脉**　由尺动脉上端发出，立即分为二终支。

（1）**骨间前动脉**：沿前臂骨间膜掌侧下行，分支至屈肌；下端穿骨间膜到背侧，参加**腕背网**。

（2）**骨间后动脉**：经骨间膜上部的裂孔穿到前臂的背侧，行于伸肌深、浅二层之间，分支至伸肌，并参加**腕背网**。

观察手掌的两个动脉弓：

掌浅弓：由尺动脉末端与桡动脉的掌浅支吻合而成。由弓上发出4条分支，其中3条分支称**指掌侧总动脉**，行向远侧分别分布于第2～5指掌面相对缘，另一支供应小指尺侧缘。

掌深弓：由桡动脉的末端和尺动脉的掌深支吻合而成。由掌深弓发出3条**掌心动脉**，至掌指关节附近，分别与指掌侧总动脉末端吻合。

（九）**胸主动脉**　是与主动脉弓相续的动脉，穿膈的主动脉裂孔后续为腹主动脉，其分支有脏支和壁支。

1. **肋间后动脉**　成对、沿各肋间隙前行（壁支）。

2. **食管支**　细小，有数支，营养食管壁。

3. **支气管支**　左、右两支，一般自胸主动脉起端附近的前缘发出，营养支气管及肺等。

4. **心包支**　有数支，细小，至心包后部。

（十）**腹主动脉**　于膈的主动脉裂孔处续接胸主动脉。沿脊柱前面左侧下降，至第4腰椎体水平分为左、右髂总动脉。腹主动脉发出壁支和脏支。

1. **壁支**　主要有膈下动脉和腰动脉。

（1）**膈下动脉**：分布至膈和肾上腺。

（2）**腰动脉**：4对，主要分布至腰部和腹前外侧壁。

2. **脏支**　有成对的和不成对的两种。成对的脏支有肾上腺中动脉、肾动脉和睾丸动脉（或卵巢动脉）。不成对的脏支有腹腔干、肠系膜上动脉和肠系膜下动脉。

（1）**腹腔干**：在主动脉裂孔稍下方由腹主动脉前壁发出。该动脉为一短干，立即分为胃左动脉、肝总动脉和脾动脉。

1）**胃左动脉**：先向上左行至胃贲门处，继沿胃小弯向右而行。

2）**肝总动脉**：于十二指肠上部上方分为**肝固有动脉**和**胃十二指肠动脉**。肝固有动脉在肝十二指肠韧带内上升至肝门附近分为左、右二支经肝门入肝（右支常发出**胆囊动脉**），并分出**胃右动脉**。胃右动脉沿胃小弯向左行与胃左动脉吻合。**胃十二指肠动脉**在十二指肠上部之后下降，分出**胃网膜右动脉**和**胰十二指肠上动脉**。前者沿胃大弯向左行，分布于胃大弯附近胃的前、后壁和大网膜。

3）**脾动脉**：沿胰上缘向左行，沿途发出**胰支**分布于胰；至脾门时又发出**脾支**到脾，发出3～4支**胃短动脉**分布于胃底，并发出**胃网膜左动脉**，沿胃大弯自左向右而行，与胃网膜右动脉吻合，分布于胃大弯附近胃的前、后壁和大网膜。

（2）**肠系膜上动脉**：约平第1腰椎高度起于腹主动脉，在胰头后面下降，经十二指肠下部的前面入小肠系膜根内，其分支有空肠动脉、回肠动脉、回结肠动脉、右结肠动脉、中结肠动脉和胰十二指肠下动脉。

1）**空肠动脉与回肠动脉**：自肠系膜上动脉左侧壁发出，约12～16支，分布于空肠和回肠。空、回肠动脉的分支互相吻合形成丰富的动脉弓。

2）**回结肠动脉**：由肠系膜上动脉右侧最下部发出，行向右下至回、盲肠交接处，分支供应回肠、盲肠、升结肠及阑尾。至阑尾的一支名**阑尾动脉**。

3）**右结肠动脉**：自肠系膜上动脉的右侧发出，在回结肠动脉的稍上方，向升结肠而行，分支到升结肠。

4）**中结肠动脉**：发自肠系膜上动脉，经过横结肠系膜两层之间，分为左、右两支向横结肠而行，分布于横结肠。

（3）**肠系膜下动脉**：约平第 3 腰椎高度、在睾丸动脉（卵巢动脉）发出处的下方发自腹主动脉，行向左下，分支有：

1）**左结肠动脉**：向左行至降结肠。

2）**乙状结肠动脉**：有 2 ～ 3 支，向左下方入乙状结肠系膜，吻合成弓，分支分布于乙状结肠。

3）**直肠上动脉**：为肠系膜下动脉向下的延续，经骶骨之前下行分布于直肠上、中部。

（4）**肾上腺中动脉**：平第 1 腰椎高度 起自腹主动脉的侧壁，分布于肾上腺。

（5）**肾动脉**：甚粗大，平第 1、2 腰椎之间的高度发自腹主动脉，左、右各一，横行向外，由肾门进入肾实质内。在未入肾以前发出**肾上腺下动脉**到肾上腺。此外，还可能有**肾副动脉**（出现率约 41.8%），它们发自肾动脉、腹主动脉或膈下动脉，不经过肾门而从肾的上端或下端入肾。

（6）**睾丸动脉**：左右各一，在肾动脉发出处的稍下方起自腹主动脉的前壁，行向下外，参与精索的构成，供应睾丸及附睾。女性的称**卵巢动脉**，供应卵巢和输卵管。

（十一）**髂总动脉**　腹主动脉在第 4 腰椎体处分为左、右髂总动脉，分别沿腰大肌内侧缘行向下外，至骶髂关节前面分为髂内动脉和髂外动脉。

1．**髂内动脉**　为一短干，下行入骨盆腔，先分为前、后干，再分出壁支和脏支。

（1）**壁支**：主要有闭孔动脉和臀上、下动脉。

1）**闭孔动脉**：与闭孔神经一同沿骨盆腔侧壁向前，经闭膜管出骨盆腔而至股内侧区，分支分布于大腿肌内侧群等。

2）**臀上动脉**：为后干的延续，经梨状肌上孔出骨盆腔至臀部，分布于臀部的肌肉。

3）**臀下动脉**：为髂内动脉前干的两终支之一，甚粗大，经梨状肌下孔出骨盆腔至臀部。

4）**髂腰动脉**：自后干的起始处分出，行向后外，经腰大肌深面至髂窝，分腰支与髂支。

5）**骶外侧动脉**：沿骶骨盆面骶前孔的内侧下行，分布于盆底肌，并有分支经骶前孔入骶管。

（2）**脏支**：主要分布于骨盆腔脏器和外生殖器。

1）**脐动脉**：由前干分出后，行向下前至膀胱处，其远侧段闭锁成为脐内侧韧带，由近侧段发出数条小支称**膀胱上动脉**，分布于膀胱上、中部。

2）**膀胱下动脉**：在闭孔动脉后下方沿骨盆腔侧壁向下内至膀胱，发支分布于前列腺及膀胱下部。

3）**直肠下动脉**：自前干的下端发出，行向内侧分支分布于直肠下部。

4）**子宫动脉**：起自前干的下端，先走在子宫阔韧带基部内，后沿子宫侧缘上升而分布于子宫、阴道、输卵管和卵巢，并与卵巢动脉吻合。注意子宫动脉与输尿管的交叉关系。

5）**阴部内动脉**：为髂内动脉前干两终支之一，经梨状肌下孔出骨盆腔，再经坐骨小孔入坐骨肛门窝，分支有**肛动脉**、**会阴动脉**和**阴茎（或阴蒂）动脉**。

2. **髂外动脉**　沿腰大肌内侧缘下行，经腹股沟韧带中点的深面进入股前部移行为股动脉。髂外动脉在腹股沟韧带上方发出**腹壁下动脉**，在腹直肌后面上行与腹壁上动脉吻合。

（十二）**股动脉**　于腹股沟韧带中点深面续接髂外动脉，经股三角入收肌管，出收肌管下口（收肌腱裂孔）至腘窝，移行为腘动脉。股动脉的分支：

1. **股深动脉**　是股动脉最大的分支，于腹股沟韧带下方 3 ～ 4cm 处发自股动脉的后外壁。股深动脉的分支有：

(1) **旋股内侧动脉**：发自股深动脉的起始部，向后行至深处，布于邻近诸肌及髋关节。

(2) **旋股外侧动脉**：较前一动脉稍粗大，起点在旋股内侧动脉稍下方，分支至大腿肌前群和髋关节。

(3) **穿动脉**：一般有 3 条，分别在不同高度穿过大收肌止点处至股后区，分支营养大腿肌后群、内侧群和股骨。

2. 股动脉除发出股深动脉外，自股动脉的上端还发出**腹壁浅动脉**、**阴部外动脉**和**旋髂浅动脉**等分支。

（十三）**腘动脉**　为股动脉的直接连续部分，经过腘窝，至腘肌下缘处分为胫前动脉与胫后动脉。腘动脉的分支较多，均很细小，在膝关节周围互相吻合，参加形成膝关节网。

（十四）**胫后动脉**　平腘肌下缘发自腘动脉，在小腿肌后群浅、深层之间下降，经内踝后方进入足底，分为足底内侧动脉和足底外侧动脉。

胫后动脉的分支：

1. **腓动脉**　于腘肌下方 2 ～ 3cm 处发自胫后动脉，沿腓骨内侧下降，分支营养附近诸肌及胫、腓骨。

2. **足底内侧动脉**　较细，在踇展肌与趾短屈肌之间前行，分布于附近诸肌。

3. **足底外侧动脉**　比足底内侧动脉粗大，行向前外方，至第 5 跖骨底处折转弯向内行，至第 1 跖骨间隙处与足背动脉的足底深动脉吻合，形成**足底弓**。于弓的凸侧发出数条**跖足底总动脉**，至跖趾关节处，各支再分为 2 条**趾足底固有动脉**，分支分布于各趾。

（十五）**胫前动脉**　平对腘肌下缘发自腘动脉，穿小腿骨间膜上部，沿骨间膜前面下降至足背，移行为足背动脉。

足背动脉　由踝关节前方两踝之间的中点开始，向前行，至第 1 跖骨间隙的近端，发出跖背动脉和足底深动脉，并发出转向外侧的弓状动脉，由**弓状动脉**发出 3 条跖背动脉。由**跖背动脉**发出分支分布于趾背。**足底深动脉**穿第 1 跖骨间隙入足底与足底外侧动脉连成足底弓。

（何　欣　王　鹏　任爱华）

三、静　　脉

实习材料

1. 示教整尸标本（显示全身大静脉主干，上、下肢浅静脉）。2. 静脉瓣标本。3. 头颈部的静脉标本。4. 游离上肢静脉标本。5. 游离下肢静脉标本。6. 下腔静脉及其属支标本。

7. 肝门静脉及其属支标本。

实习内容

（一）上腔静脉及其属支　**上腔静脉**为短而粗的静脉干，由左、右头臂静脉在右侧第 1 胸肋结合下缘的后方汇合而成，垂直下行至右侧第 3 胸肋关节下缘后方入右心房。此静脉收纳来自头、颈、上肢及胸廓等处的静脉血。

上腔静脉的主要属支有头臂静脉和奇静脉。

1. **头臂静脉**　左右各一，各由同侧的锁骨下静脉和颈内静脉在胸锁关节的后方汇合而成。**右头壁静脉**较短，行程几乎垂直，**左头臂静脉**较长，行向几乎水平，其主要属支有：

(1) **颈内静脉**：甚粗大，在颈静脉孔处续于乙状窦，沿颈内动脉和颈总动脉的外侧下行。

颈内静脉的颅外属支（在制备的标本上观察）：

1）**面静脉**：起自内眦静脉，伴行于面动脉的后外方，在下颌角下方有下颌后静脉的前支汇入，至舌骨高度注入颈内静脉。内眦静脉通过眼上静脉与颅内海绵窦相交通。

2）**下颌后静脉**：由颞浅静脉和上颌静脉汇合而成，穿腮腺下行，分为前、后两支：前支向前下汇入面静脉。后支与枕静脉、耳后静脉合成颈外静脉。

3）**上颌静脉及翼丛**：翼丛位于颞下窝内，为环绕翼外肌的静脉丛，它收纳与上颌动脉分支相伴行的各静脉属支。由翼丛的后份发出**上颌静脉**。

(2) **锁骨下静脉**：由腋静脉在第一肋外缘移行而来，主要收纳上肢的静脉血，在颈部的重要属支为**颈外静脉**。颈外静脉由**下颌后静脉**的后支与**枕静脉**、**耳后静脉**合成，沿胸锁乳突肌浅面斜行向下，注入锁骨下静脉。

(3) 上肢的静脉：分浅、深静脉。

1）上肢的深静脉：从手掌至腋腔均与同名动脉伴行，手掌、前臂和臂部的深静脉均为两条。

2）上肢的浅静脉：主要有以下几条：

贵要静脉：由手背静脉网尺侧开始，沿前臂的尺侧缘和肘窝前内方上行，约在臂部的中点穿深筋膜，注入肱静脉，或者伴随肱静脉上行注入腋静脉。

头静脉：起自手背静脉网桡侧，沿前臂的桡侧缘和肘窝前外方上行，经三角肌胸大肌间沟，汇入腋静脉或锁骨下静脉。

肘正中静脉：位于肘窝浅面，斜行连接头静脉与贵要静脉。有时还接受前臂正中静脉。

2. **奇静脉**　续右腰升静脉，沿胸椎体右侧上行，在第 4 胸椎高度，向前跨过右肺根上方注入上腔静脉。奇静脉收纳右肋间后静脉、食管静脉、支气管静脉及半奇静脉。

(1) **半奇静脉**：起自左腰升静脉，沿胸椎体的左侧上行，至第 9 或第 10 胸椎高度转向右侧注入奇静脉。

(2) **副半奇静脉**：其粗细及行程一般变异很大，通常收纳左侧第 4 ～ 8 肋间后静脉，注入半奇静脉的末端，但有时注入奇静脉。

（二）下腔静脉及其属支　**下腔静脉**是人体最大的静脉干，由左、右髂总静脉在第 5 腰椎体之右前汇合而成。在腹主动脉的右侧上行，穿过膈的腔静脉孔至胸腔，进入心包，开口于右心房。下腔静脉收纳膈以下身体各处（下肢、骨盆、腹壁以及内脏等）来的静脉血。

下腔静脉的重要属支有：

1. **肾静脉**　短而粗，在肾动脉的前面与其伴行，成直角注入下腔静脉。

2．睾丸静脉（女性为卵巢静脉） 起自睾丸，经精索和腹股沟管，左侧以直角汇入左肾静脉，右侧以锐角汇入下腔静脉。

3．肝静脉 甚短，收集肝内由肝固有动脉和肝门静脉输入的血液，有肝左、肝中、肝右静脉3支，在肝脏面的腔静脉沟内分别注入下腔静脉。

4．髂总静脉 由髂内静脉和髂外静脉合成。与同名动脉伴行。

（1）髂内静脉：短而粗，在骨盆腔侧壁处恰在同名动脉后方，其属支有脏支和壁支。脏支包括直肠下静脉、阴部内静脉和子宫静脉等。各静脉多起于骨盆腔脏器周围的静脉丛，如直肠静脉丛、膀胱静脉丛及阴部静脉丛等。壁支有臀上静脉、臀下静脉和髂腰静脉。

（2）髂外静脉：是下肢股静脉的直接延续部分，沿同名动脉及腰大肌的内侧上行。

（3）下肢的静脉：分浅、深静脉。

1）下肢的深静脉：与同名动脉伴行，在小腿以下，每条动脉有两条伴行静脉。

2）下肢的浅静脉：主要有大隐静脉和小隐静脉。

大隐静脉：于足的内侧缘处起自足背静脉弓，经内踝之前，沿小腿的内侧并经过股骨内侧髁的后方上行，在股部向上经隐静脉裂孔汇入股静脉。大隐静脉在隐静脉裂孔处收纳腹壁浅静脉、旋髂浅静脉、阴部外静脉、股内侧浅静脉和股外侧浅静脉5条属支。

小隐静脉：于足的外侧缘处起自足背静脉弓，经外踝之后，沿小腿后面上行至腘窝，穿深筋膜汇入腘静脉。

（三）肝门静脉及其属支 肝门静脉收纳腹腔内除肝以外的不成对脏器的静脉血，主要由肠系膜上静脉和脾静脉在胰头后方汇合而成，由此上行，在肝十二指肠韧内居肝固有动脉与胆总管的后方，至肝门分左、右支入肝。

1．肠系膜上静脉 其远侧段与同名动脉伴行，但其近侧段与动脉远离，行向上右至胰头后方与脾静脉汇合为肝门静脉。

2．脾静脉 在胰的后方与同名动脉伴行。

3．肠系膜下静脉 伴行于同名动脉的左侧。该静脉很少注入肝门静脉，多数注入脾静脉或肠系膜上静脉。

4．附脐静脉 起于脐周静脉网。为2～3条细小静脉，沿肝圆韧带走行，注入肝门静脉。

5．胃左静脉 （又名胃冠状静脉）与胃左动脉伴行，汇入肝门静脉。

6．胃右静脉 自左向右注入肝门静脉，并与胃左静脉相吻合。

7．胆囊静脉 收集胆囊壁的静脉血，注入肝门静脉或其右支。

全身主要动脉分支表

- 主动脉
  - 升主动脉
    - 左冠状动脉
    - 右冠状动脉
  - 主动脉弓
    - 头臂干
      - 右锁骨下动脉
      - 右颈总动脉
    - 左颈总动脉
    - 左锁骨下动脉
  - 降主动脉
    - 胸主动脉
      - 肋间后动脉
      - 食管支
      - 支气管支
    - 腹主动脉
      - 膈下动脉
      - 腰动脉
      - 肾上腺中动脉
      - 肾动脉
      - 睾丸动脉（卵巢动脉）
      - 腹腔干
        - 胃左动脉
        - 脾动脉
          - 脾支
          - 胰支
          - 胃短动脉
          - 胃网膜左动脉
        - 肝总动脉
          - 肝固有动脉
            - 胃右动脉
            - 肝左支
            - 肝右支→胆囊动脉
          - 胃十二指肠动脉
            - 胃网膜右动脉
            - 胰十二指肠上动脉
      - 肠系膜上动脉
        - 空、回肠动脉
        - 回结肠动脉→阑尾动脉
        - 右结肠动脉
        - 中结肠动脉
        - 胰十二指肠下动脉
      - 肠系膜下动脉
        - 左结肠动脉
        - 乙状结肠动脉
        - 直肠上动脉
- 颈总动脉
  - 颈外动脉
    - 咽升动脉
    - 甲状腺上动脉
    - 舌动脉
    - 面动脉（颌外动脉）
    - 枕动脉
    - 耳后动脉
    - 颞浅动脉
    - 上颌动脉（颌内动脉）
  - 颈内动脉
    - 眼动脉
    - 大脑前动脉
    - 大脑中动脉
    - 后交通动脉

- 锁骨下动脉
  - 椎动脉
    - 小脑下后动脉
    - 脊髓前动脉
    - 脊髓后动脉
    - 左、右 → 基底动脉
      - 小脑下前动脉
      - 脑桥动脉
      - 小脑上动脉
      - 大脑后动脉
  - 胸廓内动脉
    - 肋间前支
    - 肌膈动脉
    - 腹壁上动脉
  - 甲状颈干
    - 甲状腺下动脉
    - 肩胛上动脉
    - 颈横动脉（或直接起自锁骨下动脉）
  - 肩胛背动脉
  - 肋颈干
    - 颈深动脉
    - 肋间最上动脉
- 腋动脉
  - 胸肩峰动脉
  - 胸外侧动脉
  - 肩胛下动脉
    - 胸背动脉
    - 旋肩胛动脉
  - 旋肱后动脉
  - 旋肱前动脉
- 肱动脉
  - 肱深动脉
  - 尺侧上副动脉
  - 尺侧下副动脉
- 桡动脉
  - 桡侧返动脉
  - 掌浅支 → 掌浅弓
  - 末端 → 掌深弓
  - 拇主要动脉
- 尺动脉
  - 末端 → 掌浅弓
  - 尺侧返动脉
  - 骨间总动脉
    - 骨间前动脉
    - 骨间后动脉
  - 掌深支 → 掌深弓

掌浅弓 → 指掌侧总动脉 → 指掌侧固有动脉

掌深弓 → 掌心动脉 → 指掌侧总动脉

- 髂总动脉
  - 髂内动脉
    - 脏支
      - 脐动脉（膀胱上动脉）
      - 膀胱下动脉
      - 输精管动脉（男性）
      - 直肠下动脉
      - 子宫动脉（女性）
      - 阴部内动脉
        - 肛动脉
        - 会阴动脉
        - 阴茎动脉（或阴蒂动脉）
    - 壁支
      - 闭孔动脉
      - 臀上动脉
      - 臀下动脉
      - 髂腰动脉
      - 骶外侧动脉
  - 髂外动脉
    - 旋髂深动脉
    - 腹壁下动脉
    - 主干—股动脉

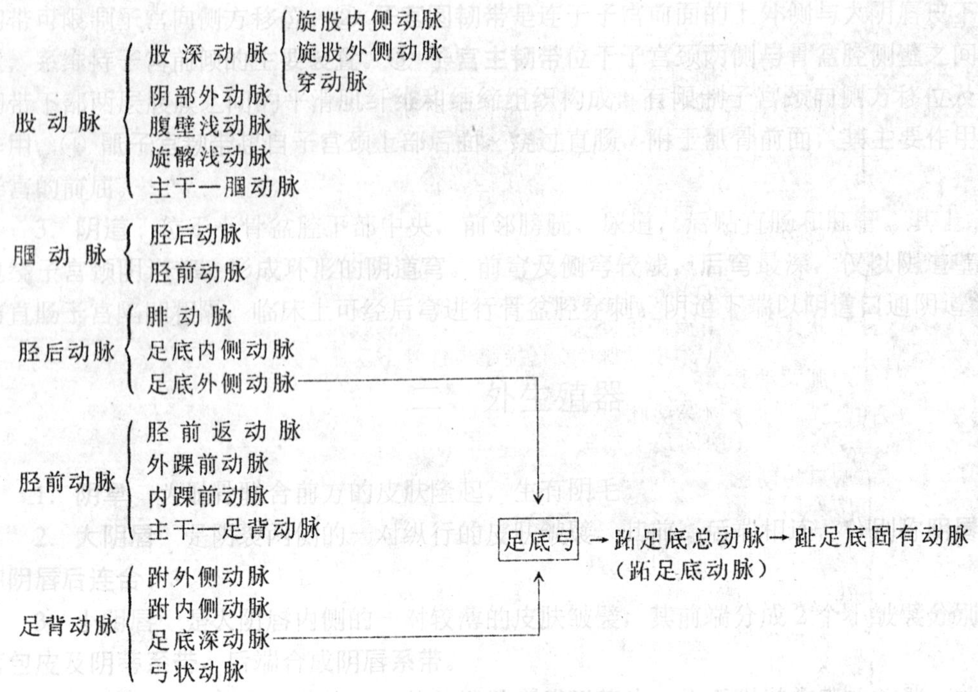

股动脉
股深动脉
旋股内侧动脉
旋股外侧动脉
穿动脉
阴部外动脉
腹壁浅动脉
旋髂浅动脉
主干—腘动脉
腘动脉
胫后动脉
胫前动脉
胫后动脉
腓动脉
足底内侧动脉
足底外侧动脉
胫前动脉
胫前返动脉
外踝前动脉
内踝前动脉
主干—足背动脉
足底弓
跖足底总动脉
趾足底固有动脉
（跖足底动脉）
足背动脉
跗外侧动脉
跗内侧动脉
足底深动脉
弓状动脉

枕静脉
耳后静脉
下颌后静脉（后支）
颈横静脉
肩胛上静脉
颈外静脉
手背静脉网
头静脉
贵要静脉
掌浅静脉弓
掌深静脉弓
尺静脉
桡静脉
肱静脉
腋静脉
锁骨下静脉
头臂静脉
椎静脉
甲状腺下静脉
胸廓内静脉
板障静脉
脑膜中静脉
大脑静脉
眼静脉
迷路静脉
颅内硬脑膜窦
颈内静脉
上腔静脉
咽升静脉
舌静脉
甲状腺上、中静脉
面静脉
内眦静脉
滑车上静脉
眶上静脉
右腰升静脉
右肋下静脉
右肋间后静脉
右最上肋间静脉
半奇静脉
副半奇静脉
右支气管静脉
食管静脉
奇静脉
颞浅静脉
上颌静脉
下颌后静脉
前支

全身静脉总结表

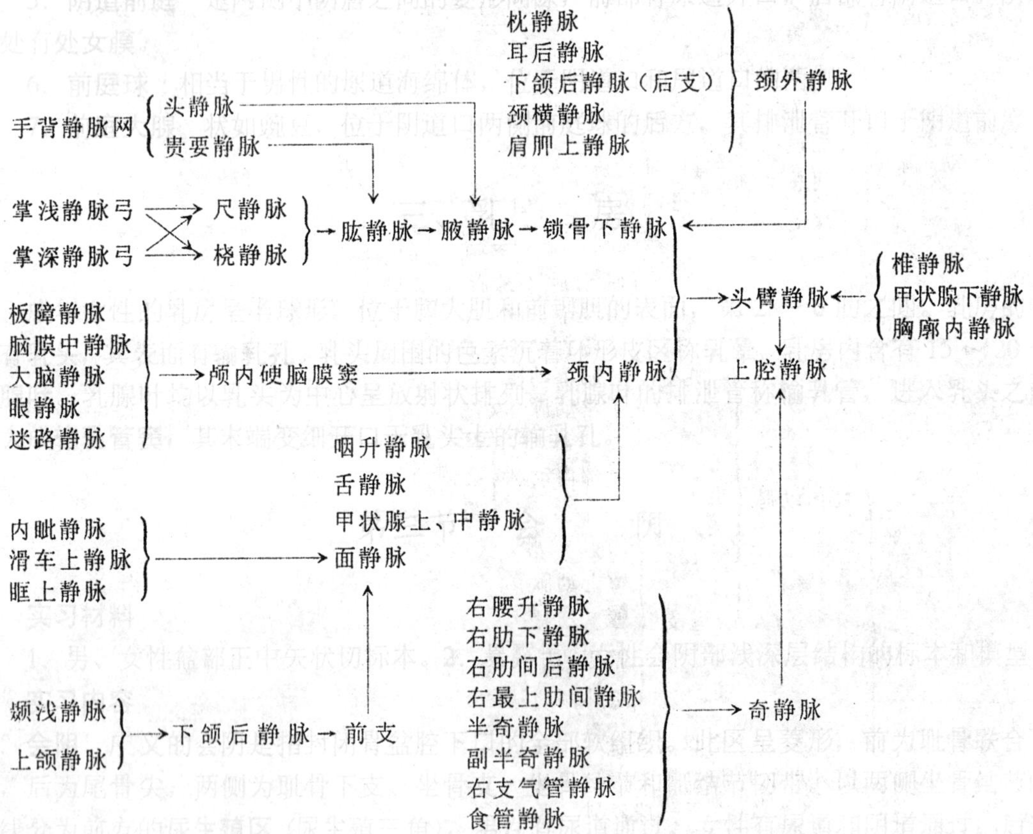

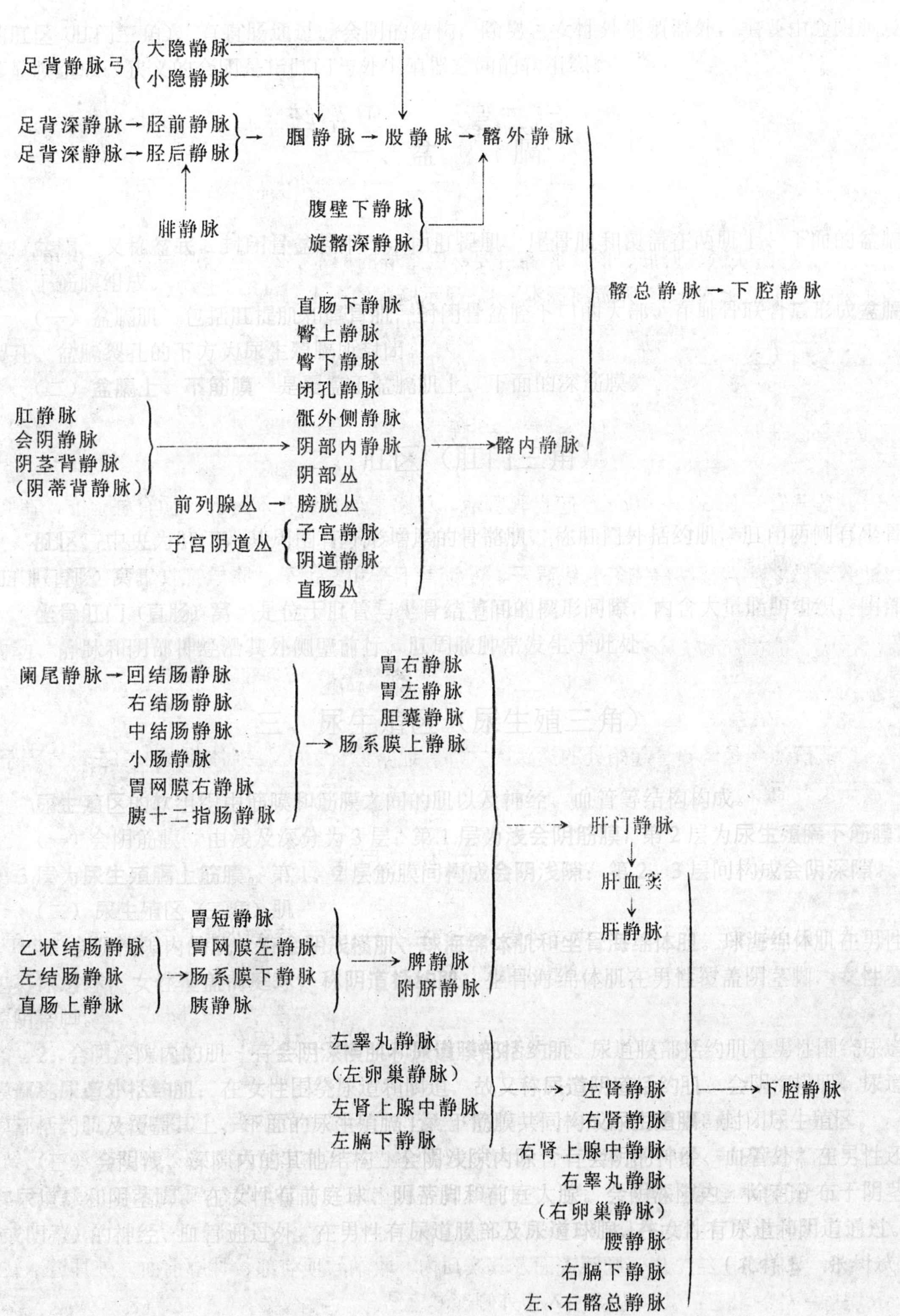

足背静脉弓
大隐静脉
小隐静脉
足背深静脉→胫前静脉
足背深静脉→胫后静脉
腓静脉
腘静脉→股静脉→髂外静脉
腹壁下静脉
旋髂深静脉
髂总静脉→下腔静脉
直肠下静脉
臀上静脉
臀下静脉
闭孔静脉
骶外侧静脉
肛静脉
会阴静脉
阴茎背静脉
（阴蒂背静脉）
阴部内静脉
阴部丛
髂内静脉
前列腺丛→膀胱丛
子宫阴道丛
子宫静脉
阴道静脉
直肠丛
阑尾静脉→回结肠静脉
右结肠静脉
中结肠静脉
小肠静脉
胃网膜右静脉
胰十二指肠静脉
胃右静脉
胃左静脉
胆囊静脉
肠系膜上静脉
肝门静脉
肝血窦
肝静脉
胃短静脉
胃网膜左静脉
乙状结肠静脉
左结肠静脉
直肠上静脉
肠系膜下静脉
胰静脉
脾静脉
附脐静脉
左睾丸静脉
（左卵巢静脉）
左肾上腺中静脉
左膈下静脉
左肾静脉
右肾静脉
右肾上腺中静脉
右睾丸静脉
（右卵巢静脉）
腰静脉
右膈下静脉
左、右髂总静脉
下腔静脉

（温玉新　沈维高　刘岩峰）

第二章　淋巴系统

实习材料

1．暴露头颈、四肢、胸腹腔各主要淋巴结群的标本。2．显示胸导管、右淋巴导管及主要淋巴干的标本。3．脾游离标本。4．显示胸腺的标本。

实习内容

一、胸　导　管

胸导管　长 30 ~ 40cm，起自**乳糜池**，穿膈主动脉裂孔入胸腔，循脊柱前方，在胸主动脉、食管与奇静脉之间上行，出胸廓上口达左颈根部，呈弓状弯曲，注入**左静脉角**。在注入静脉之前，接纳**左支气管纵隔干**、**左锁骨下干**和**左颈干**。胸导管收集头、颈、胸的左侧半，左上肢以及膈以下身体各部的淋巴。

二、乳　糜　池

乳糜池　是胸导管起始处的囊状膨大部。通常位于第 1 腰椎体前面，由左、右腰干和肠干汇合而成。

三、右淋巴导管

右淋巴导管　长 1.5cm，由右锁骨下干、右颈干和右支气管纵隔干汇合而成，注入右静脉角。主要收集右侧头、颈、胸和上肢的淋巴。

四、全身各部的淋巴管和淋巴结

（一）头、颈部　**颈干**由头、颈部的淋巴管汇合而成。收纳头、颈部的淋巴。

1．**枕淋巴结**　位于枕部皮下，收纳枕部的淋巴；其输出管注入颈外侧浅、深淋巴结。

2．**乳突淋巴结**　位于耳廓后方，胸锁乳突肌止端的表面，收纳颅顶后部、耳廓后面的淋巴，其输出管注入颈外侧浅、深淋巴结。

3．**腮腺淋巴结**　位于腮腺表面及其实质内，收纳颅顶前部、耳廓前面、外耳道，鼓膜及腮腺等处的淋巴；其输出管注入颈外侧深淋巴结。

4．**下颌下淋巴结**　位于下颌下三角内，收纳面部、口腔、腭扁桃体等处的淋巴；其输出管注入颈外侧深淋巴结。

5．**颏下淋巴结**　位于颏下部，收纳颏部、下唇内侧部和舌尖等处的淋巴，其输出管注入下颌下淋巴结或直接注入颈外侧上深淋巴结。

6. **颈外侧浅淋巴结** 位于胸锁乳突肌浅面，沿颈外静脉排列，收纳枕、耳后等处的淋巴；其输出管注入颈外侧深淋巴结。

7. **颈外侧深淋巴结** 沿颈内静脉排列，分上、下两群，分别称颈外侧上、下深淋巴结。下群一部分淋巴结沿锁骨下动脉和臂丛排列，称**锁骨上淋巴结**。颈外侧深淋巴结直接或间接收纳头、7颈部各淋巴结的输出管；其输出管汇合成颈干。

8. **颈前淋巴结** 位于颈前正中部，在喉、甲状腺和气管颈部前方，收纳上述器官的淋巴管，其输出管注入颈外侧深淋巴结。

（二）上肢 **锁骨下干**由上肢及胸壁的淋巴管汇合而成，收纳整个上肢和部分胸壁的淋巴。

1. **肘淋巴结** 位于内上髁上方，收纳手及前臂尺侧的淋巴；其输出管注入腋淋巴结。

2. **腋淋巴结** 位于腋窝内，分为**外侧**、**胸肌**、**肩胛下**、**中央**和**尖淋巴结**5群。收纳上肢、肩背部、胸壁前外侧壁及乳房大部的淋巴；其输出管汇合成锁骨下干。

（三）胸部 **支气管纵隔干**主要由气管旁淋巴结和纵隔前淋巴结的输出管汇合而成。

胸壁的淋巴管注入胸骨旁淋巴结、肋间淋巴结、腋淋巴结和颈外侧深淋巴结。胸腔脏器的淋巴管分别注入**纵隔前**、**后淋巴结**、**肺**、**支气管**和**气管淋巴结**。

1. **胸骨旁淋巴结** 位于胸骨两旁，沿胸廓内血管排列，主要收纳胸前壁和乳房内侧部的淋巴。

2. **肋间淋巴结** 排列在肋小头附近，收纳胸后壁的淋巴。

3. **纵隔前淋巴结** 位于前纵隔内，收纳胸腺、心包、心等处的淋巴，其输出管与气管旁淋巴结的输出管共同汇合成支气管纵隔干。

4. **纵隔后淋巴结** 位于食管和胸主动脉前方，收纳上述器官的淋巴管，其输出管注入胸导管。

5. **肺、支气管和气管的淋巴结** 按部位分为5群。**肺淋巴结**沿肺内支气管分支排列，其输出管注入肺门处的**支气管肺门淋巴结**（**肺门淋巴结**）。支气管肺门淋巴结的输出管注入气管杈周围的气管支气管上、下淋巴结。**气管支气管上、下淋巴结**的输出管注入**气管旁淋巴结**。气管旁淋巴结的输出管汇入支气管纵隔干。

（四）腹部 有腰干和肠干。**腰干**有左、右两条，每干由本侧腰淋巴结的输出管汇合而成，收纳来自下肢、盆部、脐下部腹壁及腹腔成对脏器的淋巴。**肠干**由腹腔不成对脏器的淋巴管汇合而成，收纳肠、脾、肝等处的淋巴。

腹壁上部的淋巴管注入腋淋巴结，下部的注入腹股沟浅淋巴结。腹后壁的淋巴管注入腰淋巴结。腹腔成对脏器的淋巴管注入腰淋巴结，不成对脏器的淋巴管先注入各脏器附近的淋巴结，最后再分别注入腹腔淋巴结和肠系膜上、下淋巴结。

1. **腰淋巴结** 位于腹主动脉和下腔静脉的周围，收纳腹后壁、腹腔成对脏器的淋巴管以及髂总淋巴结的输出管；其输出管汇合成左、右腰干。

2. **腹腔淋巴结** 位于腹腔干起始部周围，收纳胃、十二指肠上半、胰、脾、肝、胆囊等处的淋巴，其输出管参与构成肠干。

3. **肠系膜上淋巴结** 位于肠系膜上动脉根部周围，收纳十二指肠下半至结肠左曲之间肠管的淋巴；其输出管参与构成肠干。

4. **肠系膜下淋巴结** 位于肠系膜下动脉根部周围，收纳结肠左曲至直肠上段之间肠管的淋巴；其输出管参与构成肠干。

（五）盆部

1. **髂外淋巴结** 位于髂外血管周围，收纳来自骨盆腔壁和下肢的淋巴；其输出管注入髂总淋巴结。

2. **髂内淋巴结** 位于髂内血管周围，收纳骨盆腔脏器的淋巴；其输出管注入髂总淋巴结。

（六）下肢

1. **腘淋巴结** 位于腘血管周围，收纳足外侧缘、小腿后面的浅淋巴及足和小腿的深淋巴，其输出管注入腹股沟深淋巴结。

2. **腹股沟淋巴结** 分浅、深两群。**腹股沟浅淋巴结**沿腹股沟韧带下方和大隐静脉上端排列；**腹股沟深淋巴结**位于阔筋膜深面股静脉的内侧。它们收纳下肢、脐以下腹壁、臀部、会阴、肛门、外生殖器等处的淋巴；其输出管注入髂外淋巴结。

五、脾

脾呈长椭圆形，色暗红、质软脆，位于左季肋区，在第 9 至第 11 肋之间。可分为膈、脏两面，前、后两端和上、下两缘。脏面近中央处的纵行凹陷称**脾门**，有血管、神经等出入。上缘较锐，有 2 ～ 3 个**脾切迹**，是触摸脾脏的重要标志。脾是重要的淋巴器官，参与身体的免疫反应。脾有破坏衰老的红细胞和产生淋巴细胞的作用，还兼有储血功能。

附：全身淋巴引流表

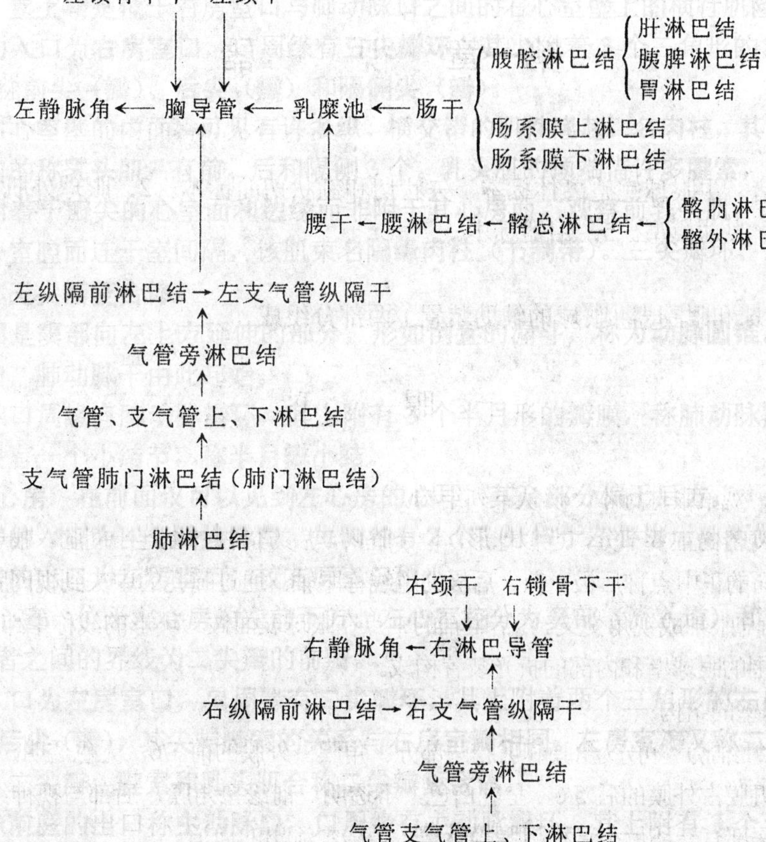

（孔祥玉　乔跃兵）

第五篇　感　觉　器

感觉器是感受器及其辅助装置的总称。感受器是机体接受内、外界环境各种刺激的结构。本篇主要叙述视器和前庭蜗器的结构。

第一章　视　　器

实习材料

1. 新鲜猪、牛眼球完整离体标本，矢状切和额状切面标本。2. 眼球外肌标本。3. 眼动脉标本。4. 眼球模型。5. 泪器标本。

实习内容

视器由眼球和眼副器（眼球的辅助装置）两部分组成

一、眼　　球

对照模型，观察眼球标本，辨认下列结构。

眼球　为视器的主要部分，近似球形，位于眶内，后方借视神经连于间脑。眼球前面的正中点称前极，后面的正中点称后极，前、后极的连线称**眼轴**。通过瞳孔的中央到视网膜中央凹的连线称**视轴**。视轴与眼轴成锐角交叉。凭借眼轴的中点在眼球表面做一环形的线称**中纬线**（或赤道）。

眼球由周围的眼球壁和内部的折光装置构成。

（一）眼球壁的结构

1. **外膜**（纤维膜）　可分为**角膜**和**巩膜**两部分。角膜占外膜的前 1/6，无色透明，曲度大较大，有折光作用；巩膜占外膜的后 5/6，呈乳白色，不透明，前缘接角膜，后部与视神经相连。巩膜与角膜交界处深部有一环形小管称**巩膜静脉窦**，是房水流出的通道。

2. **中膜**（血管膜或葡萄膜）含丰富的血管和色素细胞，由前向后分为虹膜、睫状体和脉络膜三部分。

（1）**虹膜**：位于中膜最前部，呈环形，冠状位。中央有一圆形的孔称**瞳孔**。虹膜内有两种不同方向的平滑肌，一种位于近瞳孔周围呈环形排列，称**瞳孔括约肌**；另一种以瞳孔向周围呈放射状排列，称**瞳孔开大肌**。

⑵ **睫状体**：位于巩膜与角膜移行部的内面，前接虹膜，是中膜最肥厚的部分。中膜的前部有向内面突出呈放射状排列的皱襞称**睫状突**。后部内面较平坦，称**睫状环**。睫状体实质内有平滑股称**睫状肌**。

(3) **脉络膜**：位于睫状体后方，占中膜的后 2/3。为柔软的薄膜，后方有视神经穿过，外面与巩膜疏松结合，内面紧贴视网膜的色素层。

3. **内膜**　（视网膜），内膜在中膜的内面，分二层。外层为色素部，内层为神经部。视网膜从前向后可分为三部分：即**虹膜部**、**睫状部**和**视部**。前两部分无感光作用，故又称视网膜盲部。视网膜视部的内层含有三层神经细胞；由外向内依次为视细胞（视锥、视杆细胞）、双极细胞和节细胞。节细胞的轴突在视网膜的后部集成束，形成一白色圆盘形隆起称**视神经盘**（**视神经乳头**），此处无感光细胞，故称生理盲点。视网膜中央动、静脉即由此穿行。在视神经盘颞侧约 3.5mm 处有一黄色区称**黄斑**（在新鲜人眼标本上才能看到），黄斑的中央凹陷处称**中央凹**，是感光最敏锐的部位，也是辨色最敏锐的部位。

（二）眼球的内容物

1．**眼房和房水**

（1）**眼房**：是位于角膜、晶状体和睫状体之间的腔隙，被虹膜分为前房和后房，两房间借瞳孔相通。虹膜与角膜相交所成的环形区域称**虹膜角膜角**，又称**前房角**。此角的前外侧壁有栅状的小梁网，其空隙称**虹膜角膜角隙**（Fontana 腔），通巩膜静脉窦。

（2）**房水**：充满于眼房内，由睫状体产生，经后房、瞳孔到达前房，再经**虹膜角膜角隙**回流入巩膜静脉窦，再经睫前静脉，最后汇入眼静脉。

2．**晶状体**　位于虹膜与玻璃体之间，形似双凸透镜，无色透明而富有弹性。晶状体周缘借排列细密的纤维状结构组成的**睫状小带**连于睫状突上。晶状体的曲度可随睫状肌舒缩而改变。

3．**玻璃体**　为无色透明的胶状物质，充满于晶状体和视网膜之间，表面覆有**玻璃体囊**，玻璃体除有折光作用外，尚有支撑视网膜的作用。

二、眼副器（眼球的辅助装置）

（一）**眼睑**　分**上睑**和**下睑**。位于眼球前方为保护眼球的屏障。上、下睑之间的裂隙称**睑裂**。睑裂的内、外侧端分别称**内眦**和**外眦**。眼睑的游离缘称睑缘。眼睑的前缘有向外生长的睫毛。眼睑的后缘有睑板腺的开口。上、下睑缘内侧端各有一乳头状隆起，称**泪乳头**，乳头顶端的小孔名泪点。

（二）**结膜**　是一层薄而透明的富有血管的光滑粘膜。可分为两部：覆盖在眼睑内面的部分称**睑结膜**；被覆在巩膜前面的部分称**球结膜**。上、下睑结膜与球结膜相移行，其反折处分别构成**结膜上穹**和**结膜下穹**。

（三）**泪器**　由泪腺和泪道构成。

1．**泪腺**　泪腺位于眶上壁外侧部的泪腺窝内，有 10～20 条排泄小管开口于结膜上穹的外侧部。　2．**泪道**　包括泪点、泪小管、泪囊和鼻泪管。

（1）**泪点**：为泪乳头顶端的小孔，有上、下两泪点。

（2）**泪小管**：泪小管在眼睑的皮下，起自泪点，分为上、下泪小管，两者汇合后开口于泪囊。

（3）**泪囊**：位于眼眶内侧壁的泪囊窝内，为一膜性囊。上部为盲端，下部移行于鼻泪管。

（4）**鼻泪管**：为膜性管道。鼻泪管上部包埋于骨性鼻泪管中，与骨膜紧密结合；下部在鼻腔外侧壁粘膜深面，末端开口于下鼻道的外侧壁。

（四）**眼球外肌**　包括六条运动眼球的肌和一条提上睑的肌，都是骨骼肌，统称为视器的运动装置。

1．**运动眼球的外在肌**　共有 6 条肌肉，即 4 条直肌和 2 条斜肌。它们都起自视神经管周围的总腱环，各肌向前，在眼球中纬线的前方，分别止于上、下、内侧和外侧的巩膜上。

（1）**上直肌**：使瞳孔转向上内方。

（2）**下直肌**：使瞳孔转向下内侧。

（3）**内直肌**：使瞳孔转向内侧。

（4）**外直肌**：使瞳孔转向外侧。

（5）**上斜肌**：起自视神经管的总腱环，位于上直肌和内直肌之间，经细腱通过附于眶内侧壁前上方的纤维滑车，然后转向后外，在上直肌的下方止于眼球中纬线后外方，使瞳孔转向下外方。

（6）下斜肌：使瞳孔转向外上。

2. 睑肌 眼肌中还有一条**上睑提肌**，起自视神经管上壁，向前止于上睑，作用为提上睑，开大睑裂。

三、视器的血管和神经

（一）视器的血管 眼球和眶内结构皆由眼动脉供给营养。

1. **视网膜中央动脉** 有眼球后方穿入视神经内，前行至视神经盘处穿出，分为上、下两支，再各分为两支，形成视网膜鼻侧上、下小动脉与视网膜颞侧上、下小动脉，营养视网膜内层。眼动脉发出**睫后短动脉**（**脉络膜动脉**）及**睫后长动脉**（**虹膜动脉**）等分布于相应结构。

2. 眼静脉 眶内血液通过眼静脉回流，眼球内的静脉主要有**视网膜中央静脉**和**涡静脉**，它们最后汇入眼静脉，眼静脉则回流至海绵窦。

（二）视器的神经 除视神经连于眼球外，还包括：

（1）**动眼神经**：支配除上斜肌、外直肌以外的其他眼球外肌。

（2）**滑车神经**：支配上斜肌。

（3）**展神经**：支配外直肌。

（4）**眼神经**：管理眼球的一般感觉。

（5）**交感神经**：支配瞳孔开大肌。

（6）**副交感神经**：支配睫状肌和瞳孔括约肌。

（蔡 琳 李菲菲）

第二章 前庭蜗器

实习材料

1. 额状断面的外耳道标本。2. 听小骨链标本。3. 显露鼓膜、中耳和咽鼓管的标本。4. 显示中耳鼓室六个壁的标本。5. 显示内耳骨迷路的标本。6. 骨迷路及膜迷路的模型。

实习内容

前庭蜗器（位听器）包括平衡器（位觉器）和听器。前庭蜗器按部位可分为外耳、中耳和内耳三部分。

一、外　　耳

外耳包括耳廓、外耳道和鼓膜三部分。

（一）**耳廓**　上方大部由软骨外被皮肤构成，下方小部为含有脂肪组织的皮肤皱襞称**耳垂**。耳廓的游离缘卷向凹面，此部称**耳轮**。在耳廓的凹面上与耳轮平行排列的嵴称**对耳轮**。耳轮与对耳轮间的浅沟为**耳舟**。在对耳轮前方的深窝称**耳甲**，其下部的底为**外耳门**，外耳门的前方有明显的突起为**耳屏**。与耳屏对应的突起为**对耳屏**。

（二）**外耳道**　是外耳门至鼓膜之间的弯曲管道，长 2.1 ～ 2.5cm，外耳道各部走向不同，自外向内是：先朝前上，继而稍向后，然后弯向前下。外耳道壁的外侧 1/3 以软骨为基架称软骨部，内侧 2/3 则以骨为基架称骨部，两部交界处较为狭窄，为异物易于嵌顿处。

（三）**鼓膜**　薄而坚韧，呈斗笠状，分隔外耳道与中耳鼓室，位置倾斜，下缘偏内。其凸面朝向中耳鼓室，凸面之顶为**鼓膜脐**，其边缘大部附于颞骨鼓部的**鼓沟**上，上方的小部（约 1/4）向上与颞骨鳞部直接相连，因此，鼓膜可分为两部；**松弛部**是鼓膜位于颞骨鳞部与锤骨外侧突附着处之间的部分，呈三角形；**紧张部**是鼓膜松弛部以外的部分。

二、中　　耳

中耳包括鼓室、咽鼓管、乳突小房，以及位于鼓室中的听小骨和肌肉等。

（一）**鼓室**　位于颞骨岩部内，在鼓膜与内耳外侧壁之间，形状不规则，可分为六壁：

1. **盖壁**（上壁）　是分隔鼓室和颅中窝的一薄骨板。

2. **颈静脉壁**（下壁）　是分隔鼓室与颈内静脉起始部的骨性板。

3. **颈动脉壁**（前壁）　即颈动脉管的后壁。此壁上方有**咽鼓管半管**和**鼓膜张肌半管**的开口。

4. **乳突壁**（后壁）　上部有**乳突窦**的开口，在开口的内侧壁上有外半规管凸；下方有一锥隆起，内有镫骨肌起始。

5. **鼓膜壁**（外侧壁）　大部分为鼓膜构成，其上部则由**鼓室上隐窝**的外侧壁形成。

6. **迷路壁**（内侧壁）　为分隔鼓室和内耳的壁。该壁的中部隆起称（**鼓**）**岬**。在岬的后上方有一卵圆形孔为**前庭窗**（**卵圆窗**），此窗为镫骨底所封闭。岬的后下方有圆形小孔，为**蜗窗**（**圆窗**），在活体为第二鼓膜所封闭。在前庭窗的后上方有一弓状隆起为**面神经管凸**。

（二）**听小骨**　自外向内为**锤骨**、**砧骨**和**镫骨**。它们以关节相连构成鼓室内、外侧壁之间的听小骨链。

（三）听小骨的肌肉

1. **鼓膜张肌**　位于鼓膜张肌半管内，此肌起自该管的壁，贯穿鼓室而附于锤骨柄。该肌作用可使鼓膜紧张。

2. **镫骨肌**　起于中耳后壁的锥隆起，附于镫骨头。它把镫骨底拉向后外方，使镫骨底向前庭相反的方向运动。

（四）**咽鼓管**　为长而狭窄并稍扁平的管道，可分为外侧 1/3 的骨部和内侧 2/3 的软骨部。两部相接处，为管腔最狭窄的部分，称**咽鼓管峡**。由此向两端管腔逐渐扩大，一端开口于鼓室前壁，另一端以咽鼓管咽口开口于下鼻甲后方的鼻咽部侧壁上。

（五）**乳突小房（及乳突窦）** 乳突小房为颞骨乳突内的许多含气小腔，向前经乳突窦与中耳鼓室相通。**乳突窦（鼓窦）**是鼓室与乳突小房间的小腔。

三、内　　耳

内耳又称**迷路**，位于鼓室和内耳道底之间的颞骨岩部的骨质内，可分为骨迷路和膜迷路两部分。对照模型在标本上观察下列结构。

（一）**骨迷路** 是颞骨岩部内的骨性隧道，可分为**耳蜗**、**前庭**和**骨半规管**三部分，依次由前向后沿颞骨岩部长轴排列。

1. **前庭** 为形状不规则的腔，介于耳蜗和骨半规管之间。在朝向鼓室的外侧壁上有前庭窗。其后壁上有5个小孔，通入骨半规管。前壁上有一个孔通入耳蜗的前庭阶。内侧壁是内耳道底，中部有一不太明显的嵴称**前庭嵴**，分隔前庭为两个浅窝，前下方的为**球囊隐窝**，后上方的为**椭圆囊隐窝**。

2. **骨半规管** 为3个呈“C”字形并互相成直角排列的弯曲小管，分别为前（上）、后和外（水平）骨半规管。① **前骨半规管**，与颞骨岩部长轴垂直。② **后骨半规管**，与颞骨岩部的长轴平行。③ **外骨半规管**，与水平面一致。

每个骨半规管均有两个骨脚。一为**壶腹骨脚**，脚上有一膨大部称**骨壶腹**。另一为**单骨脚**，前、后半规管的单骨脚合成一个**总骨脚**。因此3个骨半规管只借5个孔开口于前庭。

3. **耳蜗** 形似蜗牛壳。在标本（模型）上可见它由**蜗螺旋管**环绕**蜗轴**旋转两周半而成。**蜗底**朝向内耳，**蜗顶**朝向鼓室。自蜗轴发出的**骨螺旋板**突入蜗螺旋管内，其游离缘与蜗管鼓壁相连，将蜗螺旋管分为上、下两半，上半为**前庭阶**，下半为**鼓阶**。前庭阶与前庭窗相通，鼓阶与蜗窗相通。在蜗顶处，骨螺旋板与蜗轴之间形成**蜗孔**。

前庭阶和鼓阶在蜗顶处经**蜗孔**彼此相通。

（二）**膜迷路** 为套在骨迷路内由大体上与骨迷路形状相似的膜性管道和囊组成。骨、膜迷路之间容有**外淋巴**。外淋巴通过蜗小管流入**蛛网膜下隙（腔）**。膜迷路为独立的管道，其自身的囊腔和管是彼此相互交通的，其中容有**内淋巴**。膜迷路亦可分为三部分：

1. **椭圆囊和球囊** 是位于骨迷路前庭内的两个膜性囊。球囊位于前庭的球囊隐窝内，呈扁平球状。球囊与其前方的蜗管相通。球囊的前壁上有球囊斑。椭圆囊位于前庭的椭圆囊隐窝内，3个膜半规管的5个孔开口于椭圆囊后壁。椭圆囊的底部和前壁上有椭圆囊斑，此斑和球囊斑均是位觉感受器，能感受直线加速或减速运动的刺激。此外，椭圆囊和球囊各发出一短的导管，两者相连构成较长的**内淋巴管**，此管穿过颞骨岩部的**前庭小管**（套在管内），其末端扩大为盲囊称**内淋巴囊**，囊位于**前庭小管外口**和覆于其外的硬脑膜之间。

2. **膜半规管** 为套在骨半规管内的膜性管，也分为前、后和外膜半规管。在骨壶腹处亦膨大称膜壶腹，每个膜壶腹壁上有**壶腹嵴**，也是位觉感受器。能接受旋转加速或减速运动的刺激。3个膜半规管以5个孔开口于椭圆囊后壁。

3. **蜗管** 套在耳蜗内，也盘旋两圈半，下端连于**球囊**，尖端终于蜗顶处为盲端。蜗管的横断面呈三角形，可分为三个壁。上壁为**蜗管前庭壁**（前庭膜），分隔前庭阶与蜗管；外侧壁为**蜗管外壁**，富有血管；下壁由**骨螺旋板**和**蜗管鼓壁**（**螺旋膜或基底膜**）组成，与鼓阶相隔，其上有**螺旋器**（Corti器），为听觉感受器。

（三）**内耳道** 为**前庭蜗神经**和**面神经**及血管通过的管道，自颞骨岩部后面上的**内耳门**开始，斜向外侧，终于**内耳道底**。内耳道底为带孔的骨板，其上有小孔，为面神经及前庭蜗神经等通过之处。

（姚万才）

第六篇　神经系统

神经系统分为中枢神经系统和周围神经系统两部分。中枢神经系统包括脑和脊髓。脑位于颅腔内，脊髓位于椎管内。脑包括端脑、间脑、小脑、中脑、脑桥和延髓，后三者合称脑干。周围神经系统包括与脑相连的 12 对脑神经和与脊髓相连的 31 对脊神经，其中分布于体表和骨骼肌的神经称躯体神经，分布于内脏、心血管和腺体的神经称内脏神经。

神经系统主要由神经组织组成。神经组织包括神经细胞（神经元）和神经胶质细胞。神经元由胞体、树突和轴突所组成。通常一个神经元的轴突与另一神经元的树突或胞体相接触形成突触，使神经冲动沿一定方向传递。神经元的胞体和树突在中枢内聚集形成**灰质**，在大脑和小脑表面成层配布的灰质称**皮质**，形态和功能相似的神经元胞体聚集成团或柱称**神经核**，在周围神经则形成**神经节**。神经元的轴突在中枢内聚集形成**白质**，位于皮质深面的白质称**髓质**，起止、行程和功能相同的纤维束称**传导束**；在周围神经则形成**神经**。根据神经元形态的不同，可分为**假单极神经元**、**双极神经元**和**多极神经元**；根据功能又可分为**感觉神经元**、**运动神经元**和**联络神经元**三类。

第一章　中枢神经系统

一、脊　　髓

实习材料

1．脊髓标本及模型。2．脊髓横切面照片及标本。

实习内容

（一）脊髓的位置与外形　脊髓为前、后略扁的圆柱体，位于椎管内，上平枕骨大孔（在此与延髓相续），下达第一腰椎体下缘水平。在剖开硬脊膜的标本上辨认下列结构：

1．**脊髓圆锥**　脊髓末端呈倒置圆锥状称脊髓圆锥。

2．**终丝**　脊髓圆锥尖端伸出一条细长的丝状结构为终丝，它向下附着于尾骨背面。

3．**颈膨大和腰骶膨大**　为脊髓在颈部（$C_5 \sim T_1$）和腰骶部（$L_2 \sim S_3$）的膨大部分。

4．脊髓表面的纵沟　在脊髓前、后面的正中线上分别有**前正中裂**和**后正中沟**。在前正中裂的两则有**前外侧沟**，在后正中沟的两侧有**后外侧沟**。在后正中沟与后外侧沟之间有**后中间沟**（存在于胸中段以上的脊髓）。

5．**脊神经**　在前、后外侧沟内分别有出入脊髓的神经根丝，它们分别集结成脊神经的**前根**和**后根**，二者在椎间孔处汇合成为**脊神经**。

6．**马尾**　由第 2 腰神经以下的脊神经根丝围绕在终丝周围构成。

7．**脊神经节**　是后根在与前根合并之前的膨大，内含假单极神经元。

8．**脊髓节段**　是与每对脊神经根丝相对应的一段脊髓。由于脊神经有 31 对，故脊髓节段有 31 节，即颈 8 节、胸 12 节、腰 5 节、骶 5 节和尾 1 节。

（二）脊髓的内部结构

1. **灰质** 在脊髓的横切面上可见脊髓中央有呈“H”形灰暗部分，此即脊髓灰质。灰质在颈膨大和腰骶膨大处最为显著。“H”形两侧部向前方的突出部分为前角，向后方的为后角，前、后角之间的部分为中间带。在胸$_1$～腰$_3$节段，中间带向外突出，构成侧角。连接两侧部的横梁为灰质连合，在连合的中央有一孔为**中央管**。中央管纵贯脊髓全长，在脊髓圆锥内形成**终室**。

前 角　内有运动神经元。其轴突形成脊神经前根，构成脊神经躯体运动成分，支配骨骼肌。

中间带
- **中间外侧核**：存在于胸$_1$～腰$_3$（或颈$_8$～腰$_2$）节段，是交感神经的低级中枢。在前、后角之间形成侧角，发轴突参与构成前根。脊髓骶 2～4 节段相当于侧角部位，是副交感神经的低级中枢。
- **中间内侧核**：其轴突组成脊髓小脑前束，与深感觉传导有关。

后 角
- **后角边缘核**：与浅感觉传导有关。
- **胶状质**：主要完成脊髓节段间的联络。
- **后角固有核**：与浅感觉传导有关。
- **胸（背）核**：其轴突组成脊髓小脑后束，与深感觉传导有关。

在前、后角之间的外侧，有由灰、白质混杂交织的结构，称**网状结构**，在颈髓明显。

2. **白质** 位于灰质的外周，主要由上、下走行的神经纤维组成。左、右两侧脊髓白质均被前外侧沟和后外侧沟分为**前索**、**外侧索**和**后索**三部。在灰质连合前方与前正中裂底部之间连接左、右前索的白质为**白质前连合**。在白质内有感觉（上行）传导束、运动（下行）传导束和固有束等，脊髓的主要传导束见表 1-10。

表 1-10　脊髓的主要传导束

	名 称	部 位	起 止 点	功 能
上行束	薄 束	后索内侧	起于胸 5 以下脊神经节，止于同侧薄束核	司胸 5 以下躯干及下肢的本体感觉及精细触觉
	楔 束	后索外侧	起于胸 4 以上脊神经节，止于同侧楔束核	司胸 4 以上躯干及上肢的本体感觉及精细触觉
	脊髓小脑前束	外侧索表层前半	起于对侧和同侧脊髓中间内侧核，终于小脑	司非意识性本体感觉
	脊髓小脑后束	侧索表层后半	起于同侧脊髓胸核，止于小脑	司非意识性本体感觉
	脊髓丘脑侧束	外侧索、脊髓小脑前束内侧	起于对侧后角固有核，止于背侧丘脑腹后外侧核（VPL）	司对侧躯干和四肢痛、温觉
	脊髓丘脑前束	前 索	起于双侧后角固有核，止于背侧丘脑腹后外侧核（VPL）	司双侧躯干粗略触觉和压觉
下行束	皮质脊髓侧束	外侧索、脊髓小脑后束内侧	起自对侧大脑皮质中央前回上 2/3 及中央旁小叶前部，止于脊髓前角运动神经元	支配骨骼肌的随意运动
	皮质脊髓前束	前索（脊髓中胸部以上），前正中裂	同上	同上
	红核脊髓束	外侧索、脊髓小脑后束内侧	起于对侧中脑红核，止于脊髓前角运动神经元	调节肌紧张，协调骨骼肌的随意运动
	网状脊髓束	外侧索和前索	起于脑干网状结构，止于双侧前角	调节肌紧张
	内侧纵束	前 索	起于前庭神经核，止于前角	把内耳平衡（位觉）器与眼球运动和头的运动联系起来

二、脑　　干

实习材料

1．脑干（背、腹侧面）外形标本及模型。2．脑矢状切面标本及示第四脑室标本。3．脑干横切面照片和标本。4．脑干内部核团模型。

实习内容

脑干包括延髓、脑桥和中脑3部分。

（一）脑干的外形

延髓下端在平枕骨大孔处与脊髓相连，上端在腹侧借延髓脑桥沟与脑桥为界，在背侧则借髓纹与脑桥分界。脑桥与中脑的分界在腹侧为脑桥上缘，在背侧为下丘下缘。中脑腹侧的上界是视束，背侧的上界为上丘上缘。

1．**延髓**　其表面能见的结构如下：

前正中裂：下端为**锥体交叉**。

腹侧面：

- **锥体**：在前正中裂两侧，其深部有锥体束通过。
- **橄榄**：在锥体外侧，深部有**下橄榄核**。在橄榄后方的沟内有**舌咽神经**、**迷走神经**和**副神经**穿出。
- **前外侧沟**：**舌下神经**由此出脑
- **薄束**和**楔束**：由脊髓上延而来。

背侧面：

- **薄束结节**和**楔束结节**：深面分别有**薄束核**和**楔束核**。
- **小脑下脚**（绳状体）：主要由脊髓和延髓进入小脑的纤维构成。在断面标本上于楔束结节外上方可以见到它，为粗大纤维束的断面。
- **听结节**：位于小脑下脚背外侧面，其深面有**蜗神经背核**。
- **菱形窝**（下半部）

2．**脑桥**　其表面能见的结构如下：

腹侧面　中央有纵行的**基底沟**；其外侧为进入小脑的**小脑中脚**（脑桥臂）。在脑桥腹面与小脑中脚分界处有**三叉神经根**穿出。脑桥腹面下方的延髓脑桥沟内自内向外有**展神经**、**面神经**和**前庭蜗神经**出入。

背侧面　**小脑上脚**（结合臂）：连接小脑和中脑。**菱形窝**（上半部）。

3．**第四脑室**　是由脑桥、延髓和小脑所围成的腔隙。脑室的底呈菱形，称**菱形窝**。

(1) 边界：外上界——小脑上脚；外下界——小脑下脚、薄束结节和楔束结节。

(2) 表面结构：

髓纹：为数条横行纤维，分隔延髓和脑桥背面。

正中沟：窝底正中线上的纵沟。

界沟：为与正中沟平行且在其外侧的浅沟。

内侧隆起：为位于正中沟与界沟之间的隆起。

面丘：位于髓纹上方的内侧隆起上，深面有展神经核。

舌下神经三角：位于髓纹以下内侧隆起上。为正中沟两侧的三角区，深面有舌下神经核。

迷走神经三角：在舌下神经三角的外侧，深面有迷走神经背核。

前庭区：位于界沟的外侧，深面有前庭神经核。

蓝斑：为界沟上端外侧的蓝色小区，内有蓝斑核。

第四脑室的顶由**上髓帆**、**下髓帆**和**第四脑室脉络膜及丛**构成。第四脑室向上可经中脑水管通第三脑室，向下与延髓和脊髓的中央管相通。第四脑室经一个第四脑室**正中孔**和两个**外侧孔**与蛛网膜下隙相通。

4．**中脑**　其表面能见的结构如下：

腹侧面
- **大脑脚**：中脑腹部称大脑脚。
- **脚间窝**：位于左、右两大脑脚之间；动眼神经经大脑脚内侧穿出。

背侧面　**四叠体**
- **上丘**（成对）：经上丘臂与外侧膝状体相连。
- **下丘**（成对）：以下丘臂与内侧膝状体相连，下丘下方有滑车神经出脑。

（二）脑干的内部结构　脑干的内部由灰质和白质构成。灰质结构包括脑神经核和非脑神经核两大部分。白质主要包括上行（感觉）和下行（运动）的各种传导束。网状结构为灰、白质混杂区。

1．脑干内的脑神经核　与后十对（第Ⅲ～Ⅻ）脑神经有直接联系，归纳如表1-11。

表1-11　脑神经与有关脑神经核的名称及性质

脑神经	脑神经核						
	躯体运动核	一般内脏运动核	特殊内脏运动核	一般内脏感觉核	特殊内脏感觉核	一般躯体感觉核	特殊躯体感觉核
动眼神经	动眼神经核	动眼神经副核					
滑车神经	滑车神经核						
三叉神经			三叉神经运动核			三叉神经脑桥核 三叉神经脊束核 三叉神经中脑核	
展神经	展神经核						
面神经		上泌涎核	面神经核		孤束核		
前庭蜗神经							前庭神经核 蜗神经核
舌咽神经		下泌涎核	疑核	孤束核	孤束核	三叉神经脊束核	
迷走神经		迷走神经背核	疑核	孤束核		三叉神经脊束核	
副神经			疑核 副神经脊髓部				
舌下神经	舌下神经核						

2．脑干内的非脑神经核　不与脑神经相连，但参与组成神经传导通路或反射通路，归纳为表1-12。

表 1–12　脑干内非脑神经核的名称和位置

<table>
<tr><th colspan="2">名称</th><th>位　置</th><th>功　　能</th></tr>
<tr><td rowspan="3">中脑顶盖</td><td>上丘</td><td rowspan="3">中脑和间脑交界平面上</td><td>完成视、听觉引起的反射活动</td></tr>
<tr><td>下丘</td><td>听觉传导路上的中继站，听觉的反射中枢</td></tr>
<tr><td>顶盖前区</td><td>瞳孔对光反射中枢</td></tr>
<tr><td colspan="2">红核</td><td>中脑被盖内</td><td rowspan="2">锥体外系的重要核团</td></tr>
<tr><td colspan="2">黑质</td><td>中脑被盖与大脑脚之间</td></tr>
<tr><td colspan="2">脑桥核</td><td>脑桥基底部</td><td>大脑皮质与小脑皮质的中继核团</td></tr>
<tr><td colspan="2">蓝斑核</td><td>菱形窝蓝斑深面</td><td>联系极广，已知与睡眠相关</td></tr>
<tr><td colspan="2">薄束核</td><td>薄束结节深面</td><td rowspan="2">传导深部感觉和精细触觉的中继核团</td></tr>
<tr><td colspan="2">楔束核</td><td>楔束结节深面</td></tr>
<tr><td colspan="2">下橄榄核</td><td>延髓橄榄深面</td><td>可能是大脑皮质、红核等与小脑之间的中继站</td></tr>
</table>

3. 脑干内重要的传导束　见表 1-13。

表 1–13　脑干内重要的传导束

<table>
<tr><th colspan="3">名称</th><th>发出部位</th><th>投射部位</th><th>功能</th></tr>
<tr><td rowspan="3">下行(运动)传导束</td><td rowspan="2">锥体束</td><td>皮质核束</td><td>大脑皮质中央前回下部</td><td>各脑神经运动核</td><td rowspan="2">控制骨骼肌随意运动的纤维</td></tr>
<tr><td>皮质脊髓束</td><td>大脑皮质中央前回中上部和中央旁小叶前部</td><td>脊髓前角运动神经元</td></tr>
<tr><td colspan="2">皮质脑桥束</td><td>大脑皮质额、顶、枕、颞叶广泛区域</td><td>脑桥核</td><td></td></tr>
<tr><td rowspan="4">上行(感觉)传导束</td><td colspan="2">脊髓丘脑束</td><td>脊髓灰质后角固有核</td><td rowspan="2">背侧丘脑腹后外侧核</td><td>传导躯干四肢的浅感觉（除精细触觉）的 2 级传入纤维</td></tr>
<tr><td colspan="2">内侧丘系</td><td>薄束核和楔束核</td><td>传导躯干四肢的深感觉和精细触觉的 2 级传入纤维</td></tr>
<tr><td colspan="2">三叉丘脑束（三叉丘系）</td><td>三叉神经脑桥核和三叉神经脊束核</td><td>背侧丘脑腹后内侧核</td><td>传导头面部浅感觉的 2 级传入纤维</td></tr>
<tr><td colspan="2">外侧丘系</td><td>蜗腹侧核和蜗背侧核</td><td>内侧膝状体</td><td>传导听觉的 2 级传入纤维</td></tr>
</table>

4. 脑干内网状结构　分为正中区、内侧区和外侧区。各区内有网状结构核团，归纳在表 1-14。

表 1–14　脑干内网状结构概要

<table>
<tr><th>分　区</th><th>网状结构核团</th><th>功　能</th></tr>
<tr><td>正中区</td><td colspan="2">中缝核</td></tr>
<tr><td>内侧区</td><td>延髓腹侧网状核
巨细胞网状核
尾侧和颅侧脑桥网状核
中脑的网状核</td><td rowspan="2">保持大脑皮质的清醒状态
参与调节骨骼肌运动
参与调节内脏活动</td></tr>
<tr><td>外侧区</td><td>小细胞网状核等</td></tr>
</table>

脑干的内部结构，可利用脑干的整体模型和脑干不同水平横切面的照片，先辨认横切面的轮廓与整体模型外形的相应部分，然后对照观察脑干内部结构。

1．延髓的内部结构

（1）灰质

1）**舌下神经核**：在舌下神经三角的深面，向下延续到延髓的下端。

2）**迷走神经背核**：在迷走神经三角的深面，纵贯延髓的全长。在经橄榄的切面上，它位于舌下神经核的背外侧。由它发出的副交感神经节前纤维组成迷走神经的一般内脏运动成分。

3）**疑核**：在下橄榄核的背外侧，其纤维参加舌咽神经、迷走神经和副神经的组成，是它们的特殊内脏运动成分。

4）**副神经核**：副神经由颅根和脊髓根组成。其颅根起自疑核尾段，出颅后加入迷走神经，支配咽喉肌。而脊髓根的副神经核，是位于上 6 颈节前角背外侧部至锥体交叉之间的一个细胞柱，其根丝合成一干，组成副神经脊髓根，支配胸锁乳突肌和斜方肌。

5）**孤束核**；位于迷走神经背核的腹外侧，在延髓上段横切面上，它是围绕于孤束周围的灰质，是第Ⅶ、Ⅸ、Ⅹ对脑神经中的味觉（特殊内脏）和一般内脏感觉纤维的终止核。

6）**三叉神经脊束核**：位于延髓的背外侧部，纵贯延髓的全长，并向上延伸到脑桥下部，它接受由三叉神经传入的感觉冲动，是三叉神经的感觉核。

7）**蜗神经核**：分蜗神经腹、背核，在菱形窝的侧角处，分别贴附在小脑下脚的腹外侧和背侧，它接受蜗神经的传入纤维，是前庭蜗神经传导听觉的感觉核。

8）**前庭神经核**：是位于菱形窝，前庭区深面的灰质块，在脑桥下部和延髓上段范围，是前庭蜗神经传导平衡觉的感觉核。

9）**下泌涎核**：形体很小，散在于网状结构中，为一般内脏运动核，发出的副交感神经节前纤维参加舌咽神经，控制腮腺的分泌。

10）**下橄榄核**：在橄榄深面。在延髓上段切面上，可见它是一个皱褶的囊袋状结构。它发出的纤维，越过中线参加对侧小脑下脚到小脑。

11）**薄束核和楔束核**：分别位于薄束结节和楔束结节的深面，薄束和楔束终止于此。

12）**中央灰质**：在延髓下段横切面的中央可见中央灰质。中央灰质正中的孔为中央管。中央管下端与脊髓中央管连续，在延髓上段，则扩大为第四脑室。

（2）**白质**

1）**锥体束**：是位于前正中裂两侧、延髓锥体深面的粗大神经纤维束。锥体束包括皮质核束和皮质脊髓束两部分，其中皮质脊髓束在下行至延髓下端时，大部分纤维交叉（**锥体交叉**）至对侧，下降组成**皮质脊髓侧束**，少部分纤维不交叉，下降组成**皮质脊髓前束**。

2）**内弓状纤维和内侧丘系**：由薄束核和楔束核发出的纤维绕过中央灰质向腹侧行，是为**内弓状纤维**。它们在正中线上左右交叉，形成**内侧丘系交叉**，交叉后的纤维在对侧上行至背侧丘脑形成**内侧丘系**。

3）**小脑下脚**：位于前庭核的外侧。

4）**脊髓小脑前、后束**：为脊髓同名束向上的延续，位于外侧边缘区。至延髓上段，脊髓小脑后束已参与组成小脑下脚，而脊髓小脑前束则位于小脑下脚的腹侧，上行至脑桥，再折转经小脑上脚进入小脑。

5）**脊髓丘脑束**：**脊髓丘脑侧束**和**脊髓丘脑前束**上行至延髓后逐渐趋近合并成脊髓丘脑束。位于下橄榄核的背外侧，脊髓小脑前束的内侧。

6）**三叉神经脊束**：位于三叉神经脊束核的外侧，是三叉神经感觉纤维由脑桥下降而成，沿途终止于三叉神经脊束核。

（3）**网状结构**：除上述灰、白质所占区域外，在延髓横切面上，可见由灰、白质混杂的其余区域，为**网状结构**，其内有网状核。

2．脑桥的内部结构

（1）灰质

1）**展神经核**：位于面丘的深面，其纤维行向腹侧出脑桥，组成展神经。

2）**面神经核**：是位于展神经核腹外侧的一团灰质。由它发出的纤维先行向背内侧，至展神经核内侧时折向上行，绕过展神经核，再走向腹外侧，形成**面神经膝**。

3）**前庭神经核**：位于脑桥下段背侧的前庭区深面。

4）**三叉神经脊束核**：为延髓同名核向上延伸于脑桥下段内的部分。位于前庭核的腹侧。

5）**三叉神经脑桥核**和**三叉神经运动核**：位于脑桥上段内。在经三叉神经运动核的横切面上，可见在小脑上脚的腹侧，有较大的**三叉神经脑桥核**，它接受来自三叉神经传入纤维，与头面部的触觉传递有关。在该核的内侧有**三叉神经运动核**，它发出的纤维出脑桥参加组成三叉神经的下颌神经，支配咀嚼肌等。

6）**上泌涎核**：形体很小，为一般内脏运动核，发出副交感神经节前纤维加入面神经，控制泪腺、下颌下腺和舌下腺等的分泌。

7）**脑桥核**：是脑桥基底部内的分散核团。皮质脑桥束终止于此核，由它发出的纤维行向对侧的小脑半球，形成**小脑中脚**。

（2）白质

1）**锥体束**和**皮质脑桥束**：锥体束为脑桥基底部内的巨大纤维束，继续下行至延髓。皮质脑桥束在脑桥内分散而终止于脑桥核。

2）**小脑中脚**：是位于脑桥基底部后外侧的两个大的斜行纤维束。

3）**小脑上脚**：位于脑桥背部，主要由来自小脑的纤维束构成，上行终止于对侧中脑的红核及背侧丘脑。

4）**内侧丘系**：位于脑桥基底部背侧的被盖部内，是中线两侧向上纵行的粗大纤维束，由延髓上延而来。

5）**脊髓丘脑束**：由延髓上延而来，位于内侧丘系的外侧端处。

6）**脊髓小脑前束**：在脑桥下段切面上，位于面神经核腹外侧，三叉神经脊束核的腹侧；至脑桥上段时，折转进入小脑上脚，经其外侧边缘进入小脑。

7）**三叉神经脊束**：在脑桥下段切面上，可见它位于脊束核的外侧。

8）**斜方体**和**外侧丘系**：在内侧丘系同一位置的横行纤维即为斜方体，是由蜗神经核发出的纤维行向对侧形成。交叉后的纤维上行汇合组成外侧丘系。斜方体前缘是脑桥被盖部与基底部的分界线。内侧丘系纤维垂直穿行于斜方体纤维之间。

（3）**网状结构**：是脑桥被盖部，灰、白质混杂形成的结构，其中灰质较集中的部分称**脑桥网状核**。

3．中脑的内部结构　在中脑的横切面上清楚可见组成中脑的三个部分：中脑水管周围的部分为**导水管周围灰质**（**中央灰质**）；导水管周围灰质背侧的部分为**中脑顶盖**（上、下丘），其腹侧部分为**大脑脚**。大脑脚又被黑质分为背侧的**被盖**和腹侧的**大脑脚底**。

（1）**灰质**

1）**上丘和下丘核**：上丘内的灰、白质交替排列。下丘深面的灰质为下丘核。

2）**中央灰质**：在平上、下丘的横切面上，靠近背侧的大灰质块为中央灰质。在中央灰质中央部可见**中脑水管**。

3）**动眼神经核**：在上丘水平，位于中央灰质腹侧部，它的纤维组成动眼神经的躯体运动纤维。

4）**动眼神经副核**（E － W 核）：位于动眼神经核上端的背内侧，为一般内脏运动核。发出副交感神经节前纤维随动眼神经出脑，最终支配**瞳孔括约肌和睫状肌**。

5）**滑车神经核**：在下丘水平，位于中央灰质腹侧部，发出纤维绕中央灰质至其背侧，左、右交叉后组成滑车神经，在下丘下方出脑。

6）**三叉神经中脑核**：位于导水管周围灰质的外缘，从中脑上端向下运至脑桥中段，为一般躯体感觉核，其功能与传导咀嚼肌、面肌和眼球外在肌的本体感觉有关。

7）**红核**：在上丘水平，为位于被盖中央部分内的一对圆柱形核团。红核发出的纤维左右交叉后下行组成红核脊髓束。

8）**黑质**：是位于左、右大脑脚底背侧的灰质带，与运动有关。

（2）**白质**

1）**大脑脚底**：由密集的锥体束和皮质脑桥束组成。

2）**内侧丘系和脊髓丘脑束**：是位于黑质背面的神经束，在横切面上呈弧形排列。弧形的背外侧端为脊髓丘脑束，余部为内侧丘系。

3）**外侧丘系**：位于内侧丘系和脊髓丘脑束的背外侧。

4）**小脑上脚交叉**（结合臂交叉）：在下丘水平，是位于被盖中央部分的交叉纤维。它来自小脑，终于红核及背侧丘脑。

（3）**网状结构**：中脑的其余部分由灰、白质混杂形成网状结构，位于中脑被盖部。

三、小　　脑

实习材料

1．小脑外形标本及模型。2．小脑脚标本及模型。3．小脑水平切面。

实习内容

小脑　位于颅后窝内，可分为前、后两缘和上、下两面。上面与大脑之间隔有**小脑幕**，其下面朝向脑桥和延髓。小脑腹侧通过小脑上、中、下脚与脑干相连，并与菱形窝围成第四脑室。小脑的中间部称**小脑蚓**，两侧部为**小脑半球**。小脑半球下面的内侧部分膨隆为**小脑扁桃体**，它靠近枕骨大孔处。对照模型观察小脑外形，尤其要注意第四脑室的位置。

（一）小脑分叶

绒球小结叶：绒球、小结——————**原（古）小脑**

前　叶：小脑原裂以前的部分 }

后　叶：原裂以后的部分 { 蚓垂、蚓锥体 } ——————**旧小脑**；小脑上、下面的大部分——**新小脑**

（二）小脑的内部结构　在剥制小脑核团及小脑切面标本上观察。

灰质：
- 小脑皮质：小脑表层灰质
- 小脑核：
  - 齿状核：位于小脑半球白质内，形似下橄榄核。
  - 栓状核、球状核和顶核。

白质：位于小脑内部，称**髓体**。

（三）小脑脚　有3对。

1．**小脑上脚**（结合臂）　主要由小脑齿状核发出的纤维组成，行向对侧终于红核和背侧丘脑。

2．**小脑中脚**（脑桥臂）　由脑桥核发出的横行纤维交叉后组成，进入小脑半球。

3．**小脑下脚**（绳状体）　主要由来自脊髓、延髓进入小脑的纤维（脊髓小脑后束、前庭小脑束和橄榄小脑束等）构成。

四、间　　脑

实习材料

1．脑正中矢状切面标本。2．间脑、脑干标本模型。3．下丘脑内部核团模型。4．脑室模型。5．脑室标本。

实习内容

(一)间脑的位置与分部　参照间脑模型观察标本，注意辨认间脑的分部及各部的位置。

间脑　位于中脑与大脑半球之间，分为五部：

1．**背侧丘脑**　呈卵圆形，分两端四面。前端称**丘脑前结节**。后端称**丘脑后结节**（丘脑枕）。背侧面和内侧面游离，外侧面接内囊，腹侧面接下丘脑和底丘脑。

2．**后丘脑**　位于丘脑枕的下外方，包括**内侧膝状体**和**外侧膝状体**。

3．**上丘脑**　位于背侧丘脑的后上方，包括**丘脑髓纹**、**缰三角**、**缰连合**及**松果体**。

4．**底丘脑**　为中脑被盖与背侧丘脑的过渡区。

5．**下丘脑**　为下丘脑沟以下的部分，它参加围成第三脑室的侧壁下部及底壁。从前向后有视交叉、视束、灰结节、漏斗、垂体和乳头体。

（二）间脑的内部结构　用间脑内部结构模型对照观察，以背侧丘脑和下丘脑为主。

1．背侧丘脑的核团　背侧丘脑的内部有呈“Y”字形白质，称**内髓板**，它将背侧丘脑分为前核群、内侧核群和外侧核群等。

(1) **中线核群**：是第三脑室侧壁内的一些灰质小核团。

(2) **内侧核群**：位于中线核群与内髓板之间，有内侧背核等。

(3) **板内核群**：为散在于内髓板内的一些灰质块，有**束旁核**和**中央中核**等。

(4) **外侧核群**：位于内髓板与内囊之间。分为背侧核群和腹侧核群。腹侧核群包括**腹前核**、**腹中间（外侧）核**和**腹后核**。腹后核又分为**腹后外侧核**和**腹后内侧核**。腹后核为一般躯体感觉传导通路中第3级神经元胞体所在处。

(5) **前核群**：位于内髓板分叉部的前上方。

2．后丘脑的核团

(1) **内侧膝状体**：位于丘脑枕的外下方，借下丘臂与下丘相连，其核为听觉传导通路的中继核。

(2) **外侧膝状体**：在内侧膝状体的外侧，借上丘臂连上丘，其核为视觉传导通路的中继核。

3．上丘脑的核　**缰核**位于缰三角深面，缰核通过**缰核脚间束**与**脚间核**联系。

4．底丘脑的核　为**底丘脑核**，位于黑质的背外侧。

5．下丘脑的核　对照图谱，观察模型。

（1）**视上核**：位于视交叉上方的第三脑室侧壁内。

（2）**室旁核**：位于视上核背侧。

视上核发出视上垂体束；室旁核发出室旁垂体束，均至垂体后叶。

（3）**结节核**：位于灰结节深面。

（4）**乳头体核**：位于乳头体深面。穹窿止于此核。

（三）**第三脑室**　为位于两侧背侧丘脑和下丘脑之间的狭窄腔隙。前方借左、右室间孔与两侧大脑半球内的侧脑室相通，后方通中脑水管。

（于胜波　隋鸿锦　张书琴）

五、端　　脑

实习材料

1．整脑及脑的正中矢状切面标本。2．岛叶标本。3．脑的水平切面标本。4．去除豆状核示内囊投射纤维标本。5．侧脑室、背侧丘脑、尾状核、豆状核、内囊相互关系的模型。6．海马、穹窿及前连合的标本。7．大脑纤维束剥制标本。

实习内容

（一）端脑外形　**端脑**又称大脑。观察整脑标本，可见呈矢状位的**大脑纵裂**将大脑分为左、右大脑半球。在脑的正中矢状切面标本上，每个半球均可分为3个面，即**上外侧面**、**内侧面**和**下（底）面**。大脑半球表面有许多沟，沟与沟间有隆起的回。

1．大脑半球的分叶　在一侧大脑半球标本上，观察3条主沟将半球分成5个叶的情况。

(1) **外侧沟**：起自大脑底面。转向上外侧面，末端伸延至顶叶。

(2) **中央沟**：起自大脑半球上缘中点稍后，行向前下，几达外侧沟。

在大脑半球后端（枕极）向前约4cm处，于上外侧面与底面交界处有一**枕前切迹**。由**顶枕沟**至枕前切迹作一连线，再由连线中点至外侧沟末端作一连线，此二假设线与3条主沟可将大脑半球分为5叶。额叶在中央沟以前，外侧沟以上。顶叶在中央沟以后，外侧沟以及上述两条假设线之间。颞叶在外侧沟以下，上述两假设线以前。枕叶在顶枕沟与枕前切迹连线以后。**岛叶**隐于外侧沟底，被额叶、顶叶和颞叶皮质所遮盖。

2. 大脑半球上外侧面的沟回

(1) **额叶**：① 平行于中央沟前方的是**中央前沟**，两沟间为**中央前回**。② **额上沟**与**额下**

沟为自中央前沟向前水平走向的二条沟。额上沟以上为**额上回**，额上、下沟之间为**额中回**，额下沟以下为**额下回**。

（2）**顶叶**：① 平行于中央沟后方的是**中央后沟**，两沟间为**中央后回**。② 自中央后沟向后行的沟为**顶内沟**。此沟以上的脑回为**顶上小叶**，沟以下的脑回为**顶下小叶**。顶下小叶又分为围绕外侧沟末端的**缘上回**和围绕颞上沟后端的**角回**。

（3）**颞叶**：① **颞上沟**平行于外侧沟，两沟间的脑回为**颞上回**。分开外侧沟，于颞上回背面可见几条横向排列的脑回，称**颞横回**。② **颞下沟**在颞上沟下方，且与之平行，两沟间为**颞中回**；颞下沟以下为**颞下回**。颞下回下缘与位于半球下面的枕颞外侧回分界。

3．大脑半球内侧面和下面的沟回

（1）**中央沟**：是上外侧面中央沟在内侧面的延伸段。

（2）**胼胝体沟**：是环绕胼胝体上缘的沟。

（3）**扣带沟**：是在胼胝沟上方并与之平行的沟。扣带沟在中央沟的前、后方向半球上缘各发出一沟，位于中央沟前方的沟称**中央旁沟**，后方的沟称**缘支**。中央旁沟与缘支之间的脑回称**中央旁小叶**，其前、后部分别为中央前、后回向半球内侧面的延伸部。扣带沟与胼胝体沟间的脑回称**扣带回**。

（4）**顶枕沟**：在大脑半球内侧面后部，由后上斜向前下行，与缘支之间的脑回为**楔前叶**。

（5）**距状沟**：自胼胝体压部下方开始，呈弓形向后行达枕极。距状沟与顶枕沟之间的脑回称**楔叶**。

（6）**侧副沟**：是在颞叶下面几乎呈水平行走的沟。其内侧的脑回在后部（与距状沟之间）为**舌回**。前部为**海马旁回**。海马旁回前端向上后弯曲成钩状，称**钩**（**海马旁回钩**）。

（7）**边缘叶**：扣带回、海马旁回及钩合称边缘叶。

（8）**海马与齿状回**：海马旁回的皮质内卷至侧脑室底部形成海马，它与海马旁回之间的沟称**海马沟**。海马内侧，呈锯齿状的窄条灰质为**齿状回**。

（9）**枕颞沟**：是在侧副沟外侧并与之平行的沟。枕颞沟与侧副沟之间的脑回为**枕颞内侧回**，沟以外的部分为**枕颞外侧回**。

（10）**嗅沟**：在额叶下面平行于内侧缘的沟。沟外侧的回称**眶回**。沟内有嗅束通过。**嗅束**前端膨大为**嗅球**，向后扩大为**嗅三角**。在嗅三角后方有一多孔的灰质区称**前穿质**。嗅束后端分成两束，向外行的称**外侧嗅纹**，向内行的为**内侧嗅纹**。

4．大脑皮质的功能定位

（1）**运动中枢**（第 1 躯体运动区）：在中央前回和中央旁小叶前部，管理全身骨骼肌的运动。

（2）**感觉中枢**（第 1 躯体感觉区）：位于中央后回和中央旁小叶后部，接受全身的浅、深感觉信息。

（3）**视觉中枢**（视区）：位于距状沟周围的枕叶皮质。

（4）**听觉中枢**（听区）：位于颞横回。

（5）**平衡觉中枢**（平衡觉区）：位于中央后回下端面部代表区附近。

（6）**嗅、味觉中枢**：嗅觉中枢在海马旁回钩附近。味觉中枢可能位于中央后回下端的岛盖部，即头面部感觉区的下方。

（7）**内脏调节中枢**：位于边缘叶。

（8）语言中枢（语言区）

① 运动性语言（说话）中枢：在额下回后1/3处，又称Broca区。

② 听觉性语言（听讲）中枢：在颞上回后部。

③ 视觉性语言（阅读）中枢：在角回。

④ 书写中枢：在额中回的后部。

临床实践证明，善用右手的人，其语言中枢在左半球，即所谓**优势半球**。善用左手的人，其中少数人的语言中枢在右半球，多数仍在左半球。

5. 大脑正中矢状切面上的其他结构　结合模型对照剥制标本，观察下列结构。

（1）**胼胝体**：在正中矢状切面上呈弓形，其中部称**胼胝体干**，后端钝圆称**胼胝体压部**，前端弯向腹侧称**胼胝体膝**，膝末端向后弯尖细的部分称**胼胝体嘴**。

（2）**终板**：是由胼胝体嘴延至视交叉的薄片脑组织。

（3）**前连合**：是在终板上端后方的一束横行纤维，此处仅见其横断面。

（4）**穹窿**：是在胼胝体干下方向前弯曲直行至胼胝体嘴处进入下丘脑的纤维，此处仅见其一部分。

（5）**室间孔**：是位于背侧丘脑前端与穹窿柱之间的孔，它沟通第三脑室与侧脑室。

（二）端脑的内部结构

1. **基底核**　为大脑半球深部靠近脑底的灰质团块，可通过剥制的基底核标本、模型及大脑水平切面标本对照观察。

（1）**尾状核**：呈马蹄铁形，其前端膨大为头，中央部为体，其余部分缩细弯向前方为尾，尾状核尾末端与杏仁体相连。

（2）**豆状核**：为一双凸透镜形的灰质块，位于岛叶的内侧，尾状核和背侧丘脑的外侧，核的前下方与尾状核头相连。核内被两个髓板分隔成三部分，外侧部称壳，内侧两部分为**苍白球**（见水平切面标本）。尾状核与豆状核合称**纹状体**，而尾状核与壳则合称**新纹状体**，苍白球称**旧纹状体**。

（3）**杏仁体**：位于海马旁回钩内，连于尾状核尾的末端。

（4）**屏状核**：为介于豆状核与岛叶之间的薄层灰质（见大脑水平切面标本）。

2. **髓质（白质）**　大脑半球内部的髓质，包括连合系、联络系和投射系。对照标本观察下列结构。

（1）**连合系**：由连结左、右半球皮质的纤维构成，包括：

1）**胼胝体**：由连结左右半球新皮质的纤维组成。在经胼胝体上方的水平切面上，可见其纤维向两半球前、后、左、右辐射，连系额、顶、枕叶。其后端一部分纤维弯向下，连系两侧颞叶，胼胝体下面构成侧脑室的顶。

2）**穹窿和穹窿连合**：在海马、穹窿、前连合标本上可见**穹窿**呈“X”形，它起自海马内侧的海马伞，呈弓形向上贴于胼胝体下面，左右相接近，其中一部分纤维交叉至对侧构成**穹窿连合**，连接两侧海马。两侧穹窿纤维在中线相并而行向前，至室间孔附近又分开，形成**穹窿柱**，最后终于乳头体。

3）**前连合**：是连接两半球嗅球和颞叶的纤维束。

（2）**联络系**：是联系本侧大脑半球回与回间或叶与叶间的纤维（见大脑纤维剥制标本）。

1）**弓状纤维**：连接相邻的脑回。

2）**钩束**：是连接颞、额二叶前部的纤维。

3）**上纵束**：位于大脑外侧沟周围，是连接额叶、枕叶和颞叶的纤维束。

4）**下纵束**：位于半球下面，是连接枕叶和颞叶的纤维束。

5）**扣带**：在大脑半球内侧面边缘叶深部，随扣带回弯曲延伸到钩的纤维束。

（3）投射系：由联系大脑皮质和皮质下中枢的上行和下行纤维组成。内囊是投射系的重要结构。

1）**内囊**：在内侧的尾状核、背侧丘脑和外侧的豆状核之间，内囊分为尾状核与豆状核之间的**内囊前肢**，背侧丘脑与豆状核之间的**内囊后肢**和前、后肢夹成的钝角称**内囊膝**（见大脑水平切面）。各部通过的纤维束见传导通路。

2）**外囊**：是介于豆状核和屏状核之间的白质带，其中主要通过皮质纹状体纤维。

3．**侧脑室**　左、右大脑半球内各有一空腔，称侧脑室，它由4部组成。

（1）**中央部**：在顶叶内，其顶为胼胝体，底为尾状核体和背侧丘脑。

（2）**前角**：由中央部向前伸入额叶内，其顶为胼胝体，底为尾状核头。

（3）**后角**：较短，由中央部向后伸入枕叶白质中。

（4）**下角**：由中央部向下前伸入颞叶，其底面有海马和海马伞，顶为尾状核尾、杏仁体和脑的白质组成。

侧脑室脉络丛位于中央部和下角内，经室间孔与第三脑室脉络丛相连（在显示侧脑室的标本及模型上，观察侧脑室各部及其位置）。

六、脑和脊髓的传导通路

实习材料

1．各种传导通路模型。2．脑干典型断面照片。

实习内容

脑和脊髓的传导通路按功能可分为感觉传导通路和运动传导通路。感觉传导通路是将神经冲动自感受器经周围神经、脊髓、脑干传至高位中枢的传导通路，也称上行传导通路。运动传导通路是将冲动自大脑皮质通过脑干、脊髓、周围神经传至效应器的传导通路，也称下行传导通路。

（一）**感觉传导通路**　在模型上重点观察感觉传导通路的3级神经元的位置及纤维交叉的位置。在脑干典型断面的照片上重点观察传导束在不同脑干平面的位置。

1．**浅部感觉传导通路**　浅部感觉是指皮肤和粘膜的痛、温觉和触觉。皮肤的触觉分为粗略触觉和精细触觉（两点辨别觉）两种，其中精细触觉的纤维走行在深部感觉传导通路中。

（1）**躯干、四肢的痛、温觉和粗略触觉传导通路**：第1级神经元为**脊神经节**中的假单极神经元，其周围支分布于躯干、四肢的皮肤；传导痛、温觉的中枢支经后根外侧部入脊髓组成背外侧束，在束内上升1～2脊髓节后终于**后角固有核**。后角固有核的神经元（第2级神经元）发轴突经白质前连合至对侧外侧索上升，形成**脊髓丘脑侧束**。传导粗略触觉的中枢支在后根内侧部入脊髓后索内上升1～2个节段，亦终于后角固有核，后角固有核的轴突小部分入同侧前索，大部分越过中线至对侧前索上升，形成**脊髓丘脑前束**。脊髓丘脑前束与脊髓丘脑侧束至延髓中部合并成**脊髓丘脑束**，终于背侧丘脑的**腹后外侧核**。背侧丘脑腹后外侧核内神经元（第3级神经元）发出的轴突组成**丘脑中央辐射（丘脑皮质束）**，经**内囊后肢**至大脑**中央后回**上、中部和中央旁小叶后部的皮质。

对照图谱，观察传导躯干、四肢痛、温觉的纤维在脊髓丘脑侧束中的定位排列，即从腹外侧向背内侧依次为发自骶、腰、胸、颈髓的纤维。

观察脊髓丘脑侧束、前束在脊髓、脑干横切面上的所在位置：① 脊髓切面，脊髓丘脑侧束位于脊髓小脑前束内侧，前束位于灰质前角的腹侧。② 延髓锥体交叉切面，位于和脊髓相当的位置。③ 延髓内侧丘系交叉和延髓上段（橄榄中、上部）切面，两束已合并为脊髓丘脑束，位于脊髓小脑前束的内侧，下橄榄核的背外侧。④ 脑桥（经面丘、三叉神经运动核）和中脑（经上丘、下丘）切面，位于内侧丘系的背外侧。

（2）头面部痛、温觉和触觉传导通路：第1级神经元在**三叉神经（半月）节**内，其周围支经**三叉神经**分布于头面部皮肤、口、鼻腔粘膜和牙齿等；中枢支经三叉神经根入脑桥分为短升支和长降支，短升支上升到**三叉神经脑桥核**，传导触觉。长降支下降为三叉神经脊束，沿途中止于其内侧的**三叉神经脊束核**，传导痛、温觉。第2级神经元在三叉神经脑桥核和脊束核内，它们的轴突大部分交叉到对侧上升（三叉神经脑桥核发出部分纤维在同侧上升）组成**三叉丘系**，位于内侧丘系的背侧，上升至背侧丘脑的**腹后内侧核**。由背侧丘脑的腹后内侧核（第3级神经元）的轴突组成**丘脑中央辐射（丘脑皮质束）**，经**内囊后肢**至**中央后回**下部的皮质。

2．**深部感觉传导通路** 深部感觉又称本体感觉，包括位置觉、运动觉和振动觉。

（1）躯干、四肢的深部感觉传导通路：躯体深部感觉传导通路分为上传到大脑皮质的意识性深部感觉传导通路和上传到小脑皮质的非意识性深部感觉传导通路。

1）意识性深部感觉传导通路：躯干、四肢的精细触觉传导通路与意识性深部感觉传导通路伴行。

第1级神经元在**脊神经节**内，其一部分周围支分布于肌、肌腱和关节的深部感受器，传导深部感觉冲动；另一部分周围支分布于皮肤的触觉感受器，传导精细触觉冲动；中枢支均经后根内侧部入脊髓后索上升，形成**薄束**和**楔束**，终于**薄束核**和**楔束核**（第2级神经元）。第2级神经元的轴突形成**内弓状纤维**，向前绕中央灰质腹侧，左右交叉称**内侧丘系交叉**，交叉后纤维上升形成**内侧丘系**至背侧丘脑的**腹后外侧核**。背侧丘脑腹后外侧核（第3级神经元）发出的轴突组成**丘脑中央辐射（丘脑皮质束）**，经**内囊后肢**到**中央后回**的中、上部、**中央旁小叶**后部的皮质，深部感觉冲动还可传至中央前回的皮质。

观察深部感觉传导通路在脊髓和脑干切面上的所在位置：① 经脊髓切面，在胸髓第4节以上脊髓的后索内可见薄束和楔束。② 经延髓锥体交叉切面，薄、楔束位置和脊髓中的相当。③ 经延髓内侧丘系交叉切面，可以看到薄、楔束纤维减少，其深方有增大的薄束核和楔束核，以及由二核发出的轴突行向腹侧并交叉，形成内弓状纤维和内侧丘系交叉。④ 经延髓上段的切面（橄榄中、上部），在左右下橄榄核之间正中缝的两旁，可见深色的内侧丘系。⑤ 经脑桥切面，内侧丘系横位于脑桥基底部背侧的被盖内。⑥ 经中脑切面，内侧丘系位于黑质的背侧，略呈牛角形。

2）非意识性深部感觉传导通路：第1级神经元位于**脊神经节**内，其周围支主要分布于躯干和下肢的肌、肌腱和关节；中枢支经后根传入脊髓后角并形成突触。后角**中间内侧核**

内神经元（第 2 级神经元）发出轴突越到对侧（也有在同侧）外侧索边缘前部上行形成**脊髓小脑前束**；自**胸核**发出的轴突在同侧外侧索边缘后部上行组成**脊髓小脑后束**。此二束最后分别行经**小脑上脚**和**下脚**终于**旧小脑皮质**。小脑接受冲动后反射性调节躯干和四肢肌张力并协调其运动，以维持身体的平衡和姿势。

（2）**头面部深部感觉传导通路**：头面部深部感觉传导通路的第 1 级神经元是三叉神经中脑核，其向上的传导通路目前尚不清楚。

3．**视觉传导通路**　视觉传导通路中的第 1 级神经元为视网膜的**双极细胞**，其周围支与**视杆、视锥细胞**相突触；中枢支与节细胞形成突触。第 2 级神经元为**节细胞**，其轴突组成**视神经**，入颅腔形成**视交叉**，其中部分纤维（颞侧）不交叉形成同侧**视束**，部分纤维（鼻侧）交叉到对侧参与组成对侧**视束**，最后终止于**外侧膝状体**、**上丘**和**顶盖前区**。由外侧膝状体神经元（第 3 级神经元）发出轴突组成**视辐射**，经**内囊后肢**，终于距状沟两侧的**枕叶皮质**（视觉中枢）。

瞳孔对光反射径路：其反射途径由视网膜起始，经视神经→视交叉→视束→上丘臂→顶盖前区（神经元）$\xrightarrow{\text{双侧}}$动眼神经副核（E-W 核）$\xrightarrow[\text{经动眼神经}]{\text{副交感神经节前纤维}}$睫状神经节$\xrightarrow{\text{副交感神经节后纤维}}$瞳孔括约肌和睫状肌。

4．**听觉传导通路**　在模型上注意寻找传导通路的 3 级神经元。

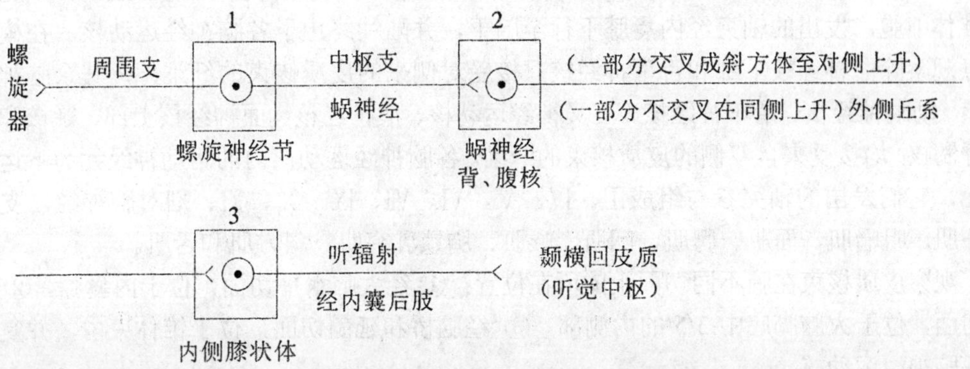

在脑桥切面上观察横位于被盖腹侧的斜方体和位于脊髓丘脑束外侧的外侧丘系。

5．**平衡觉传导通路**　对照模型观察此通路各级神经元。

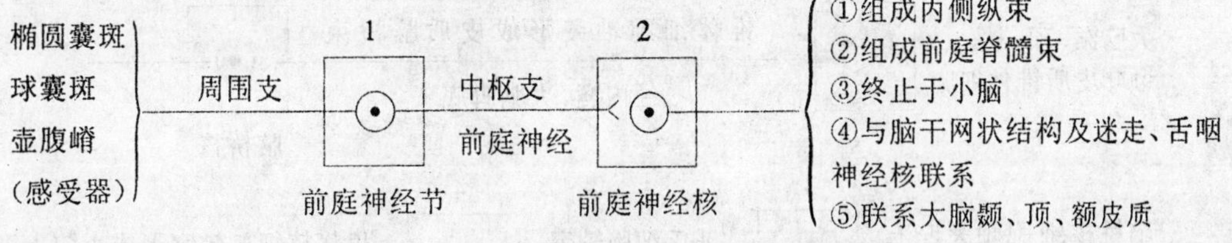

通过上述传导通路：① 完成眼肌前庭反射、头颈姿势反射。② 完成躯干、四肢姿势反射性调节。③ 完成平衡反射。④ 产生眩晕、恶心、呕吐反应。

（二）运动传导通路　运动传导通路包括锥体系和锥体外系两部分。在观察锥体系时，注意观察上、下运动神经元的所在位置及上运动神经元发出轴突的交叉部位。

1．**锥体系** 由上、下两级运动神经元组成。上运动神经元是位于大脑皮质中央前回和中央旁小叶前部的**巨型锥体细胞**（Betz）及其他锥体细胞，其轴突一些组成皮质脊髓束，终于脊髓前角；另一些轴突组成**皮质核束**，终于脑神经运动核。皮质脊髓束和皮质核束合称锥体束。脊髓前角和脑神经运动核内的运动神经元为下运动神经元。

（1）**皮质脊髓束**：上运动神经元是位于**中央前回**的中、上部和**中央旁小叶**前部的巨型锥体细胞和其他锥体细胞，发出的轴突经**内囊后肢**下降至延髓下端，大部分纤维交叉（**锥体交叉**）后至对侧脊髓外侧索内下降称**皮质脊髓侧束**，终止于**脊髓前角**的运动神经元（下运动神经元）；少部分纤维不交叉，在同侧前索内下降称**皮质脊髓前束**。皮质脊髓前束的纤维在脊髓内逐节交叉终于对侧脊髓前角运动神经元。由前角运动神经元发出的轴突经**脊神经前根**、**脊神经**，而到达躯干和四肢的骨骼肌。

在皮质脊髓前束中，有始终不交叉而终于同侧前角运动神经元的纤维，通过前角运动神经元发出的轴突支配躯干肌，所以躯干肌是接受双侧皮质脊髓束支配的。

观察皮质脊髓束在中枢神经系统不同切面上的所在位置：① 经大脑水平切面，位于内囊后肢。② 经中脑切面，位于大脑脚底中间 3/5 部分。③ 经脑桥切面，位于脑桥基底部内，为多数分散的神经束断面。④ 经延髓上段切面，此束位于前正中裂两旁。⑤ 经锥体交叉切面，可见在前正中裂处有交叉的纤维以及交叉后下行的纤维，后者位于交叉的背外侧。⑥ 经脊髓切面，可见皮质脊髓侧束位于外侧索内，皮质脊髓前束位于前正中裂两旁的前索内。

（2）**皮质核束（皮质脑干束）**：上运动神经元是位于**中央前回**下部的巨型锥体细胞和其他锥体细胞，发出的轴突经**内囊膝**下行至脑干，并陆续终止于各脑神经运动核。在模型上注意观察除面神经核下部和舌下神经核只接受对侧来的皮质核束的纤维外，其余脑神经运动核（动眼神经核、滑车神经核、三叉神经运动核、展神经核、面神经核上部、疑核和副神经脊髓核）均接受来自双侧的皮质核束的纤维。各脑神经运动核内的运动神经元为下运动神经元，它们发出的轴突参与组成Ⅲ、Ⅳ、Ⅴ、Ⅵ、Ⅶ、Ⅸ、Ⅹ、Ⅺ、Ⅻ对脑神经，支配眼球外肌、咀嚼肌、面肌、腭肌、咽肌、喉肌、胸锁乳突肌、斜方肌和舌肌。

观察皮质核束在脑不同切面上的所在位置：① 经大脑水平切面，位于内囊膝。② 经中脑切面，位于大脑脚底中 3/5 的内侧部。③ 经脑桥和延髓切面，位于锥体束内，并复习观察各脑神经运动核。

2．**锥体外系** 由多级运动神经元组成，主要有两条通路：

（1）**皮质-脑桥-小脑系**：在模型上注意观察各级神经元的位置及其左右交叉的位置。

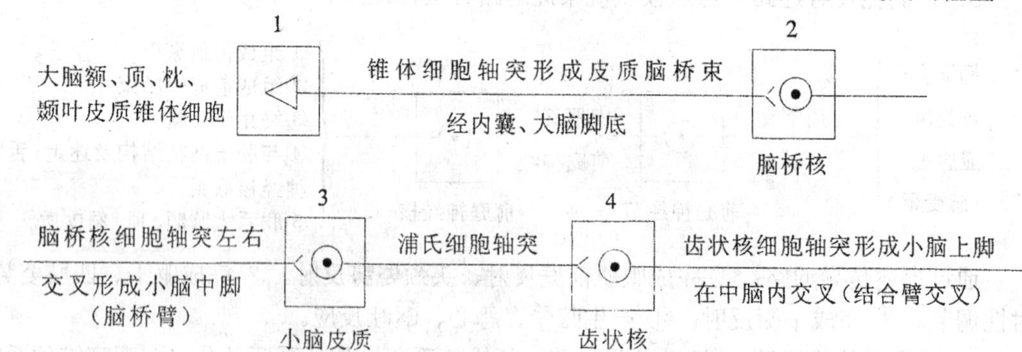

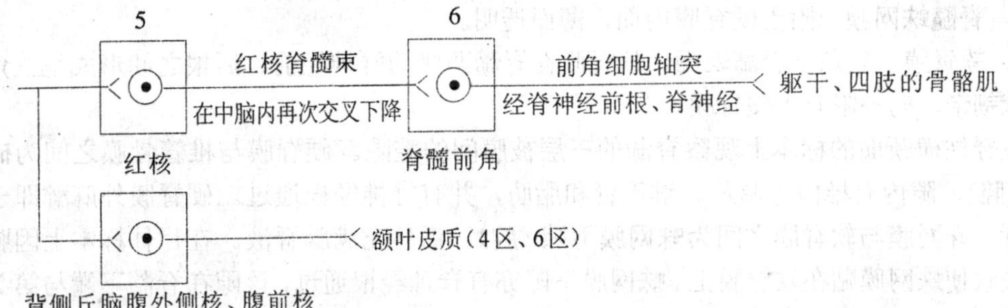

(2) 新纹状体—苍白球系：在模型上注意观察新纹状体—苍白球系

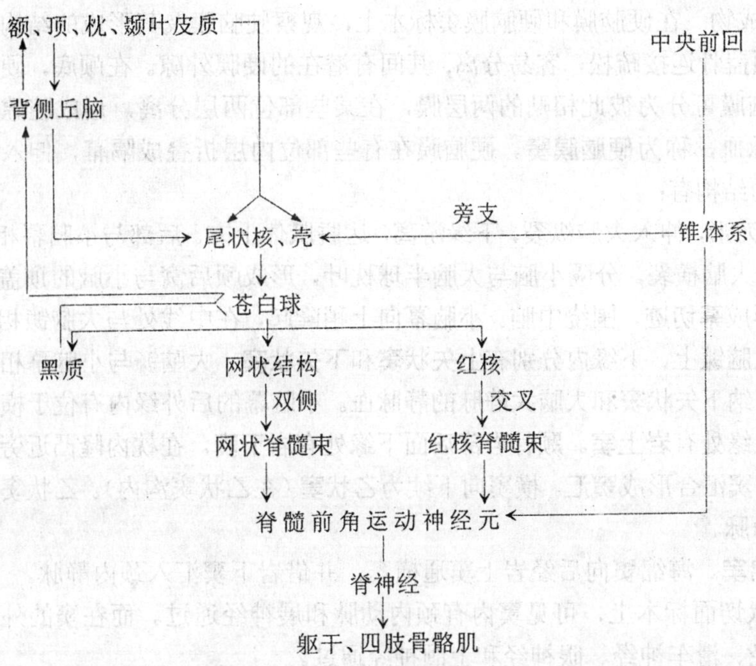

七、脑和脊髓的被膜与血管

实习材料

1．脊柱横断面示脊髓被膜的标本。2．脊髓及其被膜的离体标本。3．硬脑膜及硬脑膜窦的标本。4．经海绵窦的额状切面标本。5．头的正中矢状切标本示蛛网膜粒和大脑大静脉。6．脑底面的动脉标本。7．大脑半球上外侧面和内侧面的动脉标本。8．大脑浅静脉标本。9．脊髓动脉标本。

实习内容

（一）脊髓的被膜　在脊髓及其被膜的离体标本及脊柱横断面标本上观察脊髓的3层被膜及被膜间的腔隙。

1．**硬脊膜**　包被脊髓形成一个封闭的囊，上端附于枕骨大孔边缘，下端至第2骶椎下面变细，包绕终丝，附于尾骨。硬脊膜向两侧与脊神经外膜相续。

2．**脊髓蛛网膜** 附于硬脊膜内面，薄而透明。

3．**软脊膜** 紧贴于脊髓表面。软脊膜在脊髓两侧的脊神经前、后根之间形成呈三角形的**齿状韧带**，向外附着于硬脊膜。

在脊柱横断面的标本上观察脊髓的三层被膜间的腔隙。硬脊膜与椎管骨膜之间为**硬膜外隙**（腔），隙内有椎内静脉丛、淋巴管和脂肪，并有脊神经根通过。硬脊膜外麻醉即于此隙进行。蛛网膜与软脊膜之间为**蛛网膜下隙**（腔），活体充满脑脊液。在尸体标本上因脑脊液流失致使蛛网膜贴在软脊膜上。蛛网膜下隙亦有脊神经根通过，该隙在脊髓下端与第2骶椎水平之间扩大称为**终池**，内容马尾。

（二）脑的被膜

1．**硬脑膜**及其形成物 在硬脑膜和硬脑膜窦标本上，观察硬脑膜及其形成的结构。**硬脑膜**致密而坚韧，与颅盖骨连接疏松，容易分离，其间有潜在的硬膜外隙。在颅底，硬脑膜与颅骨紧密结合。硬脑膜可分为彼此相贴的两层膜，在某些部位两层分离，形成腔隙，腔面衬有内皮，含有静脉血，称为**硬脑膜窦**。硬脑膜在有些部位内层折叠成**隔幕**，伸入脑的裂隙中。硬脑膜形成的结构有：

（1）**大脑镰**：呈镰刀形，伸入大脑纵裂，下缘游离，达胼胝体上方。后部与小脑幕相连。

（2）**小脑幕**：伸入大脑横裂，分隔小脑与大脑半球枕叶，形成颅后窝与小脑的顶盖，其前内侧缘弯曲游离，形成**幕切迹**，围绕中脑。小脑幕向上稍隆起，在中线处与大脑镰相连。

（3）**硬脑膜窦**：大脑镰上、下缘内分别有**上矢状窦**和**下矢状窦**。大脑镰与小脑幕相连处内有**直窦**。直窦前端接纳下矢状窦和大脑大静脉的静脉血。小脑幕的后外缘内有位于横窦沟内的**横窦**。颞骨岩部上缘处有**岩上窦**。颞骨岩部后面下缘处有**岩下窦**。在枕内隆凸近旁，上矢状窦、直窦与两侧横窦汇合形成**窦汇**。横窦向下续为**乙状窦**（在乙状窦沟内）。乙状窦在颈静脉孔处移行为**颈内静脉**。

在蝶鞍两侧有**海绵窦**。海绵窦向后经岩上窦通横窦，并借岩下窦汇入颈内静脉。

在经海绵窦的冠状切面标本上，可见窦内有颈内动脉和展神经通过。而在窦的外侧壁内自上而下有动眼神经、滑车神经、眼神经和上颌神经通过。

2．**脑蛛网膜和软脑膜** 在整脑和头颅正中矢状切面标本上进行观察。**脑蛛网膜**为一层菲薄透明的薄膜。**软脑膜**紧贴脑表面。脑蛛网膜与硬脑膜和软脑膜之间分别形成**硬膜下隙**（潜在的）和**蛛网膜下隙**。因蛛网膜下隙中脑脊液流失，故脑蛛网膜就贴在软脑膜上，但它不似软脑膜紧贴脑表面并伸入沟裂，而是跨越脑沟和相邻的脑部。有些部位蛛网膜下隙扩大形成**蛛网膜下池**。在头的正中矢状切面上可见位于小脑与延髓之间背侧的**小脑延髓池**，大脑脚之间的**脚间池**，视交叉前方的**交叉池**，脑桥基底部周围的**桥池**和环绕中脑周围的**环池**。在上矢状窦两侧蛛网膜形成许多颗粒状突起，伸入上矢状窦内称**蛛网膜粒**，脑脊液经此渗入上矢状窦。

在正中矢状切面上，在背侧丘脑的背侧可见**第三脑室脉络丛**，在第四脑室顶处可见**第四脑室脉络丛**。软脑膜及其表面的血管与脑室室管膜共同构成脉络组织，在某些部位脉络组织中的血管反复分支成丛并突入脑室形成**脉络丛**。**侧脑室脉络丛**在大脑内部结构中已观察。脉络丛产生脑脊液。

（三）脑和脊髓的血管

1．脑的血管

（1）脑的动脉：来自颈内动脉和椎动脉。在脑底和一侧大脑半球的动脉标本上观察组成大脑动脉环的动脉及其分支。

1）**基底动脉**：由左、右椎动脉经枕骨大孔入颅腔后在脑桥下缘处合成，在脑桥上缘处又分为左、右大脑后动脉。基底动脉的主要分支有：

小脑下前动脉发自基底动脉始段，经展神经腹侧向后外行，分布于小脑下面前部。**小脑下后动脉**由椎动脉发出，分布至小脑下面后部和延髓后外侧部。

脑桥动脉：有数支，在脑桥腹面行向外侧，分布于脑桥。

小脑上动脉：发自基底动脉末段，横过动眼神经腹侧向外行，分布于小脑上面。

大脑后动脉：为基底动脉终支，经动眼神经背侧，绕大脑脚向外侧行，至大脑半球内侧面，供应枕叶和颞叶的底面。

2）**颈内动脉**：经颈动脉管入颅，穿海绵窦，发出眼动脉后，最后在视交叉外侧分为大脑前、中动脉两终支，其主要分支有（颈内动脉在脑底动脉标本上已被切断）：

大脑前动脉：发出后即进入大脑纵裂中，分布于大脑额叶和顶叶内侧面的皮质。两侧大脑前动脉基部有短小的**前交通动脉**相连。

大脑中动脉：经大脑外侧沟前端绕至大脑上外侧面，供应大脑半球上外侧面大部。

后交通动脉：向后连接大脑后动脉。

3）**大脑动脉环**及其分支：**颈内动脉**、**大脑前动脉**、**大脑后动脉**、**前交通动脉**及**后交通动脉**在脑底环绕视交叉、灰结节及乳头体组成大脑动脉环。从大脑动脉环及大脑前、中、后动脉发出许多**皮质动脉（支）**和**中央动脉（支）**：前者供应大脑皮质和皮质深面的髓质；后者垂直穿入脑实质内，主要供应基底核和内囊等处。

（2）脑的静脉

1）浅静脉：位于大脑半球上外侧面。

大脑上静脉：有数条向上注入上矢状窦。

大脑中静脉：沿大脑外侧沟走，向前下注入海绵窦。

大脑下静脉：为收纳大脑下面静脉血的静脉，有数条，分别注入海绵窦、横窦和岩上窦。

2）深静脉：主要有**大脑大静脉**，自胼胝体压部下方向后注入直窦。

2. 脊髓的血管　脊髓的血液供应来自椎动脉发出的**脊髓前动脉**和**脊髓后动脉**以及**肋间后动脉**、**腰动脉**发出的**脊髓支**。

脊髓前动脉左右汇合成一干，循前正中裂下行，脊髓后动脉循后外侧沟下行，各动脉互相吻合，营养脊髓各部。

脊髓静脉的配布形式与动脉大致相似，**脊髓前**、**后静脉**回流到**椎静脉丛**。

3. 脑脊液循环　脑脊液主要由脑室的脉络丛产生，经第四脑室的正中孔和外侧孔注入蛛网膜下隙，然后沿蛛网膜下隙流至大脑背面，再经蛛网膜粒渗透入上矢状窦。

（金国华　徐慧君）

第二章 周围神经系统

周围神经系统由神经和神经节构成，包括3部分：①与脊髓相连的脊神经。②与脑相连的脑神经。③与脑和脊髓相连，分布于内脏、心血管及腺体的内脏神经系统。

一、脊 神 经

实习材料

1．颈丛以及颈丛所发出的皮神经标本。2．去掉胸前壁显露膈神经的标本。3．切断前斜角肌，显露臂丛及其分支的标本。4．上肢的神经标本。5．胸神经前支的标本。6．腰丛及下肢主要神经分支的标本。7．骶丛及下肢的主要神经分支标本。

实习内容

脊神经共31对。其中，**颈神经**8对，**胸神经**12对，**腰神经**5对，**骶神经**5对和**尾神经**1对。每一对脊神经均由**前根**（运动性）和**后根**（感觉性）在椎间孔处汇合而成。

脊神经的纤维包括运动（传出）和感觉（传入）两种成分，每一种成分又分为躯体性和内脏性两部分。运动纤维的细胞体位于脊髓灰质前角、侧角和骶副交感核内，由它们发出的轴突经脊神经前根出脊髓，然后经脊神经分别分布于骨骼肌和内脏、心肌、血管平滑肌及腺体。感觉纤维由脊神经节内假单极神经元发出的轴突组成；其中枢支经脊神经后根进入脊髓，周围支以各种形式的感觉神经末稍分布于皮肤、骨骼肌、腱、关节及内脏。**脊神经节**是后根在椎间孔处的膨大部，主要由假单极神经元胞体聚集组成。脊神经经椎间孔穿出椎管。其中第1对颈神经自寰椎与枕骨之间穿出；第2～7对颈神经经同一序数颈椎上方的椎间孔穿出；第8对颈神经则经第7颈椎下方的椎间孔穿出；胸神经、腰神经都经同一序数椎骨下方的椎间孔穿出；第1～4对骶神经的前、后支，分别经同一序数的骶前、后孔穿出；第5对骶神经和尾神经经骶管裂孔穿出。脊神经出椎间孔后，立即分为前支、后支、脊膜支和交通支。颈、腰、骶脊神经的**前支**粗大，多互相吻合形成神经丛（只有第2~11胸神经的前支未成丛）。神经丛有颈丛、臂丛、腰丛和骶丛。由丛再分支分布于颈、躯干、膈和四肢等部的皮肤与肌。脊神经的**后支**在各椎骨横突之间向后行，分布于项、背、腰、臀等部的皮肤及肌。**脊膜支**经椎间孔返回椎管分布于脊髓被膜。**交通支**连脊神经和交感干。

（一）**颈丛**　由第1～4颈神经的前支和第5颈神经前支的一部分构成，位于中斜角肌和肩胛提肌之前，胸锁乳突肌上部深面，由丛发出皮支和肌支。

1．颈丛的皮支　颈丛的皮支有4支，均在胸锁乳突肌后缘中点附近浅出。

（1）**枕小神经**：沿胸锁乳突肌后缘上行，分布于枕部的皮肤。

（2）**耳大神经**：在胸锁乳突肌的浅面，上行至耳廓下方，分布于耳廓及其周围的皮肤。

（3）**颈横（颈皮）神经**：在胸锁乳突肌的浅面横行向前，分布于颈部皮肤。

（4）**锁骨上神经**：有2～3支，分别向前下、后下和外下方走行，分布于颈侧部、胸上部和肩部皮肤。

2．颈丛的肌支　最重要的肌支是膈神经。

（1）**膈神经**：为混合神经，含有运动和感觉两种纤维。其纤维来自第 3 ～ 5 颈神经前支，先在前斜角肌的浅面下降，再经锁骨下动、静脉之间入胸腔，经肺根前方，在纵隔胸膜和心包之间下行至膈，其运动纤维支配膈，感觉纤维分布于胸膜和心包。一般认为右膈神经的感觉纤维尚分布于肝、胆囊和肝外胆道等。

膈神经损伤的主要症状是同侧膈瘫痪。胆囊炎时可刺激右膈神经末梢，引起右肩部疼痛。当膈神经受刺激时，可产生呃逆。

（2）**其他分支**：支配颈肌深群、肩胛提肌和舌骨下肌等。

（二）**臂丛**　由第 5 ～ 8 颈神经前支和第 1 胸神经前支大部分纤维构成。在前、中斜角肌之间走出，行于锁骨下动脉后上方，继在锁骨后方进入腋窝。组成臂丛的神经先合成上、中、下三个干。每个干在锁骨上方又分为前、后两股。由上、中干的前股合成外侧束，下干前股自成内侧束，三干后股汇成后束。三束分别从内、外、后三面包围腋动脉。

臂丛在锁骨中点后方比较集中，位置表浅，此点常是做臂丛阻滞麻醉的部位。臂丛的分支可分为锁骨上、下两部。

1. 锁骨上部的分支

（1）**胸长神经**：沿前锯肌表面下降，支配该肌。

（2）**肩胛背神经**：穿中斜角肌，支配菱形肌和肩胛提肌。

（3）**肩胛上神经**：经肩胛上切迹进入冈上窝，支配冈上肌和冈下肌。

2. 锁骨下部的分支　皆发自臂丛的三个束，多为长支，分肌支和皮支，分布于肩、胸、臂、前臂和手的肌肉和皮肤。

（1）由外侧束发出的神经

1）**肌皮神经**：向外下斜穿喙肱肌，经肱二头肌和肱肌之间行向外下，分支支配这三块肌。在肘关节附近穿出深筋膜改名为**前臂外侧皮神经**，分布于前臂外侧的皮肤。

2）**正中神经**：以两根分别起自外侧束和内侧束，两根夹持着腋动脉。在臂部，正中神经与肱动脉相伴，于肱二头肌内侧沟下行至肘窝，穿旋前圆肌至前臂，于指浅、深屈肌之间达腕部，经腕管至手掌，位于掌腱膜深面。正中神经在臂部无分支。在前臂和手掌的主要分支有① 肌支，支配除肱桡肌、尺侧腕屈肌和指深屈肌尺侧半之外的所有前臂屈肌；支配除拇收肌之外的鱼际肌和第 1、2 蚓状肌。② 皮支，分数支，分布于掌心、鱼际、桡侧三个半指的掌面及其中节和远节背面的皮肤。

3）**胸外侧神经**：与胸内侧神经一起支配胸大肌。

（2）由内侧束发出的神经

1）**尺神经**：自内侧束发出后，沿肱动脉的内侧下降，约平臂中点处渐离肱动脉走向后内方至臂背侧，再经肱骨内上髁之后的尺神经沟至前臂，在尺侧腕屈肌和指深屈肌之间，尺动脉的尺侧下降达腕部。在腕的稍上方发出**手背支**至手背，分布于手背尺侧半及尺侧二个半指背的皮肤。尺神经主干经豌豆骨的桡侧至手掌。尺神经在前臂发肌支支配尺侧腕屈肌和指深屈肌的尺侧半。在腕部发出**深支**支配小鱼际肌、拇收肌、骨间肌和第 3、4 蚓状肌，**浅支**分布于小鱼际、小指和环指尺侧半掌面的皮肤。

2）**前臂内侧皮神经**：分布于前臂内侧面的皮肤。

3）**臂内侧皮神经**：分布于臂内侧皮肤。

4）**胸内侧神经**：支配胸大、小肌。

（3）由后束发出的神经

1）**桡神经**：是后束发出的粗大神经，在腋动脉后方向下外斜行，沿肱骨桡神经沟下降至臂下端外侧，在肘部分为浅支与深支。浅支行于桡动脉的桡侧，在前臂中、下1/3交界处转向背侧，下行至手背，分布于手背桡侧半和桡侧二个半手指近节背面的皮肤。深支穿过旋后肌至前臂背侧，于前臂肌后群浅、深层间下降，分支支配前臂的伸肌群。桡神经在臂部发支支配肱三头肌、肱桡肌，并有皮支分布于臂和前臂背面的皮肤。

2）**腋神经**：在腋动脉后方下行，伴旋肱后动脉穿四边孔，绕肱骨外科颈至三角肌深面，肌支支配三角肌和小圆肌；皮支分布于肩部和臂外侧的皮肤。

3）**胸背神经**：沿肩胛骨外侧缘伴同名动脉下行，支配背阔肌。

4）**肩胛下神经**：支配肩胛下肌和大圆肌。

（三）**胸神经前支** 共12对，除第1对的大部分和第12对的小部分分别参与臂丛和腰丛的组成外，其余皆不成丛。第1至第11对各自位于相应的肋间隙中，称**肋间神经**，伴随于肋间后动、静脉的下方行向前外。第12对胸神经前支位于第12肋下方，故名**肋下神经**，它沿腰方肌前面行向前外。上6对肋间神经在肋间内、外肌之间沿肋沟前行，向前至胸骨侧缘处穿至皮下，称前皮支；下5对肋间神经和肋下神经斜向下内，行于腹内斜肌与腹横肌之间，并进入腹直肌鞘，前行至腹白线附近穿至皮下，成为前皮支。肋间神经的肌支支配肋间肌和腹肌的前外侧群，皮支分布于胸、腹壁皮肤，呈节段性分布，并发出分支分布于壁胸膜和壁腹膜。

（四）**腰丛** 由第12胸神经前支的一部分和第1至第3腰神经的前支，以及第4腰神经前支的一部分组成。位于腰大肌的深面，其分支有：

1. **髂腹下神经** 从腰大肌外侧缘的深面走出，在髂嵴上方穿过腹横肌，继穿腹内斜肌在腹外斜肌深面行向内下方，至腹股沟管浅环上方浅出至皮下。其肌支分布于腹肌前外侧群的下部，皮支分布于腹股沟区及腹下区皮肤。

2. **髂腹股沟神经** 沿腰方肌和髂肌前面下行，在髂腹下神经下方，走行方向与该神经相似，终支自腹股沟管浅环浅出，分布于腹股沟区和阴囊前部（或大阴唇前部）皮肤，肌支支配腹肌前外侧群的下部。

3. **股外侧皮神经** 自腰大肌外侧缘浅出，在髂前上棘的内侧通过腹股沟韧带深面分布于大腿外侧部的皮肤。

4. **股神经** 初在腰大肌与髂肌之间下行，继在腹股沟韧带深面股动脉外侧进入股三角，立即分为数支。

（1）肌支：支配耻骨肌、股四头肌和缝匠肌。

（2）皮支：有数条短的前皮支，分布于大腿和膝关节前面皮肤。最长的皮支称**隐神经**，伴股动脉经股三角入收肌管下行，在膝关节内侧浅出，分布于小腿内侧和足内侧缘的皮肤。

5. **闭孔神经** 在腰大肌内侧缘穿出，沿骨盆腔侧壁到闭膜管，通过该管入股，分为前、后支，肌支主要支配大腿肌内侧群，皮支分布于大腿内侧皮肤。

6. **生殖股神经** 沿腰大肌前面下行，皮支分布于阴囊（大阴唇）及其附近股部的皮肤。肌支支配提睾肌。

（五）**骶丛** 由腰骶干（由第4腰神经前支的一部分和第5腰神经前支构成）和骶、尾神经的前支组成。位于骨盆腔后壁，梨状肌的前面。骶丛略呈三角形，尖朝向坐骨大孔。

1．骶丛的短神经　为分布于臀部、会阴和外生殖器的神经。

（1）**臀上神经**：由梨状肌上孔出骨盆腔，支配臀中、小肌和阔筋膜张肌。

（2）**臀下神经**：由梨状肌下孔出骨盆腔，支配臀大肌。

（3）**阴部神经**：由梨状肌下孔出骨盆腔，绕坐骨棘经坐骨小孔入坐骨肛门窝，向前分支有：

1）**肛（直肠下）神经**：分布于肛门外括约肌及肛区的皮肤。

2）**会阴神经**：分布于会阴诸肌和阴囊的皮肤。

3）**阴茎（阴蒂）背神经**：走在阴茎（阴蒂）背侧，分布于阴茎（阴蒂）头及阴茎皮肤。作包皮环切术时可阻滞麻醉此神经。

2．骶丛的长神经　为分布于股后部、小腿及足的神经。

（1）**股后皮神经**：出梨状肌下孔，至臀大肌下缘浅出，分布于股后和腘窝的皮肤。

（2）**坐骨神经**：由梨状肌下孔出骨盆腔后，位于臀大肌深面，在坐骨结节和大转子之间下降，在大腿后面，经股二头肌长头深面下降达腘窝，通常于该窝上角处分为胫神经和腓总神经。坐骨神经在股后部分出肌支，支配大腿肌后群。

1）**胫神经**：续于坐骨神经。在腘窝位于腘静脉浅面，在小腿后面下行于浅、深层肌之间，继而在内踝后方入足底，分为足底内侧神经和足底外侧神经。① **足底内侧神经**：沿足底内侧沟前行，分布于足底内侧的肌肉和皮肤。② **足底外侧神经**：斜过足底，在足底外侧行至第5跖骨底，分支支配足底外侧的肌肉和皮肤。

胫神经在腘窝和小腿发出肌支支配小腿肌后群，发出皮支分布于小腿后区、外侧区和足外侧缘皮肤。

2）腓总神经：先沿股二头肌内侧缘行向下外，至腓骨颈外侧分为腓深神经和腓浅神经。① **腓深神经**，在小腿前部与胫前动脉伴行，经胫骨前肌和㧗长伸肌之间下行至足背，分支支配小腿肌前群、足背肌，并分布于㧗趾和第2趾间的皮肤。② **腓浅神经**，在腓骨长、短肌间下行，分出肌支支配腓骨长、短肌。在小腿中、下1/3交界处浅出为皮支，分布于小腿外侧、足背和趾背的皮肤。

二、脑　神　经

实习材料

1．视神经、动眼神经、滑车神经、展神经、眼神经及带眼外肌的标本。2．眶内神经外侧面观（带睫状神经节）的标本。3．三叉神经标本。4．面神经标本。5．舌咽神经（带颈动脉窦支）的标本。6．迷走神经标本。7．副神经、舌下神经标本。8．副交感神经节标本。

实习内容

脑神经共12对，按其排列顺序，分别为：Ⅰ嗅神经、Ⅱ视神经、Ⅲ动眼神经、Ⅳ滑车神经、Ⅴ三叉神经、Ⅵ展神经、Ⅶ面神经、Ⅷ前庭蜗（位听）神经、Ⅸ舌咽神经、Ⅹ迷走神经、Ⅺ副神经、Ⅻ舌下神经。脑神经的纤维成分较脊神经复杂，含有躯体和内脏的感觉（传入）纤维，以及支配骨骼肌和平滑肌、心肌及腺体的躯体和内脏运动（传出）纤维。

此外，还有联系特殊感觉器的感觉纤维，以及支配由鳃弓衍化而来的横纹肌的运动纤维。因此脑神经含有7种纤维成分。

- 感觉
  - 躯体
    - 一般躯体感觉纤维——来自皮肤、肌、肌腱和大部分口、鼻腔粘膜
    - 特殊躯体感觉纤维——分布于听器、平衡器和视器等特殊感觉器官
  - 内脏
    - 一般内脏感觉纤维——来自头、颈、胸、腹的脏器
    - 特殊内脏感觉纤维——分布于味蕾和嗅器
- 运动
  - 躯体——支配来自肌节的横纹肌（眼肌和舌肌等）
  - 内脏
    - 一般内脏运动纤维——控制平滑肌、心肌和腺体
    - 特殊内脏运动纤维——支配由鳃弓衍化来的横纹肌（咀嚼机、面肌和咽喉肌等）

各脑神经所含的纤维成分多少不同，简单的脑神经只含有1种或2种纤维，复杂的可含3～4种。根据脑神经所含的主要纤维成分和功能，将12对脑神经分为3类。

1．感觉神经　包括嗅、视和前庭蜗（位听）神经3对；

2．运动神经　包括动眼、滑车、展、副和舌下神经5对；

3．混合神经　包括三叉、面、舌咽和迷走神经4对。

脑神经中的躯体感觉和内脏感觉纤维的胞体绝大多数是假单极神经元。它们在脑外聚集成脑神经节，计有三叉神经节、膝神经节、舌咽神经的上、下（岩）神经节、迷走神的上（颈静脉）和下（结状）神经节，其性质与脊神经节相同。由双极神经元胞体聚集成节的有前庭神经节和蜗（螺旋）神经节，它们是与听和平衡感觉传入有关的神经节。

与第3、7、9对脑神经中的一般内脏运动纤维相连属的有位于头部的四对副交感神经节，它们是内脏运动性的。内脏运动纤维由中枢发出后，先终止于这些副交感神经节，节内的神经元再发出轴突分布于心肌、平滑肌和腺体。与第10对脑神经内脏运动纤维相连属的副交感神经节多位于所支配器官的附近或壁内。

（一）**嗅神经**　为特殊内脏感觉神经，由上鼻甲和鼻中隔上部粘膜内的嗅细胞中枢突聚集成20多条嗅丝，即嗅神经，穿筛孔入颅前窝，终于嗅球，传导嗅觉冲动。

（二）**视神经**　为特殊躯体感觉神经，传导视觉冲动。视网膜中的节细胞轴突在视网膜后部汇集成视神经盘后穿过巩膜，构成视神经。视神经穿视神经管入颅中窝，连于视交叉。

（三）**动眼神经**　为运动性神经，含躯体运动和一般内脏运动两种纤维。动眼神经自大脑脚内侧出脑，前行进入海绵窦外侧壁，经眶上裂入眶，立即分为上、下两支。上支支配上直肌和上睑提肌。下支支配下直肌、内直肌和下斜肌。此外，动眼神经的下斜肌支发一小支进入睫状神经节为睫状节短根，它由副交感节前神经纤维组成。

睫状神经节：是副交感神经节，位于视神经与外直肌之间的后部。副交感节前神经纤维在该节换神经元后，其副交感节后神经纤维经睫状短神经分布于瞳孔括约肌和睫状肌，参与完成瞳孔对光反射和调节反射。

（四）**滑车神经**　为躯体运动神经，在中脑背侧下丘下方出脑后，绕大脑脚外侧向前，穿过海绵窦的外侧壁，经眶上裂入眶，支配上斜肌。

（五）**三叉神经**　为混合性神经，含有一般躯体感觉和特殊内脏运动两种纤维，在脑桥腹面与小脑中脚交界处出入脑。三叉神经特殊内脏运动纤维支配咀嚼肌。发出三叉神经一

般躯体感觉纤维的神经元胞体在颞骨岩部三叉神经压迹处集聚，形成扁平的**三叉神经节**，自节发出3条大的分支，称眼神经、上颌神经和下颌神经。

1. **眼神经** 为一般躯体感觉神经，自节发出后，穿入海绵窦外侧壁，经眶上裂入眶分为3支。

（1）**泪腺神经**：分布于泪腺和上睑。

（2）**额神经**：在上睑提肌的上方前行，分为2支。一支为**眶上神经**，经眶上切迹（孔）至额顶部的皮肤；另一支分布于上睑及鼻根等处的皮肤。

（3）**鼻睫神经**：此神经分出多支，分布于眼球、下睑、泪囊、鼻腔粘膜和鼻背皮肤。

2. **上颌神经** 为一般躯体感觉神经，自节发出后，穿入海绵窦外侧壁，经圆孔入翼腭窝，进眶下裂延续为**眶下神经**。有以下几个分支：

（1）**眶下神经**：经眶下沟，通过眶下管，出眶下孔至面部，分布于下睑、鼻翼和上唇皮肤。

（2）**颧神经**：分布于颧、颞部皮肤。

（3）**翼腭神经**：穿翼腭窝中的翼腭神经节。分支分布于鼻、腭和咽的粘膜。

（4）**上牙槽神经**：分前、中、后3支，上牙槽后支穿入上颌体后面，与发自眶下神经的上牙槽前、中支在上颌牙槽突的小管内形成**上牙丛**，自丛分支分布于上颌窦、上颌牙齿及牙龈。

3. **下颌神经** 为混合性神经，自节发出后，由卵圆孔出颅达颞下窝。一般躯体感觉纤维分布于下颌的牙及牙龈、口腔底、舌体的粘膜以及口裂以下的皮肤。特殊内脏运动纤维支配咀嚼肌、鼓膜张肌、下颌舌骨肌、二腹肌前腹等。下颌神经的分支有：

（1）**耳颞神经**：在卵圆孔的稍下方，以两根绕脑膜中动脉的内、外侧合成一干，在颞下颌关节后方折转向上，穿腮腺实质上行，分布于耳廓前面、颞部皮肤和腮腺。至腮腺小支，含有来自舌咽神经并在耳神经节内换神经元的副交感节后神经纤维，管理腮腺分泌。

（2）**颊神经**：分布于颊粘膜和从颊部至口角的皮肤。

（3）**舌神经**：在下颌支内侧下降，呈弓状越下颌下腺上方向前至舌尖。分布于口腔底及舌前2/3的粘膜，司一般感觉。

（4）**下牙槽神经**：为混合性神经，在舌神经后方下行，其中的一般躯体感觉纤维，经下颌孔入下颌管，在管内分成多数小支组成下牙丛，分布于下颌牙及牙龈，其终支由颏孔穿出，分布于颏部的皮肤为**颏神经**；特殊内脏运动纤维（下颌舌骨肌神经）支配下颌舌骨肌和二腹肌前腹。

（5）**咀嚼肌神经**：为特殊内脏运动神经，分数支支配所有咀嚼肌。

（六）**展神经** 为躯体运动神经，从延髓脑桥沟内侧部出脑，向外上方行至颞骨岩部尖端处进入海绵窦内，出窦后，经眶上裂入眶，支配外直肌。

（七）**面神经** 为混合性神经。面神经自延髓脑桥沟外侧部出入脑，经过内耳门和内耳道底进入面神经管，再由茎乳孔出颅，穿过腮腺到达面部。在面神经管始部有膨大的**膝神经节**。面神经从腮腺前缘分出**颞支**、**颧支**、**颊支**、**下颌缘支**和**颈支**（特殊内脏运动纤维），支配面肌和颈阔肌。其他分支有：

1. **鼓索** 是面神经在面神经管内的分支，穿岩鼓裂出鼓室，至颞下窝，向前下并入舌神经。鼓索含有2种纤维：味觉（特殊内脏感觉）纤维随舌神经分布于舌前2/3的味蕾；副交感节前神经（一般内脏运动）纤维进入下颌下神经节，在节内换神经元后，其节后神经纤维分布至下颌下腺和舌下腺，支配腺体分泌。

2．**岩大神经** 在面神经管自膝神经节处分出，经岩大神经管裂孔前行，加入翼管神经至翼腭神经节，所含副交感神经节前（一般内脏运动）纤维，在节内换神经元之后，其节后神经纤维分布于泪腺和口、鼻、腭部的粘膜腺等。

3．**镫骨肌神经** 支配镫骨肌。

与面神经联系的副交感神经节有：

1．**翼腭神经节**（**蝶腭神经节**）位于翼腭窝内，上颌神经的下方，有来自面神经的副交感节前神经纤维，在节内换神经元后，其节后神经纤维的一部分随颧神经和泪腺神经分布于泪腺，控制泪腺的分泌；另一部分分布于口、鼻、腭粘膜的腺体。

2．**下颌下神经节** 位于舌神经和下颌下腺之间，节后神经纤维分布于舌下腺和下颌下腺，管理腺体分泌。

（八）**前庭蜗**（**位听**）**神经** 为特殊躯体感觉神经包括前庭神经和蜗神经，它们出内耳门进入颅后窝，于延髓脑桥沟外侧入脑。前庭神经传导平衡觉冲动，神经元胞体位于内耳道底的**前庭神经节**内，其周围突分布于内耳的球囊斑、椭圆囊斑和壶腹嵴中的毛细胞；中枢突聚集成前庭神经。

蜗神经传导听觉，其双极神经元的胞体在蜗轴内聚集成**蜗神经节**（**蜗螺旋神经节**），其周围突分布至螺旋器上的毛细胞；中枢突在内耳道聚集成蜗神经。

（九）**舌咽神经** 为混合性神经，主要含一般和特殊内脏感觉纤维和运动纤维。与迷走神经及副神经经颈静脉孔出颅，在此孔内该神经有一稍膨大的**上神经节**，稍下方还有**下神经节**。舌咽神经干在颈内动、静脉间下降，然后弓形向前，经舌骨舌肌内侧达舌根，分布于舌后 1/3 的粘膜。

舌咽神经的分支有：

1．**鼓室神经** 含副交感节前神经（一般内脏运动）纤维，进入鼓室参与形成鼓室丛。鼓室神经的终支为**岩小神经**，出鼓室入耳神经节，节后神经纤维随耳颞神经分布到腮腺，管理腮腺分泌。

2．**舌支** 为舌咽神经的终支，分数支分布于舌后 1/3 的粘膜和味蕾。司粘膜的一般内脏感觉和特殊内脏感觉（味觉）。

3．**颈动脉窦支** 与颈内动脉伴行下降，分布于颈动脉窦和颈动脉小球（司一般内脏感觉），分别感受颈动脉窦内的压力和感受血液中二氧化碳浓度变化所产生的刺激。

4．**茎突咽肌支** 为特殊内脏运动神经，支配茎突咽肌。

与舌咽神经联系的副交感神经节—**耳神经节**：位于卵圆孔下方，下颌神经内侧。自节发出节后神经纤维伴耳颞神经至腮腺，管理腮腺分泌。

（十）**迷走神经** 为混合性神经，含有一般躯体和内脏感觉纤维及一般和特殊内脏运动纤维，在舌咽神经根的下方自延髓橄榄的后方出脑经颈静脉孔出颅，在孔内及其稍下方神经干膨大形成**上**（**颈静脉**）**神经节**和**下**（**结状**）**神经节**，该神经在颈内静脉和颈内动脉、颈总动脉之间的后方下降达颈根部，穿过胸廓上口入胸腔，之后随食管经膈的食管裂孔入腹腔。

1．颈部的分支

（1）**喉上神经**：自下神经节发出，在颈内动脉内侧下行，在平舌骨大角处分为内、外支。外支为特殊内脏运动纤维支配环甲肌，内支为一般与特殊内脏感觉纤维，与喉上动脉一同穿甲状舌骨膜入喉，分布于声门裂以上的喉粘膜以及会厌、舌根等。

(2) **颈心支**：为混合性神经，含一般内脏感觉和运动纤维，分上、下 2 支参与构成心丛。上支有一支叫**主动脉神经**或称**减压神经**，分布于主动脉弓的壁内，是感受血压刺激调节反射的结构。

(3) **咽支**：自下神经节发出，与舌咽神经和交感神经咽支构成咽丛，自丛分支支配咽肌、软腭肌，并分布于咽的粘膜。

2. 胸部的分支

(1) **右迷走神经**：在胸廓上口处经过锁骨下动脉前，沿气管右侧下行，经右肺根后方达食管后面，分支与交感神经纤维一起构成右肺丛和食管后丛，向下组成迷走神经后干。

(2) **左迷走神经**：在胸廓上口处，经左颈总动脉和左锁骨下动脉之间下降，越过主动脉弓前面，经左肺根的后方，至食管前面分散成若干细支与交感神经纤维一起构成左肺丛和食管前丛，向下组成迷走神经前干。

(3) **喉返神经**：含特殊内脏运动和一般内脏感觉纤维。左喉返神经在左迷走神经行经主动脉弓之前时发出，绕过主动脉弓，再沿气管与食管之间的沟中上升；右喉返神经在右迷走神经行经右锁骨下动脉之前时发出，绕过锁骨下动脉上行于气管与食管之间的沟中。左、右喉返神经终支穿过咽下缩肌至喉下方入喉，更名为**喉下神经**，分布于喉肌（除环甲肌外）及声门裂以下的喉粘膜。喉返神经还分出心下支至心丛。

(4) **支气管支**和**食管支**：分别加入肺丛和食管丛。

3. 腹部的分支　迷走神经的食管前、后丛，在食管下端处分别延续为前、后干，穿膈的食管裂孔入腹腔，在食管腹部的前、后面下行，至贲门附近。

(1) **前干**：沿胃小弯前面而行，分支至胃和肝。

1) **胃前支**：沿胃小弯向右行，分支分布于胃前壁和十二指肠上部。有以下分支：① **贲门支**，分布于贲门附近。② **前胃壁支**，常有 3～4 支，分布到胃前壁。③ **"鸦爪"支**，分布于幽门部、幽门及十二指肠上部。

2) **肝支**：随肝固有动脉走行，参与形成肝丛，分布于胆囊、胆道和肝。

(2) **后干**：沿胃小弯后面而行，分支有胃后支、腹腔支。

1) **胃后支**：沿胃小弯深面向右行，分支至胃后壁。有以下分支：① **胃底支**，分布于胃底部。② **后胃壁支**，分布于胃后壁。③ **"鸦爪"支**，分布于幽门部。

2) **腹腔支**：粗大，行向后下方，加入腹腔丛。以后伴同交感神经随腹腔干、肠系膜上动脉和肾动脉的分支、分布于肝、脾、胰、胃、小肠、盲肠、升结肠、横结肠、肾及肾上腺。

（十一）**副神经**　为特殊内脏运动神经，由颈静脉孔出颅后，分为 2 支。

(1) 内支：加入迷走神经，支配咽喉肌。

(2) 外支：斜行向后下，终于斜方肌的深面，分支支配胸锁乳突肌和斜方肌。

（十二）**舌下神经**　为躯体运动神经，自延髓前外侧沟出脑，之后经舌下神经管出颅，下行于颈内动、静脉之间，之后弓形向前，在舌骨舌肌表面前行穿颏舌肌入舌。支配全部的舌内肌和舌外肌。

三、内脏神经系统

实习材料

1. 内脏神经系统的电动模型。2. 交感神经标本。3. 第 3、7、9、10 对脑神经标本。4. 内脏大、小神经标本。

实习内容

内脏神经系统主要是分布于内脏、心血管和腺体的神经，是整个神经系统的一个组成部分，含有感觉和运动两种纤维。内脏运动神经又称自主（植物性）神经，它由交感神经和副交感神经两部分组成。

（一）**交感神经**　其低极中枢位于脊髓的胸$_1$（或颈$_8$）～腰$_3$（或腰$_2$）节侧角的中间外侧核内，节前神经纤维起自该核细胞。其周围部包括交感神经节（椎旁神经节和椎前神经节）、交感干，由节发出的分支和交感神经丛等。

1. **交感干**　成对，位于脊柱两侧，由交感干神经节及节间支互相连结而成。

（1）**颈交感干**：位于颈椎横突前方，颈动脉鞘的后方，每侧由颈上、中、下神经节及节间支构成。

颈交感干神经节（椎旁节）：**颈上神经节**位于第 2、3 颈椎横突前方，呈梭形。**颈中神经节**最小，位于第 6 颈椎横突前面，其下方的节间支为前、后两支，绕锁骨下动脉至颈下神经节。**颈下神经节**位于第 7 颈椎处，在椎动脉起始处的后方。此节常与第 1 胸交感干神经节合成**颈胸（星状）神经节**。

颈交感干神经节的分支（节后神经纤维）：

1）灰交通支　连于 8 对颈部脊神经，随其分布至头、颈和上肢的血管、汗腺和竖毛肌。

2）由节发出的分支至附近的动脉，形成**颈内动脉丛**、**颈外动脉丛**、**锁骨下动脉丛**和**椎动脉丛**，伴随这些动脉的分支分布至头颈部的腺体（泪腺、唾液腺、口腔和鼻腔粘膜内的腺体、甲状腺等）、瞳孔开大肌、竖毛肌和血管。

3）由颈上、中、下神经节分别发出的**心上**、**中**、**下神经**与迷走神经心支共同组成**心丛**，分布于心及大血管。

（2）**胸交感干**：位于肋头前方，有 10～12 对胸交感干神经节，节上的分支有：

1）**灰、白交通支**：与肋间神经相连，白交通支含有脊髓侧角细胞发出的有髓的节前神经纤维，经前根、脊神经、白交通支进入交感干神经节。灰交通支是由交感干神经节细胞发出的无髓的节后神经纤维组成，随脊神经分布于体壁的平滑肌、汗腺和竖毛肌。

2）从上 5 对胸交感干神经节发出小支至胸主动脉、食管、气管并加入心丛和肺丛。

3）**内脏大、小神经**：由交感节前神经纤维组成。前者起自第 5～9 胸交感干神经节，向下合成一干。后者起自第 10～12 胸交感干神经节。两神经穿过膈脚，分别终于**腹腔神经节**和**主动脉肾神经节**。由节发出的交感节后神经纤维随腹主动脉的分支分布至腹腔的肝、脾、肾和结肠左曲以上的消化管。

（3）**腰交感干**：位于脊柱腰部两侧。有 4～5 对腰交感干神经节，由节发出的分支有：

1）**白交通支**：只见于腰 1～3 节，与腰部脊神经相连。

2）**灰交通支**，由腰交感干神经节细胞发出的节后神经纤维组成，连接5对腰神经，随其分布到体壁。

3）**腰内脏神经**：起自腰髓侧角细胞的节前神经纤维，穿过相应腰交感干神经节，终于腹主动脉丛及肠系膜下丛等。在这些丛的神经节内交换神经元，节后神经纤维分布至结肠左曲以下消化道及骨盆腔脏器。

（4）**盆交感干**：位于骶骨前面、骶前孔内侧。有2～3对骶交感干神经节和1个**奇神经节**。节上分支有灰交通支，连接相应的骶神经和尾神经，随这些神经分布，并发小支分布于骨盆腔脏器。

2．腹腔内的椎前神经节和神经丛

（1）**椎前神经节**：位于脊柱前方。计有：① **腹腔神经节**，成对，围绕腹腔干根部，接受内脏大神经的节前神经纤维。② **主动脉肾神经节**，在腹腔神经节的下外方，接受内脏小神经的节前纤维。③ **肠系膜上神经节**和 ④ **肠系膜下神经节**，分别位于同名动脉根部附近。

（2）**神经丛**

1）**腹腔（神经）丛**：为人体最大的神经丛，在腹腔干和肠系膜上动脉根部附近。丛内有腹腔神经节和主动脉肾神经节。腹腔丛还发出肠系膜上丛和腹主动脉丛等副丛，随其动脉分支分布至腹腔脏器。

2）**肠系膜上丛**：在同名动脉根部周围，随肠系膜上动脉分支分布至各脏器。

3）**腹主动脉丛**：缠绕在腹主动脉表面，随腹主动脉分支而分布。该丛分出肠系膜下丛，并参与组成腹下丛。肠系膜下丛随同名动脉分支分布至各脏器。

4）**腹下丛**：分为上、下两部分。① **上腹下丛**，是腹主动脉丛的延续，位于第5腰椎体的前面。② **下腹下丛（盆丛）**，是上腹下丛延续至直肠及阴道两侧（女性），接受骶交感干发出的节后神经纤维和第2～4骶神经前支发出的副交感节前神经纤维所组成的盆内脏神经。此丛伴随髂内动脉的分支分布于盆腔内脏。

（二）副交感神经　其低级中枢位于脑干的副交感神经核和脊髓骶2～4节灰质的副交感神经核。由脊髓第2～4骶节发出的副交感节前神经纤维随骶神经前支出骶前孔，然后离开骶神经前支组成**盆内脏神经**。副交感神经周围部包括副交感神经节和由节发出的副交感节后神经纤维。副交感神经节有**器官旁节**和**器官内节**，两者总称终神经节。

1．脑部

（1）随动眼神经出脑的副交感节前神经纤维，起自中脑的**动眼神经副核**，离开脑干后进入眼眶，到达**睫状神经节**，在节内交换神经元后，其节后神经纤维进入眼球，分布于睫状肌和瞳孔括约肌。

（2）随面神经出脑的副交感节前神经纤维，起自上泌涎核，分为两部分：一部分经鼓索加入舌神经至**下颌下神经节**，交换神经元后，节后神经纤维分布于下颌下腺和舌下腺。另一部分经岩大神经、翼管神经到**翼腭神经节**，交换神经元后，节后神经纤维有些经颧神经，再经泪腺神经，分布于泪腺，有些分布于口、鼻、腭粘膜的腺体。

（3）随舌咽神经出脑的副交感节前神经纤维，起自下泌涎核，自舌咽神经分出后，经鼓室神经至鼓室丛，自丛发出岩小神经至**耳神经节**，交换神经元后，节后神经纤维经耳颞神经至腮腺。

（4）随迷走神经出脑的副交感节前神经纤维，起自迷走神经背核，随迷走神经分支终止于胸、腹腔内脏器官壁内神经节或器官旁节，交换神经元后，节后神经纤维分布于除降结肠、乙状结肠、骨盆腔脏器以外的胸腹腔脏器。

2．骶部　骶部副交感节前神经纤维，起自脊髓骶2～4节的副交感核，随第2～4骶神经前支出骶前孔后，即离开骶神经构成**盆内脏神经**加入**盆丛**。随盆丛分支到所支配脏器附近或脏器壁内的神经节交换神经元后，节后神经纤维支配结肠左曲以下消化管道、骨盆腔脏器及外阴。

（赵宝东　李德华　姜　东）

第二部分

学习参考与进展

第一篇 运动系统

第一章 骨 学

一、生后骨的生长发育

骨在出生后，继续以膜内成骨和软骨内成骨的方式生长。一方面，通过骨干中心的软骨细胞增殖和基质钙化，使骨自初级骨化中心向两端增长，并通过骨膜的膜内成骨，使骨径不断增粗。另一方面，在干骺端出现继发性骨化中心，其软骨细胞不断增生、骨化，使骨继续加长增粗。但是，骨生长和改建的实际情形，要比以上描述复杂得多。

Kollier（1853）在对长骨干骺端的生长和改建的研究中指出，在骨生长变长时，干骺端的直径逐渐变小。Enlow（1962）指出，骨在生长的不同时期和不同部位，其形态结构不同。Enlow 列举了松质细板层骨、松质非板层骨和环状板层骨等具有不同的组织结构和不同的生长速度。Enlow 认为，大致是环状板层骨生长速度慢；松质细板层骨和非板层骨生长速度快；各种骨组织的含钙量不同，钙化速度亦不同。在骨的改建过程中，原来存在的骨并非完全被除掉。Enlow 推测，人骨在发育的不同时期，所得的疾病也可能有所不同。

关于骨的生长速度，据以往的金属植入、X 线摄片，示踪剂及表面测量法的调查，有如下结果：9 周兔的长骨纵向生长速度为每天 0.31mm，7 周的鼠为每天 0.18mm。猪的长骨远端为每周 1.72mm，近端为每周 1.03mm。人的股骨下端，在 5 ～ 13 岁之间为每年 1.25cm，即每天为 0.035mm。可见不同种属骨的生长速度是不均衡的。

纵观儿童少年骨的发育过程，一些调查资料记录了不同部位的骨的增长速率。3 ～ 4 岁时，胫骨上、下端的继发性骨化中心（骨化核），约为 25mm×10mm；4 ～ 8 岁时，骨化核明显增大，到 8 岁时，近端骨化核达 33mm×16mm，而远端达 36mm×12mm。女孩 9 岁时，骺同骨干开始愈合，而男孩则在 11 ～ 12 岁。发育领先的女孩，15 岁时即可出现胫、腓骨近端干骺完全愈合。

二、影响骨生长发育的因素

（一）遗传因素的影响　Teiler 及 Stevens（1960）等用小鼠做交配实验，根据遗传法则推算，查出有多种遗传因子能影响骨的生长与发育。据推测，多指畸型、缺肢畸型是遗传的。一些调查资料还表明：骨胳发育在种族间存在差异。黑人的腕部继发性骨化中心出现较早，但 2 岁以后又落后于欧洲儿童。中国儿童出现骨化中心的年龄并不迟，但女孩 3 ～ 10 岁，男孩 3 ～ 12 岁时的骨发育较迟缓。有人提出用父母的身高来推算子女的身高的公式：

男孩身高（cm）＝[（父高＋母高）× 1.08] ÷ 2

女孩身高（cm）＝[（父高×0.92）＋ 母高] ÷ 2

（二）肌、神经和血管对骨生长的影响　肌肉牵引对骨的正常发育有重要关系。试验中，切断兔和小鼠的一侧面神经，结果鼠的鼻尖偏向健侧，而兔的上颌骨及鼻骨则偏向手术侧。一些实验还证实，肌肉的功能活动对正在发育的骨的形态有较大影响。小儿的下运动神经元损伤，使肌肉瘫痪，暂时胫骨仍可增长，但如果瘫痪继续下去，则骨的生长受到抑制。血管的分布形式与长骨的骨化有间接关系。靠近血管的骨细胞和基质成熟较晚，而远离血管的骨基质成熟较早。

（三）重力、压力和张力对骨生长的影响　实验表明，对骨小梁方向未定的胫骨施加压力时，轻度骨化的胫骨组织，其骨小梁按张力线排列，形成“压迫构造”。高度骨化的胫骨，受压力后，其骨小梁按压力线排列，形成“抵抗构造”。压力和张力也能引起软骨生成。一些调查情况表明，坚持体育锻炼，可促进骨生长和发育，并可使骨密质增厚，骨小梁的排列根据作用力的方向而更加整齐和有规律。

（四）若干环境因素对骨生长的影响　低氧和紧张，可使小鼠尾骨的长度增长延迟，成熟速度减慢。将两组生后 12 天的小鼠分别饲养于 23℃及 32℃的环境中，可见处于两种不同环境的鼠，有区域性的钙化差异。养于 32℃中的小鼠，其尾骨的发育较快。有人调查发现，气温高低等自然环境，对生长发育也有一定的影响。生活在热带和温带地区，性成熟早，骨最终生长发育水平低；而生活在寒带地区，性成熟晚，骨最终发育水平高。

（五）内分泌激素对骨生长的影响

激素通过体液环境影响骨胳的生长和发育。垂体生长激素增加骨骺软骨板的活跃强度和持久性，使骨胳的直径和厚度同样增加，长、宽、厚的比例不变。甲状腺素有刺激垂体分化甲种细胞的功能，增加垂体的生长素，增加骨胳的生长。同时，甲状腺素也可加速骨骺软骨板的破坏与消失。性腺激素可促进骨胳的生长与成熟，包括加快骨化中心的出现。甲状旁腺素的功能在于维持血钙，对新形成的骨质的钙化有抑制作用。肾上腺皮质激素抑制骨的增长，对软骨板增长的抑制作用尤为显著，并影响骨小梁的结构。

（六）营养物质对骨生长的影响

营养物质对骨的生长和发育有重要的作用。如果蛋白质摄入不足，可延缓骨的发育。维生素和矿物质也是骨胳生长和发育中不可缺少的。维生素 A 缺乏可使骨的生长发育停滞，影响骨质的吸收与重建。维生素 D 直接影响钙的吸收，间接影响甲状旁腺的调节作用和磷的吸收，与骨胳生长关系密切。维生素 E 缺乏可影响骨的发育，它对于钙化的作用可能是通过影响维生素 A 实现的。维生素 C 缺乏，抑制造骨细胞产生胶原纤维，使毛细血管减少，间接影响造骨。钙作为骨质的主要无机盐成分，缺乏后使骨钙化受阻，在骨成熟前导致软骨病，骨成熟后导致骨质疏松。

三、颅骨的孔、管、裂及通过的结构

颅骨的孔、管、裂及通过的结构见表 2-1。

表 2–1　颅骨的孔、管、裂及通过的结构

孔、管、裂名	位　置	通 过 的 结 构
切牙孔	上颌，切牙后方，向上通切牙管	腭降血管前支，鼻腭神经

续表

孔、管、裂名	位 置	通过的结构
腭大孔	腭的后外侧角处，向上通翼腭管	腭大神经，腭降血管的后支
腭小孔	腭大孔的后方	腭小神经，腭中神经，腭降血管的细支
眶上孔	眶上缘	眶上神经，眶上动脉及同名静脉与眼静脉的吻合支
颧面孔	颧骨	颧神经的颧面支及血管
颧颞孔	颧骨	颧神经的颧颞支及血管
颏 孔	下颌体前面平对第二前磨牙	颏神经和颏血管
下颌孔	下颌支的内面，通下颌管	下牙槽神经和血管
筛 孔	颅前窝筛骨水平板上	嗅神经
视神经管	颅中窝、蝶骨小翼根部	视神经，眼动脉
眶上裂	眶的上壁与外侧壁交界处	动眼神经，滑车神经，三叉神经的分支—眼神经，展神经，眼上静脉
眶下裂	眶的下壁与外侧壁交界处	上颌神经、颧神经，眶下血管
圆 孔	颅中窝	上颌神经
卵圆孔	颅中窝	下颌神经
棘 孔	颅中窝	脑膜中动脉
破裂孔	颅中窝	咽升动脉脑膜支，颈内动脉
内耳道	颅后窝	面神经，前庭蜗神经，迷路动脉
颈静脉孔	颅后窝	颈内静脉，舌咽神经，迷走神经，副神经
舌下神经管	颅后窝	舌下神经
颈动脉管	由颅底外面的颈动脉管外口至破裂孔处的颈动脉管内口	颈内动脉
茎乳孔	茎突与乳突之间，向上通面神经管	面神经
乳突孔	乳突的后缘	注入横窦的导静脉
枕骨大孔	枕骨、颅后窝	延髓下端及其被膜，副神经脊髓根，椎动脉以及脊髓前、后动脉

（马坚妹 范 凯）

四、股骨头血供与股骨头坏死

股骨头血液，由闭孔动脉、旋股内侧动脉、旋股外侧动脉、臀上动脉和股骨滋养动脉的分支共同供应。闭孔动脉的髋臼支，自髋臼横韧带下方入髋臼窝，发出一分支经股骨头韧带进入股骨头，此动脉在幼年时血液循环较差，至成年增加，于老年时又多闭塞，供应血量较少。旋股内、外侧动脉的分支在股骨颈的基底部吻合形成动脉环，自环发出多组关节支穿入关节囊，并沿股骨颈与其滑膜之间走向股骨头，营养股骨颈和股骨头。臀上动脉深支发出小支穿过臀小肌至髋关节。滋养动脉自股骨髓腔上行，于股骨颈与上述诸动脉支相吻合。当股骨颈在关节囊内发生骨折或髋关节脱位时，可损伤上述血管，以致骨折近端的血运不足，有引起股骨头坏死的可能。此外，长期应用激素的患者，可引起血管内膜脂肪沉积，以致血管口径变窄，致使股骨头血供减少，也可发生股骨头坏死。髋关节关节炎、Legg－Perthes 病、长期大量饮酒等或引起股骨头静脉血回流障碍，均可促进股骨头坏死。小儿先天性髋关节脱位，处理股骨头负荷不适当，导致血运障碍亦可发生股骨头坏死。

（刘绍壮）

第二章　关 节 学（骨连结）

一、关节软骨

关节软骨形成滑膜关节的关节面，无论在形态结构、生理功能以及病理方面，都与体内其他部位的透明软骨有所不同。关节软骨的构造由软骨细胞和基质（细胞间质）构成。基质包括胶原纤维、蛋白多糖和水。由浅入深关节软骨可分为滑动带、过渡带、放射带、钙化带和软骨下骨性终板等层。

（一）软骨细胞　在关节软骨中软骨细胞和基质相比，细胞很少，它充填在软骨陷窝内。靠近关节面的陷窝呈椭圆形，长轴与关节面平行，较深部的陷窝呈中环形或角状。通常一个陷窝含有两个或更多的软骨细胞。在电镜下关节软骨各层内的细胞数、核的形态和细胞器的含量等各有其特点。软骨细胞是活动的有生命力的细胞，它能在缺氧的条件下合成硫酸化葡萄糖胺葡萄糖醛酸内脂聚糖，在一定的条件下结构去分化和再分化。软骨细胞的密度和代谢性质有关系，也和关节软骨的功能及病理有关系。

（二）软骨基质　关节软骨的基质成分主要为胶原纤维、蛋白多糖和水。前两者为软骨细胞合成的大分子物组成，蛋白多糖保持水分，胶原纤维连结蛋白多糖成为凝胶。

1. 胶原纤维　胶原纤维排列方向与软骨所受的压力、张力的方向一致，主要是斜行的，在软骨的表面则与表面相平行。近年来用扫描电镜看到软骨表层的纤维，排成波浪形隆起的嵴，相互交织，其间形成凹陷的沟。嵴的高度约 1.2 ～ 2.6μm，小儿不明显。胶原纤维的这种结构，适应关节负重，对关节软骨的优良弹性起着主要作用。

2. 蛋白多糖　是由巨分子构成具有粘多糖（氨基多糖）的蛋白核心。蛋白多糖组成蛋白透明质酸分子，形成共价结合并呈放射状，具有很高的粘滞性和亲水性，使基质膨胀、结实。当关节在压缩负载情况下，蛋白多糖对关节软骨的弹性及关节面的润滑具有重要作用。

3. 水　基质中约含 75% 的水分，与基质中等量的胶原及蛋白多糖成分结合成凝胶状。由于软骨细胞稀疏，因此大部分水是细胞外水。基质中约有 94% 的水为可弥散性，并能与关节滑液中的水迅速交换。胶原、蛋白多糖与水结合，可阻止水向软骨内外流动，在负荷时与消除负荷时，液体被挤出与回收。

软骨表层是海绵状的，其中有许多空房，直径不到 1μm，将颜料注入，可深入 100μm 左右。这表明海绵的厚度，也说明在正常情况下空房内充满滑液。扫描电镜还观察到软骨表面存在许多小凹，小凹的直径 12 ～ 16μm，深 2.75μm，密度约 430 个/mm^2。因此，软骨表面是不平的，远不如机械磨件的表面光滑。

关节软骨的代谢并不是处在静止状态，在蛋白多糖的合成方面十分活跃。由于各种蛋白多糖在关节软骨内的深度不同，不同关节或同一关节不同部位的蛋白多糖含量有差异，这可能引起某些关节或关节之不同部位对类风湿关节炎的免疫性疾病特殊易感。对于老年人之所以易患骨关节炎，多数学者认为是软骨基质内缺乏蛋白多糖和胶原，使关节软骨基质发生变化，加之软骨水份随年龄增大而减少，使某些硫酸软骨素比例增高，从而出现多种促软骨裂解酶，终致关节软骨承受不起应力而发生折断，引起关节软骨发生退行性变。一般认为成熟的软骨细胞在损伤后不能再行增殖，故修复能力有限。但近年来发现，在损伤的软骨中也有细胞分裂，成群增生，最后形成瘢痕与软骨肥厚。在骨关节炎、类风湿性关节炎或其他关节病时，软骨的修复往往慢于破坏。被动运动可促进关节软骨的纤维软骨性愈合，但其生物力学作用不如关节软骨，不能承受过度的负荷。

二、关节滑膜、滑液和关节的润滑机制

（一）滑膜　关节囊的滑膜层源于原始骨胚基的胚胎间充质，与体内各处结缔组织相似，但结构不如纤维层紧密，所含细胞成分特别多。滑膜表面光滑而有光泽，并形成数目不等的绒毛、皱褶和脂肪垫突入滑膜腔，在关节囊附着处的周围更多。正常滑膜可分为内膜层和内膜下层。滑膜内膜层是一层特殊的成纤维细胞即滑膜细胞，主要有 A 型和 B 型两类细胞，A 型细胞分泌粘液，B 型细胞与蛋白质合成有关；滑膜细胞形态各异，分 1 ～ 4 层致密排列，与关节腔相邻。内膜下层（滑膜下组织）为一层血管成丝网状的纤维结缔组织，呈网眼结构，在各关节或同一关节的不同部位构造也不相同，按其性质可分为纤维性、纤维细隙性、细隙性、细隙脂肪性几种，均含有丰富的血管、淋巴管和神经；除成纤维细胞、脂肪细胞外，还有巨噬细胞。

滑膜的主要功能是向关节腔内分泌滑液。滑膜渗透性较大，血液中的物质是否易于渗透入关节腔，则要视其浓度及分子大小而定。临床上治疗化脓性关节炎时，可将药液直接注入关节腔内，很快就可被吸收，提高了疗效。

（二）滑液　关节滑液为一种无色或略带黄色呈蛋清样的粘稠液。其含水 96%，固体成分 4%，比重约为 1.010，pH 值约为 7.7，细胞数为 1 ～ 300 个/ml，细胞成分与组织液相似，主要为单核吞噬细胞及淋巴细胞，其次为中性粒细胞及少数滑液细胞。100ml 滑液中约含白蛋白和球蛋白 1g，因不含纤维蛋白原，所以正常的滑液不会凝固。

滑液是血浆的含蛋白透析液，经毛细血管壁、滑膜基质和滑膜而形成。与血浆的主要不同在于蛋白质的含量、分布及细胞数。滑液粘蛋白由滑膜产生，主要是由透明质酸构成，透明质酸系无硫酸盐粘多糖，与蛋白质结合在一起，形成粘多糖蛋白，同关节软骨间有亲和力，能吸附于软骨表面。粘多糖蛋白的化学结构，据有些作者认为它们形成分子结构的“立体网”，使滑液具有“非牛顿性质”，即受压变形，当压力消除时又可恢复原形。近来经组化证明认为，滑液有某种来自关节软骨基质的粘液物质（软骨基质的硫酸软骨素），与关节软骨磨损有关。滑液蛋白是滑液的另一主要成分，来自血浆，滑膜细胞的 B 型细胞可能补充参与蛋白质的合成。蛋白多糖复合物是由滑膜细胞的 A 型细胞所分泌的透明质酸到基质和滑液内，与来源于血浆的蛋白结合而成。

滑液对关节润滑机理上的力学性能有弹性和粘性的重要作用。透明质酸蛋白复合物的分子结构可发挥粘弹性能。近来提出，滑液可以塑造似 Kelvin—Vigt 粘弹性质的五种成分，此种物质可具有类似磨损限制物的作用，有润滑、营养关节软骨的作用。

（三）关节的润滑机制　滑膜关节的润滑性减少了关节面之间的磨擦。其磨擦力由关节面间滑动和流动产生，滚动的磨擦力很小，关节的磨擦力主要由关节面之间的滑动所产生。

关节润滑性依靠多种因素来维持，包括关节面的光滑度、滑液、关节空间结构，以及

作用于关节的负载、频度和范围等。有关滑膜关节润滑机制的理论很多，归纳起来有两种。

1．液体膜润滑　关节面之间有一层滑液形成的膜，造成一个“滑液垫”，填充在关节面之间，而两关节面间并无接触。由于滑液具有“非牛顿性质”，故在关节受压时“滑液垫”不会被挤出来，只是造成“变形”。关节盘、半月板、脂肪垫、滑膜皱襞等都有保持滑液垫填充在关节软骨之间的功用。液体膜润滑学说认为，关节的磨擦力由滑液的流体性质决定，磨擦力由流体的内磨擦力产生。磨擦力大小由滑液的粘滞性及接触面积、速度差和等级间距离所决定。

2．境界润滑　认为润滑主要在软骨，而滑液的量很少，只形成很薄的一层分子填充在软骨表面的凹陷中，并被局限在这些凹陷之内。这些填充的滑液起两个作用：一是减少软骨之间接触面积，二是变滑动磨擦为滚动磨擦。磨擦力的大小与滑液粘滞性无关，但与压力的负荷有关，即：压力越大，软骨间接触面亦随之增大，因而摩擦力亦变大。

近年来又有“弹性液体动力润滑”学说及“调压润滑”学说等，都是上述两种基本学说的综合。总之，关节的润滑是一综合机制，滑液的参与及其润滑潜能占有重要地位，关节软骨所具有的良好弹性也是重要的因素，当组织由于液体损失而变形时（在负重情况下），负载量的一大部分改由基质的其他成分来承担。过分的负载产生磨损也常发生在这种情况下。

三、滑膜关节的血管和神经

关节的血液供应主要来自关节囊附着线或附近处的动脉分支，围绕着关节形成致密的动脉网，并从动脉网进一步分支，其细支直接穿过关节囊，分布到纤维层和滑膜层，并与邻近骨膜的动脉吻合，构成毛细血管网，在紧靠关节腔的部分滑膜内特别明显，分支供应滑膜。多数血浆成分在这些血管与关节腔之间很快地扩散。关节软骨中无血管，仅边缘的软骨膜中有毛细血管。软骨各部分的营养来源不同：邻近骨骼部分由骨骼中的血管供应，浅面由滑液供给，边缘部分由软骨膜中的血管供应。

分布到关节的神经纤维种类较多，包括感觉神经纤维和植物性神经纤维。这些神经纤维广泛地分布于韧带、关节囊纤维层和滑膜，关节软骨中无神经。其中较大的感觉神经纤维位于韧带和关节囊并形成本体感觉末梢，对位置和运动十分敏感。多数较小的感觉神经纤维终止于关节囊、韧带和血管的外层，为这些部位的痛觉末梢。痛觉末梢对关节结构的扭转、牵拉都是非常敏感的，但滑膜本身对痛觉并不敏感。来自关节囊或滑膜的疼痛往往是弥散不定的，难以明确定位，但疼痛明显时，常伴有肌肉的反射性紧张，尤其是屈肌和内收肌。分布到关节的神经纤维来自几个脊髓节段，其数目和走行方向各不相同。此外，支配运动某一关节的骨胳肌的神经，通常都有关节支分布于该关节，它们分布到关节囊的一定区域，但不同来源的关节支在支配区域上可有重叠。

四、关节的X线像和CT、MRI的应用

在X线片上，关节软骨不显影，关节囊为软组织影像。骨端关节面表现光滑、整齐。

两关节面间的间隙，即关节间隙，由关节软骨及关节腔共同合成。关节间隙显示为透亮间隙，其宽度因不同关节和年龄而异。新生儿的关节间隙因骺部次级骨化中心尚未出现而显得很宽，其后随年龄增长而逐渐变窄。正常的关节间隙比较清晳，宽度均匀。

临床上多数骨及关节疾病可依靠 X 线平片显示做出诊断和定位。随着医学影像学领域中新技术的不断出现，CT（计算机体层摄影）和 MRI（磁共振成像）的应用，使 X 线诊断领域更加扩大。利用 CT 的高密度分辨率，可分辨 X 线照片或肉眼无法分辨的组织。而 MRI 可获得平面的信息（横、冠、矢）在关节损伤方面可清晳地显示关节内复杂的结构，如半月板、韧带等的损伤。因此，如何选择应用影像技术来获得更深层信息，协助诊治骨与关节损伤十分必要，现将 X 线平片、CT 和 MRI 在骨与关节损伤诊断中的作用作一如下比较，见表 2-2。

表 2-2　X 线平片、CT 和 MRI 在骨与关节损伤诊断中的作用

	X 线平片	CT	MRI
骨折	骨皮质、骨小梁清晰；骨干骨折	关节部位、脊椎、骨盆、头颅	脊椎骨折脱位对脊髓和神经的影响
脱位	一般脱位	复杂的骨折脱位	
肩袖损伤	—	—	可清楚显示
半月板损伤	关节造影可显示	关节腔双重造影 CT 扫描检查（即 CAT）	可清楚显示
韧带损伤	应力下显示	CAT 检查	可清楚显示
关节软骨损伤及退变	关节双重造影	—	可显示
骨缺血坏死	早期诊断困难	—	早期诊断明确

五、肩关节和髋关节的结构特点与脱臼

肩关节属球窝关节。关节头大，盂浅且小，两关节面的面积比值为 2∶1，关节囊薄而松弛，仅在关节囊上方有喙肱韧带加强，故关节活动度大，能作广范围的运动，易发生脱臼。肩关节的下方完全没有肌保护，当肩关节极度外展时，肱骨头就有可能滑出关节盂至其下方，并受肌牵引通常向前移位到达喙突下方。在儿童期，肩关节囊及其增强组织较为坚韧。但骨骺与骨干连结处较为脆弱，故受外力作用时发生干骺分离较为多见。

髋关节属杵臼关节，关节头大、窝深，两关节面的面积比值为 3∶2，关节囊紧张，有髋臼唇收紧限制股骨头外移，周围韧带又坚厚有力，故稳固性强，活动度较肩关节小。由于髋臼的下份较浅，且部分缺如而形成髋臼切迹，该切迹虽有髋臼横韧带封闭，但仍是关节的薄弱部分，关节囊本身后下部又较为薄弱。因此，在髋关节处于屈曲、内收及内旋的姿势下，膝部或腰骶部遭受暴力冲击时可引起向后下方脱位。

六、肘关节和膝关节的结构特点与临床

肘关节为复关节，包括肱尺关节、肱桡关节及桡尺近侧关节三个关节，但以肱尺关节为主，可作屈伸运动。关节囊前后薄弱，两侧有韧带增强。桡尺近侧关节与桡尺远侧关节

联合运动时，使前臂作旋前、旋后运动。幼儿的桡骨头未发育全，几乎与桡骨颈等大，环状韧带呈直筒形，且较松驰，因此在肘关节伸直位猛力牵拉儿童前臂时，常可发生桡骨头半脱位（牵拉肘）。当跌倒手着地时，间接暴力可使肘关节后脱位，同时偶尔可致尺骨冠突骨折，临床特征为鹰嘴和肱骨内、外上髁间的等腰三角形关系不复存在。

膝关节为人体内最大、最复杂的关节，其粗壮膨大的股骨下端与胫骨上端相关节，适应于支持体重及扩大关节接触面，以增加关节的稳固性，减少单位面积的压强。关节内的交叉韧带能防止胫骨沿股骨向前、后移动。半月板富有弹性，能缓冲外力保护关节面，由于其充填于两骨关节面之间，使两关节面更加适合。在某些情况下，可发生膝关节半月板损伤。例如当胫骨支持体重时，在屈膝的过程中发生旋转运动的情况下，或膝关节呈半屈的姿势时猛力伸小腿并发生旋转运动时均易于发生损伤，跑步时脚陷入坑凹中最易引起半月板损伤。由于内侧半月板借关节囊牢固地粘附于胫侧副韧带，活动度小于外侧半月板，故受损机会较多。半月板一旦破裂，就不能自行修复。半月板切除后，可从滑膜生长出新的半月板，但其结构成分改变了，就不再能完全担负半月板原有的功能，导致关节软骨的接触压力增高，且润滑作用丧失，将造成关节退行性变和出现相应症状。因此，临床处理半月板撕裂时，应尽可能在关节镜下行半月板修复保持其功能，以维持膝关节正常活动。

七、颈椎的钩椎关节与颈椎病

钩椎关节是指第 3 ～ 7 颈椎椎体上面两侧缘的钩突和上位椎骨下面斜坡间的滑膜关节。至今对此关节的存在与否仍有分歧，多数学者通过组织切片证实有关节腔和滑膜，认为钩椎关节是真正的滑膜关节，并指出此关节的发生和发展过程是适应颈部运动、负重的生理过程。钩椎关节后邻脊髓，后外侧部构成椎间孔前壁，邻接颈神经根或脊神经节，外侧为椎血管等。颈椎病是脊柱颈段的一种常见病，一般指颈椎椎间盘、颈椎关节突关节、钩椎关节、软骨及韧带、肌肉、筋膜等所发生的退行性改变及其继发改变，所引起神经根、血管和脊髓等组织的受压症状。如钩椎关节因受外力的牵拉及挤压的刺激而逐渐形成增生，则可引起神经根及椎动脉受压所产生的一系列症状。

八、椎间盘与椎间盘突出症

椎间盘由纤维环和髓核两部分构成，临床学者还将覆盖椎体上、下面的透明软骨板也作为椎间盘的一部分。纤维环由纤维软骨构成，在横切面上，可见多层纤维软骨呈同心圆排列，相邻的板层中纤维排列呈相反的斜度而交叉（约 30°～ 60°），这样的排列和走向，可限制扭转活动和缓冲震荡。纤维环周边部纤维穿过透明软骨板的边缘进入椎体的骨质中，较深部的纤维则附于椎间盘上、下方的透明软骨板，中心部的纤维与髓核纤维互相融合。因此椎间盘与椎体连结坚固，常态下不能滑动。由于其前方有宽阔的前纵韧带，而后纵韧带较薄弱，加之纤维环前部较后部宽，板层间的间隙大，故髓核易于向后方或后外方突出。髓核是一种富有弹性的胶状物，可随外界的压力变化而改变其位置和形状。髓核大部分为水分（含水量可达 8%），其吸水性和膨胀性随年龄增长而减少。椎间盘的弹性和张力与髓核含水量的改变有密切关系，椎间盘受到压力时，水通过软骨板外渗，含水量减少，压力解除后，水又进入，体积增大，弹性和张力增高。纤维环和透明软骨板将髓核固定，使整个椎间盘似一个水袋，髓核在其中滚动，将所受压力均匀地传递到纤维环和透明软骨板。说明纤维环和髓核的形态结构和功能是一致的，髓核维持椎间盘容积，纤维环保持椎间盘强度，共同承受压力。椎间盘的血供，在胎儿期来自周围组织和椎体，成年时期来自节段性动脉，这些节段性动脉分支至椎间盘的前后缘，只分布到纤维环周边部分，故成年后椎间盘的营养主要依赖椎体的血管和组织液渗透，这也可能是椎间盘易发生退行性变的原因。一般认为椎间盘的神经分布与血管相似，即在纤维环的周边部有丰富的神经末梢，其深部、透明软骨板和髓核内无神经纤维。

椎间盘突出症即椎间盘纤维环破裂症，或髓核突出症，是骨科常见病和多发病，是腰腿痛最常见的原因。由于纤维环后部较薄，板层间的间隙小，板层密集，力量较弱，受外伤或退行性病变时可破裂，使髓核向后外方突出到椎间孔处压迫脊神经根，引起相应的神经压迫症状，即所谓椎间盘突出症。常发生在第 4、5 腰椎之间或第 5 腰椎与骶骨之间的椎间盘，即腰椎间盘突出症。有时也发生在颈下部（第 5、6 颈椎或第 6、7 颈椎之间）。

九、腰痛与腰骶部的解剖特点

腰痛是临床常见病、多发病，其原因较为复杂。除部分腰痛为腰骶部以外的疾病（如妇科病）所致外，多数则由腰骶部形态改变或损伤引起。熟悉腰骶部的解剖学特点，对诊治腰部疾患甚为重要。

（一）腰骶部正位于活动范围较大的脊柱腰段与活动甚微的骨盆交接处，同时又位于脊柱腰曲和骶曲两个生理弯曲方向截然相反的交接处，运动时杠杆作用较大，易受损伤。

（二）无论在行走、站立、坐位或劳动时，此部的关节都处于运动和负重状态，因此对维持关节稳定的关节囊、韧带和肌肉稍有损伤，或关节面不对称和不适合，都可导致腰部疼痛。

（三）腰骶部有许多肌肉起止和韧带附着。局部负荷过度或发生劳损时，可发生肌痉挛和撕裂，韧带的扭伤和断裂。损伤的软组织可以出现充血、水肿或出血，以致刺激附近肌肉痉挛，并压迫神经根而致疼痛。急性损伤后，如未及时妥当处理，可发生粘连，牵扯周围肌肉，缩小运动范围，更易再次遭损伤。粘连又可引起肌肉的反射性痉挛，造成不正常体位，并因肌肉缺血而使疼痛加重。

（四）下部腰椎的椎间孔相对较小，而通过的神经根则较粗，故腰椎间盘突出症及黄韧带肥厚，容易引起压迫或刺激神经根的症状。

（五）腰骶部的畸形较多见，一旦从事较多的体力劳动时，可出现症状。因为畸形可使此部的应力失衡，引起创伤等关节炎或使肌肉、韧带的附着部分强度减弱。如腰椎骶化及骶椎腰化（即腰椎一侧或两侧横突过长，与骶骨成关节或相融合所致的腰椎骶化，或第 1 骶椎的外侧部游离所致的骶椎腰化），由于这种畸型压迫横突与骶骨间的组织，或两侧不对称造成关节和韧带的损伤，或过大的横突顶抵髂骨，使骶髂关节发生分离，以及椎间盘狭小，椎间孔内的神经根受挤压等等原因，都可引起腰痛。又如：两侧椎板在后部不愈合所形成的脊柱裂（常见于第 5 腰椎至第 1 ～ 2 骶椎），如果裂隙较大，椎管内容膨出，常可出现临床症状，严重者脊髓膨出可伴有下肢瘫痪，足内翻及大小便失禁等。

（六）不良姿势常引起慢性劳损。体型过于细长或体重过重，可使腰曲过度前凸，腰骶部的棘突互相抵触出现腰痛。身体其他部分的畸形，如胸椎后凸、脊柱侧弯、一侧下肢短缩及扁平足等，均可引起代偿性腰骶部慢性劳损。

（应福其　李　岩）

十、腕管解剖与腕管综合征

（一）屈肌支持带和腕管　屈肌支持带又名腕横韧带，厚而致密，为前臂深筋膜特殊增厚的强韧纤维束，长 2.5 ～ 3cm，厚约 0.1 ～ 0.2cm。横架于腕骨沟之上，与腕骨沟一起构成腕管。腕管分四个壁，前壁为屈肌支持带，后壁为一层覆盖桡腕关节及腕横关节（腕中关节）及韧带的筋膜组织，桡侧壁为手舟骨结节及大多角骨结节，尺侧壁为豌豆骨、钩骨钩。通过腕管的结构有：指浅、深屈肌腱、拇长屈肌腱以及它们的腱滑液鞘，正中神经也通过腕管，它位于拇长屈肌腱与指浅屈肌腱之间，紧贴屈肌支持带桡侧段的深面。

（二）腕管综合征　正中神经通过腕管时被卡压而出现的一系列症状与体征，总称为腕管综合征。腕管各壁坚硬，管腔较狭窄，任何使管腔变窄或内容物胀大的病变，如腕部损伤、腱鞘炎、类风湿性关节炎、结核、腱鞘囊肿、异常的肌和肌腱（如指浅屈肌腱、掌长肌、蚓状肌）占据腕管以及屈肌支持带增厚等，均易造成腕管内压增高，使经过腕管的正中神经受压迫而导致腕管综合征。此时，可出现拇短展肌、拇短屈肌和拇对掌肌瘫痪，进而萎缩，鱼际平坦，并引起拇指对掌功能障碍、外展无力和处于内收位（因拇收肌未瘫痪）；此外还可出现桡侧 2 条蚓状肌瘫痪、桡侧 3 个半手指掌面和背面远侧部的皮肤感觉异常、疼痛及麻木等症状。此综合征可能无明显诱因。对腕管综合征，一般只需纵行切开或切除屈肌支持带即可取得良好效果。

（刘绍壮　王　滨）

第三章　肌　　学

一、筋膜与腱膜

（一）筋膜　筋膜存在于全身各处。实际上它包被在所有肌、肌腱、神经和血管的周围，以及某些脏器的表面或在脏器与脏器之间。但在身体不同部位，筋膜的发育程度也不相同，其结缔组织的厚度、密度，以及所含脂肪、胶原纤维、弹性纤维等成分的比例也有所不同。筋膜可分为浅筋膜和深筋膜两部分。

1. 浅筋膜　又称皮下筋膜，位于真皮之下，由疏松结缔组织构成，包被整个身体。可分为浅、深两层。浅层富有脂肪，称脂膜，脂肪的含量因身体的部位、性别和人的营养状态而不同。在人体某些部位的浅筋膜内缺乏脂肪组织，如眼睑、阴茎和耳廓等部分。深层为膜性层，一般不含脂肪而含有较多的弹性纤维。在浅筋膜内还含有浅动脉、浅静脉、皮神经和浅淋巴管等，有些局部还可有乳腺和皮肌。上述两层浅筋膜，在腹前外侧壁下部特别清楚，浅层叫 Camper 筋膜，深层叫 Scarpa 筋膜。膜性层在腹中线处附着于白线；两侧向下于腹股沟韧带下方约一横指处附着于大腿阔筋膜，但其内侧有一部分则向下连接阴囊肉膜，并借此与浅会阴筋膜（Colles 筋膜）相连。当尿道膜部稍下方外伤破裂时，尿与血液外渗进入会阴浅间隙内，并可沿 Colles 筋膜深面而渗到阴囊、会阴、阴茎和下腹部 Scarpa 筋膜深面，但不能越过中线至对侧和向下渗到下肢。

2. 深筋膜　又称固有筋膜，由致密结缔组织构成，位于浅筋膜的深面，它包被体壁、四肢的肌肉和血管神经等。深筋膜与肌肉的关系非常密切，随肌的分层而分层，如腹前外侧壁的深筋膜，随着三层扁肌分为四层，浅层覆盖腹外斜肌的表面，在该肌肌性部表面的部分较发达，覆盖腱膜表面的部分较薄弱，并与腹外斜肌腱膜紧密结合；中间两层甚薄弱，分别位于腹外斜肌与腹内斜肌和腹内斜肌与腹横肌之间；深层即腹横筋膜，它是腹内筋膜的一部分。

腹内筋膜遮盖在腹腔各壁的内面，并随其所覆盖的肌或部位而命名，例如覆盖腰方肌的部分称为腰方筋膜，覆盖髂腰肌的部分，称为髂筋膜或称腰大肌筋膜；遮盖膈下面的部分，称为膈筋膜；衬于小骨盆腔内面的部分，称为盆内筋膜；覆盖腹前外侧壁内面的部分，为腹横筋膜。腹横筋膜各处厚薄不一，在腹直肌鞘外侧缘附近较致密，并与腹内斜肌和腹横肌的联合腱紧密编织在一起，构成腹股沟管后壁；在腹股沟韧带中点上方约 1.5cm 处，腹横筋膜较疏松，包裹在精索周围，形成漏斗状的突起，并随精索突入阴囊，构成腹股沟管深（腹）环和精索内筋膜。在四肢，深筋膜插入肌群之间，并附着于骨，构成肌间隔。肌间隔与深筋膜、骨膜共同构成鞘状结构，称骨筋膜鞘。深筋膜还包被血管、神经形成血管神经鞘等，如包被腋血管和臂丛的腋鞘。深筋膜的厚薄与肌的强弱有关，如大腿肌较发达，该部的深筋膜特别强厚、坚韧称阔筋膜。深筋膜除能保护肌在活动时免受磨擦外，还可以约束肌的活动，分隔肌群或肌群中的各个肌，以保证肌群或各肌能单独进行活动。它还能在某些部位形成一些结构，如在腕部和踝部，增厚形成支持带，对经过其深部的肌腱有支持和约束作用。由于血管和神经都沿着肌间或肌群之间的筋膜间隙行走，所以掌握筋膜的知识还有助于寻找血管、神经。在病理情况下，筋膜鞘可潴留脓液，限制炎症的扩散。根据筋膜鞘的通向，又可推测炎症和积液的蔓延方面。

（二）肌腱和腱膜　骨骼肌包括肌腹和肌腱两部分，肌腹是肌能收缩的部分，主要由肌纤维构成，肌腱由平行的胶原纤维束组成，多为肌附着于骨的结构，不具有收缩能力，但能抵抗很大的张力。位于躯干部的扁肌，其肌性部和腱性部均呈薄片状，腱性部分称腱膜。位于两个肌腹之间的肌腱称中间腱，如二腹肌的中间腱。位于肌中心呈膜板状的腱膜称中心腱，如膈的中心腱。有人统计，一个 $2.5cm^2$ 粗细的肌腱，可以负重 440 ～ 9680kg。肌腱比肌纤维强固得多，人的骨胳肌在松弛时的抗张强度约 $5.44kg/cm^2$，肌腱的抗张强度是 611

～1265kg/cm^2，所以用5.44kg/cm^{2}的拉力可以将横断面积1cm^{2}的肌纤维拉断，而不能拉断肌腱。所以当肌受到突然暴力牵拉时，通常肌腱不至断裂，而肌腹可能断裂，或肌腹与肌腱连接处断裂，或是肌腱的附着处被拉开，甚至带下一块附着处的骨片。临床上肌腱断裂的疾病在肩部和跟腱较常见，多是由于肌腱有病理损伤已经变弱造成的。

二、骨胳肌纤维分型

近年来根据骨胳肌的形态构造、生理功能和组织化学反应，将其分为三型：Ⅰ型红肌纤维，Ⅱ型白肌纤维，Ⅲ型中间型（浅红肌）。人体的骨胳肌多数由三种肌纤维混合而成，但以其中的一种为主。

（一）Ⅰ型红肌纤维　富含肌红蛋白，呈暗红色，肌纤维细，肌原纤维的大小不规则，划分肌节的Z线较厚，含线粒体较多，并贮存多量脂肪，其收缩较缓慢，每收缩一次持续75ms（毫秒），收缩持久，不易疲劳，故又称慢缩肌纤维。此型肌纤维主要组成动物的姿势肌。

（二）Ⅱ型白肌纤维　含肌红蛋白较少，呈浅红色。肌纤维粗，肌原纤维大小一致，Z线薄，含线粒体少，贮存多量糖原，能作短时间的快速收缩，每次持续25ms，疲劳较快，故称为快缩肌纤维。

（三）Ⅲ型中间型纤维　结构与功能介于Ⅰ、Ⅱ型之间。

红肌纤维以脂类为主要能源，进行有氧代谢，血管较丰富。白肌纤维以糖原为能源，在短时间做快缩时可行糖原无氧代谢，以获取能量。两种纤维在人体的不同部位分布是不同的，如肢体浅部白肌纤维多，深部红肌纤维多。不同个体两种纤维的数量亦不同。这对于运动员的选材具有重要意义。

三、肌的工作与配布

肌所做的工作基本上可区分为两种，一种是静力工作，使身体各部之间保持一定的姿势，取得相对平衡；另一种是动力工作，如伸手取物、行走等动作。肌主要通过骨胳系统的杠杆作用来表现其所有的运动。

全身骨胳肌大多超过一个或多个关节配布在关节的周围，其配布规律是在一个运动轴的相对侧配布有两组作用相反的肌，这两组作用相反的肌互称为拮抗肌，如位于肘关节前方的屈肌和排列在肘关节后方的伸肌，二者在作用上相互对抗但又是相互协调统一的，肘关节能屈到某一特定程度，有赖于屈肌的收缩和伸肌的适当放松，没有这种协调关系，完成任何一个准确动作都是不可能的。如果完成一个动作所参与的肌不止一块时，所有参与的肌则称为协同肌。拮抗肌在完成另一个协同动作时又可成为协同肌，如使腕屈、伸的尺侧和桡侧腕屈肌和腕伸肌，在腕关节收、展时又可成为协同肌。

肌群的多少与关节运动轴的多少一致。双轴的桡腕关节有四组肌，即屈、伸、收、展四组，三轴关节除以上四组外尚有排列在垂直轴相对侧的旋内、旋外两组肌。

肌的配布也反映了人体直立和从事劳动的特点。为适应直立姿势，克服重力影响，在进化过程中，项背部、臀部、大腿前面和小腿后面的肌得到高度发展，变得粗壮有力。劳动促使上肢肌比下肢肌灵巧。此外与语言有关的肌如舌肌、喉肌也得到高度分化。

四、四肢肌的配布和对各主要关节的作用

（一）按肌纤维方向和位置分析肌对关节的作用

骨胳肌使关节产生何种运动，决定于该肌在通过关节时与关节运动轴之间的位置关系。如臂肌前群的肱肌，由于通过肘关节额状运动轴的腹侧，因此它收缩时使肘关节产生屈的运动；而臂肌后群的肱三头肌通过肘关节额状运动轴的背侧，收缩时使肘关节产生伸的运动。现以作用于肩关节的肌为例，根据肌的纤维方向及其与关节的位置关系分析各肌的作用，见表2-3。

表2-3　运动肩关节主要肌的配布及作用

肌纤维的方向	与关节的关系	肌的作用	符合此条件的肌
横向	经关节上方	外展	冈上肌、三角肌
横向	经关节前方	内收、旋内	胸大肌、肩胛下肌
横向	经关节后方	内收、旋外	冈下肌、小圆肌
横向	经关节下方，由后向前止于肱骨前面	内收、旋内、后伸	背阔肌、大圆肌
纵向	经关节前方	屈	肱二头肌、三角肌前部纤维
纵向	经关节后方	伸	肱三头肌长头，三角肌后部纤维

（二）运动四肢各主要关节的肌

1. 运动肩关节的主要肌

屈　肌：三角肌前部纤维、肱二头肌、喙肱肌。

伸　肌：三角肌后部纤维、背阔肌、肱三头肌长头，大圆肌。

收　肌：胸大肌、背阔肌、肩胛下肌、冈下肌、小圆肌、喙肱肌、大圆肌。

展　肌：三角肌、冈上肌。

旋内肌：胸大肌、背阔肌、肩胛下肌、大圆肌。

旋外肌：冈下肌、小圆肌。

2. 运动肘关节的主要肌

屈　肌：肱二头肌、肱肌。

伸　肌：肱三头肌。

3. 使前臂旋前、旋后的主要肌

旋前肌：旋前圆肌、旋前方肌。

旋后肌：旋后肌、肱二头肌。

4. 作用于桡腕关节的主要肌

屈　肌：经过桡腕关节前面的所有长肌（屈腕肌、屈指肌）。

伸　肌：经过桡腕关节后面的所有长肌（伸腕肌、伸指肌）。

收　肌：尺侧腕屈肌和尺侧腕伸肌同时收缩。

展　肌：桡侧腕屈肌和桡侧腕长、短伸肌同时收缩。

5. 作用于髋关节的主要肌

屈　肌：髂腰肌、股直肌、缝匠肌。

伸　肌：臀大肌和大腿肌后群。

收　肌：大腿肌内侧群。

展　肌：臀中肌、臀小肌。

旋内肌：臀中肌前部纤维和臀小肌。

旋外肌：髂腰肌、臀大肌、梨状肌、闭孔内肌、闭孔外肌。

6. 作用于膝关节的主要肌

伸　肌：股四头肌。

屈　肌：大腿肌后群、腓肠肌、缝匠肌。

旋　内：半腱肌、半膜肌、缝匠肌。

旋　外：股二头肌。

7. 运动距小腿关节的主要肌

背屈（伸）：胫骨前肌、踇长伸肌、趾长伸肌。

跖屈（屈）：小腿三头肌、胫骨后肌、踇长屈肌、趾长屈肌。

8. 使足内翻和外翻的肌肉

足内翻：胫骨前肌、胫骨后肌。

足外翻：腓骨长肌、腓骨短肌。

五、肌腱袖（肩袖）

上肢带肌中的肩胛下肌、冈上肌、冈下肌和小圆肌的肌腱共同连成腱板，围绕肩关节的前、上和后方，并与肩关节囊愈着形如袖管，故临床上称这些肌腱为肌腱袖，对肩关节有稳定作用。40 岁以上的中年人和老年人，肌腱常呈退行性变，当肩关节扭伤时易发生肌腱袖撕裂，致肩痛、肩关节活动受限和周围肌肉萎缩，俗称凝肩，即肩周炎。

六、骨折错位与肌作用的关系

骨胳肌通常以两端附着于两块骨上，中间跨过一至多个关节，肌收缩时使两骨接近，引起关节运动。骨折时骨失去杆杠作用，强大的肌必然会牵引骨的断端，向着它牵引的方向移动，于是便产生骨折两断端错位。因此认识某些强大肌的起止、作用，将有助于理解骨折的错位方向。现将肱骨、股骨不同部位的骨折所致错位列举如下。

（一）肱骨外科颈骨折　骨折线常在大、小结节和胸大肌、背阔肌止点之间，近折段由于冈上肌、冈下肌和小圆肌的作用呈外展和旋外位；远折段则因胸大肌、背阔肌和大圆肌的作用呈内收和旋内位。

（二）肱骨干骨折　三角肌止点以上骨折时，近折段因胸大肌、背阔肌和大圆肌的作用，呈前屈、内收位；远折段受三角肌、喙肱肌、肱二头肌、肱三头肌的牵拉，则呈外展位，同时向上移位。

三角肌止点以下骨折时，近折段因三角肌、喙肱肌和冈上肌的作用，呈前屈、外展位；远折段则因肱二头肌、肱三头肌的牵拉而向上移位。

（三）股骨上 1/3 与下 1/3 骨折　上 1/3 骨折时，近折段受髂腰肌、臀中肌、臀小肌和髋关节旋外诸肌的牵拉，呈屈曲、外展和旋外位；远折段则受大腿肌内侧群的牵拉，而呈后伸、内收位，同时向上移位。下 1/3 骨折时，远折段因受腓肠肌的牵引而向后移位。

七、腹肌前外侧群三扁肌的配布和组成结构

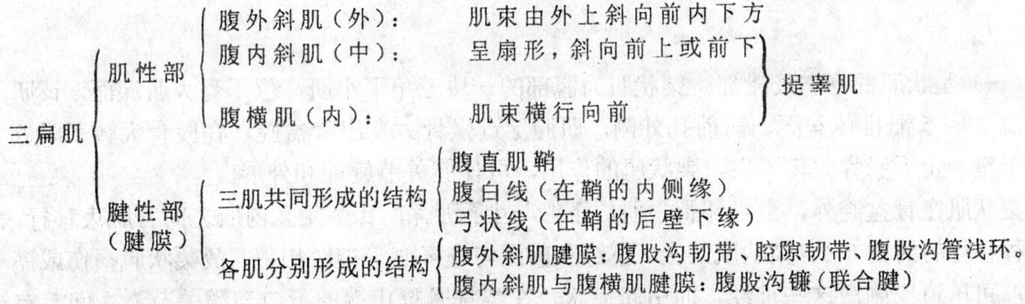

腹股沟韧带、腔隙韧带（陷窝韧带）二者的形态与位置关系，可用图和手势代表，用右手显示左侧的韧带，其中示指代表腹股沟韧带，虎口处的三角形皱襞即代表腔隙韧带（图 2-1）。

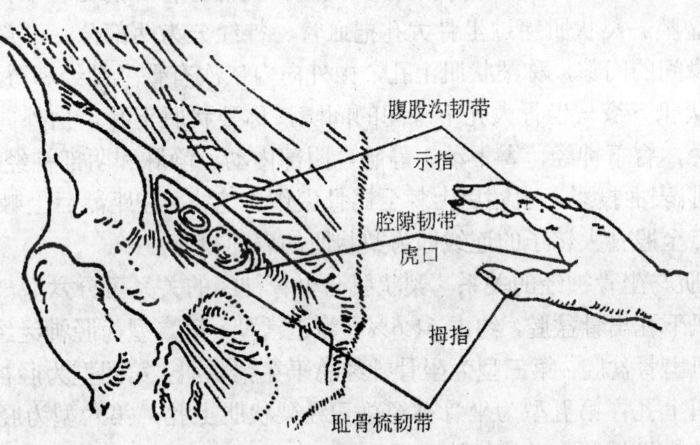

图 2–1　腹股沟韧带与腔隙韧带二者的形态与位置关系图解

八、腹腔穿刺部位的选择

（一）腹腔穿刺　经腹壁插入穿刺针或导管，抽取腹腔内液体标本，排出腹水或施行腹腔灌流，为临床常用的诊疗技术之一。腹壁的穿刺部位可根据诊断或治疗的要求选择，但基本原则有：①避免穿刺时损伤内脏。为此，腹部切口瘢痕附近（其内部可能有肠管粘连）

和肠管明显胀气者不宜穿刺，下腹部穿刺前须排空膀胱。② 穿刺不可损伤腹壁下血管的主干。③ 当腹腔积液不多需取样检查时，进针时应注意体会针头经过腹壁各种组织，特别是通过腹膜壁层的感觉，然后用注射器抽取液体。④ 当腹腔积液较多时，让病人取一定体位，在腹部叩诊浊音区穿刺。

（二）穿刺部位 ① 腹股沟韧带中点与脐的连线外上方，此处不会损伤腹壁下血管。② 在腹前正中线上，此处是腹白线，血管很少。③ 在左上、下腹部、腹直肌的外侧，因肠袢可活动，穿刺时一般不会刺破肠壁，但应慎重、缓慢进针。

（赵宝东　刘素伟）

九、梨状肌的解剖与梨状肌综合征

（一）梨状肌的形态及毗邻　梨状肌为髋部的一块三角形小肌，位于臀大肌深面，该肌起自第 2 ～ 5 骶椎体盆面、骶前孔外侧，肌腹穿过坐骨大孔出骨盆腔，在股骨大转子附近移行于腱，止于股骨大转子尖。梨状肌的作用，可使髋关节旋外和外展。

梨状肌在骨盆腔外，上缘邻臀中肌，下缘与上孖肌和（或）闭孔内肌之间有肌束移行，有这种移行的约占 6%。梨状肌的上、下缘和前面与许多血管神经相邻，故梨状肌损伤或痉挛时，可压迫或刺激这些神经，而引起症状。在梨状肌腱止端的下方与髋关节囊之间，有时可见大小不等的滑液囊，约占 5%。这些滑液囊的炎症能刺激梨状肌而使其挛缩，压迫神经而引起坐骨神经痛。

梨状肌受第 1 和第 2 骶神经前支的分支支配。大部分臀部的血管和神经都经坐骨大孔进入或穿出骨盆腔。梨状肌穿过坐骨大孔把血管、神经分为两部分。一部分是梨状肌上缘与坐骨大孔上缘间的间隙，称梨状肌上孔，由外向内依次有臀上神经和臀上动、静脉穿过；另一部分是梨状肌下缘与坐骨大孔下缘间的间隙，称梨状肌下孔，由外向内依次有坐骨神经，股后皮神经，臀下神经，臀下动、静脉，阴部内动、静脉和阴部神经通过。

（二）梨状肌表面投影　由髂后上棘至尾骨尖作一连线，在距髂后上棘 2cm 处的连线上为一标点，该点至股骨大转子的连线即为梨状肌的表面投影。

（三）梨状肌与坐骨神经的关系　梨状肌与坐骨神经的关系可分六型。第一型为坐骨神经总干经梨状肌下孔出骨盆腔，约占 61.6%，为正常型；第二型为胫神经经梨状肌下孔，腓总神经穿梨状肌出骨盆腔；第三型为坐骨神经总干穿梨状肌；第四型为胫神经穿梨状肌，腓总神经经梨状肌上孔；第五型为坐骨神经总干经梨状肌上孔；第六型为胫神经经梨状肌下孔，腓总神经经梨状肌上孔出骨盆腔。

（四）梨状肌综合征　正常情况下，坐骨神经由梨状肌下孔出骨盆腔，而后垂直向下，其行程不受肌阻挡，下肢作任何方向运动时，神经均不致受到压迫与异常刺激。

由于梨状肌在臀部深层与坐骨神经干紧密相邻，若该肌遭受风寒、炎症或外伤等引起肌紧张痉挛，再加上坐骨神经有解剖上的变异，如腓总神经高位分支，由梨状肌肌束间或肌束上穿出，或坐骨神经由梨状肌穿出，从而引起坐骨神经痛的临床症状者，即称为“梨状肌综合征”。

（刘绍壮　王滨）

第二篇　内脏学

第一章　消化系统

一、乳牙是如何被恒牙置换的

牙的发育过程分为发生、钙化和萌生 3 个阶段。人的一生中先后有两组牙萌生。第一组称乳牙，共 20 枚，在生后 6 个月开始成对萌出，至生后 2 ～ 3 年全部出齐。通常下颌牙萌出略早些。随着儿童年龄的增长，乳牙的数目、形态及牙周组织的受力等，都不适应日益增强的咀嚼能力，因此乳牙被置换是不可避免的。另一组为恒牙，共 28 ～ 32 枚，自生后 6 岁起，逐渐替换乳牙，至 21 岁前后完成。

乳牙的脱落是由于牙根被吸收，牙与牙周围组织失去联系的结果。最初，上、下颌骨内的恒牙胚生长发育，造成恒牙胚与乳牙根之间的结缔组织受压、局部充血、转化为肉芽组织，并分化出破骨细胞对乳牙根进行破坏吸收。当牙骨质及其深面的牙质被吸收后，肉芽组织与牙髓融合。牙髓也转化为肉芽组织并参与吸收过程，乳牙逐渐松动。乳牙周围的牙龈上皮组织也向乳牙根下方增殖，使乳牙脱落。因而脱落的乳牙没有或只有极短的一段牙根。

恒牙萌生的顺序与恒牙牙胚发育的先后顺序基本一致。如第 1 恒磨牙的牙胚在胚胎 4 个月发生，6 岁时在第 2 乳磨牙后方最先萌出，不替代任何乳牙。第 3 恒磨牙的牙胚在 5 岁时才发生，其萌出时间也最迟。牙的发育受全身和局部因素的影响，如营养缺乏和内分泌紊乱均可使牙齿萌出时间延迟。乳牙的健全和位置正常是引导恒牙正常萌出的重要条件，如果乳牙因疾患过早脱失，其邻牙会向缺隙倾倒或移位，使间隙变窄，待恒牙萌出时易造成错位萌出，成为错𬌗畸形的病因之一。

二、十二指肠球部

十二指肠球部的命名来源于放射线学。在进行钡餐透视时，可见十二指肠上部近幽门处有一底向幽门的三角形或圆锥形钡影，人们就将此处称为十二指肠球部，相当于十二指肠上部近幽门侧约 3cm 的部分。

十二指肠球部内腔较大，肠壁较薄，紧张性较低，内腔表面除了 3 ～ 4 条与肠管长轴平行的皱襞外，没有环形皱襞，而在球部尾端则可看到典型的环形皱襞。从内腔看，球部就是指十二指肠上部的第一个环形皱襞以前的部分。在充盈时，环形皱襞不会消失，而此部的纵形皱襞可完全展平。因此，在做十二指肠内窥镜检查时，人们利用此特点使球部充气，球部的境界便清楚可见。

球部是十二指肠上部活动度最大的部位，为腹膜内位。因此，从外表面观察，小网膜附着处的幽门侧大致相当于十二指肠球部（约占十二脂肠上部长度的 3/5）。

三、十二指肠悬韧带

十二指肠悬韧带是以奥地利医生 Wenzel Treitz（1819 ～ 1872）的名字命名的，故称 Treitz 韧带。临床学家常将由十二指肠空肠曲左缘至横结肠系膜根部下方的半月形腹膜皱襞称为十二指肠悬韧带。实际上该结构应称为 Treitz 襞或十二指肠空肠襞，以免与真正的 Treitz 韧带（或称 Treitz 悬肌）相混淆。一般所指的十二指肠悬韧带由十二指肠悬肌和包绕于其下段表面的腹膜皱襞共同构成，又称 Treitz 韧带，是确定空肠起始部的标志。十二指肠悬肌分为两部分：一部分来自靠近膈食管裂孔的骨骼肌，止于邻近腹腔干的结缔组织中；另一部分来自十二指肠水平部（下部）或升部的平滑肌纤维，止于腹腔干周围的结缔组织。另一种说法是十二指肠悬肌起于右膈脚，止于十二指肠空肠曲的上后壁。一般认为十二指肠悬肌的功能可能扭结十二指肠空肠曲，进而产生一种活门或瓣的作用，或在某种程度上限制十二指肠空肠端向下移动。

十二指肠悬韧带附着端与十二指肠空肠隐窝的形态有密切关系，90%的悬肌呈扇形位于隐窝右前方，构成隐窝的右前界，使窝口朝向左上方。一般认为固有悬肌（平滑肌部）下端附着的宽或窄和十二指肠与空肠间的角度大小有关；较宽者可使角度增大，如附着处仅限于十二指肠空肠曲部且较窄，则会使两者间角度变小，因而容易在此点引起肠梗阻。

四、关于肛管的归属与界限的争议

有关肛管的归属问题历来有争议。一种认为肛管应属于直肠，即直肠肛门部；另一种看法认为肛管是独立的结构，是大肠的最末段，这样大肠就分为盲肠、阑尾、结肠、直肠和肛管。近来趋向后一种见解的人居多。

肛管是指消化管末段，但其界标及各结构的命名有些混乱，甚至相互矛盾。

有关肛管的定义大体有两种看法。第一种是从发生的角度看，把齿状线作肛管的上界，即将齿状线至肛门间约 2cm 长的肠管称为肛管。齿状线是胚胎发生过程中肛膜破裂形成的，该线上、下方的肠管在解剖学上（衬覆上皮类型、动脉供应、静脉回流、淋巴回流、神经分布等）有许多不同，这些差异影响或决定着某些疾病的特征、进展和外科处理。因此，以齿状线为标界有利于区分和描述一些疾病，如齿状线上、下方的癌，分别称为直肠癌和肛癌；第二种是从形态机能的角度看，把直肠穿过盆膈处作为肛管的上界，即把此处以下至肛门间约 4cm 长的肠管称为肛管。此种划分，其管腔范围与肛门指诊所触知的管腔狭窄部位是基本一致的，也和随意括约肌（肛门外括约肌）所在部位基本一致。在机能上，这段肠管可视作一个机能单位，其主要机能是控制和排泄粪便，而且一般的肛门疾患大都位于此区域内。

为了区别这两种肛管，有人把第一种定义的肛管称为解剖学肛管或发生学肛管；第二种定义的肛管则称为外科学肛管或形态学肛管。可以明显看出，两种命名是相互矛盾的。但是由于长期的习惯，要在短期内做到结构名称的统一是不容易的。因此，了解这一部分结构的各种命名的异同，对阅读书刊是非常有益的。

五、肝有几个门

在实质性器官上，凡是血管神经等结构出入的地方，都称为“门”，肝与脾、肾等器官不同，有 3 个门。

第 1 肝门（即通常所说的肝门）：就是位于肝脏面呈“H”形沟的横沟。从广义上讲还包括横沟左端向左前方延伸的肝圆韧带切迹，肝圆韧带（脐静脉）裂和静脉韧带裂，因此出入肝门各结构的部分分支也经过上述 3 处出入肝。通过第 1 肝门的结构主要是肝左管、肝右管、肝固有动脉左支和右支、肝门静脉左支和右支及淋巴管、神经等。它们被结缔组织包裹形成肝蒂，肝蒂内结构的排列关系较复杂，据统计属结构正常排列的肝蒂仅占 1/3 左右。

第 2 肝门：在肝脏面腔静脉沟的上端，是肝左、中、右静脉经此出肝入下腔静脉处。3 条静脉几乎全部藏在肝内，在肝和膈间仅暴露 1cm 左右，其中肝右静脉稍长一些，在肝处能暴露的这一段静脉称为肝上蒂。3 条静脉进入下腔静脉的位置不在一个水平面上，肝左静脉稍高，肝右静脉略低，肝中静脉居中。大约 50% 的肝左、中静脉先合成一短干，然后注入于下腔静脉。

第 3 肝门：位于腔静脉沟的下段，一般有 7 ～ 14 支肝小静脉经此肝门直接注入下腔静脉，这些小静脉主要来自肝右后叶上段脏面和尾状叶。

六、新生儿消化系统的特点

新生儿消化系统处在发育不完善或很不完善的阶段，保留着许多胚胎时期的形态特点，主要表现为：

牙的原基虽然在胚胎期已形成，但乳牙在生后 6 个月才开始萌出，3 岁初才出全。

胃的位置较高，贲门平第 8、9 胸椎，幽门平第 11 ～ 12 胸椎。空虚的胃多呈梭形，充盈时则呈圆形或囊状。胃壁较薄，粘膜皱襞不显著。

肠管相对较长，一般为身长的 5 ～ 7 倍（成人的肠管仅为身长的 4 倍）。空、回肠的移行部可高达肝下，以后随升结肠的发育而下降，盲肠位置也较高。大肠的形态特点不明显。

肝的相对体积较大，约占体重的 1/20（成人仅占 1/40 ～ 1/50），且左、右叶几乎相等。肝下缘在右锁中线肋弓下可触及 2.0 ～ 4.0cm。一般认为 3 岁以下的儿童可能触及肝下缘，但若较硬且大于 3.0cm 者为病理状态。

七、口　　唇

唇上界为鼻底，下界为颏沟，两侧以唇面沟为界，其中部为横行的口裂。口裂两侧为口角，其正常的位置相当于尖牙与第 1 前磨牙之间。上唇的唇红缘称唇弓，唇弓最高点称唇峰。上唇唇红正中向下突出称唇珠。鼻小柱两侧各有一条平行的皮嵴至唇峰称人中峰。这些都是唇裂整复的重要标志。人中峰之间的浅沟称人中，其上部有一人中穴，为抢救进行强刺激处。

唇的结构特点是：皮肤内有毛囊、汗腺、皮脂腺，可发生疖、痈。男性还有胡须。浅筋膜较疏松，感染时易出现明显水肿。唇的环状肌与放射状肌相互穿插，外伤时应及时缝合，以免形成较大瘢痕。粘膜下层有面动脉分支，手术应注意止血。粘膜层有粘液腺开口，阻塞时可发生粘液水肿。

上、下唇淋巴回流有较大差异。上唇淋巴管注入腮腺或颈外侧上深淋巴结；下唇淋巴管注入颏下或下颌下淋巴结；中线处则交叉至对侧下颌下淋巴结。这些流向可作为肿瘤清除术的切除依据。

上唇的感觉神经是眶下神经，下唇则为颏神经。唇的运动神经是面神经的颊支和下颌缘支。

八、贲门有括约肌吗

放射学发现食物进入胃之前，在食管的贲门端有短暂的停顿现象，从而推测胃的贲门附近必定有某种舒缩的括约机制。那么贲门有没有括约肌呢？争议至今，有人提出贲门有括约肌，但多数人认为贲门没有解剖学上的括约肌。

应用食管内压力测定法的人们认识到，食管与胃连接区存在一个长约 2.5cm 的高压带。这一高压带既高于上方的食管压力，也高于其下方的胃内压力，成为不同于食管和胃的独立功能区，从而防止胃内容物返流。有人称此高压带为胃前庭段，或贲门管。但一般认为贲门处无形态上增厚的括约肌。高压带的环形肌具有以下生理特征：① 有自动性张力，该肌受损后，高压带压力明显下降。② 对某些物质（胃泌素使其收缩力加强，胆囊收缩素则反之）较附近平滑肌更敏感。③ 牵拉该肌产生的张力高于邻近平滑肌产生的张力。胃的斜形肌由环形肌变化而来，在贲门和胃底交界处形成特定肌束，呈“Ʊ”形骑跨于胃的前、后面，收缩时可加深贲门切迹，达到括约效果。膈的食管裂孔多由右膈脚纤维围成，膈食管膜将膈与食管相连。该膜由膈下筋膜延续，通过食管裂孔至膈上方 2cm 处，连于食管外膜，可限制胃的食管前庭段的滑动范围，有利于括约作用。

九、每人只有一条阑尾吗

通常每人只有一条阑尾，但据统计，也有人具有 2 条或 3 条阑尾。有人对 45 例双阑尾资料进行分析，将其分成 3 种类型：Ⅰ型为不完全性双阑尾，可有两种形状，一为近侧端为双阑尾，而远侧端则合二为一；另一为近侧端为单阑尾，远侧端则一分为二。Ⅱ型为完全性双阑尾，分别附着于同一个盲肠上；Ⅲ型则同时伴有双盲肠或双结肠的畸形，两个阑尾分别附着于独立的盲肠或结肠。

关于出现双阑尾的原因有 3 种学说：① 返祖现象，从进化上看，鸟类具有双阑尾。② 胚胎时期“暂时性阑尾”的遗存。胚胎第 6 周时，盲肠附近曾一度出现“暂时性阑尾”，于第 7 周时消失。若此阑尾不消失，就将与第 8 周出现的“永久性阑尾”并存。③肠管“空化”分隔异常，消化管在胚胎发育过程中曾一度为实心，然后由实心“空化”成管腔。若“空化”过程中局部地分隔成两个或多个管腔，可导致多个阑尾的出现。

十、胰　　颈

胰腺位于腹上部和左季肋部的腹膜后隙内，横跨第 1、第 2 腰椎体前方，自右向左分为相互连续的四部：胰头、颈、体、尾。有些教材未提及胰颈，其实胰颈在形态、发生和应用方面都很重要。① 形态位置，CT 测量出胰颈长约 2cm，垂直径 2.8cm，前后经为 1.6cm。胰颈左上接胰体，被网膜囊的幽门部腹膜覆盖；其上缘与胃幽门和十二脂肠上部的起始处相毗邻；其后方有胆总管、肝门静脉、肝固有动脉及肠系膜上血管；其右前方有胃十二指肠血管和胰十二指肠上血管下行。② 胚胎发生，胰来自腹胰和背胰两个原基。背胰发育成胰尾、体、颈和部分胰头；腹胰形成胰头的其余部分。由于肠管的扭转和肠壁生长速度不同，腹胰由十二指肠腹侧转至背侧，至胚胎第 7 周时，腹、背胰完全合并，其合并处就是胰颈。③ 胰颈与胰体的分界为肠系膜上动脉的右壁，一般认为胰颈为肠系膜上静脉前方的部分。④ 临床应用，胰颈与肠系膜上静脉前壁间仅以疏松结缔组织相连，并无小静脉联系，此处可作为胰腺探查的入路。胰头癌手术时，常于肠系膜上静脉左侧切断胰腺，即分离胰体与颈。

十一、肝　副　叶

肝副叶是肝形态异常中较常见的一种类型，最多可有 16 个副叶。副叶通常很小，位于肝的后面，临床不易发觉，常在手术或尸体解剖中意外发现。

Riedel 叶是肝副叶中最多见的一种。据报道出现率男性为 6.1%，女性为 19.4%。Riedel 叶位于胆囊右侧，是肝右叶向下呈舌状突出的部分，与肝右叶分界鲜明。Riedel 叶也可有不同程度的向后延伸，甚至从肝右叶脱离而借一纤细的肝组织带与肝相连。在临床上，Riedel 叶的存在犹如一位于腹部右侧或右髂窝的肿物，随呼吸而升降，常被误诊为右髂窝肿物或右肾下垂。Riedel 叶可为先天存在；也可因胆结石、胆囊炎粘连牵拉，即肝右叶前部受力，向后为右肾所阻挡，致肝右叶在挤压下变形而成为尖向下方的 Riedel 叶。

有的肝副叶具有系膜。系膜内有肝动脉、肝门静脉的分支和肝管、肝静脉，因此，发生系膜扭转时，需手术处理。

十二、迷走肝管

迷走肝管（Luschca 管）是在第 1 肝门以外见于肝实质表面或肝外的细小胆汁引流管。它并非恒定出现，但却相当常见。

迷走肝管位于肝纤维膜下，或肝周腹膜韧带内，特别多见于左三角韧带内。迷走肝管一般直径不足 3mm，管径常不规则，有的在属支汇入处呈囊状膨大，有的则呈网状或弓状。尽管迷走肝管已失去与肝实质的联系，不引流某一特定的肝区域，但是它与肝内胆管是连续的，如手术中不慎切断，将有胆汁渗漏，导致胆汁性腹膜炎。

出现迷走肝管的原因尚不清楚，有人认为是远端胆管异常增生所致；也有人认为是肝实质某些区域不明原因的消退，使原处肝内的肝管显露于肝外，成为迷走肝管。研究证实，迷走肝管的出现率随着年龄的增加而提高，胎儿和儿童体内极少出现。

迷走肝管的临床意义在于：① 胆道有阻塞、高压时会破裂，形成“自发性”或“原发性”腹膜炎。② 食管腹段外科手术中切断左三角韧带时，容易伤及迷走肝管，出现胆汁性腹膜炎。③ 胆囊切除术中，当切开 Glisson 囊或关闭胆囊床时，容易损伤胆囊下的迷走肝管。

十三、肝尾状叶

尾状叶在正常人的肝中大小不一，甚至缺如。其形态改变有：① 具有腔静脉后突，即尾状叶的肝组织向腔静脉沟方向突出构成。若突出较长或过长，可部份或全部包绕下腔静脉，可因肝组织增生，而压迫下腔静脉导致血液回流不畅。② 具有弓状切迹；在尾状叶上出现较深的凹陷（55%），从而将尾状叶分成左前方呈圆丘状隆起的乳头突和右前方隆起并与肝右叶相延续的尾状突。以上切迹在 CT 扫描和 MRI 断层图上均清晰可见。后者在断面可出现孤立影像应与肿瘤鉴别。

（王正东）

第二章　呼吸系统

一、弹性圆锥与声带

弹性圆锥是连接于甲状软骨、环状软骨和杓状软骨间的近似三角形的结缔组织膜，主要由弹性纤维构成，其纤维由甲状软骨前角后面下部起始，向下附着于环状软骨弓上缘的内侧，向后方附着于杓状软骨声带突。弹性圆锥的上缘游离，弹力纤维比较发达，称声韧带。声韧带是构成声襞的基础，它连结于甲状软骨前角后面下部中线的稍外侧，室韧带附着处的稍下方，水平向后止于杓状软骨的声带突。弹性圆锥外面较凹陷，与环杓侧肌和甲杓肌接触。弹性圆锥前部的纤维组织较厚，呈垂直方向，由甲状软骨下缘中部起始，向下止于环状软骨弓上缘中部，称环甲正中韧带，是弹性圆锥的一部分，故又叫弹性圆锥的独立部，位置表浅，易于触及。当喉发生急性阻塞时，为了急救，可在此处切开。

声带（即声襞）是由喉粘膜覆盖声韧带和声带肌而成，上面稍凹陷，表面光滑，位于室襞下方并与其平行，较室襞更明显地向喉腔内突入，较锐薄，富于坚韧性，含血管较少，故于活体观察时呈白色，但其前端则有一呈黄色而有弹性的结节，称黄斑，由声韧带内的弹性组织或小块软骨构成。两侧声襞及杓状软骨基部之间的窄隙，称声门裂。声门裂比前庭裂长而狭窄，是喉腔的最狭窄部，呈三角形，前窄后宽，成人男子长约 23mm，女子长约为 17mm，根据其功能和部位可分为前、后两部。前部为两声襞之间的裂隙，称膜间部，此部占全裂长的 3/5；后部为软骨间部，占声门裂后 2/5，是喉结核好发部位。声门裂变化较大，其宽度和形状随着呼吸和发音运动而发生改变，发音时呈线形，呼吸时呈菱形。声门是声襞（声带）和声门裂的总称。

二、喉肌的作用与发音及神经支配

喉肌系骨骼肌，是发音的动力，其形状、位置、起止等均与其机能活动有着密切的关系。

（一）喉肌的分类与作用　在正常情况下，两侧喉肌多同时动作。喉肌按其部位可分为内、外两群，按其主要功能则可归纳为下列3类。

1．作用于声襞的肌分声襞紧张肌与弛缓肌两种。

（1）声襞紧张肌：包括环甲肌、环杓后肌、杓横肌和杓斜肌。

（2）声襞弛缓肌：有甲杓外肌（甲杓肌）和声带肌。

2．控制声门裂的肌分为声门裂开大肌与声门裂缩小肌两种。

（1）声门裂开大肌：环杓后肌。

（2）声门裂缩小肌：杓横肌、杓斜肌、环杓侧肌。

3．控制喉口和喉前庭的肌分为扩大肌和缩小肌两种。

（1）喉口和喉前庭扩大肌：甲会厌肌

（2）喉口和喉前庭缩小肌：杓会厌肌、杓横肌及杓斜肌。

现将各主要喉肌的作用分述如下：

环甲肌可分为前内侧的直部与后外侧的斜部。当直部肌束收缩时，可使甲状软骨作前倾运动；斜部肌束收缩时，可使甲状软骨向前滑动。两部同时收缩时，使甲状软骨向前下方运动，可加长甲状软骨前角与杓状软骨间的距离，使两侧声襞紧张并且拉长。环杓后肌的作用是使环杓关节在垂直轴上旋转，拉肌突向内下方，使声带突转向外上方，从而使声门裂开大，并使声襞紧张。环杓侧肌的作用是拉杓状软骨肌突向前下方运动，使声带突转向内，声门裂变狭窄，声带稍弛缓。甲杓肌较复杂，按其位置可分为内、外两部。内侧部按位置又分上、下两部；上部肌束称室肌，位于室襞内，其作用可使室襞缩短并互相接近；下部肌束称声带肌，此肌收缩时，牵引杓状软骨向前方移动，使声襞后部弛缓，前部紧张并使声门裂变狭窄；外侧部又称甲杓外肌（甲杓肌），使声襞松弛，同时使声门裂软骨间部互相靠近。杓横肌收缩时可使两侧杓状软骨彼此向正中平面接近，使声门裂缩小。甲会厌肌位于喉侧壁粘膜下，起自甲状软骨角隅的中部，斜向后上方，一部分止于会厌软骨侧缘与杓会厌肌混合；一部分止于杓状会厌襞内。其作用可将会厌软骨拉向前下方，使喉口及喉前庭扩大。杓会厌肌位于杓状会厌襞内。起自杓状软骨尖，肌纤维向前上方，止于会厌软骨外侧缘。其作用可将会厌拉向后下方，使喉口关闭。

（二）喉肌的神经支配　来源于迷走神经的喉上神经和喉返神经。喉上神经于舌骨大角处分为内支与外支。内支主要含感觉神经纤维，穿过甲状舌骨膜入喉内；外支主要是运动纤维，沿咽下缩肌外侧面下行，分布于环甲肌。喉上神经受损时，喉粘膜的感觉丧失，同时环甲肌瘫痪，声襞松驰、音调降低。

喉返神经的终支为喉下神经，经环甲关节后方入喉，其感觉纤维分布于声襞以下的喉粘膜，运动纤维分布于除环甲肌以外的喉肌。一侧喉返神经受损时，可发生声襞麻痹，声音嘶哑；两侧喉返神经受损时，可造成失音，也可出现呼吸困难。

喉不仅是呼吸通道，也是人类语言运动的发音器官。发音器的主要部分是声襞。声音的产生主要由肺内呼出的气流作用于声襞，使声襞发生振动而发出声音。音调的高低取决于声襞的位置、长度和紧张度，以及呼出气流作用于声襞的力量。声襞的位置、长度和紧张度主要由喉肌的运动来控制。呼出气流作用于声襞的力量，主要决定于呼气时胸腔压力的大小。此外，除了发音器的主要部分外，尚有发音的共鸣器，人的共鸣器主要是喉室、咽腔、鼻腔及鼻旁窦。

三、左、右肺的比较

左、右肺在形态上的相同之处是均有一尖、一底、两面（胸肋面和纵隔面）和三缘。其不同之处为左、右肺的重量和体积不同，成年男子平均为 1000 ～ 1300g，女子为 800 ～ 1000g，左肺重量平均为 481g，右肺为 536g。左、右肺的形态也不完全相同，右肺底由于受肝的影响，膈面凹陷较左肺明显；肺纵隔面的心压迹，由于心偏向左侧，所以左肺的心压迹比右肺更明显。左、右肺根诸结构排列关系不同，由上而下，左肺根内为肺动脉、主支气管及肺下静脉；右肺根为上叶支气管、肺动脉、主支气管及肺下静脉。右肺门后方有食管压迹，上方有奇静脉沟，左肺门上方和后方分别有主动脉弓和胸主动脉的压迹。右肺的前缘近于垂直位，左肺前缘的上部正对第一肋骨压迹处有一尖前切迹，左肺前缘的下部有一明显的缺口称心切迹；心切迹下方有一向前内方的突起，称左肺小舌。左右两肺的位置和分叶也不相同，左肺位于气管、食管、心及大血管的左侧，居胸腔左半部内，由于心向左偏斜和膈穹窿的左侧部位置较低，所以左肺较为窄长，被叶间裂分为上、下两叶；右肺位于气管、食管、心及大血管的右侧，居胸腔右半部内，由于心及膈穹窿位置较高的影响，右肺较短而宽，除同左肺一样也有叶间裂外，右肺还有水平裂，将右肺分为上、中、下三叶。支气管在肺内的分支亦不相同，左主支气管首先分为两支，即左上叶支气管和左下叶支气管，均位于左肺动脉的下方；右主支气管分为右上叶支气管、右中叶支气管和右下叶支气管三支。

四、胸膜腔与胸（膜）腔穿刺

胸膜腔是脏、壁胸膜围成的潜在间隙，左右各一，位于肺的周围。胸膜腔内有少量浆液，有滑润胸膜，减少呼吸时肺胸膜与壁胸膜之间的磨擦作用。在壁胸膜各部转折处的一些部位，有较大的潜在间隙存在，吸气时肺的边缘不突入其内，这些间隙称为胸膜隐窝或称胸膜窦，计有肋膈隐窝（或肋膈窦）、肋纵隔隐窝及膈纵隔隐窝三种。肋膈隐窝左右各一，居肋胸膜与膈胸膜返折之间，为胸膜窦中最大、位置最低者，胸膜渗出液首先积存于此，为积液或积脓的良好抽液部位。

胸膜腔内有液体或脓液积聚时，膈受压下降，肺亦可受压上移，扩张不全，影响呼吸功能。胸膜腔穿刺抽出积液或积脓后，膈可再度回升，所以穿刺部位不要低于第 9 肋间隙，以防损伤膈。另外，肋间后血管在肋角内侧斜行于肋间隙中份，且排列不规则。因此临床上常沿腋后线于第 7、8 肋间隙靠近肋骨上缘处穿刺。另外，常自锁骨中线第 2 或第 3 肋间隙中部穿刺，以进行人工气胸治疗或者安置引流管连接于水封瓶内，抽吸胸膜腔内的积气。

穿刺进针需经皮肤、浅筋膜、深筋膜、胸或背部肌、肋间外肌、肋间内肌、胸内筋膜、壁胸膜，最后进入胸膜腔。

五、支气管肺段与临床

支气管肺段，简称肺段，是每一个肺段支气管及其分支分布区肺组织的总称。不论是形态上或功能上都可作为一个单位。每一支气管肺段均呈圆锥形，尖向肺门，底位于肺表面。左肺和右肺通常各有 10 段，但在左肺有时相邻的肺段支气管发生共干，于是两支气管肺段即出现连合的现象，在此种情况下，左肺往往只有 8 段。两肺段间除借表面的脏胸膜与胸膜下的小静脉支相连外，有少量结缔组织分隔。一般轻度感染时，可局限在一个支气管肺段内。但是，当感染严重或患肺结核病时，可由上一个支气管肺段蔓延到其他的支气管肺段。肺段动脉与肺段相适应，且与肺段支气管紧密伴行，终末支分布到段面的边缘。肺段静脉则行于肺段之间，引流相邻两肺段的静脉血。当肺段支气管阻塞时，该段内的气体供应完全断绝，严重时可发生肺膨胀不全。临床上可根据发生病变的范围，按肺段单位施行肺段切除术进行治疗，故支气管肺段的解剖具有重要的临床实用意义。左、右肺的肺段具体分法如下：

（一）左肺

1．左肺上叶　一般分为 4 个肺段

(1) 尖后段：包括肺尖及上叶的后上部。后段为结核性空洞的好发部位。

(2) 前段：位于上叶上部的前下部，尖后段的前下方，为尖前切迹与第一心切迹之间的区域。

(3) 上舌段：位于上叶下部的上半部，上方与前段相接，下方与下舌段相接。

(4) 下舌段：居上叶的最下部。上方与上舌段相接；后方借斜裂面与前内基底段相接。

2．左肺下叶　一般也分为 4 个肺段。

(1) 尖（上）段：居下叶的上部。前方借斜裂面与上叶尖后段和前段相接，下方与各基底段相接。

(2) 内前底段：居下叶下部的前内侧部。上方与尖（上）段相接，前上方借斜裂面与舌叶的上、下舌段相邻接。后方与外侧底段和后底段相邻接。内侧底段可单独发生支气管扩张症。

(3) 外侧底段：居下叶底的后外侧部。前内方与内前底段相接。外侧为肋面，与肋胸膜相贴。底与膈相贴。

(4) 后底段：居下叶的后下部。上方与尖（上）段相接，前外方与内前底段和外侧底段相接。

（二）右肺

1．右肺上叶　分为尖段，后段和前段

(1) 尖段：即右肺尖的部分，一般以第一肋骨压迹和尖前切迹的平面与前段和后段分界。

(2) 后段：居右肺上叶肺尖下方的后外侧部。上方与尖段相接，前方与前段邻接；下方借斜裂面与下叶的尖（上）段相邻接。

(3) 前段：位于右肺尖下方的前内侧部。上方与尖段相接、后方与后段相接。

2．右肺中叶　分为两个肺段，即外侧段和内侧段。

（1）外侧段：居中叶的外侧部。上方借水平裂面与上叶的前段相邻。后下外方借斜裂面与下叶的前底段相邻接。内侧与内侧段相接。

（2）内侧段：居中叶内侧部，上方借水平裂与上叶前段相邻。外侧与外侧段相邻，下方与膈相贴。内侧面稍凹陷贴纵隔。

3．右肺下叶　分5个肺段

（1）尖（上）段：居下叶的上部。前上面为斜裂面，与上叶的后段相邻接。下方与各底段相接。此段为肺脓肿好发部位之一。此段支气管的邻近有较多的淋巴结，当淋巴结肿大时，常压迫上段支气管，使之产生支气管狭窄的严重后果。

（2）内侧底段：居下叶的内下部。前面是斜裂面，外侧与前底段相接，后外侧与外侧底段相接，后方与后底段相接，也是支气管扩张症的好发部位。

（3）前底段：居下叶的前下部。后上方与尖（上）段相接，前面为斜裂面，与中叶相邻，后方与外侧底段相接，内侧与内侧底段相接。

（4）外侧底段：居下叶下部的后外侧。前内方与前底段相接，后内方与后底段相接，上方与尖（上）段相接，内侧与内侧底段相接。

（5）后底段：居下叶的后下部。上方与尖（上）段相接，前方与前底段和外侧底段相邻。

（三）亚上段　除上述肺段及相应的段支气管外，在左、右肺的下叶有时出现亚上段支气管。由于亚上段支气管的存在，就形成与其相应的亚上段，居尖（上）段与底段之间的区域。从左、右亚上段支气管的出现率来看，可以看作是进化过程中的一种剩件。有人指出此段除可单独发生病变外，亦常合并上段支气管引起肺脓肿。

有人将左肺的内前底段分为内侧底段与前底段，尖后段分为尖段和后段。这样，左肺也分为10个肺段。

支气管肺段简表

左肺段		
上叶	1．尖段（SⅠ）	尖后段（SⅠ＋SⅡ）
	2．后段（SⅡ）	
	3．前段（SⅢ）	
	4．上舌段（SⅣ）	
	5．下舌段（SⅤ）	
下叶	6．尖（上）段（SⅥ）	
	亚上段（S*）	
	7．内侧底段（SⅦ）	内前底段（SⅦ＋SⅧ）
	8．前底段（SⅧ）	
	9．外侧底段（SⅨ）	
	10．后底段（SⅩ）	

右肺段	
上叶	1．尖段（SⅠ）
	2．后段（SⅡ）
	3．前段（SⅢ）
中叶	4．外侧段（SⅣ）
	5．内侧段（SⅤ）
下叶	6．尖（上）段（SⅥ）
	亚上段（S*）
	7．内侧底段（SⅦ）
	8．前底段（SⅧ）
	9．外侧底段（SⅨ）
	10．后底段（SⅪ）

六、纵　　隔

纵隔是左右纵隔胸膜之间的全部结构与结缔组织的总称，前界为胸骨，后界为脊柱胸部，两侧界为纵隔胸膜，上达胸廓上口，下至膈。纵隔器官有胸腺、心包和心、大血管、神经、气管、胸导管及食管等以及淋巴结和疏松结缔组织。

一般以胸骨角和第 4 胸椎体下缘的平面，将纵隔分为上、下两个纵隔。下纵隔又分为前纵隔、中纵隔及后纵隔。

上纵隔内有出入心的大血管，即主动脉弓及其分支、上腔静脉的上半部，以及左、右头臂静脉；神经有迷走神经、心神经、膈神经及左喉返神经；另外还有气管胸部、食管胸部、胸导管、胸腺，以及气管旁淋巴结和部分气管支气管淋巴结等。

前纵隔内有胸廓内动脉及其纵隔支，纵隔前淋巴结及淋巴管等。

中纵隔内有心包及心、升主动脉、上腔静脉的下部、奇静脉末端、肺动脉干及其分出的左肺动脉和右肺动脉、左肺静脉、右肺静脉、心包膈血管、膈神经、心深丛、气管杈，以及部分气管旁淋巴结和部分气管支气管淋巴结等。

后纵隔内有胸主动脉、奇静脉、半奇静脉和副半奇静脉、迷走神经、内脏大神经、内脏小神经、食管胸部、胸导管，以及纵隔后淋巴结等。

纵隔常见疾病是肿瘤。纵隔肿瘤最常见的有畸胎类肿瘤、胸腺瘤和神经原性肿瘤，前两种多位于前纵隔，后者多在后纵隔。此外较为少见的有：支气管囊肿，常发生在气管或支气管附近；心包囊肿，多和心包相连；这些肿瘤多是良性的。原发于纵隔淋巴结的肿瘤，如淋巴肉瘤、网织细胞瘤等为恶性肿瘤。

任何足以使空气进入胸膜腔的损伤，均能造成气胸，其中以开放性气胸和张力性气胸对人体危害最大。在开放性气胸中，吸气时健侧负压增大，呼气时负压降低。而伤侧由于和大气直接交通，胸膜腔内压力和大气压力相等，这样就造成吸气和呼气时两侧胸膜腔压力明显差别，导致纵隔位置随呼吸而左、右摆动，称为纵隔扑动。纵隔扑动不仅增加静脉回流的困难，而且刺激肺门和纵隔的神经丛、易引起反射性休克。

七、呼　吸　肌

呼吸肌分主要呼吸肌和辅助呼吸肌。主要呼吸肌有肋间肌、膈和前斜角肌。肋间肌位于两肋之间，分肋间外肌和肋间内肌两层，收缩时分别增加和缩小胸廓的左、右径。膈是胸廓的基底，收缩时膈穹窿下降，增加胸廓的上下径。在成人膈下降 1cm，约相当于 250ml 的肺活量。前斜角肌起于颈椎横突，止于第 1 肋前端上方，收缩时提升胸骨柄和第 1 肋，增加胸廓上口的前、后径，并固定胸廓上部，使肋间外肌更有效地提升肋骨。

辅助呼吸肌主要有胸锁乳突肌、颈部小肌群、中和后斜角肌等。在一般情况下，它们仅起稳定上胸部肋骨的作用，在呼吸功能不足时，参与扩大胸廓的运动。锁骨下肌上提第 1 肋骨，因而也是呼吸运动的辅助肌。除此之外，胸大肌、胸小肌、腹外斜肌、腹内斜肌、腹横肌也是呼吸运动的辅助肌。上后锯肌收缩可上提上部肋骨以助吸气。下后锯肌可下拉肋骨向后，并固定肋骨，协助膈的吸气运动。提肋肌也参与呼吸运动，此肌呈三角形，位于脊柱两侧，共有12对，分别起自第7颈椎和第1至第11胸椎横突尖，斜向外下方，止于下位肋骨肋结节外侧的肋骨上缘。其作用是协助肋间外肌，增大肋间隙，以助吸气。总之呼吸运动的完成是在神经系统的协调下，上述诸肌综合运动的结果。

（夏常丽）

第三章　泌尿系统

一、肾的固定因素与游走肾

（一）肾的被膜　有3层，由外向内分别为肾筋膜、脂肪囊和纤维囊

1. 肾筋膜　又称Gerota筋膜，包被肾和肾上腺，在脂肪囊外面，由腹膜外筋膜发育而来。自肾筋膜深面发出许多结缔组织小梁穿过脂肪囊与肾纤维囊相连，小梁愈近下端愈坚韧，是固定肾的主要结构。肾筋膜在肾前面的部分，称肾前筋膜，后面的部分称肾后筋膜。肾后筋膜与腰筋膜和腰方筋膜相融合。肾前、后筋膜于肾外侧缘处和肾上腺上方相互融合。肾前筋膜向内侧逐渐变薄，盖于肾血管表面，并与腹主动脉和下腔静脉周围的结缔组织及对侧的肾前筋膜相连续。肾后筋膜向内侧经肾血管和输尿管等结构的后方，附着于腰椎的椎体和椎间盘。肾筋膜的上方与膈下筋膜相连接，在肾的下方，两层筋膜仍然互相分离，中间有输尿管通过。肾前筋膜向下逐渐消失于髂窝的腹膜外筋膜内，肾后筋膜则与髂筋膜愈着。

2. 脂肪囊　又称肾床，位于纤维囊的外面，肾与肾上腺位于其内。此囊在肾的边缘部分发育良好。肾周围的脂肪经肾门进入肾窦，充填于肾窦内容物的间隙内。

3. 纤维囊　贴在肾实质表面，由致密结缔组织与少量弹性纤维构成。在正常状态下易于从肾实质表面剥离，但在某些病理状态下则不易剥离。肾破裂或部分肾切除时应缝合此膜。

（二）肾的固定因素与游走肾　肾正常位置的保持，主要依赖于肾筋膜、肾脂肪囊及其邻近器官，此外肾血管、腹膜及腹压等也有固定作用。正常肾的位置可随呼吸和体位的改变而发生改变，可使肾的位置上、下移动1～4cm。人直立时，若肾下移超过此范围，称为肾下垂。由于肾筋膜下端开放，当腹壁肌肉萎缩、肾的固定装置不健全、肾窝浅小，或者营养不良并突然消瘦，使肾周围脂肪减少；或者有内脏下垂或者分娩后腹壁松弛，使腹内压降低时，肾可向下移位。一般在腹部范围移动，有的可降至下腹部或骨盆腔内，有的可跨过中线至对侧腹部，形成游走肾。这应与腹、盆部的肿物相鉴别。最主要的鉴别方法是通过肾分泌性造影。

二、肾段血管与肾段

一般肾动脉在肾门附近分为初级干。初级干大多为前、后两支。前支较粗，供血区较

大，一般又分出上、上前、下前和下四支段动脉。后干在进入肾门之后，延续为后段动脉。上段动脉分布于肾上极前、后部的肾组织。上前段动脉，分布于肾前面中、上部的肾组织。下前段动脉分布于肾前面中、下部的肾组织。下段动脉分布于肾下端前、后部的肾组织。后段动脉分布于肾后面的中间部分，相当于上段与下段之间的区域。前后两支共分出 5 个段动脉，每一个段动脉有一定的分布区，以这 5 个段动脉的分布区为基础，将肾相应地划分为 5 个独立单位，通常称为肾段，即上、上前、下前、下及后段。每个肾段的动脉即是该段的段动脉。由于肾可分段，这对肾局限性病变，施行肾段切除术提供了有利条件。由于各段有它独立的段动脉供应血液，因此在各段间相邻的部位将形成一个缺血带，故在各段间行肾实质切开可减少出血。

三、肾动脉的异常

在 5 个段动脉当中，上前段动脉和后段动脉在起点上基本恒定，但上段动脉、下前段动脉和下段动脉则变异较大。上段动脉和下段动脉可直接起自肾动脉、腹主动脉、或前两条动脉的上、下交角处，这种上段动脉和下段动脉均不经肾门，而经肾上、下极穿入肾实质，因此常被认为是副肾动脉或迷走肾动脉，其实就是供应某段的正常段动脉，手术中如不慎给予结扎，可造成上段或下段的缺血或坏死。下前段动脉可与上前段、下段动脉共起一干，另有少数起自上前与下段动脉的分叉部。熟悉下前段动脉起点的变异，对于肾段切除有重要意义。如下前段动脉与下段动脉共干时，结扎下段动脉须在共干处的外侧进行，这样只限于下段坏死；若在共干处内侧结扎，则下前段动脉亦被阻断，可造成其供应区的坏死。有时可见起点很低的右侧下段动脉，于腹主动脉分叉部稍上方发出，呈一定角度斜向上外方，越过下腔静脉及输尿管起始部的前方进入肾的下极，这样两条肾动脉就在下腔静脉周围形成了一个动脉环。由于上述解剖关系，在施行肾切除时，如采用集束结扎肾血管蒂时，在结扎之后将形成一个嵌闭环，这种环可压迫下腔静脉，有造成腔静脉回流障碍的可能。这种起点很低的下段动脉与输尿管的关系亦较密切，因此可能压迫输尿管，而导致肾盂积水。

四、泌尿系统先天性畸形

（一）单肾　两侧肾均不发育时人体不能生存。单肾畸形时一侧肾完全不发育，输尿管亦不发育或仅有条索状残迹。若单肾无病理改变，临床可无任何症状，有病变时治疗就可能发生困难；尤其在治疗前、未作出单肾的正确诊断，就会导致治疗上的严重错误。

（二）重肾和双输尿管　重肾和双输尿管是在肾和输尿管畸形中最常见的。此种畸形可以是单侧的，也可以是双侧的。重肾指肾分为上、下两部分，融合为一体，表面仅见一浅沟，各有独立的肾盂，两肾盂各通入一条输尿管，构成重肾双输尿管。双输尿管可以是全长彼此独立的，也可以是部分的，即在不同部位汇合成一条输尿管。全长两条输尿管的两个开口一般都在膀胱内，但也可有一条输尿管开口于膀胱之外，称为异位输尿管口。

（三）腔静脉后输尿管　此种先天性反常实际是下腔静脉发育畸形。在胚胎发育过程中，右侧后主静脉未萎缩，继续存在，成为下腔静脉主要成分，右侧输尿管从下腔静脉后方绕过来，然后下行通入膀胱。临床表现主要为腰部不适，重者可有肾绞痛。由于下腔静脉的压迫，尿引流不畅，使肾盂和输尿管积水，并可出现血尿或结石。

（四）异位肾　指一侧或两侧肾位置发生变异。肾胚胎时期血管的遗留阻碍上升到正常位置。异位肾常同时有形态上的改变，较正常者为小，并呈分叶状。异位肾可以在本侧，或越过中线。有的异位肾可以在骨盆腔，也可以在下腹部。有的异位肾无症状，有的有局部疼痛，有的有尿引流不畅。

（五）马蹄（蹄铁形）肾　是胚胎早期两侧肾的胚基受两侧脐动脉紧挤相互融合在一起而形成。多为下极融合，可全无症状，有时亦出现上腹部、脐部或腰部疼痛，亦可以合并肾盂肾炎、肾盂积水或结石。

（六）多囊肾　在胚胎发育过程中，肾小管与集合管间连接不良，分泌的尿液排出受阻，肾小管形成潴留性囊肿。绝大多数为双侧性。病肾的实质和表面布满大小不等含有浅黄色液体的囊泡，使肾脏明显扩大。本病是一种遗传性疾病，常伴有肝、脾和胰腺囊肿。临床所见病例多在40岁左右出现症状，表现为腰痛、血尿、局部肿物、高血压或肾功不全。病变发展至晚期终因尿毒症而死亡。尿路造影可见双侧肾影明显增大，各肾盏受挤压变狭长，末端呈新月状或不规则扩大。肾区超声波探测有多个液性暗区；同位素扫描肾范围内遍布无血管区。此病无特殊治疗方法，合并尿路感染者使用抗菌素，对晚期出现肾功能衰竭的人，可进行血液透析治疗，进行同种肾移植术。

（七）膀胱外翻　膀胱前壁和下腹部前壁由于发育障碍而缺损或分裂，膀胱后壁直接显露在腹壁缺损区，膀胱三角区和输尿管口清楚可见，这种畸形称膀胱外翻。大部分患者死于泌尿系统上行感染，多采用手术治疗本病。

（八）脐尿管闭合不全　胚胎期脐尿管从膀胱顶伸至脐部，发育过程中闭塞成一纤维索。若出生后仍残留，就会形成脐尿管闭合不全，在脐部间歇漏尿，或者形成脐尿管囊肿，治疗上多采用手术结扎脐尿管的方法。

（王晓慧）

第四章　生殖系统

一、主要节育途径的原理及评价

人类生殖活动是一个在神经体液调控下具有准确时空顺序的过程，涉及诸多环节。这些环节必须严格准确而有序，否则精卵就不能结合、着床、发育成为一个个体。男女生殖细胞发生、成熟、排放、结合、着床中的任一环节被阻断，都可以达到节育的目的。据此，近年来从以下几个环节进行了广泛的研究。

（一）干扰丘脑、垂体、生殖器各级水平的激素平衡　精子的发生与卵子的成熟和排放都有赖于促性腺激素释放激素（GnRH）、促性腺激素（FSH、LH）和性甾体激素（雌激素、孕激素、雄激素）的调控。在正常生理状态下，这些生殖激素通过下丘脑－垂体－性腺轴的相互反馈调节保持着动态平衡，一旦此平衡被打破，精、卵的发生、排放、运行都会发生异常。因此，干扰生殖激素的平衡显然是一条可行的节育途径。开展干扰 GnRH 及其类似物的抗生育研究中，炔雌醇、19-去甲基睾酮等甾体口服药的研究都基于干扰激素平衡这一原则。但值得一提的是，一些以前未被注意的与生殖有关的激素，如松果体分泌的褪黑素（melatonin）也可抑制 FSH 与 LH 的分泌，而松果体合成的小肽化合物 AVT（8 － argnine vasotonin）则对 GnRH 的释放有抑制作用。松果体内的 5-羟基醇与 5-甲氧色醇也具有抑制生殖的效应。内源性吗啡类物质（内啡肽类及脑啡肽类）同样可抑制生殖系统的功能。给女性受试者注射类似脑啡肽的合成药物后，脑垂体分泌的 FSH 及 LH 均受到抑制。注射吗啡拮抗剂则有逆转作用，脑啡肽可能是通过抑制下丘脑释放 LH-RH 而影响生殖系统的。此外，抑制物可选择性地反馈抑制 FSH 的分泌，而对 LH 无影响，从而只干扰雄激素结合蛋白（ABP）的合成，与睾酮的分泌无关，因而可能发展为男用避孕药。至于抗 GnRH 与抗 FSH 的抗体，当然能够分别抑制 GnRH 对垂体的作用，以及对抗 FSH 对性腺的反应。对于这些生殖激素的进一步探索，可能开拓干扰生殖激素平衡的新途径，从而达到节育的目的。研究者还发现，男、女两性生殖系统中都存在着一种调节蛋白——滤泡调节蛋白（follicular regulation protein，FRP），FRP 既可阻止滤泡成熟，也可阻止精子生成。由于 FRP 只影响性腺调节，故无全身性副作用，是很有研究前景的避孕药。

（二）干扰或阻断精子的发生　在精原细胞分别经过精母细胞、精子细胞最后生成精子的过程中，精原细胞的有丝分裂，精母细胞的成熟分裂，精子细胞的变态等，任一环节受到干扰都可引起某一类型的细胞死亡或畸形，从而导致精子成熟受阻，但必须以不影响间质细胞（即不影响男性性欲）为前提。这是在男性节育中探索最多的、最有效的途径。如我国 1972 年首先进行试服的棉酚及 5-硫代-D-葡萄糖、Win 18446 等都是抗精子发生药。其他超声、温热和微波等是物理性抗生育因子。目前这些手段虽然已被应用于临床，但仍存在着一些难以避免的缺点。诸如避孕起效慢，需长期用药，剂量大，甚至伴有一定毒性作用等。但是它们作用的位点要比从下丘脑、垂体水平干扰生殖激素的平衡为低，不影响正常人体内分泌生理，因而仍有一定的发展前途。

（三）阻止精子与卵子相遇　精子与卵子若不能相遇，受精则无从进行，这是研究最早最有效的一条途径，可分为机械性阻断法和药物阻断法。

1．机械阻断法　包括应用避孕套、阴道隔膜、输卵管与输精管结扎，后者最为常用。自本世纪 60 年代以来，全世界已有 5000 万男子实行了自愿绝育，中国占 1/2，美国、英国、加拿大、荷兰和印度也拥有较高比例的男性绝育（10%～ 14%），其中直视钳穿法输精管结扎术（Noscalpel Vasectomy），是对传统手术入路的重要改进。由于术式简便，时间短，并发症发生率低，已被 20 多个国家相继采纳应用。其他还有采用电凝、输精管化学绝育、植入输精管节育装置等进行输精管绝育技术。电凝是利用高频电流的热作用使组织蛋白凝固、坏死，继而形成牢固的瘢痕堵塞管腔，此法与传统结扎法相比，可减少精子漏出，降低精子肉芽肿的发生率。化学绝育是向输精管内注射化学制剂，造成管腔机械性阻塞或引起局部无菌性炎症，致管腔纤维化而闭锁。由于此法改变了传统的开刀手术方式，在心理上更容易被接受。70 年代以来，为了寻求能够克服标准输精管结扎术相对不可逆的方法，研制了 20 多种不同类型的输卵管节育装置。此装置有堵塞性和非堵塞性两种，前者又分为管内、管外装置，管内装置几乎全部位于输精管内，酷似一个机械性塞子，诸如丝、线、圆柱体、管、串珠、瓣膜等。瓣膜还可通过开放或关闭机制控制精子流动，曾被认为是最有希望的途径。管外装置则环绕输精管，靠外部压力阻断输精管道，使精子完全不能通过。非阻塞性输精管节育装置作用是改变了精子的流向，使精子排入尿中或被其他机制破坏而不育。

2. 药物阻断法　药物阻断法主要是改变宫颈粘液的性质，因为精子的穿透与宫颈粘液的性质有关。宫颈粘液内含两种成分，一是糖蛋白聚成的大分子胶粒，呈单纤维状排列；另一种是蛋白质、盐与水组成的浆液。胶粒的排列方式与浆液的粘稠度对精子能否通过起决定作用。在正常生理状态下，雌激素在排卵前期与排卵期占优势，此时胶粘纤维呈平行排列，精子可在纤维间隙穿行，且此时浆液稀薄，有利于精子穿透。而在黄体期，孕激素占优势，胶粒纤维呈网状排列，且浆液少而粘稠，精子难以穿透。低剂量的甾体口服药、单方孕激素制剂，均能改变宫颈粘液的理化性质，建立阻碍精子穿透的屏障。目前已知粘液中含有蛋白水解酶，可水解宫颈粘蛋白的交叉链和纤维状胶粒，以利于精子穿透。而宫颈粘液中蛋白水解抑制酶类（如：X_1–抗胰蛋白酶等）可抑制宫颈粘液蛋白的水解。如设法在精子进入宫颈前局部提高蛋白水解抑制酶的浓度，就有可能达到节育的目的。D–18 甲炔诺酮、硫酸奎宁宫内节育器就是基于这一原理设计的，这种节育器只是局部释放药物，故不干扰下丘脑和脑垂体功能，其副作用小。近些年又发现鱼肝油酸及棉酚也是一种高效、低毒的杀精剂，可望用于临床。

（四）干扰受精过程和着床　同种精子和卵子的识别，分子基础是精子膜上的多糖抗原与卵子透明带的抗原受体互相匹配和嵌合。若能设法阻挡精子抗原与透明带上精子抗原受体的结合，即可通过干扰受精而达到避孕。无论是精子膜上的抗原，还是透明带上的受体，只要一方被抗体遮盖，相互间就无法识别，也就不能受精。据此，探索用精子膜抗原及卵子透明带抗原作为避孕疫苗也是可行的。

受精卵能否着床也是决定其命运的关键，决定于胚泡与子宫内膜的发育是否同步，即受精以后，受精卵应发育为胚泡，透明带脱落，同时子宫内膜间质细胞分化为蜕膜前细胞，进而转化为蜕膜细胞，并维持其蜕膜功能，在这一生理过程中，两者的变化又依赖于黄体功能的健全和孕酮的正常合成与分泌。胚泡、子宫内膜与黄体三者间任何一方遭到干扰或破坏皆可导致着床失败，达到避孕的目的。现临床应用的干扰子宫内膜发育的低剂量的孕激素、溶黄体的药物、强效孕酮竞争抑制剂等都是为这一目的服务的。

以上这些节育的可能途径都是以现有的生殖生物学理论为基础的，尽管生殖生物学已是源远流长，许多科学家倾注了大量心血，做了广泛的研究探讨，但对它的研究仍是很不够的。可以肯定，人类生殖生理中的许多奥秘还远没有被揭示出来。今后随着人类计划生育的开展，特别是随着对生殖生理的进一步研究，必将会给避孕开辟一个新的广阔的途径，达到较完美的境地。

二、生殖系统的先天性畸形及有关因素

（一）两性畸形　因人胚早期有发育成男女两性的潜能，故发生上差错可导致各种程度不同的中间性别（雌、雄间性），称两性畸形。外生殖器男女含混不清的人称两性人（半阴阳）。两性畸形按其生殖腺的组织结构分为真两性畸形和假两性畸形，前者睾丸和卵巢两种

组织都有，后者则只有一种。

1．女性假两性畸形　细胞核性染色质为阳性，染色体组型为 46，XX。卵巢并没有异常，但肾上腺却产生了过多的雄激素，从而导致程度不同的外生殖器男性化。常见的是阴蒂肥大，左右大阴唇部分合并和尿生殖窦残留，极少数人由于左右阴囊褶和尿生殖褶完全合并，致尿道通过阴蒂，这种高度男性化的婴儿常被误认为男孩。

2．男性假两性畸形　细胞核性染色质为阴性，染色体组型为 46，XY。由于初阴和中肾旁管发育程度不等，内外生殖器可有许多变异。患者的性格特征、青春期的乳房发育以及全身脂肪分布均呈女性特点，外生殖器多为盲端，阴道缺如。内生殖器却有未下降的睾丸组织特征。睾丸隐藏在腹腔、腹股沟管或大阴唇内，虽然患者有正常的睾丸，甚至体内雄激素的水平高于正常人，但都不能表现正常的男性化，此种畸形有明显的家族遗传倾向。

3．真两性畸形　这类患者极为罕见，细胞核性染色质常为阳性，染色体组型为 46，XX。有的人细胞核性染色质为阴性，染色体组型为 46，XY。另有一些人在同一生殖腺中有卵巢和睾丸两种组织，或一侧为卵巢另一侧为睾丸。

（二）男性生殖器发育异常

1．尿道下裂　发生率约为 1/300，尿道外口在阴茎的腹（下）面，而不在龟头的顶端。一般阴茎发育较差，并向腹侧方向弯曲，出现所谓痛性阴茎勃起，尿道下裂是由于胎儿睾丸雄激素生成不足，以致左右尿生殖褶不能合并及尿道阴茎部形成不全。尿道外口位于未合并的左右两半阴囊之间的会阴部。由于这种罕见畸形的外生殖器性别不清，会阴型尿道外裂合并隐睾的患者有时被诊断为男性假两性畸形。

2．尿道上裂　约为 1/30000，尿道开口在阴茎背侧。一般认为，主要由于生殖结节的位置异常所致，偶尔生殖结节的两半侧完全没有合并，即形成所谓分裂阴茎。

3．罕见的阴茎畸形　生殖结节未发生或两部分未能合并，可分别导致阴茎缺如或二裂阴茎。胎儿睾丸功能性激素缺乏，垂体机能低下可导致小阴茎，阴茎非常小，几乎被耻骨上方的脂肪垫遮盖而看不见。其他还有阴囊后阴茎或阴茎阴囊易位，这种畸形似由于左右阴唇阴囊褶在合并成阴囊时，未能向尾侧方向移动所致，患者阴茎可位于阴囊之后。

（三）女性生殖器发育异常（子宫阴道畸形）　中肾旁管部分或全部没有合并，可形成各种不同类型的畸形。如双子宫双阴道、双侧双输卵管、单侧双输卵管、双角子宫、弓形子宫和单角子宫等。在有些病例中，虽然子宫外表看来正常，但内部有一薄的中隔。极罕见的还有由于一侧中肾旁管退化或未形成，而导致一条输卵管的单角子宫。如中肾旁管退化可导致子宫缺如。若尿生殖窦的窦阴道球不能发生和形成阴道板，则致阴道缺如。

（四）人类先天性畸形的病因　迄今为止对人类先天性畸形病因的研究表明，环境因素引起的先天畸形约占 10%，遗传因素占 20%（其中基因突变占 15%，染色体畸变占 5%），绝大多数先天畸形（70%）的病因至今尚难确定。一些科学家认为，病因未知的畸形可能是两种或两种以上因素协同作用的结果。关于环境病因，目前对于病毒、化学物质、药物以及母体疾病或代谢失调与致畸关系的研究取得了一些进展，例如风疹病毒、巨细胞病毒等肯定可以诱发人类胚胎畸形，化学药物如睾酮、孕酮、氨甲喋呤、环磷酰胺、有机汞、氯代联苯、乙烯雌酚、苯妥英钠等均可诱发人类畸形，孕早期母体患糖尿病、甲状腺疾病、苯丙酮尿症、高热等也可致胚胎畸变。

（五）吸烟、吸毒对男性生殖机能的影响　Gothamy 对年龄在 28 ～ 40 岁间连续 10 年以上吸毒者的精子形态、数量、活力进行了研究，结果发现60%形态异常，尾部构型异常，尾部横切片纤维蛋白臂完全缺乏；50%以上的精子染色质呈颗粒状凝集，核或胞浆空泡样改变，精子顶体断裂、变厚和起皱，另一些显示线粒体排列紊乱；电镜下可见精子数量仅为正常有生育力男子的1/4～1/5，而且精子活力不足并伴有死精。大量吸烟对生育也有不良影响，经对吸烟和不吸烟的不育男子各50例进行调查表明，每日吸烟超过20支者，一次射精子总数显著低于不吸烟组，其精子密度、活动精子百分率及前向运动级别明显低于不吸烟组。

当前吸毒是全世界面临的大问题，不仅可产生社会不良后果，而且对生殖等各个系统都有明显的有害影响。

（孔祥玉　乔跃兵）

第三篇　内分泌系统

一、甲状腺周围结构及其临床意义

（一）甲状腺的被膜　有两层，浅层为甲状腺假被囊，此层属于颈深筋膜中层（气管前层）。在侧叶的内侧面，由假被囊形成的韧带将甲状腺附着于环状软骨和气管软骨上，故吞咽时甲状腺可随喉上、下移动。该特点可作为甲状腺肿与颈部其他肿物鉴别的根据。在假被囊之内还有一层薄的甲状腺纤维囊，即甲状腺固有被膜，该膜包裹甲状腺，并有纤维组织伸入腺实质内，将甲状腺分为许多小叶。神经血管即通过此两层囊之间，然后进入腺体内。甲状旁腺也包含于此两层囊之间。临床上切开甲状腺假被囊即暴露甲状腺。甲状腺假被囊是结扎甲状腺下动脉时采用囊内结扎或囊外结扎的重要标志。

（二）甲状腺上动脉与喉上神经　甲状腺上动脉来自颈外动脉，向前下行达甲状腺侧叶上极时，分为 3 支，分别至腺侧叶的前、后和峡部。喉上神经来自迷走神经，分为内、外两支。内支入喉分布于声门裂以上的喉粘膜。外支与甲状腺上动脉伴行，支配环甲肌。所以在结扎甲状腺上动脉后支时，要防止误伤此神经。误伤后，可引起环甲肌麻痹，导致声襞松弛，音调降低。

（三）甲状腺下动脉与喉返神经　甲状腺下动脉起自锁骨下动脉的甲状颈干。在甲状腺下极处分为上、下 2 支，分布于甲状腺侧叶后部和下极。甲状腺下动脉在甲状腺的背侧，与位于食管与气管间沟内上升的喉返神经交叉。喉返神经在动脉之前或在动脉之后，或分支相互交织。所以在手术中结扎该动脉或切除侧叶时，都要避免损伤喉返神经。损伤喉返神经后将导致声音嘶哑，甚至失音。

（四）甲状旁腺　一般在甲状腺上、下动脉的分支附近，位于甲状腺纤维囊和假被膜之间，有时藏于甲状腺实质内。做甲状腺手术时如误将其切除，可造成钙代谢失常，出现手足搐搦症。

二、肾上腺的解剖学特点与肾上腺性征异常征候群

（一）肾上腺的解剖学特点　1860 年 Nichol 用组织化学方法证实，肾上腺皮质与髓质是具有不同性质的两种组织。1923 年解剖学正式命名这个腺体为“肾上腺”。肾上腺的皮质呈黄色，较厚，占腺体的 80%，人类髓质与皮质之比为 1∶9 或 1∶8。在其他动物，情况各不相同，鸡为 1∶1，狗为 1∶5，猫为 1∶17.5。皮质来源于胚胎中胚层；髓质来源于胚胎外胚层，和交感神经节的来源相同。皮质产生肾上腺皮质激素，髓质产生肾上腺素和去甲肾上腺素。肾上腺的神经很丰富，来自内脏大、小神经及腹腔丛，在肾上腺内侧构成肾上腺神经丛。重要的一点是，进入肾上腺的神经纤维在通过皮质时不分支，一直进入髓质。因此，肾上腺皮质内基本上没有神经分布，也不受神经支配，神经纤维支配的是髓质。

综上所述，肾上腺皮质和髓质在人类虽然合为一个腺体，但从胚胎发生来看，它们是两个独立的、来源不同、细胞成分不同、分泌激素不同、调节机制也不同的内分泌腺。

（二）肾上腺性征异常症候群　肾上腺皮质除了分泌糖皮质激素和盐皮质激素以外，还分泌少量的性激素，包括雄激素和雌激素。肾上腺皮质所分泌的雄激素，其活性只相当于睾丸酮的1/5，再加上分泌量很少，故正常情况下，对男子的男性分化起不到什么作用，但对女性来说，由于没有睾丸内分泌，其身体的毛发生长受肾上腺皮质所产生的雄激素影响。因此，当女子肾上腺皮质分泌雄激素异常增多时，就可引起男性化现象为特征的肾上腺性征异常症候群。肾上腺性征异常症候群又有先天性与后天性之分。

1. 女性假两性畸形　患儿本应是女性，由于胚胎期肾上腺异常增生，分泌出大量雄激素，干扰了性的分化。胎儿出生时，就具有类似男性的外生殖器官，实际是阴蒂增大，阴道分化不全，未完全下降而与尿道会合，形成尿阴窦。卵巢、子宫及输卵管均不发育，并且往往存在前列腺。肾上腺皮质增生的原因是由于某种类固醇羟化所必需的酶先天缺乏（例如21β羟化酶或11β 羟化酶缺乏），造成皮质醇和醛固酮合成障碍。此时类固醇中间产物不能转变为皮质醇，而经其他途径转变为雄激素。由于雄激素产生过多，导致女性假两性畸形。

这种孩子往往被误认为男孩。第一年除有外生殖器不正常外，无其他异常，自1岁起，身高、体重的增加特别迅速，骨骼发育亦加速，并出现阴毛。随着年龄的增长，孩子很快出现种种男性的特征。至本应发育的年龄却不出现月经，乳房也不发育，而长胡须，腋毛及阴毛增多且较长，脸上出现痤疮，具有男性的喉结，声音粗。

2. 女性男性化　女子发生男性化现象称为女性男性化。本病为后天性肾上腺性征异常，有的是肾上腺皮质肿瘤引起，有的是肾上腺皮质增生引起，两者都可以引起肾上腺雄激素分泌过多，如发生在女性，即出现女性男性化。如发病在发育期前，与先天性者在临床表现上完全相同，只不过出生时外生殖器是正常的，尿道与阴道也是分开的，不会被误认为是男孩。一旦发病，生长发育即显异常，在雄激素作用下，身高、体重迅速增长，骨骼发育加速，出现阴毛与体毛，肌肉发达，体形呈男孩样特征。

女性男性化如发生在发育期以后，女子的体态与生理特征发生剧烈的转变，并有如下现象：① 面部长胡须，四肢生毛，阴毛由女性分布转为男性分布，生长繁密；② 声音粗，喉结增大；③ 月经渐减少，以致完全停止，这是雄激素对垂体促性腺激素强烈抑制而致卵巢萎缩的结果；④子宫、阴道均萎缩、退化，这是卵巢萎缩、雌激素减少所致；⑤性欲减退；⑥ 乳房萎缩，胸部与臀部脂肪减少，这是雌激素减少的缘故；⑦ 肌肉逐渐发达，阴蒂增大。追其病因，需鉴别是肾上腺皮质肿瘤还是皮质增生。从尿中激素检查可得到一些线索，如尿中17—醛固醇极度增多者，肿瘤的可能性大；如尿中孕三醇增多者，暗示着中间代谢物堆积，可能是肾上腺皮质增生。

三、内分泌腺与人的生长发育

人体的生长发育过程与内分泌系统的活动密切相关，甲状腺所分泌的甲状腺素对维持骨骼和神经系统的正常生长发育起着重要作用。胎儿在3个月后，甲状腺开始有功能并逐渐增强，这种趋势在出生后一直保持，直至青春期。人在整个青春期中甲状腺功能处于生理高峰。自50岁起，甲状腺的活力趋于低落。如果发生在儿童期的甲状腺功能减退，则骨骼生长速度减慢，神经纤维髓鞘生长过程迟缓；大脑皮质神经元的数量减少，神经元体积较小，表现为长骨生长和神经系统发育障碍，以致身材矮小，智力低下，称呆小症。脑垂体前叶分泌的生长激素，促进蛋白质合成，直接参与调节机体的生长发育，特别是加强骨和软骨的生长。所以，如果人在幼年时生长激素分泌不足，可导致生长发育迟缓，身材矮小，但智力发育一般正常，称侏儒症。相反，如果生长激素分泌过多，在儿童可引起全身各部过度生长，骨骼增长尤为显著，致使身材异常高大，称巨人症。

睾丸间质细胞是睾丸内分泌功能的来源。睾丸间质细胞分泌的雄性激素，是一组类固醇化合物，具有促进雄性体内副性器官和副性征发育的作用。雄激素的另一个重要作用是可使蛋白质合成功能增强，促进肌肉发育，使骨骼增长、长粗，促进了人在青春期的生长，但另一方面也促进长骨骨骺与骨干的融合。因此，男子在青春期到一定时期生长速度就减慢，并最终停止，因为在雄激素作用下骨骺最终与骨干融合，阻止了人长得过高。如果男孩睾丸酮分泌不足，则骨骺迟迟不能与骨干融合，这种人常常比正常男子要高，长成一个“细高条”。

据目前所知，卵巢分泌三种类固醇激素—雌激素、孕激素、雄激素，以及一种蛋白质激素——松弛素。在这四种激素中，分泌量最多、经常起作用的是雌激素与孕激素。它们对女性的生长发育起重要作用。60多年前就有人发现，如将雌兔的卵巢割除，它的一切性器官（如子宫、阴道、输卵管等）都发生萎缩。现已明确，雌激素是由卵泡的内膜层细胞、黄体、以及妊娠时的胎盘产生的。此外，男、女两性的肾上腺皮质也能分泌少量雌激素。男性体内的雌激素大部分是睾丸的产物。当然，这些部位所分泌的雌激素与卵巢相比，其量甚微。在女子体内雌激素从无到有，月复一月周期性分泌，到最后基本停止产生，决定了女子的生活时相。从对机体效应来说，雌激素最主要的功能是促进女性性器官以及与生殖有关的其他器官的形态发育与功能成熟。其中，对女性生殖管道细胞具有最突出的作用。此外，还促进乳腺和女性第二性征的发育。

雌激素对骨骼的作用：雌激素可引起成骨细胞活性增加，因此当女子进入青春期时，身高在几年之内发展得很快。然而雌激素也可引起长骨骨骺与骨干早期融合，有人认为这种作用比雄激素对男子骨骼的类似作用还要强，结果使女子比男子的生长停止要早几年，所以成年女性的身高一般比同年龄男性要矮些。

另外，女性骨盆比较宽，被认为也是雌激素作用于骨盆的结果。

四、垂体门静脉系统

垂体的血管和肝门静脉系十分相似，亦具有两级毛细血管网，即起于毛细血管又终止于毛细血管。次级毛细血管网又汇集成静脉，最后汇入海绵窦。

分布于垂体的动脉可分为两组：即垂体上动脉和垂体下动脉，两动脉间有丰富的吻合。

垂体上动脉来自大脑动脉环，可分为前、后两群小动脉。前群小动脉从结节上端进入垂体基部，在正中隆起和漏斗部处形成袢状的毛细血管网，称初级毛细血管网。自初级毛细血管网汇集成数条较大的静脉（约为12～15条），沿漏斗下行，开放于腺垂体前叶远部的血窦（次级毛细血管网）。这种起源于漏斗的初级毛细血管网及终止于远部的次级毛细血管网的数条静脉，则称为垂体门静脉系统。

垂体上动脉的后群小动脉，一般分布到漏斗的后部，亦有分支至正中隆起及漏斗蒂部，形成初级毛细血管网。由初级毛细血管网汇成的数条静脉，也属垂体门静脉系统，它们沿漏斗下降入远部的血窦。

下丘脑结节核等的分泌神经元所产生的激素，由其轴突输送到漏斗处释放入初级毛细血管网，再经垂体门静脉到远部的次级毛细血管网（图 2–2），从而调节垂体前叶远部各种细胞的分泌活动。

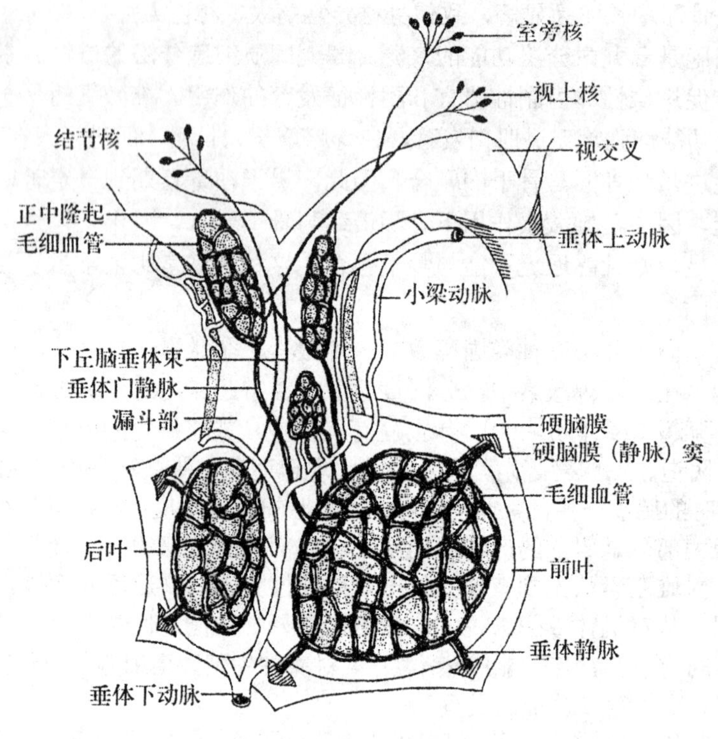

图 2–2　垂体门静脉系统

五、垂　　体

16 世纪，意大利的 Vesalius（1543 年）给这个腺体起了个名称—Pituitary gland。拉丁语的原意是鼻涕、粘液的意思。当时人们误认为它是滤过与收集大脑废物，成为鼻涕、粘液，通过筛孔，流入鼻腔，湿润鼻咽部的鼻涕分泌腺。过了 100 多年，拉弗代（1672 年）不同意上述观点，他创造了 Hypophysis 这个名词。他认为这个器官是由脑的本体向下延伸而成，故名为（脑）垂体。到了 18 世纪解剖学逐渐发展，人们看到垂体是由两部分合在一起的，并将其分为前叶、中叶和后叶，同时证实后叶是真正与脑组织相连的部分。前叶则是贴在上面的“寄客”。

（一）垂体的两个来源　垂体源自两部分，垂体前叶来自胚胎口凹外胚层，是口凹顶部靠近口咽膜处向上凸出的小囊，称作垂体小囊；垂体后叶来自间脑的漏斗。垂体前叶与神经组织没有直接的联系，是典型的内分泌腺，故又称腺垂体。垂体后叶的神经部与神经组织（漏斗）直接相连，故统称神经垂体。中间部从解剖学上看紧贴后叶，但从发生学上与前叶属同一来源，也是腺垂体的一部分。

（二）垂体与其他内分泌腺的相互关系　垂体前叶分泌激素的活动是在下丘脑的控制下进行的。在下丘脑与腺垂体之间，并没有直接的神经联系，而是靠垂体门静脉系统控制腺垂体的活动。

近年来发现，下丘脑某些部位的神经细胞能分泌10种神经激素，除两种是调节中间部黑色素细胞刺激素的分泌外，其余8种是控制垂体前叶活动的，即促甲状腺激素释放激素、促肾上腺皮质激素释放激素、卵泡刺激素释放激素、黄体生成素释放激素、生长激素释放抑制激素、生长激素释放激素、催乳素释放激素和催乳素释放抑制激素。它们精确地控制着垂体前叶分泌各种激素的水平。

垂体前叶分泌各种促激素的多少，直接受下丘脑所分泌的各种促激素释放激素和释放抑制激素控制。垂体前叶到底分泌多少种激素，这个问题到现在还没有完全解决。几十年中曾先后提出过30多种激素，然而只有6种经住了时间的考验，包括生长激素、促甲状腺激素、促肾上腺皮质激素、卵泡刺激素与黄体生成素和催乳素。垂体分泌的激素又调节相应靶器官的分泌和其他机能活动。另一方面，靶器官或靶细胞的分泌物的浓度变化，又反过来影响相应内分泌腺的分泌活动，这种调节称为反馈。通过反馈得以维持机体内环境的相对稳定和正常生理活动。

（三）垂体肽能神经纤维的分布　近年来的实验研究证实，哺乳类动物包括人、猴、狗、大鼠的垂体内分布有多种肽能神经纤维。

1．垂体前叶　用免疫细胞化学方法，相继在人、猴、狗及大鼠的垂体前叶发现有P物质（SP）、降钙素基因相关肽（CGRP）、甘丙肽（GAL）免疫阳性神经纤维分布。人垂体前叶SP阳性神经纤维主要分布于背侧部，在其纤维上有大量的梭形膨体。在狗的垂体前叶其SP阳性神经纤维从吻背侧部进入远侧部；而在大鼠则散布在垂体前叶远侧部。

CGRP免疫阳性神经纤维分布于猴垂体前叶内侧平面腹后部；分布于狗垂体前叶内侧平面，以腹尾侧为多；在鼠则分布于垂体前叶远侧部。

GAL免疫阳性神经纤维分布于猴、狗垂体前叶远侧部。猴垂体前叶还有较多的GAL免疫阳性细胞。大鼠的垂体前叶内仅有极少量的GAL免疫阳性神经纤维分布。

这些SP、CGRP及GAL免疫阳性神经纤维与腺组织关系密切，例如某些SP、CGRP阳性膨体绕ACTH阳性细胞簇之间有些则与腺细胞形成直接接触。这些结果提示SP、CGRP阳性神经纤维在对前叶腺组织调节中可能起重要作用。

2．垂体后叶　已有报道，SP、CGRP、血管活性肠肽（VIP）免疫反应阳性神经纤维分布于哺乳类，包括人、猴、狗、猫及大鼠垂体后叶。SP免疫反应阳性神经纤维的密度以狗垂体后叶最高，人和大鼠次之，猴最稀疏。VIP免疫阳性神经纤维分布于猴、狗及大鼠的垂体后叶。其纤维密度以狗垂体柄处最高，猴其次，大鼠垂体后叶仅有稀疏的阳性纤维。CGRP免疫反应阳性神经纤维在猴垂体后叶相当密集，在狗垂体后叶中央区为中等密度，在大鼠则十分稀疏。

3．垂体中间部（中叶）　以往报告说多数动物垂体中间部都有神经支配。最近的研究发现有几种以前未见报告过的肽能神经纤维分布。

据报告大鼠垂体中间部有相当密集的5−羟色胺（5−HT）免疫反应阳性神经纤维，但在猕猴和狗垂体中间部则未见5-HT 阳性纤维。以往报告说哺乳类动物垂体中间部有较多的多巴胺免疫反应阳性神经纤维，去甲肾上腺素能神经纤维也随血管进入中间部。最近国内研究证实，大鼠垂体中间部存在非常密集的促肾上腺皮质激素释放激素（CRF）免疫阳性神经纤维，但在猴和狗垂体中间部内则未见到此种纤维分布。在猴垂体中间部内有少量 GAL 免疫阳性神经纤维。最近还发现在狗和大鼠垂体中间部看到少量的甲啡肽（M-ENK）、NT 免疫阳性神经纤维，有研究发现大鼠后叶的Υ-氨基丁酸（GABA）免疫阳性纤维亦可进入中间部。

六、心、肾、胃、肠的内分泌功能

（一）心肌的内分泌功能　传统认为心只是血液循环的动力器官。自50年代有人发现某些哺乳动物和人的心房肌细胞有分泌颗粒以来，先后用生物提取技术等证实了分布在心房肌细胞内的分泌颗粒含有强大的利尿排钠和降压作用的物质，这种物质是一组活性肽，分别称为心钠素、心房肽和心房利钠多肽，统称为心房利钠因子。免疫组织化学及免疫电镜等技术，将心房利钠因子定位于心房肌细胞的分泌颗粒内，从而肯定了心肌的内分泌功能。现已公认心房肽为新的循环激素，并已人工合成某些心房肽。

哺乳动物心肌细胞分泌颗粒主要分布于心房肌细胞核端及核周围，尤以核两端的颗粒最密集；肌原纤维之间或肌膜下也有少数散在的颗粒。颗粒呈球形，有界膜，膜厚8nm。部分颗粒的界膜一侧增厚成板状。板外面常有放射或螺旋方向的绒状物。分泌颗粒主要为糖蛋白。

（二）肾的内分泌功能　肾不仅是泌尿器官，还是一个内分泌器官。据目前所知，肾向血液中分泌具有生理活性的体液物质可达五种。这五种物质是肾素、促红细胞生成素、前列腺素 A_2、1，25-二羟胆钙化醇和激肽系统。这些物质分别对血管舒缩、醛固酮分泌、骨髓造血、钙代谢等生理活动起着调节作用。

本世纪60年代确定了产生肾素的细胞是肾的肾小球旁体细胞，而分布在肾髓质中的间质细胞被认为可产生前列腺素 A_2。此外，集合管上皮等处也含有前列腺素合成酶。前列腺素 A_2 的主要作用是增加肾血流量和肾的滤过率，促进利尿。关于促红细胞生成素产生的部位尚有争论，过去曾认为促红细胞生成素产生于肾皮质入球小动脉的肾小球旁器，但用免疫荧光法进行研究，发现促红细胞生成素存在于肾小体的足细胞内。促红细胞生成素作用于红细胞定向干细胞，促其分化为原红细胞。肾内的激肽系统，现已知肾至少有两种激肽，一种是10肽的赖氨酰缓激肽，一种是9肽的缓激肽。肾的激肽是由肝的激肽原在激肽释放酶作用下转变生成的。肾的激肽释放酶活性90%以上分布在皮质，尤以外层皮质含量最高，它可能是肾小球旁器产生的，也有人认为是从致密斑到集合管之间的远端小管产生的。肾激肽可促使小动脉舒张，肾血流量增加，促进钠、水排出而尿量增加。肾具有活化维生素 D_3 的作用。人体从小肠吸收和皮肤合成的维生素 D 是 D_3，又称胆钙化醇，先经肝细胞后，转变为25-羟胆钙化醇，再经肾近端小管上皮细胞的线粒体中羟化醇作用，形成1，25-二羟胆钙化醇，它促使肠吸收钙，并促进肾近曲小管对钙、磷、钠的重吸收。

（三）胃肠道的内分泌细胞　胃肠道激素是指消化道粘膜中的内分泌细胞所产生的活性

物质。消化道激素的分泌细胞散在于胃肠粘膜上皮细胞之间，其数量相当可观，有人估计超过其它内分泌腺细胞的总和。消化道激素的内分泌细胞，其基底部都含有许多分泌颗粒，储存激素，故又名为基底颗粒细胞。这些细胞都具有亲银嗜铬的特点。这种细胞大多为开放型，其细胞顶端暴露于胃肠腔，有微绒毛，能接受食糜的化学、物理刺激，而产生激素。细胞所产生的激素成为成熟的基底颗粒，并从基底部释放，进入周围毛细血管，经血液循环送到靶细胞。胃肠道的基底颗粒细胞还有一个重要特点，它们与胰岛中的细胞、肾上腺髓质细胞和脑垂体前叶细胞有许多共同之处，其中主要的是它们都能摄取一些氨基酸衍生物，如二羟苯丙氨酸、5-羟色氨酸、组氨酸等，并催化其脱去羟基，而分别合成胺类或肽类激素。组织学把这些细胞都称为“含胺和 / 或摄取胺前体，并进行脱羟反应的细胞”，现称为 APUD 细胞。因为这些细胞在胚胎发育时期都来源于一个共同的祖先一神经外胚层。

七、胰岛与糖尿病

胰岛是胰的内分泌部分。胰岛组织散居于外分泌腺之间，由大小不等和形状不定的细胞集团所组成，其数量以胰尾较多，胰头和胰体部较少，因其在胰中颇似一个个小岛，故称胰岛。由胰岛所分泌的激素（胰岛素和胰高血糖素）通过毛细血管进入血液循环。在胰岛内的乙细胞（又名β细胞）产生胰岛素，其化学本质是蛋白质。我国于 1965 年 9 月在世界上首次人工合成了具有生物活性的结晶牛胰岛素。胰岛素的主要生理功能是调节糖代谢，一方面能促进血液中的葡萄糖进入肝、肌肉和脂肪等组织细胞，并在这些细胞内合成糖原，氧化分解或转变成其他物质（如脂肪）；另一方面又能抑制肝糖原分解和糖异生作用。由于胰岛素既能增加血糖的去路，又能减少血糖的来源，因此使血糖浓度降低。

糖尿病是一种以糖代谢紊乱为主的较常见的慢性内分泌或新陈代谢疾病。本病是胰岛素相对或绝对分泌不足的结果。主要临床表现是多饮、多食、多尿、消瘦、高血糖和糖尿。中医称为“消渴症”。

八、内分泌与肥胖

（一）肥胖的定义　肥胖（症）(obesity) 主要是指人体因各种原因引起的脂肪（主要是甘油三酯）成分过多，超过了正常人的平均量。超过正常标准体重的 10% 者为过重（超重），超过 20% 者或体重质量指数大于 24 者为肥胖。按世界卫生组织规定的体重质量指数（Body mass indes，BMI）公式计算：体重（kg）/ 身高 (m^2)，男子大于 27，女子大于 25 为肥胖，我国不论男女均为 24。

（二）肥胖的病因及分类　导致肥胖的原因很多，如遗传、内分泌、神经、环境因素中的吸烟、饮酒、饮食过量、运动少等。内分泌所致肥胖占 1%，临床上称继发性内分泌代谢性肥胖。绝大部分没有明显病因的称单纯性肥胖。但在有些疾病中，肥胖是重要的临床表现之一。近来由于放射免疫测定技术的应用，使我们更多地了解到肥胖也有不少与内分泌的变化有关，其中最突出的就是胰岛素的变化，现已被公认是肥胖病的关键，其次为肾上腺皮质激素的变化。继发性肥胖包括下丘脑性肥胖、垂体性肥胖、甲状腺功能低下肥胖、柯兴氏综合征、高胰岛素性肥胖、性腺功能低下肥胖、多囊卵巢综合征及先天性遗传性肥胖。

（三）肥胖与内分泌的关系

在正常人体内，胰岛素有促进脂肪合成，抑制其分解的作用。肥胖患者血浆胰岛素基值及葡萄糖刺激后分泌胰岛素偏高，可刺激脂肪合成，引起肥胖，且肥大的脂肪细胞膜上胰岛素受体对胰岛素不敏感，受体数目减少，为了满足糖代谢的需要，就必须分泌更多的胰岛素，使之维持在更高水平，以致促进了脂肪合成。胰岛素瘤患者可能由于高胰岛素血症引起低血糖反应，导致多食并促进肥胖的发生。

肾上腺皮质激素正常功能为加强脂肪细胞对葡萄糖的摄取，有利于脂肪合成。一种或数种肾上腺皮质激素分泌过多引起肾上腺皮质机能亢进。其中皮质醇增多症（柯兴氏综合征）系因皮质醇分泌过多所致。此外，长期服用肾上腺皮质激素，也可出现柯兴氏综合征。

生长激素能增加脂肪分解。肥胖患者血浆生长激素低于正常人，脂肪分解受阻。甲状腺激素通过多个环节促进脂肪分解，某些甲状腺功能低下的患者也可引起肥胖，这可能因体内代谢率下降，甲状腺激素对脂肪分解作用减弱的缘故。大多数患者肥胖好转后，甲状腺功能可恢复正常。

一般人体内脂肪的沉积随年龄增长而增长。老年人尤其是女性在停经期后发生肥胖者多，认为与其性腺和甲状腺功能减退，导致脂肪代谢紊乱直接有关。肥胖者不存在性激素紊乱的问题。儿茶酚胺具有促进脂肪分解的作用。肥胖患者对儿茶酚胺、激素作用不敏感，这是否是肥胖发病机制中的重要因素，尚不明确。

近年来发现中心性肥胖病人有多种激素分泌和受体功能异常，包括血中皮质醇和胰岛素水平升高，生长激素和男性睾丸酮水平降低及胰岛素抵抗性升高，下丘脑分泌的促肾上腺皮质激素释放激素、垂体分泌的促肾上腺皮质激素和肾上腺皮质分泌的可的松均升高。下丘脑-垂体-肾上腺轴可影响性激素和生长激素的分泌。

（李光昭　金　昱　崔春爱）

第四篇　脉管系统

一、微循环的形态基础

由于各器官、组织的功能和形态不同，其微循环的结构也不同。如眼球的巩膜和手指甲廓皮肤的微循环结构就比较简单，微动脉和微静脉之间仅由呈袢状的毛细血管相连；而骨骼肌和肠系膜的微循环的血管构筑形式则比较复杂。典型的微循环的血管构筑形式亦比较复杂。典型的微循环由微动脉、后微动脉、毛细血管前括约肌、真毛细血管、通血毛细血管（或称直捷通路）、动-静脉吻合支和微静脉等部分组成。微循环是血液循环的基本功能单位。

直捷通路　直捷通路经常处于开放状态而有血液流通，且血流速度较快，故这一通路的主要机能并不是进行物质交换，而是使一部分血液能迅速通过微循环而进入静脉。在骨骼肌中这类微循环通路较多。

动静脉短路　血液从微动脉经过动-静脉吻合支直接进入微静脉。这条通路的血管壁较厚，血流迅速，故血液流经这一通路时几乎完全不进行物质交换。在人的皮肤，特别是手掌、足底、耳廓等处，这类微循环通路较多。在一般情况下，动一静脉吻合支因管壁平滑肌收缩而关闭。当环境温度升高时，动一静脉短路开放，皮肤血流量增加，故皮肤温度升高，有利于发散热量。当环境温度降低时，动一静脉短路关闭，则有利于保存热量。因此，皮肤微循环中的动一静脉短路在体温调节中发挥作用。但吻合支处无交换机能，吻合支的开放，相对地减少组织对血液中氧的摄取。因此，如感染性或中毒性休克时，动-静脉吻合支大量开放，可加重组织的缺氧状况。

迂回通路　　真毛细血管网存在于组织细胞间隙中，真毛细血管的管壁薄，血流缓慢，是血液和组织细胞之间进行物质交换的场所。

真毛细血管是交替开放的，它的关启受后微动脉和毛细血管前括约肌控制，即后微动脉和毛细血管前括约肌舒张，真毛细血管网就开放，反之，真毛细血管网就关闭。

二、侧副支与侧副循环

较大的动脉干发出与血管主干平行的侧支，称侧副支。同一主干的侧副支间或两个主干的侧副支间互相吻合，称侧副吻合。正常情况下侧副支较细小，血流少，但主干在病理情况下（如血栓、结扎等），由于血液正常运行被阻碍，侧副支可逐渐变粗大，血流增多，血液可通过侧副吻合而到达阻塞以下的主干，从而代替主干发挥作用，这种通过吻合重新建立起的循环称侧副循环。侧副循环是一种可塑性很强、具有代偿功能的循环管道，在临床上具有很重要的作用。

三、心纤维性支架的形态特点与临床

心纤维性支架，又称心纤维性骨骼。由致密结缔组织构成，质地坚韧而富有弹性。在心肌运动中起支持和稳定作用。心纤维性支架随着年龄的增长可发生不同程度的钙化，甚至骨化。心纤维性支架包括四个瓣纤维环、两个纤维三角、圆锥韧带、室间隔膜部和瓣膜间隔等。

四个瓣纤维环（肺动脉瓣环、主动脉瓣环、二尖瓣环和三尖瓣环）分别位于肺动脉口、主动脉口、左房室口和右房室口周围。左房室口的纤维环较右房室口的纤维环坚韧，心瓣膜及心肌都附着于纤维环。心房肌与心室肌均从左、右房室口的纤维环开始，但不相连续，因此心房肌和心室肌能不同时收缩。动脉口周围的纤维环较房室口周围的纤维环薄弱。右纤维三角位于二尖瓣环、三尖瓣环与主动脉后瓣环之间，因右纤维三角位于心的中央部位，故又称中心纤维体，右纤维三角较左纤维三角坚韧，向下向前伸延续于室间隔膜部，其后面有时发出一结缔组织束，称 Todaro 腱，呈白色索状，位于右心房心内膜深面，向后与下腔静脉瓣相续。中心纤维体与房室结、房室束的关系十分密切，为心外科所重视。在右纤维三角的右缘内有房室束通过，当纤维结缔组织变性硬化时，可压迫房室束，导致房室传导阻滞。左纤维三角位于主动脉左瓣环与二尖瓣环之间，呈三角形，体积较小，该三角位于二尖瓣前外连合之前，外侧与左冠状动脉的旋支相邻近，是二尖瓣手术时的重要外科标志，也是易于损伤冠状动脉的部位。

二尖瓣环、三尖瓣环与主动脉瓣环彼此靠近，肺动脉瓣环位于较高平面，即圆锥韧带（又称漏斗腱）与主动脉瓣环相连。主动脉左、后瓣环之间的三角形致密结缔组织板称瓣膜间隔，向下与二尖瓣前瓣相连续，同时向左续接左纤维三角，向右与右纤维三角相连。

四、心瓣膜的结构及其维持血流恒定的机理

右心室的右房室瓣（三尖瓣）由三个三角形的瓣膜组成，其基底附着于右房室口的纤维环上，瓣尖向下垂入心室，并借腱索连于室壁的乳头肌上。当心室充满血液并开始收缩时，瓣膜飘到房室口的位置上，被增高的心室内压强行关闭。纤细的腱索一端附着在瓣膜游离缘的心室面上，另一端附着在心室的乳头肌上，由于乳头肌的收缩，腱索的牵拉，使瓣膜刚好闭合而不致翻向心房，从而防止血倒流入心房。

肺动脉口周围的纤维环上附着着三个呈半月形囊袋状的瓣膜，即肺动脉瓣。当心室收缩挤压所含的血液时，肺动脉瓣受压靠向肺动脉壁，从而血液可自由通过；但当心室舒张时，心室内的压力降低，肺动脉干内的血液因心室负压影响向心返流，推动囊袋状的瓣膜，从而关闭了肺动脉口，防止了血液回流入心室。此时右房室瓣开放，右心房内的血液流入右心室。

左房室瓣及主动脉瓣的结构及机能分别与右房室瓣及肺动脉瓣相同，其防止血液回流机理相类同，所不同的是左房室瓣（二尖瓣）为二个三角形的瓣膜，左心室壁的厚度是右心

室的3倍，腱索及乳头肌都较右室的粗大。

综上所述，二尖瓣、三尖瓣、肺动脉瓣和主动脉瓣是保证血液在心腔内按一定方向流动的重要结构。乳头肌的收缩及通过附于三尖瓣和二尖瓣的腱索牵拉瓣膜向心室方向，从而能防止瓣膜翻入心房。纤维环、瓣膜、腱索和乳头肌在功能上是一个整体，共同防止血液逆流。心瓣膜病，不论是狭窄或闭锁不全，初期均由心的相应部分扩张和肥厚来代偿，后来代偿不全就出现各种症状，最终导致心力衰竭。

五、心传导系统与临床

心的传导系统由特殊分化的心肌细胞组成。它们形成一些结或束，其功能是产生并传导冲动，维持心收缩的正常节律，使心房肌和心室肌的收缩互相协调。心传导系统包括五大部分：① 窦房结。② 心房内的传导束，即连接窦房结和房室结的结间束，以及连接左、右心房的房间束。③ 房室交界区，包括房室结、结间束的进入部和房室束。④ 心室内的传导束，包括房室束的一部分，左、右束支及其分支形成的内膜下 purkinje 纤维网。⑤ 副传导束，包括房室副束，为越经左、右房室间纤维环连系心房与心室肌的纤维；结室和束室副束，是从房室结、房室束及束支主干上发出到室间隔去的纤维；旁路纤维，是从结间束连到房室结下部或房室束的纤维。

窦房结是心正常的起搏点，窦房结由结细胞团和结缔组织纤维构成，结的中央有窦房结动脉穿过，在电镜下可见窦房结内主要有两种细胞：① 结细胞，主要位于结的中央部，因有起搏作用，色苍白（pale），故又称“P 细胞”。生理学的研究表明，结细胞，是起搏冲动的发生部位。② 移行细胞，位于结细胞的外周，连接于结细胞与一般心肌之间，主要起传导冲动作用。窦房结所产生的冲动首先通过心房肌使左右心房开始收缩，同时冲动较快地借结间束传至房室结。房室结的结构与窦房结基本相似，但移行细胞较多，结细胞较少，房室结内部及周围有许多移行细胞，结周也有 purkinje 细胞。窦房结与房室结内部有交感神经与副交感神经分布。冲动在房室结内传导缓慢，约延搁 0.04S，再沿房室束、左右束支及浦肯野氏纤维网传至心室肌，使心室肌开始收缩。左束支分支较早至室间隔，故冲动较早至室间隔左侧，因此在心动过程中，室间隔左侧面的心肌和乳头肌比其他心室肌冲动稍早，收缩稍提前。左、右束支均是先到乳头肌根部，然后才分支分布于室壁肌，这就使冲动稍提前传到乳头肌，乳头肌就稍前兴奋收缩，以防止二尖瓣、三尖瓣处血液倒流。室壁肌兴奋收缩的顺序是从心尖向心底方向进行。

心的传导机制中某一环节发生传导障碍，叫作心传导阻滞。如窦房结阻滞和房室传导阻滞等。

结间束：有些学者根据解剖、生理、生化和临床的研究认为，在窦房结与房室结之间有结间束相连，能将窦房结产生的冲动较快地传到房室结，但形态学方面的证据尚不充分。结间束有三条：① 前结间束，由窦房结的上端发出，向左行分为两束。一束至左房壁称巴赫曼（Bachmann）束；另一束经房间隔下行（在卵圆窝前方）至房室结上缘；② 中结间束，由窦房结外侧缘发出，向右绕过上腔静脉后面，经房间隔下行（也经卵圆窝前方）止于房室结；③ 后结间束，从窦房结下端发出，向下经界嵴和下腔静脉瓣而止于房室结后端。后结间束一部分纤维终止于房室结前端或房室束，称詹姆斯（James）旁路束。中、后结间束均有纤维至左房。从窦房结至右房的纤维呈放射状直接至右房壁。当结间束损伤或被切断时，可引起房内传导功能紊乱。

房间束：可分为上房间束和下房间束。① 上房间束（Bachmann 束），从窦房结前端发出，向左连至左房前壁和左心耳的心肌束内。② 下房间束，三条结间束在房室结上方相互交结，并有分支与房间隔左侧的左房肌纤维相连，从而将冲动传至左房。

变异的副传导束：有些作者研究指出，在心房与心室之间，除借正常的传导束联系外，某些人还有副传导束存在，使心室肌可以提前接受冲动而收缩，这种人常有阵发性心动过速的病态，且出现不正常心电图，P－R 间期缩短或 QRS 波群增宽等，这些症状称预激症候群。

副传导束有以下几种：① Kent 束，是从心房直接连至心室的肌束，多位于右房室环外侧缘的内膜下，少数位于室间隔或左房室环处。有的病人可在左右同时出现Kent束。② Mahaim 纤维，从房室结、房室束或左、右束支发出纤维，直接连至室间隔心肌。③ James 旁路束，主要来自后结间束，也有一部分前、中结间束纤维参加，这些纤维绕过房室结主体，止于房室结远端或房室束。

心脏传导系统的血液供应：

心脏传导系统的血液供应与心肌的血液供应有密切的关系并有其特点。由于冠状动脉的不同分支发生闭塞时，不仅会引起心脏不同部位的缺血，而且也会影响传导系统不同部位的血液供应。

1．窦房结支（动脉） 发自左、右冠状动脉，有 60%以上来自右冠状动脉，近 40%来自左冠状动脉，其中包括同时来自左、右冠状动脉的双侧窦房结支。窦房结支不仅供应窦房结和上腔静脉终端，而且沿途发出分支分布于心房壁，同时与心房上其他动脉分支吻合组成心房动脉网。左窦房结支起于左冠状动脉，常是在左旋支起始段数毫米之内发起，并不像右窦房结支那样深埋于脂肪之中，此处脂肪较薄，成人厚度约为 2 ～ 4mm，而右侧脂肪厚约为 4 ～ 8mm。窦房结内动脉丰富，有许多小动脉与心房壁内小动脉吻合，它是窦房结血供的重要侧支循环基础。结内动脉分支密度很大，较窦房结周围心肌的密度高 8 倍。这种状态同窦房结的起搏细胞需要充分的血液供应有关。

窦房结静脉同窦房结支伴行，经心最小静脉汇入右心房或上腔静脉终端。

2．房室结支（动脉） 房室结支在房室交点处发自左或右冠状动脉，有 90%以上发自右冠状动脉，而发自左冠状动脉为数不多。房室结支与窦房结支，有的发自同一冠状动脉，有的分别发自两侧动脉，此二动脉支约有 55%均发自右冠状动脉，40%发自左冠状动脉，有 4.4%窦房结支发自右冠状动脉，房室结支发自左冠状动脉。

房室束由房室结支和前室间支的第一室间隔支的分支供应，有少数是单独由房室结支供应，所以其侧支循环比较丰富。

房室结静脉比较细小，它同室间隔静脉和左室肌内的静脉相连，向上形成 1 ～ 2 支主干，最后开口于冠状窦或右心房。

3．左、右束支的血液供应 左束支的血液来源主要是前室间支发出的室间隔前支和发自后室间支的室间隔后支及房室结支。二者之间互相吻合。右束支主要由室间隔前支供应，但是，发自右冠状动脉的房室结支、降隔动脉和右室前支亦参加供应。室间隔前支在供应左、右束支主干和分支中占重要地位，它供应左、右束支的大部分，特别是其第二、三支的室间隔支常是粗大的，而供应范围亦宽广，所以在此分支的上方或下方发生闭塞时，对左、右束支的影响是不同的，对临床具有实用价值。左、右束支的静脉血回流至心大静脉和心中静脉。

综上所述，心脏传导系统的血液供应主要有：

（1）窦房结动脉：主要供应窦房结和大部分房内束。

（2）房室结动脉：供应房室结和房室交点区及房室束。窦房结和房室结多数是由右冠状动脉供血，因此，如果右冠状动脉特别是其起始段急性阻塞，则对心脏传导系统的功能将有严重影响。

（3）室间隔前、后支和房室结支：它们共同供应房室束的近侧段。此外，左、右心房后支以及房间隔前支、降隔动脉等也参加供应。因此，左冠状动脉的前室间支、左旋支和右冠状动脉这三大分支，任何一支发生闭塞，均会影响心脏传导系统的不同部位血液供应。

六、冠状动脉与冠心病

心肌的血供来自左、右冠状动脉。1970年在Leningrad举行的国际命名委员会认定左冠状动脉的前室间支、左旋支及右冠状动脉为心冠状动脉的三个主要分支。Spaltehloz、Schlesinger等根据心膈面左、右冠状动脉分布的情况，将冠状动脉分为右优势型、左优势型及均衡型。人类心冠状动脉分布类型和心肌梗塞的部位、范围有密切关系。

冠状循环始于升主动脉根部的主动脉左、右窦发出的左、右冠状动脉。两冠状动脉由主动脉窦发出后，在心外膜深面行走于冠状沟内和心脏表面，在行程中一再分支形成中、小肌型动脉深入心肌，经过细动脉最后形成毛细血管网，再经过细静脉形成心静脉系统。心静脉系统的绝大部分血液，经过冠状窦回流入右心房，小部分直接回流到心房和心室。此循环过程称为冠状循环，对大、小循环来讲，又称为第三循环。

（一）左冠状动脉　分为前室间支和旋支，有时还发出对角支。

1．前室间支　前室间支共有三组分支，即左室前支、右室前支和室间隔前支。

左室前支：是向左侧发出到左心室前壁的分支，分布于左心室前壁的中、下部区域。

右室前支：较小，分布于右室前壁靠近前室间沟的区域。右室前支最多有6支，第1支多在近肺动脉瓣水平处发出，分布至肺动脉圆锥，称为左圆锥支，此支与右冠状动脉的右圆锥支吻合形成动脉环。

室间隔前支：是一些小动脉，以12～17支为多见，分布于室间隔前上2/3区域，即前穿支。

有时前室间支向左或向右发出副前室间支与主干伴行。

2．旋支　多数终于左缘与房室交点之间的左心室膈面。一般有5种分支：左室前支、左室后支、左房支、窦房结支及房室结支。左室前支分布于左室前壁，其中行于左心室最外侧缘的分支称钝缘支或左缘支，恒定且发达，是冠状动脉造影辨认分支的标志之一。左室后支分布于左室膈面的外侧部。左房支可分为左房前、中、后支，分别分布于左房的前、外侧和后壁。窦房结支约占 39.1%，起于旋支的近侧段，向左上经左心耳的内侧壁及左心房前面，向右至上腔静脉口处分布于窦房结。房室结支约占 6.9%，起自旋支，于房室交点处进入深部，分布于房室结。

3．对角支　对角支的出现率为 42.3%，发自前室间支与旋支的分叉部，分布左心室外侧壁。

（二）右冠状动脉　主要分支有后室间支、右缘支、右室支、左室后支、右房支、右旋支、窦房结支和房室结支。

1．后室间支　发出室间隔后支，分布于室间隔的后下 1/3 地区，即后穿支。严重室间隔支梗塞可导致室间隔穿孔。

2．右缘支　在右心缘处发自主干，分支分布于右缘附近的膈面和胸肋面心室壁。

3．右室支　分右室前支、右室后支。

（1）右室前支：分布于右室前壁，其第一支多分布于动脉圆锥，故又名右动脉圆锥支。此支起始后向左横过肺动脉圆锥与左动脉圆锥支吻合。

（2）右室后支：多分布于右心室膈面。

4．左室后支：较小，分布于左心室膈面。

5．右房支　分右房前支、右房中间支及右房后支。

（1）右房前支：发自右冠状动脉的始段，分布于整个右心耳及右心房前壁。

（2）右房中间支：分布于右房右缘区。

（3）右房后支：起自右冠状动脉膈面段，分布于右心房后壁。

6．窦房结支　约占 60.9%起于右冠状动脉的近侧段，沿右心耳内侧面上行分布于窦房结。

7．房室结支　约占 93.1%在房室交点处起于右冠状动脉主干或其分支，行向深部，分布于房室结和房室束的近侧部。

8．右旋支　为右冠状动脉的另一终支，起始后行向左越过房室交点，也可有细支与左旋支吻合。

左、右冠状动脉的分支较多，其小分支常以垂直于心表面的方向穿入心肌，并在心内膜下分支成网。这种分布形式使冠状血管容易在心肌收缩时受到压迫。左冠状动脉的血液流经毛细血管和静脉后，主要经由冠状窦回流入右心房，而右冠状动脉的血液主要经心前静脉回流入右心房，此外还有一小部分血液通过心最小静脉流入各心腔内。

心肌的毛细血管网分布极为丰富，毛细血管数和心肌纤维数的比例为 1∶1。在心肌的横截面上，每平方毫米面积内约有 2500 根毛细血管。同一冠状动脉的分支之间，左、右冠状动脉之间，动、静脉之间，小动脉与心腔之间，以及冠状动脉与心外动脉（如支气管动脉、胸廓内动脉等）之间也都有侧支相互吻合。在人类，这种吻合支在心内膜下较多。

冠状动脉的侧支循环可分为三种类型，即冠状动脉系直接与心腔相通；冠状动脉分支之间的吻合；冠状动脉分支与心外动脉间的吻合。

1．冠状动脉直接与心腔相通　心壁中的冠状动脉的小分支可以通过扩大的心肌窦状隙与心腔相通；或直接通心腔；或形成毛细血管网后，以心最小静脉通入心腔。当冠状动脉闭塞时，这些支可扩大代偿，这对较薄的右心室壁，更易收到实效。因而右心室壁较少发生梗塞。

2. 冠状动脉分支之间的吻合　早在1669年Lower曾指出在两条冠状动脉之间有吻合存在。Vieussens（1706）记载了左冠状动脉的前室间支与右冠状动脉之间借助于“圆锥”动脉而形成环状吻合，即Vieussens环。此后围绕着冠状动脉间是否有吻合的问题曾有过不同看法。本世纪初，一些作者用心肌腐蚀法及放射造影法证明了冠状动脉间吻合的存在，从而确立了冠状动脉在解剖上不是终动脉的事实。研究的结果认为，在心室壁、心尖、冠状沟脂肪内、室间隔、乳头肌、肉柱以及前室间支与后室间支之间，右冠状动脉与左冠状动脉的旋支之间，前室间支与左旋支之间均有吻合存在。《冠状动脉解剖学》一书中记载了左、右冠状动脉之间有以下几处吻合：包括左、右动脉圆锥支之间；右冠状动脉心房支之间；旋支的心房支之间以及两侧心房支之间；室间隔前、后支之间。心内交通支可有一定的代偿作用，但在全心肌层缺血时，却不能依靠心内交通支起到侧支循环代偿作用。冠状动脉闭塞时，依靠冠状动脉间吻合建立侧支循环仍是主要的代偿途径。

3. 冠状动脉与心脏外血管的吻合　包括肺动脉壁和升主动脉壁的动脉网，更主要的是通过心包反转处的心包动脉网。

（1）肺动脉壁的吻合网：由右冠状动脉、左冠状动脉第一支、副冠状动脉、动脉圆锥支、左支气管支的分支、甲状颈干下降支等的分支在心包内段的肺动脉壁上互相吻合成网。胸廓内动脉的分支除与左支气管支吻合外，还可直接参加本网。

（2）升主动脉壁的吻合网：由胸廓内动脉、支气管支、右冠状动脉、甲状颈干、心包胸腺动脉等分支组成。

上述的肺动脉壁吻合网、升主动脉壁吻合网及左、右心房动脉吻合网，使冠状动脉之间以及使心脏血管与心外血管之间建立侧支循环。

（3）心包的吻合网：由心包膈动脉、膈下动脉、支气管支、胸腺支及甲状颈干的下降支参加。此外，心包动脉网与心房动脉网也相互交通。通过研究证明冠状动脉与心外动脉的交通支在生前即已存在，当冠状动脉狭窄、冠状循环发生障碍时，这种吻合支增大，可以起到一定的代偿作用，但对广泛心肌缺血究竟能有多大裨益尚难以肯定。

正常心的冠状血管侧支较细小，血流量很少，因此当冠状动脉突然阻塞时，不易很快建立侧副循环，常常导致心肌梗塞。有证据表明，急性冠状动脉阻塞后几天就能见到较大的血管吻合，但要使这些吻合丰富起来，却需要几个星期，若能充分发挥作用，甚至需要几个月的时间。

青年人侧副吻合还未发育好，一旦主要血管闭塞，易发生心肌梗塞。随着年龄的增长和局部缺血的影响，使吻合数量增多，口径增粗，如仅一条动脉分支阻塞，常不易发生心肌梗塞。

如果冠状血管阻塞是缓慢形成的，则侧支可渐扩张，并可建立新的侧副循环，起代偿作用。

七、心血管病的介入性治疗简介

心血管病介入性治疗指将治疗用的器械通过各种途径送入心脏和血管内来施行的治疗。

这种治疗方法通常是通过心脏导管术的操作来实现。经静脉心内膜人工心脏起搏术是应用得最早和最广泛的一种心血管病介入性治疗。其他常用的还有经皮穿刺冠状动脉腔内成形术、经皮穿刺球囊瓣膜成形术、心导管消融治疗、冠状动脉内粥样斑块消除术、先天性心血管病的心导管介入治疗、周围血管病的心导管介入治疗等。它们的治疗效果可与外科手术媲美，而对病人的创伤小，病人较易接受，故近年得到迅速发展。

（一）冠心病的介入治疗

1. 经皮冠状动脉腔内成形术 Percutaneous transhuninal coronary angioplasty (PTCA)

这是一种前端带有可扩张球囊的心导管，扩张狭窄的冠状动脉，从而达到解除狭窄，改善心肌血供的非外科手术方法。其作用机制尚不十分清楚。综合起来 PTCA 后冠状动脉管腔的扩大与斑块的压缩，管壁的被动性扩张和适度的血管内膜夹层分离以及后期的血管重构有关。1977 年 Gruentzig 首次成功地用于临床。随着器械不断的改进和技术水平的不断提高，PTCA 手段也从单一的球囊扩张发展成为多种形式的血管成形术，已成为世界范围内被广泛接受治疗方法。我国 PTCA 开始于 1984 年，1993 年以后，这项技术得到广泛开展。

PTCA 目前多采用股动脉途径，也可采用经桡动脉途径以 Seldinger 法穿刺，放置动脉鞘管，同时静脉注射肝素 1mg/kg 将指引导管送至待扩张的冠状动脉口，然后将 0.014 英寸的导引钢丝送至欲扩张的病变动脉的最远端，再将相应大小的球囊沿导引钢丝送至欲扩张的病变处，造影证实位置无误后，根据病变的性质以不同的压力进行扩张，扩张的时间为 30 ～ 120s，每次扩张后造影了解扩张效果，效果不满意可再次扩张直至满意或采用其他手段治疗为止。

2. 冠状动脉内支架术（Intracoronary stent）

1987 年瑞士 Sigwart 首先报道了冠状动脉内支架的应用.。此后 Sigwart 及美国 Palmaz 等在动物实验基础上，将不锈钢丝编织成网筒状的血管内支架置入经过 PTCA 的冠状动脉，对预防急性闭塞及再狭窄保持血管通畅取得了显著疗效。最初是作为 PTCA 引起的急性闭塞的补救措施，以后用于 PTCA 效果不满意的病例，目前又将其作为一种预防再狭窄的手段应用于临床。冠状动脉内支架有自扩支架和球囊膨胀型支架两种。目前一般认为，对直径≥3mm 的血管于 PTCA 术中并发夹层或急性闭塞时，应首选植入支架的方案，使血管再通保持血流通畅。对血管直径＜ 3mm 者可先长时间加压扩张，如不成功者，可考虑植入另一种支架（Gianturco-Roubin 支架）。支架多为不锈钢材料制成，分为镂 刻管状和缠绕圈形支架两大类，一般是将支架裹在球囊上，通过扩张球囊来释放支架，也有通过特殊导管来释放，如自膨胀支架。手术在 PTCA 后进行（近来对部分适合的病变也可直接放置支架），通过导引钢丝将支架送至狭窄处并使之覆盖所有病变，然后释放之。释放后再以高压扩张（一般大于 12 个大气压）使支架充分扩张并与血管壁紧密贴合，这有利于减少围手术期併发症和再狭窄的发生。目前支架术主要适应症为急性闭塞或即将急性闭塞的病变、局限性病变、完全闭塞病变、急性心肌梗死、局限性非开口处静脉移植血管的病变、球囊扩张后再狭窄的病变、小血管或较长病变球囊扩张结果不满意或出现夹层分离、主干开口病变。目前 PTCA 后支架植入率为 50 ～ 70%。

3. 粥样斑块机械旋磨切除术

主要部件为旋磨导管及驱动器。导管的顶端为橄榄形的膨大体，橄榄体的前半部嵌有细小的金刚石，导管中心有通道可让导丝通过，当导管在驱动器的驱动下带动橄榄体高速旋转时（转速 150000 ～ 200000rpm），橄榄体前部的金刚石就可沿导丝对粥样斑块组织碾磨，碾磨下的组织碎片比血细胞还要小，因此不会造成远端动脉的栓塞。该方法可适用于钙化、开口、分叉、成角及较长的病变。

4. 定向粥样斑块切除术

主要部件为旋转导管及微型电动机。该技术适用于位于近端、管径较大、血管较直段的偏心、开口、分叉的病变。

5. 腔内粥样斑块抽吸切取术

主要部件为旋切导管及微型负压吸引器。因该技术有较高的并发症及无 Q 波心肌梗死的发生率，目前很少用于自然的冠状动脉。

6. 激光冠状动脉成形术

利用激光可消融斑块等组织的特点，通过光导纤维将激光引入病变处，并向该处发放激光，从而达到消除血管狭窄的目的。该方法併发症多及再狭窄率高，目前也很少使用。

7. 超声血管成形术

该法在组织和细胞中产生空化作用引起 1 ～ 3 个大气压大的内爆炸，使斑块瓦解而达到血管再通的目的。该技术碎裂的斑块体积过大，易发生无 Q 波心肌梗死，故未能在临床推广使用。

8. 冠状动脉内血栓去除术

因该技术适应症范围小，临床经验较少，应用价值还在进一步的评价之中。

9. 经皮激光心肌血管成形术

该技术主要用于即不适合血管成形术也不适合冠状动脉搭桥手术的病变，初步使用的结果令人鼓舞，其确切的疗效还有待于进一步的研究。

（二）经皮球囊导管瓣膜成形术 Percutaneous catheter balloon valvuloplasty（PCBV）

经皮球囊导管瓣膜成形术是用非外科的方法治疗瓣膜狭窄病变，部分代替开胸手术，具有创伤小，相对安全等特点。

[作用原理] PCBV 是应用心导管术把球囊导管送达狭窄瓣膜处，通过扩大球囊内压力以辐射力形式传达到狭窄的瓣膜组织上，使瓣叶间粘连的结合部向瓣环方向部分或完全地撕开，从而解除瓣口梗阻，而不是瓣口的暂时性扩大。1987 年 Reid 等应用二维及多普勒超声心动图研究，发现球囊扩张狭窄的二尖瓣时，不仅使二尖瓣交界分离，还使交界开放角度增大和粘连的瓣下结构松解。

最早 1982 年 Kent 首次成功经皮穿刺肺动脉瓣成形术。1984 年井上宽治（Inoue）及 Lablabidi 分别施行球囊二尖瓣成形术及球囊主动脉瓣成形术。1987 年 Zaibagh 和 Mulin 成功的施行球囊三尖瓣成形术。我国于 1985 年开始此项技术，目前主要用于二尖瓣和肺动脉瓣狭窄的病例，三尖瓣狭窄者相当少见，而主动脉瓣成形术使主动脉狭窄的瓣口面积增加有限，严重併发症多，死亡率高，再狭窄的发生早，术后血流动力学，左心室功能和生存率均不如外科瓣膜置换术，所以多主张用于高龄不宜于施行换瓣手术者，或作为重症病人一时不适合手术治疗的过渡性治疗。方法有经皮球囊肺动脉瓣成形术及经皮球囊二尖瓣成形术。

（三）心导管消融治疗（Catheter ablation）

心导管消融治疗是通过心脏电生理技术在心内标测定位后，将导管电极置于引起心律失常的病灶处或异常传导径路区域，应用高能电流、激光、射频电流、细胞毒性物质、冷冻等方法，使该区域心肌坏死或损坏，达到治疗顽固性心律失常的目的。1982 年 Scheimman 首次使用直流电治疗房室束参与的折返性室上性心动过速。1986 年 Huang 开始应用射频电流治疗心律失常。我国于 1983 年起步，现已较普遍的开展，近几年更有长足的进步。心导管消融的能源有：①直流电消融 ②射频电消融 ③冠状动脉内化学消融。心导管消融的方法可用于治疗：①快速性阵发性（或慢性）心房扑动、心房颤动、房室心动过速；②房室结折返性心动过速 ③房室折返性心动过速 ④室性心动过速。

（四）先天性心血管病的心导管介入疗法

先天性心脏病介入治疗有两类：一类是姑息性的，目的是为改善患儿全身状况，争取及早外科治疗。主要是心房间隔缺损造口术；另一类是根治性的，常用的有：①房间隔缺损闭合术：通过心导管经股静脉将伞状或扣状的闭合装置送至心房间隔缺损处闭合缺损。适于第二孔型直径不大的心房间隔缺损。②未闭动脉导管闭塞术 ③球囊肺动脉瓣成形术：用顶端带有球囊的心导管置于狭窄的肺动脉瓣处，以稀释的造影剂加压充盈球囊以减轻狭窄。目前认为是治疗本病的首选方法。④冠状动脉静脉瘘：结合 PTCA 技术，可沿引导钢丝将大小适合的泡沫海绵塞子或弹簧圈送至瘘管中，阻断左向右分流。⑤主动脉缩窄球囊成形术：用顶端带球囊的心导管置于缩窄部位，以稀释的造影剂加压充盈球囊使之扩张，成人可用双球囊技术，近来多在扩张后放置支架。

（五）周围血管病的介入治疗

周围动脉的粥样硬化病变都可考虑应用类似于冠状动脉粥样硬化的各种介入疗法进行治疗。血栓性闭塞性脉管炎仍以药物治疗为主。非外科性下腔静脉阻断术防止下肢静脉血栓脱落引起的肺动脉栓塞、选择性注入溶栓药物以溶解血栓栓塞、以带球囊的导管协助取出动脉或静脉内的血栓等，亦是较常用的介入性疗法。近来还使用带膜支架治疗腹或胸主动脉瘤。

八、冠心病的外科治疗简介

冠状动脉造影术的成功（1962），促进了冠心病直接性外科治疗的迅速发展。于 60 年代 Favaloro 等第一次应用大隐静脉移植，开始是间位移植，即将狭窄的一段冠状动脉切除，移植一段大隐静脉，不久发现此法的两个吻合口可能有狭窄形成，而且近侧的冠状动脉可能有残余狭窄。因而改行搭桥手术，最常用的手术是在升主动脉与冠状动脉之间用大隐静脉作旁路术，即采取一段自体大隐静脉，将静脉的近心端和远心端分别与狭窄段远端的冠状动脉分支和升主动脉作端侧吻合术，以增加心肌血液供给量。近年来较多采用胸廓内动脉与狭窄段远端的冠状动脉分支作端侧吻合术。对于多根或多处冠状动脉狭窄病例可用单根大隐静脉和胸廓内动脉与邻近的数处狭窄血管作贯序或蛇形端侧与侧侧吻合术，术后约有 90% 病人症状消失或减轻、心功能改善，可恢复工作，延长寿命。

本手术目前在冠心病发病率高的国家中已成为最普通的择期性心脏外科手术，对缓解心绞痛有较好效果。

九、血管的神经与滋养血管

（一）血管的神经

动、静脉均有神经支配，大动脉外膜内有神经丛。如肺动脉的外膜和中膜之间有肾上腺素能神经丛，由此丛发支进入中膜的外半，中膜内半则无神经。较大的肺动脉分支也有胆碱能神经供应。在肺静脉的外膜与中膜交界处有肾上腺素能神经丛。分布于颈内动脉、冠状动脉的神经末梢都与其滋养血管相接触。心的静脉无论大小都有肾上腺素能神经末梢分布，此神经末梢亦大都位于外膜与中膜交界处。

血管的神经来自内脏神经，有传入和传出神经之分。传入神经包含有两种传入神经纤维。一种是主要传导痛觉的传入神经纤维，如血栓栓塞引起的疼痛有时可精确地定位，即属于此；另一种传入神经纤维仅分布于某种血管的特定部位，如主动脉弓和颈动脉窦等处，传导血管内压改变所引起的冲动。传出神经是血管运动神经，至中膜的平滑肌，血管运动神经主要是交感神经，少数是副交感神经(全身大部分血管有无副交感神经支配尚有争议)。交感神经主要使血管收缩（有例外，使冠状动脉、肺动脉扩张)，副交感神经使血管扩张（如阴部血管)，但亦有例外，如使冠状动脉收缩。

（二）血管的滋养血管

血管也像其他组织一样，需要氧和营养物质，因此，血管壁内也含有血管，这些血管称为血管滋养管。在大血管的外膜有小血管，中膜无血管或其外 1/3 有毛细血管进入，供给其营养，而内膜及中膜内层的营养，则依赖组织液扩散方式来供应。外膜内还有淋巴管。70 年代 Clarke 研究结果：冠状动脉的滋养动脉来自冠状动脉口、冠状动脉的心房支、心室支和侧支，分布于冠状动脉的外膜和中膜的外 1/3，在 50 岁以上成人的标本上，偶见有进入中膜中 1/3 者。静脉起自中膜的中 1/3，通过冠状动脉壁汇入心房、心室和主动脉的静脉。在中膜的中 1/3 有动静脉吻合。肺动脉干及其分叉的滋养动脉发自冠状动脉口和冠状动脉的心室支，分布于外膜和中膜的外 1/3；静脉由中膜的中 1/3 起始，引流到外膜的静脉丛，以后汇入心的静脉。在中膜的中 1/3 有动静脉吻合；中膜的内 1/3 和内膜无血管。下肢动脉只有股动脉的滋养血管由外膜进入中膜的外 1/3，其余动脉的滋养血管只限于外膜，而中膜和内膜都没有血管。小儿主动脉的滋养血管来自冠状动脉口；头臂干、支气管、肋间、腰及肠系膜等动脉，4 岁前只分布于外膜，4 岁时扩大到中膜的外 1/3，10 岁到中膜的中 1/3，13 岁时在中膜的内 1/3 见有小静脉，后者经外膜的静脉丛引流到心、支气管、肋间及腰静脉。

在动脉的管腔面可看到有管径为 100 ～ 200nm 的血管开口，认为它是相当于心最小静脉开口。近年来用静脉移植术治疗动脉堵塞，因此也促进对静脉的血管研究。发现静脉壁内的血管由静脉周围结缔组织进入它的外膜。滋养小动脉行程较直，分支较少，分成毛细血管后汇合成为滋养小静脉。滋养小静脉管径较大，行程弯曲。滋养血管延伸到中膜，并几乎到达内膜。滋养血管是否与静脉管腔交通，还不能肯定。用扫描电镜观察股静脉的内皮，看到有开口，可能是滋养血管的开口。

十、胃的动脉供应与临床

胃的血液供应十分丰富，一般情况下，胃的动脉完全来自腹腔干。

1. 胃左、右动脉　在小网膜内沿胃小弯走行，形成胃小弯动脉弓，沿途发出许多小支至胃前、后壁。胃左动脉是腹腔干的分支，起自其他处者少见，偶有副胃左动脉出现。胃右动脉常是肝固有动脉的分支，但也可起自肝总动脉或胃十二指肠动脉等，无胃右动脉者约占10%，而出现副胃右动脉者仅占1～2%。

2. 胃网膜左、右动脉　在胃结肠韧带内沿胃大弯走行，形成胃大弯动脉弓，由动脉弓上发出分支至胃前、后壁和大网膜。胃网膜右动脉起自胃十二指肠动脉，胃网膜左动脉起自脾动脉主干或其脾支。

3. 胃短动脉　约3～6支，各支间及其与邻近各动脉之间均无明显吻合。胃短动脉可直接起于脾动脉，但更多起于脾动脉的脾支或胃网膜左动脉。

4. 胃后动脉　起自脾动脉的起始部，经网膜囊后壁的腹膜深面上行，沿膈胃韧带至胃后壁上部，见于60%～80%的人。胃后动脉对胃大部切除后的残胃起营养作用。

此外，还有来自胃左动脉或腹腔干发出的左膈下动脉的一小逆行支，分布于胃底上部。

各个来源的动脉分支，在胃粘膜下层内彼此广泛吻合，形成粘膜下丛，并形成侧副循环。胃的大部分粘膜都由粘膜下丛发支分布，只有胃小弯处的粘膜直接由胃左、右动脉的分支穿过肌层和粘膜下层而分布。有人认为胃小弯的这种特殊血液供应是该处易患溃疡的原因之一，而且此处一旦溃疡大出血常不易自行止血。

胃短动脉与胃网膜左动脉的分支因走向胃壁的方向不同（前者向右上，后者向右下），故在胃壁上形成一个所谓“无血管区”。一般认为行胃大部分切除术自小弯侧胃左动脉的第1、2分支之间至胃大弯侧的“无血管区”的胃切除，相当于切除全胃的75%；如小弯侧靠近胃左动脉的第三分支处切断，则相当于切除50%；亦有人认为胃大部切除术在大弯侧的切断点，选择在胃左、右网膜动脉吻合处的左侧2～4cm较为合适，从此切点至胃小弯的近侧切断胃，约切除全胃的50%～60%。

十一、大网膜的动脉吻合及临床应用

大网膜的血液供给主要来自胃网膜左动脉和胃网膜右动脉。此二动脉在胃结肠韧带内，沿胃大弯吻合成胃网膜动脉弓。由此弓向上发出胃支，分布于胃大弯的前、后壁，并与胃左动脉和胃右动脉至胃的小支吻合；向下发出5～13条长短不等的网膜支，分布于大网膜。在网膜支中，靠近胃网膜左、右动脉起始处，各有一较粗者，分别称为网膜左、右动脉，其余各支统称为网膜前动脉。网膜左、右动脉发出后在大网膜左、右缘的前二层内分别下行，当到达其游离缘，再绕下缘转入后二层向上行，在大网膜后二层内，网膜左、右动脉互相吻合，以网膜左动脉为主，形成一横位并位于横结肠下方的大网膜边缘动脉弓，也称Barkow弓。网膜支中最常见的是大网膜左动脉、大网膜右动脉、大网膜中动脉、大网膜副动脉和大网膜短动脉。根据大网膜中动脉分成终支的位置高低不同，把大网膜分为五种类型。网膜支还可与左结肠动脉的分支吻合。

大网膜边缘动脉弓的存在，对于沟通大网膜左、右两侧的血液循环，以及建立侧副循环等均有重要意义。同时，外科手术行大网膜剪裁延展时，此动脉弓也是考虑血液供应来源的主要途径。

胃结肠韧带左侧部薄而长，其内的血管吻合支也较少，故临床上切开此部较安全。胃结肠韧带右侧部则短而相对固定，其内有中结肠动、静脉通过，因此分离此段胃结肠韧带时应慎重。从横结肠上将大网膜分离下来，需切断大网膜的后二层，并切断、结扎其中的血管。

从胃大弯上分离大网膜时，为使其成活，可在胃网膜左、右动脉主干以下切断胃结肠韧带，并切断、结扎各网膜前动脉，保留胃网膜左、右动脉。也可在左侧结扎胃网膜动脉的胃支，保留其主干及网膜支，在右侧从胃网膜右动脉起始处结扎该动脉主干，这样保留下来的大网膜边缘动脉弓也足以防止大网膜坏死。

胃网膜右动脉的口径较胃网膜左动脉粗些，因此大网膜游离移植或带蒂移植时，多选用胃网膜右动脉。

大网膜具有粘连功能，手术中常将大网膜铺盖在内脏的创面、缝合处或吻合处。然而，大网膜所形成的粘连，有时可成为肠梗阻的病因之一。

十二、肠系膜上动脉综合征的解剖学基础

此综合征系指十二指肠第三或第四部（水平或升部）受肠系膜上动脉（或其分支结肠中动脉）压迫所致的慢性肠梗阻，所以也称为肠系膜上动脉压迫综合征或十二指肠血管压迫综合征。有些急性胃扩张也可能是这种疾病的急性梗阻型。

十二指肠水平部和升部从右向左横跨过第三腰椎、下腔静脉、腹主动脉和椎旁肌。肠系膜上动脉在第一腰椎高度起于腹主动脉，因立位或卧位时，向下向右行走于小肠系膜内，与腹主动脉形成一锐角，并在进入小肠系膜前跨过十二指肠水平部或升部，故这两部分的十二指肠即位于肠系膜上动脉和腹主动脉所形成的锐角间隙内。正常人这个角度约为40°～60°，由于十二指肠这两部分在腹膜后位置比较固定，其升部且被Treitz韧带悬吊固定于腹后壁，所以当肠系膜上动脉与腹主动脉之间角度过小，就可以使肠系膜上动脉将十二指肠水平部和升部压迫于椎体或腹主动脉上而造成肠腔狭窄和梗阻。在临床上由此所致梗阻症状的病人，这个角度约为15°～20°。血管压迫性梗阻发生的原因尚有其他因素，如Treitz韧带过短，将十二指肠升部悬吊固定于较高位置，或肠系膜上动脉起源于腹主动脉的位置过低，在肠发育过程中，小肠系膜与腹后壁固定过紧，都可使十二指肠水平部接近肠系膜上动脉和腹主动脉成角间隙最小的根部，更容易受压。腰椎前凸畸形，或长期仰卧于背部过度后伸的体位，可以缩小脊柱与肠系膜上动脉之间的间隙，也使十二指肠易于受压。在近期显著消瘦的病人，十二指肠与肠系膜上动脉之间的脂肪垫消失，尤其是伴有内脏下垂、腹壁松驰时，压迫更容易发生。动脉硬化也被认为是易于引起压迫性梗阻的因素。所以肠系膜上动脉综合征发生的原因可能是多方面的或者是综合性局部解剖因素所致。此病半数

以上由于肠系膜上动脉压迫十二指肠水平部或升部而发生，瘦长无力体型或精神、神经不稳定者也易发生此综合征。

十三、手掌动脉弓

掌浅弓由尺动脉的末端和桡动脉的掌浅支吻合而成。位置较浅，表面除皮肤和浅筋膜外，仅覆以掌腱膜。掌浅弓除发出一些小分支至附近肌肉和皮肤外，其主要分支为指掌侧总动脉和小指尺掌侧动脉。指掌侧总动脉接受掌心动脉和掌背动脉的穿支。我国人掌浅弓的组成可分为四个基本类型，其中以桡尺动脉型为最多，即掌浅弓由尺动脉末端和桡动脉掌浅支组成，占 47.25%。其次为尺动脉型，占 46.25%，此型桡动脉掌浅支非常细小，甚至消失在鱼际肌内，此时掌浅弓几乎全部由尺动脉组成，或借细支连于示指桡侧动脉或拇主要动脉。尺正中动脉型，即由变异的正中动脉进入手掌与尺动脉末端吻合而成，较少见，约占 6.0%，而桡正中动脉型更为罕见，占 0.5%。若按上述各类型中动脉的吻合和分离状况进行分析，掌浅弓呈弓状吻合的约占 81.25%，仅借线形细支连接的非弓状吻合的占 6.75%，完全分离的占 12.00%。

掌深弓由桡动脉的末端和尺动脉的掌深支组成。自掌深弓发出三条掌心动脉，至掌指关节附近与相应的指掌侧总动脉吻合。返支参与腕背网构成。穿支，与相应的掌背动脉吻合。另发小支至骨间肌、掌骨和蚓状肌。

手掌的动脉分布非常丰富，它们构成互相交通的掌浅弓和掌深弓，此二弓有保证血液均匀分布到手指的作用。如手握工具劳动时，在手掌或手指掌侧遭到压迫的情况下，由于掌浅弓和掌深弓借掌心动脉互相交通，并借穿支连接掌背动脉，仍可保证手指的血液循环不受影响。

临床上尺动脉或桡动脉损伤或结扎后，一般情况下不致于造成手部血液供应障碍。但是，若两条动脉同时受损伤，大多会发生手部缺血坏死。因此，若条件许可，应争取做血管吻合，以恢复对手的血液循环。

十四、上、下肢动脉干的体表投影

腋、肱动脉的体表投影：为上肢外展 90°，掌心向上，从锁骨中点至髁间线（肱骨内、外上髁间的连线）中点稍下方连一线，大圆肌下缘以上为腋动脉，以下为肱动脉。

桡动脉的体表投影：从肘窝中点远侧 2cm 处，至桡骨茎突前方的连线。

尺动脉的体表投影：从肘窝中点远侧 2cm 处，至豌豆骨桡侧的连线。

掌浅弓与掌深弓的体表投影：当拇指充分外展时，掌浅弓约与拇指根部远侧缘平行，其最凸侧一般不超过掌中纹。掌深弓约在掌浅弓投影的近侧 1 ~ 2cm 处。

股动脉的体表投影：大腿处于屈髋、稍外展和外旋位，自腹股沟中点至收肌结节连线的上 2/3 段。

胫后动脉的体表投影：为从腘窝中点下方 7 ~ 8cm 处，至内踝与跟腱之间中点连线。

胫前动脉的体表投影：为在胫骨粗隆和腓骨头之间的中点与两踝之间的中点连线。

足背动脉的体表投影：相当于两踝背面中点和第一跖骨底之间的连线。

十五、静脉的分布规律

全身的静脉分布有肺循环的静脉和体循环的静脉。肺循环的静脉即肺静脉，内含动脉血。体循环的静脉分为心静脉系、上腔静脉系和下腔静脉系。

体循环的静脉分浅静脉与深静脉两类。浅静脉位于皮下组织内，位置浅表，数量多，无动脉伴行，为输液、采血和插入导管的适宜部位。深静脉行于深筋膜的深面或体腔内，除少数大的静脉干（如头臂静脉，上、下腔静脉等）、颅内的静脉、心的静脉、肝门静脉、奇静脉及脊髓的静脉等不与动脉伴行外，多数深静脉皆与同名动脉伴行，故称为伴行静脉。

浅静脉一般都吻合成静脉网，深静脉则在动脉或某些脏器周围或壁内吻合成静脉丛。心的冠状循环的静脉血，大部分汇流到冠状窦。另外，还有具有特殊结构的静脉，如硬脑膜窦、板障静脉和骨松质与周围静脉有广泛交通。

十六、肝门静脉、门脉高压症及侧副循环

肝门静脉包括所有运送血液至肝的静脉。这些静脉接受全部腹、盆腔的消化管（直肠下部和肛管除外）、食管胸段末端、胰、脾、胆囊以及肝韧带等处的血液。肝门静脉系是由不成对的静脉所组成，其属支自上述各器官内的毛细血管丛起始，最后汇成一总干称为肝门静脉。肝门静脉入肝后和动脉相似反复分支，最后终于窦状毛细血管或称为肝血窦，自此经各级肝静脉将血液运送至下腔静脉。因此，肝门静脉系的血液在入心以前，通过两组毛细血管，即消化管、脾、胰以及胆囊等器官内的毛细血管和肝内的肝血窦。

肝门静脉在胰头的后方由脾静脉与肠系膜上静脉汇合而成。肝门静脉的长度为 4.6 ～ 8.6cm，平均为 6.73cm。肝门静脉管腔的外径为 0.9 ～ 3.0cm，平均为 1.8cm。根据肠系膜下静脉注入部位不同，将肝门静脉的组成分为三型：即肠系膜下静脉注入脾静脉为 I 型，最多；肠系膜下静脉注入肝门静脉角（肠系膜上静脉与脾静脉之交角处）为Ⅱ型，最少；肠系膜下静脉注入肠系膜上静脉为Ⅲ型，次之。肝门静脉角平均为 93.8°。肝门静脉的属支有脾静脉、肠系膜上静脉、肠系膜下静脉、胃左静脉、胃右静脉、胆囊静脉、附脐静脉和胰十二指肠上后静脉。

脾静脉的长度平均为 9.74cm。脾静脉近端管腔的外径平均为 0.9cm。脾静脉的属支有胃短静脉、胃网膜左静脉和胰静脉。此外，还有不恒定的属支为胃左静脉及肠系膜下静脉。

肠系膜上静脉的长度平均为 7cm。肠系膜上静脉近端管腔外径平均为 1.4cm，较肝门静脉稍细，又因其易暴露，可用来施行肠系膜上静脉与下腔静脉的分流手术，因此把这段肠系膜上静脉称为“外科干”。肠系膜上静脉的属支有空肠静脉、回肠静脉、回结肠静脉、中结肠静脉和胰十二指肠下静脉，此外还有胃网膜右静脉和不恒定的肠系膜下静脉。

肠系膜下静脉的长度平均为 13.2cm。肠系膜下静脉近端管腔外径平均为 0.85cm。肠系膜下静脉注入脾静脉处至肝门静脉角之间的距离平均为 1.57cm，肠系膜下静脉注入肠系膜

上静脉处至肝门静脉角之距离平均为 0.87cm。肠系膜下静脉的属支有直肠上静脉、乙状结肠静脉和左结肠静脉。

胃左静脉注入肝门静脉者居多，注入脾静脉者次之，注入门脾角者最少。胃左静脉平均长度为 3.5cm，其近端管腔外径平均为 0.38cm。胃左静脉注入肝门静脉至肝门静脉角之距离平均为 1.8cm。

胃右静脉的平均长度为 4.7cm，其近端管腔外径平均为 0.24cm。

胰十二指肠上后静脉的长度平均为 2.5cm，其近端管腔外径平均为 0.2cm。

在正常情况下，肝门静脉系与上、下腔静脉系之间的吻合支细小，血流量较少，均按正常方向分别回流所属的静脉系。如果肝门静脉循环发生障碍（如肝硬化门脉高压），肝门静脉系的血液可通过门腔静脉之间的吻合支，经上、下腔静脉系回流入心（因为肝门静脉及其较大的属支都没有瓣膜）。但是由于此时吻合部位小静脉的血流量剧增，使其扩张、弯曲、变形，呈现静脉曲张现象。曲张静脉一旦破裂，常引起大出血。如果胃底和食管下段的静脉丛破裂，则引起呕血；如果直肠静脉丛破裂，则引起便血；当脐周围静脉网曲张时，则出现腹壁脐周静脉网怒张。由于肝门静脉循环障碍，血流受阻，也可引起脾肿大及胃肠淤血，成为产生腹水的原因之一。

当肝门静脉发生障碍时（如肝硬化门脉高压），血液向肝内回流不畅，肝门静脉的血液可通过肝门静脉系与上、下腔静脉系吻合，形成的侧副循环，经上、下腔静脉系回流入心。

肝门静脉系与上、下腔静脉系间的吻合如下：

1. 胃左静脉的食管静脉　通过食管静脉丛与奇静脉的食管静脉吻合，当肝门静脉血液回流受阻，食管静脉丛曲张，若破裂可出现呕血。

2. 肠系膜下静脉的直肠上静脉　通过直肠静脉丛与直肠下静脉和肛静脉吻合。门脉高压时，直肠静脉丛怒张，若破裂可出现便血。

3. 附脐静脉经脐周静脉网　在深层与腹壁上静脉和腹壁下静脉吻合；在浅层与腹壁浅静脉和胸腹壁静脉吻合。若脐周静脉网怒张，在临床上称为“海蛇头”，是肝门静脉回流受阻的体征之一。

4. 通过 Retzius 静脉　该静脉是存在于某些腹腔脏器的非浆膜面与体壁之间的大量细小静脉。如存在于升结肠、降结肠、十二指肠、胰和肝等器官的非浆膜面与体壁之间的一些小静脉，它们把肠系膜上静脉、脾静脉与腰静脉、下位数对肋间后静脉、膈下静脉、肾静脉及睾丸静脉等连起来。当肝门静脉高压时，Retzius 静脉变粗而曲张，建立起门、腔静脉系统之间的侧副循环。

5. 若静脉导管未闭　可将肝门静脉左支与下腔静脉直接相连。

6. 通过小肠静脉与下腔静脉及其腹膜后小支间的吻合支　将肝门静脉系与腔静脉系连接起来。

脐静脉是胚胎期将母体动脉血运送至胎儿体内的重要血管，传统上形容它在生后数天内即闭合并纤维化，成为肝圆韧带的纤维索，故触摸镰状韧带游离缘有绳索感。然而自从 1923 年 Sidbury 在新生儿经肝圆韧带插管输液，特别是 1959 年 Gonzales 在尸体经此插管至肝门静脉左支造影获肝门静脉良好显影以后，有关脐静脉可重新作为管道加以利用的研究时有所见，对这一静脉的认识也有了显著的变化。目前认为，出生以后脐静脉只是管壁塌陷，收缩变厚而已，管腔并未完全消失，它的纤维化也是不完全的。虽该脐静脉和肝门静脉左支脐隐窝的连接处（直径 2 ～ 4mm）可存在薄膜（膜型），或连接处较为狭窄（狭窄型），可是，整个管道是能用探条加以疏通扩大的，上述薄膜也易被穿通，因此，可以向内置入直径为 2 ～ 3mm 的导管，一直插送到肝门静脉左支，进行肝门静脉测压、采血、暂时性肝门静脉减压，或注入造影剂、药物，作肝门静脉造影或治疗肝疾患等。核磁共振影像中观察到脐静脉血向下流入脐时，有助于诊断门静脉高压症。将脐静脉血向大隐静脉转流，是门静脉高压症的紧急体外分流措施之一。

自 1989 年以来，德国、美国、英国、西班牙及日本等相继报道经颈内静脉肝内门体分流术（TIPS）治疗门静脉高压症，我国于 1991 年开始了这方面的研究。门静脉高压症的外科治疗主要分为分流术、断流术和减流术。分流术是将肝门静脉血流在入肝前进入体静脉，减少肝门静脉压力，控制食管静脉曲张破裂出血；断流术是通过阻断胃左静脉的反常血流治疗食管静脉曲张出血；减流术如脾切除术减少肝门静脉血流，但难以达到理想的降压作用和控制出血目的。TIPS 属分流术，是传统分流术的改进。该方法采用介入放射学技术，在 X 线透视下经颈内静脉途径，将肝静脉和肝门静脉沟通，经过穿刺、扩张和植入可扩张血管内支撑，在肝实质内建立肝内门体分流通道，肝门静脉血流经分流通道直接进入肝静脉和下腔静脉，从而降低肝门静脉压力，有效地控制食管静脉曲张出血。肝硬化时肝门静脉系统的结构改变和肝门静脉血流动力学的变化为TIPS提供了解剖学基础和病理生理环境。同时，高压气囊扩张管和可扩张性血管内支撑对肝内门体分流的建立和通畅有着极其重要的作用。肝硬化形成过程中肝血窦和肝门静脉末梢血管周围纤维组织增生，肝血窦狭窄、减少或闭塞，肝细胞坏死后形成的假小叶压迫肝血窦致肝门静脉血管阻力增加，肝门静脉主干及左、右支管径显著增宽，有利于 TIPS 操作过程中肝静脉向肝门静脉穿刺。

十七、上、下肢浅静脉与变异

（一）上肢浅静脉　包括手、前臂和臂的浅静脉

1. 手的浅静脉　手指的静脉非常丰富，在各指背面形成两条互相吻合的指背静脉，收集几乎全部手指的静脉血。指背静脉在指蹼处，合成三条掌背静脉；达手背中部形成不恒定的手背静脉网。网的桡侧部与示指桡侧的指背静脉和拇指的指背静脉相连，向上延续于头静脉。手背静脉网的尺侧部，接受小指尺侧的指背静脉，向上延续为贵要静脉。

2. 前臂和臂的浅静脉　包括头静脉、贵要静脉、肘正中静脉和前臂正中静脉及其属支等。

（1）头静脉：起于手背静脉网的桡侧部，位于桡骨茎突背侧的浅筋膜内，逐渐转至前臂屈侧。在肘窝的稍下方，自头静脉分出一支，斜向内上方与贵要静脉相连称肘正中静脉。头静脉在肘窝和臂部，沿肱二头肌外侧上行，过三角肌胸大肌间沟，穿锁胸筋膜，注入腋静脉或锁骨下静脉。

头静脉行程存在着较多变异，如无臂头静脉，或有臂头静脉，但不与前臂头静脉相连或仅连以细支，前臂头静脉则斜过肘窝浅部直接注入贵要静脉。

副头静脉位于头静脉的桡侧，起自前臂背侧的一个属支或自手背静脉网的尺侧部起始，向上至肘窝以下注入头静脉。有时在肘窝部可出现岛头静脉（岛头静脉的上、下端均与头静

脉相连）。

（2）贵要静脉：为上肢最粗大的浅静脉，起于手背静脉网的尺侧部，逐渐转至前臂屈侧，过肘窝时接受肘正中静脉后变粗大，继沿肱二头肌内侧上行，至臂中点稍下方穿深筋膜汇入肱静脉，或伴随肱静脉上行至腋窝后皱襞处，与肱静脉共同构成腋静脉的总干。

（3）肘正中静脉：粗而短，变异甚多，通常于肘窝处连接贵要静脉和头静脉。但有时肘正中静脉很大，可将头静脉的全部或大部分血液引流至贵要静脉，致使头静脉的上段消失或很小。肘正中静脉多为一支，也可出现二支或缺如。肘正中静脉和贵要静脉在肘部被交通支和肱二头肌腱膜充分固定，因此，即使在休克时仍能看见或触及此静脉，故常在此作采血、注射或静脉内麻醉。

（4）前臂正中静脉：起始于手掌静脉丛，是不甚恒定的细支，沿前臂屈侧经头静脉与贵要静脉之间上升，注入肘正中静脉或贵要静脉。前臂正中静脉可见 1 ～ 4 支，也可缺如。有时在肘窝以下向上呈叉状分为二支，分别与头静脉和贵要静脉相连，此时不复出现肘正中静脉，故称这种静脉配布型为“M”型。

（二）下肢的浅静脉　包括足、小腿和大腿的浅静脉。

1. 足的浅静脉　有趾背静脉及足背静脉弓。

趾背静脉沿趾背侧后行，于跖骨远侧端皮下汇入足背静脉弓，此弓即横位于跖骨远侧端背侧皮下。静脉弓的内、外两端向后移行为内侧缘静脉和外侧缘静脉，分别与大隐静脉和小隐静脉相延续。内、外侧缘静脉与足背静脉弓之间有许多静脉支相连组成足背静脉网

足底皮下有许多较粗静脉组成的足底皮静脉网，此网与足背静脉网有交通支相连。

2. 大隐静脉　起自足背静脉弓的内侧缘静脉，经内踝前面沿小腿内侧伴隐神经上行，经股骨内侧髁后方，经大腿内侧至耻骨结节下外方 3 ～ 4cm 处，穿隐静脉裂孔（卵圆孔）筛筋膜注入股静脉。在入股静脉之前，一般有 5 条属支，大隐静脉属支的数目、位置和汇入形式个体差异很大。据统计以 4 支及 3 支者最多见，约占一半以上；5 支者不足 1/5；3 支以下及 5 支以上者均占少数。在近端的属支中，以腹壁浅静脉、阴部外静脉、旋髂浅静脉、股内侧浅静脉和股外侧浅静脉等 5 支比较固定，前三者的出现率约在 90% 以上，后二者的出现率稍低。阴部外静脉与腹壁浅静脉共干者较多，占 34%；旋髂浅静脉、股外侧浅静脉与腹壁浅静脉的共干占 26%。副隐静脉的出现率较少，外侧副隐静脉的出现率为 20%，内侧副隐静脉的出现率仅占 4%。

3. 小隐静脉　是足外侧缘静脉的延续，自外踝后方上升，沿小腿后面中线上行，至腘窝下部穿腘筋膜注入腘静脉或同时有一细支连结大隐静脉或股深静脉。小隐静脉沿途收集小腿的浅静脉。小隐静脉也可继续上行，在大腿下 1/3 以上注入大隐静脉、股深静脉或膝外上静脉。少数小隐静脉在膝横皱襞以下注入大隐静脉、腘静脉或腓静脉。沿大腿后面下行的浅静脉，称腘股静脉，也在腘窝处注入小隐静脉。

十八、锁骨下静脉与临床

销骨下静脉为腋静脉的延续，自第一肋外缘行至胸锁关节后方，与颈内静脉合成头臂

静脉。销骨下静脉前有锁骨及锁骨下肌，后上有锁骨下动脉，二者间隔以前斜角肌及膈神经，下为第一肋及胸膜顶。

由于锁骨下静脉的管壁与颈固有筋膜、第一肋骨膜、前斜角肌腱，以及锁骨下肌的筋膜鞘等愈合，手术时若伤及此静脉，可发生气栓。

锁骨下静脉通常仅有颈外静脉汇入，偶尔接受肩胛上静脉、颈横静脉及胸肩峰静脉。

锁骨下静脉位置固定，管腔较大，血流量较多，若灌注高渗溶液，血栓形成发生率较外周静脉为小。因此，锁骨下静脉插管至上腔静脉是监测中心静脉压和进行静脉高营养疗法的途径之一。常经右侧静脉角插入，因为右侧头臂静脉短，直通上腔静脉，向下并经右心房通下腔静脉。

锁骨下静脉位于肋锁斜角肌三角内，借前斜角肌与锁骨下动脉和臂丛分隔，此段锁骨下静脉的前方只有锁骨下肌和锁骨，所以在此处穿刺较安全。可由锁骨下缘的内、中 1/3 交点处，至同侧胸锁关节上缘之间作一连线，作为穿刺时进针方向的标志。

十九、影响静脉血回流的因素

1．血管系统内血液充盈程度越高，则回心静脉血量也越多。容量血管收缩时，静脉回心血量就增多。

2．心收缩力　心收缩力量强，心室腔内的血液排空就彻底，心舒张期中心室内压就较低，对心房和大静脉中的血液抽吸力就越大，因此有利于静脉血的回流。

3．体位改变　从卧位变为立位时，使身体低垂部分的静脉扩张，容量增大，不利于静脉血回流。如在高温环境中长期站立不动，皮肤血管扩张，回心血量减少，导致心输出量减少和脑供血不足，可出现头晕甚至昏厥。

4．骨骼肌的挤压作用　在步行或跑步时下肢骨骼肌的节律性舒缩，将有利于静脉血的回流；而长期站立不动，肌肉处于紧张收缩状态，静脉持续受压，静脉血回流必然减少。

5．心房舒张和吸气运动　吸气时，胸腔容积增大，胸内压进一步降低，有利于胸腔内大静脉和右心房的扩张，因此有利于静脉血回流至右心。呼气时，胸内负压值减小，因此回右心血量相对减少。

6．静脉瓣　静脉瓣顺血流开放，逆血流闭锁静脉管腔，是促进静脉血回流的重要装置。

7．腹肌和腹部胃肠等脏器的活动　可挤压静脉，有助于其中血液向心流动。

8．各伴行静脉，因受同一血管鞘内动脉搏动的影响，可促进其中静脉血回流。

9．某些静脉，其管壁与周围的筋膜紧密附着，牵拉时使静脉维持扩张状态。

二十、颈动脉窦与颈动脉小球的作用

颈动脉窦是颈总动脉的末端或颈内动脉起始处的膨大部分，壁内有来自舌咽神经的特殊感觉神经末梢，为压力感受器。当动脉血压升高时，即引起主动脉弓和颈动脉窦扩张，压力感受器所受的牵张刺激增强，传入中枢的兴奋增多，使心交感神经中枢的紧张性降低，迷走神经中枢的紧张性增高，于是心率变慢，心肌收缩力减弱，心输出量减少。与此同时，交感神经缩血管中枢的紧张性降低，外周阻力减小，动脉血压下降，接近正常范围。因此把压力感受器的反射称为减压反射。

颈动脉小球是一个椭圆形小体，位于颈总动脉分叉处的后方，借结缔组织连于动脉壁上，属化学感受器，也受舌咽神经支配，能感受血液中氧分压的下降，从而引起反射性的呼吸加深加快，心率加快，血压增高。

（孙文琢　陶　然　卢　雨　姚财世）

二十一、淋巴系统研究的进展

（一）器官淋巴引流的研究进展与癌的淋巴扩散方式　随着肿瘤病理学和对恶性肿瘤诊治研究的迅速发展，利用较先进的仪器、技术方法对机体内一系列器官的淋巴管分布、淋巴引流等进行了广泛的研究，取得了一些成果。由国内外一些学者写的《癌的淋巴管》、《实用淋巴系统解剖学》等专著已相继出版。学习淋巴系统，有必要进一步对人体内一些重要器官的淋巴流向、癌的扩散方式，以及癌在淋巴结内的生长、再扩散作深入了解。

1. 人体重要器官的淋巴流向

（1）舌的淋巴引流：舌的淋巴管可分浅深两层，浅层者起始于粘膜的淋巴管网，可跨越中线左右交通。舌的部位不同，其淋巴流向也不相同。舌尖：淋巴管穿过口腔底注入颏下淋巴结，或经舌下腺、下颌下腺的内侧到达舌骨部，继而归入颈内静脉肩胛舌骨肌淋巴结。舌侧缘：淋巴管可经两条途径引流，一是经下颌下腺的外侧注入颏下淋巴结；另一是经腺体内侧注入颈内静脉二腹肌淋巴结，这些淋巴管亦可直接注入下颌下淋巴结。舌的深层淋巴管沿血管走行，多汇入下颌下淋巴结、颈外侧深淋巴结和咽后淋巴结。舌癌可转移到后两组淋巴结。

（2）胃的淋巴引流：胃的毛细淋巴管分布于胃壁各层之间，存在着广泛的吻合和交通，在胃的粘膜下和肌层中形成丰富的淋巴管丛，最后合成较大的淋巴管，注入各局部淋巴结。胃的淋巴引流如下：① 贲门部，经贲门淋巴环引流至胃左淋巴结，最后至腹腔淋巴结，也可经左膈下淋巴结至主动脉旁淋巴结。② 胃底部，除经贲门淋巴环引流外，亦可经脾淋巴结注入腹腔淋巴结。③ 胃体部，小弯侧的淋巴经胃左淋巴结注入腹腔淋巴结；大弯侧左半部的淋巴经胃网膜左淋巴结、脾淋巴结注入腹腔淋巴结，大弯侧右半部者经胃网膜右淋巴结注入幽门下淋巴结。④ 幽门部，小弯侧的淋巴管经幽门上淋巴结注入肝淋巴结，大弯侧者可分别经幽门下淋巴结或胃网膜右淋巴结至腹腔淋巴结，也可引流至肠系膜上淋巴结。

（3）胰的淋巴引流：胰头的淋巴管注入胰十二指肠上、下淋巴结，然后再分别进入幽门下淋巴结及肠系膜上淋巴结。胰体的淋巴管可分别注入胰腺上、下淋巴结。胰尾的淋巴汇入脾淋巴结。胰的淋巴经上述有关淋巴结直接或间接注入腹腔淋巴结或肠系膜上淋巴结。

（4）肝的淋巴引流：肝的淋巴管可分浅深两组。① 浅组淋巴管，位于肝表面浆膜下的结缔组织内，彼此间吻合成网。肝膈面的浅淋巴管与伴随肝静脉穿出的淋巴管共同上行，穿膈的腔静脉孔入后纵隔，分别注入膈上、肋间和纵隔后淋巴结。膈面的淋巴管可向前绕肝前缘入肝淋巴结，向两侧沿膈下动脉走行注入位于肾动脉水平的腰淋巴结。此外，肝左叶后部的淋巴管可注入贲门旁淋巴结。肝脏面的浅淋巴管与伴随肝门血管出肝的深淋巴管向下行注入沿肝动脉排列的肝淋巴结，进而汇入腹腔淋巴结。只有右叶后部的部分淋巴管与下腔静脉伴行，穿膈的腔静脉孔注入纵隔后淋巴结。此外，肝冠状韧带及右三角韧带处的浅淋巴管可不经局部淋巴结而直接汇入胸导管。② 深组淋巴管，汇合成升、降两干。升干与肝静脉伴行出肝，穿膈的腔静脉孔注入膈上及纵隔后淋巴结，降干伴肝门血管出肝，注入肝淋巴结，也有部分深淋巴管不经局部淋巴结而直接注入胸导管。

(5) 肺的淋巴引流：肺的浅、深淋巴管间接或直接汇入支气管肺门淋巴结（即肺门淋巴结），然后再分别注入气管支气管上、下淋巴结，其中右气管支气管上淋巴结可收纳两侧肺的深淋巴管。

(6) 膀胱的淋巴引流：膀胱前壁的淋巴管沿脐动脉引流至髂外淋巴结，后壁的淋巴管主要注入髂外淋巴结，有的注入髂总淋巴结、髂内淋巴结和骶淋巴结。膀胱三角处的淋巴管注入髂内、外淋巴结。

(7) 子宫的淋巴引流：子宫各部的淋巴各有其引流途径。① 子宫底，其淋巴管沿子宫圆韧带，途经腹股沟管流入腹股沟浅淋巴结；② 子宫体上部，淋巴管经子宫阔韧带上部向外走行，于此与来自输卵管和卵巢的淋巴管汇合，共同沿卵巢悬韧带上行，汇入腰淋巴结；③ 子宫体下部，大部分淋巴管沿子宫阔韧带基部向两侧行至骨盆腔外侧壁注入髂外淋巴结，小部分则伴随子宫血管注入髂内淋巴结；④ 子宫颈，淋巴管走向两侧，分别注入髂内、外淋巴结，部分淋巴管向后，绕直肠两侧汇入骶淋巴结或髂总淋巴结。子宫颈与直肠有共同的淋巴管网。

(8) 直肠的淋巴引流：直肠壁内上下各部的淋巴管虽彼此之间有丰富的吻合，但各部淋巴管又有其主要引流方向：① 直肠上部，淋巴管沿直肠上动脉的分支向上注入直肠上淋巴结，然后再流入肠系膜下淋巴结；②直肠中部，淋巴管与直肠下血管伴行，过肛提肌的上面，注入直肠下淋巴结，最后汇入髂内淋巴结，部分淋巴管穿肛提肌，经坐骨肛门（直肠）窝，伴肛血管及阴部内血管最后汇入髂内淋巴结。少数淋巴管沿骶外侧动脉走行，注入骶淋巴结；③ 直肠下部，齿状线以下的淋巴管收纳肛管下部、肛门及肛门外括约肌周围的淋巴，除了与直肠中部的淋巴管有吻合外，主要向前外，经会阴部及大腿的内侧注入腹股沟浅淋巴结，最后汇入髂外或髂总淋巴结。

(9) 乳腺的淋巴引流：在乳晕周围，乳腺浅、深淋巴管汇合后大致有以下流向：① 乳腺外侧部及外上部的淋巴管常汇合成 2 ～ 3 条较大的淋巴管，向外上方走行，首先注入腋淋巴结的胸肌淋巴结，然后再导入腋淋巴结的其他群。② 乳腺内侧部的淋巴管分别于胸骨旁穿 1 ～ 5 肋间隙，注入沿胸廓内血管排列的胸骨旁淋巴结。③ 乳腺内下部的淋巴管与腹上区的淋巴管有吻合，亦可穿腹前外侧壁与膈下间隙和肝的淋巴管吻合。④ 乳腺深部的淋巴管约 2 ～ 3 条，穿胸大、小肌直接注入沿锁骨下静脉排列的锁骨下淋巴结。在少数情况下，乳腺的淋巴管可穿胸大肌，经锁骨与锁骨下肌之间，注入沿颈横血管排列的锁骨上淋巴结（属颈深淋巴结）。

2. 癌的淋巴扩散方式　一般认为癌可以通过两种方式经淋巴系统扩散。一种是渗透，这种扩散方式比较少见；另一种方式是癌细胞进入淋巴后形成癌性栓子，在淋巴液中漂流，然后累及局部淋巴结，这种方式的扩散较多见，亦即淋巴转移的通常概念。兹分别加以阐述。

（1）癌的淋巴管渗透：癌在软组织中多向阻力最低的方向逐步浸润、蔓延，并与周围组织粘连、固定。在癌的发展过程中，常侵及邻近的淋巴管，尔后可在管腔内生长蔓延，累及局部淋巴结。乳腺癌就常通过渗透方式蔓延，乳腺癌原发病变四周出现多个皮下结节，这就是由于深筋膜上淋巴管内有广泛渗透性扩散，并在不同部位沿淋巴管向浅层蔓延的结果。前列腺癌累及骨盆、腰骶椎，是癌细胞通过神经周围淋巴间隙蔓延的结果。

如局部淋巴结已有转移癌，并因此已阻塞了淋巴管的正向流通通路时，癌细胞亦可向相反方向渗透，称为逆向渗透。1981 年 Vogel 曾对此现象加以描述。乳腺癌即可沿胸廓内淋巴管逆行渗透至肝。晚期乳腺癌，当腋窝淋巴引流受阻后，亦有逆行渗透至腕部淋巴管者。

（2）癌栓经淋巴管扩散：临床医生认为，癌栓经淋巴管扩散，累及局部淋巴结是癌肿的主要扩散方式。因此认为一些癌肿通过广泛的局部切除，并经另一切口摘除局部转移淋巴结，可以达到根治的目的。Gray 和 Willis 采用了比较细致的方法，仔细地检查了介于原发乳癌和腋窝内转移淋巴结两者之间的组织，发现只是在与原发癌和转移淋巴结邻近的淋巴管中才能找到癌细胞。这一发现对于癌栓在淋巴管内漂流至局部淋巴结是淋巴扩散的主要方式给予了有力的支持。通过渗透的方式扩散，只发生于癌的晚期。

原发癌肿的局部淋巴引流区内的淋巴结常有不同程度的肿大，在显微镜下可见有滤泡增生、网状细胞及边缘窦的内皮细胞增生，这种增生过去曾一度认为是癌细胞产生的某种毒素所引起的反应，但无可靠的根据。目前认为这种增生主要是肿瘤组织退变和感染所引起的炎性反应。

在原发癌肿的局部淋巴结内的边缘窦中，常有数量不等的组织细胞，这种细胞在正常淋巴结中亦可见到，但在癌肿附近的淋巴结内，组织细胞数量较大，甚至窦内可完全为组织细胞所充满，并有时呈条索状排列。Black（1953）等提出，癌肿的局部淋巴结内组织细胞增多表示机体对癌的抵抗力较强。1955 年又提出，原发癌肿内淋巴细胞浸润较多也反映机体的抵抗力较强，预后较好。据 Halin 观察，癌分化愈成熟，局部淋巴结内组织细胞愈多，生存时间愈长，10 年生存率愈高。后又有些学者支持这种看法。但也有些学者进行了类似的工作，得出了不同的结论。如 Kister（1969）等曾对 318 例经乳癌根治术治疗的 A 期乳腺癌病例，做了详细的组织学检查，并进行了随访和认真的分析。但并没有发现淋巴结窦内组织细胞增生程度与 10 年生存率有关。

（3）癌在淋巴结内的生长及再扩散：已证明淋巴结对癌的扩散有滤过作用，可以阻碍癌的扩散，癌细胞可以形成微小的栓子，经输入淋巴管进入淋巴结，然后由于淋巴结边缘窦内的网状纤维的阻碍，停留在边缘窦内。癌细胞在此可以继续生长、分裂，穿过边缘窦进入实质，直至淋巴结被转移癌所代替。病变亦可穿透淋巴结被膜，侵犯周围组织。于是整个淋巴结的活动完全消失，淋巴引流也被阻塞。用手术方法摘除这种淋巴结的可能性也大为减少，且在分离时，往往将癌细胞更为广泛地种植在手术野内，弊多利少。在某些淋巴引流丰富的部位，如颈部和腋窝淋巴结数量很多，可达 50 ～ 100 个，这样多的淋巴结，即使在癌细胞的扩散过程中能够绕过或跨过一些淋巴结，对于滤过癌细胞、阻碍癌的扩散必然起到限制作用，但当局部淋巴结一旦受累后，即又形成新的癌性病灶，继续发展。当淋巴结窦内输出管内为癌细胞充满后，造成引流梗阻时，会迫使淋巴液向其他方向或相反方向流动，从而侵入相邻或远处未受累的淋巴结或内脏器官。

由于淋巴结血液供应丰富，且常位于较大的静脉附近，所以如淋巴结内的转移癌继续增长，可能侵犯静脉，使癌性栓子进入静脉血流，引起血行播散。临床上，锁骨上淋巴结癌转移相当常见，其中以乳腺癌、肺癌、食道癌及胰癌居多。约有 59.8%发生于左侧，25%发生于右侧，14.8%为双侧。据 Jacobson 报告，乳腺癌发生锁骨上淋巴结转移者占 21%；肝及胆囊癌占 17%；肺癌 16%；肝癌 14%；子宫癌 13%；胰癌 12%；结肠癌 8%；食道癌 7%。睾丸癌亦有发生锁骨上淋巴结转移者。至于转移的确切途径各家说法不一，实际上有不同的方式。

腹腔内癌肿的栓子进入胸导管，随淋巴流至胸导管末端，因该处管腔较细，致癌性栓子于该处停留时间长，并沿局部淋巴结的输出管逆行转移至锁骨上淋巴结。Willis 在 500 例各种癌肿病人的尸检中发现，有 18 例胸导管受累，其中 16 例腹部癌肿中，有 12 例有锁骨上淋巴结转移。胸导管受累后引起梗阻，亦可引起乳糜腹。因锁骨上淋巴结是否受累对预后有重要影响，所以在考虑有无手术指征时，应注意锁骨上淋巴结是否受累，必要时取活检。

（二）淋巴管与静脉吻合的研究进展　有关淋巴管与静脉间的吻合（LVA）已有大量报道。根据 LVA 形成的原因和性质，可将其区分为三类。(1) 正常的淋巴管–静脉吻合：这种吻合不仅存在于低等动物，也存在于哺乳动物。例如，犬骶部的淋巴管可直接注入骶静脉，胸导管与相邻静脉间也有一些吻合，猴的肠系膜淋巴管、下肢的淋巴管均可直接注入下腔静脉。人在胚胎发生中也曾重演过淋巴管与静脉相交通的过程，但生后只留下淋巴导管与大静脉吻合了。(2) 病理性淋巴管–静脉吻合：据 Grenzmann 和 Beltz（1965）报道，双下肢淋巴水肿患者的腹股沟淋巴结、髂外淋巴结与髂外静脉之间存在 LVA。甚至有报道认为，在双下肢淋巴回流不全时就有 LVA 形成。患原发及继发肿瘤时，由于瘤组织的压迫和侵蚀都可发生淋巴管梗塞，梗塞部位以下的淋巴回流障碍，导致淋巴管内压力升高，这时，除使潜在的侧副支开放外，同时还有 LVA 的形成。LVA 的形成，无疑缓解了淋巴水肿，但亦有加速癌的转移扩散之虞，临床必须严加注意。另外，在淋巴管遭受广泛损伤、局部淋巴结被摘除以及断肢再植时，在淋巴管再生过程中均可出现暂时的 LVA，以在淋巴管完全再生之前来维持淋巴循环。(3) 人工淋巴管–静脉吻合术：临床上为缓解淋巴回流障碍而致的淋巴水肿，采用显微手术方法将淋巴管与附近的静脉吻合。1962 年 Cockett 在手术放大镜下把腰淋巴管与精索静脉吻合，以此来治疗乳糜尿；1977 年 O’ Brien 利用 LVA 解除肢体阻塞性淋巴水肿的疼痛，均取得了较好的效果。

（孔祥玉　张树斌）

第五篇 感 觉 器

一、晶状体与白内障

晶状体呈双凸透镜状，属于眼球内容物，位于玻璃体前侧，虹膜的后方，周围借睫状小带连于睫状体。晶体的前凸曲率半径为10mm，后凸曲率半径为6mm，直径约9mm，厚约4～5mm，前后两面交界处称为赤道部，两面的顶点分别称为晶状体前极和后极。晶状体无色透明，是眼球屈光系统的重要组成部分，也是唯一具有调节能力的屈光装置，它通过睫状肌的收缩或舒张改变屈光度，使视近物和视远物时眼球聚光的焦点都能折射到视网膜上。晶状体由晶状体囊和晶状体纤维组成。晶状体囊前囊下有一层上皮细胞不断生长、弯曲，移向晶状体内，成为晶状体纤维。晶状体纤维随着年龄的增长不断生长，并将旧的纤维挤向晶状体的的中心，逐渐硬化形成晶状体核，晶状体核外的纤维称为晶状体皮质。晶状体无色透明，其内没有血管，营养供应来自房水。

白内障是一种严重影响人们视力的疾病，白内障的根本原因就是晶状体的浑浊。白内障按病因分为先天性和后天性两类。先天性白内障又分为内生性与外生性两类，内生性者与胎儿在胚胎期发育障碍有关，外生性者是母体或胎儿的全身病变对晶状体造成损害所致。后天性白内障包括年龄相关性（老年性）、并发性、外伤性、代谢性、放射性、药物及中毒性以及后发性白内障。老年性白内障最常见，年龄大多在40岁以上，多与老年人代谢缓慢发生退行性病变，以及与日光长期照射、内分泌紊乱、代谢障碍等因素有关。白内障的治疗可手术同时进行人工晶状体植入术。

（马 威 徐 飞）

二、眼球外肌的作用与斜视

眼球外肌包绕眼球的周围，共有7块，除1块为提上睑的肌（上睑提肌）外，其余6块均为运动眼球的肌，即4块直肌（上、下、内、外直肌）和2块斜肌（上、下斜肌）。除下斜肌外，其他眼外肌均起自眶尖部视神经管周围的Zinn总腱环。Zinn总腱环实际上并不是一个完整的环，而是由两个凹面相对的半弧形韧带组成。上部称眶上腱，上直肌全部、外直肌与内直肌的一部分起自此处；下部称眶下腱，下直肌全部与外直肌、内直肌的其余部分起自此处。从眶尖开始的眼肌从起点前行走向各自的附着点，并在眶内眼球后部由肌间膜连结形成肌肉圆锥。以下主要叙述6块运动眼球的眼球外在肌的解剖特点、作用及麻痹后的表现。

（一）眼球外肌（眼球外在肌）的解剖特点

1．外直肌　起自总腱环的上外部，在眼球与眶外侧壁之间向前外方走行，止于巩膜距角膜缘6.9mm处，肌长约40.6mm，止腱长约8.8mm，宽9.2mm。外直肌由第Ⅵ对脑神经（展神经）支配，该神经在距总腱环15mm处从内侧面进入肌肉。

2．内直肌　起于总腱环内侧部稍偏下方，在眼球及眶内侧壁之间向前行，止于距角膜缘5.5mm的巩膜上。肌长约40.8mm，在4块直肌中为最重、最厚、最强的肌肉。止腱长约 3.7mm，宽 3.3mm。内直肌由第Ⅲ对脑神经（动眼神经）的下支支配，在距总腱环 15mm 处从内面进入该肌。

3. 上直肌　起自总腱环的上部，在眼球与上睑提肌之间向前上外走行，附着于眼球垂直径线上方距角膜缘 7.7mm 的巩膜上。其附着线不与角膜缘平行，而是鼻侧端比颞侧端离角膜缘更近，整个附着线略偏于眼球垂直轴鼻侧，使其长轴与视轴大约成 23°角。肌长约 41.8mm，止腱 5.8mm，宽 10.6mm。上直肌由动眼神经的上支支配，该神经由肌的下面进入。

4. 下直肌　起自总腱环的下部，在眼球与眶下壁之间向下外前方走行，最终附着于眼球垂直径线下方，距角膜缘 6.5mm 的巩膜上。与上直肌相同，其附着线鼻侧端比颞侧端更近角膜缘，其附着线的中心点略偏眼球垂直径线鼻侧，肌的长轴也与视轴成 23°角。肌长约 40mm，止腱长 5.5mm，宽 9.8mm。下直肌由第Ⅲ对脑神经（动眼神经）下支支配，于肌的中、后 1/3 交界处从上面进入该肌。

5. 上斜肌　起自总腱环的内侧部，沿眶上壁与眶内壁交角处前行，在将达眶缘处变为肌腱，并通过纤维组织形成的滑车，然后肌腱折转向后外方行，在上直肌之下，横过眼球顶部，附着于眼球旋转中心后外方的巩膜上。在离开滑车后，上斜肌的牵引方向与视轴约成 51°角。其肌性部分长约 40mm，肌腱部分长约 20mm，全长约 60mm。上斜肌由第Ⅳ对脑神经（滑车神经）支配，在肌的上面进入该肌。

6. 下斜肌　为唯一起自眶前部的眼肌，在鼻泪管入口处的外侧，起自泪囊外侧的上颌骨眶面上，向外后上方行，经下直肌之下，于眼球中纬线（赤道）的后方止于巩膜，其后端在视神经前方约 4.15mm。下斜肌附着线宽约 9.58mm，肌长约 37mm，下斜肌由动眼神经的下支支配。下斜肌的牵引方向与视轴成 51°角。

（二）眼球外在肌的作用　以上 6 块眼球外在肌的作用，是使眼球环绕于垂直轴、横轴及矢状轴转动。眼球环绕垂直轴的运动，称为内转或外转；环绕横轴的运动，称为上转或下转；而环绕矢状轴的运动，则称为内旋或外旋。这三条想象轴的交叉点为眼球的旋转中心，此中心约在角膜后 13.5mm ～ 14mm 处，偏角膜几何学中心鼻侧 1.6mm。

眼球的 6 块眼球外在肌各有其主要作用，除内、外直肌外，又各有其次要作用。此种主要与次要作用是由眼球外在肌牵引力的方向与视轴、附着点及旋转中心之间的关系所决定的。眼球的每一运动都是几条眼球外在肌的主要与次要作用的共同效果。此时起主导作用的肌称为主动肌，起辅助作用的称为协同肌，与前两者作用相反的称为拮抗肌。各眼球外在肌的作用，协同肌及拮抗肌列表 2–4。

表 2–4　眼球外在肌的作用

肌名	主要作用	次要作用	协同肌	拮抗肌
外直肌	外转		上斜肌、下斜肌	内直肌和上、下直肌
内直肌	内转		上直肌、下直肌	外直肌和上、下斜肌
上直肌	上转	内转、内旋	下斜肌、内直肌	下直肌、上斜肌
下直肌	下转	内转、外旋	上斜肌、内直肌	上直肌、下斜肌
上斜肌	下转	外转、内旋	下直肌、外直肌	下斜肌、上直肌
下斜肌	上转	外转、外旋	上直肌、外直肌	上斜肌、下直肌

眼球运动时，往往不是单块眼肌的作用，而是二、三肌肉（协同肌）同时收缩的结果。

如当眼球向上仰视时，为上直肌和下斜肌同时收缩的结果；向下俯视时，则由下直肌和上斜肌共同完成；眼球外展为外直肌和上、下斜肌的作用；眼球内转则为内直肌和上、下直肌的作用。

（三）眼球外在肌麻痹的表现　如果运动眼球的某一眼球外肌麻痹，眼球除不能向麻痹肌的作用方向转动外，还由于其拮抗肌的作用，使眼球向麻痹肌作用的反方向偏视，即斜视。水平运动眼球外在肌麻痹，产生内、外斜视，垂直运动眼球外在肌麻痹，由于这些眼球外在肌均有主要及次要作用，因此除产生垂直斜视（上或下斜）外，还合并一定的水平及旋转斜视。除斜视外，还由于物象落于健侧眼视网膜的黄斑区，同时落于患侧眼视网膜周边区；因为这两个视网膜点不是对应点，不能经过中枢的整合作用成为单视觉，因而出现复视，健侧眼所成为实像，患侧眼所成为虚像。另外病人头常常转向麻痹肌作用方向一侧以代偿某一眼球外在肌的功能不足。6 块眼球外在肌麻痹时的表现如下：

1. 外直肌麻痹　表现为眼球外展受阻；虚像位于实像外侧，呈平行性复像，眼球向麻痹侧极力外展时，复像距离增大。

2. 内直肌麻痹　表现为眼球内收时出现复视；虚像位于实像的内侧，亦呈平行性复像。

3. 上直肌麻痹　表现为眼球作上转运动受限，特别是眼外展位再作上转运动时受限更明显；虚像呈交叉性，位于患侧眼的上内侧，实像则位于下外方。

4. 下直肌麻痹　表现为麻痹眼处于外展位时眼球作下转运动受限；虚像在内侧，实像略靠下且稍外斜。

5. 上斜肌麻痹　表现为眼球向内下方运动受限，所以眼球处于上位并略向内；双眼向麻痹肌作用方向注视时，双眼不能平行运动。

6. 下斜肌麻痹　表现为麻痹侧眼处于内收位时向上运动受限；虚像位于实像的上外侧，且呈斜位；当眼球向上注视时虚像与实像距离增宽。

引起眼球外在肌麻痹的原因很多，包括外伤、肿瘤、血管病变、感染性疾病，代谢与中毒性疾病、先天性与变性疾病等。直接原因多是由于以上这些疾病导致支配上述眼球外在肌的神经麻痹和眼球外在肌损伤。

（张孟良）

三、角膜的解剖与临床

角膜无色透明，占眼球壁纤维膜的前 1/6，向后与巩膜相连，为眼球最前面的一层透明膜。角膜从前面看为横椭圆形，从后面看角膜呈正圆形。成年男性角膜横径平均值为 11.04mm，女性为 10.05mm，纵径平均值男性为 10.13mm，女性为 10.08mm，3 岁以上儿童的角膜直径已接近成人。角膜厚度各部分不同，中央部最厚。角膜为眼睛提供大部分屈光力。角膜直接与外界接触，易受损伤和感染，然而角膜没有血管，损伤后修复较慢且易留疤痕以致影响视力。同时角膜分布着丰富的神经末梢，非常敏感，角膜的病变或损伤时眼痛很明显。

角膜病是引起视力减退的重要原因。角膜病使透明的角膜出现灰白色的混浊，可使视力模糊、减退，甚至失明。感染、外伤、先天性异常、变性和营养障碍以及肿瘤是角膜病的常见原因。角膜病是第二大致盲眼病，我国约有 800 万角膜病盲人，这些患者大部分都可通过角膜移植手术复明。

角膜移植就是用正常的眼角膜替换患者现有病变的角膜，使患眼复明或控制角膜病变，达到增进视力或治疗某些角膜疾患的眼科治疗方法。因为角膜本身不含血管，处于“免疫赦免”地位，使角膜移植的成功率高于其他同种异体器官移植。角膜移植术分为穿透性角膜移植和板层角膜移植手术两类。穿透角膜移植是以全层透明角膜代替全层混浊角膜的方法，适应症按其手术目的可分为光学性、治疗性、成形性、美容性等方面。板层角膜移植是一种部分厚度的角膜移植，只切除有病变的角膜浅层组织，深层比较完好的受体角膜仍然保留作为移植床，然后取同样大小和厚度的供体角膜前层角膜片，缝于受体角膜的创面上。板层角膜移植不穿透前房，属于眼外手术，一般不扰动眼内组织，并发症较少。故凡角膜病变未侵犯角膜深层，而内皮生理功能健康或可复原者，均可行板层角膜移植术。

近视眼是广泛的影响人们的日常生活的一种视力障碍。近年来，准分子激光治疗近视眼手术已经成为很多人摆脱近视眼的一剂良方。激光治疗近视眼手术的发展大致经历了准分子激光角膜切削术（PRK）、准分子激光角膜原位磨镶术（LASIK）、准分子激光上皮瓣下角膜磨镶术（LASEK）三个发展阶段。准分子激光手术是利用 193nm 波长的紫外激光准确切削角膜的光学区，重塑角膜表面屈率。主要用于矫正轻中度近视。缺点是手术破坏了角膜的前弹力层，易造成角膜雾状混浊、视力回退及类固醇性高眼压，少数病人术后一段时间视力回退。准分子激光角膜原位磨镶术的治疗原理同 PRK，但它在不破坏角膜及前弹力层的基础上，用准分子激光在角膜基质层进行高精度的切削与原位磨镶相结合。该手术可矫治 3000 度以下的任何近视（术前全面检查和各项指标都符合的情况下）。准分子激光上皮瓣下角膜磨镶术用于角膜薄、近视度数高等特殊病例。常用和首选的是 LASIK 激光治疗近视眼方法，其特点是：方便、无痛苦、直接治疗时间只需十几秒，治疗后不影响工作、生活，且为终身疗效。当然，手术并非绝对安全，凡是手术必是有利有弊。

四、房水循环与青光眼

房水无色透明，充填于眼球前房和眼球后房之间，由睫状体产生，约有 0.15 ～ 0.3ml，房水的成分以水为主，含极少蛋白质，有营养角膜、晶状体、玻璃体、视网膜和维持眼球内张力等重要作用，并参与构成眼的屈光系统。房水不是“死水”，是不断产生和循环的。它由睫状体中睫状突毛细血管的非色素上皮细胞产生，进入眼球后房经由瞳孔进入眼球前房，在虹膜角膜角进入虹膜角膜角隙，然后通过巩膜静脉窦回流到睫状前静脉，再回流到眼静脉，回到血循环。如此不断产生并回到血循环，保持眼内压力相对平衡，并且带来营养带走代谢废物。如果房水产生过多或者回流途径不畅就会导致眼内压力增高，即通常所说的青光眼。

青光眼是一种引起视神经损害的疾病。当眼内压增高时，可损伤视神经纤维，引起视野缺损。如果视神经损伤严重，可致盲。青光眼分为先天性、原发性、继发性和混合型青光眼四类。先天性青光眼形成的原因是胚胎发育过程中，眼球前房角发育异常，致使房水排出受阻，引起眼压升高。原发性青光眼又分为闭角型青光眼和开角型青光眼。闭角型青光眼是由于眼内前房角狭窄或关闭，房水回流受阻，导致眼压升高而造成的；开角型青光眼发病时前房角是开放的，大多无不适感，有的有家族史。继发性青光眼多是由眼部及全身疾病引起的。而两种以上原发性青光眼同时存在即为混合型青光眼。

五、视网膜中央动脉与视网膜中央动脉阻塞

视网膜中央动脉发自于颈内动脉的分支眼动脉，视网膜中央动脉发出后迂曲前行，在视神经下面穿入视神经，外径约 0.57mm。穿过视神经盘分为视网膜鼻侧上、下小动脉和视

网膜颞侧上、下小动脉，属于终末动脉，动脉分支间无吻合。视网膜中央动脉是唯一可以在无创伤的情况下在体外通过眼底镜直接观察到的动脉，对某些疾病的诊断和判断预后有重要意义。

由于视网膜中央动脉是供应视网膜的重要动脉，而且是终末动脉，一旦发生阻塞，被供应区域的视网膜发生急性缺血缺氧。两小时后即使恢复血供，视力也会严重受损，很难恢复。视网膜中央动脉阻塞是眼科一危重急症，必须予以紧急诊治。血栓形成、栓塞或血管痉挛是视网膜动脉阻塞的原因。患者患眼视力急骤下降至光感全无，瞳孔散大，直接对光反应消失。视网膜动脉显著变窄，血柱颜色发暗，常呈节段状。视网膜呈乳白色水肿混浊。黄斑区由于视网膜组织菲薄，可透露脉络膜毛细血管层，与周围乳白色混浊对比，形成典型的樱桃红点。

六、鼓膜与鼓膜穿孔

鼓膜为一弹性灰白色半透明薄膜，将外耳与中耳分隔开，通常将鼓膜划分为外耳的一部分。 鼓膜距外耳门约 2.5 ～ 3.5cm，鼓膜的高度约 9mm，宽约 8mm，平均面积约 90mm2，厚度 0.1mm。鼓膜呈椭圆形，外形如漏斗，与外耳道底成 45 ～ 50°角。鼓膜分为下方大部的紧张部和上方小部分的松弛部，紧张部有外层上皮层、中层纤维层和内层粘膜层三层。松弛部没有中间层纤维层，比较薄而松弛。上皮层和粘膜层损伤后可以再生，而中层无再生能力。锤骨柄嵌附于鼓膜内侧，上端附于鼓膜中央，向内牵拉鼓膜，使之呈漏斗状，中央凹陷处，称为鼓膜脐部，由脐向上稍向前达紧张部上缘处有一灰白色圆点状小突起，称锤凸，即锤骨短突顶起鼓膜部位。在鼓膜表面，由脐与锤凸之间有一由前上斜向后下的白色条纹，称锤纹。在脐部前下方有一三角形反光区，称光锥。光锥是由于投射到鼓膜的光线反射所致，在鼓膜形态有改变时，光锥的形态及位置常随之而变化。为了临床记录的需要，常将鼓膜分为四个象限，即沿锤骨柄作一假想直线，另经鼓膜脐作一与其垂直相交的直线，便可将鼓膜分为前上、前下、后上及后下 4 个象限。

一些日常生活中的意外或者中耳的疾病是造成鼓膜穿孔的常见原因。如掏耳朵、放鞭炮，甚至一个耳光也可以造成鼓膜穿孔，偶尔还可见昆虫入耳引起鼓膜穿孔。然而鼓膜穿孔的另一个重要原因是中耳炎，急性中耳炎或中耳积水反复发作，鼓膜受到侵蚀，坏死而破裂。鼓膜穿孔可能会影响到听力，造成传导性听力障碍，小的破洞并不妨碍听力，破孔越大，听力受损越严重，但不至于完全耳聋。

（马 威　徐 飞）

七、不同频率声音的听觉机制

声音的感受部位在内耳，其传入途径虽不同（包括空气传导和骨传导途径），但最终都是引起耳蜗里的内、外淋巴振动而刺激听觉感受器–螺旋器（Corti 器）。螺旋器位于蜗管鼓壁（基底膜）上，由支持细胞及毛细胞组成。支持细胞包括内、外指细胞，内、外柱细胞等。

内、外柱细胞底保持一定距离位于基底膜上，其上端互相倾斜接触，这样，在内、外柱细胞与基底膜之间形成一切面呈三角形的螺旋器隧道。毛细胞为感音细胞，内毛细胞约有3500个，排成一排位于隧道内侧。外毛细胞有12000个以上，在蜗底排成3行，愈近蜗顶愈密，于蜗顶区则有4～5行之多。毛细胞的顶端有静纤毛。螺旋器的神经纤维为来自位于内耳蜗轴内蜗神经节细胞的周围支，分布于毛细胞的基底部。在螺旋器的上方有盖膜，它是由胶状的基质和纤维构成的胶状膜。当内、外淋巴振动时，盖膜和基底膜也随之振动，这种振动使盖膜与毛细胞的纤毛接触，毛细胞继之将振动信息传递给蜗神经，这样听觉信息就可传向更高级的听觉中枢。

人的基底膜长约31.5mm，近镫骨处宽约0.04mm，以后逐渐增宽，距蜗顶1.5周处为0.5mm。基底膜的每个不同部位具有不同的振动频率，从而构成耳蜗作为声波分析器的基础。声波在基底膜上的传播方式是按物理学中的行波原理进行的。声波在基底膜从耳蜗的底部向顶部传播时，振幅逐渐增大，而传播速度则逐渐变慢，波长变短。当振动到达基底膜的某一部位，即其共振频率与声波频率一致的部位时，振幅最大，离开该处后，振幅迅速变小，再稍远些基底膜的振动完全停止。一个正常人所能听到的声音频率是每秒20～20000Hz。1949年Bekesy观察到行波过程中，每一种频率的声波在基底膜上不同的部位有一个相应的最大振幅部位。高频声波的最大振幅部位靠近前庭窗处，而低频声波引起的最大振幅部位靠近蜗顶。这一事实说明，近前庭窗处的基底膜与高频声波发生共振，靠近蜗顶的基底膜与低频声波发生共振（图2–3）。不同频率的声波与其在基底膜相应部位的依从关系，除了Bekesy直接观察到的资料所揭示外，还可用动物手术的方法来阐明。用手术破坏动物耳蜗基底膜的不同部位后，动物对某些频率的声音所建立的条件反射消失，表示它对这些声音的听觉有障碍。破坏底部后，高频声音的条件反射消失，破坏顶部后，低频声音的条件反射消失。

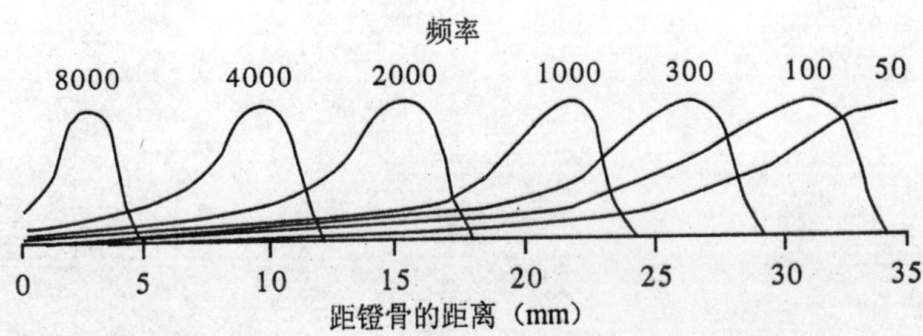

图2–3　每秒频率为50～8000Hz的各种声音的振幅图型：表明不同频率的声音在基底膜上振幅最大的点（共振点）

在听觉冲动的逐级传导中，除耳蜗内的基底膜外，蜗神经节、蜗神经核、内侧膝状体直至大脑皮质的听觉中枢的神经元都有不同频率音调局部的音频定位。在蜗神经节大体上支配耳蜗顶部基底膜的神经细胞感受低频音，支配底部的感受高频音，支配中间部位的感受中频音。在蜗神经核，背侧细胞感受高频音，腹侧细胞感受低频音。对黑猩猩大脑皮质听区的研究表明，听区的前外侧为低频音代表区，听区的后内侧部为高频音代表区，在人类也有与之相似的音谱定位。

（张孟良）

八、咽鼓管的形态与机能

咽鼓管是沟通中耳鼓室与鼻咽的重要通道。咽鼓管为一弓状弯曲，长约 35 ～ 39mm 的管道。由软骨部与骨部两部分组成，两者的连接处为咽鼓管最狭窄的部位。外侧 1/3 为骨部，内侧有颈内动脉，咽鼓管鼓室口在中耳鼓室前壁偏上部；内侧 2/3 为软骨部，内侧端的咽口位于鼻咽部的侧壁上。软骨部大多数情况下是闭合的，仅在吞咽或呵欠时开放，以调节中耳的气压与外界的大气压平衡，也就是使鼓膜两侧的压力平衡，有利于鼓膜的正常振动。

咽鼓管的黏膜与鼻咽部、鼓室黏膜相延续，由假复层纤毛柱状上皮细胞组成，分泌细胞分泌的液体，可以维持咽鼓管张力，使之既不完全开放，又能在适当的机会，如张口、打呵欠或咀嚼吞咽时偶尔开放一下，以此来调节鼓室内压力。咽鼓管是中耳通气引流的惟一通道。主要功能是引导鼻咽部气体进入鼓室，以维持鼓膜两侧压力平衡，从而保证鼓膜的正常振动。由于咽鼓管与鼻咽部相通，故上呼吸道感染易沿咽鼓管侵入鼓室，引起中耳炎。尤其是幼儿咽鼓管发育不完善，相对于成人咽鼓管短、粗、且较直，故幼儿更易由于上呼吸道感染引起中耳炎。如果咽鼓管闭塞或鼻咽部炎症造成咽口闭合都可致鼓室压力降低，外界压力相对增高，从而使鼓膜内陷而影响听力。

（马　威　徐　飞）

第六篇 神经系统

一、神经元在神经系统所形成的结构

神经元又称神经细胞，是神经系统的基本结构和功能单位，由胞体和突起两部分构成。胞体包括细胞核及其周围的细胞质和细胞膜；突起又分为树突和轴突两种。神经元在中枢和周围神经系统中形成不同的结构。神经元的胞体或连同树突形成中枢神经系统的灰质；因部位不同灰质又分为脊髓的灰质，脑干、间脑、大脑、小脑的核团，大脑半球和小脑半球表面的皮质；在周围神经系统则形成神经节，如脊神经节、脑神经节及自主（植物性）神经节等。神经元的轴突，在中枢神经系统内构成脊髓的白质、脑干的脚和臂、大脑半球和小脑半球的髓质（如索、束、辐射）等。单极、双极和多极神经元的轴突或较长的树突在周围神经系统均可形成神经纤维。

神经元各部在中枢神经系统和周围神经系统形成的结构见表2–5。

表2–5　神经元在神经系统各部形成的结构

	胞体及树突	轴　突
中枢神经系统	灰质、核团、皮质	白质、髓质、索、束、纤维、辐射、脚、臂、系等
周围神经系统	神经节	神经、神经丛

二、突　触

突触是一个神经元与另一个神经元之间或神经元与效应器之间的特化接触区，结构复杂，能传递信息。

(一) 突触的分类　有数种分类方法，主要有：

1. 按照神经元的接触部位及冲动传导方向　可将突触分为轴—树突触、轴—体突触及轴—轴突触，此外还有树—树突触、树—轴突触、树—体突触、体—树突触、体—体突触及体—轴突触等。多数突触是一个神经元的轴突末梢与另一神经元的树突或胞体形成的轴—树突触和轴-体突触。突触起着定向传导的作用。其中轴—轴突触是突触前抑制的形态学基础。

2. 按照神经冲动的传导方式和有无突触小泡　可将突触分成为化学性突触、电突触及二者兼有的混合型突触。人体的突触大部分为化学性突触。

3. 按照突触的超微结构　可将突触分成为Gray Ⅰ型和Ⅱ型突触，见表2–6。

表 2–6　　Gray Ⅰ、Ⅱ型突触的超微结构比较

	Ⅰ型	Ⅱ型
突触小泡形状	球形	椭圆形或扁平形
突触间隙	250~300Å	150~200Å
突触膜的厚度	较厚，突触后膜较前膜厚	较薄、前、后膜相等
突触后膜致密带	较长、占突触后膜大部分	较短
突触间隙的间质带	靠近突触后膜	远离突触后膜

（二）突触的超微结构

1．化学性突触的超微结构　突触是由突触前膜、突触后膜及其间的突触间隙组成，见图 2–4。

（1）突触膜：突触相互接触的膜为突触膜，突触前结构的膜为突触前膜，突触后结构的膜为突触后膜。它们是由神经细胞膜延伸而成。哺乳类中枢神经系统的突触前、后膜厚约 50 ～ 60Å ，往往突触后膜较前膜厚些。一般在突触前膜的胞浆面有锥形的致密突起。致密突起之间有细丝样横桥联系，因而在突触前膜的胞浆面上（平面观）排列成网格，突触小泡即位于此网格中。致密突起与突触前网格共同形成容纳突触小泡的小泡栅栏，推测它可能具有引导突触小泡移向突触前膜的作用。突触前膜在相当于栅栏空隙处有内陷，称为突触小孔，可能是突触前膜与突触小泡的接触点，它对神经递质的释放甚为重要。突触后膜与突触前膜相似，由神经元胞体或树突的表面膜延续而成。突触后膜的胞浆面上附有致密物质。在突触后膜下方的胞浆内，往往有突触下结构，如突触下网、突触下致密小体以及由内质网形成的突触下棘器。突触下网与突触间丝形成突触复合结构。突触下致密小体通常是由细丝交织成的丝团，借细丝与突触后膜相连，成自蛋白质。

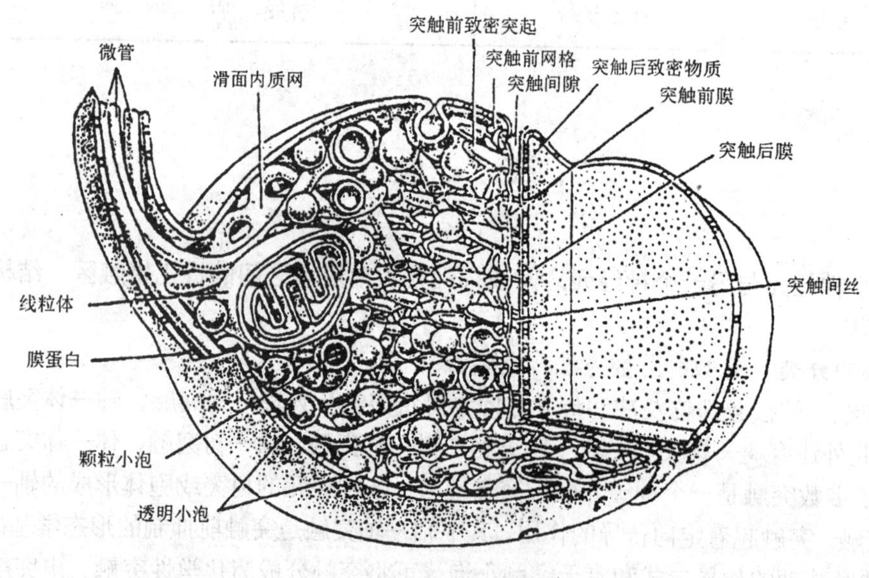

图 2–4　突触立体结构模式图（ Gray Ⅰ型突触）

(2) 突触间隙：是介于突触前、后膜间的狭窄间隙，一般宽约 200 ～ 300Å，其具体宽度因突触类型及部位而异。突触间隙内往往有平行排列的突触间丝。此外，还含有糖蛋白及唾液酸。有人认为唾液酸和神经递质结合，与神经冲动的传导有关。

2. 电突触的超微结构　是神经元之间的缝隙连接，也有突触前膜、突触后膜及其间的突触间隙。在突触膜上有直径约 25nm 的微小通道，它是由蛋白亚单位构成的。小分子物质如过氧化物酶等可以由一个神经元通过此小通道进入另一神经元。电突触的突触间隙极窄（约20Å），该处电阻低，神经冲动可以直接从突触前成分传向突触后成分，使突触后膜电位降低。因此，神经冲动通过电突触传导，没有传导延搁现象，此点恰与化学性突触相反。冲动通过电突触的方向可能是双向性。

电突触的突触前成分内有时可见有无颗粒突触小泡或颗粒突触小泡。这些小泡不含有神经递质，也不集聚在突触前膜处，它们的作用可能是营养和神经分泌。

电突触存在于无脊椎动物和脊椎动物的神经系统内。如螯虾的巨大轴突，一些鱼类的运动神经元及蛙脊髓的运动神经元。在哺乳类电突触仅见于少数部位，例如大鼠三叉神经中脑核及前庭外侧核以及灵长类动物大脑皮质神经元的树突之间。

电突触有轴—体、轴—树、轴—轴、树—树、体—体、树—体突触等类型。

（三）突触前成分与突触后成分

1. 突触前成分　为有髓或无髓神经纤维终末呈纽扣状膨大，称突触前终扣，多为卵圆形或球形，其直径为 5 ～ 40Å。突触前终扣由突触前膜、突触小泡、线粒体、微管和微丝组成。

(1) 突触小泡：De Robertis 和 Bennet 首先命名“突触小泡”，并从形态上证明了它存在于某些神经末梢内。所有化学性突触，在突触前终扣内均含有突触小泡；此外，神经元胞体及某些树突内亦有突触小泡。突触小泡的形状与分布因部位而异。突触小泡在突触前膜处多聚集成簇团与前膜接触，形成突触活性点，是小泡内递质释放的部位。

突触小泡的形态及其机能意义　突触小泡主要为圆形（球形）和扁平形（椭圆形）。突触前终扣内含有圆形或扁平形突触小泡，或二者兼有。突触小泡又可分为无颗粒小泡和颗粒小泡。无颗粒小泡透亮，无电子致密核心只有一薄层界膜，直径约 100 ～ 500Å。颗粒小泡则含有电子致密核心，在界膜与电子致密核心之间有一低电子密度的透亮区。颗粒小泡有大、小两种。前者直径在 800Å 以上，后者在 800Å 以下。颗粒小泡内的电子致密核心是金属氧化剂（如 $KMnO_4$）与单胺类物质发生反应形成的沉淀。

突触小泡内含有神经递质，一般认为圆形突触小泡含有兴奋性神经递质，扁平形突触小泡则含有抑制性神经递质。无颗粒小泡含乙酰胆碱（Ach）或氨基酸（如 GABA）；而颗粒小泡则含有单胺类神经递质（如多巴胺、去甲肾上腺素等）。

突触小泡的形状与其功能之间的关系非常密切。一般认为含圆形突触小泡的突触，相当于 Gray Ⅰ型突触，属兴奋型的；而含扁平形突触小泡的突触则相当于 Gray Ⅱ型突触，是抑制型的。

在一个突触前终扣内往往同时含有几种不同类型的小泡，表明不同神经活性物质或递质共存。

(2) 微管和微丝：微管与轴突的纵轴平行排列，可达突触前膜附近。它参与轴浆内的物质运输，引导突触小泡至突触前膜处。微丝的直径小于微管，可能有细胞骨架作用，也可能参与轴浆内物质的运输。

(3) 线粒体：在突触前终扣内，其形态及大小不一，多为椭圆形或为不规则形。线粒体数量不定，常为一至数个不等。线粒体是细胞内氧化代谢的中心，能产生 ATP，供给酶活动和神经冲动传递所需的能量。

2．突触后成分　突触后成分包括突触后膜、突触后致密物质、突触下致密小体、突触下网、树突棘器、线粒体及微管等结构。突触后成分由树突或神经元胞体或者是轴突形成。

(1) 突触下致密小体：位于突触后胞浆内，它通常是由细丝交织形成的丝团，具有多种形态，由蛋白质构成。典型的结构是一个电子密度很高的致密小体，直径为 60 ～ 400nm，借细丝与突触后膜相连。多个致密小体排列成行。认为它与突触后膜上的受体有关。

(2) 突触下网：位于突触间隙内的突触间丝穿过突触后膜，在突触后胞浆内形成突触下网。该网是由 80Å 粗的细丝或小管形成的网，它可能具有突触区受体的特性。

(四) 特殊类型的突触　除上述的轴–树或轴–体等单突触外，还有下列特殊类型的突触：

1．系列突触　是在短距离内，由两个以上的突触串连而成，它可以是轴–树–树突触，或是轴–轴–树突触。一个轴突终扣在一个突触区是突触前成分，而在另一个突触区却是突触后成分。

2．平行性突触　是指两个神经元的相互接触面上，出现数个间断的突触点，这些突触的突触前膜都位于一个神经细胞膜上，而数个突触后膜又都位于另一个神经细胞膜上，传导方向一致。该型突触能增加突触接触面积。

3．交互突触　是在一个突触区内，突触间隙两侧的突触膜上各有突触活性点，彼此交替互为突触前、后成分。如哺乳类嗅球的僧帽细胞树突和颗粒细胞树突棘之间构成树－树突触。一般认为在机能上一个为兴奋性的，而另一个则为抑制性的。

4．突触小球（又名突触团伞）　即数个神经元的突起，彼此借突触连接而成一个突触复合体，外包神经胶质细胞的突起。例如：小脑皮质内的突触小球，其当中的苔状纤维呈玫瑰花瓣形终扣，与周围的许多树突或轴突终扣形成多突触复合体。突触小球是神经冲动汇聚或扩散的神经学基础。

(五) 受体　通常是指突触后膜（或效应器细胞膜）上的一种脂蛋白质，它能选择性地与一定的神经递质或药物相结合产生一定的生理效应。受体也存在于突触前膜上。如果受体事先与药物结合，神经递质也就难于再与受体结合，也就不能发挥其作用了。

受体具有特异性，故受体往往是根据能与其结合的神经递质或药物而命名，例如能与乙酰胆碱相结合的受体称为胆碱能受体；与肾上腺素相结合的受体称为肾上腺素能受体。

目前已经分离并提纯了胆碱能受体，确证其为蛋白质。已发现的受体有多种，如胆碱能受体、肾上腺素能受体、5–羟色胺能受体、吗啡受体等。受体理论广泛用于临床，某些药物的疗效是由于它们能与其特定的受体结合而发挥作用。

(六) 突触小泡的形成与运输　有关突触小泡的形成部位及其来源众说纷纭。有说突触小泡在神经元胞体内形成，也有人认为它在高尔基复合体内的无颗粒网内形成，其后通过轴突内运输至突触前终扣。近年来多数学者认为突触小泡是在轴突终扣内形成的。

突触小泡运输的机理并不十分清楚。Schmitt (1968) 提出小泡滑行假说，认为突触小泡沿微管滑行，由胞体运送至突触前终扣。有人发现突触小泡借横桥附着于微管，致密突起起着引导突触小泡到达突触前膜的作用。突触小泡在轴浆内运输速度可达 260mm/d。

（七）神经递质的释放　每个突触小泡递质可代表一个量子单位。一般认为突触小泡的形状不同，其内递质的性质亦异。神经递质的释放机制在突触区是通过无颗粒小泡的胞吐作用。胞吐的动态过程包括突触小泡与突触前膜融合，融合的隔膜部分开放，形成“Ω”形断面像，递质释放入突触间隙内。最近国内外的研究证实，大颗粒小泡在非突触区通过胞吐释放其内的神经递质，其胞吐的动态过程与无颗粒小泡的胞吐相一致。除了小泡释放递质外，还有小部分递质以弥散的方式越过突触前膜进入突触间隙。

递质释放的机理尚不完全了解。多数学者认为钙离子能诱发突触小泡释放递质。钙离子浓度的增加，使微管活动加快，促使突触小泡与突触前膜接触，通过胞吐作用，将递质释放入突触间隙。如果钙离子减少，则递质的释放就会受到抑制。

（八）突触的可塑性　在发育或成熟的中枢神经系统内，突触的结构处于动态变化之中。

1. 不同生理状态下突触形态的改变　在不同生理情况下，突触小泡的形状与数量有明显改变，这与突触小泡内的递质释放有关。据报道用 100 次/s 的电刺激刺激肾上腺的神经，突触前终扣内的突触小泡数量增加，在 10min 内突触小泡数量由 82.65/μm^2 增加到 132.7 个/μm^2；当刺激频率增加到 400 次/s 时，则突触小泡数量减少至 29/μm^2。这表明在不同生理情况下，突触小泡数量上的变化反映了不同时期神经递质的合成与释放的水平。国内研究证实，针刺穴位后，无颗粒小泡增加而颗粒小泡有减少趋势。

2. 环境对突触形成的影响　两组大鼠分别被放在暗环境和光照环境下饲养，观察视皮质和体感区皮质内的突触数，光照大鼠组比暗饲养组多 20%，表明环境对突触的形成有明显的影响。

3. 突触能再生　过去认为中枢神经系统内神经纤维虽能再生，但因瘢痕的缘故，不能到达靶区。现在在大鼠海马内可观察到神经损伤后新生的突触并具有功能。

（张书琴　隋鸿锦）

三、中枢神经的再生

神经组织损害后的变化和再生一直是科学家们关心的问题。19 世纪末 20 世纪初，科学家们发现鱼类、两栖类等低等动物的中枢神经受损后能再生，但哺乳动物的中枢神经不能再生。1906 年 Cajal 等曾做过切断脊髓的实验，发现最初轴突近端膨大有细芽发出，但以后消失。因此，Cajal 断定中枢神经一旦发育完成后，轴突与树突的生长及再生源泉枯竭，因而不能再生。这种中枢神经无论是胞体或纤维变性均不能再生的观点，一直影响着对该领域的研究。20 世纪中叶以后，有些科学家提出成年哺乳动物的中枢神经也具有较大的可塑性，只要具有合宜的环境也能再生。晚近又提出在哺乳动物成体脑内包括人脑内存在着未分化的具有多潜能的神经干细胞（另节介绍）。因此，提出对中枢神经损伤后的修复和再生应重新认识。而且在临床上亦常见到，某些中枢神经损伤或脑血管疾患留有后遗症的病例在经过几年的训练后，能有一定程度的功能恢复。又如以解除疼痛为目的的脊髓侧索切断术的远期效果不理想，几乎多数病例有顽痛复发。这些现象说明中枢神经的某些部分损伤后，在某种情况下可能有一定程度的修复。近年来的研究提出了一些中枢神经损伤后功能恢复的一些形态学迹象。下面进行一些简要介绍。

（一）侧芽发生（collateral sprouting） 轴突长芽是指当一个神经元或靶组织的传入末梢损伤时，从未损伤神经元的轴突形成新的分支芽及形成新的连接的过程。这种现象首先于上世纪50年代在神经肌肉接头上观察到，在运动纤维切断以后，剩余部分发出新的侧支芽重新支配肌肉。轴突长芽不同于轴突再生，后者是损伤轴突生长并重接其原先的连接。

1958年Liu和Chambers发现，切断一部分脊神经后根后，残存的后根纤维可以发生大量的新芽代替切断后溃变的纤维，他们将这些现象称为侧芽发生。1967年MecCouch等说明，当脊髓被横断时，远侧断端的上行纤维可发生新支。另外的实验证明，如切除新生仓鼠或胎儿期大鼠一侧中脑顶盖，引起视网膜节细胞发生大量异常投射；在间脑的一些区域也发现了异常投射。同样，在成熟哺乳动物也有证据表明单侧内嗅皮层损毁后，在海马结构内的侧芽生长促进大鼠迷宫间行为变化恢复。在脑内移植的研究中，不少学者认为神经组织移植后功能改善，主要是由于宿主多巴胺神经纤维生芽，芽生纤维长入纹状体并释放多巴胺。

（二）中枢神经回路的可塑性 长期以来，人们认为成熟的中枢神经已完全定型，不可改变。但近年来的研究发现，高等动物脑的某些部位受损后，可以在突触水平看到结构的变化，即由邻近正常神经纤维发生侧芽，重新建立突触联系。例如，破坏大鼠内嗅区后，在齿状回的分子层出现突触重建。1969年Raisman发表了关于突触可塑性的论文。他在大鼠隔核分别切断几个不同的传入途径，在电镜上进行了系统观察，证明任何一个来源的传入纤维损伤，经过一定时间之后，都可由另外来源的纤维发生侧支形成新的突触前成分，与残留的突触后成分重新形成突触。

突触的重新形成也见于脑内移植中，移植入的胚胎神经元和老年宿主的神经元之间形成新的突触，它们可以是移植神经元与宿主神经元，或宿主神经元与移植神经元之间的新回路。此外，在衰老的过程中，突触数量可以减少，但亦可见到部分突触发生代偿性增大。

总之，为了调节各种适应性反应，神经回路在整个一生都是可塑的。可塑性的实质是指神经系统形态和行为的任何形式的改变。突触的可塑性反映了神经回路的可塑性，也反映了行为的可塑性。

（三）哺乳动物受损中枢神经系统的轴突再生 成年哺乳动物中枢神经受损后不能再生，而周围神经受损后能再生，这是因为受损轴突周围的胶质细胞不同。科学家们为了确定成熟受损的中枢神经元是否会沿着雪旺氏细胞、基底层以及其他周围神经系细胞和细胞外成分所组成的新的通道长出轴突，他们切取了长段外周神经，并将其插入成年哺乳动物的中枢神经系统，如一端插入延髓，另一端插入脊髓或周围神经。结果发现，被切断的中枢纤维可以伸展几厘米进入周围神经，但不能进入另一端的中枢神经，而且研究证实这种神经纤维是由受损的神经元发出。虽然这方面的研究尚无满意的功能效应，但也给人们以启示，为今后进一步研究提供了有益的实验基础。

（徐慧君　金国华）

四、周围神经系统的神经节

在周围神经系统内有哪些神经节？它们都位于何处？其形态与性质有何特点？脑神经和脊神经中的内脏或躯体感觉神经纤维起源于何处？自主（植物）神经的节后神经纤维的胞体又位于哪里？仅就上述问题简述如下：

在周围神经系统内，由许多神经元的胞体或胞体及树突聚集形成的团块，称神经节。根据结构及机能性质，可将人体内的神经节分为感觉与运动两大类。感觉神经节又分为躯体感觉与内脏感觉两类，它们包括脊神经节和脑神经节，由假单极神经元和双极神经元组成。运动神经节即植物性神经节，它们分为交感神经节和副交感神经节，均由多极神经元组成。这些神经元的轴突即是植物性神经的节后神经纤维，支配心肌、平滑肌和腺体。

附：神经节的种类与性质

1. 感觉神经节

(1) 脊神经节：含有躯体与内脏感觉神经元。

(2) 脑神经节：

1) 一般躯体感觉神经节：① 三叉神经节；② 舌咽神经上神经节；③ 迷走神经上神经节；④ 面神经膝神经节

2) 特殊躯体感觉神经节：① 前庭神经节；② 蜗（螺旋）神经节

3) 一般内脏感觉神经节：① 舌咽神经下神经节；② 迷走神经下神经节。

4) 特殊内脏感觉神经节：① 面神经膝神经节；② 舌咽神经下神经节；③ 迷走神经下神经节。

2. 运动神经节

(1) 交感神经节

1) 椎旁节：交感干神经节。

2) 椎前节：① 腹腔神经节；② 肠系膜上神经节；③ 肠系膜下神经节；④ 主动脉肾神经节。

(2) 副交感神经节：

1) 器官旁节：

颅部：① 睫状神经节；② 翼腭神经节；③ 下颌下神经节；④ 耳神经节。

其他：心丛、肺丛、盆丛、膀胱丛和阴部丛内的神经节。

2) 器官内节：为位于器官壁内的肌间丛和粘膜下丛内的神经节。

以下分别叙述各类神经节：

（一）脊神经节　共31对，位于脊神经后根上。脊神经节由感觉神经元的胞体聚集而成。脊神经节内含有躯体感觉神经元（可能是大型的神经元）和内脏感觉神经元（可能是较小型的神经元）。脊神经中所含的躯体感觉纤维，其胞体位于脊神经节内，为假单极神经元，其中枢支组成脊神经后根，进入脊髓；而周围支参加脊神经，随之分布于皮肤、肌肉和关节等。脊神经中所含的内脏感觉（传入）神经纤维的胞体位于脊神经节内，亦为假单极神经元，其中枢支组成脊神经后根，其周围支的去向有二：一是随脊神经分布于皮肤的血管；其二是进入脊髓胸腰部的内脏传入神经纤维，伴随交感神经分布于内脏和心血管等处，而进入脊髓骶部的，则随骶部副交感神经分布至内脏。

（二）脑神经节　由脑神经感觉神经元的胞体聚集而成。脑神经节位于脑神经进入颅腔的孔裂附近，并与相应脑神经的感觉根相连。脑神经节计有三叉神经（半月）节、面神经膝神经节，前庭神经节、蜗（螺旋）神经节、舌咽神经上神经节和下（岩）神经节及迷走神经上（颈静脉）神经节和下（结状）神经节。脑神经节除前庭神经节和蜗神经节为双极神经元外，其余的均为假单极神经元。含有躯体感觉神经元的神经节有三叉神经（半月）节（一般躯体感觉）、前庭神经节和蜗神经节（特殊躯体感觉），以及膝神经节、舌咽神经上神经节和迷走神经上（颈静脉）神经节（一般躯体感觉）。这些脑神经节内的神经元发出相应脑神经中的躯体感觉（传入）神经纤维，其中枢支分别进入脑干内相应的脑神经躯体感觉核，而其周围支则随相应的脑神经分布于皮肤、部分粘膜和平衡觉与听觉感受器。含有内脏感觉神经元的神经节有膝状神经节（特殊内脏）、舌咽神经下（岩）神经节（一般和特殊内脏）和迷走神经下（结状）神经节（一般和特殊内脏），它们发出相应脑神经中的内脏感觉（传入）神经纤维，其中枢支随脑神经进入脑干下降形成孤束，终于相应的脑神经内脏感觉核（孤束核），其周围支随相应脑神经分布于味蕾和内脏。此外，值得提出的是嗅神经和视神经虽为单纯感觉神经，但没有明显的“嗅神经节”和“视神经节”。组成嗅神经的特殊内脏感觉神经纤维，发自嗅粘膜内的嗅细胞。嗅细胞为双极型，其周围支的末梢形成嗅感受器，而中枢支形成嗅神经终于嗅球。所以全部嗅细胞即相当于“嗅神经节”，为嗅觉系的一级神经元。视神经（属特殊躯体感觉神经）亦无神经节。目前对视觉系统的一级神经元有两种意见：一种认为视锥和视杆细胞为一级神经元，相当于视神经的“视神经节”；另一种认为视网膜的视锥和视杆细胞为视觉感受器，双极细胞为一级神经元，相当于“视神经节”。视神经实际由视网膜内的节细胞的轴突组成。

（三）交感神经节　由交感神经节后神经元的胞体和树突聚集而成，分为椎旁神经节和椎前神经节。椎旁神经节即交感干神经节，约 22 ～ 25 对（尾部奇节 1 个）。椎前神经节主要有腹腔神经节、肠系膜上、下神经节和主动脉肾神经节，它们分别位于同名动脉根部附近。

（四）副交感神经节　由副交感神经节后神经元的胞体和树突聚集而成，分为器官旁节和器官内节（总称终节）。器官旁节在颅部有睫状神经节、翼腭神经节、下颌下神经节和耳神经节。在胸、腹、盆部都有心丛、肺丛、盆丛、膀胱丛和子宫阴道丛内的小神经节，它们均位于所支配的器官附近。器官内节位于器官壁内的肌间丛和粘膜下丛内。

交感与副交感神经节分别接受相应的交感和副交感节前神经纤维，而由这些节的神经元分别发出交感和副交感节后神经纤维，分布于心肌、平滑肌和腺体。

（张书琴　隋鸿锦）

五、神经胶质

神经组织包括神经细胞和神经胶质细胞。神经胶质细胞的数量约为神经细胞的10倍（按细胞核计算），若按体积计算，两者所占比例近似相等，其中神经胶质细胞占 50%，神经细胞占 45%，细胞间隙占 5%。在一般的组织切片中，神经胶质细胞的直径约为 8 ～ 10μm，与最小的神经细胞大小近似。

（一）神经胶质细胞的分类　周围神经系统中的神经胶质细胞：包括卫星细胞和神经膜细胞（雪旺氏细胞），前者位于外周神经节细胞的周围，后者包裹轴突形成神经纤维的髓鞘。

中枢神经系统中的神经胶质细胞可分为两大类：一类是大胶质细胞，包括星形胶质细胞和少突胶质细胞；另一类胶质细胞包括室管膜细胞和小胶质细胞。小胶质细胞可能起源于中胚层，其余胶质细胞起源于神经上皮细胞。神经上皮的神经母细胞发育成神经细胞，神经胶质母细胞发育成星状胶质细胞与少突胶质细胞；围绕在脑室与中央管周围的胶质细胞发育成为室管膜细胞。其他还有小脑皮质中的 Bergmann 胶质细胞（又称 fanana 细胞或高尔基上皮细胞）、视网膜内的星形胶质细胞（Müller 细胞）和嗅神经被膜胶质细胞（嗅神经成鞘细胞）。

（二）神经胶质细胞的形态特点　神经胶质细胞的特点是：① 有突起无轴突，但突起细薄，有时小于1μm，仅在核周围有较多的胞浆。神经胶质细胞之间存在着低电阻通路的缝隙连接（gap junction）。② 神经胶质细胞在出生以后，始终保持着增殖分裂的能力，胞浆内含有线粒体、内质网、核蛋白体、溶酶体，是代谢活跃的细胞。

下面着重介绍几种胶质细胞：

1．小胶质细胞　在灰质内常可见到胞体呈梭形，由胞体发出几根突起，再发出少量具有小棘的分支。在尼氏和 HE 染色的切片中，胞核染色深而外形不整齐，这是因为小胶质细胞具有吞噬能力。在正常脑内，小胶质细胞是一种不活跃的细胞，称静止小胶质细胞。在神经系统有炎症时，可激活成反应性小胶质细胞及吞噬性小胶质细胞。小胶质细胞在脑发育过程中能清除死亡的细胞和变性物质。小胶质细胞能分泌和释放成纤维细胞生长因子（FGF）、神经细胞生长因子（NGF）、细胞因子、白细胞介素Ⅰ和Ⅵ（IL-1，IL-6）和肿瘤坏死因子（TNF）；还能释放一种星形胶质细胞生长因子（AGF），促进星形胶质细胞生长。

2．少突胶质细胞　其突起一般细小而少，常呈串珠状，由于分布的位置不同而分为三种：① 神经元周卫星细胞，分布于灰质的神经元胞体周围和由神经元的突起与神经胶质细胞的突起相互交织共同构成的神经毯里；② 血管周围少突胶质细胞，主要分布于白质。这种细胞并不直接和血管接触，两者之间隔以薄片状的星形胶质细胞的突起；③ 束间少突胶质细胞，数量最多，常以 2～20 个成串地排列在脑和脊髓白质神经纤维的周围。三种细胞所在的位置虽稍不同，但结构基本相同，胞质少，含较多线粒体，核异染色质多，因此它比星形胶质细胞的胞体和胞核都显得致密。少突胶质细胞的功能除了形成中枢神经系统内纤维外周的髓鞘外，在神经损伤时也有吞噬髓鞘残屑的作用。

少突胶质细胞形成中枢神经有髓神经纤维的髓鞘，与雪旺氏细胞不同的是，一个少突胶质细胞有许多分支突起，同时可与多条轴突接触形成髓鞘结间体（inter code）。

3．星形胶质细胞　星形胶质细胞是胶质细胞中数量最多的一种，在视皮质中星形胶质细胞占整个胶质细胞的 61.5%，在丘脑占 30%～40%，分布最广。除分布于中枢神经系统的灰、白质外，还存在于神经垂体中。

根据星形胶质细胞突起的不同，可分为原浆性与纤维性星形胶质细胞。原浆性星形胶质细胞突起多而短，分支多，形似绒球，故又称苔状细胞（mossy cell），多分布于灰质。纤维性星形胶质细胞的胞体和突起内富含胶原纤维，突起及其分支均少，但较长而直，故又称蜘蛛细胞（spider cell），多分布于髓质。另外也有些呈过渡类型的星形胶质细胞，存在于灰质和白质中。用一般的尼氏或 HE 染色，或电镜观察往往不能区别。晚近 Raff 根据细胞的生物特性将星形胶质细胞分为两类：一类为纤维母细胞样星形胶质细胞，不能结合破伤风毒素，但能接受表皮生长因子（EGF）或牛垂体提取液的刺激而分裂；另一类为神经元样星形胶质细胞，能结合破伤风毒素，但不被 EGF 或牛垂体提取液刺激而分裂。

有些学者将小脑的 Bergmann 胶质细胞，视网膜 Müller 细胞和垂体细胞视为特殊的星形胶质细胞。

（三）神经胶质细胞的功能　星形胶质细胞占胶质细胞的半数以上，同样也担负了胶质细胞的大部分功能。传统神经解剖学认为，星形胶质细胞的功能是构成神经组织的网架，对神经元及其突起起机械支持作用；在创伤时进行有丝分裂，形成胶质疤痕；由于胶质细胞一方面位于神经细胞附近，另一方面通过突起末端膨大形成脚板，附于毛细血管壁上，在基膜外围形成毛细血管外围的界膜，因此认为参与物质运输和血脑屏障的形成。但近年来的研究对胶质细胞功能作用的了解更为深入，认为还有以下几个方面的作用：

1．星形胶质细胞在正常神经活动中的作用

（1）是谷氨酸（Glu）和γ-氨基丁酸（GABA）代谢的关键部位：Blomqvist 等 1988 年用免疫组化法证明，在大鼠脑干的星形胶质细胞呈 GABA 阳性。Oertel 等证实神经末梢释放的 GABA 可被垂体细胞（星形胶质细胞）摄取。在细胞培养中也证明了星形胶质细胞有摄取和释放 Glu 和 GABA 的能力。

（2）存在突触样联系和受体：传统认为突触联系只存在于神经细胞和神经细胞之间，现在发现突触联系还存在于神经细胞与效应器（运动终版）之间及神经细胞与感受器（如味蕾）之间，最近还发现在神经细胞及神经胶质细胞之间也建立了突触样联系。如脑啡肽和 P 物质免疫反应阳性神经末梢与垂体细胞（垂体胶质细胞）形成突触样结构。

此外已证实在星形胶质细胞存在有神经细胞的受体，如乙酰胆碱受体、儿茶酚胺受体、多巴胺和 5-羟色胺（5-HT）受体、肾上腺素受体及 P 物质、生长抑素等受体。

（3）参与维持离子平衡：神经冲动的传导借动作电位来完成，动作电位的产生是由于神经细胞内、外离子浓度的变化。当 Na^+内流时，神经就发生去极化。因此，维持神经细胞内、外离子平衡对神经活动十分重要。当神经元活动时，细胞外 K^+浓度增高，使周围的星形胶质细胞膜带正电荷，它与相邻部位的电位差形成电流，将 K^+由释放部位带走。Wittkowski 等提出神经胶质细胞能主动摄取细胞外液中的 K^+，以调节神经末梢周围的离子成分，从而影响神经末梢的机能状态。冰冻蚀刻电镜观察显示胶质细胞表面存在离子通道。星形胶质细胞可摄取神经活动过程中释放的 K^+，将 K^+运送至毛细血管。星形胶质细胞不仅可进行 K^+ / Na^+的交换，而且可进行 HCO_3^- / $C1^-$ 交换，调节和维持离子平衡。

（4）合成活性物质，摄取神经递质：传统观念认为神经活性物质由神经细胞合成。1988 年 Stornetta 等应用分辨力高的原位杂交组化 ISHH 法，证明血管紧张素原和血管紧张素主要是在星形胶质细胞内合成并释放，再被神经细胞所摄取，但并非所有的星形胶质细胞都能合成血管紧张素原，可能不同部位的星形胶质细胞具有不同的基因表达。近年来的研究发现，大白鼠视网膜的神经胶质细胞能摄取GABA；还发现阿片类物质脑啡肽可调节神经垂体内加压素（VP）和催产素（OT）的释放，并认为脑啡肽的这种调节作用是通过神经胶质突触样连接影响垂体细胞的机能活动，或由于垂体细胞可摄取GABA，而GABA 能抑制VP 和OT 的释放而实现的。

2．星形胶质细胞在脑的发育、再生和移植中的作用　近年来许多学者发现星形胶质细胞能诱导神经细胞向最终部位迁移，这种细胞在大脑称为放射胶质，在小脑称 Bergmann 胶质，在视网膜称 Müller 细胞。神经组织在变性和损伤的反应过程中，星形胶质细胞可以再现发育过程中的作用。脑损伤时常导致反应性胶质细胞增生，过去认为胶质细胞增生可形成胶质疤痕，现在认为反应性胶质细胞增生实际上具有修复功能。还有人提出星形胶质细胞可释放神经生长因子，支持神经细胞的存活和轴突的生长。对星形胶质细胞的增生，Gage 提出这样的设想：即损伤后先是小胶质细胞被激活，激活的小胶质细胞能分泌白细胞介素–1（IL–1），后者再刺激星形胶质细胞增生。在神经移植的过程中，移植部位有纤维性星形胶质细胞增生，它们参与营养反应，促进移植存活和损伤细胞再生。晚近 Kesslak 报道，纯化的星形胶质细胞移植可促进动物额叶切除后的行为恢复。 Silver 等观察到，移植胚胎的星形胶质细胞可促进哺乳动物中枢神经系统轴突再生。

（徐慧君　金国华）

六、周围神经再生与手术修复问题

周围神经纤维被阻断后，其远侧段发生的顺行变性称 Waller 变性，胞体也发生肿胀和染色质溶解现象，但如损伤不严重，则一周后胞体内的许多变化逐步修复。与此同时，轴突近侧段从断端开始向上出现肿胀、分解等变化，分解物质被巨噬细胞所吞噬即溃变。溃变以后，近端轴突出现芽状增生。此时远端留存的雪旺氏（Schwann）细胞开始增殖，在原来的神经膜管内形成锥形排列的细胞，称为雪旺氏细胞索或称宾格内氏带（Bungner），为再生轴突提供向远端推进的通道；而近端轴突周围的雪旺氏细胞亦增生形成细胞桥，使近端轴突发出的新芽沿桥进入 Bungner 带围成的神经膜管内。Cajal 认为近端发生的新芽开始以每天 0.25mm 的速度向前生长，一旦进入神经膜管后则生长迅速，一天可达 4.34mm。临床证明，人桡神经切断缝合后生长速度为 1.6mm/d；正中神经压挫后的生长速度为 1.4 ～ 5.8mm/d。

对于是什么因素引导轴突新芽生长，早期多数学者认为是神经膜管和雪旺氏细胞的机械引导作用，但西班牙神经科学家 Cajal 却提出神经诱向性学说。认为是雪旺氏细胞或者外周靶细胞分泌的化学营养物质诱导神经再生。这一观点直到 50 年代 Levi-Montalcini 发现神经生长因子后，才认识到 Cajal 所提出学说的意义。

近年来的研究证明雪旺氏细胞可以合成和分泌神经生长因子（NGF），雪旺氏细胞表面有 NGF 受体。此外，雪旺氏细胞还能分泌Ⅰ、Ⅱ、Ⅲ、Ⅳ和Ⅴ型胶原蛋白等。所有这些物质均能促进轴突的生长。

周围神经再生的成功决定于再生轴突与靶器官的联系，如果再生轴突不能进入合适的神经膜管，不能被引导到合适的靶器官则再生是不可能成功的。因此，使周围的神经再生成功，在手术修复时必须注意以下几个问题。首先鉴别神经断面的功能束，进行正确的对合和选择合宜的缝合方法是手术成功的关键。在周围神经再生过程中，使相同功能束准确对接是十分重要的，多年来许多学者作了巨大的努力，如将神经分支进行定位作出断面图谱；或在手术时用电刺激方法确定是感觉或运动神经纤维束，以后又有用乙酰胆碱酯酶组化法进行区别，但到目前为止还没有一种快速、实用、可靠并为外科医生接受的方法。南通医学院顾晓松教授等提取出感觉蛋白并制成抗体，利用免疫组化法区别感觉、运动神经纤维束是一种有希望的发现。相信不久的将来可以使运动或感觉神经纤维束获得正确的对合。

至于选用哪种方法才能使神经束的对合更为完全 ，一般在神经干的近端可采用外膜缝合法，远端宜采用束膜（束组）缝合法。

由于神经损伤情况多种多样，常可能出现神经缺损的损伤，此时缝合需注意缝合的张力因素。过去对缺损神经的修复采用广泛游离关节屈曲，或神经改道的方法以求神经断端的直接缝合，但此种缝合常可因张力过大而影响周围神经再生。为了避免张力缝合导致的不良后果，现在的研究证明可以在神经的两断端之间架桥，缝接一段可供再生神经纤维通过并进入到远端神经干中的移植体，这一技术简称“桥接”。用于桥接的移植体很多，主要有两类，一类是神经移植体如自体皮神经、异体神经等；第二类为非神经组织移植体，又有非生物材料硅胶管、丙稀酸半渗透膜性管等，或自体非神经组织，如自体动脉、静脉、骨骼肌等。以上的移植体大多在研究中，有的已过渡到临床，但效果不一，应当在继续深入研究的基础上谨慎地过渡到临床。

周围神经再生是一个复杂的过程，可受到局部和整体多种因素的影响，尽管目前对周围神经再生的研究还有许多问题并未得到满意的解决，但随着神经因子与再生研究的深入，相信在今后的 10 ～ 20 年内对周围神经再生与修复的研究将会有重大的突破。

（刘素伟）

七、脊髓半边横断综合征的表现及机理

脊髓可因外伤、侧方肿瘤压迫和炎症等因素，致使一侧结构发生横断性病变，通常称之为 Brown-Sequard 综合征。其临床表现及机理如下：

（1）一侧皮质脊髓侧束受损：由于皮质脊髓侧束的纤维终止于同侧脊髓前角，因而导致病灶平面以下的同侧肢体出现中枢性瘫痪，表现为病灶平面以下，同侧运动不能，为痉挛性瘫痪，腹壁反射等浅反射减弱或消失，腱反射增强并出现病理反射。

（2）一侧后索和脊髓小脑前、后束受损：薄、楔束位于后索内，由脊神经节中假单极神经元的中枢支进入同侧后索上行而成，主要传导意识性本体感觉和精细触觉。脊髓小脑前束由起自两侧中间内侧核的纤维组成，终于小脑前叶，传导全身两侧反射性本体感觉冲动；脊髓小脑后束起自同侧背核，经小脑下脚入小脑蚓叶，主要传递同侧下肢和身体下部的反射性本体感觉。当一侧后索和脊髓小脑前、后束受损时，会引起同侧肢体的深感觉和精细触觉缺失，并有明显的共济失调。

（3）一侧脊髓丘脑束受损：脊神经后根的纤维进入脊髓后，行于脊髓后角尖端与脊髓表面之间的背外侧束（李氏束），在此束内上行 1 ～ 2 个节段之后，进入后角灰质，与后角内的神经元形成突触。后角神经元发出的纤维立即经白质前连合交叉到对侧侧索上行组成脊髓丘脑侧束，终于背侧丘脑，传导痛、温觉。脊髓丘脑束受损，可使病灶平面 1 ～ 2 个节段以下的对侧肢体痛、温觉缺失。由于传导粗略触觉的脊髓丘脑前束来自双侧的脊髓后角，因此，一侧脊髓损伤，粗略触觉迟钝或接近正常。

（4）病变节段一侧前角受损：脊髓前角运动神经元为下运动神经元，受损后，同侧相应节段出现周围性瘫痪，肌肉发生萎缩，如小儿麻痹后遗症。

（5）病变节段一侧后角受损：脊髓后角为节段性结构，接受同侧后根痛、温觉和粗略触觉的传入纤维。后角受损，可以产生同侧相应节段痛、温觉丧失，触觉迟钝。但在病变早期，由于病变刺激，可以发生相应节段的疼痛。

（6）若损伤了内脏运动传导束时，可以使病损部位以下同侧肢体早期发红、发热，后

期发绀、发冷以及泌汗障碍。

(7) 脊髓半横切时，膀胱、直肠及生殖器官的功能往往不受干扰。因为一侧脊髓足以维持内脏功能。

以上所述典型 Brown-Sequard 综合征的表现在临床上较少见，而不完全性脊髓半横切则较常见，其具体临床表现因损伤范围和损伤节段的不同而各异。

八、脊髓中心区损伤后的表现及机理

脊髓空洞症、脊髓内肿瘤等疾病常可导致脊髓中心区损伤。由于脊髓内与感觉和运动有关的上、下行纤维束排列的定位关系，因而脊髓中心区损伤后可以出现其特征性临床表现。

由于损伤了经白质前连合处交叉的脊髓丘脑纤维，致使病灶部位或病灶以下两侧的疼痛感觉和温度感觉对称性地丧失；同时由于本体感觉和精细触觉在同侧后索内传导，不受损害，因此出现分离性感觉障碍。研究表明，脊髓丘脑侧束及脊髓丘脑前束的纤维均呈明确的分层定位排列，即传导骶部信息的纤维位于最外侧，传导颈部的信息纤维位于最内侧，自外向内依次为骶、腰、胸、颈各部。因此，当脊髓中心区损伤后，痛、温感觉障碍自病变节段逐渐向身体下部扩展。

前角细胞受累后，会出现相应节段的肌无力、肌萎缩、肌张力减低、反射减弱或消失等周围性瘫痪的症状及体征。当病变范围扩大，累及皮质脊髓侧束后，则出现中枢性瘫痪的症状及体征。皮质脊髓束的纤维排列也有明确的定位关系，即由外向内，依次为到骶、腰、胸、颈部的纤维，其支配上半身的纤维在内侧，支配下半身的纤维在外侧。因此，当脊髓中心区损伤后，患者上肢的瘫痪要重于下肢。

在脊髓胸$_1$～腰$_3$（或颈$_8$～ 腰$_2$）节段侧角中存在中间外侧核，此为交感神经的低级中枢。在脊髓骶$_{2\sim4}$节段，相当于中间外侧核的部位，有骶（骶副交感神经核）中间外侧核，是副交感神经的低级中枢。当脊髓中心性损伤侵袭到侧角时，可产生相应的植物神经紊乱综合征，如霍纳（Horner）氏综合征，血管运动和泌汗障碍，以及排尿、排便和性机能障碍等。

九、蓝　斑

蓝斑核（locus coeruleus）是位于脑桥上段背侧，与第四脑室相邻的一团含有色素的神经元。在横切面上，蓝斑位于第四脑室的底与侧壁交接区室底灰质的腹外侧区。在人类，两侧蓝斑神经元的数目约为 12 000 个；而在大鼠，每侧各约有 1 600 个神经元。这些细胞大致可分成两种类型：① 中等大小、圆或卵圆形神经元，核常偏位，胞浆内含有许多黑色素颗粒，是蓝斑内最多见的神经元。② 小型卵圆形神经元，胞浆较少，常缺少色素。研究发现，蓝斑的神经元多数为去甲肾上腺素能神经元，蓝斑核是脑内去甲肾上腺素能神经元最多的部位。在蓝斑核的腹外侧，还可见到由小细胞集聚而成的蓝斑下核(nucleus subcoeruleus)。

虽然对蓝斑核的传入联系至今尚无详细的了解，但目前已知的资料说明蓝斑核可以接受多个不同脑区的传入纤维。它可以接受关于内部和外部感觉刺激，以及行为和情感状态经过高度处理的信息。有人认为，蓝斑具有高度整合功能。

现代神经解剖学研究证明，蓝斑的传出投射范围异常广泛，它可以投射到新皮层、海马、杏仁体、嗅球、背侧丘脑、下丘脑、中脑的许多核团、小脑皮质，以及延髓的多个区域和脊髓，几乎中枢神经系统的任何区域都有与蓝斑核的传出纤维联系。蓝斑核这种广泛性、弥散性的传出联系，是中枢神经系统内任何其他核团都无法比拟的。蓝斑的这一特性提示其功能可能也是多方面的。

目前认为蓝斑可能有以下几方面的功能：① 动物实验证实，猫的呼吸调节中枢位于蓝斑区及其相邻的网状结构内。有的学者推测，蓝斑的传出纤维可能通过网状结构与呼吸调节中枢相联系，并影响其活动。② 蓝斑可能影响感觉中继核，如脊髓后角、三叉神经脊束核等的活动，可能与感觉信息的整合有关。③ 蓝斑可能是上行激动系统的组成部分。有人认为，在高度警觉的状态下，蓝斑神经元可以被激活并释放去甲肾上腺素，作用于许多脑区的靶神经元，提高它们对随之而来的感觉刺激或突触传入反应的选择性和强度。④ 蓝斑与某些内脏和神经内分泌活动的调节有关。⑤ 蓝斑可能与运动调节有关。蓝斑还可能与去同步睡眠中出现的某些行为表现有关。

也有人认为蓝斑和脑的去甲肾上腺素在许多临床疾病中是决定性的因素。研究证明，在Parkinson 病和 Alzheimer 病患者，蓝斑神经元的数目均严重减少。

（于胜波　隋鸿锦　张书琴）

十、脑干网状结构

脑干中除边界明显的脑神经核、非脑神经核和长距离的纤维束外，余下的部分是纤维纵横交错、细胞散在其间的区域，总称为脑干网状结构。脑干网状结构为人脑种系发生上较古老的部分，其结构特点是细胞分散，大小及形态不一，形成边界不清的网状核；纤维多方向走行，联系复杂。

网状结构的细胞多属中间神经元，联系感觉与运动神经元。网状结构中多数神经元的树突在脑干内向四周呈放射状伸展，与脑干的纵轴相垂直。通过脑干上、下行传导束的纤维，绝大多数均发出侧支与网状结构神经元的树突及胞体发生联系。网状结构神经元的轴突一般分为上升支和下降支。上升支可分布至间脑、大脑和小脑；下降支向下终于脊髓；从升、降支发出大量侧支，终于脑神经运动核及感觉核，调节它们的传出与传入功能。网状结构是多突触联系的一个环路，它的传入和传出联系是非特异性的。

（一）脑干网状结构的主要核团　脑干网状结构的核团很多，且分类方法不一，但在多数哺乳类动物，包括人类在内，其主要核团是相似的，主要有网状核群和中缝核群，位于延髓、脑桥和中脑被盖部。

1．网状核群

（1）延髓网状结构的核团：主要有 5 个：① 延髓腹侧网状核，是延髓下段网状结构的主体，位于延髓下段的中央；② 延髓外侧网状核，位于延髓腹侧网状核的外侧；③ 延髓巨细胞网状核，位于延髓腹侧网状核的嘴侧，它含有巨型和大、中型神经细胞；④ 小细胞网状核，位于巨细胞网状核的外侧，含有中、小型神经细胞；⑤ 旁正中网状核，位于延髓上段中线的两侧。

（2）脑桥网状结构的核团：脑桥网状结构的核团由延髓网状核团向上延续而成，位于脑桥被盖的中央部，主要有：① 脑桥尾侧网状核，位于脑桥尾侧被盖部内侧 2/3，下续延髓巨细胞网状核；② 脑桥嘴侧网状核，脑桥尾侧网状核至三叉神经运动核上端，移行为脑桥嘴侧网状核；③ 小细胞网状核，位于脑桥被盖外侧部，是延髓小细胞网状核的延续；④ 脑桥被盖网状核，位于内侧丘系背面的脑桥被盖内。

（3）中脑网状结构的核团：脑桥嘴侧网状核向嘴侧延续为中脑网状核。主要有：① 楔形核；② 楔形下核；③ 脚桥被盖网状核。它们位于中脑被盖外侧部。

2. 中缝核群　哺乳类包括人类在内的中缝核群是由位于脑干正中线及其邻近区的数个核团组成。由于它们的细胞构筑及纤维联系与脑干网状结构有相似之处，故认为它们是脑干网状结构的一部分。

哺乳类中缝核群的分群及细胞构筑基本相似。一般分为 8 个核团，即延髓的中缝隐核、中缝苍白核和中缝大核；脑桥的脑桥中缝核、中央上核和中缝背核；中脑中缝背核、中间线形核及嘴侧线形核。中缝大核位于延髓上段正中缝的腹侧部，含有大、中型多极细胞。中缝背核位于脑桥上段的中央灰质及中脑下丘水平的被盖部，主要含有中型细胞。

（二）脑干网状结构的分部及其神经元的构筑特点

1. 脑干网状结构的分部　可分为正中部、内侧部及外侧部。各部均由数个网状核团组成。

（1）正中部：介于左、右两内侧部之间，占据脑干正中线及其邻近的区域。该部的核团为中缝核群。

（2）内侧部：位于脑干正中部的外侧，在脑干被盖的内侧 2/3 部。其中的核团有延髓腹侧网状核和巨细胞网状核；脑桥的脑桥嘴、尾侧网状核；中脑的楔形核和楔形下核。内侧部为整合及效应区，接受网状结构外侧部及其他部位传来的冲动。

（3）外侧部：位于内侧部的外侧，占据脑干被盖的外侧 1/3 部。此部的核团有延髓的小细胞网状核和外侧网状核；脑桥的小细胞网状核及中脑的脚桥被盖网状核等。对中脑属于外侧部核团的见解还不统一。一般认为外侧部都是感受及联络区，接受长上升支的侧支，即接受全身痛、温、触、压、平衡、听觉和内脏感觉冲动，并将这一冲动再传至网状结构内侧部。

2. 脑干网状结构神经元的构筑特点　网状结构内的神经元分散，其形状与大小不等。其外侧部主要为中、小型神经元，轴突短且指向内侧，并终于内侧部。内侧部构筑上的特点是由巨、大、中型神经元组成，具有长而直的树突，其上有树突棘。树突分支交织成丛，所占区域较大，与脑干纵轴垂直；许多网状神经元的轴突在胞体附近分为长的上升支和下降支，纵贯脑干。其上行纤维可到达背侧丘脑的板内核群和中线核群；其下行纤维形成网状脊髓束，或经过中继后终于脊髓的前角与侧角细胞。在网状神经元轴突上升或下降过程中，发出许多侧支和其他神经元形成突触，构成了网状结构传导特点的多突触联系的结构基础。

（三）脑干网状结构的纤维联系　脑干网状结构与脊髓、脑干、小脑、间脑及大脑间有广泛的纤维联系。

1. 脑干网状结构与脊髓的联系　网状结构内侧 2/3 区的神经元轴突长，呈丁字形分支，其下降支组成网状脊髓束，在脊髓侧索腹外侧下行，终于同侧或对侧的脊髓前角和侧角细胞。脊髓网状束起于脊髓的全长，在脊髓前索和侧索中上行，终于脑干网状结构的内侧部。

2. 脑干网状结构与脑的联系

（1）脑干网状结构与间脑间的联系：脑干网状结构内侧 2/3 区神经元轴突的上升支在中央被盖束内上升至中脑以上，组成非特异性上行投射系统，一部分终止于背侧丘脑的非特异性核团，如板内核群的中央正中核一束旁核复合体；另一部分则终止于底丘脑和下丘脑。起源于背侧丘脑、底丘脑的间脑网状纤维主要终止于脑桥和中脑的网状结构。

（2）大脑与脑干网状结构的纤维联系：大脑皮质广泛区域，如额、顶、颞、枕和边缘叶等，特别是额叶运动区（4 区）和运动前区（6 区）的神经元发出皮质网状纤维与锥体束一起下行，终于双侧脑干网状结构。一般认为，脑干网状结构通过网状丘脑纤维在背侧丘脑的非特异性核团中继后，对大脑皮质发挥影响。此外锥体束的纤维也有侧支进入脑干网状结构。可见皮质与脑干网状结构间的联系很密切。

（3）脑干网状结构与小脑的联系：延髓和脑桥的网状结构发出网状小脑纤维，经小脑下脚和中脚至小脑蚓部和半球。由小脑的核团，如齿状核和顶核等发出小脑网状纤维，其中多数纤维终于对侧脑干网状结构。

（4）脑干网状结构与脑神经核的联系：这种联系是双向性的。脑干网状结构神经元的轴突终止于所有脑神经运动核及部分感觉核，而脑干网状结构又接受脑干内脑神经核，特别是脑神经感觉核发出的纤维。

此外，脑干网状结构各核之间存在内在的纤维联系。低位脑干网状结构与高位脑干网状结构之间存在往返的纤维联系。

（5）中缝核群的纤维联系：中缝核群与脊髓、脑干、小脑及大脑有广泛的往返纤维联系。中缝大核接受大脑皮质、中脑中央灰质的纤维，它发出的纤维至脑干网状结构和脊髓的感觉核团，对感觉传递起着调整作用，特别是对痛觉传递起着下行抑制作用，产生镇痛效应。中缝背核和中央上核的纤维向上投射至黑质、背侧丘脑的板内核、下丘脑、隔区和额叶皮质；向下可投射至小脑、蓝斑和三叉神经感觉核等。

（四）脑干网状结构神经元的递质　由于应用较敏感的荧光组织化学和免疫细胞化学技术，发现网状结构神经元含有不同的神经递质，主要有单胺类递质、乙酰胆碱、多肽和氨基酸等。单胺类递质主要有去甲肾上腺素、多巴胺及 5–羟色胺。根据对大鼠的研究，共发现有 15 组儿茶酚胺神经元，分别标为 $A_{1\sim15}$。其中 $A_{1\sim7}$ 为去甲肾上腺素能的，位于延髓与脑桥；$A_{8\sim15}$ 为多巴胺能的，位于中脑以上，其中 $A_{8\sim10}$ 位于黑质及附近地区，均含多巴胺。

5–羟色胺神经元位于脑干中缝，主要集中在中缝核群，共分为 9 群，标为 $B_{1\sim9}$。其中延髓的 $B_{1\sim3}$ 主要向脊髓投射；中脑的 $B_{7\sim9}$ 主要向间脑和大脑投射；其余的向小脑投射。脑干 5–羟色胺能神经元，通过其广泛的投射可影响许多脑区，且涉及多种功能，其中一个重要的作用是对低级中枢（如脊髓）的下行抑制，产生镇痛效应，此外还参与调节睡眠、觉醒、体温及神经内分泌活动。

（五）脑干网状结构的机能

1. 对大脑皮质机能活动的影响　是通过非特异性传入系统实现的。脊髓网状束及特异性传导通路通过脑干时，发出侧支终于脑干网状结构外侧区，而该区神经元的轴突又终于网状结构内侧区。由内侧区逐级发出长的上升纤维，投射至背侧丘脑的非特异性核团，进而弥散地投射至大脑皮质的广泛区域，此即非特异性上行投射系统，它的特点是多神经元，多突触，在种系发生上是较古老的系统。特异性传入系统是指一般感觉传导通路而言，是少突触的，在种系发生上是比较新的系统。

一般认为，躯体和内脏感觉冲动经网状结构的非特异性上行投射系统传至大脑皮质广泛区域的神经元，引起兴奋，借以维持大脑皮质处于觉醒状态。脑干网状结构对于维持大脑皮质处于觉醒状态，具有非常重要的作用。临床上常由脑干病变损害非特异性上行投射系统而导致病人昏迷或昏睡。

2．对内脏活动的影响　脑干网状结构内有各种内脏活动调节中枢，延髓外侧网状结构中有心血管运动中枢。延髓的尾侧和内侧部有降压区，其嘴侧和外侧部有加压区。延髓内侧部的网状结构中有吸气中枢，而其外侧部有呼气中枢。呕吐中枢位于延髓背外侧网状结构中。在迷走神经背核附近的网状结构中有吞咽中枢。网状结构主要通过网状脊髓束实现其对内脏活动的调节。

3．对躯体运动的调节　一般认为它是通过皮质网状束和锥体束侧支至脑干网状结构，再经过网状脊髓束至前角运动神经元，通过对前角运动神经元机能活动的调控来实现其兴奋或抑制的作用。刺激延髓网状结构腹内侧部的抑制区，能抑制由于刺激大脑皮质引起的运动反应，也能抑制脊髓反射活动；对同侧伸肌有抑制作用，对同侧屈肌有易化作用。刺激脑桥和中脑被盖部的易化区，则使大脑皮质出现觉醒状态，并增强伸肌的活动，抑制屈肌的活动。

4．对感觉传导的影响　中缝核群，特别是中缝大核通过缝际脊髓束对痛觉冲动传递起到抑制作用。

（张书琴　隋鸿锦）

十一、三叉神经损伤的症状

1．头面部骨折或肿瘤可伤及三叉神经周围支。上颌骨骨折时常损伤眶下神经，波及卵圆孔的颅底骨折可损伤下颌神经，由于运动支的损伤，患者伤侧咀嚼肌发生完全或不完全瘫痪。因为这是周围运动神经元受损导致的瘫痪，所以咬肌和颞肌为弛缓性瘫痪，过一段时间可发现这些肌肉萎缩，明确地感到咬肌无力。由于翼内、外肌瘫痪不能牵患侧下颌向前，故下颌偏向瘫痪侧，患者只能用健侧进行咀嚼。仅有少数病例可累及双侧咀嚼肌，此时可见下颌下垂，不过在肌力减弱时，由于面肌的作用仍能闭嘴，但不能咀嚼，吞咽也有困难。

2．三叉神经感觉根被完全切断或三叉神经节损害，可引起损害侧面部、颅顶前部、耳廓的皮肤和眼球的感觉丧失，鼻、口和舌前2/3粘膜的感觉丧失。

3．三叉神经脊束核损害（核型）主要发生分离性感觉障碍，即同侧痛、温觉障碍而触觉存在。该核不完全损害时出现节段性痛、温觉障碍。当脊束核上部发生病变时，则出现同侧口鼻周围痛、温觉障碍。

三叉神经损伤最多见的是伴有面部疼痛，或面痛是患者唯一的损伤症状。面部疼痛有数种形式，也可由不同的原因引起。典型或重症三叉神经痛的特有临床表现是：发作时在三叉神经1支或数支分布区内有难以忍受的剧烈疼痛。疼痛为针刺样、刀割样、碾碎样或撕裂样，发作间歇期不痛。疼痛的触发带多位于眼、鼻附近或齿槽边缘，轻微刺激这些点就可诱发一次发作。例如：咀嚼、吞咽、洗脸，甚或极轻的触摸就会引起发作。疼痛发作时常伴有自主（植物）神经刺激征，较常见的有流泪、结膜充血、流涎、面颊潮红等症状。

治疗三叉神经痛的方法包括：① 通过卵圆孔把酒精注入三叉神经节或者注入三叉神经刚离开颅腔的根内；② 切断三叉神经感觉根，或切断有病变的三叉神经分支的神经根；③ 切断位于延髓浅表部位的三叉神经脊束，即延髓传导束切断术。

十二、内脏牵涉性痛的产生和表现

当某些内脏器官发生病变时，常在体表的一定区域产生感觉过敏或疼痛，称这种现象为牵涉性痛。产生牵涉性痛的皮区往往有下述几种表现：① 定位不十分明确的中等度以下的皮肤痛；② 疼痛皮区感觉过敏；③ 该皮区的皮肤血管运动障碍、汗腺分泌及主要肌运动障碍（可表现为交感兴奋征或抑制征）；④ 该皮区附近的骨骼肌呈现反射性僵硬。由于 Head 首先描述了这组症状，故可用“Head 带”来概括这一组症状。

这种感觉过敏或疼痛区有时在患病器官邻近的皮肤，有时则离患病器官较远。例如心绞痛时，常在胸前区及左臂内侧皮肤感到疼痛；肝胆疾患时，常在右肩部有疼痛；膀胱、前列腺、直肠和子宫疾患时，常在骶区、臀部和股后部有疼痛。所有这些，很可能与它们都是由同一节段脊神经分布之故。

牵涉性痛的发生机理，虽然生理学上有种种推论，但目前尚无定论。据有关内脏疾患的临床分析，发生牵涉性痛的体表部位与病变器官往往受同一节段脊神经的支配。因此推想，传导患病内脏感觉的神经与牵涉性痛区皮肤的感觉神经进入同一脊髓节段，并在脊髓后角固有核内密切联系（表 2–7）。因此，从患病内脏传来的冲动可以扩散或影响到邻近的躯体感觉神经元，从而产生牵涉性痛。此外，还有人认为产生牵涉性痛的原因可能是由于两种传入纤维在背侧丘脑同一点汇聚所致。

表 2–7　内脏牵涉性痛与脊髓节段的关系

内脏	产生牵涉性痛的脊髓节段
膈	颈 4
心脏	颈 8 ～胸 5
胃	胸 6 ～ 9
小肠	胸 7 ～ 10
肝、胆囊	胸 7 ～ 10　也有沿膈神经至颈 3 ～ 4
肾、输尿管	胸 11 ～腰 1
膀胱	骶 2 ～ 4（沿副交感神经）及胸 11 ～腰 2（沿交感神经）
睾丸、卵巢	胸 10
子宫	
体部	胸 10 ～腰 1
颈部	骶 1 ～ 4（沿副交感神经）
直肠	骶 1 ～ 4

（赵宝东　刘素伟）

十三、边缘系统

边缘系统是哺乳动物大脑的重要部分，主要功能涉及到个体生存（如寻食、防御等活动）、种族保存（生殖功能）、内脏活动、感觉与行为活动、学习和记忆，以及动机与情绪活动等，因而近20年来受到许多神经生物学家的注意，形成一个专门研究的领域。本节简略介绍有关的基础知识。

（一）边缘系统（limbic system）概念的形成　1878年法国著名解剖学家Broca在完成学位论文时，注意到构成大脑半球内壁并围绕脑干嘴端周围的脑结构，提出大脑边缘叶的名称，但未提出该叶的功能。1933年，Herrik 指出这些部位活动涉及内脏器官的功能及性情等。1934年Kleist认为，人的情绪、行为及心情与边缘叶有关。1937年 Papez根据生理学、神经解剖学以及临床的实际观察，提出了边缘环路（limbic circuit），并指出情绪活动发源于海马旁回和扣带回。海马经穹窿到下丘脑乳头体，再由乳头体经丘脑前核至扣带回构成一个环路，后者被称为Papez环路，为情绪感觉活动的基础。1952年 Maclean从生理学上论证了环路的存在，进一步提出了“边缘系统”的概念。

（二）边缘系统的解剖　边缘系统是脊椎动物大脑那些由古皮质和旧皮质演化而成的结构。边缘系统包括的部位相当广泛，包括边缘叶的内环和外环。内环即齿状回、海马、束状回、胼胝体上回、胼低体下回、旁嗅区和斜角带（它们在发生上是最古老的部分）。外环包括扣带回、海马旁回、钩（海马旁回钩）及连接这两个回的穹窿峡，合称穹窿回。此外还有眶回、岛叶和颞极。以上结构为边缘系统的皮质部。边缘系统的皮质下核团包括杏仁体、隔核、视前区、上丘脑、下丘脑（丘脑下部）、背侧丘脑前核群及背侧丘脑内侧背核的一部分。Nauta1958年根据神经解剖学资料，提出中脑旁正中被盖区（包括中央上核、被盖背核、被盖腹核、脚间核）和中脑导水管周围的导水管周围灰质的中央灰质等与海马、杏仁体、隔核、下丘脑部都有密切的上、下联系，完成一个边缘中脑环路，因此将中脑被盖的这些部分称为边缘中脑区。

边缘系统相互之间存在着许多重要的复杂联系。皮质间的联系有连结边缘叶与海马、以及邻近新皮质的扣带束，连结两侧颞叶的前连合和连合两侧海马的海马连合。皮质下的联系有穹窿，由海马发出纤维经穹窿至乳头体，有连结杏仁体与下丘脑等的终纹以及丘脑髓纹、视上垂体束和室旁垂体束等。

（三）边缘系统的功能　边缘系统的结构复杂、联系广泛，这些不同部位结构与功能之间的相互精确关系，目前了解得仍很不够，已知的功能为它与躯体和内脏活动的整合调节有关，并与情绪反应和记忆有关。刺激边缘系统的不同部位，可产生许多内脏活动的变化。如刺激扣带回可使呼吸变慢或停止，但过强刺激引起呼吸加速，一般刺激出现心跳减慢和减压反应，但有时也出现加压反应。刺激觉醒动物扣带回则可出现情绪激动，表现为发怒等情绪变化。最近的研究认为，杏仁体是动机产生的关键部位，实验研究表明损毁杏仁体的动物，普遍表现为淡漠，缺乏主动的意识和行为，不再对周围环境作出恰当反应。激素与情绪感受及情绪活动之间的关系甚为密切。激素可影响脑功能活动，如甲状腺机能亢进时病人易兴奋、喜怒无常、烦躁不安；分泌不足时病人行动迟缓、沉默及情绪淡漠。实验表明，下丘脑和杏仁体可影响病人的情绪。边缘系统中的海马具有多方面的生理功能，用电刺激海马没有呼吸血压变化，故认为海马是内脏活动静止区；损毁海马后的鼠，遇见猫时逃跑较对照组迅速。在人类，失去双侧海马出现 Kluver-Bucy 综合征，其特征为饥饿情绪反应强烈，食欲亢进，性活动异常，但性情温和、记忆力减退。另有研究表明，海马与网状结构相联系，维持觉醒状态。目前认为，颞叶→海马回→海马→穹窿→下丘脑乳头体→丘脑前核→扣带回→海马结构的海马环路，可能与学习记忆有关。动物实验损毁海马，不但影响空间位置的识别能力，而且降低动物对亮度信息的识别能力。

（徐慧君　金国华）

十四、脑干损伤与临床

（一）脑干结构的特点与损伤范围的定位　脑干的体积较小，其内部结构复杂。延髓在横切面上面积最小，所以延髓病变往往累及双侧；其腹部正中的病变常损及双侧锥体束，产生四肢瘫痪；病变向背侧扩展会累及内侧丘系，合并产生颈部以下的双侧深部感觉障碍。脑桥与中脑均分为被盖与基底部或脚底。脑神经核、网状结构与感觉传导束位于被盖部；锥体束及锥体外系通过大脑脚底或基底部。所以脑神经核及感觉束的损害系由被盖（脑干背侧部）病变所致，脚底或基底部（脑干腹侧部）病变引起锥体束损伤的体征。

脑神经除第Ⅰ、Ⅱ两对外，第Ⅲ至第Ⅻ对与脑干相连，且通过颅底的孔、裂或管。后10对脑神经核位于脑干内，其中第Ⅲ、Ⅳ对位于中脑；第Ⅴ、Ⅵ、Ⅶ、Ⅷ对主要位于脑桥；第Ⅸ、Ⅹ、Ⅺ、Ⅻ对位于延髓。因此，脑干不同部位损害时，可产生与病侧相应的脑神经麻痹症候。根据受损脑神经的临床表现，可确定脑干病变的具体部位。

脑神经运动核除了面神经核下段及舌下神经核外，均接受双侧皮质核束的支配。这种结构上的特点使得一侧锥体束病变，只表现为对侧面下部表情肌和舌肌瘫痪，其余的脑神经运动核支配的肌肉均不受影响。

脑干是连接大脑、小脑与脊髓的中间枢纽，由脊髓和延髓下段上行而且多是交叉性的长感觉束和由大脑皮质下行的运动系均通过脑干。因此，一侧脑干损害时，经常引起对侧肢体瘫痪和痛、温觉障碍，同侧脑神经亦受累，产生所谓交叉性瘫。例如：中脑大脑脚病变，表现病侧动眼神经麻痹，对侧肢体中枢性偏瘫；脑桥基底部病变，表现为病侧面神经或展神经麻痹，对侧肢体偏瘫及感觉障碍；延髓腹侧病变引起病侧舌下神经麻痹、面部感觉障碍、对侧肢体偏瘫及感觉障碍。交叉性瘫痪是脑干病变表现的主要特点，也是诊断脑干损害的主要依据。两侧锥体束在脑干中的距离越是往下越近，到锥体交叉部位，其中的纤维大部分交叉到对侧，复又分开。因此，中脑大脑脚底的病变只累及一侧锥体束；脑桥基底部的锥体束分散成小束，所以小范围病变不易造成严重的瘫痪，延髓锥体交叉上、下病变常同时累及两侧锥体束，产生四肢瘫痪。在延髓锥体交叉外侧部的病变，首先累及已交叉的支配下肢的纤维及未交叉的支配上肢的纤维，所以产生病侧下肢瘫和对侧上肢瘫。若脊髓小脑束罹病，会导致共济失调。

脑干网状结构内还有许多内脏活动调节中枢，如心血管运动中枢、呼吸中枢等。因而，脑干网状结构病变会使多方面的机能遭到破坏，其中最重要的是呼吸、心血管及意识方面的障碍，主要表现为呼吸功能紊乱，严重者可呼吸衰竭，心血管功能紊乱，脉搏慢而有力，瞳孔变化，以及去大脑强直和锥体束征，甚至昏迷。

（二）脑干内的脑神经及其核的损害与临床表现

1. 支配眼球外肌的脑神经核损害的临床表现　支配眼球外肌的神经有动眼神经、滑车神经和展神经。这些神经可因中枢及周围部的损伤引起麻痹。脑干内的肿瘤、炎症、外伤、出血或软化及延髓空洞症等都可引起支配眼球外肌的神经核性麻痹，以动眼神经核及展神经核最易受损，主要引起眼球外肌瘫痪，眼球活动障碍，表现为斜视及出现复视等。

（1）动眼神经核性或核下性损害：形成同侧下运动神经元瘫痪，主要表现：① 上睑下垂，由于上睑提肌瘫痪所致；② 外斜视，由于上、下、内直肌瘫痪所致；③ 瞳孔扩大，对光及调节反射消失，由于损伤动眼神经副核或副交感节前神经纤维，使同侧瞳孔括约肌和睫状肌瘫痪所致。

（2）滑车神经核性或核下性损害：引起上斜肌瘫痪，眼球不能转向下外方。患者不能向下方侧视，尤其下楼梯或下坡时更感困难。俯视时出现轻度内斜视和复视。

（3）展神经核性及核下性损害：引起展神经麻痹，约占眼肌麻痹病例的30%～50%。由于外直肌瘫痪，眼球处于内收位，产生内斜视和复视。

2. 三叉神经及其核损害的临床表现　三叉神经的损伤有中枢性和周围性两种。中枢性损伤是指三叉神经的核及三叉神经与中枢联系受损而言。脑桥、延髓和脊髓最上段病变可侵及三叉神经感觉核及其纤维联系。三叉神经感觉核为一细长的细胞柱，各部功能不一，故不同部位受损时，产生不同的感觉分离症状。例如延髓空洞症或者小脑后下动脉血栓形成，仅累及三叉神经脑桥核，表现为同侧面部触、压觉丧失，而痛、温觉仍存在。相反，如病变仅损及三叉神经脊束核时，就表现为同侧面部痛、温觉丧失，而触、压觉仍保留。如病变损及三叉神经二级束时，也可引起对侧面部痛、温觉减弱。

脑桥被盖部的病变可损及三叉神经运动核，引起同侧咀嚼肌瘫痪，如单侧核上性损害，由于三叉神经运动核接受双侧皮质核束的支配，所以不产生明显的同侧咀嚼肌瘫痪。

3. 面神经及其核损害的临床表现　面神经麻痹有核下性、核性与核上性三种。核下性病变累及面神经，核性病变累及面神经核；核上性病变累及面神经核以上的皮质核束。

核性或核下性面神经麻痹，前者多由脑桥部位肿瘤、出血或炎症引起，后者由前庭蜗神经瘤、脑桥小脑三角处肿瘤或骨折、中耳及乳突炎症等引起，多累及一侧，主要表现为患侧面肌瘫痪、表情动作消失、前额皱纹消失、睑裂扩大、鼻唇沟变平坦。嘴歪向健侧、食物瘀积于口腔前庭内。患者不能作皱眉、闭眼、鼓颊、露齿和吹哨等动作。由于镫骨肌瘫痪，丧失了制止听小骨震动的作用，出现听觉过敏的症状。如果损及中间神经时，舌前2/3味觉消失、唾液分泌减少。

核上性面神经麻痹，常因脑血管疾患或脑肿瘤引起。面神经核上段接受双侧皮质核束的支配，发出的纤维支配面上部的眼轮匝肌、枕额肌额腹及皱眉肌；面神经核下段仅接受对侧皮质核束的控制，其发出的纤维支配面下部的颊肌、笑肌、唇肌等。因此，核上性面神经麻痹，仅引起对侧面下部肌瘫痪，表现鼻唇沟平坦、口角下垂并偏向患侧，但面上部肌肉活动无明显障碍。

4. 前庭蜗神经及其核损害的临床表现　前庭蜗神经由蜗神经和前庭神经组成。蜗神经传导听觉冲动，前庭神经传导平衡觉冲动。

脑干或大脑病变致使蜗神经核及其听觉传导通路或者大脑皮质听觉中枢受损，则引起中枢性耳聋。

脑桥和延髓的病变累及蜗神经核时引起同侧耳聋，由于蜗神经纤维进入脑干后比较分散，因此很少全部损伤，加之二级听觉通路是双侧性的，所以耳聋并不严重。如果病变损害一侧蜗神经核并累及对侧的交叉纤维时，则产生双侧性耳聋。

前庭神经核中枢传导通路损害，可由颅内压升高、脑外伤、脑干或小脑肿瘤等引起。前庭系统损伤，临床上可引起眩晕、眼球震颤及自发性肢体偏斜，不过其表现各有特点。

眼球震颤系指眼球在其固定点发生不自主的运动而言。由前庭系统中枢内损伤引起的眼球震颤，表现为方向不一，可以是水平、旋转或垂直。垂直性眼球震颤是前庭系统中枢内病变的特征，且持续时间较长。

眼球震颤的方向有助于确定病变部位。前庭核损害产生的眼球震颤方向视部位而定。前庭内侧核及外侧核损害时，产生水平性眼球震颤，并稍旋转；前庭上核损害时，产生垂直性为主的眼球震颤。

前庭复合核分数个核，每个核与其他结构又有特殊的联系。因此，前庭各核受损时的临床表现不一致。例如：前庭外侧核主要发出前庭脊髓束，终于脊髓前柱细胞，受损时主要表现为肢体偏斜；前庭内侧核及其他前庭核通过内侧纵束与眼球运动神经核联系，损害时主要表现为眼球震颤。

5．舌咽神经及其核损害的临床表现　脑干内一侧核下性舌咽神经损害时，可出现伤侧软腭及咽部感觉减退或丧失，舌后 1/3 味觉与一般感觉丧失，腮腺分泌机能减退，唾液减少，茎突咽肌麻痹。一侧舌咽神经麻痹时，吞咽、呕吐及发音可发生轻度障碍。两侧舌咽神经受损时，产生明显的吞咽困难甚或完全不能吞咽，发音时呈典型的鼻音。

6．迷走神经及其核损害的临床表现　迷走神经损害有周围和中枢之分。

迷走神经周围性损害的临床表现与病变部位有关。单侧迷走神经受损，主要出现同侧声带肌瘫痪、声音嘶哑。在逐渐发展的迷走神经麻痹（或喉返神经受损）中，其特征是喉的环杓后肌（展肌）首先瘫痪，而喉的内收肌不受影响，出现声带“外展”麻痹，在吸气时声带不能外展，通过喉镜检查才能确诊。当喉肌完全瘫痪时，由于不能内收声带，产生发音困难，表现声音嘶哑。

迷走神经中枢性损伤有核性与核上性两种。由于迷走神经的疑核接受皮质核束的支配是双侧性的，因此，一侧核上性损伤不引起迷走神经麻痹。如果发生一侧咽、喉肌瘫痪，病变位置是核性或核下性的。

7．副神经及其核损害的临床表现　副神经核包括疑核尾侧部和副神经脊髓核，它们均接受双侧皮质核束的支配。副神经或其脊髓核受损时，则产生同侧胸锁乳突肌和斜方肌完全瘫痪。副神经的疑核受损时，则出现同侧咽、喉肌瘫痪。副神经一侧核上性损伤时，均无明显异常。

8．舌下神经及其核损害的临床表现　舌下神经损伤有核下性、核性与核上性三种。病变累及舌下神经根（核下性）或舌下神经核时，往往同时涉及锥体束，所以可同时产生同侧舌肌瘫痪和对侧肢体偏瘫（交叉性偏瘫）。核下性与核性损伤的表现较难区分，一般核性损伤时，舌肌萎缩及舌肌震颤显著；又因两侧舌下神经核彼此靠近，所以舌下神经核的病变往往是双侧性的。核上性损伤，常因内囊出血损伤锥体束所致。由于舌下神经核只接受对侧皮质核束的纤维支配，所以，核上性损伤产生健侧舌肌瘫痪，舌肌无萎缩也无震颤。

（三）脑干不同部位损害及其临床表现　脑干病变往往同时累及脑神经核及其邻近的传导束，可产生各种不同的临床表现，构成脑干损害综合征。脑干病变的临床表现因部位及病变范围大小而不同。脑干综合征常常由脑干血管性病变、肿瘤及炎症引起。脑干血管性病变与脑干血液供应的解剖特点密切相关。临床上较为常见和典型的有延髓、脑桥和中脑综合征。脑干综合征的特点是产生交叉性瘫痪、感觉障碍或交叉性感觉和运动障碍，这对病变定位诊断有重要意义。

1．延髓损害

（1）延髓外侧部损害：主要由小脑下后动脉或椎动脉阻塞引起。临床表现为同侧面部痛、温觉障碍，系因病变累及同侧三叉神经脊束及脊束核所致。病变累及疑核，产生同侧软腭、咽、喉肌及声带瘫痪；病变累及前庭神经核及神经根时，产生眩晕、呕吐及眼球震颤；病变累及脊髓小脑后束时，出现同侧共济失调；病变累及中枢内的下行至侧角的神经束，产生霍纳（Horner 征）综合征。上述的临床表现称为延髓外侧部综合征（即 Wallenberg 综合征），又称为小脑下后动脉综合征。

（2）延髓前部损害：由于病变同时损害锥体束及舌下神经纤维，产生交叉性偏瘫，表现为对侧肢体瘫痪，同侧舌下神经周围性麻痹（伸舌偏向患侧，舌肌萎缩及舌肌纤维震颤），即延髓前部综合征（又称橄榄体前综合征）。该综合征多由脊髓前动脉血栓形成引起。但脊髓前动脉与脊髓后动脉间有吻合支，故此综合征较少见。

（3）延髓后部损害：病变位于延髓后部一侧近中线处，靠近第四脑室底部。当病变累及舌下神经核、迷走神经背核、孤束核、疑核及其髓内神经根，则产生相应脑神经麻痹；病变损及脊髓丘脑束时，同时伴有对侧半身痛、温觉障碍，临床上称为延髓后部综合征，该综合征主要由肿瘤或血管阻塞引起，较为少见。

2．脑桥损害

（1）脑桥外侧部损害：同时累及展神经（或面神经）纤维或核及锥体束，表现为病侧展神经（或面神经）周围性麻痹及对侧肢体偏瘫，临床上称为脑桥外侧部综合征。

（2）脑桥内侧部损害：病变位于脑桥一侧靠近中线处，若累及锥体束则产生对侧肢体瘫痪；若累及展神经及内侧纵束，则产生两眼向病灶侧水平联合运动麻痹，表现为病侧眼球不能外展，同时对侧眼球亦不能内收，这是由于内侧纵束受损所致。临床上称上述表现为脑桥内侧部综合征（Foville 综合征）。

（3）脑桥被盖部损害：被盖部病变常常累及展神经核、面神经核、结合臂、内侧纵束及内侧丘系等。临床表现为病侧小脑共济失调，两眼不能转向病侧、面瘫、对侧本体感觉及痛、温觉障碍等，总称为脑桥被盖部综合征。可由肿瘤或血管疾病引起。

3．中脑损害

（1）大脑脚底损害：病变累及同侧动眼神经及位于脚底中部 3/5 的锥体束，因此引起病侧动眼神经麻痹，对侧中枢性偏瘫，称为大脑脚底综合征（Weber 综合征），可由肿瘤、炎症或外伤引起。

（2）中脑背侧部损害：病变位于中脑背侧被盖部，靠近中脑水管附近。由于病变累及动眼神经（髓内）纤维、红核甚至黑质，故同侧动眼神经麻痹，对侧肢体共济失调，称为 Claude 综合征，再加之黑质受累，还有半侧舞蹈症、手足徐动症或震颤。

（3）中脑顶盖部损害：病变损害中脑上丘顶盖部时，表现两眼不能协同向上仰视或伴随两眼汇聚麻痹，前者尤为常见，称为 Parinaued 综合征。

上述脑干不同部位损害所产生的综合征是常见的比较典型的情况，为叙述方便仅以单侧病变为例，实际上病变常可累及双侧。又因病变部位及范围不同，临床表现也不一定与上述的综合征完全相符。总之，临床表现取决于脑干病变损及的结构，而临床表现可作为脑干病变的定位依据。

（张书琴　王滨）

十五、锥体系各部的解剖特点与临床

锥体系由上、下两级神经元组成。上运动神经元指中央前回、中央旁小叶前部的巨型锥体细胞及其他锥体细胞和它们的轴突组成的锥体束。下运动神经元是指脑神经（躯体）运动核、脊髓前角运动细胞、以及它们的轴突组成的脑神经运动纤维、脊髓前根和脊神经运动纤维。锥体束约有 100 万条纤维，多数是细纤维，发自巨型锥体细胞的粗纤维约有 34000 条。锥体束中皮质脊髓束在终于前角细胞前，有相当大部分纤维先终于后角或前角的中间神经元，这些细胞再发纤维与前角细胞形成突触。皮质核（脑干）束也有这样的纤维，先与中间神经元联系，再至脑神经（躯体）运动核。这些中间神经元可能对下神经元起抑制或兴奋作用。锥体束的纤维起自中央前回（Brodmann 4 区）的占 40%～60%，还有 20%的纤维起自中央后回（3，2，1 区），其余纤维来自其他各叶皮质，尤其是 6 区（额上回、额中回后部）。必须指出，锥体束脑部急性病变后，并不立即出现典型的上运动神经元综合征（锥体束征），而表现为相应肢体软瘫和一切反射消失，即所谓“休克期”。休克期的产生原因，可能是由于急性期脊髓低级中枢突然丧失了来自脑部高级中枢的易化作用，休克期后（一般几天至数周），才逐渐出现锥体束征，即相应肢体硬瘫、腱反射亢进、浅反射消失、病理反射阳性等。脑部锥体束病损后的肢体瘫痪有其特殊的姿势，上肢以屈曲占优势，如肩关节内收，肘关节屈曲，前臂旋前和手指屈曲；下肢以伸直为主，如髋关节和膝关节伸直，踝关节跖屈，步行时由于膝关节屈曲和踝关节背屈受限，因而使偏瘫病人具有“划圈步态”的特点。这些偏瘫肢体特殊姿势的产生，可能与正常时上肢肌张力屈肌大于伸肌，下肢肌张力伸肌大于屈肌有关。

以下结合锥体系各部的解剖特点来分析比较各部病损后的主要临床表现。

（一）皮质部　为上运动神经元胞体所在部位，因区域广泛，且对身体各部分肌肉运动的管理都有局部机能定位（倒置的投影关系），所以该部的破坏性病变常局限于某一部位，只产生局限的运动障碍，即单瘫、上肢瘫、下肢瘫。如为刺激性病灶，则对侧某一肢体的局部（如拇指等）出现癫痫发作，临床称为局限性癫痫。一般来说，引起抽搐开始的部位即病灶存在的部位，这是皮质运动区刺激性病变的特点。

（二）内囊部　锥体束纤维在此比较集中。皮质核束通过内囊膝，皮质脊髓束通过内囊后肢的前半。支配身体上部至下部的纤维在内囊大体上是由前向后排列的。在内囊膝，由前向后为控制眼肌（至第 3，4，6 对脑神经核）、咽喉肌、咀嚼肌、舌肌和面肌（至第 5，7，9，10，11，12 对脑神经核）的纤维；在内囊后肢，由前向后为控制颈、手、前臂、臂、胸、腹、大腿、小腿和足肌的纤维。内囊范围狭小，纤维集中，一旦受损（如出血、肿瘤等），往往引起对侧眼裂以下面肌、舌肌的核上瘫和对侧上、下肢的上运动神经元性瘫痪。但多数病例因病变同时波及位于内囊后肢后半部的一般躯体感觉传导路和视觉传导路，因而尚可出现对侧偏身感觉障碍和偏盲，即所谓“三偏”症候群。这是内囊病变的特点。

（三）脑干部　锥体束经脑干腹侧部下行，在中脑经脚底占中间 3 /5 的部分，皮质核束在内侧，皮质脊髓束在外侧。在脑桥基底部分散成小束，至延髓又集成锥体。此外，绝大部分脑神经也经脑干的腹侧部出、入脑干。因此，脑干腹侧部的局限性病灶往往同时累及锥体束及其邻近的脑神经根，出现对侧偏瘫和同侧脑神经核下瘫的症状，即所谓交叉性瘫痪。如中脑大脑脚底病变可出现动眼神经交叉性偏瘫；脑桥基底部病变可引起面神经交叉性偏瘫或展神经交叉性偏瘫；延髓下橄榄核前内侧部病变可产生舌下神经交叉性偏瘫等。由于两侧锥体束在脑干上端相距较远，越往下距离越近，直到锥体交叉部，两侧皮质脊髓束纤维大部分左右交叉，所以中脑脚底的病变往往只影响一侧锥体束；延髓部的病变多波及两侧锥体束；锥体交叉部的病变引起四肢瘫痪。

皮质、内囊、脑干都在锥体交叉以上，损伤时，其运动障碍部位在病灶的对侧。

（四）脊髓部　包括上、下运动神经元两部分。皮质脊髓侧束属上运动神经元，受损时表现为同侧病灶平面以下肢体运动障碍（痉挛性瘫痪）；脊髓灰质前角运动细胞为下运动神经元，受损时表现为同侧该段支配肌肉的弛缓性瘫痪。如病变发生在一侧高位颈髓时，则表现病灶同侧上、下肢的痉挛性瘫痪（上运动神经元受损）；如发生在一侧颈膨大时，除损伤传导束外还可损伤脊髓灰质前角，可出现同侧下肢痉挛性瘫痪（上运动神经元受损）和同侧上肢弛缓性瘫痪（下运动神经元受损）；如病变发生在一侧腰骶膨大，则出现同侧下肢下运动神经元（弛缓）性瘫痪。当病变横贯颈髓时，表现为四肢痉挛性瘫痪。如在颈、腰髓膨大之间横贯性损伤，则表现为双下肢截瘫（痉挛性瘫痪）。以上情况都可能伴有程度不等的深、浅感觉障碍。

（五）周围部　属下运动运动神经元。因前根由前角细胞的轴突组成，所以受损后症状与前角病变类似。但前根的运动纤维密集，刺激性病灶可引起肌束性震颤。若病变同时影响后根，可伴有根性疼痛（沿神经根分布区剧烈的放射性疼痛）。脊神经为混合性神经，受损时表现为该神经分布区的运动和感觉障碍。

十六、大脑动脉环

脑的代谢特别旺盛，耗氧量约占机体总耗氧量的 1/5。脑组织基本上没有氧储备，脑中高能化合物和供能物质葡萄糖的储备极少，因此，脑只能从循环血液中获得氧和葡萄糖。脑重量只占体重的 2%～3%。但所需供血量占心输出量的 15%～20%。脑血液供给减少或中断，立即导致脑缺氧、缺糖，引起功能障碍，如不及时恢复血流，神经细胞就会肿胀、坏死。为了维持脑的正常代谢和功能，必须保持恒定的血液供应。

颈内动脉和椎动脉是脑血供的源泉，它们的分支在脑底互相吻合形成大脑动脉环。该动脉环由维利斯（Willis）于 1964 年首先作详细描述，所以也称维氏环（Willis 环）。

（一）大脑动脉环的组成　大脑动脉环位于脑底面，围绕视交叉、灰结节，乳头体及脚间窝。它由一条前交通动脉和成对的大脑前动脉近侧段、颈内动脉末段、后交通动脉及大脑后动脉近侧段组成。

1．前交通动脉　连在两侧大脑前动脉之间，位于视交叉的前方。前交通动脉细且多变异，一般为一条横行或斜行的前交通动脉称为简单型；有两条以上或其他形式的称为复杂型，两者几乎各占一半。此外也有发育不良或缺如的。前交通动脉是动脉瘤的易患血管。

2．大脑前动脉近侧段　由颈内动脉发出，左右各一，一般发育良好，但也有近侧段很细小，甚至缺如的；也有在不同程度上分裂成两条者。

3．颈内动脉末段　是动脉环的主要组成部分，但并不很长。

4．后交通动脉　变异性较大，平均口径为 1.82mm，粗大的可直接移行为大脑后动脉，有的则很细。后交通动脉的长度对动脉瘤的处理颇为重要，平均长度为 12 ～ 13mm，最长的可达 34mm，最短的只有 2mm。

5．大脑后动脉近侧段　是指从基底动脉分叉处至与后交通动脉连接处之间的一段，此段管径变化最大。

（二）大脑动脉环的类型　大脑动脉环按动脉环组成成分的存缺分为两大类：闭锁型，即诸动脉连成环，占绝大多数；开放型约占 3.7%，缺少后交通动脉，即诸动脉不连成环。闭锁型又可分为：① 近代型，为绝大多数，大脑后动脉较后交通动脉粗；② 原始型，后交通动脉较大脑后动脉粗；③ 过渡型，后交通动脉的管径和大脑后动脉内侧段管径几乎相等；④ 混合型，一侧属于上述某一型，对侧属于另一型。

大脑动脉环的类型与脑内病变有密切关系，如脑内出现小软化灶和小渗血可能是大脑动脉环的变异，同时存在心力衰竭所引起。据报道，高血压性脑出血、脑动脉粥样硬化、动脉栓塞以及脑内转移瘤的位置，似乎都与大脑动脉环变异有关。这些病灶多发生在动脉较粗大的一侧，如一侧颈内动脉、大脑中动脉或大脑前动脉粗大时，该侧的血流量就多，可能血压也偏高，栓子进入这些动脉的机会也较细小侧的多。

（三）大脑动脉环的生理和病理意义　Krumer 曾对动物进行染料注射以研究动脉环，发现一侧颈内动脉注射，染料仅分布于同侧颈内动脉分布区；向一侧椎动脉注射，染料仅分布在椎动脉分布的脑区而不进入颈内动脉的分布区。如先结扎一侧椎动脉再向颈内动脉注射染料，染料可由前向后扩散到结扎一侧的椎动脉供血区；如先结扎一侧颈内动脉再向椎动脉注射染料，染料由后向前扩散到结扎一侧的颈内动脉供血区。他认为，此环为颈内动脉和椎动脉间的一个吻合。以后许多实验也获得类似结果。大脑动脉环作为一个吻合系，在病理条件下，特别是在血管闭塞时，对维持脑的血供有一定作用，具有平衡血流，保持脑血管区血液配布的生物学机能，是一个潜在的侧副循环装置。在正常情况下，动脉环左、右半间血流互不沟通，但在环的某一部分血流量突然发生变化时（如头位改变），血液可由一侧流向另一侧，使脑组织免于暂时性贫血。

动脉环的类型对结扎颈总动脉或颈内动脉是否适应有很大关系。临床上对下列大脑动脉环的几种变异应予注意：① 在大脑后动脉内侧段极端细小时，其代偿能力小，结扎颈内动脉时，可能无法代偿其血运，从而引起严重的视觉障碍；② 后交通动脉管径在 1.0mm 以下或缺如时，其代偿能力也很小，脑软化病人的后交通动脉细小者占 49%；③ 一侧大脑前动脉发育不良时，两侧半球内侧面的血供主要来自正常侧的颈内动脉，若结扎正常侧颈内动脉必将导致脑缺血现象。

十七、内囊和纹状体的动脉及内囊出血

内囊和纹状体的血液供应较丰富，主要来自大脑前、中、后动脉的中央支（各动脉的总称）。它们发自三个大动脉的近侧段，垂直地穿入脑实质分布于间脑、纹状体和内囊。这些中央支（穿动脉）主要分为内侧和外侧两群，大脑中、后动脉发出的脉络膜前、后动脉也可归入此系。这些动脉分支都是终动脉，即一条动脉的分支与邻近动脉无吻合或吻合不充分。因此，这些动脉闭塞时，相应的分布区就因失掉血液供给而致软化。中央支分支多，分布范围也较繁杂，下面简要地介绍内囊和纹状体的血液供应。

（一）纹状体的动脉　纹状体包括豆状核和尾状核。豆状核的头端和尾状核头相连。尾状核分头、体、尾三部分，全长伴着侧脑室。豆状核内部被 2 个垂直方向的白质薄板分隔成三部分，外侧部称壳，内侧两部分合称苍白球。

1. 尾状核的血液供应　尾状核头及体的前部，恒定地由大脑前动脉的返动脉（又称 Heubner 返动脉）及前穿动脉供应（头的前缘及外侧缘主要由返动脉供应，内侧面主要由前穿动脉供应）。

尾状核体主要由大脑中动脉的内侧和外侧穿动脉上行经壳的浅、深层穿内囊而分布。

尾状核尾主要由颈内动脉直接发出的前脉络膜动脉以及由大脑后动脉发出的脉络膜后外动脉发支分布。

2. 豆状核的血液供应　壳的绝大部分由大脑中动脉的内侧及外侧穿动脉供应，前端则多数由大脑前动脉的返动脉供应。在罕见的情况下，由大脑前动脉的前穿动脉代替大脑内侧穿动脉及外侧穿动脉，这在 80 例中仅见 1 例。苍白球的血液供应主要由大脑中动脉内侧穿动脉及外侧穿动脉的深支，但其后部则接受纹状体内囊动脉供应。

（二）内囊的动脉　内囊位于豆状核、尾状核及背侧丘脑之间，其血液供应较为复杂。

内囊前肢主要由大脑前动脉分出的返动脉及大脑中动脉分出的内侧、外侧穿动脉供应。贴近尾状核体的内囊纤维，其上部由内侧、外侧穿动脉穿过尾状核的各支供应，下部则主要是由大脑后动脉发出的穿动脉（3～5 支称穿丘脑动脉）及后交通动脉发出的结节丘脑动脉供应。后下部的纤维由纹状体内囊动脉供应。纹状体内囊动脉既有从颈内动脉发出的，也有从前脉络膜动脉发出。曾司鲁等认为主要由前脉络膜动脉发出。内囊的膝部和后肢前半由大脑中动脉的穿动脉供应，后肢后半侧由前脉络膜动脉分支供应。

附：大脑前、中、后、颈内和后交通动脉的穿动脉（中央支）名称

大脑前动脉的穿动脉：

1. 返动脉
2. 前穿动脉

大脑中动脉的穿动脉：

1. 外侧穿动脉（豆纹动脉）
2. 内侧穿动脉（豆丘动脉）

颈内动脉的穿动脉及脉络膜动脉：

1. 前脉络膜动脉　在未穿入侧脑室下角前、除发 1～3 支皮质支外，还发出 2～3 支，其中 1 支穿入大脑脚，另 2 支为纹状体内囊动脉。

2．纹状体内囊动脉　97％发自前脉络膜动脉，亦可发自颈内动脉。

后交通动脉的穿动脉：后交通动脉管径变异大，一般有3～8小支至灰结节、漏斗及乳头体等，其中特大的支（1～2支）称结节丘脑动脉。

大脑后动脉的穿动脉：

1．穿丘脑动脉

2．脉络膜后外动脉

3．脉络膜后内动脉

4．膝状体丘脑动脉

（三）内囊出血　通常所说的脑出血或脑溢血主要由高血压引起。高血压脑出血70％～80％发生于基底核区（大脑中动脉的穿支——豆纹动脉破裂），即内囊出血；其次是脑叶的髓（白）质、脑桥及小脑。基底核出血按其与内囊的关系可分为三型，即外侧型：出血位于壳、屏状核及外囊附近；内侧型：出血在内囊内侧和背侧丘脑附近或下丘脑处；混合型：为内、外侧型扩延的结果。内侧型病情重笃，外侧型常有抢救的机会。

1．内侧型出血的特点　多有头痛、感觉障碍等。发病极为迅速，很快深昏迷。早期出现生命体征（血压、呼吸、脉率）异常，常为双侧体征。发病48小时内出现体温40℃以上，伴消化道出血及中脑病变体征，垂直性凝视障碍，瞳孔异常，眼球歪斜，眼球分离（聚合麻痹）等。由于内侧型出血易于流入脑室，常早期出现血性脑脊液。颈动脉造影可发现豆纹动脉外侧支向外移位，大脑中动脉也轻度外移。

2．外侧型出血的特点　与内侧型比较，发病较缓和，多有一段时间不昏迷或只是嗜睡、浅昏迷。多发生病灶对侧凝视麻痹、轻偏瘫或偏瘫，如向内囊后肢蔓延，则可出现对侧偏身感觉障碍及偏盲（即所谓“三偏”）。如在优势半球，可伴发失语。如出血量不大，病情可逐步稳定、恢复。有关“三偏”症状的原因分析可复习传导道。

十八、脑　屏　障

非神经组织的毛细血管对所有小于3万道尔顿的分子可自由通过，而大多数哺乳动物中枢神经系的毛细血管对这样小分子的通透性却和非神经组织不一样。19世纪末 Goldman 发现，向动物静脉内注射台盼蓝（trypan blue），除脑组织外，全身其他组织均被染蓝。这表明台盼蓝类的分子未能由血液进入脑实质。若向蛛网膜下腔内注射台盼蓝，则脑组织迅速被染蓝，并出现中毒症状。因而他推测在血液和脑组织之间有一种屏障，阻止血液中染料进入脑组织，从而提出了脑屏障的概念。其后的研究证明，脑屏障只阻挡染料、蛋白及某些药物等大分子通过，而水、葡萄糖、氨基酸和电解质（Na^+、K^+、Ca^{++}）等可自由地通过，因此，所谓脑屏障也就是存在着选择性通透性。在中枢神经系的毛细血管和神经组织间存在着一个调节界面（regulatory interface），它能控制进入神经组织的物质，从而保证中枢神经内环境的稳定平衡。Waeter 提出脑和脊髓的屏障有三：① 血脑屏障（blood brain-barrier，BBB）；② 血脑脊液屏障（blood-cerebrospinal fluid barrier，BLB）；③ 脑脊液脑屏障（CSF-brain-barrier，LBB）。

（一）脑屏障的结构特点

1．血脑屏障

（1）脊髓和脑的血管内皮细胞无窗孔，而且细胞间由紧密连接（tight junction）连成一整体，是血脑屏障的重要结构基础。对成年大鼠脑毛细血管的电镜观察显示，脑毛细血管腔若由一个内皮细胞形成，只有一个接点。多数毛细血管腔由一对同心轴的内皮细胞所包围，其间有一薄层细胞浆。血浆与脑之间的交换都必须通过内皮细胞双膜和内皮细胞浆，此双膜和细胞浆构成了 BBB。

（2）毛细血管内皮细胞外面有一层连续基膜，是一层非纤维胶元，它可能对毛细血管的舒张行使某种限制，但它对大分子示踪物质的弥散并不起妨碍作用。

（3）星形胶质细胞的终足围绕毛细血管形成一层胶质界膜，但它仅包围血管表面积的 85%，终足之间的连接为缝隙连接。

（4）脑毛细血管内皮细胞没有或罕见吞饮小泡，因而不能使某些高分子物质及低分子非电解质化合物，经内皮细胞转运。

（5）脑毛细血管内皮细胞含有氧化酶、水解酶、脱氢酶和 ATP 酶等，它们对转运功能有一定的调节作用。

2．血脑脊液屏障　传统认为 CSF 主要由脉络丛产生，因而认为脉络丛的毛细血管内皮、基膜和脉络丛的上皮共同构成血脑脊液屏障。据最近的研究表明，脉络丛的毛细血管内皮有窗孔，其基膜是断续的，电镜研究证明脉络丛上皮间的紧密连接是血脑脊液屏障的结构基础。此外，脉络丛上皮细胞的酶系及离子泵机制亦起一定的屏障作用。

3．脑脊液脑屏障　在脑脊液和脑及脊髓细胞外液之间，也有一层选择性阻止某些物质由脑脊液进入脑细胞外液的屏障，即脑脊液脑屏障（CSFBB 或 LBB）。一般认为室管膜上皮细胞的通透性、分泌功能和转运活动，对脑脊液与神经组织间的物质交换有选择性的屏障作用，即室管膜上皮、上皮深方的基膜与室管膜下胶质组成了室腔脑脊液脑屏障。而对蛛网膜下隙脑脊液脑屏障，不十分确知。

4．无脑屏障的脑区　静脉注射台盼蓝后，脑内有些小区被染蓝，表明其缺乏脑屏障。这些小区主要位于第三、四脑室周围，称室周器官（Circumventricular Organs CVOs）。室周器官包括穹窿下器、连合下器、终板血管器、正中隆起、垂体后叶、漏斗柄、松果体隐窝和最后区。

（二）BBB 的可能作用

1．维持脑电解质平衡　脑毛细血管内皮细胞含有的线粒体约为其他组织的 4 倍，这提示脑血管内皮细胞具有其他毛细血管所不具有的代谢能力。BBB 的内皮细胞还能把各种离子如 K^+、Na^+、Mg^+和 Ca^+泵进和泵出脑，因为在 BBB 的两边具有明显的梯度。

2．防止体循环内的神经递质和激素对脑的影响　BBB 对已知的神经递质如去甲肾上腺素和 5–羟色胺是完全不通透的，这些物质在血浆内的突然出现不会导致脑细胞外液有相似的突然变化。同样会引起脑生长发育和功能紊乱的循环中的多肽不能透过。

3．排出由血所带的毒性物质　BBB 的这种功能和肾小管不会重吸收身体不需要的外源性物质一样，执行相似的作用。

（三）影响脑屏障功能的因素

1．药物对脑屏障的影响　在正常情况下，血脑屏障的作用比较稳定。因此临床上所应用的药物剂量很难改变它的通透性，但也还有些药物能改变脑屏障的通透性。Frohlick 等证实茶碱可增加血脑屏障通透性；又如：Metamphetamine 能增加脑组织摄取葡萄糖，使脑组织不能耐受缺氧。

2．病理因素对 BBB 的影响　任何明显可见的组织病理损害存在时，不论其病因如何，脑毛细血管的结构均发生变化，通透性增加；实验性的脑震荡时，脑屏障的通透性也有改变。

十九、神经内分泌免疫调制

神经免疫调制（neuroimmunomodulation，NIM）是一门新兴科学。自 1984 年以来已召开过多次国际学术讨论会，讨论神经系统和免疫系统之间的关系。神经免疫调制，是指免疫、神经、内分泌三个系统在整个生命活动中的相互作用。

（一）神经系统与免疫系统之间的相互调节

1．神经系统对免疫系统的调节　中枢神经系统对免疫系统的调节最早的证据是发现条件反射刺激可以影响动物的免疫系统（IMS）。精神紧张可改变机体抗原抗体反应水平。具体可经由神经内分泌通路和自主神经系统。

由大脑向外周发出信息通路是通过交感和副交感神经网，这些神经网分布到全身多种免疫组织和器官，如胸腺、骨髓、脾、淋巴结、肠系膜淋巴结等。最近的研究表明，神经系统对免疫系统的调节实质上是通过神经末梢释放的递质对免疫组织和免疫活性细胞的影响而达到调节免疫系统的功能。主要递质有肾上腺素能、胆碱能和肽能三种递质。已经知道肾上腺素（A）是介导来自交感神经的神经冲动至效应器官的化学物质。但在哺乳动物，外周交感肾上腺素能神经的递质是去甲肾上腺素（NA）而不是肾上腺素（A）。Besedovsky 等对脾与交感神经作了较深入系统的研究，脾具有丰富的肾上腺素能神经支配，切除交感神经后，脾内肾上腺素含量下降，再腹腔注射羊红细胞（SRBC）致敏，则大鼠抗SRBC抗体水平提高，提示交感神经有抑制免疫反应的作用。还发现淋巴细胞上有β肾上腺素能受体。一些实验表明能合成胸腺素的胸腺上皮细胞上有胆碱能受体。神经系统中有许多胆碱能神经元，内脏神经的节前神经元都是胆碱能神经元，所有副交感神经的节后神经元和一部分交感神经的节后神经元也是胆碱能神经元，它们均能释放乙酰胆碱。胆碱的刺激能增强免疫反应。近年来研究较多的是肽能对免疫反应的影响，大量实验表明阿片肽能将神经内分泌系统和免疫系统联系起来，故有人称其为神经免疫肽。将白血病的淋巴细胞和脑啡肽一起培养，发现甲硫氨酸脑啡肽和亮氨酸脑啡肽均能增加活性玫瑰花数。β内啡肽和甲硫氨酸脑啡肽可明显加强人类外周血中自然杀伤细胞产生细胞毒的作用，具有明显的量效关系。此外甲硫氨酸脑啡肽和亮氨酸脑啡肽还能对癌症病人血中自然杀伤细胞有明显的加强作用。最近发现多种免疫细胞存在阿片受体，如淋巴细胞、单核细胞、巨噬细胞和自然杀伤细胞上都存在阿片受体，更支持了阿片肽的免疫调节作用。除以上递质外，有报道5- 羟色胺也参加免疫反应过程调节，其作用可能为抑制免疫反应。多巴胺是另一种被认为免疫反应过程中起作用的中枢递质，在脾内见到有酪氨酸羟化酶（TH）免疫反应神经末梢与淋巴细胞形成突触样连接。

2. 免疫系统对神经系统的作用　免疫系统通过产生免疫调质（immunoregulator）对神经系统起作用。现已发现神经细胞上存在着免疫调质的受体，如皮质、海马、小脑和下丘脑神经元有 IL–1 受体；交感神经元有 IL–2 受体等。将 IL–2 注入第三脑室后可导致睡眠，大剂量 IL–2 注入第三脑室可引起癫痫样表现。IL–1，IL–6 和肿瘤坏死因子（TNF）等能刺激下丘脑释放促肾上腺皮质释放激素（CRF），表明免疫调质能影响神经细胞活动。

神经内分泌回路对免疫系统的调节是下丘脑垂体肾上腺轴，即通过下丘脑对垂体的控制，再由内分泌腺活动影响免疫系统的功能。

（二）内分泌系统与免疫系统之间的相互调节

1. 内分泌系统对免疫系统的调节　机体所有的内分泌腺活动均直接或间接影响免疫系统（IMS），控制淋巴细胞（Lc）的增生、转化、基因表达、抗体生成等；而内分泌腺本身又受控于中枢神经系统（CNS），因而它是 CNS 与 IMS 轴心的重要组成部分。

性激素具有复杂的免疫调节作用，将睾酮注射于鼠类，可延迟去势动物的移植物排斥，具有免疫抑制作用。雌激素少量时具有刺激外周淋巴细胞活性的功能，而量增大时具有抑制作用。肾上腺皮质激素对胸腺和其他附属淋巴器官具有免疫抑制作用。淋巴器官对甲状腺素的敏感可因动物品系及所用剂量不同呈不同反应，大剂量可使小鼠、豚鼠胸腺退化，中等剂量能使 X 光引起豚鼠退化的胸腺再生。前列腺素 E 是一类作用很强的免疫调节剂，根据其剂量可促进或抑制免疫反应。胰岛素对免疫应答具有促进作用，T 细胞和β细胞经刺激后，细胞表面可表达胰岛素受体与胰岛素结合而调节淋巴细胞的活性，表现为增强 T 细胞对异种抗原的应答，促进 T 细胞的激活及增殖，对β细胞也有直接调节作用。

2. 免疫系统对内分泌系统的调节

近年来发现免疫细胞可合成某些神经递质样物质和激素，称之谓免疫反应性激素，如病毒刺激淋巴细胞可产生促肾上腺皮质激素和内啡肽，白细胞介素–1 可作用于胰岛细胞分泌胰岛素，还可以诱导皮质激素的分泌。TNF 可促进垂体前叶释放催乳素。此外，淋巴细胞在受刺激时能产生促甲状腺激素和促性腺激素；胸腺兼具免疫和内分泌的功能，胸腺上皮细胞分泌的胸腺素除具有免疫调节功能外，还能刺激垂体释放促肾上腺皮质激素（ACTH）。

（三）神经系统与内分泌系统之间的相互调节

神经系统控制内分泌系统的活动。已知交感神经支配肾上腺髓质、下丘脑通过正中隆起的垂体门脉控制垂体前叶，进而控制内分泌系统。近年来发现神经纤维可与内分泌腺细胞密切接触形成突触关系。另有研究证明垂体前叶接受肽能神经的支配。

长期以来，人们对内分泌系统调节神经系统活动方面知之甚少。近年的研究发现，甲状腺素能通过其受体激发神经细胞的基因转录，影响神经细胞的蛋白质合成和功能，促进突起生长、髓鞘形成和突触发生。最近报导雌激素可刺激成年雌性动物海马齿状回形成新的神经元。内分泌对神经系统的影响还表现在神经系统的性别差异上，如雄性大鼠的脑大于雌性，雄性大鼠下丘脑视前内侧核神经元的大小和数量均大于雌性。

以上表明神经、内分泌、免疫三系统之间存在着相关调节的回路（图 2–5）。

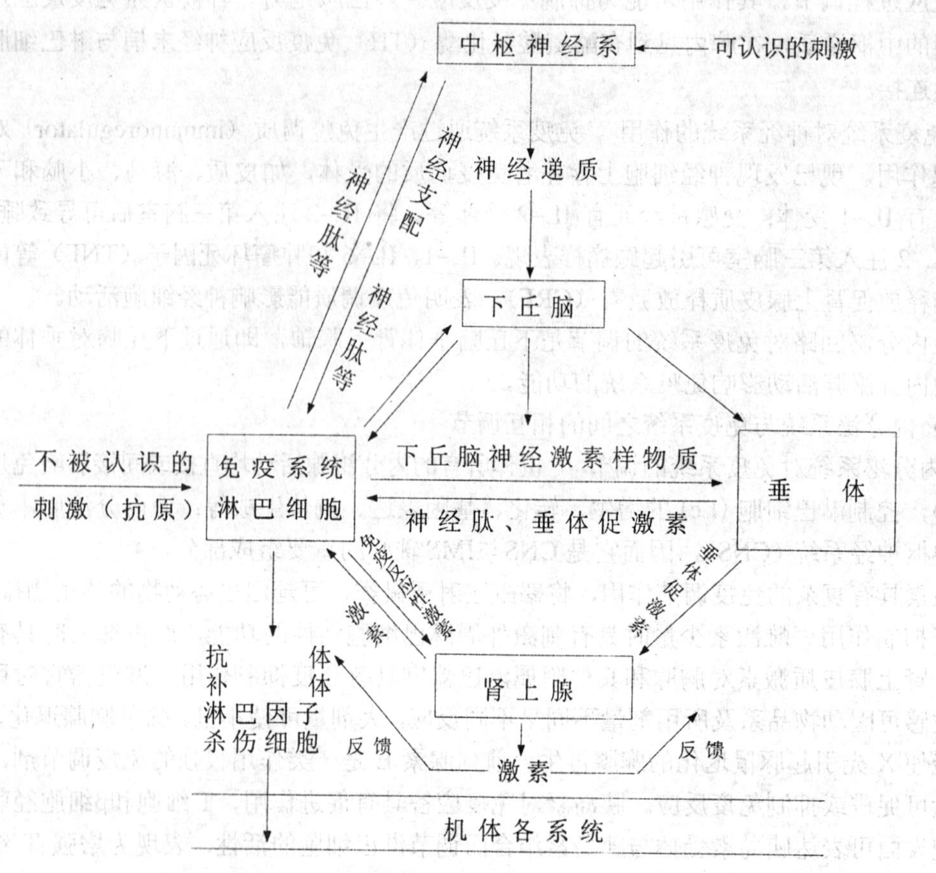

图 2–5　神经、内分泌、免疫三系统之间的调节回路

（徐慧君　金国华）

二十、学习与记忆的神经学机制

学习与记忆 (learning and memory) 是两个相互联系的高级神经活动过程，也是神经系统最基本的功能。学习是指人和动物获得外界知识的神经活动过程，而学习后所获得知识的储存和保持就是记忆，二者关系非常密切，学习是记忆的前提，而新的学习又往往是在已获得记忆的基础上进行的。

学习与记忆的神经机制是一个十分复杂的问题，也是神经科学领域中正在研究的重大课题。以下就与神经解剖学有关的问题作简略叙述。

（一）参与学习和记忆活动的脑机能区　对脑内是否有专一脑区参与学习记忆活动的问题有两种见解。一种意见认为没有专一的脑区损伤导致学习记忆能力永久丧失。学习与记忆是脑内诸多神经元集体活动的结果。脑区损伤范围的大小决定着对学习记忆能力的影响。第二种见解则认为，记忆在脑内各个部分分别加工和储存，所以可以区别出不同种类的记忆，也就是无论是地点、事物的记忆，或者近期、远期记忆的储存部位，在脑内都各有其代表区域。与记忆功能有密切关系的脑结构主要有大脑联合皮质区、海马及其邻近结构和背侧丘脑等。

1. 大脑联合皮质区　大脑联合皮质区为感觉区、运动区以外的广泛皮质区域，它们之间有广泛的纤维联系。来源与性质不同的信息集中在大脑联合皮质区，进行整合，成为记忆痕迹的最后储存区域。联合皮质区的各部分损伤引起选择性的失语症、失认症和失行症。例如：Broca 运动性语言区（44，45 区）的破坏引起运动性失语症。后联合皮质的角回（39 区）受损，虽不引起运动障碍，但不能理解过去已认识的文字含义，临床上称为失读（认）症。只有损伤优势半球的语言中枢时，才出现各种失语症。

据报道，用电刺激觉醒的癫痫病人颞叶皮质外侧表面，能诱发对往事的回忆；刺激颞上回，病人似乎听到以往曾听到的音乐演奏。额叶皮质在短时记忆中起重要作用。在杏仁体中也存在对不同表情有不同反应的神经元。

2. 海马及其邻近结构　大量的实验证据表明，海马与学习和近期记忆关系密切。用闪光结合电击的方法使家兔建立起防御性条件反射。在条件反射形成和巩固的过程中，中枢神经系统的电活动主要集中在视皮质和海马；损毁海马后，其条件反射的建立十分困难，双侧海马损毁后，不仅条件反射难以建立，而且动物对新异刺激也不能习惯化。临床实践发现，损毁某癫痫患者的前 2/3 海马、海马旁回、沟以及杏仁体后，术后 30 年来有严重的顺行性遗忘，并有术前 3 年的逆行性遗忘，但是远隔的长期记忆不受影响。在其他病例身上也发现，凡是损伤双侧海马的 CA_1 区，就能产生明显的顺行性遗忘。上述海马损伤的患者智商正常，虽有非陈述性记忆，但无法形成陈述记忆。双侧海马、杏仁体及颞叶外侧部病变的患者主要表现为陈述记忆中的情节记忆障碍，患者保持部分往事的回忆，虽能回忆个别的事情，但失去了与具体时间、地点的联系，例如能够认识照片上的人物和景色，但不能回忆起照片在何时何地拍摄的。

对于海马的研究，使人们开始领悟到记忆是怎样编组而成的，它涉及什么样的结构和联系，它们又是怎样参与的。海马的传入通路叫“穿通纤维”，外环境和内环境输入的信息，经过大脑其他部分加工与整理之后，即由穿通纤维送入海马。因此，有人提出，刺激信息在海马被记录下来，经过海马的整合作用，进入长期记忆。该过程需要数小时，长者可达数年。

据报道，大鼠的海马与空间位置的学习记忆有关。切除海马的大鼠，这种学习记忆能力明显地受到损害。大鼠在进行迷路学习时，可以在海马内记录到与空间地点记忆有关的神经元的电活动；当大鼠行走到某一位置时，一些神经元放电增加，而在其他位置则没有此种现象，提示这种放电现象取决于迷路外各种事物（例如：灯、电扇等）的相对位置。一般认为动物对空间地点的记忆是由于在海马内构成了相应的“地图”，正常大鼠依靠它，参照感觉刺激，能够寻找并到达目的地，但是顶叶是完善和长期保存这种地图的部位。空间地点的记忆属于情节记忆的一部分，故海马参与了近期记忆中的情节记忆。

3. 背侧丘脑　损伤背侧丘脑内侧部而致的健忘，称为丘脑性健忘。丘脑性健忘患者也有顺行性遗忘，但如果付出多于正常人几倍的时间，仍能保持学习到的知识，而忘却速率也与正常人相似。海马性遗忘患者的忘却速度却很快，这是因为信息在海马内记录后，需经过包括背侧丘脑在内的神经回路（Papez 回路）中反复循环后，才能转为长期的记忆。但是背侧丘脑损伤后，该 Papez 回路被中断，此时只能通过其他神经回路将信息储存下来，这个过程需要经过较长的时间才能完成，但此过程一旦完成后，则记忆保持时间又可与正常人相似。

4．分裂脑　左、右大脑半球皮质功能主要不同之处在于语言中枢位于优势半球，即善用右手的人其语言中枢位于左侧大脑半球皮质，说明左、右大脑半球的功能有所不同。一般认为左侧大脑半球皮质具有对语言、观念、符号、时间等的信息进行处理、计算、推理等的理性思维，而右侧大脑半球皮质却具有非语言的图像思维能力、空间辨别能力以及对音乐的理解力，是形象思维占优势的半球。关于理性思维与形象思维的关系，一般认为学习多半通过理性思维获得记忆，但是形象思维有助于增强记忆能力，因此左、右大脑半球在功能上的协调与统一是产生良好记忆的一个必要基础。

在正常的大脑，胼胝体连合纤维起着沟通两半球间的视觉性学习信息交流的作用，其实验根据是纵行切断猫的视交叉、遮盖一侧眼，用另一侧眼学习图形识别，学习完成后，将训练的一侧眼遮蔽，则未经训练的一侧眼也具有图形辨别能力，称此种现象为辨别学习的眼球间转移（interocular transfer）。如果同时切断视交叉与胼胝体，则不再出现此种现象，因此，胼胝体能从学习脑中“读取”记忆痕迹，并将此信息传递给非学习脑，“记入此记忆痕迹”。

5．隔区和杏仁体

隔区：与学习记忆有关。破坏动物的新皮质可使双向主动逃避反射的学习发生障碍，但如果再损毁隔区则学习变得容易。这就说明损毁隔区的动物可使由于新皮质受损引起的学习障碍变得无效，可见隔区在学习记忆过程中有着重要作用，其作用机制有待研究。

杏仁体：Leboux 认为杏仁体具有情绪记忆的功能。据报道，将一根刺激电极埋藏在大白鼠的杏仁体内，并将其连到一个开关上，按这个开关后能使动物通电，经长期训练后，动物能自动去按开关，以获得刺激，这比食物的引诱还起作用，称此种现象为“受酬”或“自我刺激”，其作用系统称为受酬系统。

脑受酬系统的中枢包括杏仁体、下丘脑和脚间核。脑受酬系统和学习、记忆以及人智力活动都有密切关系。人们认为，学习时脑受酬通道的作用是使记忆过程强化。

6．蓝斑：Zornetzer（1976）报道，损毁蓝斑后可影响新记忆的形成。

（二）与记忆有关的神经回路　记忆是一个完整的过程，其结构基础是神经回路。在记忆过程中的任何一个环节的缺陷都可能影响记忆。

大量的研究说明，海马以及更多的边缘系统的结构与近期的陈述记忆有关，它们组成两条神经回路：

1．内侧边缘回路　即 Papez 回路，由大脑内侧面的隔区（人脑指旁嗅区和胼胝体下回）开始，经扣带回→海马旁回→海马→穹窿→下丘脑乳头体→乳头丘脑束→丘脑前核→扣带回。乳头体发出的乳头被盖束至中脑被盖区。中脑被盖区是脑干上行激动系统的重要枢纽部位，被盖区的网状上行激动系统可以激活此回路。该回路中的海马不仅接受扣带回的纤维投射，还与额叶、顶叶、颞叶的联合皮质及感觉皮质周围区有双向的纤维联系。因此，大脑皮质所获得的信息，可通过上述纤维联系进入海马，进而在回路中循环，使信息得以保持，而其中另一部分信息可转变成比较巩固的长期记忆再返回联合皮质储存。

2．基底外侧边缘回路　由额叶眶部皮质→前额皮质→杏仁体→丘脑背内侧核→额叶眶部皮质。该通路以杏仁体为主体。杏仁体可通过终纹与下丘脑视前区联系，而视前区又有纤维回至丘脑背内侧核，或通过内侧前脑束与中脑被盖区有往返的双向纤维联系。

上述两条神经回路中，海马－丘脑前核及杏仁体－丘脑背内侧核是两条平行的通路，海马通路与空间记忆有关，而杏仁体至丘脑的通路则参与感情记忆的储存。据推论，脑内可能有很多平行的记忆通路，分别负责不同性质的记忆信息的传送和巩固。

除了上述与陈述记忆有关的神经回路外，也存在与非陈述记忆有关的神经回路，其中比较明确的锥体外系在大脑、脑干与小脑间构成的神经回路，该回路中的小脑在运动学习中起着重要的作用。

（三）突触可塑性与学习记忆　突触的可塑性（synaptic plasticity）是指突触结构的可塑性和突触传递的可塑性，前者指突触的形态的变化、新的突触联系形成和传递功能的建立，是一种持续时间较长的可塑性。突触传递的可塑性系指突触的反复活动，导致突触传递效率的增加（易化）或降低（抑制）。Bailey 提出伴随着海兔长时程记忆有明显的突触结构的变化，表现为：① 突触活化区突触小泡数量及体积均增加；② 每一个感觉神经元的突触皱褶数增加。这些变化的相对长期性以及它们与长时程敏感化在时程上的一致提示，感觉神经元突触数量的改变很可能是长时程敏感化的神经解剖学基础。

学习、记忆过程的细胞水平的研究揭示，不论是短期还是长期记忆都有同一突触活动的增强，都有神经递质释放的增加，以及伴有感觉神经元兴奋性的增高（K^+外流的降低）。因此认为，在细胞水平上短期和长期记忆的机理是相似的，仅是程度不同而已。

（四）中枢神经系统的递质与学习记忆

1．乙酰胆碱　动物注射拟胆碱药物能增强学习记忆能力，而注射抗胆碱药则减弱学习记忆能力。在学习过程中，胆碱能突触的传递功能增强，主要表现为突触后膜对乙酰胆碱（Ach）的敏感性增加，但到一定程度时即开始下降。胆碱能突触的功能与短期记忆或近期记忆有关。胆碱能药物能增强学习记忆的能力，其增强效应与用药的剂量呈量效关系。中、小剂量能显著增强记忆，大剂量反而损害记忆。

业已证实，海马回路是胆碱能的神经通路，其受体是 M 型的。所以阻滞 M–胆碱受体后能阻抑信息由短时储存系统向长储存系统转移。海马锥体细胞能接受胆碱能神经纤维，锥体细胞上胆碱能受体数量的减少可能与记忆障碍有关。锥体细胞上的胆碱能受体的数量随年龄的增大而减少。大脑皮质深层的对Ach敏感的锥体细胞的兴奋状态，以及胆碱能的上行激动系统使大脑处于觉醒状态，这些是学习记忆时不可缺少的条件。

2．去甲肾上腺素（NE）　去甲肾上腺素能系统的活动有利于信息的储存与再现。如果在实验前抑制去甲肾上腺素的合成可以阻碍动物的回避学习。应用 NE 或其受体激动剂，则可减轻各种因素导致的遗忘症，并发现脑内 NE 的水平与记忆保存的程度相关。总之它对学习记忆有重要的调节作用。

（五）神经肽等对学习记忆的调节　神经肽对学习记忆的调节作用已被证实

1．垂体后叶加压素　是 9 个氨基酸组成的多肽，对记忆保持有增强作用。De wied（1964）报道，切除垂体后叶的大鼠，其条件回避反应的消退加速，如注射垂体后叶提取物则可减慢消退的速度。该结果表明加压素具有增强记忆保持的作用（易化记忆巩固 memory consolidation）。有关加压素增加记忆巩固的作用机制尚无定论，有的认为加压素能调节记忆的储存。有的说是通过它对边缘系统功能的调节来实现的。

2．促肾上腺皮质激素（ACTH）　其主要作用是促进短时记忆，其作用机制是直接作用于脑，通过激活突触后膜上腺苷酸环化酶，使细胞生成 cAMP，进而激活蛋白激酶，形成新的蛋白质。

3．促黑素细胞激素（MSH） 因为α–MSH 和β–MSH 均与 ACTH 的第 4 ～ 10 位氨基酸顺序相同，它们均称为ACTH 类肽，其对学习记忆的作用与 ACTH 类似，即促进短时记忆。

4．脑啡肽：亮氨酸脑啡肽和甲硫氨酸脑啡肽均能损害记忆的保持，β–内啡肽也有同样的作用，它们的这种作用可被阿片拮抗剂纳洛酮对抗。实验证明β–内啡肽能抑制中枢神经系统胆碱能突触释放Ach。脑啡肽的作用可能是通过外周产生的，二者作用部位与机制不同。

其他神经肽如胆囊收缩素（CCK–8）及 P 物质都有增强记忆的作用。

在正常情况下，递质和神经肽在对学习记忆过程的调节往往是相互作用的。McGaugh 报道，这些调节记忆储存的递质和神经肽是在杏仁体内相互作用的。

（张书琴　张孟良　权赫梅）

二十一、脑内移植（神经组织移植）

通常认为成年哺乳动物的脑和脊髓的神经细胞不能再生。杰出的解剖学家 Cajal 断言，哺乳动物的中枢神经系统内部只有死亡，没有再生。长期以来，神经科学家们思索着，难道神经细胞变性而丧失了功能的中枢神经系统就无法恢复了吗？如何才能促进中枢神经的再生或重建新的神经通路呢？科学家们在这方面进行了尝试。值得一提的是 1890 年美国 Thompson 报道了他的实验。他将猫的大脑皮层移植至狗，虽然移植组织在短期存活后最终变性没有成功，但他的科学试验的设想给后人以极大的启示。继而到 1917 年美国的 Dunn，成功地进行了皮质的移植，但她未能证明移植区轴索能与受体脑相连接。之后从 1941 ～ 1970 年只有少数的研究报道。一直到 70 年代后期，Stene 及 Bjorklund 经过了一系列研究后，证实移植脑组织不仅能存活，而且能产生功能效应，从而神经组织移植（脑移植）有可能成为研究中枢神经发育、再生及功能恢复的新方法，并有着广阔的临床应用前景。

（一）脑是免疫特许的部位　脑是移植的特许部位并不是说脑不产生免疫反应，也不是说与脑免疫源性不相容的移植物能在脑内永久存活，而是指不论同种或异种移植，其移植物能在脑内存活的时间比之植入周围部长，其存活率高，免疫排斥比其他器官弱。例如将胚胎组织移植入脑内，其存活率为 80%， 而移植入颈部皮下的胚胎组织，其存活率仅为 50%。脑组织的免疫排斥反应比其他器官弱，这是由于脑无常规的淋巴引流即无淋巴管，但存在有血管周围间隙，起着相当于淋巴管的作用。正常脑脊液中含 1000 ～ 1500 个细胞/ml，这些细胞大多是单核细胞，但也有 T 淋巴细胞。Astrom 发现，淋巴细胞最初集中在血管内壁，然后伸入血管壁，穿过内皮细胞至血管周围间隙中（又称 Virchow-Ropin spaces），血管周围间隙与蛛网膜下隙相通。淋巴细胞的循环就从血液经血管壁入血管周围间隙，再沿着间隙入蛛网膜下隙中的脑脊液中。Bradbary 将同位素标记的蛋白注入侧脑室，发现淋巴结中标记量在 24 小时达高峰。他推测，30%或略多的脑脊液经血管周围间隙最后回流入颈深淋巴结。伊达勋报道小鼠胚胎脑移植中使用供体与受体小鼠 MHC 不相容，小鼠胚胎脑移植后有排斥，在移植区周围发现两种T淋巴细胞，即 L_3T_4T 辅助细胞及 Lyt–2T 抑制性细胞。而 MHC 相容的供体及受体的移植则无此表现。晚近，Brundin 等将人胚胎脑多巴胺神经元移植至帕金森大鼠获得成功。这些研究表明，虽然脑组织亦产生免疫反应，但因其无淋巴管并受血脑屏障的保护，因此脑是一个适宜于移植的独特器官。

（二）脑内移植的内容及方法　脑内移植又称神经组织移植（neural grafting)。所谓脑内移植，就是将胚胎脑组织或周围神经等移植入中枢神经系统的脑或脊髓中。按移植的部位有原位移植和异位移植之分。原位移植是将胚胎脑组织移植入受体（宿主）脑的相应部位，如胚胎大脑皮质移植至受体脑的大脑皮质。异位移植即将胚胎脑组织移植到其正常投射区所在的成年宿主脑内，如将胚胎中脑黑质移植至成年宿主的纹状体内。若按供体与宿主的种系来分，则主要有同种异体和异种异体移植。同种异体，即将 S. D. 胚胎鼠脑移植至 S. D. 大鼠宿主脑内；异种异体，即将小鼠或人胚胎脑移植至大鼠脑内。多数研究为同种异体移植。异种移植多用于研究免疫反应。

移植的方法就是将胚胎脑植入宿主脑内，一般均在立体定位仪上进行。移植所用的供体可以是胚胎脑组织整块移植，一般用定位植入法。常用的移植物为游离的胚胎脑细胞移植，即将胚胎脑组织经胰蛋白酶处理后制成细胞悬液，然后定位注射至宿主脑内。此外还有用神经干进行“搭桥”移植，如有人将坐骨神经一端插入延髓，另一端插入脊髓，以观察中枢神经的突起能否经坐骨神经延伸至脊髓内。

脑内移植的研究有的围绕疾病制成动物模型后进行移植以观察其功能效应，如帕金森病、阿尔采默症（老年性痴呆）、亨廷敦舞蹈症、小脑萎缩、垂体功能低下、皮质损害、脊髓损伤等等。此外，还有胚胎脑移植重建海马结构功能的实验研究等等。

（三）脑内移植的机制

1. 移植神经细胞的存活及生长发育　移植入宿主脑内的神经组织是否成功，首先要看移植入的胚胎脑神经细胞是否具有高的存活率和良好的发育。影响移植神经细胞存活的因素很多，一个重要的因素就是移植入宿主脑内的胚胎脑细胞的胚龄亦即发育阶段，会直接影响其后的发育。研究表明，在相同实验条件下，未分裂或正在分裂的神经上皮细胞为最佳，分裂而未分化的次之，部分分化或已分化的神经细胞最差。由于中枢神经中不同结构具有不同的发育过程，因此不同部位的移植要选不同时期的胚胎脑。如蓝斑、中脑移植，以 15 ～ 17 天（胚鼠）为适宜时期，而大脑皮层及海马移植以 17 ～ 22 天胚鼠为佳。

2. 移植神经元和宿主细胞间的神经联系和突触重建　移植的神经组织能否发出传出纤维和宿主的神经细胞相联系，以及宿主神经细胞能否发出纤维和移植细胞相联系是移植成功的标志。目前研究证明，移植入宿主脑内的神经细胞能发出纤维投射至特定的宿主细胞并与之形成新的联系，亦即重建移植物与宿主之间的神经回路和宿主至移植物之间的神经回路，而且形成突触联系。但对于神经回路的重建是否是移植功能效应的关键尚有不同见解。

3. 移植存活的细胞－生物微泵　胚胎脑黑质多巴胺神经元移植至宿主纹状体，能改善帕金森症模型鼠的功能。同样将自体肾上腺髓质移植至帕金森病鼠也能获得类似功能改善的效应；动物症状虽有改善，移植入嗜铬细胞的存活却不如胚胎脑，其中少数细胞能发出突起，但没有证据证明与宿主细胞形成联系。因此推测移植物分泌的多巴胺经脑脊液弥散而发挥作用，也就是说可能移植细胞能作为生物微泵，不断输送递质至特定的脑区。

4. 移植神经组织的功能效应　在一定条件下，移植入宿主脑内的胚胎神经细胞能存活、迁移和生长发育，并且能重建被破坏了的神经回路，建立移植物—宿主回路。但能否因重建立了回路而使失去的功能恢复，目前的研究证明能够产生一定的功能效应。如中脑黑质多巴胺能神经元变性引起的帕金森病鼠，在经过富有黑质多巴胺神经元的胚胎脑悬液移植至宿主纹状体后，移植的黑质神经元不仅和宿主建立了神经回路并形成突触联系，且发挥功能效应。另外，在已破坏基底大细胞核的大鼠脑皮质内，移植入胚胎基底前脑的原基，受损大鼠的学习记忆均获得恢复。

（四）脑内移植的展望

自上世纪70年代末英国和瑞典科学家发现脑移植能产生功能效应以来，全世界许多科学家进行了深入的研究并进行了临床实践。实验和实践证明帕金森症和亨廷敦舞蹈症的动物或病人，移植入脑内的胚脑细胞能存活并能分泌多巴胺（DA）递质，使DA受体敏感性正常化，动物由药物诱发的旋转趋于正常化，受移植病人症状改善，左旋多巴胺（L—DOPA）用量减少。动物实验发现移植入宿主内的DA神经元能与宿主脑形成交互突触。临床用PET检测发现病人受移植侧的纹状体荧光多巴胺（Flurodopa）摄入达正常水平和临床症状效果良好相一致。并有报导一病人双侧纹状体受移植后生前临状症状明显改善，尸解发现纹状体内存活的多巴胺神经元达40000个；另一病人达80000个（为正常多巴胺神经元数的1/5），这些病人存活达5年以上或更久。将胚脑纹状体移植入亨廷敦舞蹈症病人纹状体内，发现移植入脑内的发育中的纹状体神经元未见有变异的HD蛋白，不受病程影响，发育良好，能伸出轴突支配受体的神经元。受体的多巴胺神经元并能支配移植组织中神经元，提示重建了黑质—纹状体皮质环路。由于帕金森或亨廷敦舞蹈症的病人，进行脑内移植要达到良好效果，必需有足量的胚脑，而10个胚脑纹状体原基只能达到成体纹状体的5～10%，因此来源困难，而且还有伦理学的原因不能推广。所以，目前的研究转向如何在体外增殖神经干细胞并使之分化成合适的神经元进行移植及研究转基因工程细胞等。

（徐慧君　金国华）

二十二、中枢神经递质性神经元系统

随着免疫组织化学技术以及免疫组织化学技术结合束路追踪的双标记技术应用，在中枢神经系统内不同神经递质的神经元分布及其纤维投射方面取得很大进展。现仅就以下几个中枢神经递质性神经元系统作如下简述：

（一）胆碱能神经元系统　乙酰胆碱为重要的兴奋性神经递质，存在于脊椎动物神经系统的植物性神经的交感与副交感节前神经纤维、副交感节后神经纤维，以及躯体神经的神经肌肉接头处。

1. 胆碱能神经元的分布　近年来采用胆碱乙酰转移酶（chaline acetyl-transferase，ChAT）单克隆抗体免疫组织化学研究表明，具有ChAT阳性的神经元胞体在中枢神经系统内分布很广泛，主要分布于脊髓前角、侧角、中间内侧核及后角的Ⅱ、Ⅲ层灰质，脑干的全部躯体运动细胞核及一般内脏运动核，如动眼神经核、E–W核、滑车神经核、展神经核、三叉神经运动核、疑核、迷走神经背核、上泌涎核、下泌涎核以及脑干的一些网状结构核团，如脑桥嘴侧网状核、脑桥尾侧网状核、脑桥中缝核、臂旁核、背侧及腹侧被盖核、脑桥网状被盖核、延髓外侧网状核、巨细胞网状核、中缝大核等。此外，在大脑皮质、纹状体、苍白球、下丘脑外侧区、小脑核、蓝斑核、面神经核和舌下神经核等处也均可见到胆碱能神经元。

2. 胆碱能神经元的纤维投射　中枢神经系统内胆碱能神经元的纤维联系十分广泛，这些纤维联系大体上可以分为两大类。一类是由中间神经元所构成的局部回路；另一类则是由投射神经元所构成的长投射通路。前者主要包括大脑皮质、纹状体、海马和脊髓后角等处的局部神经元回路。后者则包括以下通路：① 胆碱能躯体运动和内脏运动系统，这一通路的胆碱能神经元的胞体位于脑干和脊髓的躯体运动核、特殊和一般内脏运动核等部位，其轴突支配骨骼肌和内脏器官；② 胆碱能脑干网状结构上行激活系统，在脑干网状结构内有许多胆碱能神经元，可经此通路上行投射至高位中枢；③ 胆碱能大脑皮质和边缘系统，该系统主要包括皮质下结构中胆碱能神经元向海马边缘叶及大脑皮质各层的投射；④ 胆碱能小脑系统，中脑被盖核、脑桥网状被盖核及延髓的一些胆碱能神经元发出纤维经小脑上、中、下三脚投射至小脑。

3. 胆碱能神经元系统的生理意义　目前人们认为胆碱能神经元系统为上行网状激活系统的主要成分，并可能参与睡眠、运动机能、攻击行为和学习、记忆等行为过程。有证据表明，随着年龄的增长机体衰老，中枢内 ChAT 的活性逐渐衰退。在阿尔采默（Alzheimer）病患者的脑中发现，端脑基底核的胆碱能神经元的数目与正常脑相比虽无明显差异，但神经元明显皱缩。目前研究已经证实，某些神经疾患如帕金森病，其基底核内乙酰胆碱的含量增多，遗传性舞蹈病则与此相反。脑内乙酰胆碱含量与癫痫也有一定的关系。乙酰胆碱含量在病灶中心区较邻近皮质中的要高些，抑制胆碱酯酶会导致癫痫发作。

（二）单胺能神经元系统　单胺类递质包括儿茶酚胺和 5–羟色胺。儿茶酚胺类（多巴胺、去甲肾上腺素和肾上腺素）是由酪氨酸经过一系列酶的作用转化而来，其共同的化学结构特点是由带有 2 个邻位羟基的苯环和乙酰胺侧链所组成。其生化合成的步骤为酪氨酸→L–多巴→多巴胺→去甲肾上腺素→肾上腺素。5–羟色胺是由色氨酸转化而成。单胺类递质在有关神经元的胞体内合成，经轴突运送到神经纤维终扣内的囊泡中储存，在一定的生理条件下释放，作用于下一神经元。中枢神经系统内的单胺能神经元系统因递质种类的不同可以分为去甲肾上腺素能（肾上腺素能）、多巴胺能和 5–羟色胺能系统。

1. 去甲肾上腺素能（肾上腺素能）神经元系统　采用荧光组化和免疫细胞化学方法研究证明，中枢神经系统内的去甲肾上腺素能神经元集中分布于延髓和脑桥的 7 个细胞群（$A_1 \sim A_7$）。这 7 群细胞又可根据所在部位分为 3 区，即蓝斑和蓝斑下复合体区，外侧被盖区和延髓背侧区。

在蓝斑及蓝斑下复合体区的去甲肾上腺素能神经元可以发出纤维投射至脊髓的前角、中间带及后角的前部，脑干的三叉神经脊束核、三叉神经脑桥核、脑桥核、上丘、下丘、蜗神经核及脚间核、小脑以及海马和大脑皮质等部位。

在外侧被盖区和延髓背侧区的去甲肾上腺素能神经元可以投射至脊髓的中间外侧核、中央管周围及后角浅层；脑干的特殊和一般内脏运动核和躯体运动核的三叉神经运动核、面神经核、舌下神经核、疑核、迷走神经背核等，以及中脑中央灰质腹侧部、臂旁核、腹侧被盖核、下橄榄主核及中缝核群；下丘脑的视前区、室旁核、背内侧核、腹内侧核、弓状核、正中隆起，以及下丘脑前区、外侧区和后区，隔区及杏仁核等。

去甲肾上腺素能神经元系统的功能是多方面的，既可以调节躯体和内脏感觉信息的传导，又可以控制躯体运动和内脏运动功能，并可以影响下丘脑神经元的神经内分泌活动和边缘系统的机能状态，对睡眠、体温、摄食、饮水、情绪、学习和记忆等发挥重要的调节作用。

动物实验表明，在针刺镇痛时，脑内核团如蓝斑、中脑水管周围灰质、中缝大核内的去甲肾上腺素的释放减少，说明脑内的去甲肾上腺素拮抗针刺镇痛；与之相反，脊髓内的去甲肾上腺素却可以加强针刺镇痛，在针刺镇痛时，脊髓后角的去甲肾上腺素释放增加。

2．多巴胺能神经元系统　中枢神经系统内多巴胺能神经元主要存在于腹侧被盖、黑质、孤束核、中脑水管周围灰质中，以及下丘脑的弓状核和室旁核。

腹侧被盖和黑质的多巴胺能神经元可以发出纤维投射至新纹状体（主要是尾状核和壳）、边缘皮层（包括额叶前部内侧、扣带回、梨状皮层和内嗅皮层），以及其他边缘结构（隔区、嗅球、伏隔核的隔部和杏仁体）。中脑部位的多巴胺能神经元还投射至外侧缰核、丘脑底核、下丘脑、中缝背核、蓝斑和外侧臂旁核。

多巴胺能神经元系统与多种功能活动有关。黑质纹状体系统在调节姿势反射和抑制运动行为方面起着重要作用。目前认为帕金森病的运动异常，是黑质致密层多巴胺能细胞的丧失而引起纹状体多巴胺能传递缺陷所致。中脑多巴胺能神经元向伏隔核、嗅结节、杏仁体等边缘结构的投射，可能与情感行为的调节有关；向边缘皮层的投射，可能在认知功能中起作用。下丘脑的多巴胺能神经元对调节催乳素、黄体生成素和生长素的释放有作用。

3．5–羟色胺能神经元系统　中枢神经系统中的5–羟色胺能神经元胞体主要分布于脑干的中缝核群及其邻近的外侧网状结构内。在脚间核、蓝斑周围区也可见到少量5–羟色胺能神经元。

5–羟色胺能神经元系统的投射径路主要有以下几条：① 至脑干，由中缝背核投射至蓝斑、黑质、脚间核、腹侧被盖区；由中缝隐核和中缝大核至上丘和顶盖前区；还有中缝核之间的联系等；② 至间脑和端脑，中缝核群可发纤维至下丘脑后区、下丘脑内侧核和外侧核、下丘脑前核、交叉上核、弓状核、束旁核、外侧膝状体、隔区、嗅球和杏仁体；③ 至小脑皮质；④ 至脊髓，由中缝大核投射至脊髓后角，由中缝苍白核和中缝隐核至前角，由脑桥、延髓的中缝核至中间外侧核。

中枢神经系统内5－羟色胺能神经元系统的主要作用是抑制。例如：通过向端脑的投射促进睡眠，通过向脊髓后角的投射参与镇痛，此外还可以抑制性活动和攻击行为，影响体温和内分泌活动等。

（三）抑制性氨基酸

1．γ–氨基丁酸在中枢神经系统的分布及其生理意义　γ–氨基丁酸（GABA）能神经元可见于脊髓的前角和背核；脑干的中缝核、蓝斑、中脑中央灰质、孤束核、脚间核和黑质；上丘脑的缰核；端脑的新纹状体和苍白球；大脑皮质和小脑皮质等处。有数据表明，脑内约有30%的突触是以GABA为递质的。

多数GABA能神经元属于中间神经元，但在某些部位也存在GABA能投射神经元。如：新纹状体中的部分GABA能神经元可以投射到苍白球、黑质致密部；苍白球的GABA能神经元投射到黑质、丘脑前外侧核；丘脑网状核的GABA能神经元投射至丘脑特异性核团；小脑皮质的GABA能神经元投射至小脑核等。

GABA是一种重要的抑制性神经递质，既可以产生突触前抑制，也可以产生突触后抑制，发挥抑制性调控作用。目前认为，GABA 能神经元对运动反射、嗅觉、丘脑的感觉传递等均有调控作用。此外，GABA 还具有抗焦虑、抗惊厥和镇痛等作用。

2. 甘氨酸　甘氨酸广泛分布于中枢神经系统，其中以脊髓含量最高。目前人们认为，甘氨酸是脊髓中间神经元的抑制性递质，对感觉与运动反射进行抑制性调控。

（四）兴奋性氨基酸　兴奋性氨基酸主要有谷氨酸和天冬氨酸。兴奋性氨基酸对中枢神经元具有兴奋作用。其中，谷氨酸的兴奋作用要强于天冬氨酸。但同时，兴奋性氨基酸又具有神经毒性作用。中枢神经系统内兴奋性氨基酸的代谢或传递障碍在阿尔茨海默症和亨廷顿症等神经退化性疾病中起重要作用。

（五）P–物质在中枢神经系统内的分布及其生理意义　P–物质是属于速激肽家族的一种肽类神经递质。P–物质神经元广泛分布于中枢神经系统内。在脊髓后角的Ⅱ～Ⅴ层，脑干的三叉神经脊束核、孤束核、前庭神经核、E–W 核、导水管周围灰质、上丘、下丘、脚间核、蓝斑核、被盖核、臂旁核、黑质、网状结构、中缝背核、中缝大核、中缝苍白核、中缝隐核，下丘脑的乳头体前核、背内侧核、腹内侧核、弓状核、室周区及正中隆起；纹状体等部也可见到 P–物质神经元。

含有 P–物质的纤维广泛分布于感觉性神经细胞团块内，如三叉神经脑桥核、三叉神经中脑核、孤束核、丘脑腹侧核、外侧膝状体和上丘等。此外，在下丘脑、上丘脑、缰核、纹状体、黑质、脚间核、脑干网状结构、中缝核群、蓝斑、杏仁体等部位，也可见到 P–物质阳性的神经纤维。

P–物质对多种生理活动有促进作用。在中枢神经系统内，黑质内注入 P–物质，可以激活该处的多巴胺能神经元。P–物质可能与痛觉的传递、味觉感受、视觉的形成等有关。在脊髓的 P–物质还可以抑制由乙酰胆碱导致的 Renshaw 细胞的兴奋。有人认为，脑内的 P–物质神经元可能与神经内分泌等有关。

（隋鸿锦　张书琴）

二十三、神经细胞凋亡

细胞凋亡是一种细胞生理性死亡的形式。早在 50 年代，发育生物学家通过对生物变态现象的研究提出，在脊椎动物正常发育过程中存在着细胞消亡现象。在对蛾的变态观察中提出了程序性细胞死亡的概念（programmed cell death），并认为整个发育程序是受时间和空间条件控制的。细胞凋亡是一个主动生理过程，它是机体在生理条件下受刺激后经过多种因素的影响导致活细胞死亡。1972 年美国的病理学家 Kerr、Wyillie 及 Currie 重新详细描述了频临死亡细胞（dying cell）超微结构的变化特征，并提出了凋亡（Apoptosis）的名称，细胞在发育或毒素损害时，细胞死亡展示了各种各样的形态变化。

凋亡（Apoptosis）是一种生理条件下死亡模式，而坏死（Necrosis ）是与病理机制相关的细胞死亡。

Apoptosis 是希腊语，原意是指花瓣或树叶的自然脱落，Apo＝off“ 离开 ”，Potosis 是 falling“ 落下 ”，中文现译为凋亡。Necrosis 亦来源于希腊语 nekrosis＝deadness“ 死亡 ”，中文译为坏死。这两种细胞死亡，在定义、形态学及其他方面均有差别。

表 2-8　细胞凋亡和坏死的区别

	凋亡	坏死
定义	凋亡是一种主动的由遗传控制的程序性现象的生理过程，可发生在发育过程中或因多种因素影响而产生	坏死是病理性刺激造成的细胞死亡
诱导因素	生理性或病理性	病理性
细胞形态变化	细胞膜完整保持到最后，胞体缩小，裂解成凋亡小体，无炎症反应，细胞器完整保持一定功能，染色质早期边缘化，后期片段化	胞膜完整性早期消失，细胞溶解，肿胀，破裂，有炎症反应，细胞器肿胀，丧失功能，染色质固缩
DNA 降解	DNA 多数情况降解为特征性 180 ～ 200bp 的片段	随机降解
DNA 电泳	成梯状	不呈梯状，模糊，弥散状条带
蛋白合成	凋亡可被合成抑制剂阻断，触发或增强	不受影响
基因调控	有特异基因参与调控	无特异基因

神经系统神经细胞的死亡是细胞凋亡机制中的一种。已有报道神经细胞死亡也有两种形式——凋亡和坏死。而且特别值得提出的是这些研究发现细胞的顺序性死亡不仅仅伴随着发育，而且亦见于临床重要病理过程，例如脑卒中、缺血及神经系统退行性疾病诸如淀粉样侧索硬化、帕金森病以及早老性痴呆。

凋亡是自然发生的生理学的细胞死亡，在发育中和生后，在动物移除不需要的细胞中起重要作用。在脊椎动物神经系统成熟的过程中，差不多有 50% 各种类型神经细胞死亡了。这是靶细胞竞争神经营养因子的结果，这种神经元移除对神经系统结构和功能的成熟是十分必要的。

神经元也存在顺序性的死亡。例如颈上神经节培养时去除了神经生长因子（NGF）后 30 ～ 40 小时就凋亡，而培养液中有 RNA 合成抑制剂时即使去除 NGF 也不会出现凋亡。活体的实验研究表明给予蛋白质或 RNA 合成抑制剂能阻断或降低小鸡脊髓运动神经元在发育期细胞死亡高峰。

此外在切断胚胎芽而诱导的神经元死亡亦可被蛋白质或 RNA 合成抑制剂所阻断，总之这些研究结合无脊椎动物有关细胞顺序性死亡的研究可以得出细胞顺序性死亡是对某些刺激的反应，并可以设想存在着一系列的基因系列在细胞顺序性死亡时表达。不同类型的细胞可能有不同细胞死亡顺序，但其中可能有某些基因是各类细胞凋亡过程中所共有。凋亡细胞死亡依赖于基因表达的研究导致探索死亡基因（“death genes”）。Owens 等分离出了小鼠胸腺细胞中某些与调亡有关的 cDNA，这些基因中之一就是 Rp8。这种基因在小鼠胸腺细胞被诱导死亡 1 ～ 2h 后表达，但在 DNA 大碎片发生前表现。

凋亡细胞的形态学变化：凋亡细胞的形态学变化主要是细胞核内染色体浓缩，形成密集的颗粒，呈帽状或新月形，然后塌陷形成许多小片状结构，附于核膜，以后这种结构破碎形成许多有细胞膜包被的致密小球，内含细胞器称为凋亡小体（Apoptotic body），这些小体以后为邻近细胞或被 resident 巨噬细胞所吞噬。但这种细胞的凋亡不会引起周围细胞的损伤，不形成炎症，也不刺激免疫系统。周围邻近细胞和巨噬细胞可以很快识别凋亡小体，但这种识别作用被单糖（N–乙酰葡萄糖胺等）阻断。凋亡的变化是很迅速的，从这一过程的启动到调亡小体的形成仅数分钟，因此有蟠曲外形的凋亡细胞不易见到。

由于凋亡不同步，发现单个或小群细胞中细胞的降解过程也很迅速，因此很难对凋亡的过程进行观察。近年来发展的分子生物学组织化学系统，用 TUNEL 染色原位杂交末端标记 DNA 碎片，观察凋亡小体，是研究凋亡细胞公认的研究方法。

调亡细胞的生化变化，公认的细胞调亡的生化特征是内源性核酸内切酶的活化。核酸内切酶将 DNA 链切断，从而最终产生寡聚核小体。这些寡聚核小体的大小均是 DNA 长度为 180 ～ 200 个碱基对(bp)的倍数，因此用琼脂糖凝胶电泳测定细胞 DNA 时出现特征性的“梯子状（ladder）”的带纹电泳。近年来的研究表明在凋亡过程中除了核酸内切酶外，还发现有其他酶的参与，如谷氨酸转移酶、DNA 酶Ⅱ等。用生物化学方法检测 Apoptosis 生物化学变化的方法也日益增多，如可用电泳法即用琼脂糖凝胶电泳（ agarose gel electrophoresis ）或聚丙稀胺凝胶电泳(SDS–PAGE)及 Southern blotting 方法。此外还用流式细胞术(Flow cytometry，FCM）可以对活体细胞或已固定的细胞的凋亡进行快速、容易、精确的定量分析。最近又发展了用原位缺口翻译法（in situ nick translation）来测定凋亡细胞中 DNA 链的断裂情况。

二十四、神经干细胞

在人体中多数细胞是不断更新的，如红细胞只能活 120 天（也就是说每人每天需要更换 100 亿个红细胞），其他组织细胞更换速度要慢一些，然而一旦在需要时会起增殖反应。这种在成年动物体内组织中能产生新细胞的机制靠的就是因为许多组织中存在着干细胞(stem cell)，例如骨髓中的造血干细胞。

长期以来，人们认为成年动物脑内的神经细胞是终生的，神经细胞不能分裂增殖产生新的神经元，脑内失去神经细胞的现象是永久的，失去的神经细胞只能由胶质细胞所充填。近年来神经生物学研究领域中的一个重要的进展就是发现成年动物脑内存活着类似于皮肤的生发层和造血系统的造血干细胞的多潜能神经干细胞。

对脑内存在神经干细胞是通过研究胚胎发育发现的。20 世纪 80 年代末 90 年代初，Temple、Raff 及 Williams 等学者通过对胚脑隔区、皮质的少量细胞进行单个细胞培养，发现这些细胞能发育成神经元和神经胶质细胞。1995 年，Gage 和 Fisher 报道他们从成年鼠纹状体细胞的培养中发现了干细胞样的多潜能细胞，这些细胞来自前脑脑室室下带，类似的细胞还可能来自成年动物脑的其他部位，如大脑皮质、海马齿状回、中脑。有意思的是过去被认为不可能在成年有再生能力的部位，如脊髓也存在着多潜能的神经细胞。这样人们似乎可以得出结论，神经干细胞存在于中枢神经系统的广泛区域。

目前的研究提出神经干细胞应有两个基本属性，即能自我更新和具有多种潜能即分化成具有增殖能力的祖细胞、神经母细胞和神经胶质母细胞，再通过祖细胞分化形成特定的神经细胞。

已往的研究已经表明神经营养因子无论对中枢神经系统或周围神经系统的神经元均有

促进存活和突起生长的作用。现在的研究发现表皮生长因子(EGF)、碱性成纤维细胞生长因子(BFGF)、血小板生长因子(PDGF)、睫状神经营养因子(CNTF)和脑源性神经营养因子(BDNF)等均能影响神经干细胞的增殖和分化。

神经干细胞的研究方兴未艾，目前的研究一方面仍在体外探索影响神经干细胞增殖分化的因子条件，另一方面已经将干细胞移植入脑内，探索脑内环境对干细胞的分化等方面的影响。较新的研究是将胚胎干细胞移植入帕金森病鼠的脑内观察其转归，以及探索骨髓基质干细胞向神经细胞的分化。但科学家们认为，将干细胞用于临床还需要更为深入的研究。

（徐慧君　金国华）

其 他 篇

一、从解剖学角度浅谈器官移植

早在20世纪50年代，已先后开展了大器官（如肾、肝和心）的移植术，取得很大进展，尤其肾移植术做得最多，术后存活率最高。随着显微外科技术的发展，对于一些细小的组织，如直径在1mm以下的血管、神经纤维束及淋巴管等，应用显微技术缝合取得了可喜的效果，这就为小器官的移植提供了必要的技术基础，促进了小器官移植工作的开展。

在小器官移植中，除了显微外科技术外，面临最大的困难是免疫排斥反应和供体来源。为了解决这些困难，可选用自体小器官的远距离游离移植；对于异体小器官移植，尽量采用新生儿或胎儿尸体的，因为胎儿器官移植引起的免疫排斥反应较小，而且供体有来源。

目前小器官移植由于被吻合的血管管径细小，操作技术难度较大，不易解决，所以动物实验和临床实践也采用将预移植的小器官的培养细胞直接种植入受体的胸肌或三角肌内。这种方法简便易行，也取得一定的临床效果，其不足之处是小器官的种植细胞存活时间不长久。

迄今，我国已先后在临床上开展了肾、肝、脾、心、肺、心肺联合、骨髓、肾上腺、胰岛、甲状腺、甲状旁腺、睾丸、关节、胎胰、胎甲状旁腺、胎肾、胎胸腺、胰肾联合、肝细胞、脾细胞、脑细胞和神经组织等多种移植。我国器官移植日益显示出自己的特色，如带血管的胚胎器官移植、经短期培养的胚胎胰岛和胸腺移植，以及多种类型的脾移植。

随着显微外科的进展，显微外科应用解剖学受到普遍的重视。显微外科应用解剖学为器官移植的设计方案、手术入路，以及术中应注意的事项提供了依据。以下仅就某些器官移植有关的外科解剖学作一简要介绍。

（一）肾

1. 肾的位置与毗邻 肾位于腹腔后间隙上部脊柱的两侧，是腹膜外位器官。成人两肾的正常位置，一般两肾上端靠近，距正中线的距离平均为3.8cm；而下端稍远离，距正中线的距离平均为7.2cm。左肾上端约平第12胸椎体上缘，下端约平第3腰椎体上缘。右肾上端约平第12胸椎体下缘，下端平第3腰椎体下缘。右肾因肝右叶的影响，低于左肾约半个椎体（1～2cm）。肾门约平第一腰椎体。肾门在腹前壁的体表投影，一般位于第9肋软骨前端的附近，距正中线的5cm处；肾在腰部的体表投影，位于竖脊肌外侧缘与第12肋所形成的夹角处，此角称为肋脊角或肾角。在肾有病变时，此部可有叩打痛或压痛。

第12肋斜过左肾中部的后面，而斜过右肾上部的后面。第12肋中部与胸膜下反折线水平相交，因而在经腰部做肾的各类手术时，均应避免损伤胸膜。在第12肋很短且完全被竖脊肌掩盖时，易将第11肋误认为第12肋，更易损伤胸膜。

肾与周围的结构关系密切，上端借疏松结缔组织与肾上腺相连。内下方以肾盂连续接输尿管。左肾内侧为腹主动脉，而右肾内侧为下腔静脉。左肾前面上部邻接胃及脾，中部有胰尾横过，下部与空肠袢及结肠左曲相邻；右肾前面上部与肝右叶相邻，中部内侧缘与十二指肠降部邻接，下部与结肠右曲相邻。两肾的后面，第 12 肋以上部分与膈相贴，并隔膈与肋膈隐窝（肋膈窦）相邻；第 12 肋以下部分则与肋下神经、血管、腰大肌及其前方的生殖股神经、腰方肌及其前方的髂腹下神经、髂腹股沟神经和腹横肌等为邻。

肾由三层结缔组织形成的被膜包裹，内层为纤维囊，由致密结缔组织形成，紧贴肾表面；中层为脂肪囊（又称肾床），其厚度因人及年龄而异，成人一般可达 2cm，在肾的后面和下端更为发达，具有支持和保护作用；外层为肾筋膜，在脂肪囊的外面由腹膜外筋膜构成，分前、后两层，包绕肾及肾上腺，并以结缔组织小梁穿过脂肪囊与肾纤维囊相连。肾筋膜前层除覆盖肾及肾上腺外，还跨越腹主动脉与下腔静脉的前方与对侧的前层连续；后层经肾后贴腰大肌和腰方肌筋膜附着于椎体。肾筋膜前、后两层在肾的上端与外侧相互融合，向上与膈下筋膜连续，向外侧与腹横筋膜相续，而在肾的下方，由于前层消失于髂窝的腹膜外筋膜中，后层向下与髂筋膜相愈着，因而形成向下开放的囊口，成为肾下垂或感染蔓延的通道。

肾正常位置的保持，主要依赖于肾筋膜、肾脂肪囊及邻近器官。此外，肾的血管、腹膜及腹压亦起固定作用。当固定装置不健全时，肾可向下移位形成肾下垂或游走肾。

2．肾的血管、神经与淋巴

（1）肾动脉：平第 2 腰椎水平呈直角发自腹主动脉，右侧长于左侧。动脉在入肾门前分为前后两干。在肾窦内，前干行于肾盂前方，分出上、上前、下前和下等 4 支段动脉；后干绕肾盂上缘再绕至其后方，成为后段动脉。肾段动脉分别供应肾的一定区域构成肾段。肾段动脉之间缺乏相互吻合，因此，当某一肾段动脉的血流受阻时，则相应供区的肾段实质即可发生坏死。 如果病灶局限，临床上可采用肾段切除代替全肾切除。肾段的解剖学在临床上对肾段切除术和肾血管造影具有实用意义。

（2）肾静脉：左肾静脉长于右肾静脉。肾静脉在肾内与肾动脉不同，肾内静脉无一定节段性及规律性，但存在广泛吻合，在各肾段之间也有广泛吻合，其吻合型式有两种，一种是吻合支围绕肾小盏，另一种为前一种吻合支的延续，而围绕在肾乳头的周围。其吻合支的大小及多少与肾外形、肾盏及肾乳头的大小相一致。临床上单支结扎肾静脉不影响肾静脉血回流。

（3）肾内淋巴管：有浅、深 2 组，浅组引流脂肪囊和肾筋膜的淋巴，深组引流肾实质的淋巴。两组淋巴管吻合注入肾盂后方的肾门淋巴结，其输出管注入腰淋巴结或腰干。

（4）肾的神经：有交感神经与副交感神经。交感神经来自腹腔丛分出的肾丛。肾丛围绕在肾动脉周围，借交通支与肠系膜丛和腹主动脉丛相连。肾的副交感神经沿肾蒂进入肾实质而分布于肾小体及肾小管。

肾的血管变异颇多，其动脉变异的情况较静脉为多。副肾动脉为不经过肾门入肾的动脉。其出现率达 42.86%。副肾动脉多数起自肾动脉，少数起自腹主动脉或肠系膜上动脉。副肾动脉多数为起始行程有变异的肾段动脉。

右肾内侧邻接下腔静脉，右肾患肿瘤或炎症性病变时，常可侵及下腔静脉，因此做右肾切除时应注意保护下腔静脉。右肾前面内侧邻接十二指肠降部；左肾前面中部邻接胰，故行肾手术时应注意勿伤及上述器官。

国内、外已做了大量肾移植，积累了丰富的经验。鉴于左肾静脉的长度比右肾静脉长，而且支数单一，所以临床肾移植多以左肾为宜。受区以右髂窝为宜，手术操作方便。一般临床上将供者左肾移植到受者的右髂窝，行肾动脉与髂内动脉端侧吻合，肾静脉与髂外静脉端侧吻合，输尿管与输尿管端端吻合。

（二）肾上腺　位于腹膜后间隙内，成对，分别附于肾的上端。左肾上腺呈半月形，右肾上腺呈三角形或椭圆形。每个约重 7g。

肾上腺分为皮质和髓质两部分。外层的皮质占腺体的 90%，分泌盐皮质激素、糖皮质激素和性激素。前两种激素分别参与体内水盐代谢和糖、蛋白质的代谢。髓质约占腺体的 10%，在胚胎发生时起源于外胚层，与交感神经节相似，直接受交感节前神经纤维的支配，在机能性质上相当于交感神经节后神经元，主要分泌肾上腺素和去甲肾上腺素，其作用与交感神经兴奋时的作用一致。

肾上腺可进行自体移植、同种异体移植和胚胎肾上腺移植。自体移植可用于柯兴氏综合征或嗜铬细胞瘤，即肾上腺机能亢进症。临床上手术切除肾上腺，用以治疗肾上腺机能亢进，但在手术中难以掌握切除的多少，若切除过多，会导致肾上腺机能不足。为解决此问题，可将切下的肾上腺取一部分移植于腹股沟部皮下。临床上也进行了自体肾上腺髓质或胚胎肾上腺髓质移植入脑内，用以治疗帕金森氏病，近期疗效颇佳。

移植肾上腺一般不用右肾上腺，而选用左肾上腺，因为右肾上腺与肝和下腔静脉紧密相依，而且下腔静脉又常常覆盖右肾上腺的大部分或全部。此外，右肾上腺静脉甚短，多数注入下腔静脉和右副肝静脉，加之腺的位置深，致使手术操作难度较大。左肾上腺则易于暴露，且左肾上腺静脉较长，口径粗且都注入左肾静脉，所以适于作吻接。肾上腺的动脉有上、中、下 3 支。肾上腺上动脉发自膈下动脉，膈下动脉位置较深，造成手术操作困难。肾上腺中动脉发自腹主动脉，穿过腹腔神经节，其节后的一段很短，不利于吻接；肾上腺下动脉发自肾动脉。唯有肾上腺下动脉有足够的长度与口径，是最理想的吻接动脉。

（三）甲状腺与甲状旁腺　临床应用甲状腺和甲状旁腺移植治疗甲状腺和甲状旁腺机能低下。临床上做甲状腺切除，有时误伤甲状旁腺或保留的甲状旁腺不足，造成甲状旁腺机能低下，出现手足搐搦。由于甲状旁腺腺体小，每个仅重 30 ～ 50mg，位于甲状腺侧叶后面的被膜内，而且到甲状旁腺的动脉分支细小，所以吻合血管单独移植甲状旁腺的手术操作技术非常困难。如果单纯移植甲状旁腺，虽有一定疗效，但是甲状旁腺很快被吸收，存活时间不长。目前，国内、外采用全甲状腺连同甲状旁腺的移植。

甲状腺的血液供应丰富，主要有两条动脉和三条静脉。

甲状腺上动脉起自颈外动脉，至腺体上极分为前、后两支入腺；甲状腺下动脉起自锁骨下动脉的甲状颈干，上升至第六颈椎平面折向内侧，于颈动脉鞘的后方至腺后面入腺。此外，约有 13.8% 的甲状腺有甲状腺最下（奇）动脉，起于主动脉弓或头臂干，上升至甲状腺峡分支入腺。甲状腺上静脉出腺体上极与同名动脉伴行；甲状腺中静脉，出腺体侧面，二者均注入颈内静脉；甲状腺下静脉出腺体下极，注入左头臂静脉。

甲状腺的动脉不仅在一侧上、下动脉之间存在丰富的吻合，而且与对侧动脉之间也有吻合支，在静脉之间也有广泛的吻合。

甲状旁腺由甲状腺下动脉或甲状腺上、下动脉之间的吻合支供血。静脉回流入甲状腺静脉。

行甲状腺移植的甲状腺血管蒂有两种：一种以甲状腺上血管连带颈总动脉和颈内静脉为蒂，左右两侧均可用；另一种以甲状腺血管连同颈总动脉、颈内静脉和头臂干、头臂静脉为蒂，仅能使用右侧，因为头臂干在右侧；从甲状腺的供血看，后一种较为合适，因为除有甲状腺上动脉外，还有甲状腺下动脉供血。今后也可考虑用甲状腺上、下血管为蒂进行吻合。

（四）胰 位于腹膜后间隙内，约平幽门平面。胰分为头、颈、体和尾。胰由腺泡及散在腺泡之间的胰岛组成。腺泡分泌胰液，胰岛分泌胰岛素。

为寻找治疗糖尿病最有效的方法，1966 年 Lillehel 在临床上开展了胰移植。鉴于高月份胎儿或新生儿胰的内分泌部分发育趋于成熟，但外分泌部尚未执行消化功能，所以采用这样的供体，比较理想地解决了供体外分泌部难以处理的问题。

胰的血管很丰富。胰头主要由胰十二指肠上前、后动脉（发自胃十二指肠动脉）和胰十二指肠下前、后动脉（发自肠系膜上动脉）供应，二者在胰头右侧与十二指肠之间形成吻合弓。胰颈和胰体由胰背动脉供应（主要发自脾动脉或腹腔动脉）；而胰尾由发自脾动脉的胰尾动脉供应，二者吻合分布于全胰。胰的静脉一般与同名动脉伴行，汇入肝门静脉系。胰头及胰颈的静脉汇入胰十二指肠上、下静脉及肠系膜上静脉；而胰体及胰尾的静脉多为小支，数目不定，注入脾静脉。

早期的胰移植曾选用全胰连同十二指肠一起移植，因为从胚胎来源、血液供应和淋巴引流等方面考虑，可把胰头和十二指肠看成是一个密不可分的单位，但是因为十二指肠的免疫排斥反应强烈，目前这种术式已被废弃。

胰体和胰尾可以被认为是另一个单位，胰动脉来自粗大的脾动脉，因而提供了可用于吻接的良好血管蒂。实验和临床均已证明，仅将胰体和胰尾移植给患者，就足以维持患者的正常胰岛素分泌功能。

目前临床上也采用了培养的胎儿胰细胞种植入患者肌内，方法简便、安全。

（五）性腺

女性生殖腺：为一对卵巢，位于骨盆腔侧壁的卵巢窝内。做双侧卵巢切除后，常出现严重的雌激素分泌功能失调。这种患者除用性激素治疗外，可考虑采用性腺移植以获得内分泌功能。

男性生殖腺：为一对睾丸，位于阴囊内。沿睾丸后缘有附睾附着。附睾分头、体和尾三部分，附睾尾与输精管相续。睾丸下降不全和位置异常，临床上统称隐睾症。隐睾可造成精曲小管萎缩，影响精子的生成和成熟，也影响雄性激素的分泌。可采用睾丸移植治疗。

卵巢动脉：起自腹主动脉，经卵巢悬韧带从卵巢门进入髓质。卵巢静脉与同名动脉伴行，右侧者注入下腔静脉，左侧者注入左肾静脉。卵巢移植时，一般于骨盆腔上方 2 ～ 3cm 处切断卵巢血管蒂。

睾丸动脉：起自腹主动脉前壁。睾丸静脉与同名动脉伴行，右侧者注入下腔静脉，左侧者注入左肾静脉。睾丸的血管蒂为睾丸动、静脉。取血管蒂时应靠近动脉起点和静脉的汇入部位。

（张书琴　隋鸿锦）

二、显微外科解剖学

应用精细的手术器械和缝线在手术显微镜下进行手术，称为显微外科学。显微外科技术是目前外科领域中进展神速的尖端技术之一，缝合血管的口径已从最初的1.6～3.2mm，到目前的0.2～0.3mm，并已深入到临床医学的各个领域。

随着显微外科的出现，产生了显微外科解剖学；而显微解剖基础理论的研究，又极大地推动了显微外科的发展。我国的医务工作者无论在显微外科学领域或在显微解剖学研究中，均取得了举世瞩目的成就。这里仅就常用的显微外科手术及其解剖学作简单的介绍。

（一）皮瓣的游离移植应用解剖学　皮瓣移植是修复人体创面缺损的一种重要手段。基本方法是将一块带有血管束的皮瓣（可根据需要携带神经、肌肉、骨骼等），用显微血管吻合技术重建血液循环，移植于所需修复的创面上。而皮瓣感觉功能的恢复，则依赖于神经的吻接。根据皮瓣血供来源的不同，临床常设计以下几种皮瓣。

1．直接皮血管皮瓣　以直接皮动脉为轴心设计的一种皮瓣，直接皮动脉起自深部动脉干，穿出深筋膜后，行于皮下组织内，沿途发支供应皮肤和皮下组织。如以腹壁浅动脉为血管蒂而设计的腹股沟皮瓣等。

2．肌皮血管皮瓣　供应肌肉的动脉常发出数量众多、管径细小的分支。这些分支穿过肌肉、深筋膜到达其表面的皮下组织内，形成皮下血管丛，营养其表面的皮下组织和皮肤。因而肌皮血管皮瓣是一个包括皮肤、皮下组织和肌肉的复合组织皮瓣，手术时只须取供给肌肉的血管束作为血管蒂，并与创面的有关血管吻合，皮瓣即可存活，如以胸肩峰动脉胸肌支为血管蒂的胸前肌皮瓣等。

3．动脉干网状血管皮瓣　动脉干直接发出许多细小分支，组成丰富的网状血管供应皮肤，构成动脉干网状血管皮瓣的基础。由于动脉干位置恒定、口径粗、两端皆可吻合，因而切取血管蒂方便，操作简易。如以桡动脉为血管蒂的前臂皮瓣，足背动脉为血管蒂的足背皮瓣等。

4．肌间膈血管皮瓣　四肢动脉干在肌间隔内发出肌间隔动脉，经肌间隔到达浅层，分支分布至皮肤。肌间隔皮动脉血管蒂较长，易暴露和分离，并有静脉伴行。皮瓣区常还有浅静脉和皮神经可供利用。如以尺侧上副动脉为血管蒂的臂内侧皮瓣等。

5．肌间隙皮瓣　经过肌肉之间的结缔组织间隙到达皮肤的血管，称为肌间隙皮血管。如胸三角部皮瓣（胸大肌、三角肌间隙）、臂外侧中部皮瓣（肱二头肌外侧间隙）等。

（二）肌瓣和肌皮瓣的应用解剖　利用带血管的肌来修复创面或填补组织的缺损已为临床广泛采用。为了获得良好的移植效果，有必要了解肌的血供特点及其神经支配。

肌的新陈代谢旺盛，血供丰富，对缺血、缺氧较为敏感。不吻合血管的肌移植，只能使很小块的肌成活，且不能保持收缩功能。肌移植过去在临床上的实用意义不大，如今借助于显微外科技术进行吻合血管神经的肌移植，既保证了大块肌的成活，又能维持肌的收缩功能。若将肌表面的皮肤同时移植，则可以制成肌皮瓣。

每块肌通常接受多个来源的血液供应，其中一组为主要血管束，担负该肌的主要血供。在主要血管束与其他来源的血管间有丰富的吻合。通常只要吻合好一组主要血管束，就能使全部或部分肌块移植成活。肌的神经一般与主要血管束伴行入肌，组成该肌的血管神经束。血管的入肌处多为一沟或一个裂隙，称为肌的“门”，血管和神经入肌前往往先分成数条小支，呈线状或爪状排列，然后入门。

根据上述肌瓣的血供特点，临床在截取移植肌的血管蒂时，既可以直接截取进入肌的分支为血管蒂；也可截取发出该血管蒂的大支或动脉干，将一个或数个分支包含在内作成一个综合血管蒂。如移植背阔肌的肌皮瓣血管蒂，既可以从胸背血管截取，也可以从肩胛下血管截取。

（三）骨移植的应用解剖学　骨移植的成功与否取决于移植骨血液循环的重建。不吻合血管的骨移植，由于移植骨血供中断，大部分骨细胞坏死而被更替，移植骨仅起桥梁作用，即让两断端的骨膜在膜内成骨的过程中，沿其表面爬行，即所谓的爬行置换（creeping sustitution）。这种骨移植方法愈合时间长，有时尚可出现骨吸收或不愈合，从而导致手术的失败。随着显微外科的进展，吻合血管的骨移植已运用于临床。由于移植骨具有血供而成活，使爬行置换过程转变为一般骨折愈合过程，不仅缩短了愈合时间，保证了手术的成功率，而且扩大了手术的适应症。目前临床应用较多的有：截取腓动、静脉为血管蒂的腓骨移植，截取肋间血管为蒂的肋骨移植，以及截取旋髂深血管、臀上血管为血管蒂的髂骨部分移植等。

（四）手及手指的功能重建　手是人类主要的劳动器官，功能极为重要。目前许多医院设立了手外科，用以解决手外伤后的功能修复问题。一个完善的手术设计方案，自然需要医生具备手的应用解剖学基础知识。例如，根据解剖学基本知识，我们知道拇指腕掌关节与其他 4 指腕掌关节不是平行排列的关系，因此再造的拇指不能与其他指平列，而必须保持 $10^{\circ}\sim 15^{\circ}$对掌位；当利用第二趾游离移植重建拇指时，只有熟悉供应第二趾血管的解剖学变异规律，才能使术者有充分的预见性和应变能力。近年来，解剖学工作者对手的血供和神经分布作了大量的研究，有助于手术的改进和创新。

（五）大网膜移植的应用解剖学　大网膜的血供丰富，抗感染力和修复能力强，其表面可以接受断层皮片移植，因而引起解剖学家和临床学家的重视。近年来吻合血管的大网膜移植的报告颇多，包括修复外伤、肿瘤和瘢痕切除引起的大块皮肤缺损，填充骨髓炎所致的死腔，一侧面肌萎缩后的整形等。在应用解剖学上，国内、外学者分别观察了大网膜血管的分布规律、分支类型，测量了血管的口径及大网膜的面积。

（六）淋巴系统的显微外科解剖学　淋巴管的管径细小，管壁很薄，内含无色淋巴，给观察和研究带来困难。因而早期的手术仅限于较粗大的淋巴干与静脉吻合治疗乳糜尿等。随着显微外科技术的提高，目前临床应用淋巴管静脉吻合术治疗四肢阻塞性淋巴水肿，取得满意的效果。

解剖学工作者在研究淋巴系的过程中，常将颜料（如墨汁等）注射至皮肤内、皮下或内脏器官不同层次。由于淋巴毛细管与毛细血管壁的构造不同，使大分子的颜料粒子进入毛细淋巴管而不进入毛细血管，从而使淋巴管和淋巴结显示出来，还可在上述显示淋巴管的基础上，将针头穿入淋巴管和淋巴结，直接注入显影剂以显示淋巴管和淋巴结。

（七）小器官移植的显微外科解剖学　大器官移植（如肾等），由于其血管口径较粗，因而涉及显微外科技术不多，手术成功与否的关键在于解决免疫排斥反应。而小器官移植，显微外科技术和显微外科解剖学知识颇为重要。目前已陆续报道了甲状腺和甲状旁腺、肾上腺、生殖腺等显微外科解剖学资料。在进行小器官移植的过程中，不仅要熟悉供体小器官血供的解剖学知识，以截取最佳血管蒂；而且要研究受区的应用解剖学，以取得满意的手术效果。

（陈要武　张志宏）

第三部分

复习思考题与考题示例

多选题使用说明

多选题的题型较多，本书采用目前较为规范的常用的 A 型题、B 型题和 X 型题，使用说明如下：

A 型题　有两种类型：

1. 每一道题下面都有 A. B. C. D. E 五个供选择的备选答案，在答题时，只许从中选择一个最合适的肯定性答案，写在答题纸上。

例如：下列肌中何者一侧收缩时，使舌尖伸向对侧

A. 颏舌肌　B. 舌骨舌肌　C. 茎突舌肌　D. 腭舌肌　E. 舌纵肌　答案：A

2. 每一道题下面都有 A. B. C. D. E 五个备选答案，在答题时只许从中选择一个否定性的答案，写在答题纸上。

例如：下列何肌不受闭孔神经支配

A. 缝匠肌　B. 长收肌　C. 短收肌　D. 大收肌　E. 股薄肌　答案：A

B 型题

又称配伍或配合选择题，该题型的基本结构是先列一组用字母（A、B、C、D、E）标明的备选答案，在备选答案后列出若干考题。解题时，要求学生可根据每一个考题的要求，在备选答案中选出一个与其考题关系最密切、最合适的答案。每个备选答案可以被选配一次或一次以上，亦可以一次也不被选配。B 型题与 A 型题的区别是 A 型题每一题只有一组答案，而 B 型题是几道题共用一组答案。

例如：A. 外直肌　B. 内直肌　C. 上直肌　D. 下直肌　E. 上斜肌

1. 滑车神经支配　2. 展神经支配　答案：1. E；2. A

C 型题

A. B. C. D. 是备选答案，提示四个相对应的题。答题时应根据每一个题意，从备选答案中选出一个答案。

例如：A. 尺神经支配　B. 正中神经支配　C. 两者均有　D. 两者均无

1. 指深屈肌　2. 尺侧腕伸肌　3. 拇收肌　4. 旋前方肌

答案：1. C　2. D　3. A　4. B

X 型题

下列 A. B. C. D. E 五个选项中，至少有一个答案是正确的。请你根据题意，有几个正确选项，便在答题纸上将相应题号的相应字母写上，多选或少选均不得分。又称多项选择题，其结构是由一个题干和五个供选择的备选答案组成，正确的选项从一项到五项不等，要求学生对每一选项作出回答。

例：收缩时能使声带紧张的肌肉是

A. 环杓后肌　B. 杓斜肌　C. 环甲肌　D. 环杓侧肌　E. 杓横肌　答案：A，C

本书所列出的试题大多是系统解剖学的重点和难点，读者每学完一个系统后，可进行自我测试，然后对照参考标准答案，估计出自己的学习效果，以便更好地复习并迎接各类考试。

复习思考题与参考答案

第一篇　运动系统

第一章　骨学与关节学

复习思考题

一、名词解释

1. 颈动脉结节 2. 椎间孔 3. 椎管 4. 骶管裂孔 5. 胸骨角 6. 肋角 7. 收肌结节 8. 骺线 9. 翼点 10. 板障 11. 关节面 12. 关节囊 13. 关节腔 14. 关节盘 15. 关节唇 16. 滑膜襞 17. 椎间盘 18. 肋弓

二、填空

1. 按骨的形态不同，骨可分为________，________，________，和________4类。

2. 骨的构造包括________，________，和________3部分。

3. 骨髓分为________和________，6岁后仍有造血功能的骨髓位于________，________，________，________及肱骨和股骨的________端的骨松质内。

4. 躯干骨包括________，________和________，共________块。

5. 椎骨由位于前方的________和位于后方的________结合而成。

6. 椎弓板上有7个突起，其中成对的是________，________和________，不成对的是________。

7. 颈椎的主要结构特点有________和________。

8. 第1颈椎又称________，在上关节面的后方，后弓上面有________沟。

9. 闭孔由________和________共同围成。

10. 髋臼内的关节面称________，窝的中央未形成关节面的部分称________，髋臼缘下部的缺口称________。

11. 不成对的脑颅骨包括________，________，________和________。

12. 骨性鼻中隔由________和________共同构成。

13. 不成对的面颅骨有________，________和________。

14. 翼上颌裂位于________和________之间，此裂向内通入________。

15. 鼻旁窦由________，________，________和________组成。

16. 脊柱侧面观可见四个生理性弯曲，分别为________、________、________、________，其中突向前的弯曲为________、________。

17. 具有关节盘的关节有________、________、________、________。

18. 喙肩韧带位于________，其主要作用是________。

19. 拇指腕掌关节由________和________构成，该关节属于________。

20. 骶结节韧带、骶棘韧带与坐骨大、小切迹分别围成________、________。

21. 前交叉韧带的作用是________，后交叉韧带的作用是________。

22. 足的外侧弓由 ________、________ 、和________组成。

23. 足的横弓由 ________、________组成。

三、选择题

A 型题

1. 颈椎特有的结构是

A. 椎孔较小呈圆形　B. 椎弓　C. 横突孔　D. 关节突　E. 肋凹

2. 桡神经沟位于

A. 尺骨　B. 桡骨　C. 肱骨　D. 股骨　E. 胫骨

3. 下列何骨参与鼻中隔的组成

A. 上颌骨　B. 颧骨　C. 腭骨　D. 犁骨　E. 鼻骨

4. 构成膝关节的骨有

A. 股骨和胫骨　B. 股骨、胫骨、腓骨　C. 股骨、胫骨、腓骨、髌骨

D. 股骨、胫骨、髌骨　E. 股骨、腓骨、髌骨

5. 关节囊内有肌腱通过的关节是

A. 膝关节　B. 腕关节　C. 肩关节　D. 肘关节　E. 踝关节

6. 下列何关节属于鞍状关节

A. 桡腕关节　B. 肩关节　C. 下颌关节　D. 肱尺关节　E. 拇指腕掌关节

7. 肩关节的正确说法是

A. 关节囊薄而松弛　B. 关节腔内有关节盘　C. 关节盂深而大

D. 关节囊内有肱二头肌短头通过　E. 关节周围无韧带加强

8. 在膝关节中能限制胫骨向前移位的韧带是

A. 前交叉韧带　B. 后交叉韧带　C. 胫侧副韧带　D. 腓侧副韧带　E. 髌韧带

9. 下列何骨参与足外侧纵弓的组成

A. 舟骨　B. 第二楔骨　C. 骰骨　D. 第三跖骨　E. 第一楔骨

10. 在直立体位时，引流最不通畅的鼻旁窦是

A. 额窦　B. 上颌窦　C. 蝶窦　D. 筛窦前、中群　E. 筛窦后群

11. 不属于颅后窝的结构是

A. 圆孔　B. 颈静脉孔　C. 内耳门　D. 舌下神经管　E. 枕骨大孔

12. 不参与构成眶的骨是

A. 蝶骨　B. 颧骨　C. 泪骨　D. 筛骨　E. 鼻骨

13. 关节面的错误说法是

A. 由软骨构成　B. 表面光滑　C. 关节软骨有丰富的血管和神经

D. 关节软骨多为透明软骨　E. 关节面由滑液提供营养

14. 髋关节的错误说法是

A. 股骨头关节面约为球型的 2/3　B. 髂股韧带是全身最强厚的韧带

C. 关节囊后壁仅包裹股骨颈的内侧 2/3　D. 可作三个轴的运动　E. 无关节唇

15. 不参与腕关节组成的是

A. 手舟骨　B. 月骨　C. 三角骨　D. 尺骨　E. 桡骨

16. 下列何韧带不是囊外韧带

A. 髂股韧带 B. 股骨头韧带 C. 胫侧副韧带 D. 尺侧副韧带 E. 颞下颌韧带

17. 关于膝关节错误的说法是

A. 髌韧带止于胫骨粗隆 B. 外侧半月板呈“C”形 C. 半月板有缓冲作用

D. 有翼状襞 E. 能作轻微的旋转运动

18. 不属于椎弓间的连结的是

A. 弓间韧带 B. 棘间韧带 C. 棘上韧带 D. 关节突关节 E. 前纵韧带

B 型题

A. 椎骨 B. 指骨 C. 骰骨 D. 髌骨 E. 髋骨

1. 属于长骨的是
2. 属于短骨的是

A. 上鼻道 B. 中鼻道 C. 下鼻道 D. 最上鼻道 E. 蝶筛隐窝

3. 上颌窦开口于
4. 蝶窦开口于

A. 前纵韧带 B. 后纵韧带 C. 黄韧带 D. 棘上韧带 E. 棘间韧带

5. 连于椎弓板间的韧带是
6. 附着于各椎骨棘突尖端的韧带是

A. 肩关节 B. 拇指腕掌关节 C. 颞下颌关节 D. 髋关节 E. 踝关节

7. 有囊内韧带的是
8. 有关节盘的是

A. 喙突 B. 乳突 C. 冠突 D. 髁突（关节突）上端 E. 齿突

9. 参与构成颞下颌关节的结构是
10. 属于颞骨上的结构是

X 型题

1. 属于面颅骨的是

A. 颧骨 B. 泪骨 C. 筛骨 D. 犁骨 E. 蝶骨

2. 属于扁骨的是

A. 指骨 B. 胸骨 C. 距骨 D. 顶骨 E. 肋骨

3. 属于胸椎特有结构是

A. 椎体 B. 椎弓 C. 肋凹 D. 棘突长并斜向下后 E. 横突孔

4. 髋骨由下列哪些骨共同构成

A. 髂骨 B. 骶骨 C. 尾骨 D. 坐骨 E. 耻骨

5. 属于颅中窝的结构有

A. 圆孔 B. 卵圆孔 C. 棘孔 D. 破裂孔 E. 筛孔

6. 人体特有的关节运动是

A. 肩关节的旋转 B. 拇指对掌运动 C. 脊柱侧屈 D. 前臂的旋前旋后

E. 寰枢关节的旋转

7. 关节的辅助结构有

A. 关节软骨　B. 关节盘　C. 关节唇　D. 关节囊　E. 韧带

8. 具有关节唇的关节是

A. 肩关节　B. 腕关节　C. 髋关节　D. 踝关节　E. 颞下颌关节

9. 具有关节盘（或关节半月板）的关节是

A. 颞下颌关节　B. 腕关节　C. 髋关节　D. 肩关节　E. 膝关节

10. 关于肩关节描述中正确的是

A. 人体最灵活的关节　B. 有关节唇　C. 有关节盘

D. 关节囊薄而松弛　E. 关节囊内有肌腱通过

四、问答题

1. 举例说明分类各骨的名称。

2. 下列结构位于何骨上：椎动脉沟、颈动脉结节、收肌结节、桡神经沟、粗线、比目鱼肌线、卵圆孔和眶下孔。

3. 腕骨有哪些骨组成，其排列形式如何？

4. 颈椎、胸椎和腰椎各有何主要特征？

5. 新生儿颅的特征如何？

6. 简述眶腔的交通。

7. 滑膜关节的运动形式有几种，各沿何运动轴进行运动？

8. 简述关节的分类。

9. 简述椎骨间的连结。

10. 简述桡腕关节的组成及其运动。

11. 简述骨盆上、下口的组成。

12. 简述女性骨盆的特征。

13. 试述踝关节的组成及其运动。

14. 踝关节扭伤易发生在何种情况下，为什么？

15. 简述颞下颌关节的组成及其运动。

五、论述题

1. 颅底内面有哪些主要的孔、裂，各通过哪些结构？

2. 试述翼腭窝的位置及其交通情况。

3. 试述肩关节的组成、结构特点及其运动。

4. 试述肘关节的组成、结构特点及其运动。

5. 试述髋关节的组成、结构特点及其运动。

6. 试述膝关节的组成、结构特点及其运动。

参考答案

一、名词解释

1. 颈动脉结节即第 6 颈椎横突较大的前结节，颈总动脉在其前方通过，当头部受伤出血时，可向此结节压迫颈总动脉，进行止血。

2. 椎间孔由相邻椎骨的椎上、下切迹围成，有脊神经等通过。

3. 椎管由椎体和椎弓共同围成，全部椎骨（包括骶椎）的椎孔连接成椎管，其内容纳脊髓及其被膜等结构。

4. 骶管裂孔为骶管下段背侧的裂孔，是第4～5骶椎的椎弓板缺如而形成，其两侧为骶角，内有第5骶神经和尾神经通过，临床可在此进行骶管麻醉。

5. 胸骨角是胸骨柄与胸骨体交接处微向前隆起的角，侧方平对第2肋软骨，是临床计数肋骨的骨性标志。

6. 肋角是肋骨体的后份向前急转弯曲度最明显的部位。

7. 收肌结节是股骨内上髁上方的呈三角形的突起，为大收肌腱的附着点。

8. 骺线为长骨干与骺之间的骺软骨在成年骨化后遗留下的痕迹。

9. 翼点是额、顶、颞和蝶骨汇合处形成的"H"形缝，此处骨质薄易骨折，其内侧有脑膜中动脉的前支通过。

10. 板障是构成颅盖各骨内板和外板之间的骨松质，属于特殊的静脉。

11. 关节面是滑膜关节相邻两骨的接触面，表面覆以关节软骨。

12. 关节囊是附着于关节面的周缘、封闭关节腔的结缔组织膜，其外层为由致密结缔组织构成的纤维膜，富含血管和神经；内层为滑膜，能分泌滑液。

13. 关节腔是关节囊与关节面之间的间隙，腔内为负压。

14. 关节盘为位于两关节面之间的纤维软骨板，可使两关节面更为适合，减少冲击和震荡，并有增加关节的运动形式和扩大运动范围的作用。

15. 关节唇为附着于关节窝周缘的纤维软骨环，有加大加深关节窝，增加关节稳定性的作用。

16. 滑膜襞是关节囊的滑膜突入关节腔内形成的皱襞，在关节运动中起填充及调节容积和压力的作用。

17. 椎间盘是连结相邻两个椎骨体的纤维软骨盘，由外周的纤维环及中央部的髓核构成，具有连结、运动、缓冲等作用。

18. 肋弓由第8～10肋软骨依次与上位肋软骨相连结形成的弓形结构，是重要的体表标志。

二、填空题

1. 长骨　短骨　扁骨　不规则骨　2. 骨质　骨膜　骨髓

3. 红骨髓　黄骨髓　椎骨　肋骨　胸骨　髂骨　近侧　4. 椎骨　肋　胸骨　51

5. 椎体　椎弓　6. 上关节突　下关节突　横突　棘突

7. 横突孔　第2～6颈椎棘突末端分叉　8. 寰椎　椎动脉沟　9. 耻骨上、下支　坐骨支

10. 月状面　髋臼窝　髋臼切迹　11. 额骨　枕骨　筛骨　蝶骨

12. 筛骨的垂直板　犁骨　13. 下颌骨　舌骨　犁骨　14. 上颌骨　蝶骨　翼腭窝

15. 额窦　筛窦　蝶窦　上颌窦　16. 颈曲　胸曲　腰曲　骶曲　颈曲　腰曲

17. 颞下颌关节　胸锁关节　桡腕关节　膝关节

18. 肩胛骨的喙突与肩峰之间　防止肱骨头向上脱位

19. 大多角骨　第一掌骨底　鞍状关节　20. 坐骨大孔　坐骨小孔

21. 防止胫骨前移　防止胫骨后移　22. 跟骨　骰骨　第4、5跖骨

23. 骰骨　三块楔骨

三、选择题

A 型题

1. C 2. C 3. D 4. D 5. C 6. E 7. A 8. A 9. C 10. B 11. A 12. E 13. C 14. E 15. D 16. B 17. B 18. E

B 型题

1. B 2. C 3. B 4. E 5. C 6. D 7. D 8. C 9. D 10. B

X 型题

1. A B D 2. B D E 3. C D 4. A D E 5. A B C D 6. B D 7. B C E 8、A C 9. A B E 10. A B D E

四、问答题

1. 长骨-肱骨、胫骨；短骨-大多角骨、跟骨；扁骨-肋骨、胸骨；不规则骨-椎骨、上颌骨。

2. 椎动脉沟-寰椎；颈动脉结节-第 6 颈椎；收肌结节-股骨；桡神经沟-肱骨；粗线-股骨；比目鱼肌线-胫骨；卵圆孔-蝶骨；眶下孔-上颌骨。

3. 近侧列由桡侧向尺侧依次为手舟骨、月骨、三角骨和豌豆骨，远侧列为大多角骨、小多角骨、头状骨和钩骨。

4. 颈椎：椎体小，椎孔呈三角形，第 2～6 颈椎棘突分叉，横突上有横突孔。第 1 颈椎称寰椎，无椎体和棘突；第 2 颈椎称枢椎，椎体上有齿突；第 7 颈椎称隆椎，棘突长。

胸椎：有上、下肋凹和横突肋凹，棘突较长斜向下后方呈叠瓦状排列。

腰椎：椎体较大，棘突短呈板状水平后伸。

5. 新生儿脑颅大于面颅，面颅占全颅的 1/8。颅顶呈“五角形”，矢状缝与冠状缝相接处有呈菱形的前囟（额囟），矢状缝与人字缝相接处有呈三角形的后囟（枕囟）。上、下颌骨不发达，鼻旁窦尚未发育，口、鼻显得很小。

6. 眶腔通过视神经管和眶上裂与颅中窝相交通；通过眶下裂与颞下窝和翼腭窝相交通；通过眶下管、眶下孔与面部相交通；通过鼻泪管与鼻腔相交通。

7. 沿冠状轴可作：屈、伸运动。沿矢状轴可作：内收、外展运动。沿垂直轴可作：旋内、旋外运动（在前臂为旋前、旋后运动）。此外还能作环转运动。

8. 关节的分类包括：

（1）单轴关节：只有一个运动轴，包括车轴关节和屈戌关节。

（2）双轴关节：有两个运动轴，包括椭圆关节和鞍状关节。

（3）多轴关节：有三个运动轴，包括球窝关节、杵臼关节和平面关节。

9. 椎骨的连结包括：

（1）椎体间的连结：有椎间盘、前纵韧带和后纵韧带。

（2）椎弓间的连结：包括连结相邻椎弓板的黄韧带，连结棘突的棘间和棘上韧带，连结横突的横突间韧带，以及相邻椎骨上下关节突之间的关节突关节。

10. 桡腕关节的构成：由桡骨下端的腕关节面、尺骨下端的关节盘与手舟骨、月骨、三角骨共同组成。运动：屈、伸，内收、外展，环转

11. 骨盆腔上口（界线）：由骶岬、骶翼、弓状线、耻骨梳、耻骨结节和耻骨联合上缘

共同组成。骨盆腔下口：由尾骨、骶结节韧带、坐骨支、耻骨下支和耻骨联合下缘共同组成。

12. 女性骨盆的特征是短而宽，上口近似圆形，较宽大；下口及耻骨下角较大。

13. 踝关节的组成：由胫、腓骨下端的关节面与距骨滑车组成。运动：屈（跖屈）、伸（背屈）。

14. 踝关节扭伤多发生在跖屈情况下。因为距骨滑车前宽后窄，当足跖屈时，较窄的后部进入关节窝内，使足能作轻微的侧方运动，使此关节不稳定而易受到损伤。

15. 颞下颌关节的组成：由下颌头与颞骨的下颌窝及关节结节构成。运动：下颌骨的上提、下降、前进、后退以及侧方运动。

五、论述题

1. 颅前窝：筛孔—嗅神经。颅中窝：圆孔—上颌神经；卵圆孔—下颌神经；棘孔—脑膜中动脉；视神经管—视神经和眼动脉；眶上裂—动眼神经、滑车神经、眼神经、展神经和眼静脉。颅后窝：枕骨大孔—脊髓与脑移行处、椎动脉；舌下神经管—舌下神经；内耳门—面神经、前庭蜗神经；颈静脉孔—舌咽神经、迷走神经、副神经和颈内静脉。

2. 翼腭窝是自翼上颌裂向内深入的狭窄间隙，位于上颌骨体、蝶骨翼突和腭骨之间。此窝向前经眶下裂通眶，向后经圆孔通颅中窝，并经翼管通颅底外面，向外经翼上颌裂通颞下窝，向内经蝶腭孔通鼻腔，向下借翼腭管（腭大管）、腭大孔通口腔。

3. 肩关节的组成：由肱骨头与肩胛骨的关节盂组成。结构特点：(1) 头大、盂小，关节盂周围有关节唇加大、加深关节窝。(2) 关节囊薄而松弛，上壁有喙肱韧带加强。关节囊内有肱二头肌长头（肌腱）通过。(3) 是典型的球窝关节，也是全身最灵活的关节。运动：屈、伸，内收、外展，旋内、旋外，环转运动。

4. 肘关节的组成：包括三个关节 (1) 肱尺关节：由肱骨滑车与尺骨的滑车切迹组成。(2) 肱桡关节：由肱骨小头与桡骨头关节凹构成。(3) 桡尺近侧关节：由桡骨头环状关节面与尺骨的桡切迹构成。结构特点：关节囊前、后薄弱，两侧分别有桡侧副韧带和尺侧副韧带加强，此外还有桡骨环状韧带，固定桡骨头并防止其向下脱位。运动：主要为屈伸运动，此外，桡尺近侧关节连同桡尺远侧关节，可使前臂作旋前、旋后运动。

5. 髋关节的组成：由髋臼与股骨头构成。结构特点：(1) 头小、臼大而深，臼周缘有髋臼唇加深髋臼窝。(2) 关节囊厚而坚韧，周围有许多韧带加强，其中前方的髂股韧带最为强大，关节囊内有股骨头韧带，(3) 是典型的杵臼关节，较为稳定，运动幅度较小。运动：屈、伸，内收、外展，旋内、旋外，环转运动。

6. 膝关节的组成：由股骨下端（内、外侧髁）、胫骨上端（内、外侧髁）以及髌骨组成。结构特点：(1) 是人体最大、最复杂的关节。(2) 关节囊薄而松弛，因而有诸多韧带加固，囊外韧带有腓侧副韧带、胫侧副韧带、髌韧带等，囊内韧带有前、后交叉韧带。(3) 胫骨上端关节面平坦，由内、外侧半月板加大其关节窝深度。(4) 滑膜包被脂肪突入关节腔形成翼状襞，此外滑膜向上突入股四头肌腱深面形成髌上囊。运动：主要作屈、伸运动；半屈位时，还可做轻微的旋转运动。

（徐　飞　陈要武）

第二章 肌学

复习思考题

一、名词解释

1. 滑膜囊 2. 胸腰筋膜 3. 腹白线 4. 收肌腱裂孔 5. 腹股沟韧带 6. 腹股沟镰 7. 腕管 8. 四边孔 9. 三边孔 10. 腱划 11. 斜角肌间隙 12. 弓状线 13. 膈肌中心腱 14. 主动脉裂孔 15. 腰肋三角 16. 胸肋三角

二、填空题

1. 运动系统叙述的肌均为________肌，按形态肌可分为________、________、________和________等4类。

2. 每块骨骼肌都由________和________两部分构成，其中前者具有________能力。

3. 背阔肌位于________，主要起于________、________、________和________，止于________。

4. 在上肢上举固定时，可引体向上的肌有________和________。

5. 可使头后仰的肌有________和________。

6. 舌骨上肌群位于________与________及________之间，每侧有________块肌，其作用主要为________。

7. 舌骨下肌（群）位于________与________之间，其作用为________，其中________肌在吞咽时可提喉。

8. 前锯肌位于________，起自________，止于________，其作用为________；下部肌束可使________，助臂上举。

9. 膈为扁薄的阔肌，其肌性部分位于________，腱性部分位于________，称为________。

10. 膈收缩时可使膈穹窿________，助________；舒张时可使________，助________。

11. 参与平静呼吸运动的主要肌是________、________和________。

12. 膈上有三个裂孔，分别称为________、________和________；其中________紧贴脊柱的前方，内有____和____通过。

13. 腹股沟管位于________上方；其内口为________，外口为________。管内男性有________、女性有________通过。

14. 能使肩关节屈的主要臂肌是________和________。

15. 旋前圆肌起自________、止于________，其作用是________并使________。

16. 股四头肌位于________，其中________起自髂前下棘，其他三头起自________，其肌腱包绕髌骨移行为________，止于________。

17. 缝匠肌的功能是________髋关节和屈________关节，并使已屈的膝关节________。

18. 在大腿内侧肌群中，位于浅层最内侧的为________，在大腿后群肌中，位于最外侧的为________。

19. 伸髋关节，屈膝关节的肌有________、________和________，屈髋关节，伸膝关节的为________。

20. 使足内翻的主要肌是________和________，使足外翻的主要肌是________和________。

21. 小腿前群肌由胫侧向腓侧依次是________、________和________。小腿三头肌的三个头分别起自________、________和________。

三、选择题

A 型题

1. 通过肩关节囊内的肌腱是：
   A. 冈上肌腱　B. 冈下肌腱　C. 肱二头肌短头腱　D. 肱二头肌长头腱
   E. 肱三头肌长头腱

2. 有关肌的起止和作用正确的描述是：
   A. 肌起止点不可互相更换　B. 躯干肌起于远离中线的部位
   C. 肌运动时多以起点作为定点　D. 肌运动时多以起点作为动点
   E. 四肢肌起于肢的远端

3. 斜方肌：
   A. 为背部浅层菱形阔肌　B. 由颈神经支配　C. 使肩胛骨外展
   D. 可做耸肩动作　E. 无上述情况

4. 背阔肌
   A. 为背下部的中层肌　B. 止于肱骨大结节　C. 使肩关节内收、旋外和后伸
   D. 可引体向上　E. 无上述情况

5. 胸锁乳突肌
   A. 起自胸骨和锁骨的肩峰端　B. 位于颈部深层肌　C. 由颈神经支配
   D. 可使头后仰　E. 无上述情况

6. 胸大肌
   A. 起自锁骨内侧半、胸骨和上 6 个肋软骨等处　B. 以扁腱止于肱骨大结节
   C. 使肩关节内收、旋内和后伸　D. 以扁腱止于肱骨小结节　E. 无上述情况

7. 翼状肩体征是由于哪块肌麻痹所致？
   A. 三角肌　B. 背阔肌　C. 斜方肌　D. 菱形肌　E. 前锯肌

8. 前锯肌
   A. 起自上 6 个肋骨侧面　B. 止于肩胛骨外缘和下角
   C. 下部肌束使肩胛骨下角旋外，助臂上举
   D. 使肩胛骨下角向内旋转　E. 无上述情况

9. 有关膈的说法哪个是错误的？
   A. 有三个裂孔　B. 中心部为腱性结构　C. 迷走神经通过其食管裂孔
   D. 收缩时，膈穹隆上升，助呼气　E. 胸导管通过其主动脉裂孔

10. 腹直肌的描述，何者是正确的？
   A. 起于剑突及其附近的肋软骨的后面　B. 腱划与腹直肌肌鞘后层紧密相连
   C. 前、后面全部被腹直肌鞘包裹　D. 为长带状肌，其中间无腱性结构
   E. 以上都不对

11. 止于下颌颈的肌是：
   A. 翼内肌　B. 咬肌　C. 颞肌　D. 翼外肌　E. 茎突舌骨肌

12. 外展肩关节的肌是：

A. 冈上肌　B. 大圆肌　C. 肩胛下肌　D. 小圆肌　E. 冈下肌

13. 使肩关节内收及旋内的肌是：

A. 肩胛下肌　B. 冈上肌　C. 冈下肌　D. 小圆肌　E. 胸小肌

14. 指深屈肌：

A. 肌腱止于第 2~5 指远节指骨底掌侧　B. 起自肱骨内上髁　C. 位于拇长屈肌桡侧

D. 腱尺侧有蚓状肌附着　E. 无上述情况

15. “垂足”是由于哪群肌麻痹所致？

A. 小腿前群肌　B. 小腿外侧群肌　C. 小腿后群肌

D. 小腿前群、外侧群肌　E. 无上述情况

B 型题

A. 胸大肌　B. 背阔肌　C. 大圆肌　D. 冈下肌　E. 冈上肌

1. 外旋肩关节：
2. 只能使肩关节内收和旋内：
3. 外展肩关节：

A. 缝匠肌　B. 股四头肌　C. 大收肌　D. 阔筋膜张肌　E. 臀大肌

4. 伸和外旋髋关节：
5. 屈髋关节和膝关节并使膝关节旋内：
6. 屈髋关节、伸膝关节：

A. 腓肠肌　B. 胫骨前肌　C. 胫骨后肌　D. 腓骨长肌　E. 第 3 腓骨肌

7. 足跖屈和足内翻：
8. 足背屈和足外翻：
9. 足背屈和足内翻：

A. 咬肌　B. 颞肌　C. 翼内肌　D. 翼外肌　E. 二腹肌

10. 使下颌骨向上和侧方运动：
11. 牵拉下颌骨向前和向侧方运动：

A. 肱二头肌　B. 肱三头肌　C. 肱桡肌　D. 旋前圆肌　E. 旋后肌

12. 伸肘关节和内收肩关节：
13. 屈肘关节和前臂旋后：

X 型题

1. 使前臂旋前的肌是

A. 肱桡肌　B. 旋前方肌　C. 肱二头肌　D. 掌长肌　E. 旋前圆肌

2. 参与构成腹直肌鞘的结构是

A. 腹外斜肌腱膜　B. 腹内斜肌腱膜　C. 腹横肌腱膜

D. 前锯肌　E、腹直肌腱膜

3. 膈的食管裂孔

A. 平第 8 胸椎　B. 有迷走神经通过　C. 平第 10 胸椎

D. 有食管通过　E. 有胸导管通过

4. 能屈肘关节的肌是

A. 肱二头肌　B. 肱三头肌　C. 肱肌　D. 喙肱肌　E. 肱桡肌

5. 既能屈膝关节，又能伸髋关节的肌是

A. 股四头肌　B. 股二头肌　C. 半腱肌　D. 半膜肌　E. 缝匠肌

6. 能使头后仰的肌是

A. 斜方肌　B. 背阔肌　C. 胸锁乳突肌　D. 竖脊肌　E. 肩胛下肌

7. 使足外翻的肌是

A. 胫骨前肌　B. 腓骨长肌　C. 胫骨后肌　D. 腓骨短肌　E. 趾长伸肌

8. 膈

A. 分隔胸腔和腹腔　B. 是向上膨隆的扁肌　C. 周围部为腱性

D. 中央部为肌性　E. 收缩时有助于吸气

9. 可屈髋关节的肌是

A. 髂腰肌　B. 缝匠肌　C. 股二头肌　D. 小腿三头肌　E. 臀大肌

10. 使足跖屈的肌是

A. 小腿三头肌　B. 胫骨前肌　C. 胫骨后肌　D. 踇长屈肌　E. 趾长屈肌

四、问答题

1. 骨骼肌的基本结构和辅助装置有哪些？
2. 何谓筋膜、腱膜和腱鞘？
3. 躯干肌包括哪些部分？叙述斜方肌、背阔肌和胸大肌的起止点及其作用。
4. 与呼吸有关的主要肌有哪些？各有何作用？
5. 膈的位置和形态，有何薄弱区？有哪些裂孔？其位置高度及通过结构如何？
6. 腹前外侧壁肌包括哪些？其位置层次和纤维方向如何？
7. 经腹白线、腹直肌（脐上、脐下 6cm 处）、麦氏点处切口达腹膜腔所经层次有何异同？
8. 颈部肌分几群？叙述胸锁乳突肌的作用和起止。
9. 肱二头肌的起止点和作用如何？
10. 肱三头肌的起止点和作用如何？
11. 三角肌的起止点和作用是什么？
12. 髂腰肌的位置、起止和作用如何？
13. 缝匠肌的起止点和作用是什么？
14. 股四头肌的起止点和作用如何？

五、论述题

1. 运动颞下颌关节的肌有哪些？各有何作用？如右侧咀嚼肌瘫痪，该病人的下颌将歪向哪一侧？

2. 某病人中耳炎引起面神经麻痹，临床检查发现右侧的枕额肌额腹、眼轮匝肌和口周围面肌瘫痪，丧失功能。请问：（1）皱额时，额部皮肤表现如何？为什么？（2）闭眼时，两侧眼裂 表现如何？为什么？（3）露齿时口角将歪向哪侧？为什么？

3. 根据肩关节、桡腕关节、髋关节、膝关节和踝关节的运动轴，说明参与各关节运动的主要肌有哪些？

4. 参与前臂旋前、旋后的肌有哪些？

5. 回答能作下述运动的主要肌？

（1）既屈肩又屈肘尚可使前臂旋后（处于旋前位时）的肌。

（2）既能屈髋又能屈膝的肌。

（3）既能屈髋又能伸膝的肌。

（4） 既能伸髋又能屈膝的肌。

（5） 既能屈膝又能屈踝的肌。

（6） 既能屈踝又可使足外翻的肌。

6. 试述腹股沟管的构成及通过的结构。

7. 腹直肌鞘的前、后层在半环线上、下有何不同？

8. 膈上三个裂孔的名称及通过的结构是什么？

9. 引起下列足畸形："马蹄足"、"钩状足"、"内翻足"、"马蹄内翻足"分别是什么肌群麻痹所致？

参考答案

一、名词解释

1. 滑膜囊为由滑膜形成的结缔组织小囊，有的可与关节腔相通，内有滑液，多位于肌腱与骨面相接触的部位，以减少两者间的摩擦。

2. 胸腰筋膜为主要包裹在竖脊肌腰部周围的固有筋膜，分为浅、中、深三层，浅、中层沿竖脊肌外缘汇合，构成竖脊肌鞘，并作为腹部扁肌的起点，深层位于腰方肌前面。

3. 腹白线位于腹前外侧壁正中线上，介于左、右腹直肌鞘之间，由两侧三层腹肌的腱膜纤维交织而成，上起剑突，下止耻骨联合。

4. 收肌腱裂孔为由大收肌止于股骨内上髁上方收肌结节的部分肌腱与股骨下份之间形成的裂隙，有股血管通过。

5. 腹股沟韧带由腹外斜肌腱膜的下缘增厚形成，连于髂前上棘与耻骨结节之间，是腹部与大腿部的分界标志。

6. 腹股沟镰由腹内斜肌与腹横肌下部腱膜汇合形成，又称联合腱，经精索后方止于耻骨梳。

7. 腕管位于腕部掌面，由腕骨沟及横架于其上的屈肌支持带（腕横韧带）构成，内有指浅屈肌腱、指深屈肌腱、拇长屈肌腱及其腱鞘和正中神经通过。

8. 四边孔位于肩胛下肌（前面观）或小圆肌（后面观）下方，大圆肌上方，肱三头长头和肱骨上端内侧之间的间隙。

9. 三边孔位于肩胛下肌（前面观）或小圆肌（后面观）下方，大圆肌上方，肱三头肌长头之间的三边形间隙。

10. 骨骼肌中有些肌是由多个肌腹融合而成的，各肌腹之间以短的肌腱相连，这些短腱特称为腱划，如腹直肌一般有 3～4 个腱划。

11. 斜角肌间隙位于颈根部，由前斜角肌、中斜角肌和第一肋围成，间隙中有锁骨下动脉和臂丛通过。

12. 腹直肌鞘后层在脐下 4～5 ㎝处以下缺如，移行加入前层，因此形成凹向下的游离下缘称为弓状线，又名半环线，此线以下腹直肌后面直接与腹横筋膜相贴。

13. 膈的三部起点肌束在膈中央移行为腱膜汇合在一起称中心腱。

14. 第 12 胸椎前方，左、右两个膈脚与脊柱之间围成的孔称主动脉裂孔。

15. 在膈的起始处，肋部与腰部之间，有三角形小空隙，没有肌束，为膈的薄弱区之一。

16. 在膈的起始处，胸骨部与肋部之间有三角形小空隙，没有肌束，为膈的薄弱区之一。

二、填空题

1. 骨骼肌　长肌　短肌　扁肌　轮匝肌

2. 肌腹　肌腱　收缩

3. 背下部　下部胸椎的棘突　胸腰筋膜　髂嵴后份　骶正中嵴
肱骨小结节嵴

4. 胸大肌　背阔肌

5. 胸锁乳突肌　竖脊肌

6. 舌骨　下颌骨　颅底　4　上提舌骨助吞咽

7. 舌骨　胸骨和肩胛骨　下降舌骨和喉　甲状舌骨

8. 胸侧壁　上位 8 个肋骨外面　肩胛骨内侧缘和下角的前面　拉肩胛骨向前
肩胛骨下角旋外

9. 周围　中央　中心腱

10. 下降　吸气　膈穹窿上升恢复原位　呼气

11. 肋间外肌　肋间内肌　膈肌

12. 主动脉裂孔　食管裂孔　腔静脉孔　主动脉裂孔　降主动脉　胸导管

13. 腹股沟韧带内侧半　腹环　皮下环　精索　子宫圆韧带

14. 肱二头肌　喙肱肌

15. 肱骨内上髁前面　桡骨外侧面中部　屈肘　前臂旋前

16. 股骨前面　股直肌　股骨体的前面和股骨粗线　髌韧带　胫骨粗隆

17. 屈　膝关节　旋内

18. 股薄肌　股二头肌

19. 半腱肌　半膜肌　股二头肌　股四头肌

20. 胫骨前肌　胫骨后肌　腓骨长肌　腓骨短肌

21. 胫骨前肌　踇长伸肌　趾长伸肌　股骨内侧髁　股骨外侧髁　胫、腓骨上端的后面

三、选择题

A 型题

1. D 2. C 3. D 4. D 5. D 6. A 7. E 8. C 9. D 10. E
11. D 12. A 13. A 14. A 15. A

B 型题

1. D 2. C 3. E 4. E 5. A 6. B 7. C 8. E 9. B 10. C
11. D 12. B 13. A

X 型题

1. B E 2. A B C 3. B C D 4. A C E 5. B C D 6. A C D
7. B D 8. A B E 9. A B 10. A C D E

四、问答题

1. 骨骼肌一般都由中间的肌腹和两端的肌腱两部分构成。肌腹主要由横纹肌纤维束构成，色红，柔软，有收缩力。肌腱主要由平行的胶原纤维束构成，色白，较坚韧而无收缩能力。

骨骼肌的辅助装置有：筋膜、滑膜囊、腱鞘和籽骨等。

2. 筋膜：分浅筋膜和深筋膜两种。浅筋膜又称皮下筋膜，由疏松结缔组织构成，位于真皮之下，包被全身。深筋膜又称固有筋膜，由致密结缔组织构成，包被肌、血管和神经等，遍布全身。

腱膜：扁肌的肌腱呈片状，称腱膜。

腱鞘：是包在长肌腱表面的鞘管，存在于活动度较大的部位。腱鞘分为外表的腱纤维鞘和内部的腱滑膜鞘两部分。其作用是使肌腱固定，并减少肌腱与骨面的摩擦。

3. 躯干肌包括背肌、胸肌、膈、腹肌及会阴肌。

斜方肌起自上项线及枕外隆凸、项韧带及全部胸椎棘突，止于锁骨的外侧 1/3、肩峰及肩胛冈，可按肌纤维方向分析其作用：上部肌纤维提肩，下部肌纤维降肩，全部肌纤维使肩胛骨靠近脊柱。当肩胛骨固定时，可使头后仰。

背阔肌以腱膜起于下位 6 个胸椎棘突、胸腰筋膜、骶正中嵴及髂嵴后部，以扁腱止于肱骨小结节嵴。主要使肩关节内收、伸和旋内。当上肢上举被固定时，可引躯干向上。

胸大肌起于锁骨内侧半、胸骨前面、上位 6 个肋软骨和腹直肌鞘前层的上部，以扁腱止于肱骨大结节嵴。可使肩关节内收、旋内和前屈。当上肢上举被固定时，可引躯干向上。

4. 与呼吸有关的肌有：胸大肌、肋间内肌、肋间外肌、膈。

胸大肌与肋间外肌提肋、助吸气；肋间内肌降肋、助呼气；膈收缩助吸气；舒张助呼气。

5. 膈为分隔胸、腹腔的阔薄扁肌，向上膨隆呈穹隆状。可分为肌性和腱性两部分。肌性部按其起点可分为胸骨部、肋部和腰部。在胸骨部和肋部间有胸肋三角，在腰部与肋部间有腰肋三角，两个三角为无肌纤维的小间隙，是膈的薄弱区。腱性部居中央称中心腱。

膈上有三个裂孔。主动脉裂孔：在第 12 胸椎前方，由左、右膈脚与脊柱共同围成，有降主动脉和胸导管通过；食管裂孔：在主动脉裂孔左前方，平第 10 胸椎，内有食管和迷走神经的前、后干通过；腔静脉孔：在食管裂孔右前方，平第 8 胸椎，位于中心腱上，有下腔静脉通过。

6. 腹前外侧壁肌包括腹直肌、腹外斜肌、腹内斜肌和腹横肌。

腹直肌位于腹前外侧壁正中线两侧，肌纤维为上、下走行，呈上宽下窄的带状；腹外斜肌位于腹前外侧壁两侧的浅层，肌束由外上斜向内下；腹内斜肌位于腹外斜肌深面，肌束由外下斜向内上；腹横肌在腹内斜肌深面，肌束横行。

7. 经腹白线处切口达腹膜腔所经层次有：皮肤、浅筋膜、腹白线、腹横筋膜、腹膜外筋膜、壁腹膜。

经腹直肌处切口达腹膜腔所经层次有：皮肤、浅筋膜、腹直肌鞘前层、腹直肌、腹直肌鞘后层、腹横筋膜、腹膜外筋膜、壁腹膜。脐下 6cm 切口无腹直肌鞘后层。

经麦氏点处切口达腹膜腔所经层次有：皮肤、浅筋膜、腹外斜肌腱膜、腹内斜肌、腹横肌、腹横筋膜、腹膜外筋膜、壁腹膜。

8. 颈部肌分三群，即颈肌浅群、舌骨上、下肌和颈肌深群。

胸锁乳突肌起自胸骨柄前面和锁骨的胸骨端，斜向后上止于乳突。一侧收缩可使头向同侧侧屈，脸转向对侧；两侧同时收缩可使头后仰。

9. 起点：长头起自肩胛骨盂上结节，短头起自喙突。

止点：桡骨粗隆。

作用：协助屈肩；屈肘关节；当前臂处于旋前位时，使其旋后。

10. 起点：长头：盂下结节；

外侧头：肱骨后面桡神经沟外上方的骨面。

内侧头：肱骨后面桡神经沟以下的骨面。

止点：尺骨鹰嘴。

作用：伸肘关节；长头：使肩关节后伸和内收。

11．起点：锁骨外侧半、肩峰和肩胛冈。

止于：肱骨外侧面的三角肌粗隆。

作用：肩关节外展。前部纤维：使肩关节屈和旋内；后部纤维：使肩关节伸和旋外。

12．位置：脊柱腰段两侧，髂窝、髋关节前内侧。

起止：起于腰椎椎体侧面与横突、髂窝；止于小转子。

作用：髋关节前屈与旋外。下肢固定时，使躯干与骨盆前屈。

13．起点：髂前上棘。

止点：胫骨上端内侧面。

作用：屈髋关节；屈膝关节；使已屈的膝关节旋内。

14．起点：股直肌：髂前下棘。

股内侧肌、股外侧肌：股骨粗线内、外唇。

股中间肌：股骨体前面。

止点：经髌韧带止于胫骨粗隆。

作用；伸膝；股直肌：屈髋。

五、论述题

1．运动颞下颌关节的肌有：咬肌、颞肌、翼内肌、翼外肌、舌骨上肌。

咬肌可上提下颌骨；颞肌可上提下颌骨，后部肌束可拉下颌骨向后；翼外肌一侧收缩可使下颌骨向对侧运动，两侧同时收缩拉下颌骨向前；翼内肌一侧收缩可使下颌骨向对侧移动，两侧同时收缩可上提下颌骨并拉下颌骨向前；舌骨上肌可下降下颌骨。

右侧咀嚼肌瘫痪，病人下颌骨歪向患侧。

2．(1) 皱额时，右侧额纹消失，因右侧额腹瘫痪。

(2) 闭眼时，右侧不能闭合，左侧正常，因右侧眼轮匝肌瘫痪。

(3) 露齿时口角歪向左侧，因右侧面肌瘫痪，口角被左侧正常面肌牵引。

3．肩关节

屈：肱二头肌长头、喙肱肌、三角肌前部纤维、胸大肌

伸：肱三头肌长头、背阔肌、大圆肌、三角肌后部纤维

收：背阔肌、大圆肌、喙肱肌、肱三头肌长头、胸大肌

展：三角肌、冈上肌

旋内：胸大肌、大圆肌、肩胛下肌、三角肌前部纤维

旋外：冈下肌、小圆肌、三角肌后部纤维

桡腕关节

屈：桡侧腕屈肌、掌长肌、尺侧腕屈肌、指浅屈肌、指深屈肌、拇长屈肌

伸：桡侧腕长、短伸肌、指伸肌、尺侧腕伸肌、示指伸肌

收：尺侧腕屈肌、尺侧腕伸肌

展：桡侧腕屈肌、桡侧腕长、短伸肌、拇长、短伸肌

髋关节

屈：缝匠肌、髂腰肌、阔筋膜张肌、股直肌

伸：臀大肌、股二头肌长头、半腱肌、半膜肌

收：耻骨肌、长收肌、股薄肌、短收肌、大收肌

展：臀中肌、臀小肌

旋内：臀中肌、臀小肌

旋外：梨状肌、闭孔内肌、闭孔外肌、股方肌、大腿肌内侧群、臀大肌、髂腰肌

膝关节

屈：半腱肌、半膜肌、股二头肌、腓肠肌、缝匠肌

伸：股四头肌

旋内：缝匠肌、半腱肌、半膜肌

旋外：股二头肌

踝关节

跖屈：小腿三头肌、趾长屈肌、踇长屈肌、胫骨后肌、腓骨长肌、腓骨短肌

伸（背屈）：胫骨前肌、趾长伸肌、踇长伸肌

内翻：胫骨前肌、胫骨后肌

外翻：腓骨长肌、腓骨短肌

4．前臂旋前肌有：旋前圆肌、旋前方肌

前臂旋后肌有：旋后肌、肱二头肌

5．既屈肩又屈肘尚可使前臂旋后（处于旋前位时）的肌：肱二头肌

既能屈髋又能屈膝的肌：缝匠肌

既能屈髋又能伸膝的肌：股四头肌

既能伸髋又能屈膝的肌：半腱肌、半膜肌、股二头肌

既能屈膝又能屈踝的肌：腓肠肌

既能屈踝又可使足外翻的肌：腓骨长肌、腓骨短肌

6．腹股沟管由四个壁、二个口构成。前壁为腹外斜肌腱膜、腹内斜肌；后壁为腹横筋膜、腹股沟镰；上壁是腹内斜肌和腹横肌的游离缘；下壁是腹股沟韧带。内口为深环，位于腹股沟韧带中点上方 1.5cm 处，为腹横筋膜向外的突口；外口为浅环，位于耻骨结节外上方，是腹外斜肌腱膜形成的裂隙。腹股沟管长约 4.5cm，男性有精索，女性有子宫圆韧带通过。

7．腹直肌鞘的前、后层在半环线上分别由腹外斜肌腱膜、腹内斜肌腱膜前层及腹内斜肌腱膜后层与腹横肌腱膜构成，而半环线以下无后层，后层腱膜全部转至前层。

8．膈上三个裂孔分别为：

（1）主动脉裂孔：通过它的结构有主动脉和胸导管；

（2）食管裂孔：通过它的结构有食管和迷走神经；

（3）腔静脉孔：通过它的结构有下腔静脉。

9.（1）钩状足：后群肌麻痹。

（2）马蹄足：小腿前群肌麻痹。

（3）内翻足：小腿外侧群肌麻痹。

（4）马蹄内翻足：小腿前群、外侧群肌麻痹。

（李德华　赵宝东）

第二篇　内脏学

第一章　消化系统

复习思考题

一、名词解释

1．咽淋巴环　2．口腔前庭　3．扁桃体上隐窝　4．胃道　5．角切迹　6．肝门　7．痔环　8．十二指肠悬韧带　9．结肠左曲　10．肝胰壶腹　11．上消化道　12．回盲瓣　13．肛门直肠环

二、填空题

1．牙周组织包括__________、__________、__________。

2．咽的结构中，易于异物滞留的结构有__________、__________。

3．胃的贲门位于__________左侧，幽门位于__________右侧。

4．十二指肠纵襞位于十二指肠__________部，其下端隆起为__________。

5．十二指肠空肠曲被__________固定于__________。

6．结肠和盲肠的三个形态特征为__________、__________和__________。

7．根据阑尾尖端指向，其位置最常见于__________、__________。阑尾根部的体表投影点为右________和________连线的__________、__________交点处。

8．直肠在矢状面上有两个弯曲，上方称__________，凸向________；下方的为________，凸向__________。

9．齿状线下方约1cm宽的光滑的环形区叫__________，肛门上方皮肤上的环形浅沟为__________，相当于肛门内、外括约肌之间。

10．下颌下腺导管开口于__________；舌下腺大管开口于__________，舌下腺小管开口于__________。

11．胆总管由__________和__________汇合而成。胆总管与__________汇合成__________，开口于______________。

12．网膜孔的前界为小网膜游离缘，其内有__________、__________和__________。

三、选择题

A型题

1．关于舌乳头

A．丝状乳头多而小　B．菌状乳头和轮廓乳头少而小

C．叶状乳头无味蕾　D．全部舌乳头均有味蕾

E．以上全错

2. 关于牙齿

A. 乳牙中无磨牙　B. 上颌磨牙有2个牙根

C. 牙颈和牙根被牙周膜包裹

D. 下颌牙齿牙髓成分有来自下牙槽血管和同名神经的分支

E. V代表成人左上颌第2前磨牙

3. 关于大唾液腺

A. 腮腺管位于颧弓下方，开口于平上颌第二磨牙颊粘膜处腮腺乳头

B. 舌下阜是舌下腺的唯一开口　C. 下颌下腺管开口于舌下襞

D. 舌下腺小管开口于舌下襞　E. 以上全错

4. 咽的错误说法

A. 借咽峡通口腔　B. 于第6颈椎下缘移行于食管

C. 可分为鼻咽、口咽、喉咽　D. 咽后壁与咽鼓管圆枕之间有咽鼓管咽口

E. 咽后壁与咽鼓管圆枕之间有咽隐窝

5. 食管

A. 其第二狭窄位于距切牙15cm处　B. 第三个狭窄位于穿膈处

C. 其颈段最长　D. 位于气管前方　E. 以上全错

6. 胃

A. 是腹膜间位器官　B. 大部位于腹上区　C. 胃与十二指肠的分界线为幽门前静脉

D. 贲门约平第十二胸椎体的左侧　E. 角切迹位于胃大弯的最低处

7. 十二指肠的错误说法

A. 十二指肠球部粘膜无环行皱襞　B. 十二指肠可分为四部

C. 十二指肠大乳头距切牙75cm　D. 十二指肠大乳头位于十二指肠降部的前壁

E. 十二指肠悬韧带连于十二指肠空肠曲与腹后壁间

8. 阑尾

A. 属于间位器官　B. 根部连于盲肠的3条结肠带汇合处

C. 阑尾静脉直接注入肠系膜上静脉　D. 阑尾动脉直接来自肠系膜上动脉

E. 以上均不对

9. 直肠的错误说法

A. 男性直肠前方与膀胱、精囊、输精管壶腹、前列腺相邻

B. 直肠上部弯曲称骶曲　C. 下直肠横襞大且恒定

D. 直肠下部扩大称直肠壶腹　E. 肛直肠线为肛柱上端的连线

10. 肛管的错误说法

A. 内外痔的区分以齿状线为界　B. 白线为肛门内、外括约肌的分界线

C. 肛管的血供直接来源于髂外动脉　D. 肛窦易积存粪便

E. 肛梳位于齿状线以下，宽1cm粘膜光滑区

B型题

A. 肝右纵沟前部　B. 肝右纵沟后部　C. 肝门　D. 肝左纵沟前部

E. 肝左纵沟后部

1. 肝圆韧带位于

2．胆囊位于

3．下腔静脉位于

A．空肠　B．回肠　C．阑尾　D．十二指肠　E．盲肠

4．具有结肠带

5．粘膜皱襞高且密

6．可见孤立和集合淋巴滤泡

A．十二指肠上部　B．肝十二指肠韧带　C．下腔静脉　D．肝尾状叶　E．肝方叶

7．网膜孔前界为

8．横沟前下方是

9．胆总管位于

X 型题

1．属于腹膜间位器官的有：

A．阑尾　B．升结肠　C．子宫　D．直肠下段　E．胆囊

2．肝膈面的韧带有：

A．镰状韧带　B．肝胃韧带　C．左三角韧带　D．肝十二指肠韧带　E．冠状韧带

3．胰的正确说法：

A．胰头被十二指肠环绕　B．胰属于内分泌腺　C．胰尾达脾门

D．胰的血供直接来源于脾动脉的分支　E．胰管开口于十二指肠大乳头

4．横结肠

A．横结肠系膜移行于腹后壁腹膜　B．有结肠袋

C．连于横结肠与胃大弯之双层腹膜称胃结肠韧带　D．其血供直接源于肠系膜上动脉

E．其静脉直接回流至右结肠静脉

5．会阴

A．女性的尿道阴道括约肌相当于男性的尿道膜部括约肌

B．会阴深横肌及尿道膜部括约肌及其上、下筋膜又称尿生殖膈

C．女性的尿道括约肌相当于男性的坐骨海绵体肌

D．以两侧坐骨结节的连线将会阴分为前方的尿生殖三角（尿生殖区）和后方的肛门三角（肛区）

E．供应阴茎（阴蒂）的动脉直接起源于阴部内动脉

四、问答题

1．试述消化系统的组成？

2．口腔是如何分部的？固有口腔内有哪些结构？何谓咽峡？

3．乳牙和恒牙的齿式各代表什么牙？举例说明牙的形态和功能的关系。

4．舌的形态与构造，舌乳头有哪些？全有味蕾吗？

5．舌外肌有哪些？一侧颏舌肌瘫痪，伸舌时舌偏向哪侧？

6．试述口腔腺的名称、位置、形态及其腺体导管的开口部位。

7．试述咽的起止、形态与分部。咽各部内有何结构？何谓咽隐窝？

8．试述食管的起止与分部，食管三个生理性狭窄的部位、距上颌切牙的距离及临床意义。

9. 试述胃的位置、形态结构和分部。

10. 试述小肠的分部和十二指肠的分部及其标志。

11. 试述空、回肠的主要区别。在手术中如何确认空、回肠？

12. 大肠的分部、大肠的形态特点是什么？

13. 试述阑尾的形态、位置。

14. 直肠的起止和弯曲？

15. 试述肛管与直肠的分界，详述肛管的内部结构。何谓齿状线与肛梳？

16. 试述肝的位置与形态。与肝有关的韧带有哪些？

17. 试述肝上、下界的体表投影。

18. 何谓肝蒂？

19. 试述肝外胆道的组成，胆总管的走行及开口部位。

20. 试述胰的位置及形态。

21. 试述腹膜腔、网膜、网膜囊及网膜孔。

22. 怀疑胆囊炎或阑尾炎时，查体应触压体表的哪些部位？为什么？

五、论述题

1. 食物进入口腔以后，经何途径最终变成营养物质进入血液循环？食物残渣如何排出体外？

2. 为什么胰头癌的患者会出现黄疸和粪便颜色明显变淡的现象？说明其原因。

3. 试述胰液与胆汁排出途径。

参考答案

一、名词解释

1. 咽淋巴环是位于咽狭周围，由腭扁桃体、舌扁桃体、咽鼓管扁桃体和咽扁桃体所围成的环。为消化、呼吸道防御门户。

2. 口腔前庭为上、下牙列和牙龈与口唇和颊之间的间隙。

3. 扁桃体上隐窝为扁桃体窝中未被扁桃体充满，而位于扁桃体上方的浅窝。

4. 胃道为胃内与胃小弯相平行的4～5条纵行粘膜皱襞间的浅沟。

5. 角切迹为胃小弯最低处，是幽门部与胃体部的分界标志。

6. 肝门位于肝脏面横沟处，是肝固有动脉左、右支，肝左、右管，肝门静脉左、右支，神经和淋巴出入肝的部位。

7. 痔环是肛管位于齿状线以下宽约1cm的光滑区，又称肛梳。

8. 十二指肠悬韧带由连于十二指肠空肠曲与腹后壁之间的十二指肠悬肌及其表面的腹膜皱襞共同组成。有悬挂和固定十二指肠空肠曲的作用，为十二指肠与空肠的分界标志。

9. 结肠左曲为横结肠与降结肠相移行处之弯曲，位于左季肋区深面、脾脏面下方。

10. 肝胰壶腹为胆总管与胰腺管汇合处之膨大，表面复以平滑肌和粘膜形成十二指肠大乳头。

11. 上消化道为自口腔至十二指肠的消化管道。

12. 回盲瓣为位于回盲口处突入盲肠的两片半月形粘膜皱襞。

13．肛门直肠环位于肛门周围，由肛门内括约肌、肠壁纵行肌、肛门外括约肌的深浅层和肛提肌共同构成。

二、填空题

1．牙龈　牙周膜　牙槽骨　2．会厌谷　梨状隐窝　3．第 11 胸椎体左侧　第 1 腰椎体右侧　4．十二指肠降部　十二指肠大乳头　5．十二指肠悬韧带　腹后壁右膈脚

6．结肠袋　结肠带　肠脂垂　7．回肠前位　盲肠后位　髂前上棘　脐　中、外 1/3

8．直肠骶曲　后方　直肠会阴曲　前方　9．肛梳（痔环）　白线

10．舌下阜　舌下阜　舌下襞　11．肝总管　胆囊管　胰管　肝胰壶腹　十二肠大乳头

12．胆总管　肝固有动脉　肝门静脉

三、选择题

A 型题

1. A　2. D　3. D　4. D　5. B　6. C　7. D　8. B　9. C　10. C

B 型题

1. D　2. A　3. B　4. E　5. A　6. B　7. B　8. E　9. B

X 型题

1. B C E　2. A C E　3. A C E　4. A B C　5. A B D E

四、问答题

1．消化系统由消化管和消化腺组成。

消化管由口、咽、食管、胃、小肠、大肠组成。消化腺由口周舌下腺、下颌下腺、腮腺及肝、胰组成。

消化管中自口腔至十二指肠的部分为上消化道，而空肠以下消化管为下消化道。

2．口腔以上、下牙列和牙龈为界，分为前方的口腔前庭，后方的固有口腔。

固有口腔的上壁是硬、软腭及腭垂和两侧的腭舌弓、腭咽弓及其间的腭扁桃体；下壁是口腔底，由粘膜、骨骼肌和舌构成；两颊内面有腮腺的开口。固有口腔内有舌、牙及下颌下腺和舌下腺的开口。

咽峡为腭垂、腭帆游离（后）缘及两侧腭舌弓、腭咽弓和舌根围成的空间，是口腔与咽之间的狭窄处。

3．

乳牙	Ⅰ	Ⅱ	Ⅲ	Ⅳ	Ⅴ
	中乳切牙	侧乳切牙	尖乳牙	第1乳磨牙	第2乳磨牙

恒牙	1	2	3	4	5	6	7	8
	中切牙	侧切牙	尖牙	第1前磨牙	第2前磨牙	第1磨牙	第2磨牙	第3磨牙

如：Ⅲ| 表示右下颌尖乳牙　　　如：|5 表示左上颌第 2 前磨牙

如：尖牙：可分为牙冠、牙颈、牙根，牙冠呈尖状故与撕裂食物有关。 磨牙牙冠呈磨盘状故有研磨作用。

4．舌分为舌体和舌根，由舌肌表面覆以粘膜构成。其背面界沟前方有舌乳头，后方有

舌扁桃体；腹侧面有舌系带及两侧的舌下襞。

舌乳头可分为丝状乳头、菌状乳头、轮廓乳头、叶状乳头、除丝状乳头外，其余乳头均有味蕾。

5. 舌外肌有颏舌肌、舌骨舌肌、茎突舌肌。一侧颏舌肌瘫痪时，伸舌可出现舌偏向瘫痪侧。

6. 舌下腺位于舌下襞深部，其腺体之小导管开口于舌下襞，大导管开口于舌下阜。下颌下腺位于下颌体与二腹肌之间（下颌下三角），其导管开口于舌下阜。

腮腺位于咬肌表面及下颌后窝内，其导管开口于平对上颌第 2 磨牙的颊粘膜上。

7. 咽自颅底至第 6 颈椎体下缘，呈前壁不完整有开口的漏斗状。

可分为：鼻咽、口咽、喉咽 3 部。

鼻咽部有：咽鼓管咽口、咽鼓管圆枕、咽隐窝、咽扁桃体；

口咽部有：舌会厌正中襞和两侧的会厌谷及腭扁桃体；

喉咽部有：梨状隐窝、喉口

咽隐窝位于鼻咽部咽鼓管圆枕的后方与咽后壁之间，为鼻咽癌的好发部位。

梨状隐窝为位于喉口两侧与口咽侧壁之间的深窝，为异物易存留处。

8. 食管上起于第 6 颈椎体下缘高度，下达第 11 胸椎体高度。根据位置可分颈、胸、腹部。其第 1 狭窄为食管起始部；第 2 狭窄为与左主支气管相交处；第 3 狭窄为穿膈的食管裂孔处。各狭窄分别距上颌切牙 15、25、40cm。狭窄处易引起食物滞留，亦为食管肿瘤好发部位。

9. 胃大部分位于左季肋区，小部位于腹上区。

胃呈囊袋状，有入口贲门，出口幽门。小弯和大弯；小弯处有角切迹，大弯侧近幽门处有中间沟。

整个胃可分贲门部、胃底、胃体、幽门部。幽门部以中间沟为界分为左侧的幽门窦和右侧的幽门管。

10. 小肠分为十二指肠、空肠、回肠。十二指肠可分为十二指肠上部（其近幽门处之一段壁薄粘膜光滑平坦，为十二指肠球部）、降部、水平部、升部。上部与降部、降部与水平部分别以十二指肠上、下曲为界。其升部与空肠相移行处为十二指肠空肠曲，该处借十二指肠悬韧带（Treitz 韧带）固定于腹后壁，为空肠起点的重要标志。

11. 空、回肠区别为：

	位置	长	腔	色	壁	粘膜	淋巴滤泡	血管弓
空肠	左上腹	占 2/5	大	粉红	厚	皱襞高、密	孤立	1～2 级
回肠	右下腹	占 3/5	小	灰	薄	皱襞低、疏	孤立、集合	4～5 级

12. 大肠分为：盲肠、阑尾、结肠（升、横、降、乙状）、直肠、肛管。

其形态特点有 3 条结肠带、膨隆的结肠袋和肠脂垂（直肠、肛管和阑尾除外）。

13. 阑尾长约 6～8cm，直径 0.5cm，弯曲呈蚯蚓状。附于盲肠后内侧壁、3 条结肠带相汇聚处。

14. 直肠在第 3 骶椎前方起于乙状结肠，沿骶尾骨前面下行穿盆膈移行于肛管。有 2 个弯曲，其中骶曲凸向后，会阴曲凸向前。

15. 肛管与直肠分界为盆膈。肛管内部结构有：肛柱、肛窦、肛瓣、齿状线、肛梳、白线。齿状线为每个肛柱下端与肛瓣相连而形成的结构。肛梳是齿状线下方 1cm 宽之平滑区。

16．肝大部分位于右季肋区，小部分位于腹上区和左季肋区。

肝呈楔形，分膈面、脏面、左缘、右缘、前缘和后缘。膈面被镰状韧带分为左、右叶；脏面被H状沟分为左叶、右叶、方叶、尾叶，其横沟处称肝门。

在膈面有镰状韧带及其游离缘内的肝圆韧带；冠状韧带及其两端的左、右三角韧带。脏面上有肝胃韧带、肝十二指肠韧带，左纵沟后段有静脉韧带。

17．肝上界的体表投影为下述各交点连线。

右锁骨中线	正中线	左锁骨中线
第5肋	剑胸结合处	第5肋间

肝下界的体表投影起于右肋弓最低点处，沿右肋弓下缘行向左上方至右侧第8、9肋软骨结合处，超出肋弓下缘再斜向左上方至前正中线的剑胸结合下方3cm处。

18．肝蒂为出入肝门的肝左、右管，肝门静脉左、右支，肝固有动脉左、右支，神经和淋巴管等被结缔组织包绕形成的结构。

19．肝外胆道由肝左、右管汇合成肝总管，肝总管和胆囊管汇合成胆总管。

胆总管走行于肝十二指肠韧带右缘内，经十二指肠上部后方和胰头后方，与胰管汇合形成肝胰壶腹开口于十二指肠降部的十二指肠大乳头。

20．胰位于平第1～2腰椎体水平的腹膜后间隙内。略呈三棱柱状，呈灰红色，分为胰头、胰颈、胰体和胰尾四部分。胰头下缘向左下方突出的部分为钩突。

21．腹膜腔为壁腹膜与脏腹膜相互移行构成的潜在性腔隙，男性为密闭腔；女性通过生殖管道与外界相通。

网膜有二种。小网膜是位于肝门至胃小弯、十二指肠上部的双层腹膜。

大网膜是连于胃大弯下垂且返折向上连于横结肠的四层腹膜。

网膜孔是位于小网膜右缘与下腔静脉间的孔。是网膜囊（小腹膜腔）与大腹膜腔相通的通道。

22．胆囊炎时胆囊肿大，胆囊底显露于肝前缘下，故于右锁骨中线与右肋弓相交处可触及并有压痛，该处为其体表投影。阑尾炎时，可于麦氏点（脐与髂前上棘连线的中、外1/3交点）处或兰氏点（两侧髂前上棘连线的中、右1/3交点）处有明显压痛，该处为阑尾根部体表投影。

四、论述题

1．食物进口，经牙咀嚼及并由腮腺、下颌下腺、舌下腺分泌的消化液进行初步消化，再经食管达胃→十二指肠→空肠→回肠在其内有肝、胰分泌的胆汁和胰液与小肠分泌的肠液一起进行消化吸收，营养物质入血；经消化吸收后所剩之食物残渣经回盲口达盲肠→结肠→直肠→肛管排出。

2．胰头癌患者因胰头压迫胆总管使胆汁不能进入消化管道，故粪便黄色明显变淡。由于肝内的胆汁不能排出，使肝内毛细胆管压力增高破裂，胆汁入肝血窦再入肝静脉达下腔静脉而入血液循环，故使全身皮肤变黄。

3．胰腺分泌胰液 → 胰管→肝胰壶腹→开口于十二指肠降部的十二指肠大乳头

肝内胆汁→毛细胆管→肝左、右管→ 肝总管→胆总管

胆囊⇄胆囊管

（王正东　王连璞）

第二章 呼吸系统

复习思考题

一、名词解释

1. 蝶筛隐窝 2. 喉口 3. 声带 4. 弹性圆锥 5. 气管隆嵴 6. 肺段

7. 胸膜腔 8. 胸膜顶 9. 胸膜隐窝 10. 纵隔

二、填空题

1. 呼吸道是传送气体的通道，包括______、______、______、______和______。

2. 喉的软骨包括不成对的______、______、______和成对的______。

3. 杓状软骨通过环杓关节可沿垂直轴作______运动，也可向______滑行，使声门裂______或______。

4. 喉腔借______和______分为______、______和______3部分。

5. 连于两杓状软骨声带突和甲状软骨前角后面的弹性圆锥游离上缘称为______，是构成______的基础。

6. 两侧声襞及杓状软骨之间的窄隙称为______，此裂前3/5位于两侧声襞之间，称为______，与______有关，是______的好发部位。后2/5位于杓状软骨基部之间，称为______，是______好发的部位。

7. 喉水肿时易引起阻塞，造成呼吸困难的是______。

8. 左肺由______分为______、______2叶。右肺由______和______分为______、______和______3叶。

9. 左肺前缘下份有______，在其下方有一向前下方突出的部分称______。

10. 胸膜分______和______两部分，二者在______处相互延续，形成完全封闭的______。

11. 壁胸膜依其所覆盖的部位不同分______、______、______和______。

12. 肺根内的结构主要有______、______和______。

13. 通常以胸骨角至第4胸椎体下缘的平面，将纵隔分为______和______两部分，______再以心包为界分为______、______、______3部分。

三、选择题

1. 鼻前庭

A. 由鼻翼与下鼻甲围成 B. 内衬以黏膜 C. 皮下组织丰富

D. 属于固有鼻腔的一部分 E. 内衬以皮肤

2. 易出血区位于

A. 鼻中隔后上份 B. 鼻中隔前下份 C. 鼻腔外侧壁的前部 E. 上鼻甲表面

3. 嗅区

A. 活体略呈粉红色 B. 仅位于上鼻甲内侧面

C. 仅位于鼻中隔上部　D. 位于鼻中隔下部

E. 位于上鼻甲内侧面及其相对的鼻中隔部分

4. 弹性圆锥的游离上缘形成

A. 环甲正中韧带　B. 声韧带　C. 前庭韧带　D. 声门裂　E. 前庭裂

5. 喉腔最狭窄的部位是

A. 喉前庭　B. 喉中间腔　C. 喉室　D. 声门裂　E. 前庭裂

6. 开口于蝶筛隐窝的鼻旁窦是

A. 筛窦前群　B. 筛窦后群　C. 蝶窦　D. 上颌窦　E. 额窦

7. 喉炎时容易水肿的部位是

A. 喉口粘膜　B. 喉前庭粘膜　C. 喉中间腔粘膜　D. 喉室粘膜　E. 声门下腔粘膜

8. 气管镜检查的方位标志是

A. 气管分杈　B. 声门裂　C. 气管隆嵴　D. 左主支气管　E. 右主支气管

9. 肋膈隐窝

A. 由肋胸膜和纵隔胸膜返折而成　B. 由肋胸膜和肺胸膜返折而成

C. 由肺胸膜和膈胸膜返折而成　D. 由肺胸膜和纵隔胸膜返折而成

E. 由肋胸膜和膈胸膜返折而成

10. 胸膜腔的特点

A. 腔内呈负压状态　B. 左、右胸膜腔经肺根相通

C. 腔内有肺　D. 与外界相通　E. 以上均不对

11. 直立位，鼻旁窦积液最不易引流的是

A. 额窦　B. 上颌窦　C. 蝶窦　D. 筛窦前中群　E. 筛窦后群

12. 喉室位于

A. 前庭襞和声襞之间，喉中间腔的侧方　B. 前庭襞的上方　C. 喉前庭内

D. 喉口的外侧　E. 声襞的下方

13. 声门裂是指何部的裂隙

A. 两侧声襞和前庭襞之间　B. 两侧前庭襞之间

C. 两侧声襞及杓状软骨基部之间　D. 一侧声襞和前庭襞之间

E. 两侧杓状会厌襞之间

14. 参与围成喉口的结构有

A. 甲状软骨上缘　B. 腭咽弓　C. 会厌软骨下缘

D. 环状软骨后上缘　E. 杓状会厌襞

15. 构成鼻中隔的结构有

A. 鼻中隔软骨、筛骨垂直板和犁骨　B. 鼻中隔软骨和筛板

C. 鼻中隔软骨、鼻骨和筛板　D. 筛骨垂直板和犁骨

E. 鼻骨、筛骨垂直板和犁骨

B 型题

A. 鼻中隔前下部　B. 杓状会厌襞　C. 上鼻甲内侧面粘膜和相对鼻中隔的粘膜

D. 鼻泪管　E. 声韧带

1. 开口于下鼻道

2. 由弹性圆锥上缘形成
3. 参与形成喉口
4. 鼻腔易出血的部位
5. 嗅区位于

A. 细、长 B. 左肺动脉 C. 窄、长 D. 左肺静脉 E. 杓状软骨基部

6. 左肺的形态特点是
7. 左主支气管的形态特点是
8. 参与形成声门裂
9. 左肺根最上面的结构是
10. 左肺根最下面的结构是

X 型题

1. 开口于中鼻道的鼻旁窦有
A. 额窦 B. 蝶窦 C. 上颌窦 D. 筛窦前群 E. 筛窦后群
2. 参与构成喉口的结构有
A. 会厌上缘 B. 甲状软骨上缘 C. 杓状会厌襞
D. 杓间切迹 E. 甲状软骨上切迹
3. 喉腔借前庭襞和声襞分为
A. 喉前庭 B. 前庭裂 C. 喉中间腔 D. 声门裂 E. 声门下腔
4. 右肺
A. 右肺短而宽 B. 右肺分两叶 C. 右肺前缘有心切迹
D. 右肺较左肺重 E. 右肺有水平裂
5. 壁胸膜包括
A. 胸膜顶 B. 肋胸膜 C. 膈胸膜 D. 肺胸膜 E. 纵隔胸膜
6. 不成对的喉软骨有
A. 甲状软骨 B. 环状软骨 C. 会厌软骨 D. 杓状软骨 E. 舌骨
7. 肺根内的结构有
A. 肺动脉 B. 肺静脉 C. 气管 D. 主支气管 E. 支气管动、静脉
8. 左肺
A. 左肺短而宽 B. 左肺分 2 叶 C. 左肺前缘有心切迹
D. 左肺较右肺轻 E. 左肺有斜裂
9. 属于上呼吸道的是
A. 咽 B. 喉前庭 C. 气管 D. 主支气管 E. 喉中间腔
10. 鼻腔
A. 以骨为基础，衬以粘膜和皮肤 B. 借鼻中隔分成左、右两腔
C. 前经梨状孔通外界 D. 可分为鼻前庭和固有鼻腔 E. 粘膜可分为呼吸部和嗅部

四、问答题

1. 上、下呼吸道是如何划分的？
2. 上颌窦的结构特点？
3. 试述鼻旁窦开口部位？

4. 喉软骨主要有哪几块?

5. 环甲正中韧带的构成及临床意义?

6. 试述喉腔的分部?

7. 喉口由哪些结构围成?喉腔最狭窄的部位在哪?声门裂分哪几部?

8. 左、右主支气管各有什么特点?气管异物常易落入哪侧?

9. 何谓肺根?其内的结构排列关系如何?

10. 回答左、右肺段的名称?

11. 试述胸膜与肺下界的体表投影?

12. 上纵隔内有哪些主要结构?

五、论述题

1. 试述肺的功能和形态,比较左、右肺的异、同点。

2. 试述胸膜、胸膜腔和胸膜隐窝。胸膜腔穿刺通常在何部位进行?为什么?

参考答案

一、名词解释

1. 蝶筛隐窝为固有鼻腔内上鼻甲后上方的凹陷。

2. 喉口为喉的入口,朝向后上方,由会厌上缘、杓状会厌襞和杓间切迹围成。

3. 声带由声襞及被其覆盖的声韧带和声带肌共同构成。

4. 弹性圆锥是张于环状软骨弓上缘、甲状软骨前角后面和杓状软骨声带突之间的膜状结构,左右各一,主要由弹性纤维构成。

5. 气管隆嵴为在气管分杈处的内面,向上隆凸的纵嵴,呈半月状,常略偏向左侧,是气管镜检的重要方位标志。

6. 肺段由每一肺段支气管及其分支和它所属的肺组织共同构成。

7. 胸膜腔是由脏胸膜和壁胸膜在肺根处相互延续,在左、右肺周围分别形成的一个完全封闭的潜在性腔隙。

8. 胸膜顶是肋胸膜和纵隔胸膜向上延续并包盖在肺尖上方呈圆穹状的部分壁胸膜,一般位于胸廓上口平面以上,突入颈根部,最高点达锁骨内侧 1/3 上方 2 ~ 3cm 处。

9. 胸膜隐窝是胸膜腔在壁胸膜某些部分的返折处留有的潜在性间隙,又称胸膜窦,即使在深呼吸时,肺的边缘也不会伸入其间。

10. 纵隔是左、右纵隔胸膜之间的全部器官、结构与结缔组织的总称。

二、填空题

1. 鼻 咽 喉 气管 支气管 2. 甲状软骨 环状软骨 会厌软骨 杓状软骨

3. 旋转 左、右 开大 缩小 4. 前庭裂 声门裂 喉前庭 喉中间腔 声门下腔

5. 声韧带 声带 6. 声门裂 膜间部 发音 喉癌 软骨间部 喉结核

7. 声门下腔 8. 斜裂 上 下 斜裂 水平裂 上 中 下

9. 心切迹 左肺小舌 10. 脏胸膜 壁胸膜 肺根 胸膜腔

11. 肋胸膜 膈胸膜 纵隔胸膜 胸膜顶 12. 肺静脉 肺动脉 主支气管

13. 上纵隔 下纵隔 下纵隔 前纵隔 中纵隔 后纵隔

三、选择题

A 型题

1. E 2. B 3. E 4. B 5. D 6. C 7. E 8. C 9. E 10. A 11. B 12. A 13. C 14. E 15. A

B 型题

1. D 2. E 3. B 4. A 5. C 6. C 7. A 8. E 9. B 10. D

X 型题

1. A C D 2. A C D 3. A C E 4. A D E 5. A B C E 6. A B C 7. A B D E 8. B C D E 9. A B E 10. B D E

四、问答题

1. 临床上通常把鼻、咽、喉称为上呼吸道；把气管、主支气管及其在肺内的各级分支称为下呼吸道。

2. 上颌窦是一对最 大的鼻旁窦，平均容积 12 ～ 13ml，由于窦口位于其内侧壁最高处，所以上颌窦炎症引流不畅易积脓。其上壁即眶下壁，下壁为上颌骨的牙槽突，前壁即上颌骨前面的尖牙窝，内侧壁即鼻腔外侧壁。

3. 额窦位于额骨内，眉弓深方，开口于中鼻道；上颌窦位于上颌骨体内，开口于中鼻道；蝶窦位于蝶骨体内，开口于蝶筛隐窝；筛窦位于筛骨迷路内，前、中群开口于中鼻道，后群开口于上鼻道。

4. 甲状软骨，环状软骨，杓状软骨，会厌软骨。

5 . 弹性圆锥前份较厚，张于甲状软骨下缘和环状软骨弓上缘之间，称为环甲正中韧带。其位置表浅，易于触及，是急性喉阻塞时切开的部位。

6. 喉腔可分为上、中、下 3 部分，喉口至前庭裂平面之间为喉前庭，前庭裂平面至声门裂平面之间为喉中间腔，声门裂平面至环状软骨下缘平面之间为声门下腔。

7. 喉口是喉的入口， 由会厌上缘，杓状会厌襞，杓间切迹围成。喉腔最狭窄的部位是声门裂，它分两部分，即膜间部和软骨间部。

8. 右主支气管短粗，走向较为陡直，与气管中线延长线间的夹角为 22º ～25º 角，约平 第 5 胸椎高度处经肺门入右肺。 左主支气管细长，走向倾斜，与气管中线延长线间的夹角为 36º ～ 40º，约平第 6 胸椎高度处经肺门入左肺。气管隆嵴偏向左侧，右肺通气量较大，所以经气管堕入的异物易进入右侧。

9. 出入肺门的主支气管、肺动脉、肺静脉以及支气管动、静脉、淋巴管和神经等结构，由结缔组织包绕在一起，称为肺根。肺根内的结构排列自前向后依次是：肺上静脉、肺动脉、主支气管， 自上而下左肺根内依次是：肺动脉、主支气管、肺下静脉： 自上而下右肺根内依次是：主支气管、肺动脉、肺下静脉。

10. 右肺有：尖段、前段、后段、内侧段、外侧段、尖（上）段、内侧底段、外侧底段、前底段、后底段。左肺有：尖段、后段、前段、上舌段、下舌段、尖（上）段、内侧底段、外侧底段、前底段、后底段，其上叶的尖、后段可合称为尖后段，下叶的内侧底段和前底段可合称为内前底段。

11. 胸膜与肺下界的体表投影见下表：

脊柱外侧	肩胛线	腋中线	锁骨中线	起点	右左	起点	锁骨中线	腋中线	肩胛线	脊柱外侧
T_{10} 棘突	第 10 肋	第 8 肋	第 6 肋	第 6 胸肋关节	肺	第 6 肋软骨中点	第 6 肋	第 8 肋	第 10 肋	T_{10} 棘突
T_{12} 棘突	第 11 肋	第 10 肋	第 8 肋	第 6 胸肋关节	胸膜	第 6 肋软骨	第 8 肋	第 10 肋	第 11 肋	T_{12} 棘突

12．上纵隔内主要有：胸腺、左右头臂静脉、上腔静脉、主动脉弓及其分支、迷走神经、膈神经、食管胸部、气管胸部和胸导管等。

五、论述题

1．肺是呼吸系统中进行气体交换的器官。一般呈圆锥形，具有一尖、一底、肋面、内侧面（纵隔面）和前、后、下 3 缘。肺尖突至颈根部，超出锁骨内侧 1/3 上方 2 ~ 3cm。肺底略向上凹陷，与膈相接，故又称膈面。肋面圆凸，对肋和肋间隙。内侧面朝向纵隔，中间呈椭圆形的凹陷，是主支气管等出入肺的地方，称肺门。肺的前缘和下缘锐薄，后缘圆钝，位于脊柱两侧。右肺被斜裂和水平裂分隔成上、中、下 3 叶，左肺被斜裂分隔成上、下两叶。

左、右肺在形态上的差异点

	左肺	右肺
体积和重量	小、轻	大、重
外形	窄、长	宽、短
肺裂	斜裂	斜裂、水平裂
分叶	上、下 2 叶	上、中、下 3 叶
膈面向上凹陷	浅	略深
内侧面	有主动脉弓和胸主动脉压迹、心压迹明显	有食管压迹和奇静脉沟、心压迹浅
前缘	有心切迹、左肺小舌	垂直

2．胸膜为被覆于肺表面、胸壁内面、膈上面和纵隔侧面的彼此相互移行的浆膜。可分为脏胸膜和壁胸膜，前者被覆于肺表面，其余部分为后者。脏、壁胸膜在肺根处折转互相延续，从而在左、右肺周围分别形成完全封闭的潜在性腔隙，称胸膜腔，腔的内压低于大气压，含有少量浆液。

壁胸膜依其覆盖的部位不同，可分为胸膜顶、膈胸膜、肋胸膜和纵隔胸膜 4 部分。在各部胸膜的返折处，胸膜腔留有潜在性的间隙，称为胸膜隐窝或胸膜窦。最大最重要的位于肋胸膜返折成膈胸膜处，称肋膈隐窝或肋膈窦。在深呼吸时，肺缘也不会伸入窦内。

胸膜腔穿刺：胸膜腔有积液或积脓时，膈受压下降，肺亦可受压上移，扩张不全，影响呼吸功能。临床上常在患者坐位时，自腋后线第 8、9 肋间隙、靠近肋骨上缘处穿刺，也可经腋后线第 8 肋间隙沿肋骨上缘切开，插入套管作胸膜腔闭合引流。穿刺部位不宜低于第 9 肋间隙，以防损伤膈。另外，肋间后血管在肋角内侧行于肋间隙中份，且排列不规则，所以穿刺应靠近肋骨上缘处进针，以防损伤血管。

（孟祥辉）

第三章　泌尿系统

复习思考题

一、名词解释

1. 肾门　2. 肾蒂　3. 肾窦　4. 肾锥体　5. 肾区　6. 肾筋膜　7. 肾段　8. 膀胱三角　9. 输尿管间襞

二、填空题

1. 泌尿系统由__________、__________、__________和__________4部分组成。

2. 肾蒂内主要结构的排列关系：由前向后依次为__________、__________和__________；

3. 在肾的冠状切面上，肾实质可分为__________和__________两部分。

4. 右肾上端平第__________胸椎的上缘，下端平第__________腰椎的上缘；左肾上端平第__________胸椎下缘，下端平第__________腰椎间盘之间。肾门约平第__________腰椎。

5. 肾的表面有3层被膜包绕，由外向内依次是__________、__________和__________。

6. 输尿管按其行程可分为：__________、__________和__________3部。

7. 输尿管的狭窄处分别位于：__________；__________；__________。

8. 膀胱依其形态可分为__________、__________、__________和__________4部分。

三、选择题

A型题

1. 输尿管

A. 起于肾小盏，终于膀胱　B. 管壁有较厚的横纹肌
C. 分为腹、盆两部　D. 有两个狭窄和弯曲
E. 女性在距子宫颈外侧2cm处与子宫动脉交叉

2. 肾床是指

A. 纤维囊　B. 脂肪囊　C. 肾筋膜　D. 肾窦　E. 肾盂

3. 输尿管的第3处狭窄位于

A. 输尿管起始处　B. 输尿管越过骨盆上口处　C. 输尿管与髂血管交叉处
D. 输尿管壁内部　E. 肾盂与输尿管移行处

4. 肾蒂内的结构由前向后依次为

A. 肾静脉、肾动脉、肾盂　B. 肾动脉、肾静脉、肾盂
C. 肾盂、肾静脉、肾动脉　D. 肾盂、肾动脉、肾静脉　E. 肾动脉、肾盂、肾静脉

5. 肾窦

A. 是指肾门向肾内延续的腔　B. 内有输尿管的上端　C. 由肾髓质围成
D. 内有肾筋膜　E. 内有肾动脉和肾静脉的本干

6. 下列哪种结构不属于肾髓质

A. 肾锥体　B. 肾乳头　C. 肾柱　D. 乳头孔　E. 集合管

7. 肾的位置

A. 右肾比左肾偏高　B. 两肾均与第 12 肋有交叉关系　C. 肾门约平第 2 腰椎体
D. 体表投影相当于肾区内　E. 儿童肾位置高于成人

8. 肾的被膜，自内向外依次是
A. 纤维囊、肾筋膜、脂肪囊　B. 纤维囊、脂肪囊、肾筋膜
C. 脂肪囊、纤维囊、肾筋膜　D. 肾筋膜、脂肪囊、纤维囊
E. 脂肪囊、纤维囊、肾筋膜

9. 女性尿道
A. 位于阴道外侧　B. 较男性尿道略窄　C. 开口于阴道前庭
D. 不易感染　E. 其开口旁有前庭大腺

10. 肾的额状切面
A. 肾锥体的尖朝向皮质　B. 肾髓质由肾锥体构成
C. 肾皮质位于肾实质的表层，无血管故色淡
D. 肾窦向外缩细，延伸为肾盂　E. 每个肾小盏可包绕 1 ～ 3 个肾乳头

11. 肾的形态描述，错误的是
A. 形似蚕豆的实质性器官　B. 肾门是肾的血管、淋巴管、神经和肾盂出入的部位
C. 出入肾门的结构总称为肾蒂
D. 肾蒂的排列关系自上而下依次为肾静脉、肾动脉、肾盂
E. 右侧肾蒂较左侧短

12. 肾的位置
A. 随呼吸和体位上下移动　B. 男性低于女性　C. 成人低于儿童
D. 位于腹腔内　E. 左肾低于右肾

13. 女性输尿管进入膀胱前，从其前上方跨过的结构是
A. 髂内血管　B. 卵巢血管　C. 子宫动脉　D. 闭孔神经　E. 闭孔血管

14. 膀胱的正确描述是
A. 空虚时呈圆形　B. 膀胱尖向下　C. 正常成人膀胱容量为 350 ～ 500ml
D. 空虚时，整个粘膜可形成许多不规则的皱襞　E. 新生儿的膀胱位置比成人低

15. 男性膀胱后面的结构不包括
A. 精囊　B. 输精管壶腹　C. 直肠　D. 前列腺　E. 直肠膀胱陷凹

B 型题

A. 肾柱　B. 肾筋膜　C. 脂肪囊　D. 第 1 腰椎　E. 纤维囊

1. 肾门约平对
2. 肾皮质深入肾锥体之间的部分，称为
3. 由致密结缔组织及少量弹性纤维构成的结构
4. 肾床指
5. 由腹膜外筋膜发育形成的结构

A. 睾丸（卵巢）血管后面　B. 膀胱三角　C. 肾盂与输尿管的移行处
D. 短而直　E. 输尿管间襞

6. 输尿管第 1 个狭窄部在
7. 输尿管在腰大肌中点稍下方处走在

8. 寻找输尿管口的标志是
9. 膀胱肿瘤好发部位
10. 女性尿道

X 型题

1. 肾窦内含有
   A. 肾盂　B. 肾动脉主干　C. 肾静脉主干　D. 肾大盏　E. 肾小盏
2. 输尿管
   A. 输尿管全长分两部　B. 输尿管全长有3处狭窄　C. 输尿管全长没有弯曲
   D. 第1狭窄位于肾盂和输尿管移行处　E. 子宫动脉越过输尿管的前方
3. 膀胱三角
   A. 位于两输尿管口与尿道内口之间　B. 此处无粘膜下组织
   C. 粘膜与肌层相连不紧密　D. 输尿管间襞是寻找输尿管口的标志
   E. 此处好发膀胱结核
4. 出入肾门的结构有
   A. 肾动脉　B. 肾静脉　C. 输尿管　D. 淋巴管　E. 神经
5. 维持肾正常位置的结构
   A. 纤维囊　B. 脂肪囊　C. 肾筋膜　D. 肾血管　E. 腹膜
6. 肾实质包括
   A. 肾窦　B. 肾皮质　C. 肾锥体　D. 肾柱　E. 纤维囊
7. 输尿管狭窄部位于
   A. 肾与输尿管移行处　B. 肾盂与输尿管移行处　C. 与髂血管交叉处
   D. 斜穿膀胱的壁内段　E. 与子宫动脉交叉处
8. 肾
   A. 是成对的实质性器官　B. 上端有肾上腺紧密相邻　C. 左肾比右肾高
   D. 左、右肾蒂等长　E. 为腹膜外位器官
9. 膀胱
   A. 空虚的膀胱近似锥体形　B. 分底、体、颈、尖4部分
   C. 各部之间界线明显　D. 后面又称膀胱体　E. 女性膀胱容量较男性小
10. 肾
   A. 肾的前面较凸，后面平坦　B. 肾的上端宽而厚，下端窄而薄
   C. 左侧肾蒂较右侧长　D. 女性肾较男性的大　E. 肾内侧缘中部的凹陷为肾门

四、问答题

1. 泌尿系统包括哪些部分？
2. 在肾的冠状切面上肉眼能见到哪些结构？
3. 固定肾的结构有哪些？
4. 输尿管如何走行？分几部？其狭窄位于何处？有何临床意义？
5. 膀胱的位置及其与腹膜的关系如何？

五、论述题

1. 试述肾的位置及其毗邻关系。

2. 试述膀胱的毗邻关系。

参考答案

一、名词解释

1. 肾门位于肾内侧缘中部的凹陷处，是肾的血管、淋巴管、神经和肾盂出入肾的部位。

2. 肾蒂由出入肾门的血管、淋巴管、神经和肾盂等被结缔组织包裹在一起构成。肾蒂主要结构的排列关系：由前向后依次为肾静脉、肾动脉和肾盂；从上向下依次为肾动脉、肾静脉和肾盂。因下腔静脉位于中线右侧，故右侧肾蒂较左侧为短。

3. 肾窦为肾门向肾内凹入的空腔。内含肾动脉的分支、肾静脉的属支、肾小盏、肾大盏、肾盂和脂肪组织等。

4. 肾锥体为位于肾髓质内、呈锥体形的结构，有 15 ～ 20 个。肾锥体的尖圆钝，朝向肾窦，称为肾乳头，上有乳头孔；肾锥体的底朝向肾皮质，与皮质融合。

5. 肾区为在人体背侧、位于竖脊肌外侧缘与第 12 肋下缘之间的区域，亦称肾角，其深部恰好与肾的上部及出入肾门的结构相对应，患肾病时此处有叩击痛。

6. 肾筋膜由腹膜外组织发育而来，分前后两层，包裹肾和肾上腺。在肾的上方和外侧，两层互相融合，在下方则彼此分离，有输尿管通过；在肾的内侧，前层延至腹主动脉、下腔静脉的前面，并与对侧的肾筋膜相延续。后层与腰大肌的筋膜相融合。肾筋膜向深面发出许多结缔组织小束，穿过脂肪囊与纤维囊相连，对肾起固定作用。

7. 肾段为每一个肾段动脉分支所分布的肾组织。每侧肾分为上段、上前段、下前段、下段和后段。各段动脉之间无吻合。

8. 膀胱三角是膀胱底部的内面、两侧输尿管口与尿道内口连线之间的区域。该区域内由于缺少粘膜下层，粘膜与肌层紧密相连，无论膀胱在充盈或收缩时，都保持平滑状态，是肿瘤和结核的好发部位。

9. 输尿管间襞是膀胱底内面两侧输尿管口之间横行的粘膜皱襞。该间襞粘膜的深面有平行的平滑肌束，在膀胱镜检时为一个苍白带，是寻找输尿管口的标志。

二、填空题

1. 肾　输尿管　膀胱　尿道

2. 肾静脉　肾动脉　肾盂

3. 皮质　髓质

4. 12　3　11　2 ～ 3　1

5. 肾筋膜　脂肪囊　纤维囊

6. 腹部　盆部　壁内部

7. 肾盂与输尿管移行处　输尿管与髂血管交叉处　膀胱壁内

8. 膀胱尖　膀胱底　膀胱体　膀胱颈

三、选择题

A 型题

1. E　2. B　3. D　4. A　5. A　6. C　7. B　8. B　9. C　10. B　11. D

12. A　13. C　14. C　15. D

B 型题

1. D　2. A　3. E　4. C　5. B　6. C　7. A　8. E　9. B　10. D

X 型题

1. A D E　2. B D E　3. A B D E　4. A B D E　5. B C D E　6. B C D　7. B C D　8. A B C E　9. A B E　10. A C E

四、问答题

1. 泌尿系统包括肾、输尿管、膀胱和尿道 4 部分。

2. 在肾的额状切面上，肉眼能见到肾皮质、肾髓质和肾窦。皮质中可见到密布的细小颗粒（肾小体）；肾髓质中有：肾柱、肾锥体、肾乳头；肾窦中有：肾小盏、肾大盏、肾盂、肾动脉及其分支、肾静脉及其属支、脂肪组织等。

3. 肾的正常位置靠多种因素来维持，肾被膜、肾血管对肾有固定作用；肾周围的毗邻器官对肾有承托作用；腹膜、腹内压等对肾亦有固定作用。当肾的固定装置不健全时，可形成肾下垂或游走肾，影响肾的功能。

4. 输尿管按其行程分为 3 部，即腹部、盆部和壁内部，自肾盂起始至小骨盆腔入口处为腹部；由小骨盆腔入口穿膀胱壁之前的一段为盆部；在膀胱壁内的一段为壁内部。输尿管自肾盂下端起始后，贴腹后壁，于壁腹膜的深面，沿腰大肌表面下降，至骨盆腔入口处，左、右输尿管分别越过左髂总动脉末端和右髂外动脉起始部的前面后，移行为盆部。盆部沿骨盆腔侧壁向后下行，越过盆侧壁血管、神经的表面，约在坐骨棘水平转向前内，继续前行至膀胱底的外上角处，斜穿膀胱壁，移行为壁内部。在男性，有输精管越过输尿管盆部末端的内上方；在女性，于子宫颈侧方约 2cm 处，子宫动脉由输尿管的前上方横过；壁内部自膀胱底的外上角向内下斜穿膀胱壁，开口于膀胱底部的输尿管口。输尿管全长有 3 处狭窄，第 1 处狭窄在肾盂与输尿管移行处；第 2 处狭窄在输尿管与髂血管交叉处；第 3 处狭窄是壁内部。由于输尿管与子宫动脉有密切的交叉关系，在子宫手术结扎子宫动脉时，应注意勿伤及输尿管；由于输尿管全长有 3 处狭窄，所以输尿管结石容易在狭窄处滞留，导致尿液排出不畅或受阻。

5. 成人的膀胱位于小骨盆腔的前部，空虚时其上界约与小骨盆腔上口平齐。前方为耻骨联合；后方在男性为精囊、输精管壶腹和直肠；在女性为子宫和阴道。膀胱颈的下方，在男性为前列腺，女性为尿生殖膈。膀胱上面有腹膜覆盖，男性邻小肠，女性则有子宫伏卧于其上；膀胱两侧有膀胱旁结缔组织、肛提肌和闭孔内肌。膀胱空虚时属于腹膜外位器官，在成人膀胱尖不超过耻骨联合上缘。充盈时膀胱属于腹膜间位器官，膀胱尖可上升至耻骨联合以上，这时腹前壁折向膀胱上面的腹膜也随之上移，使膀胱的前下壁直接与腹前壁相贴。此时在耻骨联合上缘行膀胱穿刺，可避免损伤腹膜和腹膜腔。另外，当进行膀胱、前列腺手术或行剖腹产术时，亦可将腹膜向后上推起，使之与腹壁及脏器分离，手术在腹膜腔外进行，以避免某些并发症的发生。新生儿膀胱的位置较成人高，大部分位于腹腔内，约在青春期达成人位置。

五、论述题

1.

1）肾脏位置：肾位于腹膜后隙内，脊柱的两侧，紧贴腹后壁上部，两肾长轴均向外下倾斜。左肾上端约平第 11 胸椎下缘，下端约平第 2 ～ 3 腰椎间盘之间；右肾上端约平第 12 胸椎上缘，下端约平第 3 腰椎上缘，即右肾低于左肾。

2）肾的毗邻：两肾后面邻第 12 肋；第 12 肋以上部分与膈相贴，并借膈与胸膜腔相邻，第 12 肋以下的部分与肋下血管、肋下神经、生殖股神经、髂腹下神经、髂腹股沟神经及腰大肌、腰方肌、腹横肌相邻；两肾上方与肾上腺相邻；两肾内下方为肾盂和输尿管；两肾内后方分别为左、右、腰交感干；两肾内侧和前方的毗邻结构不同，左肾内侧为腹主动脉，右肾内侧为下腔静脉；左肾上部前方隔网膜囊与胃后壁相邻，中部前方有胰尾横过，下部前方为结肠左曲及空肠袢；右肾上部前方为肝右叶，下部前方为结肠右曲；右肾内侧缘前方为十二指肠降部。

2. 膀胱的前方与耻骨联合，耻骨后隙及其内容相邻；后方，男性邻精囊、输精管壶腹、直肠膀胱陷凹及直肠，女性邻子宫颈及阴道前壁；膀胱体上面有腹膜覆盖，并与肠袢相邻，女性还与子宫相邻；膀胱颈，男性邻接前列腺，女性邻贴尿生殖膈；膀胱下外侧面邻肛提肌、闭孔内肌及其筋膜，其间充满结缔组织，内有输尿管盆部末段，男性尚有输精管穿行。

（刘海岩）

第四章　生殖系统

第一节　男性生殖系统

复习思考题

一、名词解释

1. 睾丸纵隔　2. 精索　3. 尿道前列腺部　4. 射精管

二、填空题

1. 男性内生殖器由________、________和________组成，其中________是产生精子和分泌男性性激素的器官。

2. 男性的附属腺体包括________、________和________。

3. 输精管是一细长而弯曲的管道，其长度约为________cm，可分________、________、________和________4 部。

4. 前列腺位于________和________之间，前列腺底与________、________和________相邻，直肠指诊时可于其后面触知一纵行的________。

5. 包被睾丸和精索的被膜由外向内有________、________和________。

6. 男性尿道依据其行程和位置可分为________、________和________3 部。

7. 男性尿道的 3 个狭窄分别位于________、________和________。

三、选择题

A 型题

1. 关于射精管的描述，何者不正确

A. 由精囊腺的排泄管和输精管壶腹的末端合并而成

B. 斜穿前列腺，开口于尿道的前列腺部

C．在前列腺内，与尿道呈锐角相遇

D．属于输精管道的一部分

E．射精管穿前列腺的后叶，故中叶肥大时射精管不受影响

2．下列何器官不属于男性内生殖器

A．输精管壶腹　B．附睾　C．尿道球　D．精囊腺　E．尿道球腺

3．关于输精管道的描述，下列何者错误

A．输精管道中最长的一段为附睾管　B．输精管道中最短的一段为射精管

C．男尿道为输精管道的一部分　D．男尿道具有排精和排尿两种功能

E．舟状窝为输精管道中最膨大的一部分

4．有关附睾的描述，错误的是

A．呈长椭圆形或新月形　B．附睾分为附睾头、附睾体和附睾尾3部分

C．附睾头、体、尾内均为迂曲、盘绕的附睾管

D．只有暂时贮存和输送精子的作用　E．位于睾丸的上端和后缘

5．关于输精管的描述，错误的是

A．管壁厚，管腔细小，壁内含平滑肌　B．活体触摸为精索内诸结构中最坚实者

C．精索部为结扎输精管的最佳部位　D．位于精索内诸结构的前外侧

E．其末段扩大，称输精管壶腹

6．以下何者不属于精索内的结构

A．输精管盆部　B．鞘韧带　C．睾丸动脉　D．蔓状静脉丛　E．输精管动、静脉

7．关于前列腺的描述，正确的是

A．是含有空腔的囊状器官　B．主要由腺组织和结缔组织构成

C．前列腺沟位于前列腺体后面正中线上

D．前列腺的分泌物直接排入尿道，不参与精液构成

E．前列腺肥大主要是腺内脂肪组织增生所致

8．关于阴囊的描述，错误的是

A．为一垂于阴茎根部下方的皮肤囊袋

B．阴囊中隔将阴囊腔分为左、右两个腔

C．阴囊壁分3层，即皮肤、浅筋膜和肉膜

D．肉膜是阴囊的浅筋膜，由致密结缔组织、弹性纤维和散在平滑肌构成

E．容纳两侧的睾丸、附睾及输精管睾丸部

9．有关阴茎的描述，正确的是

A．阴茎分为阴茎头、阴茎颈、阴茎体、阴茎根4部分

B．阴茎海绵体并列于阴茎腹侧

C．尿道海绵体位于阴茎背侧

D．包皮系带是位于尿道外口下端与包皮之间的皮肤皱襞

E．阴茎头前端有冠状位的尿道外口

10．关于男性尿道的描述，错误的是

A．成人男性尿道长约16～22cm

B．男性尿道分为前列腺部、膜部、海绵体部和尿道球部4部分

C．耻骨下弯位于耻骨联合下方，凹向上

D．耻骨前弯位于耻骨联合前下方，凹向下

E．男性尿道的膜部为尿道最短的部分

B 型题

A．睾丸 B．前列腺 C．附睾 D．尿道球腺 E．精囊

1．产生精子和分泌男性性激素的器官

2．分泌液体，供给精子营养，并促使精子进一步成熟的器官

3．埋于会阴深横肌中，导管开口于尿道球部的附属腺体

4．位于膀胱底部后方、并列于输精管壶腹外侧成对的附属腺体

5．位于尿生殖膈与膀胱颈之间的附属腺体

A．精曲小管 B．精直小管 C．睾丸输出小管 D．睾丸网 E．附睾管

6．其上皮可产生精子的器官

7．穿行于睾丸纵隔的小管

8．介于附睾头与睾丸网之间的小管

9．介于精曲小管和睾丸网之间的一段小管

10．介于睾丸输出小管和输精管始部之间的输精管道

A．精索外筋膜 B．提睾肌 C．精索内筋膜 D．睾丸鞘膜 E．鞘韧带

11．腹外斜肌腱膜的延续为

12．贴附于睾丸和附睾表面的浆膜

13．腹横筋膜的延续为

14．腹内斜肌、腹外斜肌下缘分出的部分肌束

15．腹膜鞘突闭锁后的残余结构

A．阴茎中隔 B．阴茎海绵体、尿道海绵体白膜 C．阴茎深筋膜
D．阴茎背浅静脉 E．阴茎背深静脉

16．直接包于每一海绵体外面的致密的纤维膜

17．走行于阴茎浅筋膜内的静脉

18．位于两条海绵体之间的白膜

19．共同包绕 3 条海绵体的致密纤维结缔组织膜

20．走行于阴茎深筋膜与白膜之间的静脉

A．尿道膜部 B．尿道内口 C．尿道球部 D．尿道舟状窝 E．尿道前列腺部

21．尿道第 1 扩大

22．尿道第 2 扩大

23．尿道第 3 扩大

24．尿道第 2 狭窄

25．尿道第 1 狭窄

X 型题

1．关于睾丸结构的描述，错误的是

A．睾丸表面包有一层坚韧的纤维膜为白膜

B．睾丸白膜的表面还有一层浆膜为睾丸鞘膜的脏层

C. 精曲小管上皮能产生精子和分泌男性性激素

D. 睾丸纵隔发出许多结缔小隔，将睾丸分成约 200 个睾丸小叶

E. 睾丸网由睾丸输出小管于睾丸纵隔内相互吻合而成

2. 男性尿道

A. 具有排尿和排精双重功能

B. 全程可分为前列腺部、膜部、球部和海绵体部

C. 尿道内、外口及膜部为 3 个狭窄部

D. 海绵体部、尿道球部及舟状窝为 3 个扩大部

E. 临床上将前列腺部、球部、膜部称为后尿道

3. 男性内生殖器官

A. 附睾 B. 前列腺 C. 射精管 D. 输精管壶腹 E. 精阜

4. 输精管

A. 起始于附睾尾部的附睾管，以膨大的输精管壶腹而终

B. 睾丸部位于阴囊内，睾丸的后缘，附睾的内侧

C. 在精索内位于其它诸结构的后内侧

D. 盆段最长，沿小骨盆侧壁、髂内血管分支的深面向后下走行

E. 在膀胱底的外侧与输尿管交叉，走行于输尿管末端的后下方

5. 有关前列腺毗邻的叙述，正确的是

A. 前列腺底与膀胱颈、输精管壶腹及精囊腺等相邻

B. 前方为耻骨联合、前列腺静脉丛等

C. 后方为直肠、乙状结肠、直肠静脉丛等

D. 前列腺尖抵盆膈上筋膜、盆底肌等

E. 两侧为髂内血管、闭孔神经等

四、问答题

1. 男性生殖器分几部分？各部分包括哪些器官？
2. 简述睾丸的位置、外形、内部结构及其功能。
3. 简述附睾的位置、外形、分部及其功能。
4. 简述输精管的起止、行程及分部。
5. 简述射精管的构成、走行及开口位置。
6. 简述前列腺的位置、形态、分叶、开口位置及功能。
7. 简述精囊的位置及功能。
8. 简述尿道球腺的位置、形态、开口位置及其功能。
9. 简述阴囊皮肤的特点、肉膜的位置、构成成分及生理意义。
10. 简述睾丸、精索被膜层次及其与腹壁层次的延续关系。
11. 简述阴茎的形态构造以及阴茎包皮和包皮系带的临床意义。

五、论述题

1. 简述男性尿道的行程、分部、扩大、狭窄和弯曲。
2. 试述精子的产生及排出途径。
3. 输精管结扎术通常在何处进行？是否会影响男性第二性征，为什么？

参考答案

一、名词解释

1. 睾丸纵隔由睾丸白膜在睾丸的后缘增厚并深入睾丸实质内形成。内有由精直小管吻合而成的睾丸网。由纵隔发出许多睾丸小隔，将睾丸的实质分成许多睾丸小叶。

2. 精索是一对圆索状的结构，始于腹股沟管腹环处，经腹股沟管一直延伸至睾丸上端，精索内主要结构有：输精管、睾丸动脉、睾丸静脉（蔓状静脉丛）、输精管动脉、输精管静脉、腹膜鞘突的残余、神经丛和淋巴管等。精索的外面包有 3 层被膜，从内向外分别有精索内筋膜、提睾肌和精索外筋膜。

3. 尿道前列腺部自尿道内口向下贯穿前列腺，长约 2.5cm。在该部尿道后壁上有尿道嵴，嵴中部的梭形膨大称精阜。精阜上有射精管开口，两侧有多数前列腺排泄管开口。

4. 射精管由输精管壶腹末端与精囊排泄管汇合而成，长约 2cm，向前下斜穿前列腺实质，开口于尿道前列腺部的精阜上。

二、填空题

1. 生殖腺（睾丸）　输精管道　附属腺体　睾丸

2. 精囊　前列腺　尿道球腺

3. 40 ～ 50cm　睾丸部　精索部　腹股沟部　盆部

4. 膀胱　尿生殖膈　膀胱颈　精囊（腺）　输精管壶腹　前列腺沟

5. 精索外筋膜　提睾肌　精索内筋膜　睾丸鞘膜

6. 前列腺部　膜部　海绵体部

7. 尿道内口　膜部　尿道外口

三、选择题

A 型题

1. E　2. C　3. E　4. D　5. D　6. A　7. C　8. C　9. D　10. B

B 型题

1. A　2. C　3. D　4. E　5. B　6. A　7. D　8. C　9. B　10. E　11. A　12. D　13. C　14. B　15. E　16. B　17. D　18. A　19. C　20. E　21. E　22. C　23. D　24. A　25. B

X 型题

1. C E　2. A C　3. A B C D　4. A B C　5. A B

四、问答题

1. 男性生殖器分为男性内生殖器和男性外生殖器两部分。内生殖器包括生殖腺（睾丸）、输送管道（附睾、输精管、射精管）和附属腺体（精囊、前列腺、尿道球腺）；外生殖器包括阴囊和阴茎。

2. 睾丸位于阴囊内，左右各一，呈微扁的椭圆形，表面光滑，可分为内、外侧面，前、后缘和上、下端。睾丸实质被睾丸纵隔及由纵隔发出的睾丸小隔分成许多睾丸小叶（100 ～ 200 个）。每一个睾丸小叶内含有 2 ～ 4 条精曲小管，小管之间的结缔组织内有睾丸间质细胞。精曲小管结合并移行为精直小管，进入睾丸纵隔交织成睾丸网，由睾丸网发出睾丸输出小管，从睾丸后缘穿出，进入附睾。睾丸的功能是产生精子和分泌雄性激素。

3. 附睾位于阴囊内，紧贴睾丸的后缘和上端，略偏外侧，呈新月形。上端膨大为附睾头，下端较细为附睾尾，中间的大部分为附睾体。附睾的功能为暂时储存和输送精子，附睾管分泌的液体供给精子营养，并促进精子进一步发育成熟。

4. 输精管起于附睾尾，是附睾管的直接延续。输精管先沿睾丸后缘附睾内侧上行，至睾丸上端进入精索，走行于精索中诸结构的后内侧，继续向上穿皮下环进入腹股沟管，进而穿过腹股沟管腹环，进入骨盆腔，沿骨盆腔侧壁行向后下，经输尿管末端前上方至膀胱底的后面，在此两侧输精管逐渐接近并扩大成输精管壶腹，壶腹末端变细，与精囊的排泄管汇合成射精管。输精管全长分为：睾丸部、精索部、腹股沟部和盆部。精索部位置表浅，容易触及，是输精管结扎术的常用部位。

5. 射精管由输精管壶腹的末端和精囊的排泄管合并而成，长约 2cm，向前下由前列腺底的后部斜行穿入前列腺的实质，开口于尿道前列腺部后壁上的精阜。

6. 前列腺位于膀胱颈与尿生殖膈之间，前方为耻骨联合，后方为直肠壶腹。前列腺呈前后稍扁的栗子形，底向上，邻接膀胱颈，尖向下，与尿生殖膈相贴。前列腺的后面较平坦，在正中线上有一纵沟，称前列腺沟。前列腺分为 5 个叶：前叶、中叶、后叶和两侧叶。射精管开口于尿道前列腺部后壁的精阜上，前列腺的排泄管开口于尿道前列腺部的后壁。前列腺的分泌物组成精液的主要部分，有利于精子的生存和活动。

7. 精囊又称精囊腺，为一对长椭圆形的囊状腺体，位于膀胱底的后方，前列腺底后部的上方，输精管壶腹的外侧，其排泄管与输精管壶腹的末端汇合成射精管。精囊分泌的液体组成精液的一部分。

8. 尿道球腺位于会阴深横肌内，是一对豌豆大小的球形腺体，其排泄管细长，开口于尿道球部，所分泌的液体组成精液的一部分，有利于精子的生存和活动。

9. 阴囊的皮肤薄而柔软，有少量阴毛，色素沉着明显，故颜色深暗。皮肤的深面为肉膜，是阴囊的浅筋膜，含有平滑肌纤维，平滑肌可随外界温度的变化而舒缩，以调节阴囊内的温度，使其低于正常体温 1º ～ 2 ℃，有利于精子的发育和生存。

10. 睾丸、精索的被膜由外向内有：精索外筋膜，是腹外斜肌腱膜（或腹壁深筋膜）的延续；提睾肌来自腹内斜肌和腹横肌的游离弓状下缘，肌束排列稀疏，有上提睾丸的作用；精索内筋膜来自腹横筋膜，较薄弱；睾丸鞘膜：来源于腹膜鞘突，只包裹睾丸和附睾，分脏、壁两层，壁层与精索内筋膜相贴，脏层覆盖于睾丸和附睾的表面。脏、壁两层之间形成鞘膜腔，内有少量浆液。

11. 阴茎呈圆柱状，分头、体、根 3 部分。前端膨大称阴茎头，其顶端有矢状位的尿道外口。后端为阴茎根，附于耻骨下支、坐骨支及尿生殖膈。中部为阴茎体，悬于耻骨联合的前下方。在头、体交界处为阴茎颈。阴茎主要由两个阴茎海绵体和一个尿道海绵体组合而成，外面包以筋膜和皮肤。两个阴茎海绵体并列于阴茎的背侧，尿道海绵体位于腹侧。尿道海绵体前端膨大为阴茎头，后端膨大为尿道球，尿道贯穿其全长。阴茎皮肤自阴茎颈处向前反折游离，形成包绕阴茎头的双层环形皮肤皱襞，称为阴茎包皮。包皮过长或包皮口狭窄者，可因包皮腔内积存污垢，刺激包皮而发生炎症，也可成为诱发阴茎癌的重要因素之一。在阴茎头腹侧中线上，有一连于尿道外口下端与包皮之间的皮肤皱襞，称为包皮系带。作包皮环切时，切勿伤及包皮系带，以免影响阴茎的正常勃起。

五、论述题

1. 男性尿道起自膀胱的尿道内口，依次穿经前列腺、尿生殖膈、尿道海绵体，止于阴茎头顶端的尿道外口。全长分为 3 部分：前列腺部、膜部和海绵体部。尿道在行程中粗细不一，有 3 个狭窄、3 个扩大和 2 个弯曲。3 个狭窄是：尿道内口、膜部和尿道外口；3 个扩大是：前列腺部、尿道球部和尿道舟状窝；2 个弯曲是：耻骨下弯和耻骨前弯。

2. 精子产生于精曲小管上皮。具体排出途径为：精曲小管→精直小管→睾丸网→睾丸输出小管→附睾头→附睾体→附睾尾→输精管睾丸部→精索部→腹股沟部→盆部→射精管→尿道前列腺部→膜部→海绵体部→尿道外口→体外。

3. 输精管结扎术常在输精管精索部进行，不会影响男性第二性征，因为睾丸间质细胞分泌的雄激素睾酮仍可通过血液循环运送到靶器官而发挥作用。结扎术阻断的是精子的排出途径，而没有阻断雄激素进入血液的途径，所以对第二性征没有任何影响。

第二节　女性生殖系统和会阴

复习思考题

一、名词解释

1. 卵巢门　2. 卵巢悬韧带　3. 输卵管伞　4. 直肠子宫陷凹　5. 阴道穹　6. 阴阜　7. 阴道前庭　8. 乳房悬韧带　9. 会阴中心腱　10. 尿生殖膈　11. 盆膈　12. 会阴浅筋膜　13. 会阴浅间隙　14. 会阴深间隙　15. 会阴　16. 坐骨肛门(直肠)窝

二、填空题

1. 女性内生殖器包括________、________、________和________，其中________是产生卵子和分泌女性性激素的器官。

2. 输卵管由内侧向外侧依次可分为________、________、________和________ 4 部，其中________部为临床上常选择为女性输卵管结扎的部位。

3. 子宫依其形态由上向下可分为________、________和________3 部分。后者依其被阴道包绕的状况不同，又可分为________和________。

4. 子宫位于________的中央，在________与________之间，下端接________，两侧有________和________。

5. 维持子宫正常位置的韧带有________、________、________和________，其中________和________韧带协同作用，维持子宫的前屈前倾位。

6. 纤维结缔组织深入乳房内，将腺体分隔成________个乳腺叶，每个乳腺叶都有一个排泄管，称为________，行向乳头，在近乳头处膨大成________。

7. 尿生殖三角区的肌分浅、深两层，浅层肌有________、________和________。

8. 覆盖在会阴深横肌和尿道膜部括约肌上、下面的筋膜，分别称为________、________。

三、选择题

A 型题

1. 临床上，输卵管结扎术常选择在下列哪一部位进行

A. 输卵管子宫部　B. 输卵管峡部　C. 输卵管壶腹部

D. 输卵管漏斗部　E. 输卵管伞

2. 卵巢

A. 为腹膜间位器官　B. 借卵巢悬韧带与子宫相连

C. 骨盆漏斗韧带是寻找卵巢血管的标志

D. 卵巢后缘借系膜连于子宫阔韧带，称卵巢系膜缘，前缘则游离，称独立缘

E. 借卵巢固有韧带附着于骨盆腔侧壁

3. 正常情况下，卵子与精子结合的部位通常在输卵管的

A. 子宫部　B. 壶腹部　C. 峡部　D. 漏斗部　E. 输卵管伞

4. 有关输卵管的描述，正确的是

A. 可分为子宫部、输卵管峡、输卵管壶腹和输卵管伞 4 部

B. 借输卵管腹腔口开口于腹腔

C. 输卵管壶腹部粗而短、壁厚、行程较直、血供较差

D. 在输卵管腹腔口周围有一个较长的突起达卵巢，称输卵管伞

E. 在输卵管腹腔口周围有一个较长的突起达卵巢，称卵巢伞

5. 有关子宫的描述，何者正确

A. 为腹膜内位器官　B. 位于耻骨联合和膀胱之间

C. 可分为子宫底、子宫体、子宫颈和子宫腔 4 部分

D. 子宫颈的下端位于坐骨棘平面的稍上方

E. 产科常在子宫颈阴道部剖宫取胎

6. 维持子宫的正常位置，使其不下垂的主要韧带是

A. 子宫阔韧带　B. 子宫圆韧带

C. 子宫主韧带　D. 骶子宫韧带　E. 盆膈和尿生殖膈

7. 关于子宫固定装置的解剖学描述，正确的是

A. 子宫阔韧带由双层腹膜和平滑肌共同构成

B. 骶子宫韧带可限制子宫体向前、后移动

C. 维持子宫前倾前屈位的主要韧带为骶子宫韧带

D. 骶子宫韧带向后绕过直肠两侧，止于骶骨前面的筋膜

E. 唯一维持子宫正常位置的结构是子宫的一系列韧带

8. 女性肛门指检时，不能间接触到的结构是

A. 子宫颈　B. 直肠阴道隔　C. 直肠子宫陷凹

D. 输卵管、卵巢　E. 阴道后壁

9. 关于阴道的描述，错误的是

A. 阴道为女性内生殖器的一部分

B. 阴道口开口于阴道前庭

C. 阴道后穹最深，并与直肠子宫陷凹邻近

D. 阴道上部较狭窄，下部较宽阔

E. 处女的阴道口周围有处女膜附着

10. 乳房手术作放射状切口的目的是

A. 不影响术后美观

B. 有利于伤口愈合并减少瘢痕形成

C. 避免损伤乳腺小叶和输乳管

D. 避免损伤乳房悬韧带

E. 减少损伤皮肤的血管、淋巴管和神经的机会

B 型题

A. 卵巢　B. 输卵管　C. 子宫　D. 阴道　E. 阴道后穹

1. 产生卵子和分泌女性性激素的器官是

2. 完成受精过程并将受精卵送入子宫腔的器官是

3. 临床上，进行腹膜腔穿刺常选择的部位

4. 将内、外生殖器连接起来的器官是

5. 其内膜随着月经周期而产生增生和脱落变化的器官

A. 输卵管峡　B. 输卵管漏斗　C. 输卵管腹腔口

D. 输卵管壶腹　E. 输卵管子宫口

6. 输卵管结扎术常选择的部位

7. 宫外孕常发生的部位

8. 卵子进入输卵管时通过的部位

9. 受精卵通过何部位进入子宫腔

10. 输卵管中最膨大、最长的一段为

A. 胸大肌及其筋膜　B. 纤维组织、脂肪组织和乳腺

C. 乳房悬韧带　D. 乳头顶端的小窝　E. 乳腺叶和输乳管

11. 乳房的深面临接

12. 乳房内部结构主要有

13. 输乳管开口于

14. 癌块侵润时，致皮肤产生凹陷的结构

15. 以乳头为中心，呈放射状排列的是

A. 膀胱颈和尿道　B. 阴道口　C. 阴道穹　D. 尿道阴道括约肌　E. 直肠

16. 子宫颈阴道部周围的凹陷为

17. 处女膜附着于

18. 阴道前方临接的主要器官为

19. 尿生殖膈内有

20. 阴道的后方主要邻接的结构为

X 型题

1. 关于女性乳房的描述，正确的是

A. 由皮肤、纤维组织、脂肪组织和乳腺构成

B. 乳腺叶和输乳管均以乳头为中心呈放射状排列

C. 乳房悬韧带对乳腺具有支持和固定作用

D. 乳头周围色素较多的皮肤区称乳晕

E. 在妊娠和哺乳期，乳房内的脂肪组织增加，乳房明显增大

2. 关于卵巢的解剖学描述，正确的是

A. 位于盆腔内，是成对的实质性器官

B. 分前、后面，内、外侧缘和上、下端

C. 下端与输卵管末端相接触，称为输卵管端

D. 前缘中部凹陷为卵巢门，有血管、淋巴管和神经出入

E. 在盆腔内，卵巢的位置主要靠卵巢悬韧带和卵巢固有韧带来维持

3. 关于子宫的解剖学描述，正确的是

A. 为腔小壁厚的肌性器官，是孕育胎儿的场所

B. 子宫分为子宫底、子宫体和子宫颈 3 部分

C. 子宫颈又分为子宫颈阴道上部和子宫颈阴道部

D. 子宫腔呈三角形，其上外侧角分别直通左、右输卵管腹腔口，下角通子宫颈管上口

E. 子宫口的前、后缘称为前唇和后唇，前唇较长后唇则较短

4. 关于阴道形态、位置的描述，正确的是

A. 是由外膜、肌层和粘膜构成的肌性管道

B. 是连接女性内、外生殖器之间的一段生殖管道

C. 上端宽阔，包绕着子宫颈阴道上部

D. 阴道与尿道紧临，两者之间仅隔着阴道后壁

E. 穿盆膈，开口于阴道前庭

5. 关于女性外生殖器的描述，正确的是

A. 阴道前庭是位于两侧小阴唇之间的裂隙，有两个开口即阴道口和尿道口

B. 前庭球相当于男性的阴茎海绵体，直接位于大阴唇的皮下，分中间部和两个外侧部

C. 阴蒂相当于男性的阴茎，亦由 3 条海绵体构成

D. 前庭大腺位于大阴唇的皮下，阴道口的两侧，其导管开口于阴道

E. 两侧大阴唇的后端彼此连合，形成一阴唇系带

四、问答题

1. 女性生殖器分几部分？各部分包括哪些器官？
2. 简述卵巢的位置、形态、功能及固定装置。
3. 简述输卵管的位置、形态、分部及开口。
4. 简述阴道的位置、毗邻及阴道穹的区分、阴道口的位置。
5. 简述阴唇前后连合、阴蒂包皮、阴蒂系带、阴唇系带的位置及构成。
6. 简述女性阴蒂的位置、形态构造及其功能。
7. 简述前庭球的位置、形态构造及功能。
8. 简述前庭大腺的形态、位置、开口及功能。
9. 女性输卵管结扎术常选择在何部位进行？术后是否影响女性性征，为什么？

10. 简述尿生殖三角肌群的名称、分布位置及功能。

五、论述题

1. 试述子宫的位置、形态、分部、子宫壁构造、子宫内腔及子宫的固定装置。

2. 精卵在何处相遇、受精？试述精子和卵子各需经何具体途径才能达到受精处（用箭头表示）。

3. 简述女性乳房的位置、形态、构造及乳房切开引流应遵循的原则。

参考答案

一、名词解释

1. 卵巢门位于卵巢前缘中部的凹陷处，为卵巢的动脉、静脉和神经等出入卵巢处。

2. 卵巢悬韧带又称骨盆漏斗韧带，是腹膜形成的皱襞，起自小骨盆腔入口处、骶髂关节的前方，向下连至卵巢的输卵管端。该韧带内含有卵巢动脉、卵巢静脉、淋巴管、神经丛、平滑肌和结缔组织等，是临床上寻找卵巢血管的标志。

3. 输卵管伞是在输卵管外侧端、输卵管腹腔口周围形成的许多细长突起，盖于卵巢的表面。其中一条较长连于卵巢的突起，称卵巢伞。

4. 直肠子宫陷凹是子宫后面的腹膜从子宫体向下，覆盖子宫颈、阴道穹后部上面，然后转折向上，覆盖于直肠的前面所形成的一个较深的腹膜陷凹，它是直立或半坐位时腹膜腔的最低点。

5. 阴道穹是阴道宽阔的上端包绕子宫颈阴道部所形成的一个环形凹陷，其中阴道后穹最深，直接与直肠子宫陷凹相邻，两者之间仅隔阴道壁和一层腹膜，临床上可经此做腹膜腔穿刺。

6. 阴阜是位于耻骨联合前方的一个皮肤隆起，皮肤的深面有较多的脂肪，性成熟后，皮肤生有阴毛。

7. 阴道前庭是位于两侧小阴唇之间的裂隙，其底部有 4 个开口，前方有尿道外口，后方有阴道口，在小阴唇与处女膜之间的沟内，相当于小阴唇中、后 1/3 交界处，各有一个前庭大腺的开口。

8. 乳房悬韧带为连结乳房表面皮肤与乳腺深面深筋膜的许多结缔组织纤维束，对乳腺有固定作用。乳房内有占位性病变时，乳房悬韧带受挤压或被侵犯，致皮肤产生一些点状小凹。

9. 会阴中心腱是狭义会阴深面的一个腱性结构，为盆底肌及会阴肌的附着点，有加强盆底的作用。女性会阴中心腱较发达，且具有一定的弹性，分娩时易损伤，应注意保护。

10. 尿生殖膈为封闭尿生殖三角区的软组织，由会阴深横肌和尿道膜部括约肌（或尿道阴道括约肌）及覆盖两肌上、下面的尿生殖膈上、下筋膜共同构成。尿生殖膈有协助承托骨盆腔脏器的作用。男性有尿道通过，女性有尿道和阴道通过。

11. 盆膈由盆膈上筋膜、盆膈下筋膜及其间的肛提肌、尾骨肌等共同构成，作为骨盆腔的底，对骨盆腔脏器有重要的承托作用。

12. 会阴浅筋膜是由尿生殖三角区浅筋膜的深层形成的筋膜，又称 Colles 筋膜。此筋膜向后附着于尿生殖膈后缘，两侧附着于耻骨下支和坐骨支，向前上与阴囊肉膜、阴茎浅筋膜及腹壁浅筋膜的深层相延续。

13. 会阴浅间隙为位于会阴浅筋膜与尿生殖膈下筋膜之间的间隙。男性该间隙内有阴茎脚、尿道球、尿生殖三角浅层肌、阴部内动脉的分支、阴部内静脉的属支、阴部神经的分支。女性则有阴蒂脚、前庭球和前庭大腺、尿生殖三角浅层肌和血管、神经的分支等。

14. 会阴深间隙为尿生殖膈上、下筋膜之间的间隙，间隙内有会阴深横肌、尿道膜部括约肌（或尿道阴道括约肌）、阴部内动脉的分支、阴部内静脉的属支、阴部神经的分支，在男性还有尿道球腺和尿道膜部，在女性还有尿道和阴道通过。

15. 会阴有广义和狭义之分。广义会阴是指盆膈以下封闭骨盆腔下口的全部软组织。狭义会阴在男性是指肛门与阴囊根部之间的软组织，在女性是指肛门与唇后连合之间的软组织。广义会阴的界限呈菱形，前角为耻骨联合下缘，后角为尾骨尖，两侧角为坐骨结节，前外侧边为耻骨下支和坐骨支，后外侧边为骶结节韧带。以两侧坐骨结节之间假想的连线为界，将会阴分为前、后两个三角区，前方者为尿生殖区，后方者为肛区。

16. 坐骨肛门窝又称坐骨直肠窝，位于肛管两侧，坐骨结节内侧。为一尖向上，底朝下的锥形间隙。锥尖由盆膈下筋膜与闭孔筋膜汇合而成，锥底为肛门两侧的皮肤。内侧壁为肛门外括约肌、盆底肌及盆膈下筋膜，外侧壁为坐骨结节、闭孔内肌及其筋膜，前壁为尿生殖膈，后壁为臀大肌下缘及其深面的骶结节韧带。窝内有阴部内动脉及其分支、阴部内静脉及其属支、阴部神经及其分支、淋巴管及大量的脂肪组织。

二、填空题

1. 卵巢　输卵管　子宫　阴道　卵巢

2. 子宫部　输卵管峡　输卵管壶腹　输卵管漏斗　输卵管峡

3. 子宫底　子宫体　子宫颈　子宫颈阴道部　子宫颈阴道上部

4. 骨盆腔　膀胱　直肠　阴道　输卵管　卵巢

5. 子宫阔韧带　子宫圆韧带　子宫主韧带　骶子宫韧带　子宫圆韧带　骶子宫韧带

6. 15～20　输乳管　输乳管窦

7. 会阴浅横肌　球海绵体肌　坐骨海绵体肌

8. 尿生殖膈上筋膜　尿生殖膈下筋膜

三、选择题

A 型题

1. B　2. C　3. B　4. E　5. D　6. C　7. D　8. D　9. D　10. C

B 型题

1. A　2. B　3. E　4. D　5. C　6. A　7. D　8. C　9. E　10. D　11. A
12. B　13. D　14. C　15. E　16. C　17. B　18. A　19. D　20. E

X 型题

1. A B C D　2. A D E　3. A B C　4. A B　5. A

四、问答题

1. 女性生殖器分为内生殖器和外生殖器两部分。女性内生殖器包括卵巢、输卵管、子宫和阴道。女性外生殖器即女阴，包括阴阜、大阴唇、小阴唇、阴蒂、阴道前庭、前庭球和前庭大腺。

2. 卵巢位于骨盆腔侧壁的卵巢窝内，即髂内、外动脉分叉的夹角处，是一对扁卵圆形的实质性器官，略呈灰红色，分内、外侧面，前、后两缘和上、下两端。内侧面朝向骨盆腔，外侧面贴靠骨盆腔侧壁。前缘借系膜连于子宫阔韧带，后缘游离。上端借卵巢悬韧带连于骨盆腔侧壁（骨盆入口处），下端借卵巢固有韧带连于子宫底的两侧。卵巢的功能是产生卵子和分泌雌激素。卵巢的固定装置有卵巢悬韧带、卵巢固有韧带和卵巢系膜。

3. 输卵管是一对运送卵子的弯曲管道，长约 10 ～ 20cm，包裹在子宫阔韧带上缘内，其内侧端管腔细，向外侧移行管腔逐渐变粗，其末端呈喇叭状。输卵管内侧端连于子宫底的两侧，外侧端游离，贴附于卵巢表面。输卵管由内向外分为 4 部：输卵管子宫部、输卵管峡、输卵管壶腹和输卵管漏斗。输卵管内侧端借输卵管子宫口开口于子宫腔，外侧端经输卵管腹腔口直接开口于腹膜腔。

4. 阴道位于骨盆腔的中央，子宫颈的下方。前邻膀胱和尿道，后邻直肠子宫陷凹、直肠和会阴中心腱，两侧邻肛提肌。阴道上端较宽阔，包绕子宫颈的阴道部，二者之间形成的环形凹陷，称为阴道穹，分为前穹、侧穹和后穹，后穹最深。阴道下端的开口称阴道口，开口于阴道前庭，尿道口的后方。

5. 两侧大阴唇的前端和后端分别相互连合，形成阴唇前、后连合。分别位于阴阜中线的下缘处和狭义会阴的前端。两侧小阴唇前端各形成内、外两条小皱襞，外侧者在阴蒂背面相互连结，形成阴蒂包皮；内侧者在阴蒂下方相互连结，形成阴蒂系带，向上连于阴蒂体。两侧小阴唇后端相互会合，形成阴唇系带，位于唇后连合之前。

6. 阴蒂位于阴唇前连合的正后方，由两个阴蒂海绵体参与构成。两个海绵体分别以阴蒂脚附着于两侧耻骨下支和坐骨支，向前两个阴蒂海绵体相互结合，构成阴蒂体，表面覆以阴蒂包皮，下方与阴蒂系带相连。阴蒂露于表面的为阴蒂头，富有神经末梢，感觉敏锐，为女性的性敏感器官，有勃起功能。

7. 相当于男性的尿道海绵体，呈蹄铁形，环绕于阴道口和尿道外口的两侧及前方，分为 2 个外侧部和 1 个中间部。外侧部较大，位于大阴唇皮肤的深面。中间部细小，位于阴蒂体与尿道外口之间的皮下。前庭球由海绵组织构成，具有一定的勃起功能。

8. 前庭大腺又称 Batholin 腺（巴氏腺），为两个似豌豆或黄豆大小的圆形或卵圆形小体，呈红黄色，位于阴道口的两侧，前庭球后端的深面。其导管长约 1.5 ～ 2cm，开口于阴道前庭，小阴唇与处女膜之间的沟内，相当于小阴唇中、后 1/3 交界处。其分泌物粘稠，有润滑阴道前庭和阴道的作用。

9. 输卵管结扎术常在输卵管峡部进行。术后不会影响女性第二性征，结扎输卵管只是阻断卵子的输送通道，而没有阻断女性激素排入血液的途径。卵巢分泌的雌激素并未受到任何影响。输卵管结扎后，女性激素自卵巢分泌后，仍可直接进入血液，发挥其促进性欲、维持第二性征的作用。

10. 尿生殖区的肌分浅、深两层。浅层肌包括：会阴浅横肌、球海绵体肌和坐骨海绵体肌；深层肌包括：会阴深横肌和尿道膜部括约肌（或尿道阴道括约肌）。浅层肌位于会阴浅隙内，深层肌位于会阴深隙内。会阴浅横肌有固定会阴中心腱的作用。球海绵体肌收缩时，可使男性尿道缩短变细，协助排尿和射精，并参与阴茎勃起；在女性，有缩小阴道口的作用。坐骨海绵体肌收缩，有阻止静脉血回流的作用，参与阴茎或阴蒂的勃起。会阴深横肌有加强会阴中心腱稳固性的作用。尿道膜部括约肌（或尿道阴道括约肌），有括约尿道（或尿道和阴道）的作用。

五、论述题

1. 子宫位于骨盆腔的中央，膀胱和直肠之间，阴道上方，两侧有输卵管和子宫阔韧带。成年女性的子宫形如前后稍扁的倒置梨形，呈前倾前屈位。当人体直立、膀胱空虚时，子宫体俯卧于膀胱上面，几乎与地面平行。成年未孕时，子宫底位于小骨盆腔入口平面以下，子宫颈下端则位于坐骨棘平面稍上方。子宫分为 3 部分，即子宫底、子宫体和子宫颈。子宫壁分 3 层：外层为浆膜，是腹膜的脏层；中层为强厚的肌层，由平滑肌纤维构成；内层为粘膜，称为子宫内膜，其厚薄随女性生理状态不同而有较大的变化。子宫内腔较狭窄，分为上、下两部分：上部位于子宫体内，呈尖向下的三角形，称为子宫腔；下部位于子宫颈内，呈梭形，称为子宫颈管。子宫的固定装置有子宫阔韧带、子宫圆韧带、子宫主韧带、骶子宫韧带。除此之外，盆膈、尿生殖膈、会阴中心腱、阴道及周围结缔组织的牵拉等因素，对子宫位置的固定也有很大作用。

2. 精子与卵子通常在输卵管壶腹部相遇、受精。精子：精曲小管→精直小管→睾丸网→睾丸输出小管→附睾→输精管→射精管→尿道→尿道外口→阴道→子宫颈管→子宫腔→输卵管子宫部→输卵管峡部→输卵管壶腹部。卵子：卵巢→腹膜腔→输卵管腹腔口→输卵管漏斗部→输卵管壶腹部。

3. 乳房位于胸前部，胸大肌及其筋膜的表面，上平第 2 ～ 3 肋，下平第 6 ～ 7 肋，内侧至胸骨旁线，外侧可达腋中线。乳头平对第 4 肋间隙或第 5 肋。成年未产妇的乳房呈半球形，紧张而有弹性。妊娠和哺乳期的乳房明显增大并下垂。老年妇女的乳房明显萎缩、松弛及下垂。乳房由皮肤、纤维组织、脂肪组织和乳腺组织构成。脂肪组织主要位于皮下。纤维组织插入乳腺组织之间，将腺体分割成 15 ～ 20 个乳腺叶。每个乳腺叶有一个输乳管，乳腺叶和输乳管均以乳头为中心呈放射状排列。输乳管在近乳头处膨大，形成输乳管窦。乳腺周围的纤维组织，向浅面连于皮肤，向深面连于胸肌筋膜上，称乳房悬韧带（Cooper 韧带），有固定乳房的作用。当乳房内部有疾病时，乳房手术应尽量采取放射状切口，以减少对乳腺叶和输乳管的损伤；当乳房后隙有积脓时，应在乳房基底部下缘采取低位弧形切口，以利积液排出。

（孔祥玉）

第三篇　内分泌系统

复习思考题

一、名词解释

1. 内分泌系统　2. 内分泌腺　3. 内分泌组织　4. 激素　5. 靶器官或靶细胞。

二、填空题

1. 内分泌腺包括______、______、______、______、______和______。

2. 内分泌腺不具有________，其分泌物称________，直接输送入________或________。经血液循环来实现对机体的调节作用，称为________调节。

3. 垂体借__________连于__________，位于蝶骨休上面的__________内。

4. 垂体分为________和________两部分，前者分泌________种激素，后者是________的地方。

5. 甲状腺分泌__________，主要作用是______________________、______________。

6. 甲状旁腺附于________________________________，其分泌物称______________，其功能低下时出现__________症。

7. 胸腺位于胸骨柄后面________________________；松果体位于________________。

8.胰岛产生的激素为____________，调节__________，若分泌不足则患____________。

9. 肾上腺位于______________，左侧者近似____________，右侧者呈____________。

10. 人体的内分泌组织有胰腺内的______________，卵巢内的______________和睾丸内的______________。

三、选择题

A 型题

1. 不属于内分泌腺的器官

A. 胰岛　B. 垂体　C. 甲状腺　D. 肾上腺　E. 胸腺

2. 婴幼儿甲状腺机能低下时可发生

A. 巨人症　B. 呆小症　C. 侏儒症　D. 先天愚型　E. 手足抽搦

3. 肾上腺

A. 右侧为半月形　B. 左侧为三角形

C. 肾上腺被包在肾筋膜内　D. 没有独立的纤维囊和脂肪囊

E. 为腹膜间位器官

4. 有关甲状旁腺描述中错误的是

A. 呈棕黄色　B. 扁椭圆形　C. 共有 2 个　D. 位于甲状腺侧叶后方

E. 附着于甲状腺被膜上

5. 随吞咽上、下移动的包块可能长在

A. 颈总动脉　B. 食管　C. 颈部皮肤　D. 甲状腺　E. 颈内静脉

B 型题

A. 内分泌组织　B. 内分泌腺　C. 有管腺　D. 不属于内分泌腺　E. 激素

1. 唾液腺是

2. 脾

3. 胰岛属于

4. 甲状腺是

A. 被称为甲状腺被囊　B. 喉的下部和气管上部前面　C. 气管前面

D. 又称假被囊　E. 甲状软骨

5. 甲状腺纤维囊

6. 甲状腺鞘

7. 甲状腺峡位于

8. 甲状腺附着于

A. 糖尿病　B. 呆小症　C. 手足搐搦　D. 性早熟　E. 巨人症

9. 甲状旁腺功能低下可导致

10. 胰岛素分泌不足可产生

11. 松果体的作用是可防止

X 型题

1. 不属于内分泌腺的是

A. 甲状旁腺　B. 胸腺　C. 肾上腺　D. 腮腺　E. 舌下腺

2. 神经垂体分为

A. 神经部　B. 漏斗部　C. 正中隆起　D. 中间部　E. 结节部

3. 神经垂体分泌的激素有

A. 催产素　B. 催乳素　C. 促生长激素　D. 加压素　E. 促甲状腺素

4. 能分泌性激素的器官是

A. 垂体　B. 甲状腺　C. 睾丸　D. 松果体　E. 卵巢

5. 人体内的内分泌组织

A. 胰腺内的胰岛　B. 睾丸内的间质细胞　C. 卵巢内的卵泡细胞

D. 卵巢内的黄体　E. 松果体

四、问答题

1. 内分泌系统有什么作用?

2. 甲状旁腺有几个?位于何处?其形态和功能意义如何?

3. 试述肾上腺的位置及组织结构特点。

4. 垂体位于何处?其形态和分部怎样?

5. 胰岛的组成及位置如何?有何功能及临床意义?

6. 松果体位于何处?其在一生中的生长发育与功能有何关系?

五、论述题

甲状腺位于何处?试述其形态及周围的重要结构。

参考答案

一、名词解释

1. 由内分泌腺和内分泌组织构成。

2. 又称为内分泌器官，是指结构上独立存在、具有内分泌功能的腺上皮细胞所组成的器官。包括垂体、松果体、肾上腺、胸腺、甲状腺和甲状旁腺。

3. 内分泌组织是指分散存在于其它器官内的具有内分泌功能的细胞或细胞团。例如胰内的胰岛、胸腺内的网状上皮细胞、睾丸内的间质细胞和卵巢内的卵泡细胞及黄体。

4. 激素是指由内分泌腺和内分泌组织分泌的物质。

5. 指某种激素只对特异的器官或细胞起作用，这种器官或细胞称为靶器官或靶细胞。

二、填空题

1. 垂体　松果体　肾上腺　胸腺　甲状腺　甲状旁腺

2. 分泌腺管　激素　血液　淋巴　体液

3. 漏斗　下丘脑　垂体窝

4. 腺垂体　神经垂体　7　贮存激素的地方

5. 甲状腺素　促进机体的新陈代谢　维持机体的正常生长发育

6. 甲状腺侧叶后面的甲状腺被囊上　甲状旁腺素　手足搐搦

7. 上纵隔的前部　背侧丘脑的后上方、中脑上丘的上方

8. 胰岛素　糖代谢　糖尿病

9. 肾上端的内上方　半月形　三角形

10. 胰岛细胞　卵泡细胞和黄体　间质细胞

三、选择题

A 型题

1. A　2. B　3. C　4. C　5. D

B 型题

1. C　2. D　3. A　4. B　5. A　6. D　7. C　8. B　9. C　10. A　11. D

X 型题

1. D E　2. A B C　3. A D　4. C E　5. A B C D

四、问答题

1. 是机体内的一个重要的功能调节系统，它以体液的形式进行调节，对人体的新陈代谢、生长发育和繁殖以及对外界环境的适应等均具有重要调节作用。

2. 甲状旁腺有上、下两对，共 4 个，位于甲状腺两侧叶的后方。分泌甲状旁腺素，可调节机体钙的代谢，维持血钙的平衡。若分泌功能低下，则血钙下降，从而出现手足搐搦症等，如果功能亢进，则引起骨质过度吸收，容易发生骨折。

3. 肾上腺位于腹膜后隙内，附于肾上端的内上方，成对。肾上腺由外层的皮质和内层的髓质组成。皮质占 90%，分泌盐皮质激素、糖皮质激素和性激素。调节体内的水盐代谢和糖、蛋白质代谢及性行为和副性征的出现。髓质占 10%，分泌肾上腺素和去甲肾上腺素，与交感神经兴奋时的作用一致，能使心跳加快、心脏收缩力加强、小动脉收缩、维持血压及调节内脏平滑肌的活动等。

4. 位于颅中窝蝶骨体上面的垂体窝内，借漏斗连于下丘脑。可分为腺垂体和神经垂体，腺垂体又分为远部、结节部和中间部。神经垂体分为神经部、漏斗部和正中隆起。

5. 由不规则的细胞索团组成，分散位于胰的腺泡之间，约有 100 万个内分泌细胞团块，一般在胰尾部多，占胰总重量的 1%～2%。分泌胰岛素，调节体内糖代谢。如胰岛素分泌不足，或不能被身体利用时，可产生糖尿病。

6. 松果体位于背侧丘脑的后上方，以柄附于第三脑室顶的后部，形似松果。在儿童期发达，7 岁开始退化，结缔组织增生，腺细胞渐消失。17 岁之后可有钙盐沉着，形成颗粒，称脑砂，并随年龄而增加。其主要功能是抑制腺垂体分泌促性腺激素，从而抑制性腺的发育和分泌，特别是在幼年期有防止性早熟的作用。

五、论述题

甲状腺位于颈前部，由左、右两个侧叶和中间的甲状腺峡部组成。两侧叶呈锥体形，贴

于喉和气管上段的侧面，上端可达甲状软骨中部，下端可达第 5 或第 6 气管软骨高度。甲状腺峡连接两侧叶，位于第 2 ～ 4 气管软骨之间的前面。

甲状腺外面包有致密结缔组织形成的纤维囊，称甲状腺被囊，此囊发纤维深入腺实质，将腺组织分隔成许多小叶；囊外包有颈深筋膜形成的腺鞘，又称假被囊，将甲状腺固定在喉和气管壁上。因此，吞咽时甲状腺可随喉上、下移动。

甲状腺侧叶后面有甲状旁腺，两侧有颈动脉鞘包裹的颈总动脉、颈内静脉和迷走神经，侧叶下部内侧有喉返神经。

（李光昭　金　昱　崔春爱）

第四篇　脉管系统

第一章　心血管系统

复习思考题

一、名词解释

1. 血液循环　2. 体循环　3. 肺循环　4. 侧副循环　5. 房室交点　6. 三尖瓣复合体 7. 隔缘肉柱　8. 动脉圆锥　9. 二尖瓣复合体　10. 主动脉窦　11. 房室结　12. 心包横窦 13. 心包斜窦　14. 动脉韧带　15. 颈动脉窦　16. 颈动脉小球　17. 掌浅弓　18. 掌深弓 19. 副肾动脉　20. 静脉角

二、填空

1. 脉管系统包括________和________，是人体内一套________的管道系统。

2. 心血管系统由________和________组成，血管又分为________、________和________。

3. 人体内血管吻合的形式有________、________和________。

4. 心尖朝向______，在左侧第______肋间隙，左锁骨中线______处可摸到其搏动。

5. 左心室的入口称________，其周围有________，各借________连于________，其出口为________，周围附有________。

6. 心传导系统由______构成，包括________、________、________及分支等部分。

7. 临床上进行心内注射时，在________侧第________肋间隙，靠胸骨的________缘进针。

8. 右冠状动脉起于________，经________与________起始部之间达________。

9. 左冠状动脉起于________，经________与________起始之间向左前方行至________，分________和________两个分支。

10. 心的静脉主要有________、________和________。最后汇入________。以________开口于右心房。

11. 上肢动脉的主干依次有________、________、________和________。

12. 颈外动脉分支有________、________、________、________和________。

13. 腋动脉分支有________、________、________、________和________。

14．腹主动脉成对的脏支有 ________、________ 和________。

15．腹主动脉不成对的脏支有________、________和________。

16．腹腔干由________发出，其分支有________ 、________和________ 。

17．分布于胃的动脉有________、________、________、________和________。

18．肠系膜上动脉的主要分支有________、________、________ 和 ________。

19．升结肠和降结肠分别由 ________动脉和________ 动脉分布。横结肠和乙状肠分别由 ________动脉和________动脉分布。

20．髂内动脉的脏支有________、________、________、________和________。

21．下肢动脉主干依次为 ________、________、________ 和________。

22．上肢浅静脉较为恒定的主干有________、________ 和________。

23．腹腔成对器官的静脉血直接或间接注入__________，不成对器官（肝除外）回流的静脉血注入 ________ 后入________，再经 ________入下腔静脉。

24．肝门静脉借________ 、________ 和________与上、下腔静脉之间有吻合。

三、选择题

A 型题

1．血管分为

A．动脉与静脉　B．静脉与毛细血管　C．血管与淋巴管

D．动脉、静脉、毛细血管　E．毛细淋巴管与动脉、静脉

2．卵园窝位于

A．室间隔左心室面上　B．房间隔右心房面上　C．室间隔右心室面上

D．房间隔左心房面上　E．右心房前壁上

3．心脏的正常起搏点是

A．房室结　B．房室束　C．结间束　D．左右束支　E．窦房结

4．心室舒张时防止血液逆流的装置有

A．二尖瓣和三尖瓣　B．主动脉瓣和肺动脉瓣　C．主动脉瓣和二尖瓣

D．肺动脉瓣和三尖瓣　E．以上均对

5．主动脉弓的分支为

A．椎动脉、头臂干、锁骨下动脉　B．左、右颈总动脉和左右锁骨下动脉

C．头臂干、左颈总动脉、左锁骨下动脉

D．胸廓内动脉、左颈总动脉、左锁骨下动脉

E．左颈总动脉、右锁骨下动脉、头臂干

6．胸主动脉发出的肋间后动脉有

A．11 对　B．9 对　C．10 对　D．12 对　E．8 对

7．胆囊动脉多发自

A．肝总动脉 B．肝固有动脉 C．肝右动脉 D．肝左动脉 E．肠系膜上动脉

8．营养胰的动脉是

A．腹腔干 B．胃网膜左动脉 C．脾动脉　D．肝左动脉　E．肝右动脉

9．营养大腿内侧肌群的主要动脉是

A．股动脉　B．股深动脉　C．闭孔动脉　D．臀上动脉　E．以上都不是

10．斜跨肘窝的浅静脉是

A．头静脉　B．贵要静脉　C．肘正中静脉　D．桡静脉　E．尺静脉

B 型题

A．右房室口　B．左房室口　C．肺动脉口　D．主动脉口　E．冠状窦口

1．心脏本身静脉血注入右心房的口是

2．右心房的出口是

3．左心室的出口是

4．右心室的出口是

5．右心室的入口是

A．冠状沟　B．室间隔膜部　C．动脉圆锥　D．窦房结　E．右心耳

6．心脏正常起博点是

7．在心表面心房和心室分界的是

8．右心房向左前方突出的部分是

9．室间隔上部是

10．右心室向肺动脉延伸的部分是

X 型题

1．脉管系的组成部分

A．心血管系统　B．冠状血管系　C．淋巴系统　D．肝门静脉系　E．心静脉系

2．心脏表面分隔左、右心室的标志是

A．冠状沟　B．后室间沟　C．界沟　D．前室间沟　E．界嵴

3．颈外动脉的分支是

A．椎动脉　B．胸廓内动脉　C．甲状颈干　D．上颌动脉　E．甲状腺上动脉

4．主动脉弓的分支是

A．左锁骨下动脉　B．右颈总动脉　C．左颈总动脉　D．右锁骨下动脉　E．头臂干

5．肝门静脉的属支是

A．肠系膜上静脉　B．脾静脉　C．胃左静脉　D．肝静脉　E．附脐静脉

四、问答题

1．试述体、肺循环的途径。

2．试述心的位置和毗邻。

3．试述右心房的内部结构。

4．试述右心室的内部结构。

5．试述左心室的内部结构。

6．心内各瓣膜的位置、形态结构及功能如何？

7．试述心的传导系统。

8．左、右冠状动脉的起始、走行、分支和分布如何？

9．心包是如何构成的？何谓心包腔？

10．试述颈外动脉的分支及分布区域。

11．试述锁骨下动脉的分支及分布区域。

12．试述腋动脉的分支及分布区域。

13．试述腹腔干的分支及分布区域。

14．试述肠系膜上、下动脉的分支及分布区域。

15．试述髂内动脉的分支及分布区域。

16．上腔静脉的合成及收集范围如何？

17．上肢较恒定的浅静脉有哪些？其起始、走行和注入部位如何？

18．下腔静脉的合成及收集范围如何？

19．大隐静脉的起始、走行和注入部位如何？有何临床意义？

20．试述肝门静脉的合成、属支、结构特点和收集范围。

五、论述题

1．肝门静脉回流受阻时，为什么出现呕血和便血？

2．试述胃的动脉分布及其来源。

3．试述结肠的分部，分布于各部的动脉名称及其来源。

4．血液从主动脉口至右手掌浅弓经过哪些途径？

5．从左手背静脉网注入药物，可经哪些途径到达胆囊？

6．自右手背桡侧皮下静脉注入药物，可经哪些途径到达阑尾？

7．大隐静脉内的二氧化碳，经何途径排出体外？

8．经右大隐静脉注入葡萄糖，经何途径营养舌？

9．口服黄连素，在小肠吸收，排出尿液呈黄色，试述其在体内所经途径。

10．穿过三边孔、四边孔、棘孔、收肌管、桡神经沟、梨状肌上、下孔的各为什么动脉？

参考答案

一、名词解释

1．心有节律地舒缩，将血液射入动脉，经其各级分支，最后经毛细血管分布至全身各部组织，进行气体和物质交换后，再经静脉回心称为血液循环。

2．当心室收缩时，自左心室射出的动脉血，经主动脉及其分支到全身各部的毛细血管进行物质和气体交换，变成静脉血，再经各级静脉，最后经上、下腔静脉和冠状窦流回右心房。

3．当心室收缩时，自右心室射出的静脉血，经肺动脉干及其分支到肺泡壁的毛细血管进行气体交换，变成动脉血，再经肺静脉返回左心房。

4．当血管主干血流受阻或不通时，通过侧副管的血液量增加，以代替主干发挥作用，这种循环途径称为侧副循环。

5．在心脏的膈面上，冠状沟与后室间沟的交点称为房室交点。

6．三尖瓣环、三尖瓣、腱索、乳头肌在结构和功能上密切相关称为三尖瓣复合体。

7．连于室间隔和前乳头肌根部的一束心肌称为隔缘肉柱。

8．右心室向上逐渐变细，形似倒置的漏斗称为动脉圆锥。

9．二尖瓣环、二尖瓣、腱索、乳头肌在结构和功能上密且相关称为二尖瓣复合体。

10．主动脉瓣和主动脉壁之间形成的衣袋状空间称为主动脉窦。

11．位于房间隔下部右侧，冠状窦口的前上方心内膜下，传导神经冲动。

12．心包腔在升主动脉和肺动脉干后壁与上腔静脉和左心房前壁的间隙称心包横窦。

13．在左心房后壁、左、右肺静脉、下腔静脉与心包后壁之间的间隙称为心包斜窦。

14．在肺动脉干分为左、右肺动脉的分叉部偏左侧向上连于主动脉弓下缘的纤维结缔组织索称为动脉韧带。

15．颈总动脉末端和颈内动脉起始处的膨大部分称为颈动脉窦，为压力感受器，可调节血压。

16．位于颈内、外动脉分叉处的后方的扁椭圆形小体称为颈动脉小球，为化学感受器，可感受血液中 CO_2 浓度变化的刺激。

17．由尺动脉末端和桡动脉的掌浅支吻合形成掌浅弓。

18．由桡动脉末端和尺动脉的掌深支吻合形成掌深弓。

19．自腹主动脉或肾动脉发出，不经肾门入肾的动脉称副肾动脉。

20．同侧颈内静脉和锁骨下静脉汇合成头臂静脉所形成的夹角称静脉角，左侧有胸导管注入，右侧有右淋巴导管注入。

二、填空

1．心血管系统、淋巴系统、封闭

2．心、血管、动脉、静脉、毛细血管

3．动脉与动脉、静脉与静脉、动脉与静脉

4．左前下方、5、内侧 1 ～ 2cm

5．左房室口、二尖瓣、腱索、乳头肌、主动脉口、主动脉瓣

6．特殊分化的心肌细胞、窦房结、房室结、房室束

7．左、4、左

8．主动脉右窦、右心耳、肺动脉干、冠状沟

9．主动脉左窦、左心耳、肺动脉干、冠状沟、前室间支、旋支

10．心大静脉、心中静脉、心小静脉、冠状窦、冠状窦口

11．腋动脉、肱动脉、桡动脉、尺动脉

12．甲状腺上动脉、舌动脉、面动脉、颞浅动脉、上颌动脉

13．胸肩峰动脉、胸外侧动脉、肩胛下动脉、旋肱前动脉、旋肱后动脉

14．肾上腺中动脉、肾动脉、睾丸（卵巢）动脉

15．腹腔干、肠系膜上动脉、肠系膜下动脉

16．腹主动脉、胃左动脉、肝总动脉、脾动脉

17．胃左动脉、胃右动脉、胃短动脉、胃网膜右动脉、胃网膜左动脉

18．空回肠动脉、回结肠动脉、右结肠动脉、中结肠动脉

19．右结肠动脉、左结肠动脉、中结肠动脉、乙状结肠动脉

20．膀胱上动脉、膀胱下动脉、直肠下动脉、阴部内动脉、子宫动脉

21．股动脉、腘动脉、胫前动脉、胫后动脉

22．头静脉、贵要静脉、肘正中静脉

23．下腔静脉、肝门静脉、肝、肝静脉

24．食管静脉丛、直肠静脉丛、脐周静脉网

三、选择题

A 型题

1. D 2. B 3. E 4. B 5. C 6. B 7. C 8. C 9. C 10. C

B 型题

1. E 2. A 3. D 4. C 5. A 6. D 7. A 8. E 9. B 10. C

X 型题

1. A C 2. B D 3. D E 4. A C E 5. A B C E

四、问答题

1．体循环：左心室→动脉血→主动脉及其分支→全身毛细血管进行物质和气体交换→静脉血→各级静脉→上、下腔静脉和冠状窦→右心房。肺循环：右心室→静脉血→肺动脉及其分支→肺泡壁毛细血管进行气体交换→动脉血→肺静脉→左心房

2．位于胸腔的中纵隔内，外裹以心包。前方对第 2 ～ 6 肋软骨，后方对 T_5 ～ T_8，2/3 位于身体正中矢状面的左侧，1/3 位于正中矢状面的右侧。前方被肺和胸膜掩盖，只下方一小部分与胸骨体下半和左侧第 4 ～ 5 肋软骨相邻。心内注射时应在左侧第 4 肋间隙靠胸骨左缘进针。两侧邻肺和胸膜，上方连于出入心的大血管，下方贴膈，后方邻食管和胸主动脉。

3．右心房内有：上、下腔静脉口，冠状窦口，右房室口，卵圆窝，界嵴，梳状肌。

4．右心室内有：室上嵴、三尖瓣环、三尖瓣、腱索、乳头肌、肉柱、隔缘肉柱、动脉圆锥、肺动脉口、肺动脉瓣。

5．左心室内有：二尖瓣环、二尖瓣、腱索、乳头肌、肉柱、主动脉前庭、主动脉口、主动脉瓣、主动脉窦。

6．右房室口上有三尖瓣、肺动脉口上有肺动脉瓣、左房室口上有二尖瓣、主动脉口上有主动脉瓣，瓣膜由心内膜折叠夹一层致密结缔组织构成，防止血液倒流。

7．心传导系统由特殊分化的心肌细胞构成，包括窦房结、房室结、房室束及其分支。

8．左冠状动脉起自主动脉左窦，经左心耳与肺动脉干之间入冠状沟，分为前室间支和旋支，前室间支分布于左、右心室前壁，室间隔前 2/3。右冠状动脉发自主动脉右窦，经右心耳与肺动脉干之间入冠状沟至心膈面，分支有后室间支、左室后支、动脉圆锥支、窦房结支、右缘支和房室结支，后室间支分布于左右心室后壁、室间隔后 1/3 等处。

9．心包由纤维心包和浆膜心包构成，浆膜心包的脏、壁层之间的间隙称心包腔。

10．分支有：甲状腺上动脉→甲状腺、喉，舌动脉→舌，面动脉→面部，颞浅动脉→颞、顶、额部，上颌动脉→上、下颌牙、脑膜等处，枕动脉→枕、项部，耳后动脉→耳廓后部、乳突小房、腮腺，咽升动脉→咽、腭、扁桃体等。

11．分支有：椎动脉→脑、脊髓，胸廓内动脉→胸壁、腹直肌上部，甲状颈干→甲状腺、喉、肩部，肩胛背动脉→项、背部，肋颈干→第 1、2 肋间、项部深肌等。

12．分支有：胸肩峰动脉→胸大、小肌、三角肌、肩关节，胸外侧动脉→前锯肌，肩胛下动脉→肩胛下肌、背阔肌、肩部，旋肱前、后动脉→附近肌。

13．腹腔干分为：胃左动脉、肝总动脉和脾动脉。胃左动脉分布于胃小弯和食管。肝总动脉分为肝固有动脉和胃十二指肠动脉。肝固有动脉分为肝左支、肝右支和胃右动脉，肝右支分支有胆囊动脉，分布于肝、胆囊和胃；胃十二指肠动脉分为胃网膜右动脉和胰十二指肠上动脉，分布于胃大弯、大网膜和十二指肠。脾动脉分为脾支、胰支、胃短动脉和胃网膜左动脉，分布于脾、胰、胃和大网膜。

14．肠系膜上动脉分为：空、回肠动脉、回结肠动脉、右结肠动脉和中结肠动脉，分布于空、回肠、盲肠、阑尾、升结肠和横结肠。肠系膜下动脉分支为：左结肠动脉、乙状结肠动脉和直肠上动脉，分布于降结肠、乙状结肠和直肠上部。

15．壁支：臀上动脉、臀下动脉和闭孔动脉，分布于臀部和大腿肌内侧群等。脏支：膀胱上动脉、膀胱下动脉、直肠下动脉、阴部内动脉和子宫动脉，分布于盆腔脏器、会阴肌和外生殖器等。

16．上腔静脉由左、右头臂静脉汇合形成，收集头颈、上肢和胸部的静脉血。

17．头静脉→手背静脉网桡侧→前臂桡侧→臂外侧→注入腋静脉，贵要静脉→起自手背静脉网尺侧→前臂尺侧→臂内侧→注入肱静脉，肘正中静脉→连结头静脉和贵要静脉。

18．下腔静脉由左、右髂总静脉汇合形成，收集下肢、盆部和腹部的静脉血。

19．起自足背静脉弓内侧→内踝前方→小腿内侧→大腿内侧→在股三角处注入股静脉，大隐静脉曲张、大隐静脉结扎、注射药物等。

20．由肠系膜上静脉和脾静脉汇合而成。属支有：肠系膜上静脉、脾静脉、肠系膜下静脉、胃左静脉、胃右静脉、胆囊静脉和附脐静脉。特点：两端均是毛细血管，无静脉瓣。收集胃、小肠、大肠、脾、胰等处的静脉血。

五、论述题

1．因食管静脉丛曲张和直肠静脉丛曲张，曲张的静脉破裂可分别引起吐血和便血。其血液逆流回心途径如下：

1）肝门静脉→胃左静脉→食管静脉丛→食管静脉→奇静脉→上腔静脉

2）肝门静脉→脾静脉→肠系膜下静脉→直肠上静脉→

直肠静脉丛→（→直肠下静脉→；→肛静脉→阴部内静脉→）→髂内静脉→髂总静脉→下腔静脉

2．胃左动脉→来自腹腔干，胃右动脉→来自肝固有动脉，以上两动脉主要分布于胃小弯侧胃体前、后壁；胃网膜右动脉→来自胃十二指肠动脉，胃网膜左动脉→来自脾动脉，以上两动脉主要分布于胃大弯侧胃体前后壁和大网膜。胃短动脉→来自脾动脉，分布于胃底。

3．升结肠→右结肠动脉，横结肠→中结肠动脉，降结肠→左结肠动脉，乙状结肠→乙状结肠动脉。其中右结肠动脉、中结肠动脉来源于肠系膜上动脉；左结肠动脉、乙状结肠动脉来源于肠系膜下动脉

4．血液→主动脉口→升主动脉→主动脉弓→头臂干→右锁骨下动脉→腋动脉→肱动脉→桡动脉或尺动脉→掌浅弓。

5．药物→左手背静脉网→头静脉（或贵要静脉→肱静脉）→腋静脉→锁骨下静脉→头臂静脉→上腔静脉→右心房→右心室→肺动脉→肺→肺静脉→左心房→左心室→主动脉→腹主动脉→腹腔干→肝总动脉→肝固有动脉→肝右支→胆囊动脉→胆囊。

6．药物→右手背静脉网桡侧→头静脉→腋静脉→锁骨下静脉→头臂静脉→上腔静脉→右心房→右心室→肺动脉→肺→肺静脉→左心房→左心室→主动脉→腹主动脉→肠系膜上动脉→回结肠动脉→阑尾动脉→阑尾。

7．二氧化碳→大隐静脉→股静脉→髂外静脉→髂总静脉→下腔静脉→右心房→右心室→肺动脉→肺→气体交换→肺内支气管→支气管→气管→喉→咽→鼻腔→鼻前孔→体外。

8. 葡萄糖→右大隐静脉→股静脉→髂外静脉→髂总静脉→下腔静脉→右心房→右心室→肺动脉→肺→肺静脉→左心房→左心室→主动脉→主动脉弓→左颈总动脉
└→头臂干→右颈总动脉 }→两侧颈外动脉→舌动脉→舌。

9. 黄连素→口腔→咽→食管→胃→空、回结肠吸收→肠系膜上静脉→肝门静脉→肝→肝静脉→下腔静脉→右心房→右心室→肺动脉→肺→肺静脉→左心房→左心室→主动脉→腹主动脉→肾动脉→肾→尿液→肾小盏、肾大盏、肾盂→输尿管→膀胱→尿道→体外。

10. 三边孔→旋肩胛动脉，四边孔→旋肱后动脉，棘孔→脑膜中动脉，收肌管→股动脉，桡神经沟→肱深动脉，梨状肌上孔→臀上动脉，梨状肌下孔→臀下动脉、阴部内动脉。

（温玉新　王振江）

第二章　淋巴系统

复习思考题

一、名词解释

1. 淋巴管　2. 胸导管　3. 乳糜池　4. 局部淋巴结　5. 淋巴组织

二、填空题

1. 淋巴系统由______、______及散在的______构成。

2. 淋巴管道由以盲端起始于组织间隙内的______，以及由此而汇合成的______、______和______共同构成。

3. 汇入右淋巴导管的淋巴干有______、______和______。

4. 腹股沟浅、深淋巴结分别排列在______、______末端和______的周围，收集______、______、______、______和______大部分的浅淋巴管。

5. 脾的脏面有一凹陷，为______，有______、______出入，脾的前上方有2～3个深陷的______，是临床上触诊时辨认脾的标志。

三、选择题

A 型题

1. 有关毛细淋巴管的描述，错误的是

A. 毛细淋巴管几乎遍布全身各处　B. 以盲端起始于组织间隙内，并相互吻合成网
C. 内皮细胞之间有间隙，通透性较大　D. 有完整的基膜和周细胞
E. 毛细淋巴管的通透性远大于毛细血管

2. 关于乳糜池的描述，错误的是

A. 是胸导管腹部的一个膨大　B. 为左、右腰干汇合后形成的膨大部
C. 由左、右腰干和肠干共同汇合而成

D．走行于食管之后，奇静脉和胸主动脉之间

E．行至第5胸椎水平，渐斜过中线至脊柱的左前方

3．有关胸导管的描述，错误的是

A．是全身最粗大、最长的淋巴导管　B．起始于乳糜池，注入左静脉角

C．穿膈肌的食管裂孔入胸腔　D．出左胸廓上口后，形成胸导管弓

E．收纳约占全身3/4的淋巴

4．关于右淋巴导管的描述，何者正确

A．是全身最粗、最短的淋巴导管　B．起始于乳糜池上端

C．收纳全身右侧半1/2的淋巴　D．注入右静脉角

E．收纳右腰干、右颈干、右锁骨下干和右支气管纵隔干

5．以下何者不属于胸导管的收纳范围

A．左上半身　B．右上半身　C．左下半身　D．右下半身　E．左侧肺、胸膜

6．以下何者不属于右淋巴导管的收纳范围

A．右上肢　B．头颈部右侧半　C．右肺、右侧胸膜

D．胸后壁右侧半　E．胸前壁右侧半

7．有关上肢淋巴结的描述，错误的是

A．上肢浅淋巴管与上肢浅静脉伴行　B．上肢深淋巴管与上肢深血管伴行

C．上肢浅、深淋巴结的输出管均注入腋淋巴结　D．腋淋巴结分为5群

E．腋尖淋巴结的输出管汇合成颈干

8．关于脾的叙述，下列何者正确

A．位于右季肋区　B．门静脉高压时，其血流量不受影响

C．位于9～11肋间，其长轴与第10肋基本一致

D．前下缘高于肋弓3～5cm　E．为腹膜外位器官

9．下列有关胸腺的描述，哪一个是正确的

A．位于前纵隔内（四分法）　B．位于中纵隔内（四分法）

C．具有一定的外分泌功能　D．新生儿和幼儿的胸腺相对较大

E．胸腺一般分为左、右完全对称的两叶

10．有关淋巴管的描述，错误的是

A．由毛细淋巴管汇合而成，管壁结构类似小静脉

B．在向心走行中有1个或多个淋巴结介入　C．数量多，彼此吻合充分

D．浅、深淋巴管间有充分的吻合　E．淋巴在管内的流动是静脉血的2倍

B型题

A．右淋巴导管或右静脉角　B．乳糜池　C．左淋巴导管（胸导管）或左静脉角

D．颈干　E．锁骨下干

1．右颈干、右支气管纵隔干、右锁骨下干注入

2．左颈干、左支气管纵隔干、左锁骨下干注入

3．左、右腰干和肠干注入

4．腋尖群淋巴结的输出管大部分汇合成

5．颈外侧深淋巴结的输出管汇成

A．腰淋巴结　B．腋外侧淋巴结　C．腋尖群淋巴结

D．纵隔前淋巴结　E．纵隔后淋巴结

6．位于食管和胸主动脉周围的淋巴结

7．位于腋动脉、腋静脉近侧段周围的淋巴结

8．位于腋动脉、腋静脉远侧段周围的淋巴结

9．位于心底部大血管和心包前面的淋巴结

10．位于下腔静脉和腹主动脉周围的淋巴结

A．咽后淋巴结　B．锁骨上淋巴结　C．胸肌淋巴结

D．胸骨旁淋巴结　E．颏下淋巴结

11．乳腺内侧部的恶性肿瘤易转移至

12．乳腺外侧部的恶性肿瘤易转移至

13．食管癌和胃癌易转移至

14．鼻咽癌易转移至

15．舌尖炎症易累及

A．腰淋巴结　B．髂内、髂外淋巴结　C．直肠上淋巴结

D．腹股沟浅淋巴结　E．胸导管

16．直肠齿状线以上的大部分淋巴管沿直肠上血管走行，多注入

17．子宫体下部和子宫颈的淋巴管多沿子宫血管走行，注入

18．食管的淋巴管可不经局部淋巴结而直接注入

19．直肠齿状线以下的肛管的淋巴管多沿阴部外浅静脉走行，多注入

20．子宫底、子宫体的淋巴管沿卵巢血管走行，多注入

X 型题

1．有关腹部淋巴管的描述，正确的是

A．脐平面以上的腹前外侧壁的淋巴管一般注入腋淋巴结

B．脐平面以下的腹前外侧壁的浅淋巴管一般注入腹股沟浅淋巴结

C．腹后壁的淋巴管注入腰淋巴结

D．腰淋巴结的输出管汇合成左、右腰干

E．来自空、回肠的淋巴管形成肠干，直接注入乳糜池

2．有关头颈部的淋巴结的描述，正确的是

A．头部的淋巴结多位于头、颈交界处，其输出管直接或间接汇入颈外侧深淋巴结

B．颈外侧浅淋巴结主要沿颈外静脉排列

C．颈外侧浅淋巴结的输出管注入颈外侧深淋巴结

D．颈外侧深淋巴结多沿颈内静脉排列

E．颈外侧深淋巴结的输出管汇合成锁骨下干

3．盆部的淋巴管和淋巴结

A．髂内淋巴结沿髂内动脉及其分支排列，收纳大部分盆壁、盆腔脏器、会阴深部、臀部及大腿后部的淋巴管

B．髂外淋巴结主要沿髂外动脉及其分支排列，收纳下肢、盆壁、部分盆腔脏器及腹前壁下部的淋巴

C．髂总淋巴结沿左、右髂总动脉排列，主要收纳腹前壁下部、膀胱、前列腺或子宫和阴道上部的淋巴

D．骶淋巴结主要沿骶正中动脉和骶外侧动脉排列，收纳骨盆后壁、直肠、前列腺或子宫和阴道上部的淋巴

E．髂内、外淋巴结和骶淋巴结的输出管最终都汇入髂总淋巴结

4．胸导管

A．为全身最大的淋巴导管，长约 30～40cm，直径约 6mm

B．起自乳糜池

C．穿膈的腔静脉孔，进入胸腔，伴胸主动脉经后纵隔上行

D．注入左静脉角

E．可收集约占全身 3/4 部位的淋巴

5．乳房的淋巴引流

A．乳房中央部及外侧部的淋巴管注入肩胛下淋巴结

B．乳房上部的淋巴管主要注入腋尖淋巴结

C．乳房内侧部的淋巴管注入胸骨旁淋巴结

D．乳房下部的淋巴管注入膈上淋巴结（前组）

E．一侧乳房的淋巴引流至对侧乳房的淋巴管

四、问答题

1．简述淋巴系统的组成及功能。
2．全身共有几条淋巴干、各干收纳淋巴的范围如何？
3．试述右淋巴导管的长度、合成、注入部位及收纳淋巴的范围和流向。
4．简述头颈部淋巴结群的名称、位置、收纳淋巴范围及流向。
5．试述锁骨上淋巴结（Virchow 淋巴结）的位置及临床意义。
6．试述乳房的淋巴流向及乳癌根治术时应清除哪些淋巴结。
7．简述肺、支气管肺门、气管支气管上下淋巴结的位置、收纳范围及淋巴流向。
8．试述腹股沟淋巴结的分群、位置、收纳范围及淋巴流向。
9．简述脾的位置、形态及功能。

五、论述题

1．简述毛细淋巴管的分布范围、结构特点及临床意义。
2．简述淋巴结的形态、构造、机能、分布特点。
3．简述腋淋巴结的位置、分群、收纳范围及淋巴流向。
4．简述胃、肝、直肠、子宫的淋巴流向。

参考答案

一、名词解释

1．淋巴管由毛细淋巴管汇合而成，管壁结构近似小静脉，由内、中、外三层构成，具

有大量向心开放的瓣膜，可防止淋巴液逆流，瓣膜附近部分的管腔略扩张，呈窦状，使充盈的淋巴管外观呈串珠状。根据淋巴管的分布位置，可将其分为浅、深两种，浅、深淋巴管之间、相邻部位的淋巴管之间均有广泛的交通。

2. 胸导管是全身最大的淋巴导管，又称左淋巴导管，起自乳糜池，经主动脉裂孔进入胸腔，于食管后方、奇静脉与主动脉之间上行，经胸廓上口达颈根部，最后注入左静脉角。胸导管除收集左、右腰干和肠干外，在注入左静脉角之前还接收左颈干、左锁骨下干和左支气管纵隔干。胸导管在胸部被损伤可造成乳糜胸。

3. 乳糜池是左、右腰干和肠干汇合所形成的囊状膨大。因肠干内含有由小肠绒毛内毛细淋巴管吸收而来的脂肪颗粒，因而乳糜池内的淋巴呈乳白色，故得名。乳糜池为胸导管起始部。

4. 局部淋巴结是引流人体某一器官或某一区域淋巴，并位于一定部位的淋巴结。例如腋淋巴结、肝淋巴结等。了解局部淋巴结的位置、收集淋巴的范围及引流方向，对诊断某些疾病具有重要的临床意义。

5. 淋巴组织是除淋巴器官以外的含有大量淋巴细胞的网状结缔组织，主要分布在消化道、呼吸道的粘膜内，亦构成防止有害因子侵入机体的有效屏障。

二、填空题

1. 淋巴管道　淋巴器官　淋巴组织

2. 毛细淋巴管　淋巴管　淋巴干　淋巴导管

3. 右颈干　右锁骨下干　右支气管纵隔干

4. 腹股沟韧带　大隐静脉　股静脉　腹前壁下部　会阴　外生殖器　臀部　下肢

5. 脾门　神经　血管　脾切迹

三、选择题

A 型题

1. D　2. B　3. C　4. D　5. B　6. D　7. E　8. C　9. D　10. E

B 型题

1. A　2. C　3. B　4. E　5. D　6. E　7. C　8. B　9. D　10. A　11. D　12. C　13. B　14. A　15. E　16. C　17. B　18. E　19. D　20. A

X 型题

1. BCDE　2. ABCD　3. ABDE　4. ABDE　5. BCDE

四、问答题

1. 淋巴系统由淋巴管道、淋巴器官和淋巴组织构成。淋巴系统可视作静脉的辅助部，它不仅能协助静脉运送体液回归血液循环，而且能转运脂肪和其他大分子物质。淋巴器官和淋巴组织还可产生淋巴细胞、过滤淋巴液、参与免疫过程，是人体的重要防御和保护屏障。

2. 全身共有 9 条淋巴干，即：左、右颈干，左、右支气管纵隔干，左、右锁骨下干，左、右腰干和单一的肠干。左、右颈干收纳头颈部浅、深淋巴；左、右锁骨下干收纳上肢及部分胸壁的淋巴；左、右支气管纵隔干收纳胸腔器官及部分胸腹壁的淋巴；左、右腰干收纳下肢、盆部和腹腔成对器官及部分腹壁的淋巴；肠干收纳腹腔不成对器官的淋巴。

3. 右淋巴导管位于右颈根部，长约 1.5cm，由右颈干、右锁骨下干和右支气管纵隔干汇合而成，注入右静脉角。右淋巴导管收纳右半头颈部、右上肢和右半胸部的淋巴，即接受人体右上 1/4 的淋巴回流。

4. 头部淋巴结有：①枕淋巴结：位于枕部皮下、斜方肌起点的表面，收纳枕部、颅顶部的淋巴；②乳突淋巴结：位于耳后、胸锁乳突肌上端表面，收纳颅顶及耳廓后面的浅淋巴；③腮腺淋巴结：分浅、深两组，分别位于腮腺表面和腮腺实质内，收纳额、颞区、耳廓和外耳道、颊部及腮腺等处的淋巴；④下颌下淋巴结：位于下颌下腺附近，收纳面部、鼻部和口腔器官的淋巴；⑤颏下淋巴结：位于颏下部，收纳颏部、下唇内侧部和舌尖部的淋巴。所有上述淋巴结收纳头面部浅层的淋巴，直接或间接汇入颈外侧深淋巴结。

颈部淋巴结有：①颈前淋巴结：位于舌骨下方及喉、甲状腺、气管等器官的前方，收纳上述器官的淋巴，其输出管注入颈外侧深淋巴结；②颈外侧淋巴结：分为颈外侧浅淋巴结和颈外侧深淋巴结两群。颈外侧浅淋巴结位于胸锁乳突肌表面及其后缘处，沿颈外静脉排列，收纳颈部浅层的淋巴，其输出管注入颈外侧深淋巴结；颈外侧深淋巴结沿颈内静脉周围排列，数目较多，上始自颅底，下至颈根部，少数淋巴结位于副神经周围，在颈根部的淋巴结常沿锁骨下静脉排列。颈外侧深淋巴结直接或间接收纳头颈部、胸壁上部、乳房上部和舌、咽、腭扁桃体、喉、气管、甲状腺等器官的淋巴管，其输出管汇合成颈干。左颈干注入胸导管，右颈干注入右淋巴导管。

5. 锁骨上淋巴结位于锁骨下动脉和臂丛附近，左锁骨上淋巴结又称 Virchow 淋巴结。食管癌和胃癌的晚期，癌细胞可沿胸导管或颈干逆行转移至左锁骨上淋巴结。此时，可于左锁骨上方触及到肿大的淋巴结。

6. 乳房的淋巴有 4 条引流途径：①乳房外侧部的淋巴管注入胸肌淋巴结，是乳房淋巴引流的主要途径；②乳房上部的淋巴管穿经胸大肌，向上注入尖淋巴结；③乳房内侧部的淋巴管注入胸骨旁淋巴结； ④乳房内下部的淋巴管注入膈上淋巴结（前组）并可间接与肝的淋巴管交通。乳癌根治术时应清除胸大、小肌及其间的胸肌间淋巴结和腋窝的 5 组淋巴结，甚至部分颈外侧下深淋巴结。

7. 肺淋巴结位于肺内，沿支气管和肺动脉的分支排列，收纳肺内部的淋巴管，其输出管注入支气管肺门淋巴结；支气管肺门淋巴结位于肺门处，也称肺门淋巴结，收纳肺、食管等处的淋巴管，其输出管注入气管支气管淋巴结；气管支气管淋巴结分为上、下两群，分别位于气管杈的上、下方，收纳肺门淋巴结的输出管，其输出管注入气管周围的气管旁淋巴结。

8. 腹股沟淋巴结分浅、深两群，浅群又分上、下两组。①腹股沟浅淋巴结上组：沿腹股沟韧带下缘排列，收纳脐以下腹前外侧壁、臀区、会阴、外生殖器、肛门及子宫底的淋巴管，其输出管注入髂外淋巴结；②腹股沟浅淋巴结下组：沿大隐静脉末段两侧纵向排列，收纳除足外侧缘和小腿后外侧部以外整个下肢的浅淋巴管，其输出管注入腹股沟深淋巴结和髂外淋巴结；③腹股沟深淋巴结：位于股静脉根部周围，收纳腹股沟浅淋巴结和腘淋巴结的输出管以及下肢的深淋巴管，其输出管汇入髂外淋巴结。

9. 脾位于左季肋区，胃左侧与膈之间，相当于左侧第 9 ～ 11 肋的深面，其长轴与第 10 肋方向基本一致，正常人在左肋弓下不能触及到脾。脾为扁椭圆形或扁三角形的实质性器官，分前、后两端，上、下两缘，脏、膈两面。脾上缘有 2 ～ 3 个脾切迹，是触诊时辨认脾的标志。脾的膈面平滑隆凸，脏面凹陷，其中央有脾门，是神经、血管出入脾之处。脾是重要的淋巴器官，具有造血、滤血、清除衰老红细胞及参与免疫反应等功能。

五、论述题

1. 毛细淋巴管分布广泛，除脑、脊髓、脾髓、上皮、角膜、晶状体、牙釉质、软骨等处外，毛细淋巴管几乎遍布全身。毛细淋巴管是淋巴管道的起始段，以膨大的盲端起始于组织间隙内，彼此吻合成网；管壁由内皮构成，无基膜和周细胞，内皮细胞间多呈叠瓦状邻接，细胞间有 0.5μm 左右的间隙，因此，毛细淋巴管具有比毛细血管更大的通透性，一些大分子物质，如蛋白质、细菌和癌细胞等较易进入毛细淋巴管。毛细淋巴管是淋巴系统中清除组织间隙内多余液体和大分子物质的最初吸收器官，可将组织间隙中的液体和蛋白质吸收进来，并将其运送到大静脉血管中。同时，细菌和癌细胞等物质也可以进入毛细淋巴管，这些物质在随同淋巴液回流的过程中，可于淋巴器官处被过滤而滞留下来，进而被淋巴器官清除，起到一定的预防疾病的目的。

2. 淋巴结一般为灰红色、质软的扁圆形小体，大小不等，直径约 5 ～ 20mm，其一侧隆凸，有数条输入淋巴管进入，另一侧凹陷，称淋巴结门，有 1 ～ 2 条输出淋巴管及血管和神经出入。淋巴结外有被膜包裹，被膜内层的纤维伸入淋巴结内，形成网状支架，叫小梁，是淋巴结内部的主要支架。淋巴结的实质分皮质和髓质两部分，皮质为淋巴结实质的周围部分，含有丰富的淋巴小结，其功能可随年龄、生理和病理状态的不同而改变，髓质位于皮质的深部，是淋巴结的中心部分，含有髓索和髓窦。淋巴结的主要功能是过滤淋巴、产生淋巴细胞和浆细胞，参与机体的免疫过程。淋巴结多聚集成群，以深筋膜为界可将淋巴结分为浅、深两种，浅淋巴结活体常易触及；四肢的淋巴结多位于关节屈侧或肌围成的沟、窝内；内脏的淋巴结多位于脏器的门附近或腹、盆部血管分支周围。

3. 腋淋巴结位于腋血管及其分支周围，按其位置可分为 5 群，即外侧淋巴结、胸肌淋巴结、肩胛下淋巴结、中央淋巴结和尖淋巴结。外侧淋巴结位于腋动、静脉远侧段周围，收纳上肢大部分淋巴管及肘淋巴结输出管，其输出管注入中央淋巴结；胸肌淋巴结位于胸小肌下缘，沿胸外侧血管排列，收纳胸、腹外侧壁和乳房外侧、中央部的淋巴管，其输出管注入中央淋巴结；肩胛下淋巴结位于腋窝后壁肩胛下血管周围，收纳项背部、肩胛区的淋巴管，其输出管注入中央淋巴结；中央淋巴结位于腋窝中央脂肪组织中，收纳上述 3 群淋巴结的输出管，其输出管注入尖淋巴结；尖淋巴结位于腋窝尖部，沿腋血管的近侧段排列，收纳中央淋巴结的输出管和乳房上部的淋巴管，其输出管大部分汇成锁骨下干，注入胸导管或右淋巴导管，少数注入锁骨上淋巴结。

4. 胃的淋巴结有胃左、右淋巴结，胃网膜左、右淋巴结，幽门上、下淋巴结（不恒定）和脾淋巴结，收纳胃的淋巴后，其输出管直接或间接汇入腹腔淋巴结。肝的淋巴管分浅、深两组，浅组位于肝实质表面的浆膜下，形成淋巴管网，它们可注入膈上淋巴结、纵隔后淋巴结、胃右淋巴结、主动脉前淋巴结及肝淋巴结；深组位于肝内，形成升、降两干，升干出第二肝门，注入纵隔后淋巴结，降干出第一肝门，注入肝淋巴结。直肠的粘膜下的淋巴管可注入髂内淋巴结，直肠下部的淋巴管沿肠壁上行，与上部的淋巴管吻合，注入直肠旁淋巴结，其输出管沿直肠上血管上行，注入直肠上淋巴结。子宫底和子宫体上部大部分淋巴管注入髂总淋巴结和左、右腰淋巴结；子宫体下部及子宫颈的淋巴管，注入髂内淋巴结或髂外淋巴结，一部分向后注入骶淋巴结或髂总淋巴结；子宫体的一部分淋巴管，可注入腹股沟浅淋巴结。

（孔祥玉）

第五篇　感觉器

复习思考题

一、名词解释

1. 视神经盘　2. 黄斑　3. 中央凹　4. 虹膜角膜角隙　5. 巩膜静脉窦　6. 第二鼓膜　7. 前庭窗　8. 咽鼓管　9. 面神经管隆凸　10. 骨迷路　11. 膜迷路　12. 蜗管　13. 螺旋器

二、填空题

1. 靠近角膜的巩膜缘深部有________。

2. 结膜穹是指________和________间的间隙。

3. 视网膜中央动脉来源于________，伴________神经走行。泪腺位于________，开口于________。

4. 视网膜最内层细胞是________，最外层细胞有________作用。

5. 晶状体周围部分称________，中央部分称________。

6. 房水的作用有________、________和________。

7. 眼球的内容物包括________、________、________。

8. 视网膜可分为________和________二层。

9. 瞳孔开大肌是以瞳孔为中心呈________排列，瞳孔括约肌是以瞳孔为中心呈________排列。感受强光刺激是________，通过视神经、视交叉、视束至________，再将兴奋传至________。

10. 视网膜上无感光的部位有________、________、________。

11. 虹膜角膜角（前房角）是指________与________间的环形区域。

12. 眼球房是指________、________与________间的空间。睑内侧韧带经泪囊的________方附于眶缘。

13. 听小骨有三块，即________、________和________。

14. 鼓膜位于鼓室和外耳道之间，中间向内凹陷，锤骨柄末端附着处，称________。

15. 咽鼓管连通咽腔和鼓室，使________和________的大气压相等。

16. 在锤骨前，后襞之间鼓膜上 1/4 的三角区，称为________，薄而松弛，下 3/4 的鼓膜称为________。

17. 迷路被分为二部分，包括骨迷路和________。

18. 鼓室的内侧壁称为________壁，壁的中部隆凸称为________，该隆凸的后上方有一卵圆形小孔称________连于前庭，该隆凸的后下方有一圆孔称________。

19. 耳蜗的尖端称________，朝向________。

20. 前庭是位居骨迷路中部略呈椭圆形的空腔，内藏膜迷路的________和________。

三、选择题

A 型题

1. 无屈光作用的结构

A．角膜　B．虹膜　C．房水　D．晶状体　E．玻璃体

2．收缩时使泪囊扩张的肌

A．眼轮匝肌　B．内直肌　C．上睑提肌　D．上斜肌　E．下斜肌

3．使瞳孔转向外上的肌

A．外直肌　B．肉直肌　C．上斜肌　D．下斜肌　E．上睑提肌

4．有关房水的描述错误的是

A．充满眼房　B．为澄清的液体　C．经常更新

D．如循环障碍导致青光眼　E．直接渗入眼静脉

5．泪器不包括

A．泪腺　B．泪点　C．泪囊　D．鼻泪管　E．泪囊窝

6．眼底上看不到的结构

A．黄斑　B．视神经乳头　C．齿状缘　D．视网膜动脉　E．视网膜静脉

7．有关中耳鼓室，错误的是

A．有六个壁　B．有听小骨　C．鼓膜张肌和镫骨肌

D．内有前庭蜗神经通过　E．内有鼓索通过

8．鼓室外侧壁即鼓膜壁，鼓膜上部为

A．蜗窗　B．前庭窗　C．面神经凸　D．岬　E．鼓室上隐窝的外侧壁

9．关于中耳何者为错

A．为颞骨岩部内含气的不规则小腔　B．由鼓室、咽鼓管及乳窝小房等构成

C．为传导声波的重要部分 D．其内面衬以粘膜 E．其壁有耵聍腺，可分泌耵聍

10．关于膜迷路的描述正确的是

A．膜迷路内充满内淋巴　B．由膜半规管、球囊、椭圆囊和蜗管构成

C．椭圆囊、球囊位于骨迷路前庭内

D．蜗管鼓壁（螺旋膜）上有螺旋器，为听觉感受器　E．以上均对

B 型题

A．齿状缘　B．视神经盘　C．黄斑　D．中央凹　E．视网膜中央动脉

1．盲点即

2．视网膜视部与盲部分界部位是

A．角膜　B．巩膜　C．脉络膜　D．睫状体　E．虹膜

3．无血管、含有丰富的神经末梢分布

4．调节晶状体的结构是

A．球囊斑　B．椭圆囊斑　C．螺旋器　D．壶腹嵴　E．corti 器

5．能感受头部旋转变速运动的结构是

X 型题

1．具有折光功能的结构

A．角膜　B．巩膜　C．房水　D．虹膜　E．视网膜

2．与房水循环有关的结构

A．睫状体　B．晶状体　C．玻璃体　D．虹膜角膜角隙　E．巩膜静脉窦

3．眼底检查能见到的结构

A．视网膜视部　B．黄斑　C．中央凹　D．视神经盘

E．视网膜中央动、静脉及其分、属支

4．关于咽鼓管描述正确的是

A．连通咽腔和鼓室　B．分为前内侧部的骨性部和后外侧部的软骨部

C．两部交界处称咽鼓管峡　D．幼儿咽鼓管细长、口径小

E．吞咽及用力张口时咽口关闭

5．关于鼓膜描述正确的是

A．与外耳道底成 45º ～ 50º 的倾斜角　B．其上 3/4 为紧张部

C．紧张部上有三角形光锥　D．鼓膜中心凹向鼓室，称鼓膜脐

E．鼓膜穿孔时光锥消失

四、问答题

1. 眼球壁分几层？试述各层的分部及其结构特点。
2. 眼球的屈光装置包括哪些结构？有何特点？
3. 试述房水的产生及回流途径。
4. 青光眼、白内障各与哪些结构的病理改变有关？
5. 从解剖观点看，老花眼和近视眼有何不同？
6. 光线经瞳孔到达视网膜经过哪些结构？
7. 眼睑分几层？霰粒肿、麦粒肿与眼睑哪个结构的病理改变有关？
8. 试述泪器的组成及泪液排出途径。
9. 试述视器的动脉与静脉。
10. 试述外耳道的形态、位置与方向。小儿外耳道的特点。
11. 试述中耳的组成，中耳鼓室的壁及结构。
12. 试述咽鼓管的形态与分部。小儿咽鼓管的特点。
13. 试述骨迷路与膜迷路的位置、形态与分部。

五、论述题

1. 眼球内、外肌分别有哪些？各有何作用？各受什么神经支配？展神经受损后产生何种斜视？说明机理。

2. 声波经何途径传导至听觉感受器？

参 考 答 案

一、名词解释

1. 视神经盘在视网膜视部，视神经起始处，又称为视神经乳头，无感光功能。
2. 黄斑是在视神经盘颞侧 3.5mm 处的黄色小区。
3. 中央凹是黄斑中央的凹陷，此处由密集的视锥细胞构成，无血管，感光最敏锐。
4. 虹膜角膜角在眼球前房周边，是由虹膜与角膜相交处构成的环行区域。亦称前房角。
5. 巩膜静脉窦位于靠近角膜缘处的巩膜实质内，为房水流出的通道。
6. 第二鼓膜是封闭蜗窗的结缔组织薄膜。

7. 前庭窗是中耳鼓室迷路壁上的一个呈卵圆形的孔，活体由镫骨底和环状韧带封闭。

8. 咽鼓管是沟通鼓室与鼻咽部的管道，由外 1/3 骨部和内 2/3 软骨部构成。幼儿咽鼓管短而平直，管腔大，咽部感染易沿此管浸入鼓室，引起中耳炎。

9. 面神经管凸是鼓室前庭窗后上方的一个呈弓状的骨隆起，内有面神经通过。

10. 骨迷路是位于颞骨岩部内的构造较为复杂的弯曲管道，自前向后分为耳蜗、前庭和骨半规管 3 部分。

11. 膜迷路是位于骨迷路内的膜性管和囊，自前向后分为蜗管、球囊、椭圆囊和膜半规管，管壁或囊壁上有平衡器或听器。

12. 蜗管是耳蜗内的膜性管，呈三角形，其鼓壁上有螺旋器，为听觉感受器。

13. 螺旋器在膜迷路蜗管的蜗管鼓壁上，又称 Corti 器，为听觉感受器。

二、填空题

1. 巩膜静脉窦 2. 球结膜 睑结膜 3. 眼动脉 视神经 泪腺窝 结膜上穹

4. 节细胞 吸收光线，保护视细胞免受强光刺激 5. 晶状体皮质 晶状体核

6. 维持眼压 折光 营养 7. 房水 晶状体 玻璃体 8. 神经层 色素层

9. 放射 环行 视锥细胞 外侧膝状体、视区皮质

10. 虹膜部 睫状体部 视神经盘 11. 角膜 虹膜

12. 角膜 晶状体 睫状体 前 13. 锤骨 砧骨 镫骨

14. 鼓膜脐 15. 鼓室 外界 16. 松弛部 紧张部 17. 膜迷路

18. 迷路 岬 前庭窗 蜗窗 19. 蜗顶 前外 20. 椭圆囊 球囊

三、选择题

A 型题

1. B 2. A 3. D 4. E 5. E 6. C 7. D 8. E 9. E 10. E

B 型题

1. B 2. A 3. A 4. D 5. D

X 型题

1. A C 2. A D E 3. A B C D E 4. A C 5. A C D E

四、问答题

1. 眼球壁分外膜、中膜、内膜三层。外膜分为角膜和巩膜两部分。角膜占前 1/6，无色透明，无血管，感觉神经分布丰富；巩膜占后 5/6，质地坚韧，呈乳白色，不透明，血管、神经丰富。中膜分为虹膜、睫状体和脉络膜三部分。虹膜位于中膜最前部，中央有瞳孔，内有瞳孔括约肌和瞳孔开大肌，调节瞳孔之大小；睫状体前部向内突出呈辐射状排列的皱襞称睫状突，后部平坦称睫状环，睫状体内有平滑肌称睫状肌，调节晶状体厚薄；脉络膜占中膜后 2/3，具有营养视网膜及吸收分散光之作用。内膜即视网膜，其内层为神经层，外层为色素上皮层，二层之间有间隙，临床所谓视网膜剥离，即二层间脱离。内膜（视网膜）从前向后方为虹膜部、睫状体部、脉络膜部。虹膜部、睫状体部不具感光功能故称为盲部。脉络膜部称视部。在视部后方视神经的起始处形成隆起，称为视神经盘或视神经乳头，其中央有视网膜中央动、静脉穿过，此处无感光细胞，故称生理盲点。在视神经盘颞侧 3.5mm 处有黄斑，其中央称中央凹，感光性最强。视网膜视部由三层细胞组成。外层为视锥细胞和视杆细胞，视锥细胞感受强光，并具有辨色能力，视杆细胞感受弱光无辨色能力；中层

为双极细胞；内层为节细胞，其轴突于视神经盘处形成视神经。

2. 眼球的折光装置包括角膜、房水、晶状体、玻璃体。它们均无色、透明、无血管分布及具有折光性。

3. 睫状体→后房→瞳孔→前房→虹膜角膜角→虹膜角膜角隙→巩膜静脉窦→体循环。

4. 在病理情况下，造成房水循环障碍，引起眼压增高，临床上称为青光眼。晶状体可因代谢障碍等原因而混浊，称白内障。

5. 老年人晶状体弹性减退，睫状体对晶状体的调节能力减弱，看近物时，晶状体折光不能相应增大，导致视物不清，称老花眼。若眼轴较长或折光系统的屈光率过强，则物象落在视网膜前，称近视。

6. 光束→角膜→前房→瞳孔→后房→晶状体→玻璃体→视网膜。

7. 皮肤、皮下组织、肌层、睑板和睑结膜5层。睫毛毛囊及其附属腺体感染称麦粒肿。若睑板腺导管阻塞，形成睑板腺囊肿，称霰粒肿。

8. 泪器包括泪腺、泪小管、泪囊和鼻泪管等。泪腺产生泪液经排泄管至结膜上穹，湿润眼球表面，多余部分→泪湖→泪点→泪小管→泪囊→鼻泪管→鼻腔。

9. 视器的动脉来自颈内动脉的眼动脉，眼动脉发出视网膜中央动脉、虹膜动脉和睫前动脉。视网膜中央动脉从视神经盘穿出后先分为上、下二支，再分成视网膜鼻侧上、下和视网膜颞侧上、下小动脉。视器静脉包括视网膜中央静脉、涡静脉、睫前静脉、眼上静脉、眼下静脉等，多与同名动脉伴行。

10. 外耳道为外耳门至鼓膜的管道。外1/3为软骨部，内2/3为骨性部，呈S形弯曲，先趋向前内方，继转向后上方，最后向前下方。小儿外耳道短而直。

11. 中耳由鼓室、咽鼓管、乳突窦和乳突小房组成。中耳鼓室外壁侧为鼓膜壁，隔鼓膜邻外耳道；上壁为鼓室盖，邻颅中窝；下壁为颈静脉壁，隔骨板邻颈内静脉；前壁为颈动脉壁，借骨板分隔鼓室与颈内动脉；后壁为乳突壁，借上部的乳突窦通乳突小房；内侧壁为迷路壁，是内耳前庭的外侧壁，其上有岬、前庭窗、蜗窗及面神经管凸等结构。

12. 咽鼓管连通鼻咽部和鼓室，分为前内侧部的软骨部和后外侧部的骨性部。小儿咽鼓管短而粗，接近水平位。

13. 迷路位于颞骨岩部的骨质内。骨迷路从前内向后外依次为耳蜗、前庭和骨半规管。骨半规管由前、后、外三个骨半规管组成，三个骨半规管彼此垂直。耳蜗形如蜗牛壳，由蜗轴和环绕蜗轴的蜗螺旋管构成。骨螺旋板及蜗管将蜗螺旋管分成上、下两半，上半为前庭阶，下半为鼓阶。膜迷路为衬在骨迷路内的膜性管，膜迷路内容纳的为内淋巴，骨、膜迷路之间容纳的为外淋巴，内、外淋巴各不相通。膜半规管之壶腹壁上有壶腹嵴为位置觉感受器，感受头部旋转变速运动的刺激。位于骨迷路前庭部分深方的膜迷路部分为椭圆囊和球囊，其囊壁上分别有椭圆囊斑和球囊斑，它们能感受头部静止的位置及直线变速运动引起的刺激。蜗管位于蜗螺旋管内，介于骨螺旋板和蜗螺旋管外侧壁之间，呈三角，其下壁称蜗管鼓壁（基底膜），有螺旋器又称Corti器，为听觉感受器。

五、论述题

1. 眼球内肌：瞳孔开大肌，受交感神经支配，使瞳孔开大；瞳孔括约肌，受副交感神经支配，使瞳孔缩小；睫状肌受副交感神经支配，调节晶状体。眼球外肌：上睑提肌上提上眼睑，眼裂开大；上直肌使瞳孔转向上；内直肌使瞳孔转向内侧；下直肌使瞳孔转向内下方；下斜肌，使瞳孔转向外上方，上述眼外肌受动眼神经支配；外直肌使瞳孔转向外侧，受展神经支配；上斜肌使瞳孔转向外下方，受滑车神经支配。

展神经支配外直肌。展神经损伤后外直肌瘫痪造成内斜视。

2. 声波传导

（1）声波→外耳道→鼓膜→听小骨链→前庭窗→前庭阶的外淋巴

—→蜗管的内淋巴
—→蜗孔→鼓阶的外淋巴 →螺旋器→产生神经冲动→蜗神经→脑

（2）声波→外耳道→鼓膜→鼓室内的空气→蜗窗的第二鼓膜

→鼓阶的外淋巴
↓
蜗管的内淋巴 →螺旋器→产生神经冲动→蜗神经→脑

骨传导：声波→颅骨→骨迷路→前庭阶和鼓阶的外淋巴→蜗管的内淋巴→螺旋器→产生神经冲动→蜗神经→脑 （姚万才）

第六篇　神经系统

第一章　中枢神经系统

复习思考题

一、名词解释

1. 皮质 2. 髓质 3. 脊髓圆锥 4. 颈膨大 5. 腰骶膨大 6. 脊髓节段 7. 马尾 8. 纤维束 9. 中间外侧核 10. 锥体交叉 11. 脑桥小脑三角 12. 小脑脚 13. 大脑脚底 14. 迷走神经三角 15. 内侧丘系 16. 脊髓丘系 17. 下丘脑 18. 基底核 19. 第四脑室 20. 内囊 21. 上运动神经元 22. 下运动神经元 23. 硬脑膜窦 24. 海绵窦 25. 大脑动脉环

二、填空题

1. 成人脊髓下端约平________，脊髓末端变细，称________，全长有两个梭形膨大，即________和________。腰椎穿刺或麻醉常在________或________棘突之间进行。

2. 脊神经前根、后根的根丝分别附着在脊髓________和________，每一对脊神经前、后根的根丝附着的范围称为________。

3. 马尾是由________围绕在________周围形成。

4. 脊髓灰质在横切面上可分________、________和________，中央管前、后方的部分分别称为________。

5. 前角中有大、小两型神经元，大型的为________，支配________，小型的为________支配________；此外，还有 Renshaw 细胞对________起________作用。

6. 脊髓后角神经元分群由背侧向腹侧分别为________、________、________和________。

7. 脊髓的上行纤维束主要有位于后索的________、________，位于侧索的________、________、________和位于前索的________。

8. 脊髓的下行纤维束主要有位于侧索的______、______，位于前索的______、______、______、______，还有位于侧索和前索内的______。

9. 脑由______、______、______、______、______及______组成，其中______、______、______合称脑干。

10. 附于脑干腹侧面的脑神经有______、______、______、______、______、______、______、______等神经，唯一附于脑干背侧面的脑神经是______。

11. 锥体交叉位于______，是______在此交叉。

12. 脑干表面有一些隆起其深面含有的结构是：薄束结节含______楔束结节含______面丘含______迷走神经三角含______舌下神经三角含______锥体含______橄榄含______。

13. 中脑内部可分背、腹侧两部，背侧部称______腹侧部称______，后者又被______分为背侧的______和腹侧的______。

14. 脑桥内部以______和______前缘为界分为背侧的______部和腹侧的______。

15. 脑干中有第 3 ～ 12 对脑神经核，其中位于中脑的有______、______、______、______；位于脑桥的有______、______、______、______、______、______、______；位于延髓的有______、______、______、______、______、______；此外在脊髓上 6 颈节背外侧还有______。

16. 脑神经核有七种成份，它们是______、______、______、______、______、______、______。

17. 脑神经躯体运动核有______、______、______、______；特殊内脏运动核有______、______、______、______；一般内脏运动核有______、______、______、______。一般内脏感觉核为______，特殊内脏感觉核为______。

18. 三叉丘系由______和______发出的纤维，绝大部分交叉到对侧上行组成，此丘系终于______的______核。

19. 小脑核包括______、______、______、______。

20. 小脑半球下面前内侧有一膨隆结构称______，位置靠近______，当颅内压增高时，此结构可被推挤嵌入______，形成______疝，压迫______，危及生命。

21. 间脑可分为______、______、______、______、______五部。

22. 背侧丘脑的腹后内侧核和腹后外侧核是______传导路______级神经元，腹后外侧核接受______、______纤维，发出的纤维参与组成______，经______终止于______；腹后内侧核接受______、______的纤维，发出的纤维参与组成______经______终止于______。

23. 内侧膝状体接受______来的纤维，发出的纤维称______，终止于______，外侧膝状体接受______来的纤维，发出纤维称______，终止于______。

24. 第一躯体运动区位于______，第一躯体感觉区位于______，视觉中枢位于______，听觉中枢位于______，说话中枢位于______听讲中枢位于______阅读中枢位于______书写中枢位于______。

25．基底核包括__________、__________、__________、__________。
26．纹状体是指__________，新纹状体是指__________，旧纹状体是指__________。
27．大脑连合系中最大的是__________；投射系中最主要的是__________。
28．内囊前肢通过________、________；内囊膝通过________；内囊后肢的内侧通过________、________、________，外侧通过__________、__________、__________。
29．边缘叶包括__________、__________、__________、__________等。
30．瞳孔对光反射的中枢是__________，由此发出的纤维与__________联系。
31．小脑幕切迹正好围绕__________，颅内压增高时，可使位于小脑幕切迹上方的__________和__________嵌入其中，从而压迫__________和__________，产生__________、__________和__________等症状。

三、选择题

A 型题

1．成人脊髓圆锥下端平齐

A. 第 12 胸椎体下缘　B. 第 1 腰椎体上缘　C. 第 1 腰椎体下缘

D. 第 2 腰椎体上缘　E. 第 2 腰椎体下缘

2．脊髓前角运动神经元的胞体或轴突损伤，会造成其所支配的

A. 对侧骨骼肌的肌张力减弱，腱反射消失

B. 同侧骨骼肌的肌张力减弱，腱反射消失

C. 同侧骨骼肌的肌张力减弱，腱反射亢进

D. 同侧骨骼肌的肌张力加强，腱反射亢进

E. 对侧骨骼肌的肌张力加强，腱反射亢进

3．关于脊髓丘脑束的描述，正确的是

A. 由胸核内神经元轴突组成　B. 由对侧后角固有核神经元中枢突组成

C. 纤维在延髓下部交叉　D. 与同侧躯干和四肢痛、温、轻触觉传导有关

E. 终止于对侧背侧丘脑

4．关于菱形窝的描述，正确的是

A. 即第三脑室底　B. 位于延髓上部与脑桥背面

C. 界沟外侧是内侧隆起　D. 界沟下端蓝黑色区称蓝斑　E. 以上都不是

5．颅腔内听神经瘤最容易压迫的神经是

A. 三叉神经　B. 展神经　C. 面神经　D. 迷走神经　E. 舌咽神经

6．疑核发出纤维支配

A. 咀嚼肌　B. 眼球外肌　C. 咽喉肌　D. 胸锁乳突肌　E. 斜方肌

7．关于薄束核和楔束核的描述，正确的是

A. 接受对侧躯干、四肢非意识性本体感觉传入纤维

B. 接受对侧躯干、四肢意识性本体感觉传人纤维

C. 接受同侧躯干、四肢意识性本体感觉传入纤维

D. 发出纤维直接上行组成内侧丘系　E. 以上都不是

8．惟一自脑干背面出脑的脑神经是

A. 动眼神经　B. 滑车神经　C. 舌下神经　D. 展神经　E. 面神经

9. 关于新小脑的描述，正确的是

A. 与肌张力的调节有关　　B. 接受对侧脑桥核的传入纤维

C. 接受对侧大脑皮质的传入纤维　　D. 传出纤维直接投射到大脑皮质

E. 以上都不是

10. 关于端脑内部结构的描述，正确的是

A. 大脑半球表面有白质覆盖　　B. 两侧半球借胼胝体在中部相连

C. 基底神经核位于底丘脑　　D. 端脑内腔为侧脑室　　E. 以上都不是

B 型题

A. 终丝　B. 终池　C. 脊髓圆锥　D. 齿状韧带　E. 马尾

1. 脊髓蛛网膜下隙扩大部分
2. 脊髓腰骶膨大以下变尖细的部分称为
3. 由软脊膜形成的限制脊髓向两侧移动的结构
4. 脊髓圆锥以下由脊髓被膜形成的结构为
5. 围绕在终丝周围的脊神经根丝形成的结构

A. 下肢本体感觉和精细触觉　B. 上肢本体感觉和精细触觉

C. 躯干、四肢粗略触觉　D. 躯干、四肢痛、温觉　E. 非意识性本体感觉

6. 薄束
7. 楔束
8. 脊髓小脑束
9. 脊髓丘脑前束
10. 脊髓丘脑侧束

A. 面神经核　B. 展神经核　C. 舌下神经核　D. 前庭神经核　E. 蜗神经后核

11. 听结节深面
12. 面（神经）丘深面

A. 旧小脑　B. 新小脑　C. 原小脑　D. 小脑中脚　E. 小脑上脚

13. 与维持身体平衡功能有关的是
14. 与调节骨骼肌肌张力功能有关的是
15. 与影响上、下肢精确运动的计划和协调功能有关的是

A. 视辐射　B. 听辐射　C. 额桥束　D. 皮质脊髓束　E. 丘脑中央辐射

16. 通过内囊前肢的结构是
17. 投射到距状沟两侧皮质的结构是
18. 控制肢体随意运动的结构是
19. 传导头面部及躯干四肢感觉的是
20. 经中脑大脑脚底中间 3/5 的结构是

X 型题

1. 脊髓

A. 全长粗细不一　B. 有 31 个节段　C. 成人从枕骨大孔延伸到第二腰椎下缘

D. 胸段有侧角　E. 颈膨大发出管理颈部的神经

2. 支配眼肌运动的脑神经核有

A．动眼神经核　B．三叉神经运动核　C．展神经核
D．滑车神经核　E．面神经核

3．中脑大脑脚底损伤表现为
A．对侧上、下肢硬瘫　B．对侧躯干、四肢本体感觉消失
C．对侧躯干、四肢痛、温觉消失　D．同侧瞳孔散大，对光反射消失
E．同侧头面部浅感觉消失

4．关于第三脑室的描述，正确的是
A．间脑内正中矢状位的裂隙　B．经中脑水管通侧脑室　C．内有脉络丛
D．侧壁为背侧丘脑和下丘脑　E．顶部为上丘脑

5．基底核包括
A．苍白球　B．尾状核　C．豆状核　D．屏状核　E．杏仁体

四、问答题

1．试述脊髓节段与椎骨的对应关系。
2．脊髓半横切时将产生哪些临床表现？为什么？
3．延髓、脑桥、中脑在外形上各有哪些主要结构？
4．脑干内除脑神经核外，有哪些其他神经核？
5．试述脊髓丘脑束（脊髓丘系）、内侧丘系、外侧丘系和三叉丘脑束（三叉丘系）的起止与功能。
6．试述与三叉神经、面神经、舌咽神经及迷走神经有关的脑神经核及其性质。
7．试述第四脑室的位置及交通。
8．小脑的分叶及功能。
9．出入小脑有哪些神经纤维，经过小脑哪一对脚，起止于何处？
10．试述下丘脑的位置、分部、主要核团及其纤维联系。
11．大脑半球可分为几个叶？是如何划分的？
12．运动中枢位于何处？其功能定位如何？
13．有关语言的中枢受损后有何表现？
14．大脑的连合系和联络系各包括哪些结构？
15．内囊位于何处？内囊膝或内囊后肢受损有何临床表现？
16．侧脑室可分哪几部？室间孔及侧脑室脉络丛各位于何处？
17．脑和脊髓各有哪几层被膜？
18．试述硬膜外隙的位置和内容物，有何临床意义？
19．试述终池的位置及内容物，有何临床意义？
20．硬脑膜与颅顶、颅底骨的结合关系有何特点？有何临床意义？
21．硬脑膜形成的幕隔位于何处？硬脑膜窦有哪些？它们的联通关系如何？
22．哪些结构穿行海绵窦壁？海绵窦与颅外静脉的交通如何？
23．脑的蛛网膜下池有哪些？各位于何处？
24．脑的动脉血供来源如何？各动脉有哪些主要分支？其分布如何？
25．脑的浅、深静脉各归流何处？
26．脊髓的动脉血供来源何处？

27．试述脑室系统的组成、脑脊液的产生及循环途径。

28．左中指采血时，疼痛如何至中枢？

29．右大腿前面被蚊子叮咬时，感觉如何传至大脑皮质？

30．头面部的感觉经什么神经传至大脑？

31．意识性本体感觉如何传至大脑，在哪里换神经元？

32．什么叫斜方体，听觉是如何传至中枢的？

33．试述瞳孔对光反射的途径？

34．试述面神经核上瘫和核下瘫的不同？

35．什么是锥体系、锥体外系？

36．损害上、下运动神经元各有何表现？

五、论述题

1．临床上用检查视野范围来诊断视觉传导径路上某部位有病变，若右侧视神经、或右侧视束、或视交叉中央部、或右侧内囊后肢处病变，其视野各有何改变？、

2．病员王× ×，男，5岁，在一次高烧后发现左下肢不能活动，两个月以后检查发现：

（1）头、颈、两上肢及右腿活动良好；

（2）左下肢肌瘫痪，关节不能活动，肌张力低下，肌萎缩；

（3）左膝跳反射消失，病理反射阴性；

（4）全身浅、深感觉完全正常。

试分析病变损坏了什么结构？在何部位？在哪一侧，体征发生的原因。

3．患者男性，46岁，半年前背部曾受外伤，现检查情况如下：

（1）右腿瘫痪，肌张力增高，无肌萎缩；

（2）右膝反射亢进，病理性反射阳性；

（3）右腿本体感觉消失；

（4）右半身自乳头以下精细触觉消失；

（5）左半身自剑突以下痛、温度觉消失；

（6）其他未见异常。

试分析病变的部位发生在哪一侧，损伤了哪些结构？并解释产生上述体征的原因。

4．舌下神经核上瘫、核下瘫有何区别？

5．男性患者65岁，入院检查发现：

（1）左侧上、下肢瘫痪，肌张力增高，腱反射亢进，出现病理反射；

（2）左半身浅、深感觉消失；

（3）双眼左半视野偏盲；

（4）发笑时口角偏向右侧，两侧均能皱眉、闭眼，伸舌时偏向左侧，舌肌无萎缩。

试分析患者病变部位，损害的结构，并解释出现上述体征的原因。

6．患者女性，20岁、18岁时曾患亚急性细菌性心内膜炎，用大量青霉素治6周。8个月前，忽然晕倒，神志不清约1小时。当意识恢复后，仍神志模糊5～6天，不能说话。检查发现：

（1）右上肢痉挛性瘫痪，随意运动消失，无肌萎缩；

（2）右眼裂以下面肌麻痹；

(3) 伸舌时舌尖偏向右侧，无肌萎缩；

(4) 右下肢和左上、下肢无改变。无视觉和躯体感觉障碍；

(5) 唇、舌能够运动，但不能说出规则的语言，问话时只能回答简单的几个字，如"是"或“不是”。

试分析患者的病变部位，并解释出现上述体征的原因。

（徐慧君　吕广明　于胜波）

参考答案

一、名词解释

1. 皮质为在大、小脑表面成层配布的灰质。

2. 髓质为位于大脑和小脑深部被皮质包绕的白质。

3. 脊髓圆锥为脊髓平 L_1 以下变细，呈圆锥状的末端。

4. 颈膨大为脊髓第 5 颈节至第 1 胸节处形成的梭形膨大。

5. 腰骶膨大为脊髓第 2 腰节至第 3 骶节处形成的梭形膨大。

6. 脊髓节段是指与每一对脊神经相连的那段脊髓。

7. 马尾由腰、骶、尾脊神经的前后根在椎管内围绕终丝下行而形成的似马尾状的结构。

8. 在白质中，凡起止、行程和功能基本相同的神经纤维集合在一起组成的束状结构称纤维束。

9. 中间外侧核是位于脊髓胸 1（或颈 8）～腰 3（或腰 2）节段处侧角内的交感神经低级中枢。

10. 在延髓锥体的下端与脊髓交界处，皮质脊髓束的大部分纤维越过中线，左右交叉形成的结构称为锥体交叉。

11. 在脑干的腹侧面，延髓、脑桥和小脑交角处，临床上称为脑桥小脑三角。

12. 小脑脚有三对。小脑下脚（绳状体）连接延髓和小脑，通过脊髓小脑后束，前庭小脑纤维，顶核至前庭神经核和脑桥延髓网状结构的纤维。小脑中脚（脑桥臂）连接脑桥和小脑，通过脑桥核和下橄榄核到对侧小脑的脑桥小脑纤维和橄榄小脑纤维。小脑上脚（结合臂）连接小脑和中脑，通过脊髓小脑前束，球状核、栓状核至对侧中脑红核的纤维，齿状核至对侧中脑红核和背侧丘脑的纤维。

13. 大脑脚底位于黑质的腹侧。其中间的 3/5 通过锥体束（皮质脑干束位内侧，皮质脊髓束位外侧）。内侧 1/5 通过额桥束，外侧 1/5 通过顶枕颞桥束。

14. 菱形窝舌下神经三角外下方的三角区称为迷走神经三角，其深面有迷走神经背核。

15. 由延髓薄束核和楔束核发出的传导深部感觉和精细触觉的二级纤维，向前内方行，呈弓状绕过中央管的腹侧，左右互相交叉形成内侧丘系交叉，交叉后的纤维沿正中线两侧上行组成内侧丘系。

16. 脊髓内的脊髓丘脑前束和脊髓丘脑侧束上行至延髓中部后，即合并成一束称为脊髓丘脑束或脊髓丘系。

17．下丘脑为间脑的一部分，位于下丘脑沟的下方，构成第三脑室的下壁和侧壁的下部。从脑底看从前向后有视交叉、视束、灰结节、漏斗、垂体和乳头体。

18．基底核是埋藏在大脑白质内的灰质块，位置靠近脑底，包括尾状核、豆状核、屏状核和杏仁体。

19．第四脑室是位于延髓、脑桥和小脑之间的腔隙，可分为顶、侧壁和底三部分。第四脑室向上经中脑水管通第三脑室，向下通延髓中央管，并借第四脑室正中孔和成对的第四脑室外侧孔与蛛网膜下隙相通。

20．内囊由连接大脑皮质和皮质下结构的上行和下行投射纤维组成，位于尾状核、背侧丘脑与豆状核之间。内囊在水平切面上左右略呈“><”形，前部位于豆状核与尾状核之间称内囊前肢；后部位于豆状核与背侧丘脑之间称内囊后肢，前、后肢相交处称内囊膝。

21．上运动神经元包括位于中央前回、中央旁小叶前部和其他一些皮质区的锥体细胞胞体以及由其轴突组成的下行锥体束。其中终止于脑神经运动核的纤维称皮质核束，终止于脊髓前角运动细胞的纤维称皮质脊髓束。

22．下运动神经元包括脑神经运动核的细胞胞体和其轴突形成的脑神经运动纤维，以及脊髓前角运动细胞胞体及其轴突形成的脊神经运动纤维。

23．硬脑膜窦为硬脑膜在一定部位分为两层形成的腔隙，壁的内面衬有一层内皮细胞，内含静脉血，为颅内静脉血的回流管道。

24．海绵窦属硬脑膜窦，为位于蝶鞍两侧的硬脑膜两层间的不规则腔隙，形似海绵，两侧窦之间有横支相连。窦内有颈内动脉 和展神经通过，窦的外侧壁内，自上而下有动眼神经、滑车神经、眼神经和上颌神经通过。眼上静脉直接注入海绵窦。面部感染可能通过面静脉、内眦静脉、眼上静脉侵入海绵窦，造成海绵窦炎或血栓形成，从而累及上述神经。

25．大脑动脉环又称 Willis 环，由大脑后动脉、后交通动脉、颈内动脉、大脑前动脉和前交通动脉在脑底环绕视交叉，灰结节及乳头体相互吻合而成。

二、填空题

1．第一腰椎体下缘　脊髓圆锥　颈膨大　腰骶膨大　3、4 或　4、5 腰椎

2．前外侧沟　后外侧沟　脊髓节段

3．腰骶和尾神经的前、后根　终丝

4．前角　后角　中间带　灰质前、后连合

5．α运动神经元　梭外肌　r 运动神经元　梭内肌　α运动神经元　抑制作用

6．后角边缘核　胶状质　后角固有核　胸核

7．薄束　楔束　脊髓小脑前束　脊髓小脑后束　脊髓丘脑侧束　脊髓丘脑前束

8．皮质脊髓侧索　红核脊髓束　前庭脊髓束　顶盖脊髓束　内侧纵束　皮质脊髓前束　网状脊髓束

9．大脑　间脑　中脑　脑桥　延髓　小脑　中脑　脑桥　延髓

10．动眼神经　展神经　面神经　三叉神经　前庭蜗神经　舌咽神经　迷走神经　副神经　舌下神经　滑车神经

11．锥体下端延髓与脊髓交界处　皮质脊髓束

12．薄束核　楔束核　面神经核　迷走神经背核　舌下神经核　皮质脊髓束　下橄榄核

13．中脑顶盖　大脑脚　黑质　被盖　大脑脚底

14．斜方体　内侧丘系　被盖部　基底部

15．滑车神经核　动眼神经核　动眼神经副核　三叉神经中脑核　展神经核　面神经核　三叉神经运动核　上泌涎核　三叉神经脑桥核　前庭神经核　蜗神经核　舌下神经核　三叉神经脊束核　疑核　迷走神经背核　下泌涎核　孤束核　副神经核

16．躯体运动核　一般内脏运动核　特殊内脏运动核　特殊内脏感觉核　一般内脏感觉核　一般躯体感觉核　特殊躯体感觉核

17．动眼神经核　滑车神经核　展神经核　舌下神经核　三叉神经运动核　面神经核　疑核　副神经核　动眼神经副核　上泌涎核　下泌涎核　迷走神经背核　孤束核　孤束核

18．三叉神经脑桥核　三叉神经脊束核　背侧丘脑的腹后内侧核

19．顶核　齿状核　球状核　栓状核

20．小脑扁桃体　枕骨大孔　枕骨大孔　小脑扁桃体疝　延髓

21．背侧丘脑　上丘脑　下丘脑　后丘脑　底丘脑

22．感觉传导路　第三　内侧丘系　脊髓丘系　丘脑中央辐射　内囊后肢　大脑皮质中央后回的中、上部和旁中央小叶后部　三叉丘脑束　味觉纤维　丘脑中央辐射　内囊后肢　大脑皮质中央后回下部

23.外侧丘系和下丘听觉纤维　听辐射　大脑皮质听区　视束　视辐射　大脑皮质视区

24．中央前回和旁中央小叶前部　中央后回和旁中央小叶后部　位于距状沟周围的枕叶皮皮质　颞横回　额下回后1/3处　颞上回后部　角回　额中回后部

25．尾状核　豆状核　屏状核　杏仁体

26．尾状核和豆状核　尾状核和壳　苍白球

27．胼胝体　内囊

28．丘脑前辐射　额桥束　皮质核束　丘脑中央辐射　听辐射　视辐射　皮质脊髓束　皮质红核束　顶枕颞桥束

29．隔区　扣带回　海马旁回　钩　海马　齿状回

30．顶盖前区　双侧动眼神经副核

31．中脑　海马旁回　钩　动眼神经根　大脑脚　同侧瞳孔散大　同侧动眼神经支配的眼球外肌瘫痪　对侧肢体瘫痪

三、选择题

A型题

1. C　2. B　3. B　4. B　5. C　6. C　7. C　8. B　9. B　10. D

B型题

1. B　2. C　3. D　4. A　5. E　6. A　7. B　8. E　9. C　10. D　11. E　12. B　13. C　14. A　15. B　16. C　17. A　18. D　19. E　20. D

X型题

1. A B D　2. A C D　3. A D　4. A C D　5. B C D E

四、问答题

1. 由于成人脊髓末端终于第1腰椎下缘平面，故每个椎骨长度较每个脊髓节长，其对应关系为上颈部颈节（$C_{1\sim4}$）大致与同序数椎骨的椎体相对应；下部颈节（$C_{5\sim8}$）和上部胸节（$T_{1\sim4}$）与同序数椎骨的上一节椎体相对应；中部胸节（$T_{5\sim8}$）约与同序数椎骨的上两节椎体相对应；下部胸节（$T_{9\text{-}12}$）约与同序数椎骨的上3节椎体相对应，如第10胸脊髓节对第7胸椎的椎体。全部腰节（$L_{1\sim5}$）对第10～12胸椎体，骶尾节（$S_{1\sim5}C_0$）约平对第12胸椎

和第 1 腰椎体。

2. 脊髓半横切时可产生以下临床表现称布朗色综合症（Broun-Seguard Syndrome）.

(1) 伤侧平面以下位置觉、震动觉、深感觉和精细触觉丧失，原因是薄束，楔束受损。

(2) 损伤平面 1 ～ 2 节以下对侧肢体痛、温觉消失，原因是脊髓丘脑侧束受损，脊髓丘脑侧束发自后角固有核，纤维斜经白质前连合交叉到对侧侧索。

(3) 损伤平面以下同侧肢体硬瘫，因皮质脊髓侧束受损。

3. 延髓外形结构

背侧面：薄束、楔束上延为薄束结节、楔束结节。菱形窝下半的内侧隆起上有舌下神经三角、迷走神经三角，界沟外侧有前庭区、听结节、小脑下脚。

腹侧面：前正中裂、锥体、锥体交叉、橄榄、前外侧沟有舌下神经根出脑、橄榄及其后方沟内有舌咽神经、迷走神经和副神经根丝出入。

脑桥外形结构

背侧面：菱形窝上半有面神经丘、前庭区、小脑中脚、蓝斑、小脑上脚。

腹侧面：基底沟、小脑中脚、三叉神经根、脑桥延髓沟由内向外排列的展神经、面神经、前庭蜗神经根。

中脑外形结构

背侧面：上丘、下丘各一对，并各自向外上方伸出上丘臂和下丘臂，下丘下方有滑车神经根穿出。

腹侧面：大脑脚及从其内侧出脑的动眼神经根、脚间窝。

4. 脑干内除脑神经核外还有以下非脑神经核

延髓有：薄束核、楔束核、下橄榄主核及副核

脑桥内有：脑桥核、上橄榄核、外侧丘系核

中脑内有：黑质、红核、上丘核、下丘核、顶盖前核

5. 脊髓丘系：又称脊髓丘脑束，起自脊髓内的脊髓丘脑前束和侧束，上升至延髓中部后即合并成一束称脊髓丘系，上行经脑桥、中脑后终于背侧丘脑的腹后外侧核，传导躯干、四肢皮肤的痛温觉和粗触觉。内侧丘系：由延髓的薄束核和楔束核发出的传导躯干、四肢意识性深部感觉和精细触觉的 2 级传入纤维，弓状绕过中央管的腹侧（称内弓状纤维）而后在锥体交叉的正上方，左右互相交叉后上行的纤维称内侧丘系，交叉称内侧丘系交叉，内侧丘系上行经脑桥、中脑后、终于背侧丘脑的腹后外侧核。外侧丘系：起于双侧蜗神经腹侧核和背侧核的 2 级传入纤维在脑桥中、下部被盖部腹侧缘附近，横行穿过纵行的内侧丘系，左右交叉后至对侧形成斜方体，斜方体的纤维在上橄榄核的外侧转折向上形成外侧丘系，外侧丘系纤维继续上行部分终于下丘；部分纤维经下丘臂终于内侧膝状体。外侧丘系传导听觉。三叉丘系：又称三叉丘脑束。由三叉神经脑桥核和三叉神经脊束核发出的 2 级传入纤维绝大部分交叉至对侧组成三叉丘系，初沿内侧丘系的背侧，后经中脑终于背侧丘脑的腹后内侧核。三叉丘系传导头面部的痛温觉触压觉。

6.（1）与三叉神经相关的脑神经核为

三叉神经运动核—— 特殊内脏运动，发出三叉神经运动根，支配咀嚼肌等

三叉神经脑桥核—— 一般躯体感觉，传导头面部触觉

三叉神经脊束核—— 一般躯体感觉，传导头面部痛、温觉

三叉神经中脑核—— 一般躯体感觉，传导咀嚼肌、面肌和眼球外肌等的本体感觉

（2）与面神经相关的脑神经核为

面神经核—— 特殊内脏运动

上泌涎核—— 一般内脏运动（副交感）

孤束核—— 特殊内脏感觉（味觉）

(3) 与舌咽神经相关的脑神经核为

疑核—— 特殊内脏运动

下泌涎核—— 一般内脏运动（副交感）

孤束核—— 一般和特殊内脏感觉

三叉神经脊束核—— 一般躯体感觉（传导耳后皮肤的痛、温觉）

(4) 与迷走神经相关的脑神经核为

疑核——特殊内脏运动　　孤束核—— 一般和特殊内脏感觉

迷走神经背核—— 一般内脏运动　三叉神经脊束核—— 一般躯体感觉（传导耳廓和外耳道皮肤的痛、温觉）

7. 第四脑室是位于延髓、脑桥和小脑之间的腔隙，可分为顶、侧壁和底三部分，第四脑室向上经中脑水管通第三脑室、向下通延髓中央管，并借于第四脑室脉络组织上的第四脑室正中孔和第四脑室外侧孔与蛛网膜下隙（腔）相通。

8. 小脑按发生、功能及纤维联系可分 3 叶

(1) 绒球小结叶：包括绒球、小结及绒球脚，在种系发生上是小脑最古老的部分称为原（古）小脑，其纤维与脑干的前庭核及前庭神经相连，又称前庭小脑

(2) 前叶：为位于原裂以前的部分加上蚓垂和蚓锥体，在发生上晚于绒球小结叶称为旧小脑，主要接受来自脊髓信息，又称脊髓小脑。

(3) 后叶：是原裂以后的部分，是进化中新的部分，又称新小脑，主要接受来自大脑和脑桥的纤维，又称大脑小脑。

9.（1）经小脑下脚（蝇状体）的纤维有：前庭神经和前庭神经核至前庭小脑的纤维，顶核至前庭神经核和延髓脑桥网状结构的纤维，脊髓小脑后束至脊髓小脑的纤维。

(2) 经小脑中脚的纤维有：自对侧脑桥核至新小脑的脑桥小脑纤维

(3) 经小脑上脚的纤维有：自齿状核至对侧中脑红核及丘脑腹外侧核和腹前核的纤维，自球状核和栓状核至对侧红核的纤维，另还有脊髓小脑前束。

10. 下丘脑位于下丘脑沟下方，构成第三脑室的下壁和侧壁的下部，下丘脑的前方是视交叉，视交叉向后延续为视束，视交叉后方为灰结节，向下移行为漏斗，漏斗的下端与垂体相接，灰结节后方是一对园形的隆起称乳头体。

下丘脑从前向后可分为视前区、视上区、结节区和乳头区 4 部分。

下丘脑主要核团有：视上核、室旁核、漏斗核和乳头体核。

下丘脑借终纹和边缘系统联系，借穹窿与海马结构联系，通过乳头丘脑束与丘脑联系，通过视上垂体束和室旁垂体束与垂体联系，通过结节垂体束与正中隆起联系。

11. 大脑半球被三条脑沟分为五叶，这三条沟是中央沟、外侧沟和顶枕沟。中央沟起自半球上缘中点稍后方，向前下斜行于半球上外侧面；外侧沟起自半球下面，转向上外侧面，由前下方行向后上方；顶枕沟位于半球内侧面后部，从前下方行向后上方，并绕半球上缘转向上外侧面。中央沟前方、外侧沟上方的部分为额叶；中央沟后方和外侧沟上方的部分为顶叶；外侧沟下方的部分为颞叶；顶枕沟以后较小的部分为枕叶。枕叶、颞叶在上

外侧面的分界是假设的。通常以顶枕沟至枕前切迹的连线作为枕叶前界；自此线的中点到外侧沟后端的连线，是顶、颞二叶的分界。此外，在外侧沟深部还有一个岛叶，被额、顶、颞叶所掩盖。

12．运动中枢在中央前回和旁中央小叶前部，管理全身骨骼肌运动。其功能为中央前回最上部和旁 中央小叶前部皮质管理下肢肌，中央前回中部皮质管理上肢肌，下部皮质管理头面部的肌。身体各部在中央前回的投影宛如倒置的人形，头向下脚向上，但头部是正的。身体各部在皮质的代表区的大小与运动精细程度相关，如拇指代表区为大腿代表区的10倍。此外一侧运动区支配对侧肢体运动。联合运动有关的肌受双侧运动区的支配。

13．运动性语言（说话）中枢受损，病人丧失说话能力，称为运动性失语症，但与发音说话相关的肌未瘫痪。听觉语言中枢受损，病人能听到别人谈话声音，但不能理解谈话内容，故答非所问，称为感觉性失语症。视觉性语言（阅读）中枢受损，病人视觉虽无障碍，但不能理解过去已认识的文字含义，不能阅读，称失读症。若书写中枢受损，病人失去书写能力，但手的运动功能仍保存，临床上称失写症。

14．大脑的连合系是连接左右两半球皮质的纤维，包括胼胝体、前连合和穹窿连合。其中胼胝体是最大的连合纤维，可分胼胝体嘴、胼胝体膝、胼胝体干 及胼胝体压部，联系额、顶、枕及颞叶。前连合连接左右嗅球及两侧颞叶。穹窿起于海马，弓形向上附于胼胝体下面，其中一部分纤维越至对侧连接对侧海马，称穹窿连合。

15．内囊为位于尾状核、背侧丘脑与豆状核之间的白质，由连接大脑皮质和皮质下结构的上下行纤维束构成。内囊膝有皮质核束经过，内囊后肢内有丘脑中央辐射、听辐射、视辐射及皮质脊髓束通过。因此，如果内囊后肢受损，可导致对侧半身深、浅感觉障碍，对侧半身随意运动障碍（偏瘫），双眼对侧半视野缺失（偏盲）。内囊膝受损可使对侧眼裂以下面肌及对侧舌肌出现瘫痪，即出现面神经和舌下神经核上瘫。

16．侧脑室为位于左右大脑半球内的腔隙，可分为中央部（顶叶内）、前角（伸入额叶）、后角（伸入枕叶）、下角（伸入颞叶）。侧脑室脉络丛位于中央部和下角内。侧脑室借左、右室间孔与和第三脑室相通。

17．脑和脊髓的被膜有三层。最外层为硬膜，厚而坚韧；中层为蛛网膜薄而透明；内层为软膜紧贴脑和脊髓表面。

18．脊髓的硬膜称硬脊膜，它与椎骨骨膜之间有窄腔称硬膜外隙（腔），其中含有淋巴管、椎内静脉丛、疏松结缔组织和脂肪并有脊神经根通过，临床上硬膜外麻醉时就将药物注入此隙内。硬脊膜虽向上续于硬脑膜，但它上端附于枕骨大孔边缘，故硬膜外隙不与颅腔相通。

19．终地就是位于脊髓末端与第2骶椎水平之间的蛛网膜下隙。由于隙较大故称为终池，内容马尾。在此处做腰椎穿刺时可不损伤脊髓。

20．硬脑膜与颅盖诸骨结合疏松，容易分离，当颅盖部外伤时，常因硬脑膜血管损伤而在硬脑膜与颅骨之间形成硬脑膜外血肿。硬脑膜在颅底则与颅骨结合紧密而牢固，故颅底骨折时，易将硬脑膜与蛛网膜撕裂，使脑脊液外漏。

21．硬脑膜形成的幕隔有大脑镰，位于大脑左、右两半球之间。还有小脑幕位于大脑小脑之间。硬脑膜窦有上矢状窦、下矢状窦、直窦、海绵窦、横窦、乙状窦、岩上窦、岩下窦及窦汇。

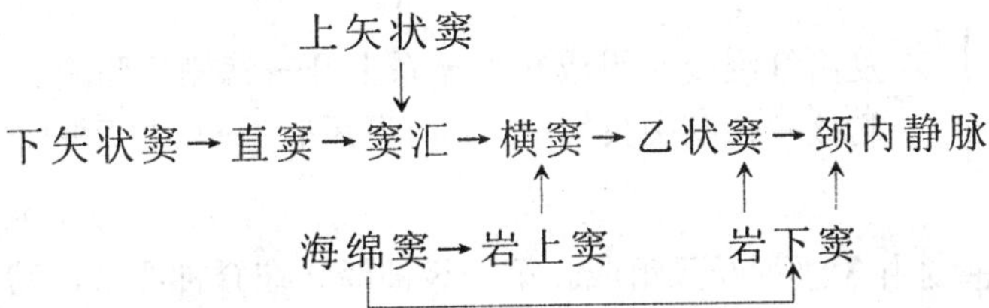

22．穿行海绵窦壁的结构：在窦外侧壁内自上而下有动眼神经、滑车神经、眼神经和上颌神经。经窦内的有颈内脉和展神经。眼上静脉直接注入海绵窦。

23．蛛网膜下池有：小脑延髓池位于延髓背侧面和小脑之间，桥池位于脑桥基底部周围，脚间池位于两侧大脑脚之间，交叉池位于视交叉前方，环池环绕中脑周围，终池是脊髓末端与第2骶椎水平之间的蛛网膜下隙。

24．脑的动脉来源有颈内动脉和椎动脉。颈内动脉主要分支有：

(1) 大脑前动脉：主要分布于大脑内侧面和上外侧面上缘大部分，两侧大脑前动脉之间有前交通动脉相连。

(2) 大脑中动脉：主要分布于大脑半球上外侧面大部分及岛叶。

(3) 后交通动脉：向后与大脑后动脉相连。

椎动脉的主要分支有：椎动脉入颅后左右合成一条基底动脉，至脑桥上缘处即分为左右大脑后动脉。(1) 大脑后动脉：主要分布于大脑半球枕叶和颞叶大部。(2) 脊髓前动脉及脊髓后动脉：主要分布于脊髓。(3) 小脑下后动脉：分布于小脑下后面及延髓背外侧部。基底动脉发出的小脑下前动脉、脑桥动脉和小脑上动脉等分布于脑桥和小脑等处。

25．脑的浅静脉有大脑上静脉汇流入上矢状窦，大脑中静脉汇入海绵窦，大脑下静脉可有数条分别汇入海绵窦、横窦和岩上窦。大脑的深静脉主要有大脑大静脉汇入直窦。

26．脊髓的血供来自椎动脉的脊髓前动脉和脊髓后动脉，它们分别沿前正中裂及后外侧沟垂直下降至脊髓末端，途中由来自节段动脉如肋间后动脉、腰动脉等分出的根动脉加强。它们借吻合支围绕脊髓形成动脉冠，之后再分支进入脊髓内部。

27．脑室系统包括两个侧脑室、一个第三脑室、一个第四脑室、中脑水管和中央管。脑脊液由左右侧脑室脉络丛产生，经室间孔流至第三脑室，与第三脑室脉络丛产生的脑脊液一起经中脑水管流入第四脑室，再汇入第四脑室脉络丛产生的脑脊液，小部分入脊髓中央管，大部分经第四脑室正中孔和两外侧孔流入蛛网膜下隙，通过蛛网膜粒渗入上矢状窦，归流入静脉。

28．左中指痛觉感受器→正中神经→臂丛内、外侧束→C_6～T_1脊神经节→后根外侧部→背外侧束中上升1～2个脊髓节段→脊髓后角固有核→白质前连合交叉→右侧脊髓丘脑侧束→右背侧丘脑腹后外侧核→丘脑中央辐射（经内囊后肢）→右侧中央后回中部

29．右大腿前面痛觉感受器→股神经→$L_{2\sim4}$脊神经节→后根外侧部→背外侧束中上升1～2个脊髓节段→后角固有核→白质前连合交叉→左脊髓丘脑侧束→左背侧丘脑腹后外侧核→丘脑中央辐射（经内囊后肢）→左侧中央后回上部

30．头面部皮肤、粘膜→痛、温、触觉感受器 {眼神经 / 上颌神经 / 下颌神经} →三叉神经节→三叉神经感觉根→入脑桥

三叉神经脑桥核（触觉）
三叉神经脊束→三叉
神经脊束核（痛、温觉）} →发出纤维交叉组成三叉丘系上升→背侧丘脑腹后内侧核→丘脑中央辐射（经内囊后肢）→中央后回下部

31. 躯干四肢意识性本体感觉由3级神经元组成。第一级神经元在脊神经节，其周围支组成脊神经感觉纤维，分布至躯干四肢肌、腱、关节、骨膜等深部感受器，中枢

支组成后根内侧部入脊髓后索上升。来自T_5节以下的纤维组成薄束传导躯干下部和下肢的本体感，来自T_4节以上的纤维在薄束外侧组成楔束，传导躯干上部和上肢的本体感。两束向上分别终于延髓的薄束核和楔束核（第二级神经元）。由两核发内弓状纤维，在延髓中央灰质腹侧交叉后上升为内侧丘系，终于丘脑腹后外侧核（第三级神经元），其轴突组成丘脑中央辐射，经内囊后肢投射到中央后回中、上部及中央旁小叶后部，小部纤维投射到中央前回。

32. 听觉传导由三级神经元组成，第一级神经元胞体位于耳蜗内的蜗神经节，周围支至内耳螺旋器，中枢支组成蜗神经，经内耳道出内耳门，终于蜗腹侧核和蜗背侧核（第二级神经元）。两核的轴突在脑桥被盖部前缘处穿纵行的内侧丘系，形成横行的斜方体越中线至对侧，在被盖前外侧折向上行，形成外侧丘系，另一部分轴突在同侧外侧丘系内上升，故外侧丘系含两侧蜗神经核来的纤维。外侧丘系一部分纤维经下丘臂终于内侧膝状体（第三级神经元），另一部至下丘，由下丘至内侧膝状体。内侧膝状体的轴突组成听辐射，经内囊后肢到颞横回（听区）。

33. 以强光照射一侧眼时，引起两侧眼瞳孔缩小的反射，称瞳孔对光反射。同侧的称直接对光反射，对侧的称间接对光反射。其反射途经如下：

强光照射一眼→视网膜→视神经→视交叉→视束→经上丘臂至顶盖前区→双侧动眼神经副核→双侧动眼神经→双侧睫状神经节→节后纤维→双眼瞳孔括约肌→双眼缩瞳

34.

	面神经核上瘫	面神经核下瘫
损害部位	中央前回下部、皮质核束	面神经核、面神经
损害性质	上运动神经元损伤	下运动神经元损伤
瘫痪肌	病灶对侧眼裂以下面肌	病灶侧全部面肌
症状表现	病灶对侧鼻唇沟变浅或消失 口角下垂、不能鼓腮露齿	病灶侧全部面肌瘫痪表现为 额纹消失、不能皱眉、不能闭眼、 鼻唇沟消失、口角下垂、不能鼓腮露齿
肌萎缩	早期无肌萎缩，晚期为 废用性肌萎缩	早期即有肌萎缩

35. 锥体系主要管理骨骼肌的随意运动，由上、下两级运动神经元组成。上运动神经元为锥体细胞，其胞体位于中央前回和中央旁小叶前部及其他一些皮质区域中，轴突组成下行的锥体束。其中终于脑神经运动核（躯体和特殊内脏运动核）的纤维组成皮质核束，终止于脊髓前角运动细胞的纤维组成皮质脊髓束。下运动神经元为脑神经运动核的细胞和脊髓前角运动细胞。脑神经运动细胞的轴突组成脑神经的运动纤维，支配头面部的骨骼肌和咽喉肌等；脊髓前角运动细胞的轴突组成脊神经的运动纤维，支配躯干和四肢的骨骼肌。锥

体系以外的下行运动传导通路，统称锥体外系，其主要功能是调节肌张力、协调肌活动、维持和调整姿势和习惯性和节律性运动等。在结构上，锥体外系是一个涉及脑内许多结构的功能系统，包括大脑皮质、背侧丘脑、苍白球、壳和尾状核、黑质、红核、脑桥核、前庭神经核、小脑、脑干的某些网状核以及它们的联络纤维等，这些结构共同组成复杂的多级神经元链。可以认为只有在锥体外系对肢体保持稳定，并使之有适当肌张力和协调的情况下，锥体系才能执行随意的精细活动。

36. 上、下运动神经元损伤后临床表现比较

损伤部位 / 临床体症	上运动神经元（锥体细胞胞体和锥体束）	下运动神经元（脑神经运动核细胞的胞体、脊髓前角运动细胞的胞体和脑、脊神经）
瘫痪范围	常较广泛	常较局限
瘫痪特点	痉挛性瘫（硬瘫、中枢性瘫）	弛缓性瘫（软瘫、周围性瘫）
肌张力	增高	减低
腱反射	亢进	减弱或消失
病理反射	有（+）	无（-）
肌萎缩	早期无、晚期为废用性萎缩	早期即有萎缩

五、论述题

1. 检查视野范围有助于诊断视觉传导通路某部位的病变。

右视神经损害，可引起右眼视野全盲。右视束因含有右眼视网膜颞侧半和左眼视网膜鼻侧半来的纤维，故受损后产生右眼鼻侧半视野偏盲，左眼颞侧半视野偏盲（即对侧同向偏盲）。如损害视交叉中央部，因视交叉中央部为双眼视网膜鼻侧部来的交叉纤维，故受损产生双眼颞侧视野偏盲。右视束经外侧膝状体中继后，由视辐射经右侧内囊后肢投射至视觉中枢，故右侧内囊后肢受损，其视野缺损与右视束损害相同。

2. 患儿左下肢瘫痪，肌张力低下，肌萎缩，膝反射消失，病理反射（一）属下运动神经元损害表现。下肢肌由股神经、闭孔神经、坐骨神经支配。这些神经来自脊髓 $L_2 \sim S_2$ 节段前角运动细胞，故病变损害了左侧脊髓 $L_2 \sim S_2$ 前角运动细胞可产生上述症状．是小儿麻痹症所致。患儿无其他感觉障碍，说明无感觉传导路结构损害。

3. 患者右腿瘫痪，肌张力增高无肌萎缩，右膝反射亢进，病理反射阳性，为上运动神经元损害表现。右腿本体感觉消失，右半身自乳头以下精细触觉消失，为右侧薄束损害表现，薄束传导同侧 T_5 以下本体感觉和精细触觉。根据精细触觉消失平面在乳头以下，可定位损害平面在脊髓 T_4 。左半身自剑突以下痛、温度觉消失，表明损害了右侧脊髓丘脑侧束。温、痛觉纤维经后根外侧部在背外侧束中先上升 1 ～ 2 个脊髓节段，才终于后角固有核，后角固有核细胞发出的轴突经白质前连合交叉，至对侧的脊髓丘脑侧束上升，故对侧痛、温觉缺失平面要比实际损害平面低 2 个节段，表现在剑突（T_6）平面。综上所述，该病例在脊髓 T_4 平面损害了右侧薄束、右侧皮质脊髓侧束和右侧脊髓丘脑侧束，属脊髓半横断。

4.

	舌下神经核上瘫	舌下神经核下瘫
损害结构	中央前回下部锥体细胞、皮质核束	舌下神经核、舌下神经
表　　现	伸舌时舌偏向病灶对侧，早期无舌肌萎缩	伸舌时舌偏向病灶侧，有舌肌萎缩

5. 本病例系在右侧内囊膝损害了皮质核束和右侧内囊后肢损害了皮质脊髓束、丘脑中央辐射和视辐射所致的典型“三偏”症。

左侧上、下肢瘫痪，肌张力增高，腱反射亢进，出现病理反射等属上运动神经元损害表现，系损伤了经右侧内囊后肢的皮质脊髓束所致。

发笑时口角偏向右侧，但两侧能皱眉、闭眼为面神经核上瘫表现。伸舌时舌偏左侧，无舌肌萎缩为舌下神经核上瘫表现，两者均因损伤了经右侧内囊膝的皮质核束所致。皮质核束交叉支配对侧舌下神经核以及支配眼裂以下面肌的面神经核，故受损出现上述症状。

左半身浅、深感觉消失，因为损伤了经内囊后肢的右侧丘脑中央辐射所致。右侧丘脑中央辐射为右侧脊髓丘系、内侧丘系、三叉丘系分别经丘脑腹后外侧核和腹后内侧核中继后发出的纤维，传导的是三个丘系传入的对侧身体浅、深部感觉，故在右侧内囊后肢损伤了右侧丘脑中央辐射产生左半身浅、深部感觉消失。

双眼左半视野偏盲是损伤了经右侧内囊后肢的视辐射所致。双眼左侧半的光线投射到左眼鼻侧和右眼颞侧半视网膜，冲动经右视束传入至外侧膝状体中继后发出右视辐射，故右视辐射损伤将产生双眼左半视野偏盲。

6. 根据右上肢痉挛性瘫痪，随意运动消失，无肌萎缩属上运动神经元损害，表现单瘫，损害了左侧中央前回中部，因中央前回中部锥体细胞经皮质脊髓束支配对侧上肢骨骼肌运动，故受损后右上肢痉挛性瘫痪。根据右眼裂以下面肌麻痹，属面神经核上瘫；伸舌时舌尖偏向右侧，无萎缩，属舌下神经核上瘫。两者均为损害了左侧中央前回下部所致。因中央前回下部锥体细胞发出的皮质核束交叉支配对侧舌下神经核和支配对侧眼裂以下面肌的面神经核细胞。

患者不能说出规则的语言是因为损伤了左侧额下回后部的运动性语言中枢（Broca 区）。此区受损与发音、说话有关的肌虽未瘫痪，但病人丧失了说话能力。

结合病史，损害可能是由于细菌性心内膜炎栓子脱落阻塞了供应中央前回中、下部及 Broca 区的动脉所致。

（徐慧君　吕广明　于胜波）

第二章　周围神经系统

复习思考题

一、名词解释

1．神经　2．灰质　3．白质　4．腰骶干　5．交感干　6．白交通支　7．灰交通支　8．椎旁神经节　9．椎前神经节　10．神经核　11．神经节　12．反射弧

二、填空题

1．周围神经主要分为与脊髓相连的________；与脑相连的________；与脑和脊髓相连，主要分布于内脏，心血管和腺体的________。

2．脊神经共________对，每对脊神经借________和________与________相连。

3．每条脊神经都借________和________与脊髓相连，两者在椎间孔处合成________，出椎间孔后即分为________，________，________和________四支。

4．脊神经是混合性神经，根据其分布和功能，可将其纤维成分分为________，________，________，________，四种。

5．颈丛由________的前支组成，位于________的深方，________的前方。

6．颈丛的主要皮支有________，________，________，________，肌支中最重要的分支是________。

7．臂丛是由________和________组成，经________走出，经________进入腋窝。

8．腋神经起于臂丛________束，穿________孔，绕________至三角肌深方，支配________和________。

9．肌皮神经起于臂丛________束，穿________，经________间下降发出肌支支配________。

10．正中神经起于臂丛________束，在臂部沿________下降，在肘窝穿________，在前臂部位于________之间经________到达手掌。

11．尺神经发自臂丛________束，在臂部位于________下行，经肘部肱骨内上髁后方的________至前臂部，位于________之间下降，经________桡侧，屈肌支持带的浅面进入手掌。

12．桡神经发自臂丛________束，伴随________走行于臂后区的________内，在________穿外侧肌间隔，至________之间，在此分为浅深二支。

13．腰丛由________，________，和________前支的一部分组成，位于________。

14．股神经是腰丛最大分支，先在________与________之间下行，经________，________到达股三角，分支中最长的皮神经称________。

15．骶丛由________以及________前支组成，骶丛位于骨盆腔内，在________前面，________的后方。

16．坐骨神经经________出骨盆腔，在臀大肌深面，经________与________之间至股

后，在________深面下降，至腘窝上角处分为________和________。

17．手背皮肤感觉主要由________和________传导，手掌皮肤感觉主要由________和________传导。

18．肱骨外科颈骨折易损伤________神经，导致________瘫痪；肱骨干中段骨折易损伤________神经，产生________症。

19．肱骨内上髁处骨折易损伤________神经，产生________症；腓骨颈骨折易损伤________神经，________瘫痪。

20．十二对脑神经中，属运动性的包括________，________，________，________，和________，感觉性的包括________，________，和________，混合性的包括________，________，________，和________。

21．嗅神经穿________入颅，视神经穿________入颅，上颌神经经________入颅，下颌神经经________入颅。

22．穿经眶上裂的脑神经有________、________、________和________；穿经内耳门的脑神经有________、________。

23．出入颈静脉孔的神经有________、________、________神经。

24．动眼神经含有________和________两种纤维成分，躯体运动纤维起于中脑________，一般内脏运动纤维起于________。

25．动眼神经的副交感纤维来自________核，在________换元后，节后纤维分布于________和________。

26．三叉神经含有________和________两种纤维，其三大分支为________、________、________，它们分别经________、________、________出入颅。

27．三叉神经的三大分支中，分布于眼球的是____；分布于上颌牙及上颌牙龈的是____、分布于下颌牙和牙龈的是________、三叉神经的运动纤维支配________。

28．鼓索含有________和________两种纤维，由面神经在面神经管内分出后加入____神经，前一种纤维分布________，后一种纤维支配________。

29．面神经在面部的分支有________、________、________、________、________。

30．面神经含有三种纤维成分，特殊内脏运动纤维起于______核，主要支配________的运动；一般内脏运动纤维起________核，节前纤维经________和________节换元，节后纤维分布于________、________及________；特殊内脏感觉纤维胞体位于________，周围突分布于________，中枢突止于________。

31．分布于舌的神经有________、________、________和________。舌前2/3的味觉由________传导，一般感觉由________传导；舌后1/3味觉有________传导；舌肌运动由________支配。

32．舌咽神经的副交感节前纤维在________交换神经元，节后纤维支配________；一般内脏感觉纤维的胞体在________，中枢突终于________，周围突分布于________。

33．迷走神经有________、________、________、________四种纤维成分。

34．喉返神经属________的分支，左喉返神经从前向后绕过________返至颈部，右喉返神经从前向后绕过________返至颈部。

35．出入眼球的各种神经，其中视神经传导________；眼神经传导________；动眼神经的纤维支配________和________。

36．交感神经的低级中枢位于________；副交感神经的低级中枢位于脑干的________和脊髓________节段的________内。

37．椎前神经节位于________前方，包括________、________、________等。

38．颅部副交感神经的神经节有________、________、________、________。

39．内脏神经系统主要分布于________、________和________。

40．内脏神经含有________和________两种纤维成分，内脏运动神经又分为________和________两种纤维成分。

三、选择题

A 型题

1．甲状腺肿瘤患者手术切除后出现声音嘶哑，可能损伤了：

A．声带　B．喉上神经内支　C．喉返神经　D．迷走神经　E．喉肌

2．动眼神经损伤可使患者：

A．眼内斜视　B．眼内斜视和瞳孔缩小　C．眼外斜视

D．眼外斜视和瞳孔散大　E．眼内斜视和瞳孔散大

3．舌下神经：

A．管理舌的味觉　B．支配舌骨上、下肌群运动　C．支配舌内、外肌运动

D．分布到舌的粘膜和肌肉　E．管理舌的粘膜感觉

4．不是副交感神经节的是

A．器官壁内神经节　B．睫状神经节　C．下颌下神经节

D．三叉神经节　E．耳神经节

5．内脏大神经：

A．由交感神经的节前纤维组成　B．由交感神经的节后纤维组成

C．由交感神经和副交感神经的节后纤维共同组成

D．由副交感神经节的节前纤维组成　E．由副交感神经的节后纤维组成

6．白交通支内含有：

A．副交感神经的节前纤维　B．副交感神经节后纤维

C．交感神经的节后纤维　D．交感神经的节前纤维

E．交感神经和副交感神经的节后纤维

7．滑车神经可使眼球转向：

A．外下方　B．内下方　C．内上方　D．外上方　E．上方

8．只含有特殊内脏运动纤维的是：

A．三叉神经　B．副神经　C．面神经　D．舌下神经　E．位听神经

9．舌下神经：

A．经卵圆孔出颅　B．为舌的感觉和运动神经　C．根丝由延髓脑桥沟出脑

D．一侧损伤伸舌偏向患侧　E．在颏舌肌外侧分支

10．支配泪腺分泌的神经来自：

A．面神经　B．舌咽神经　C．副神经　D．三叉神经　E．迷走神经

11．三叉神经：

A．含有特殊内脏传出纤维和一般躯体传入纤维
B．含有特殊内脏运动纤维和特殊内脏感觉纤维
C．不管理咀嚼肌运动　D．传导舌后 1/3 的粘膜感觉　E．传导舌后 1/3 的味觉

12．角膜反射消失是由于损伤了：
A．视神经　B．面神经　C．下颌神经　D．上颌神经　E．动眼神经

13．眼睑下垂可能损伤了：
A．滑车神经　B．展神经　C．面神经　D．动眼神经　E．三叉神经

14．左喉返神经损伤可致：
A．左侧环甲肌瘫痪　B．喉前庭感觉消失　C．甲状腺感觉障碍
D．吞咽时喉不能上提　E．可能出现声门关闭不全

15．肱骨中段骨折后出现腕下垂可能损伤了：
A．正中神经　B．腋神经　C．尺神经　D．肌皮神经　E．桡神经

16．通过坐骨小孔的神经是：
A．闭孔神经　B．臀上神经　C．阴部神经　D．臀下神经　E．坐骨神经

B 型题

A．迷走神经　B．三叉神经　C．舌神经　D．面神经　E．舌下神经

1．支配镫骨肌运动的神经是：
2．支配舌肌运动的神经是：
3．支配咬肌运动的神经是：
4．支配喉肌运动的神经是：

A．面肌　B．咀嚼肌　C．舌外肌　D．舌骨下肌群　E．胸锁乳突肌

5．三叉神经支配：
6．舌下神经支配：
7．副神经支配：
8．面神经支配：

A．动眼神经　B．滑车神经　C．展神经　D．面神经　E．眼神经

9．支配眼外直肌运动的神经是：
10．支配眼上斜肌运动的神经是：
11．支配眼的上睑提肌运动的神经是：
12．支配眼轮匝肌的神经是：

A．翼腭神经节　B．三叉神经节　C．睫状神经节
D．下颌下神经节　E．膝神经节

13．与舌下腺分泌有关的神经节：
14．与鼻粘膜腺分泌有关的神经节：
15．与瞳孔缩小有关的神经节：
16．与舌前 2/3 温度感受有关的神经节：

A．胸背神经　B．桡神经　C．腋神经　D．肌皮神经　E．正中神经

17．肱骨中段骨折时最易受损的神经是：
18．支配小圆肌的神经是：

19．支配臂部前群肌的神经是：

20．支配背阔肌的神经是：

X 型题

1．属于颈丛分支的是：

A．膈神经　B．枕小神经　C．锁骨上神经　D．耳大神经　E．肌皮神经

2．属于臂丛分支的是：

A．正中神经　B．尺神经　C．桡神经　D．腋神经　E．肌皮神经

3．分布于手的神经是：

A．正中神经　B．尺神经　C．桡神经　D．腋神经　E．肌皮神经

4．正中神经分布于：

A．拇收肌　B．旋前方肌　C．掌长肌　D．骨间肌　E．桡侧腕屈肌

5．尺神经分布于：

A．骨间肌　B．拇收肌　C．小鱼际肌　D．尺侧腕屈肌　E．第 1、2 蚓状肌

6．桡神经分布于：

A．肱桡肌　B．肱三头肌　C．指伸肌　D．旋后肌　E．小指伸肌

7．在腹股沟疝修补术中，应避免损伤：

A．闭孔神经　B．髂腹下神经　C．股神经　D．髂腹股沟神经　E．生殖股神经

8．受坐骨神经支配的肌是：

A．臀大肌　B．股二头肌　C．股四头肌　D．半腱肌　E．半膜肌

9．面神经：

A．为混合性神经　B．内脏感觉纤维分布于舌前 2/3 味蕾

C．支配咀嚼肌　D．支配表情肌　E．管理泪腺的分泌

10．支配眼外肌的神经是：

A．滑车神经　B．展神经　C．面神经　D．动眼神经　E．眼神经

11．分布于舌的神经是：

A．舌下神经　B．舌咽神经　C．面神经　D．上颌神经　E．下颌神经

12．经眶上裂出入的神经是：

A．动眼神经　B．视神经　C．展神经　D．滑车神经　E．眼神经

四、问答题

1. 试述脊神经前根、后根的性质？含有何种纤维成分？各种纤维来自何处？

2. 脊神经共有多少对？脊神经前支、后支的性质如何？

3. 简述颈丛的组成、位置及其主要分支分布。

4. 试述臂丛的组成、位置和肌皮神经、正中神经、尺神经、桡神经、腋神经的行程和分布。肱骨干中段和肱骨外科颈骨折易损伤什么神经？产生什么体征？

5. 简述腰丛的组成、位置及股神经的行程及分布。

6. 试述骶丛的组成、位置及坐骨神经的行程及分布？

7. 胸神经前支在胸腹壁皮肤的节段性分布如何？

8. 脑神经含有几种纤维成分？根据纤维成分和功能分为哪几类？

9. 试述嗅神经、视神经、前庭蜗神经的性质和分布。

10.动眼神经含有几种纤维成分？各种纤维成分的起始核位于何处？其主要分支如何？动眼神经受损后可出现哪些体征？

11.三叉神经含有几种纤维成分？各种纤维分别与哪些脑神经核有联系？三叉神经有哪些重要分支，各分布于何处？

12. 试述面神经含有哪些纤维成分？面神经干的行程及主要分支有哪些？

13. 舌咽神经含有几种纤维成分？与哪些脑神经核有关？其分布如何？

14.迷走神经含有几种纤维成分？与哪些脑神经核有联系？其走行及主要分支？分布如何？

15.舌下神经含有何种纤维成分？其起始核位于何处？舌下神经受损时出现哪些体症？

16. 交感神经的低级中枢位于何处？交感神经节前和节后神经元的胞体位于何处？

17. 试述交感干的组成？交感神经节有哪些？

18. 副交感神经的低级中枢在何处？试述副交感神经的分布？

五、论述题

1. 试述支配眼球的感觉和运动神经。一侧展神经损伤产生哪种斜视？

2. 试述舌的感觉和运动神经．左侧颏舌肌瘫痪，伸舌时舌尖偏向哪侧？

3. 试述面神经在面神经管内、外损伤的临床表现。

4. 试述内脏运动性神经与躯体运动性神经的区别。

5. 试述交感神经与副交感神经的区别。

参考答案

一、名词解释

1. 神经纤维在周围神经系统聚集在一起即形成各种粗细不等的神经。

2. 在中枢神经系统神经元胞体和树突聚集在一起，构成肉眼观察呈灰暗色的组织，称为灰质。

3. 神经纤维在中枢神经系统内聚集，色发白，称为白质。

4. 由第 4 腰神经前支一部分和第 5 腰神经前支合成的神经干，称为腰骶干，加入骶丛。

5. 左、右各一，由交感干神经节借节间支连结构成，上端达颅底、下端于尾骨前面两干合并。每侧交感干神经节总数约 19～24 个，分颈、胸、腰、骶、尾 5 部。

6. 白交通支由脊髓中间外侧核细胞发出的节前神经纤维组成，从脊神经分出进入交感干神经节。只存在于胸$_1$（或颈$_8$）～腰$_3$（腰$_2$）15 对脊神经与交感干之间。

7.灰交通支由交感干神经节发出的节后神经纤维组成，连于交感干与 31 对脊神经之间。

8. 椎旁神经节即交感干神经节，位于脊柱两旁，借节间支连成左右两条交感干。

9. 椎前神经节亦是交感神经节，位于脊柱前方，为不规则的节状团块，位于腹主动脉脏支的根部，如腹腔神经节。

10. 神经核为在中枢神经系统内，形态功能相近的神经元胞体聚集在一起形成一定形状的灰质块。

11. 神经节为在周围神经系统内，神经元胞体聚集一起形成的灰质块。

12. 是完成反射的基础，由感受器、传入神经、中枢、传出神经和效应器等五部分组成。

二、填空题

1. 脊神经　脑神经　内脏神经

2. 31 对　前根　后根　脊髓

3. 前根　后根　脊神经　前支　后支　交通支　脊膜支

4. 躯体感觉纤维　内脏感觉纤维　躯体运动纤维　内脏运动纤维

5. 第 1～4 颈神经　胸锁乳突肌上部　中斜角肌和肩胛提肌起端。

6. 枕小神经　耳大神经　颈横神经　锁骨上神经　膈神经

7. 第 5～8 颈神经前支　第 1 胸神经前支的大部分　斜角肌间隙　锁骨后方

8. 后束　四边孔　肱骨外科颈　三角肌　小圆肌

9. 外侧束　喙肱肌　肱二头肌与肱肌　臂肌前群

10. 内、外侧　先沿肱动脉外侧，后沿肱动脉内侧　旋前圆肌　指浅、深屈肌　腕管

11. 内侧　肱动脉内侧　尺神经沟　尺侧腕屈肌与指深屈肌　豌豆骨

12. 后　肱深血管　桡神经沟　肱骨外上髁上方　肱肌与肱桡肌

13. 第 12 胸神经前支的一部分　第 1 至第 3 腰神经前支　第 4 腰神经、腰大肌深方

14. 腰大肌　髂肌　腹股沟韧带深面　股动脉外侧　隐神经

15. 腰骶干　全部骶神经和尾神经　梨状肌　髂内动脉

16. 梨状肌下孔　股骨大转子　坐骨结节　股二头肌　胫神经　腓总神经

17. 桡神经浅支　尺神经手背支　正中神经　尺神经

18. 腋神经　三角肌　桡神经　垂腕

19. 尺神经　鹰爪手　腓总神经　小腿肌前、外侧群和足背肌

20. 动眼神经　滑车神经　展神经　副神经　舌下神经　嗅神经　视神经　前庭蜗神经　三叉神经　面神经　舌咽神经　迷走神经

21. 筛孔　视神经管　圆孔　卵圆孔

22. 动眼神经　滑车神经　展神经　眼神经　面神经　前庭蜗神经

23. 舌咽神经　迷走神经　副神经

24. 躯体运动　一般内脏运动　动眼神经核　动眼神经副核

25. 动眼神经副核　睫状神经节　瞳孔括约肌　睫状肌

26. 一般躯体感觉　特殊内脏运动　眼神经　上颌神经　下颌神经　眶上裂　圆孔　卵圆孔

27. 眼神经　上颌神经　下颌神经　咀嚼肌

28. 特殊内脏感觉（味觉）　一般内脏运动（副交感）　舌　舌前 2/3 的味蕾、下颌下腺和舌下腺

29. 颞支　颧支　颊支　下颌缘支　颈支

30. 面神经核　面肌　上泌涎核　翼腭神经节　下颌下神经节　泪腺　下颌下腺　舌下腺　鼻　腭的粘膜腺　膝神经节　舌前 2/3 味蕾　孤束核

31. 舌神经　面神经的鼓索　舌咽神经　舌下神经　鼓索　舌神经　舌咽神经　舌下神经

32. 耳神经节　腮腺分泌　下神经节　孤束核、舌后 1/3 和咽壁等处粘膜以及颈动脉窦和劲动脉球等

33. 一般内脏运动（副交感）纤维　一般内脏感觉纤维　一般躯体感觉纤维　特殊内脏运动纤维

34. 迷走神经　主动脉弓　右锁骨下动脉

35.视觉　眼球一般躯体感觉　除上斜肌和外直肌以外的眼球外肌　瞳孔括约肌和睫状肌

36. 脊髓胸 1～腰 2 节段的中间带外侧核　副交感神经核　骶部第 2～4 节段灰质的骶副交感核

37. 脊柱　腹腔神经节　肠系膜上神经节　肠系膜下神经节　主动脉肾节

38. 睫状神经节　耳神经节　下颌下神经节　翼腭神经节

39. 内脏　心血管　腺体

40. 感觉　运动　交感　副交感

三、选择题

A 型题

1. C　2. D　3. C　4. D　5. A　6. D　7. A　8. B　9. D　10. A　11. A　12. B　13. D　14. E　15. E　16. C

B 型题

1. D　2. E　3. B　4. A　5. B　6. C　7. E　8. A　9. C　10. B　11. A　12. D　13. D　14. A　15. C　16. B　17. B　18. C　19. D　20. A

X 型题

1. A B C D　2. A B C D E　3. A B C　4. B C E　5. A B C D　6. A B C D E　7. B D　8. B D E　9. A B D E　10. A B D　11. A B C E　12. A C D E

四、问答题

1. 前根属运动性、后根属感觉性。前根含有躯体运动纤维和内脏运动纤维，后根含有躯体感觉纤维和内脏感觉纤维。躯体运动纤维发自脊髓灰质的前角运动核团，内脏运动纤维发自脊髓胸 1～腰 3 节段侧角中间带外侧核和骶 2～4 节段灰质的骶副交感核，躯体感觉纤维和内脏感觉纤维来自脊神经节假单极神经元中枢突。

2. 脊神经共 31 对，包括颈 8、胸 12、腰 5、骶 5、尾 1 对。脊神经前、后支均为混合性，即有运动纤维、亦有感觉纤维。

3. 颈丛由第 1～4 颈神经前支和第 5 颈神经前支的一部分构成，位于胸锁乳突肌上部的深方，中斜角肌和肩胛提肌起端的前方。

分支：(1) 浅支：感觉纤维

1) 枕小神经沿胸锁乳突肌后缘上升，分布于枕部及耳廓背面上部的皮肤。

2) 耳大神经分布于耳廓及其附近的皮肤

3) 颈横神经分布于颈前区皮肤

4) 锁骨上神经分布于颈侧部、胸前壁上部和肩部皮肤

(2) 深支：运动纤维支配颈部深肌、肩胛提肌、舌骨下肌和膈

膈神经：运动纤维支配膈肌、感觉纤维分布于胸膜、心包、部分腹膜。右膈神经尚分

布于肝、胆囊和肝外胆道。

4. 臂丛由第 5~8 颈神经前支和第 1 胸神经前支的大部分组成，位于锁骨下动脉后上方，经锁骨后方进入腋窝。

主要分支：

1）腋神经：发自臂丛后束→穿四边孔→

绕肱骨外斜颈→三角肌深方→ { 肌支→三角肌、小圆肌；皮支→肩部、臂外侧上部皮肤 }

2）肌皮神经：发自臂丛外侧束 →穿喙肱肌→

肱二头肌与肱肌间下降→ { 肌支→臂肌前群；皮支→前臂外侧皮神经→前臂外侧皮肤 }

3）正中神经：发自臂丛内、外侧束→先沿肱动脉外侧后沿肱动脉内侧→肘窝 →穿旋前圆肌 →指浅、指深屈肌间→腕部→腕管→手掌

分支 {
肌支→除肱桡肌，尺侧腕屈肌和指深屈肌尺侧半以外所有前臂肌前群、鱼际肌（除拇收肌）和 1、2 蚓状肌
皮支→掌心、鱼际、桡侧 3 1/2 指的掌面，中节和末节手指背面的皮肤
}

4）尺神经：发自臂丛内侧束→肱动脉内侧下降→穿内侧肌间隔→臂后区→肘后区的尺神经沟→前臂前区→尺侧腕屈肌与指深屈肌间→腕区→豌豆骨桡侧→手掌

分支 {
肌支→尺侧腕屈肌、指深屈肌尺侧半，小鱼际肌、拇收肌、骨间肌、第 3～4 蚓状肌
皮支→手背尺侧半和小指、环指及中指尺侧手背面皮肤、小鱼际和小指和环指尺侧半掌面的皮肤
}

5)桡神经：发自臂丛后束→腋动脉后方→伴肱深血管→向外下→臂后区→沿桡神经沟

绕肱骨中段背面→外下→肱骨外上髁上方→肱二头肌与肱桡肌间→ { 深支（肌支）；浅支（皮支） }

分支 {
肌支→肱三头肌、肱桡肌、前臂背侧的前臂肌后群
皮支→手背桡侧半和桡侧两个半手指近节背面的皮肤
}

肱骨干中段骨折易损伤桡神经，临床产生"垂腕症"，肱骨外科颈骨折易损伤腋神经，产生方形肩。

5. 腰丛由第 12 胸神经前支的一部分，第 1 至第 3 腰神经前支和第 4 腰神经前支的一部分组成。

腰丛位于腰大肌深面。

股神经位于腰大肌与髂肌间→腹股沟韧带中点稍外→腹股沟韧带深面→股三角

分支 { 肌支→耻骨肌、股四头肌、缝匠肌
　　　皮支→大腿、膝关节前面皮肤，最长皮支称隐神经→小腿内侧和足内侧缘皮肤

6. 骶丛由腰骶干及全部骶神经和尾神经前支组成。

骶丛位于骨盆腔内，在骶骨和梨状肌前面，髂内动脉的后方。

坐骨神经→梨状肌下孔出骨盆腔→臀大肌深面→坐骨结节与股骨大转子间→股后部→股二头肌深面下降→腘窝上角处→ { 胫神经
　　　腓总神经

分支 { 肌支→大腿肌后群、小腿肌、足肌
　　　皮支→腘窝、小腿前外侧面及足底、足背皮肤

胫神经损伤的运动障碍是足不能跖屈、内翻力弱，不能以足尖站立，出现“钩状足”，感觉障碍主要在足底。

腓总神经损伤的运动障碍主要是足不能背屈、足下垂，并且内翻、趾不能伸，形成“马蹄内翻”足。感觉障碍在小腿外侧面和足背为明显。

7. T_2 相当胸骨角平面，T_4 相当于乳头平面，T_6 相当剑突平面，T_8 相当于肋弓平面，T_{10} 相当于脐平面，T_{12} 分布于耻骨联合与脐连线中点平面。

8. 脑神经含有7种纤维成分，分别是：一般躯体感觉纤维，特殊躯体感觉纤维，一般内脏感觉纤维，特殊内脏感觉纤维；一般躯体运动纤维，一般内脏运动纤维，特殊内脏运动纤维。

根据纤维成分和功能脑神经分三类，分别是感觉神经（Ⅰ、Ⅱ、Ⅷ对），运动神经（Ⅲ、Ⅳ、Ⅵ、Ⅺ、Ⅻ对），混合性神经（Ⅴ、Ⅶ、Ⅸ、Ⅹ对）。

9. 嗅神经、视神经、前庭蜗神经均为感觉神经。

嗅神经为特殊内脏感觉纤维，嗅细胞位于上鼻甲上部和鼻中隔上部的粘膜内，其周围突分布于该部粘膜。中枢突聚集成15～20条嗅神经穿筛孔入颅，进入嗅球。

视神经由特殊躯体感觉纤维组成，传导视觉冲动。视网膜节细胞的周围突布于视网膜，中枢突穿出眼球后极，构成视神经。

前庭蜗神经由蜗神经和前庭神经组成，属特殊躯体感觉性。

1）前庭神经的胞体在内耳道底的前庭神经节内，周围突分布于内耳球囊斑、椭圆囊斑和壶腹嵴的平衡觉感受器，中枢突组成前庭神经，经内耳门入颅，于延髓脑桥沟外侧部入脑，止于脑桥内的前庭神经核和小脑。

2）蜗神经传导听觉，其胞体位于蜗神经节内，其周围突分布于内耳的螺旋器上的毛细胞，中枢突由内耳门入颅，于延髓脑桥沟外侧部入脑，止于脑桥内的蜗神经核。

10. 动眼神经含有躯体运动和一般内脏运动两种纤维（副交感节前神经纤维）。

躯体运动纤维起于中脑动眼神经核，一般内脏运动纤维起于动眼神经副核。

动眼神经由大脑脚内侧出脑，经眶上裂入眶，立即分为上、下两支，上肢支配上直肌和上睑提肌，下支支配下直肌、内直肌和下斜肌。其中的副交感节前神经纤维，在睫状神经节内换元后发出的节后神经纤维支配瞳孔括约肌及睫状肌。

动眼神经损伤后可出现，上眼睑下垂、眼球外斜视、瞳孔散大、对光反射消失。

11. 三叉神经含有躯体感觉和特殊内脏运动两种纤维。特殊内脏运动纤维始于三叉神经运动核，躯体感觉纤维止于三叉神经脑桥核和脊束核。

三叉神经分支有：

1）眼神经：自三叉神经半月节发出后，经眶上裂入眶，分布于硬脑膜、眼眶、眼球、泪腺、结膜、部分鼻腔粘膜及额顶部、上睑和鼻背的皮肤。

2）上颌神经：自三叉神经半月节发出，经圆孔出颅，再经眶下裂入眶，延续为眶下神经。分布于硬脑膜、眼裂与口裂间 皮肤、上颌牙和牙龈及鼻腔、口腔粘膜。

3）下颌神经：自卵圆孔出颅，在翼外肌深面分为前、后两干，分支支配咀嚼肌、鼓膜张肌、腭帆张肌及下颌舌骨肌、二腹肌前腹外，还分布于颊部皮肤、粘膜和硬脑膜、下颌牙及牙龈、舌前 2/3 及口腔底粘膜，耳颞区和口裂以下的皮肤。

12. 面神经含有三种纤维成分，特殊内脏运动纤维起于面神经核，主要支配面肌的运动；一般内脏运动纤维起于上泌涎核，节后神经纤维分布于泪腺、舌下腺、下颌下腺及鼻腭的粘膜腺；特殊内脏感觉纤维分布于舌前 2/3 的味蕾，中枢突止于孤束核。

面神经自延髓脑桥沟外侧出脑后，经内耳门穿内耳道底进入面神经管，由茎乳孔出颅，向前进入腮腺深面，分支成丛，由丛分支从腮腺前缘呈辐射状分布，支配面肌，其分支有：

颞支：支配额肌和眼轮匝肌

颧支：支配眼轮匝肌下部和颧肌

颊支：至颊肌及口周围肌

下颌缘支：至下唇诸肌

颈支：支配颈阔肌

鼓索：随舌神经分布于舌前 2/3 味蕾司味觉，副交感节前神经纤维在下颌下神经节换元后，节后神经纤维分布于下颌下腺和舌下腺，支配腺体分泌。

面神经所含副交感节前神经纤维的一部分，经岩大神经、在翼腭神经节换元之后，节后神经纤维分布于泪腺和鼻、腭部粘膜腺。

13. 舌咽神经为混合性神经，含有五种纤维成分：

1）特殊内脏运动纤维，起于疑核，支配茎突咽肌。

2）一般内脏运动纤维（副交感纤维），起于下泌涎核，在耳神经节换元后分布于腮腺，司腮腺分泌。

3）一般内脏感觉和特殊内脏感觉纤维，其胞体位于颈静脉孔处的下神经节，其周围突分布于舌后 1/3 味蕾、咽、咽鼓管、鼓室、舌后 1/3 的粘膜以及颈动脉窦和颈动脉球；中枢突终于孤束核。

4）一般躯体感觉纤维，胞体位于上神经节，周围突分布于耳后皮肤，中枢突止于三叉神经脊束核。

14. 迷走神经为混合性神经，含有四种纤维成分：

1）一般内脏运动纤维（副交感纤维），起于迷走神经背核，主要分布颈、胸、腹部的多种脏器，支配平滑肌、心肌、腺体活动。

2）一般内脏感觉纤维，其胞体位于下神经节（结状神经节）内，周围突分布于颈、胸、腹部的脏器，中枢突终于孤束核。

3）一般躯体感觉纤维，其胞体位于上神经节内，其周围突分布于耳廓、外耳道的皮肤和硬脑膜，中枢突止于三叉神经脊束核。

4）特殊内脏运动纤维，起于疑核，支配咽喉肌。

迷走神经走行：迷走神经根丝自橄榄后沟出脑→颈静脉孔出颅→颈动脉鞘内（颈内静脉与颈内动脉、颈总动脉后方）

下降→
- 左迷走神经→左颈总动脉与左锁下动脉间下行→主动脉弓前→左肺根后→食管前丛→前 干→食管裂孔→
  - 胃前支→胃前壁
  - 肝支→肝、胆
- 右迷走神经→右锁骨下动脉前→气管右侧下降→右肺根后→食管后丛→后干→食管裂孔→
  - 胃后支→胃后壁
  - 腹腔支→结肠左曲以上消化管及腹腔脏器

分支：

(1) 颈部分支：

1) 喉上神经：自下神经节发出，在颈内动脉内侧下行，分为内、外二支，外支→环甲肌，内支→声门裂以上喉粘膜。

2) 颈心支：有上、下两支，下行参与构成心丛，上支还分布到主动脉弓壁内，感受压力和化学刺激。

(2) 胸部分支

1) 喉返神经 右喉返神经在右锁骨下动脉前方处发出，并勾绕此动脉，返回颈部。左喉返神经在左迷走神经经过主动脉弓前方处发出，并勾绕主动脉弓返回颈部。喉返神经分支分布于喉，其运动纤维支配除环甲肌以外所有的喉肌，感觉纤维分布于声门裂以下的喉粘膜。

2) 支气管和食管支：是迷走神经在胸部分出的小支，分布到气管、支气管、肺和食管。

15. 舌下神经由躯体运动纤维组成，由舌下神经核发出。舌下神经核位于延髓舌下神经三角深面。

舌下神经一侧完全损伤时，同侧半舌肌瘫痪，伸舌时，舌尖偏向患侧。

16. 交感神经的低级中枢位于脊髓胸 1～腰 2（或腰 3）节段灰质中间带的中间外侧核。

交感神经的节前神经元位于上述的低级中枢内；节后神经元位于椎旁神经节（交感干神经节）和椎前神经节内。

17. 交感干由椎旁神经节借节间支连结而成，上端达颅底，下端至尾骨前方，于此左、右两干合併，可分为颈、胸、腰、骶、尾 5 部，每侧椎旁节约为 19～24 个。

交感神经节分为位于椎体两旁的椎旁神经节（交感干神经节）和位于椎体前方、腹主动脉脏支根部的椎前神经节，后者包括腹腔神经节，肠系膜上神经节，肠系膜下神经节和主动脉肾节等。

18. 副交感神经的低级中枢位于脑干的副交感核和脊髓骶部第 2～4 节段灰质的骶副交感核。

(1) 颅部副交感神经的节前神经纤维行于Ⅲ、Ⅶ、Ⅸ、Ⅹ对神经内：

1) 随动眼神经走行的副交感节前神经纤维，起于动眼神经副核→眶腔→睫状神经节换元→节后神经纤维→瞳孔括约肌、睫状肌

2) 随面神经走行的副交感节前神经纤维，

起自上泌涎核→
- 岩大神经→翼腭神经节换元→泪腺，鼻腔、口腔及腭粘膜腺
- 鼓索→舌神经→下颌下神经节换元→下颌下腺、舌下腺

3) 随舌咽神经走行的副交感节前神经纤维，起自下泌涎核→鼓室神经→鼓室丛→耳神

经节换元→腮腺

4）随迷走神经走行的副交感节前神经纤维，起自迷走神经背核→胸、腹腔脏器附近神经节→节后神经纤维→除降结肠、乙状结肠和骨盆腔脏器以外的胸、腹腔脏器

(2)骶部副交感神经的节前神经纤维起自脊髓骶段2～4节段的骶副交感核→随骶神经→骶前孔→盆内脏神经→盆丛→盆部脏器附近或脏器壁内的副交感神经节→节后神经纤维→结肠左曲以下消化管和骨盆腔脏器。

五、论述题

1．眼球的一般感觉神经为三叉神经的眼神经的分支

眼球的运动神经：

（1）支配眼球外肌的神经为：动眼神经→内、上、下直肌，下斜肌和上睑提肌；滑车神经→上斜肌；展神经→外直肌。

（2）支配眼球内肌的神经

①动眼神经副核发出副交感节前神经纤维，随动眼神经至睫状神经节，换神经元后其节后神经纤维（睫状短神经）支配睫状肌和瞳孔括约肌。

②颈上神经节发出交感节后神经纤维，随颈内动脉神经丛，穿过睫状神经节入眼球，支配瞳孔开大肌。

因为展神经支配外直肌，展神经损伤引起外直肌（同侧）瘫痪，临床表现为内斜视。

2．舌的一般感觉：舌前2/3—舌神经，舌后1/3—舌咽神经

舌的味觉：舌前2/3—鼓索，舌后1/3—舌咽神经

舌的运动：舌下神经支配舌内、外在肌。

左侧颏舌肌瘫痪，伸舌时舌尖偏向左侧（患侧）。

3．面神经在面神经管内损伤的体征：①损伤侧面肌瘫痪，表现为额纹消失，不能皱眉，不能闭眼，鼻唇沟平坦，口角偏向健侧和角膜反射消失；②损伤侧舌前2/3味觉障碍；③损伤侧唾液腺分泌障碍和听觉过敏。

面神经在面神经管外损伤时，只出现损伤侧面肌瘫痪的一系列症状及角膜反射消失。

4．(1) 躯体运动神经支配骨骼肌，内脏运动神经支配平滑肌、心肌和腺体

(2) 躯体运动神经只有一种纤维成分，内脏运动神经则有交感和副交感两种纤维成分

(3) 躯体运动神经自低级中枢至骨骼肌只有一个神经元，而内脏运动神经自低级中枢发出后需在周围部的内脏神经节内交换神经元，再由节内神经元发出节后神经纤维支配效应器，因此，内脏运动神经从低级中枢到达所支配的器官须经过两个神经元。

(4) 至效应器的分布方式不同。躯体神经以神经干的形式分布，而内脏神经节后神经纤维常攀附脏器或血管形成丛，由丛再分支至效应器。

(5) 躯体运动纤维是比较粗的有髓纤维，而内脏运动纤维则是薄髓（节前神经纤维）和无髓（节后神经纤维）的细纤维。

(6) 躯体运动神经对效应器的支配，一般受意志支配；而内脏运动神经对效应器的支配不受意志控制。

5．(1) 低级中枢的部位不同 交感神经低级中枢位于脊髓胸腰部灰质的中间带外侧核，副交感神经的低级中枢则位于脑干和脊髓骶部的副交感核。

(2) 周围神经节的位置不同 交感神经节位于脊柱两侧（椎旁节）和脊柱前方（椎前节），副交感神经节位于所支配的器官附近（器官旁节）或器官壁内（器官内节），因此

副交感神经的节前神经纤维比交感神经的长，而节后神经纤维则较短。

（3）节前神经纤维与节后神经纤维的比例不同。一个交感节前神经元的轴突可与许多节后神经元组成突触，而一个副交感节前神经元的轴突则与较少的节后神经元组成突触。所以交感神经的作用范围较广泛，而副交感神经则较局限。

（4）分布范围不同　交感神经在周围的分布范围较广，除至头颈部、胸、腹腔脏器外，尚遍及全身血管、腺体、竖毛机等。副交感神经分布不如交感神经广泛，一般认为大部分血管、汗腺、竖毛肌、肾上腺髓质均无副交感神经分布。

（5）对同一脏器作用不同　交感神经与副交感神经对同一脏器作用既是互相拮抗又是互相统一的。

（赵宝东　李德华）

考题示例与参考答案

考题示例一

一、选择题（选择一最佳答案，在字母上划圈）

1．含关节盘的关节是
A．胸锁关节　B．肩关节　C．肘关节　D．髋关节　E．踝关节

2．穿过食管裂孔的结构是
A．下腔静脉　B．迷走神经　C．主动脉　D．胸导管　E．内脏大神经

3．额窦开口于
A．上鼻道　B．中鼻道　C．下鼻道　D．蝶筛隐窝　E．鼻泪管

4．下列对眼球的描述哪项是错误的？
A．眼球纤维膜包括角膜和巩膜　B．眼球血管膜含有大量色素细胞和血管
C．眼球内膜为视网膜　D．中央凹位于视神经盘鼻侧，为视网膜感光最敏锐的地方
E．视网膜中央动脉供应视网膜

5．对肝门静脉的描述哪项是不正确的？
A．收集腹腔内除肝以外的不成对的脏器的静脉血　B．自肝门进入肝
C．肝门静脉无静脉瓣（成人）　D．肝门静脉与上腔静脉及下腔静脉间有吻合
E．肝门静脉直接注入下腔静脉

6．有关膝关节的描述哪项是错误的？
A．组成膝关节的骨有股骨、胫骨与髌骨　B．膝关节是人体最大的关节
C．膝关节内有半月板　D．膝关节内还有交叉韧带
E．腓侧副韧带与关节囊和外侧半月板紧密结合

7．关于角膜的感觉神经的说法，何者是对的？
A．动眼神经　B．滑车神经　C．面神经　D．上颌神经　E．眼神经

8．关于齿状线的描述正确的是
A．由肛柱下端构成　B．由肛柱与肛窦围成
C．是肛门内、外括约肌之间的浅沟　D．又称直肠横襞
E．由各肛柱的下端和肛瓣的边缘连结而成

9．属于副交感神经节的是
A．翼腭神经节　B．三叉神经节　C．膝神经节
D．前庭神经节　E．腹腔神经节

10．三叉神经的浅感觉纤维发自
A．三叉神经节（半月节）　B．三叉神经脊束核
C．三叉神经脑桥核　D．三叉神经中脑核　E．翼腭神经节

11．书写中枢位于
A．额下回后 1/3 处　B．额中回后部　C．颞上回　D．角回　E．岛叶

12．有关交感神经节的描述，哪项是错误的？

A．分为椎旁节和椎前节　　B．椎旁节借节间支相连形成交感干

C．最大椎前节为腹腔神经节　D．起自胸$_{5\sim9}$交感节的内脏大神经为节后神经纤维

E．31对脊神经均有灰交通支与椎旁节相连

13．下列脑神经核中，属于特殊内脏运动的是

A．前庭神经核　B．动眼神经核　C．迷走神经背核

D．三叉神经运动核　E．滑车神经核

14．咽鼓管开口于

A．鼻咽部侧壁，平对下鼻甲后端　B．喉咽部

C．梨状隐窝　D．咽隐窝　E．咽部侧壁

15．关于子宫位置的说法，哪项是错误的？

A．位于骨盆腔中央　B．在膀胱和直肠之间　C．呈轻度前倾前屈位

D．膀胱空虚时子宫底伏于膀胱上面　E．子宫位于耻骨联合与膀胱之间

16．开口于舌下阜的唾液腺为

A．舌下腺、腮腺　B．舌下腺、下颌下腺

C．下颌下腺　D．腮腺　E．下颌下腺、腮腺

17．有关输精管的说法，哪项是错误的？

A．是附睾管的直接延续　B．分为睾丸部、精索部、腹股沟部及盆部

C．在盆部经输尿管后方　D．在膀胱底后方，输精管膨大而成输精管壶腹

E．末端与精囊排泄管合成射精管

18．通过棘孔的结构是

A．上颌神经　B．下颌神经　C．眼神经　D．脑膜中动脉　E．颈内动脉

19．属于腹膜间位器官的脏器为

A．胃　B．空肠　C．肝　D．肾　E．横结肠

20．关于胸导管的错误说法是

A．收集下半身（膈以下）和膈以上左上半身的淋巴　B．穿膈的主动脉裂孔上行

C．起于左、右腰干　D．汇入左静脉角　E．是全身最大的淋巴导管

二、名词解释

1．关节　2．椎间盘　3．翼腭窝　4．腹膜腔　5．弹性圆锥　6．膀胱三角

7．颈动脉小球　8．脊神经节　9．内囊　10．脉络丛

三、填空题

1．动眼神经的副交感节前神经纤维到__________，节后纤维到__________。

2．椎骨的椎体间借________、________和后纵韧带相连结，椎弓板间借________相连结。

3．右心房的入口为________、________和________。左心房的入口为________。左心室的出口为________。

4．脑干内发出脑神经支配眼球外肌的脑神经核有__________、__________和__________。

5．迷走神经中支配喉肌的神经纤维起自__________，而支配内脏的副交感节前神经纤维起自__________。

6．支配下肢大腿肌前群的神经是__________，支配大腿肌内侧群的神经是__________，支配小腿肌后群的神经是__________。

7．一侧脊髓半横切时，将产生__________、__________和__________。

8．交感节前神经纤维的走向：____________；____________；____________。

9．眼房水由____________产生，最后经____________入巩膜静脉窦。

10．一侧动眼神经损伤时，光照健侧眼，患侧眼的瞳孔____________；一侧视神经损伤时，光照健侧眼时，两侧眼的瞳孔____________。

11．脑脊液由____________产生，经____________入硬脑膜静脉窦。

四、问答题

1．某胃溃疡患者入院治疗，试问：

（1）经左上腹作腹直肌切口，要经过哪些层次才能打开腹膜腔？

（2）开腹后发现，胃溃疡在后壁穿孔，内容物流入胃后的网膜囊内，试问胃后面有哪些重要的结构与其毗邻？

（3）做胃切除时，需要结扎胃的动脉，请回答胃的动脉及其来源。

（4）胃淋巴结有哪些群？最后注入何处？

2．游走肾患者入院治疗，请回答下列问题：

（1）试述肾门的位置，肾与第十二肋的关系；

（2）肾的固定因素

（3）肾的内部结构

3．简述女性卵巢及子宫的正常位置及其固定装置。

4．试回答有关心脏的下列问题：

（1）试述心脏传导系统的组成、位置及兴奋传导顺序。

（2）某肺炎患者入院治疗，经右肘部正中静脉输入抗生素，试问药经何途径到达肺？

5．试述分布到眼球的神经及其功能。

6．试比较颈、躯干、四肢的浅（痛温觉、粗略触觉）、深感觉传导通路的异同点。在内侧丘系交叉水平上方（嘴侧）的延髓半横切时，哪侧感觉丧失（浅、深感觉）？

参考答案

一、选择题

1. A；2. B；3. B；4. D；5. E；6. E；7. E；8. E；9. A；10. A；11. B；12. D；13. D；14. A；15. E；16. B；17. C；18. D；19. C；20. C

二、名词解释

1．关节的基本结构有：（1）相关两骨的关节面，表面覆有关节软骨；（2）关节囊分为内层滑膜层和外层纤维层；（3）关节腔为关节面的关节软骨和关节囊的滑膜围成的潜在腔隙，内有少量滑液。关节的辅助结构有：（1）韧带有囊内、囊外之分；（2）关节盘是介于两关节面之间的纤维软骨板，如下颌关节的关节盘；（3）关节唇，如髋关节的髋臼唇。

2．椎间盘为介于上、下两个椎体间的纤维软骨盘，其周围部是多层的纤维软骨环，称纤维环，中央部为呈胶状的髓核，具有连结、运动、缓冲等作用。

3．翼腭窝为上颌骨体、蝶骨翼突和腭骨之间的狭窄间隙，有神经、血管通过。

4．腹膜腔为脏腹膜与壁腹膜相互移行所形成的潜在间隙，内有少量浆液。该腔在男性是封闭的；在女性借输卵管腹腔口、输卵管、子宫及阴道与外界相通。

5．弹性圆锥是张于环状软骨弓上缘、甲状软骨前角后面和杓状软骨声带突之间的膜状结构，左、右各一。此膜上缘游离，张于甲状软骨前角后面和杓状软骨声带突之间，称声韧带。

6. 膀胱三角为在膀胱底内面两侧输尿管口与尿道内口之间的三角形区，此处无粘膜下组织，粘膜与肌层紧密相连，是结核、肿瘤好发部位。两输尿管口之间的横粘膜皱襞称输尿管间襞。

7. 颈动脉小球位于颈内、外动脉分叉处的后方，为一扁椭圆形小体，借结缔组织连于动脉壁上，为化学感受器，能感受血液中二氧化碳浓度变化的刺激。

8. 脊神经节是脊神经后根在椎间孔处的膨大部，主要由假单极神经元的胞体聚集而成。

9. 内囊由连接大脑皮质和皮质下结构的上、下行纤维束构成，介于尾状核、背侧丘脑与豆状核之间。内囊分为尾状核与豆状核之间的内囊前肢，背侧丘脑与豆状核之间的内囊后肢，前、后肢交角处为内囊膝。

10. 脉络丛由脉络组织内的血管反复分支成丛并夹带软脑膜和室管膜突入脑室形成。脉络丛产生脑脊液。

三、填空题

1. 睫状神经节　瞳孔括约肌和睫状肌

2. 椎间盘　前纵韧带　黄韧带

3. 上腔静脉口　下腔静脉口　冠状窦口　肺静脉口　主动脉口

4. 动眼神经核　滑车神经核　展神经核

5. 疑核　迷走神经背核

6. 股神经　闭孔神经　胫神经

7. 损伤平面以下同侧肢体出现中枢性瘫痪（痉挛性瘫痪）　同侧身体深感觉（位置觉和震动觉）和精细触觉丧失　损伤平面 1 ～ 2 节段以下对侧身体痛、温觉丧失

8. 终于相应的椎旁节　终于上方或下方的椎旁节　终于椎前节

9. 睫状体　虹膜角膜角隙

10. 无变化　均缩小

11. 脉络丛　蛛网膜粒

四、问答题

1.（1）皮肤、浅筋膜、腹直肌鞘前层、腹直肌、腹直肌鞘后层、腹横筋膜、腹膜外筋膜、壁腹膜。

（2）胃后壁隔网膜囊与胰、左肾上腺、左肾、脾、横结肠及其系膜相邻。

（3）①胃左动脉发自腹腔动脉；②胃右动脉发自肝固有动脉；③胃网膜右动脉发自胃十二指肠动脉；④胃网膜左动脉发自脾动脉；⑤胃短动脉发自脾动脉。

（4）胃的淋巴结有胃左、右淋巴结，胃网膜左、右淋巴结，幽门上、下淋巴结，脾淋巴结，最后注入腹腔淋巴结。

2.（1）肾门约平第 1 腰椎体。左侧第 12 肋斜过左肾后面中部，右侧第 12 肋斜过右肾后面上部。

（2）肾的固定因素：肾的被膜由内往外有纤维囊、脂肪囊和肾筋膜。肾筋膜深面发出许多结缔组织小梁穿过脂肪囊连于纤维囊。肾的固定因素主要依赖于肾筋膜、脂肪囊及其邻近器官、肾血管、腹膜及腹压等也有固定作用。

（3）肾的内部结构：肾实质分为肾皮质和肾髓质。肾皮质居外层，由肾小体和肾小管

组成。肾柱为肾皮质深入髓质内肾锥体之间的部分。肾髓质在肾皮质深面，由15～20个肾锥体组成。肾锥体呈圆锥形，底朝向皮质，尖伸入肾小盏称肾乳头，有时2～3个肾锥体尖合成一个肾乳头。乳头上有10～30个乳头孔，为乳头管开口。肾小盏呈漏斗状，包绕肾乳头，有7～8个，位于肾窦内。肾大盏由相邻肾小盏合并而成，有2～3个。肾大盏合并成肾盂。

3.（1）卵巢正常位置：位于骨盆腔侧壁的卵巢窝内。卵巢固定装置有：①卵巢悬韧带：连接卵巢上端于小骨盆上口边缘。②卵巢固有韧带：连接卵巢下端于子宫底。③卵巢系膜：将卵巢前缘连于子宫阔韧带后层上。

（2）子宫正常位置：位于骨盆腔内，介于膀胱和直肠之间，成年女性正常子宫呈前倾、前屈位。子宫的固定装置有：维持子宫位置的韧带有：①子宫阔韧带：呈冠状位，是由子宫侧缘与骨盆腔侧壁间的双层腹膜皱襞构成，其上缘游离，可限制子宫向侧方移位；②子宫圆韧带：是连于子宫前面上外侧的子宫角与大阴唇皮下之间的纤维索，是维持子宫前倾的主要韧带；③子宫主韧带：位于子宫颈两侧与骨盆腔侧壁之间，由阔韧带下部两层腹膜之间的平滑肌和结缔组织构成，可限制子宫颈向侧方移位，并使子宫不向下脱垂；④骶子宫韧带：又名直肠子宫韧带，由平滑肌和结缔组织构成，起自子宫颈上部后面，向后绕过直肠，附于骶骨前面，维持子宫的前屈。除上述韧带外，阴道、尿生殖膈、盆底肌及子宫周围的结缔组织对固定子宫也起作用。

4.（1）心脏传导系统由特殊分化的心肌细胞组成，包括窦房结、结间束、房室结、房室束及其分支。窦房结位于上腔静脉口附近的心外膜下；房室结位于房间隔下部右侧心内膜下；结间束连于窦房结与房室结之间，分前、中、后结间束；房室束起自房室结，沿室间隔膜部下缘前行，在室间隔肌部上缘分为左、右束支，它们分别沿室间隔左、右侧心内膜下向下至乳头肌根部分支至心壁。左、右束支的分支在心内膜深面交织成心内膜下浦肯野氏（Purkinje）纤维网，该网发出纤维入心室壁心肌。兴奋起于窦房结，经结间束传至房室结，再经房室束、purkinje网到达心肌。

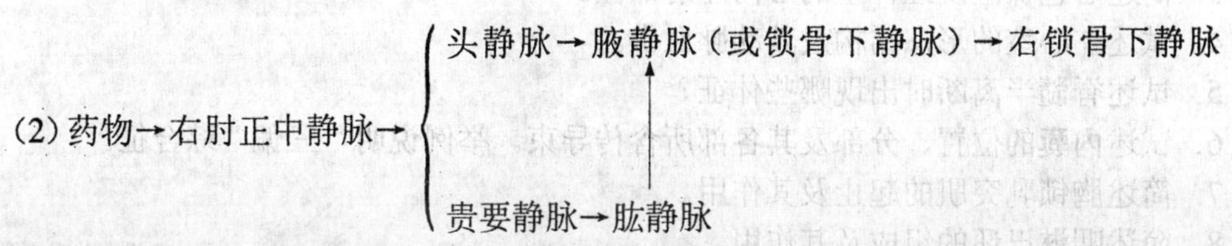

→右头臂静脉→上腔静脉→右心房→右心室→肺动脉干→左、右肺动脉及其分支→左、右肺

5．分布到眼球的神经

（1）眼球的运动神经：支配眼球外肌的神经有：①动眼神经支配→除上斜肌、外直肌以外的眼球外肌（内、上、下直肌，下斜肌、上睑提肌）；②滑车神经支配上斜肌；③展神经支配外直肌。支配眼球内肌的神经有：①动眼神经副核发出副交感节前神经纤维，随动眼神经至睫状神经节，换元后成睫状短神经（节后神经纤维）支配睫状肌和瞳孔括约肌。②颈上神经节发出交感节后神经纤维，随颈内动脉神经丛，穿过睫状神经节入眼球，分布于瞳孔开大肌。

（2）眼球的感觉神经是三叉神经的眼神经的分支

6．相同点

传导通路		神经元组成	第1级神经元胞体位于	传导束交叉	第3级神经元胞体位于	经过内囊部位	背侧丘脑至大脑皮质投射
躯干四肢	浅感觉 深感觉	3级	脊神经节	经过1次交叉	背侧丘脑腹后外侧核	后肢	经丘脑中央辐射，投射至大脑中央后回中、上部及旁中央小叶后部

相异点

传导通路		感受器	第2级神经元胞体位于	传导束名称	传导束交叉部位	大脑皮质中央前回
躯干四肢	浅感觉	皮肤的痛、温、粗略触觉感受器	后角固有核	脊髓丘脑束	脊髓的白质前连合	无
	深感觉	肌、肌腱、关节、骨膜的深感觉感受器	薄、楔束核	薄束、楔束内侧丘系	延髓的内侧丘系交叉	投射至中央前回

在（内侧）丘系交叉水平上方的延髓半横切时，导致损伤平面以下身体对侧的深感觉丧失，精细触觉丧失和痛、温、粗略触觉丧失。

考题示例二

一、问答题

1．简述膝关节半月板的结构特点及其作用。

2．何为咽峡、子宫峡？

3．简述心包裸区及经体壁的心内注射部位。

4．试述左心室的形态结构及其动脉血供。

5．试述脊髓半离断时出现哪些体征？

6．试述内囊的位置、分部及其各部所含传导束。举例说明“三偏”综合征。

7．简述胸锁乳突肌的起止及其作用。

8．简述咽淋巴环的组成及其作用。

9．试述闭目时是怎样知道膝关节所处位置的？

10．简述左、右主支气管之间的区别。

11．简述声门裂的构成、分部及在发声时（声带紧张）参与其运动的喉肌。

12．试述有哪些参与构成第七对脑神经的神经核，此神经的主要纤维成分和主要分支及分布。此神经在面神经管内、外损伤有何不同体征。

13．试述语言中枢的位置及其损伤后出现的症状和体征。

14．试述食管三个狭窄及十二指肠大乳头的位置及其距中切牙的距离。

15．试述肝脏面的形态结构。

16．于头静脉注射药物，经过哪些途径到达肾？

17．试述锥体系神经元的位置、锥体束损伤和脊髓前角损伤有何不同。

18．试述一侧视神经、视交叉中央部、视交叉外侧部、视觉中枢（或视辐射、视束）损伤所引起的视野缺失情况。

19．试述卵巢与子宫的固定装置。

二、选择题

（一）A 型题（挑选一个最佳答案，在字母上划圈）

1．关节的运动

A．沿冠状轴可做内收、外展运动　B．沿矢状轴可做旋内、旋外运动
C．沿垂直轴可做屈、伸运动　D．旋转又称环转运动
E．前臂的旋内、旋外又称为旋前、旋后

2．肘关节

A．属于复关节，有三个独立的关节囊　B．关节囊后壁有韧带增强
C．有关节内软骨　D．以肱尺关节为主体　E．可作屈伸、旋转运动

3．盲肠

A．无系膜，是腹膜外位器官　B．由右结肠动脉供血
C．无回盲瓣　D．有三条结肠带　E．无上述情况

4．阑尾

A．成人阑尾壁较薄　B．小儿阑尾壁较厚　C．尖部投影为麦氏点
D．无系膜　E．三条结肠带向阑尾根部集中

5．Oddi 括约肌

A．位于胆总管末端　B．位于胰管末端　C．位于肝胰壶腹周围
D．进食后收缩　E．是指 A、B、C 三部而言

6．肺的说法何者错误？

A．肺尖呈钝圆形　B．肋面面积广阔　C．内侧面中间有肺门
D．内侧面又称纵隔面　E．肺底平坦，又称膈面

7．前列腺

A．位于膀胱与尿生殖膈之间　B．位于腹腔内是中空性器官
C．前面贴近直肠　D．后面贴近膀胱　E．正常时质地柔软

8．右心室流入道与流出道之间的分界结构

A．三尖瓣前尖瓣　B．前乳头肌　C．隔缘肉柱（节制索）
D．室上嵴　E．腱索

9．心脏内哪三者连为一体是维持血液定向流动的结构

A．瓣膜、腱索、肉柱　B．瓣膜、腱索、室上嵴　C．瓣膜、腱索、梳状肌
D．瓣膜、腱索、乳头肌　E．瓣膜、腱索、隔缘肉柱（节制索）

10．胸导管

A．注入上腔静脉　B．注入右静脉角
C．注入左锁骨下静脉和左颈内静脉汇合处（左静脉角）
D．注入奇静脉　E．注入头臂干

11．子宫动脉分支分布除外于

A．子宫　B．膀胱　C．输卵管　D．卵巢　E．阴道

12．穿出脑干背侧面的脑神经是

A．动眼神经　B．滑车神经　C．三叉神经　D．展神经　E．面神经

13. 新纹状体是指
A. 豆状核和壳　B. 尾状核和壳　C. 屏状核和壳
D. 杏仁体和壳　E. 以上均无
14. 臂丛的构成
A. $C_{5\sim8}$和$T_{1\sim2}$　B. $C_{4\sim8}$和T_1
C. $C_{5\sim8}$和T_1　D. $C_{4\sim8}$和$T_{1\sim2}$　E. $C_{5\sim8}$和$T_{1\sim3}$
15. 一侧动眼神经损伤
A. 直接和间接对光反射都消失　B. 直接和间接对光反射都存在
C. 直接对光反射存在，间接对光反射消失
D. 直接对光反射消失，间接对光反射存在　E. 以上均无
16. 视神经连于
A. 丘脑下部　B. 视束　C. 视前区　D. 视辐射　E. 视交叉
（二）X 型题
17. 各部椎骨的特征
A. 颈椎有横突孔　B. 胸椎棘突长、无肋凹　C. 腰椎棘突宽短呈板状
D. 腰骶椎互相融合　E. 颈椎棘突全分叉
18. 胃的各部
A. 胃底又称胃穹窿　B. 幽门部又称胃窦　C. 幽门部分为幽门管和幽门窦
D. 幽门管位于幽门窦的右侧　E. 幽门窦是靠近胃体的部分
19. 肛管具有下列结构
A. 肛柱　B. 肛瓣　C. 肛窦　D. 齿状线　E. 直肠横襞
20. 上颌窦
A. 其粘膜与鼻粘膜相续　B. 开口于中鼻道　C. 位于上颌骨体内
D. 开口较高位于窦内侧壁上　E. 上颌窦底与上颌磨牙根相毗邻
21. 肾的位置
A. 属腹膜外位器官位于脊柱两侧　B. 可随呼吸上下微动
C. 肾门约平第一腰椎体　D. 竖脊肌外缘与 12 肋的夹角为肾区
E. 十二肋过左肾后面中部
22. 肝门静脉
A. 始末两端均为毛细血管　B. 缺乏瓣膜　C. 与腔静脉系有多处吻合
D. 主干长约 6～8cm　E. 位于肝十二指肠韧带内
23. 其血液回流到肝门静脉是
A. 阑尾　B. 乙状结肠　C. 脾　D. 肝　E. 肾
24. 脊髓外侧索结构
A. 红核脊髓束　B. 内侧纵束　C. 皮质脊髓侧束
D. 前庭脊髓束　E. 薄束、楔束
25. 脑干内的副交感神经核
A. 下泌涎核　B. 上泌涎核　C. 迷走神经背核
D. 动眼神经副核（E－W 核）　E. 疑核
26. 小脑下脚（绳状体）主要纤维来自

A．脊髓　　　B．脑桥　　　C．延髓　　　D．中脑　　　E．间脑

27．小脑的主要机能

A．维持身体平衡　　　B．调节肌紧张　　　C．协调肌运动

D．支配骨骼肌运动　　E．管理躯干四肢浅感觉

参考答案

一、问答题

1．在膝关节内，在股骨内、外侧髁和胫骨内、外侧髁关节面之间有两个半月板，属纤维软骨板，内、外侧各一。半月板下面平坦，上面略凹陷，外缘肥厚，内缘锐薄。内侧半月板呈“C”字形，其外缘与胫侧副韧带和关节囊紧密相连，因而内侧半月板损伤机会较多。外侧半月板呈"O"字形，较小。两半月板前缘之间有韧带相连。半月板的功能：①使关节面更相适应，也能缓冲压力，吸收震荡，起弹性垫作用；②半月板增大了关节窝深度，加强了关节稳定性；③半月板连同股骨髁一起对胫骨作旋转运动。

2．咽峡由腭帆游离（后）缘、腭垂、两侧腭舌弓、腭咽弓和舌根围城（也有作者认为腭咽弓不参与咽峡的组成）。

子宫峡为子宫颈阴道上部与子宫体相接处的狭窄部分。

3．心包裸区是心包前方下部一个小区域，不被肺和胸膜遮盖，与胸骨体下半和左侧第4~5肋软骨相邻。心内注射部位在左侧第4肋间隙靠胸骨左缘处进针，可避免伤及肺及胸膜。

4．左心室位于左心房的左前下方，心室腔呈圆锥形，分为窦部（流入道）和主动脉前庭（流出道）。

窦部入口为左房室口，呈卵圆形，口周缘有二尖瓣环，其上附有二尖瓣（左房室瓣），分前尖（瓣）和后尖（瓣）。前尖较大，位于前内侧，后尖较小，位于后外侧。两个尖瓣的内、外端相互连合。心室壁内面有许多肉柱，有些突入心室腔为乳头肌。乳头肌顶端借腱索连于尖瓣的心室面和游离缘。二尖瓣环、二尖瓣、腱索和乳头肌合称二尖瓣复合体。

主动脉前庭在主动脉口下方，壁内无肉柱。其出口为主动脉口，口周缘有主动脉环，其上附有三片半月形的主动脉瓣。瓣膜与相对的主动脉壁之间形成主动脉窦，有左、右、后三个窦。左、右冠状动脉开口于左、右窦的壁上。左心室壁较右心室壁厚3倍，左心室的乳头肌也较右心室的粗壮。

左心室的动脉：①前室间支分布于左心室前壁和室间隔前2/3；②左冠状动脉的旋支分布至左心室；③右冠状动脉的后室间支分布至左心室后壁及室间隔后1/3；④右冠状动脉的左室后支分布于左心室的膈壁。

5．脊髓半横断时出现布朗一色夸综合征，表现为：①伤侧平面以下同侧身体深感觉（位置觉、震动觉）和精细触觉丧失；②损伤平面1～2节段以下对侧身体痛、温觉丧失；③同侧肢体硬瘫。

6．内囊位于背侧丘脑、尾状核与豆状核之间。在大脑水平切面上，内囊分为前肢、膝和后肢三部：内囊前肢位于尾状核与豆状核之间；内囊后肢位于背侧丘脑与豆状核之间；前、后肢相交处为内囊膝。内囊前肢通过丘脑前辐射和额桥束；内囊膝通过皮质核束；内囊后肢靠内侧，由前向后有丘脑中央辐射（丘脑皮质束）、听辐射和视辐射，靠外侧的为皮

质脊髓束（由前向后依次为支配上肢、躯干和下肢肌的纤维）、皮质红核束、顶枕颞桥束以及皮质至黑质及脑干网状结构的纤维。

如果一侧内囊因脑溢血或栓塞，致使内囊膝和内囊后肢受损，造成"三偏"综合征：即①对侧半身浅、深感觉障碍（丘脑中央辐射受损）；②对侧半身偏瘫（锥体束受损，对侧半身随意运动障碍）；③双眼对侧半视野缺失（视辐射受损、偏盲）。

7．胸锁乳突肌起自胸骨柄前面和锁骨的胸骨端，止于乳突。一侧收缩使头向同侧屈，脸转向对侧；两侧同时收缩使头后仰。

8. 咽淋巴环由咽扁桃体、咽鼓管扁桃体、腭扁桃体及舌扁桃体共同构成。具有防御功能。

9．闭目时，膝关节处于不同位置，其刺激通过感受器变成神经冲动，经深部感觉（本体感觉）传导通路，上传至大脑皮质，感知膝关节所处位置。具体途径：

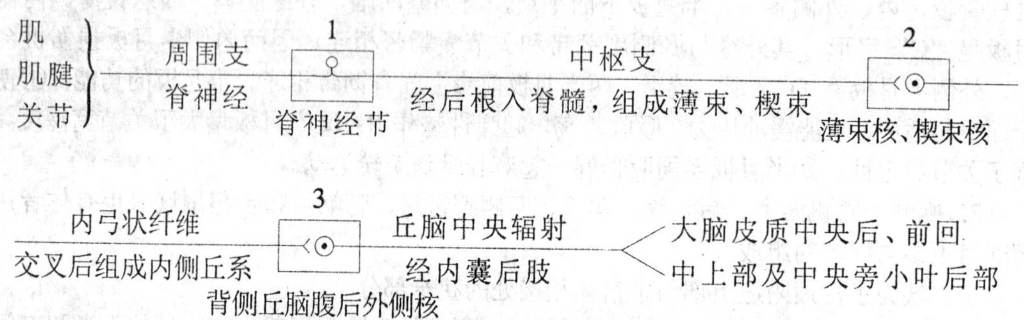

10．左、右主支气管之间的区别如下：

①右主支气管短（平均长度男 2.1cm，女 1.9cm）而粗；左主支气管则细而长（平均男性 4.8cm，女性 4.5cm）；②右主支气管走向陡直，（与气管中线延长线间夹角为 22°～25°），左主支气管走向倾斜（与气管中线延长线间夹角为 36°～40°）。③右主支气管平第 5 胸椎体高度经肺门入肺；而左主支气管则在平第 6 胸椎高度经肺门入肺。

11．声门裂为两侧声襞及杓状软骨基部之间的窄隙，分为膜间部（此裂前 3/5，位于两侧声襞之间）和软骨间部（此裂后 2/5，位于两杓状软骨基部之间）。发声时使声带紧张的喉肌为环甲肌和环杓后肌。

12．参与组成面神经的脑神经核有面神经核、上泌涎核和孤束核。其主要纤维成分有①特殊内脏运动纤维（由面神经核发出）；②一般内脏运动纤维（由上泌涎核发出是副交感节前神经纤维）；③特殊内脏感觉纤维（由面神经的膝神经节发出入脑干终于孤束核上部）。

面神经的主要分支：①颞支、颧支、颊支、下颌缘支和颈支（特殊内脏运动纤维）支配面肌（表情肌）、颈阔肌、枕额肌的枕腹、二腹肌后腹及茎突舌骨肌的运动；②鼓索的特殊内脏感觉纤维随舌神经至舌前 2/3 粘膜的味蕾；一般内脏运动纤维（副交感节前神经纤维）在下颌下神经节换元发出副交感节后神经纤维分布于下颌下腺和舌下腺。③岩大神经至翼腭神经节换元后，发出节后神经纤维分布于泪腺、鼻、腭部粘膜腺体。④镫骨肌神经支配镫骨肌。

面神经在面神经管内损伤的体征：①损伤侧面肌瘫痪（表现为额纹消失、不能皱眉、不能闭眼、鼻唇沟平坦、口角偏向健侧）和角膜反射消失；②损伤侧舌前 2/3 味觉障碍；③损伤侧唾液腺分泌障碍和听觉过敏。

面神经在面神经管外损伤时，只出现损伤侧面肌瘫痪的一系列症状及角膜反射消失。

13．语言中枢：①运动性语言（说话）中枢位于额下回后1/3处（44、45区），损伤后，患者与发音、说话有关肌未瘫痪，但丧失说话能力，称运动性失语。②听觉性语言（听讲）中枢位于颞上回后部（22区），该区受损，病人能听到别人讲话的声音，但不能理解该话的意思，称感觉性失语症。③视觉性语言（阅读）中枢在角回（39区），受损后，病人视觉无障碍，但不能理解过去已认识的文字含义，称失读症。④书写中枢位于额中回后部（8区），受损后，病人手的运动功能仍然保持，但失掉书写能力，称失写症。

语言中枢位于优势半球，只有损伤优势半球的语言中枢才出现各种失语症。

14．食管第一个狭窄在食管起始处，距上颌中切牙15cm；第二个狭窄在左主支气管斜越食管左前方处，距上颌中切牙约25cm；第三个狭窄在穿膈的食管裂孔处，距上颌中切牙约40cm。十二指肠大乳头位于十二指肠降部下段后内侧壁（十二指肠纵襞下端），它距上颌中切牙约75cm。

15．肝脏面凹陷，可见一些邻近脏器的压迹和“H”字形3条沟。横沟为肝门，有肝左、右管，肝固有动脉左、右支，肝门静脉左、右支和肝的神经，淋巴管进出。左侧纵沟前段容纳肝圆韧带，后段容纳静脉韧带；右侧纵沟的前段有胆囊窝，容纳胆囊；后段为腔静脉沟，有下腔静脉通过。肝脏面借"H"字形沟分为4叶：左叶（左侧纵沟左侧的部分）、右叶（右纵沟右侧的部分）；方叶（左、右纵沟之间，肝门前方的部分）；尾状叶（两纵沟之间，肝门后方的部分）。

16．头静脉→腋静脉（或锁骨下静脉）→锁骨下静脉→头臂静脉→上腔静脉→右心房→右心室→肺动脉及分支→肺毛细血管→肺静脉→左心房→左心室→升主动脉→主动脉弓→胸主动脉→腹主动脉→肾动脉→肾。

17．锥体系的上运动神经元位于大脑皮质中央前回和中央旁小叶前部的皮质。下运动神经元：①皮质核束的下运动神经元位于脑神经运动核内（动眼神经核、滑车神经核、三叉神经运动核、展神经核、面神经核、疑核、副神经脊髓核和舌下神经核）；②皮质脊髓束的下运动神经元位于脊髓前角内。

上、下运动神经元损伤后临床表现不同。上运动神经元损伤后表现瘫痪范围广泛，痉挛性瘫（硬瘫、中枢性瘫）、肌张力增高、腱反射亢进、病理反射有（+）、肌萎缩早期无，晚期为废用性萎缩；下运动神经元损伤后表现为瘫痪范围较局限，延缓性瘫（软瘫、周围性瘫）、肌张力减低、腱反射减弱或消失、病理反射无（-）、有肌萎缩（早期）。

18．一侧视神经损伤引起患侧眼视野全盲。视交叉中央部损伤引起双眼视野颞侧偏盲。视交叉外侧部损伤，可引起患侧眼视野鼻侧偏盲。视觉中枢（视束、视辐射）损伤，可引起双眼视野双侧同向性偏盲（即患侧眼视野鼻侧偏盲；健侧眼视野颞侧偏盲）。

二、选择题

（一）A型题

1．E；2．D；3．D；4．E；5．C；6．E；7．A；8．D；9．D；10．C；11．B；12．B；13．B；14．C；15．D；16．E。

（二）X型题

17．AC；18．ABCDE；19．ABCD；20．ABCDE；21．ABCDE；22．ABCDE；23．ABC；24．AC；25．ABCD；26．AC；27．ABC。

（张书琴）

考题示例三

一、选择题

（一）A 型题

1．通过内耳门的结构有

A．面神经　B．前庭神经　C．面神经和前庭蜗神经

D．前庭蜗神经　E．无上述结构

2．肩关节内收的肌

A．胸小肌　B．三角肌　C．冈上肌　D．胸大肌　E．小圆肌

3．屈膝关节又屈髋关节的肌是

A．股直肌　B．半腱肌　C．股二头肌　D．缝匠肌　E．股薄肌

4．膈的食管裂孔的位置高度

A．平第 8 胸椎　B．平第 9 胸椎　C．平第 10 胸椎

D．平第 12 胸椎　E．平第 11 胸椎

5．大便干燥时，容易被粪块损伤而撕裂的结构是

A．肛柱　B．肛瓣　C．肛窦　D．肛柱和齿状线　E．肛窦和齿状线

6．平第 6 胸椎管内的肿瘤，可能压迫脊髓的节段是

A．第 4 胸节段　B．第 5 胸节段　C．第 6 胸节段

D．第 7 胸节段　E．第 8 胸节段

7．脾动脉的分布范围是

A．胃、肝、脾　B．胃、胰、脾　C．胰、脾　D．胃、脾　E．胃、脾、十二指肠

8．支配颊肌的神经是

A．颊神经　B．下颌神经　C．面神经颊支

D．下牙槽神经　E．下颌舌骨肌神经

9．角膜反射消失是由于损伤了

A．视神经　B．动眼神经　C．下颌神经　D．面神经　E．滑车神经

10．一侧舌下神经损伤时表现为

A．不能伸舌　B．伸舌时舌尖偏向健侧　C．伸舌时舌尖偏向患侧

D．伸舌时舌尖上卷　E．伸舌时舌尖居中

11．下列何结构不在右肾前面

A．右肾上腺　B．十二指肠　C．空肠　D．结肠　E．肝

12．右侧视束完全损伤后出现的视野障碍是

A．双眼左侧偏盲　B．双眼右侧偏盲　C．双眼颞侧偏盲

D．双眼鼻侧偏盲　E．左眼全盲

（二）B 型题

A．膝状神经节 B．三叉神经节 C．下颌下神经节 D．耳神经节 E．睫状神经节

13．与舌下腺和下颌下腺分泌有关的神经节

14．与瞳孔缩小有关的神经节

15．与腮腺分泌有关的神经节

16．与面部痛、温觉有关的神经节

17．与舌前 2/3 味觉有关的神经节

（三）C 型题

A．尺神经支配　B．正中神经支配　C．两者均有　D．两者均无

18．指深屈肌

19．尺侧腕伸肌

20．拇收肌

21．旋前方肌

（四）X 型题

22．有关节盘的关节有__________

A．肘关节　B．颞下颌关节　C．髋关节　D．胸锁关节　E．桡腕关节

23．参与屈膝关节的肌有__________

A．腓肠肌　B．缝匠肌　C．股二头肌　D．比目鱼肌　E．股四头肌

24．与三叉神经脊束核有关的脑神经__________

A．迷走神经　B．舌咽神经　C．三叉神经　D．舌下神经　E．面神经

25．男性尿道__________

A．尿道球部有尿道球腺管开口　B．尿道膜部穿过尿生殖膈

C．前列腺部有射精管开口　D．舟状窝是尿道最宽的部分

E．尿道最狭窄部是尿道外口

26．下丘脑与垂体后叶相关系的核是__________

A．室旁核　B．视前核　C．视上核　D．乳头体核　E．豆状核

27．右侧内囊出血可引起__________

A．口角偏向右侧　B．口角偏向左侧　C．伸舌时舌尖偏向左侧

D．伸舌时舌尖偏向右侧　E．左侧睑裂无改变

28．胸膜顶

A．为脏胸膜的一部分　B．在锁骨下动脉的前方　C．是胸膜腔的一部分

D．高出锁骨内侧 1/3 上方 2～3cm　E．是壁胸膜的一部分

29．通过海绵窦外侧壁的结构是__________

A．动眼神经　B．眼神经　C．滑车神经　D．展神经　E．上颌神经

30．与四肢、躯干浅感觉传导路有关的结构是__________

A．薄束核、楔束核　B．丘脑腹后外侧核　C．脊神经节

D．后角固有核　E．内囊膝

二、填空题

1．骨由________、________和________构成，此外尚含有________和________等。骨密质构成长骨的________和其他类型骨及骺的________。骨松质由许多片状的________交织排列而成，骨髓分为________和________。

2．食管全长分________、________和________三段，长约________cm，但结构上食管有三处生理性狭窄。（1）在________处；（2）在________跨越________处，距上颌中切牙约________cm；（3）在穿________处，距上颌中切牙约________cm。

3．男性尿道分为________、________和________三部分，临床上将________称________，而________称________。尿道还有两个弯曲，一是________，凹向前上方；另一个是________，凹向下后方，在阴茎根与体之间，若将阴茎向上举，此弯曲即可消失。

4．填图

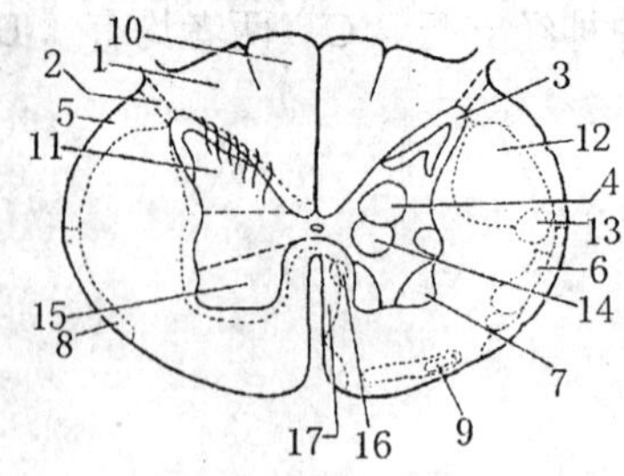

5．外界光线投射在眼球视网膜感光细胞，须经过的屈光结构有________、________、________和________等。

6．针刺右手食指末节掌面皮肤，其神经冲动经________神经→臂丛的________和________再经脊髓颈6～胸1节段的________核，交换神经元后到对侧的外侧索，组成________，最后将冲动传递到大脑________回的________部皮质。

三、名词解释

1．咽峡 2．Glisson 囊 3．肛梳 4．膀胱三角 5．Treitz 韧带 6．冠状窦 7．颈动脉小球 8．神经核 9．Broca 氏区 10．Renshaw 细胞

四、问答题

1．颅中窝通过什么结构分别与眶和翼腭窝相通？

2．胸膜腔与心包腔之间有几层膜，按顺序列出其名称。

3．肝门静脉通过食管静脉丛和直肠静脉丛与上、下腔静脉间的具体交通途径如何？

4．支配瞳孔开大肌和括约肌的运动神经是什么？各神经的节前神经元和节后神经元的胞体位于何处？

五、论述题

1．某病人长期患有风湿性二尖瓣膜病，近来工作劳累，不慎感冒，而并发心内膜炎，昨天突然心前区剧烈疼痛来院诊治，检查发现心脏的心尖部供血不足，诊断为心尖 部动脉栓塞。请回答：

(1) 心尖正常搏动的位置在何处？

(2) 心尖部的血供来自何动脉？

(3) 二尖瓣上的赘生物脱落形成栓子经何途径到达心尖？阻塞何动脉？

(4) 心尖部可通过什么动脉来建立侧支循环？

(5) 心尖部的静脉血经何静脉回流入右心房？

2．某患者患高血压病多年，急诊入院检查发现：右眼内斜视，眼球不能向外运动，双瞳孔等大，对光反射存在。右侧面部痛、温觉障碍。右侧额纹消失，眼睑不能闭 合，露齿时口角左牵，右侧鼻唇沟消失。伸舌时舌尖偏向左，舌肌无萎缩。左侧上、下肢随意运动障碍，肌张力增高，腱反射亢进，病理反射阳性。左半身浅深 感觉消失。

(1) 眼的体征是损伤了什么神经？什么肌瘫痪？

(2) 右面部痛、温觉障碍是损伤什么结构？

(3) 右脸部体征是损伤了什么神经？是核上瘫，还是核下瘫？

(4) 伸舌时舌尖偏向左，是损伤了什么结构？是核上瘫还是核下瘫？

(5) 左侧上、下肢瘫痪，是损伤了什么传导束？是上神经元还是下神经元？

(6) 左半身的浅、深感觉障碍是损伤了什么结构？

(7) 病变部位和侧别？

参 考 答 案

一、选择题

(一) A 型题：1. C；2. D；3. D；4. C；5. B；6. E；7. B；8. C；9. D；10. C 11. C；12. A 。

(二) B 型题：13. C；14. E；15. D；16. B；17. A 。

(三) C 型题：18. C；19. D；20. A；21. B 。

(四) X 型题：22. BDE；23. ABC；24. ABC；25. ABCE；26. AC；27. AC；28. DE 29. ABCE；30. BCD

二、填空题

1. 骨质　骨膜　骨髓　血管　神经　骨干　外层　骨小梁　红骨髓　黄骨髓

2. 颈部　胸部　腹部　25　食管的起始处　左主支气管　食管左前方　25　膈的食管裂孔　40

3. 前列腺部　膜部　海绵体部　前二部　后尿道　海绵体部　前尿道　耻骨下弯　耻骨前弯

4. 楔束　背外侧束　缘层　胸（背）核　脊髓小脑后束　脊髓丘脑侧束　前角外侧群　脊髓小脑前束　脊髓丘脑前束　薄束　后角　皮质脊髓侧束　红核脊髓束　中间内侧核　前角　内侧纵束　皮质脊髓前束

5. 角膜　房水　晶状体　玻璃体

6. 正中　内、外侧束　脊神经节细胞　后角固有核　脊髓丘脑侧束　中央后回　中

三、名词解释

1. 腭帆游离（后）缘、腭垂、两侧腭舌弓和腭咽弓及舌根，共同围成咽峡，为口腔和口咽的分界。

2. 在肝门处，肝的纤维膜较发达，并缠绕在肝固有动脉、肝门静脉和肝管及其分支的周围，构成血管周围纤维囊或称 Glisson 囊。

3. 在齿状线下方有一宽约 1cm 的环状区域，称为肛梳（或称痔环），外观呈浅蓝色，光滑。

4. 在膀胱底内面位于两输尿管口与尿道内口之间，此处由于无粘膜下组织，粘膜与肌层紧密相连，故无论在膀胱充盈或空虚时，均无粘膜皱襞，是膀胱结核、肿瘤的好发部位。

5. 十二指肠悬肌和包绕于其下段表面的腹膜皱襞共同构成十二指肠悬韧带，临床称该悬韧带为 Treitz 韧带，是确定空肠起始部的重要标志。

6. 冠状窦位于冠状沟后部，在左心房和左心室之间，长约 5cm，借冠状窦口开口于右心房，是心静脉回流的重要通路。

7. 颈动脉小球位于颈内、外动脉分叉处的后方，为一扁椭圆形小体，借结缔组织连于动脉壁上，属化学感受器，能感受血液中二氧化碳浓度变化的刺激。

8. 在中枢神经系统除皮质以外，形态和功能相似的神经元胞体集聚成一团，称为神经核。

9. Broca 氏区是运动性语言中枢，主要在左侧大脑半球，在额下回后 1/3 处，如果此中枢损伤，与发音、说话有关的肌虽未瘫痪，但病人却失去了说话的能力，临床上称为运动性失语症。

10. 在脊髓前角内还含有一种小型的 Renshaw 细胞，属 Golgi II 型细胞，对前角α运动神经元起抑制作用。

四、简答题

1. 颅中窝→圆孔→翼腭窝
   颅中窝→视神经管和眶上裂→眶
   颅中窝→圆孔→翼腭窝→眶下裂→眶

2. 胸膜腔与心包腔之间有纵隔胸膜、纤维心包和浆膜心包壁层。

3. (1) 肝门静脉→胃左静脉→食管静脉丛→食管静脉→奇静脉→上腔静脉；

(2) 肝门静脉→脾静脉→肠系膜下静脉→直肠上静脉→直肠静脉丛 { 直肠下静脉 / 肛静脉→阴部内静脉 }

→髂内静脉→髂总静脉→下腔静脉。

4. 支配瞳孔开大肌的神经是：交感神经；
   支配瞳孔括约肌的神经是：随动眼神经走行的副交感神经。
   交感神经的节前神经元胞体位于：上胸段脊髓侧角中间外侧核；
   交感神经的节后神经元胞体位于：颈上神经节；
   副交感神经的节前神经元胞体位于：动眼神经副核；
   副交感神经的节后神经元胞体位于：睫状神经节。

五、论述题

1. ①左侧第五肋间隙，距正中线 7 ～ 9cm（或在左锁骨中线内侧 1 ～ 2cm 处）
   ②来自左冠状动脉的前室间支
   ③栓子→左心室→主动脉口→升主动脉→左主动脉窦口→左冠状动脉→前室间支
   ④心右缘支或旋支
   ⑤通过心大静脉回流至冠状窦，以冠状窦口开口于右心房。

2. ①损伤了右侧展神经，导致右眼外直肌瘫痪；
   ②右侧三叉神经脊束核；
   ③面神经、核下瘫；
   ④右侧皮质核束、核上瘫；
   ⑤右侧皮质脊髓束损伤、属上运动神经元损伤；
   ⑥右侧脊髓丘脑束、内侧丘系损伤；
   ⑦右侧脑桥下段平面损伤。

考题示例四

一、选择题

（一）A 型题

1. 脐下 4～5cm 以下腹直肌深面为
   A. 腹直肌鞘后叶　B. 腹横肌腱膜　C. 腹横筋膜　D. 腹膜外筋膜　E. 腹膜

2．椎体与椎弓围成

A．椎管　B．椎孔　C．椎间孔　D．横突孔　E．骶管

3．使肩关节外展的肌为

A．胸大肌　B．大圆肌　C．小圆肌　D．冈下肌　E．冈上肌

4．防止髋关节过度后伸的韧带为：

A．髂股韧带　B．耻骨梳韧带　C．坐骨梳韧带　D．髋臼横韧带　E．股骨头韧带

5．下列何脏器属于腹膜间位器官

A．胃　B．肝　C．胰　D．肾　E．脾

6．脑膜中动脉发自于

A．椎动脉　B．颈外动脉　C．颞浅动脉　D．颈内动脉　E．上颌动脉

7．迷走神经出颅经过

A．圆孔　B．卵圆孔　C．颈静脉孔　D．破裂孔　E．茎乳孔

8．下列何结构不属于间脑

A．背侧丘脑　B．下丘　C．后丘脑　D．内侧膝状体　E．外侧膝状体

9．分布于心脏的副交感节前神经元胞体位于

A．E－W 核内　B．下泌涎核内　C．孤束核内

D．迷走神经背核内　E．上泌涎核内

10．下列何者不属于脑颅骨

A．上颌骨　B．筛骨　C．蝶骨　D．颞骨　E．枕骨

11．奇静脉注入

A．上腔静脉　B．肋间静脉　C．锁骨下静脉　D．下腔静脉　E．右头臂静脉

12．构成肾髓质的是 15～20 个

A．肾柱　B．肾乳头　C．髓放线　D．肾锥体　E．肾小盏

13．下列何者属小脑核

A．尾状核　B．豆状核　C．下橄榄核　D．红核　E．齿状核

14．支配前锯肌的神经为

A．胸长神经　B．胸背神经　C．肋间神经　D．腋神经　E．肌皮神经

（二）B 型题

[题 15～18]

A．第五肋　B．第六肋　C．第八肋　D．第十肋　E．右肋弓下缘

15．肝下界右侧平齐（　）

16．肝上界右锁骨中线为（　）

17．胸膜下界锁骨中线相交于（　）

18．肺下界肩胛线相交于（　）

[题 19～20]

A．子宫阔韧带　B．子宫主韧带　C．骶子宫韧带

D．子宫圆韧带　E．膀胱子宫韧带

19．形成输卵管系膜的韧带为（　）。

20．经过腹股沟管的韧带为（　）。

二、名词解释

1．静脉角　2．喙肩弓　3．肝蒂　4．前庭裂　5．肾窦　6．盆膈　7．脉络膜　8．神经核　9．大脑动脉环　10．斜方体

三、填空题

1．咽峡是由__________、__________、__________、__________所共同围成。

2．眼球壁可分为三层：外膜，又称为__________膜，可分为__________和__________两部分；中膜，又称为__________膜，可为__________、__________和__________三部分；内膜，又称为__________膜，其可分为__________和__________两部分。

3．填出下列脏器的开口部位。

（1）腮腺管开口于__________。

（2）舌下腺大管开口于__________。

（3）胆总管开口于__________。

（4）输尿管开口于__________。

（5）前庭大腺导管开口于__________。

4．锁骨下动脉的主要分支有__________、__________、__________、__________。

5．小腿骨之间的连结包括__________、__________和__________。

6．写出与下列功能有关的神经

（1）睑裂开大__________；（2）瞳孔缩小__________；

（3）眼球向内__________；（4）拇指对掌__________；

（5）心跳加快__________；（6）舌内肌运动__________；

（7）舌前 2/3 的一般感觉__________；（8）舌后 1/3 的味觉__________。

7．小脑有三对脚，上脚又名__________；中脚又名__________；下脚又名__________。

8．膈上有三个裂孔：__________裂孔约平__________；__________裂孔约平__________；__________裂孔约平__________。

9.心的传导系统由__________，__________，__________，__________和__________组成。

10.穿经海绵窦的神经、血管主要有__________，__________，__________，__________和__________。

11．交感神经的节后神经元胞体位于__________和__________节内，其节前神经纤维来自__________，而节后神经纤维来自__________。

12．下丘脑位于丘脑下沟的下方，从脑底面看由前向后由__________，__________，__________，__________和__________组成。

四、问答题

1．肝门静脉有哪些属支，当肝硬化肝门静脉血液回流受阻时，则原来回到肝门静脉的血液可经哪些吻合途径回流至心脏？

2．上运动神经元和下运动神经元是指什么？它们损伤后各有何特点？

五、论述题

1．一男子因右侧大脑脚底缺血性病变（范围见图）而产生一系列症状，试问缺血区影响了什么结构？并逐条分析这些结构的损伤将产生什么症状？

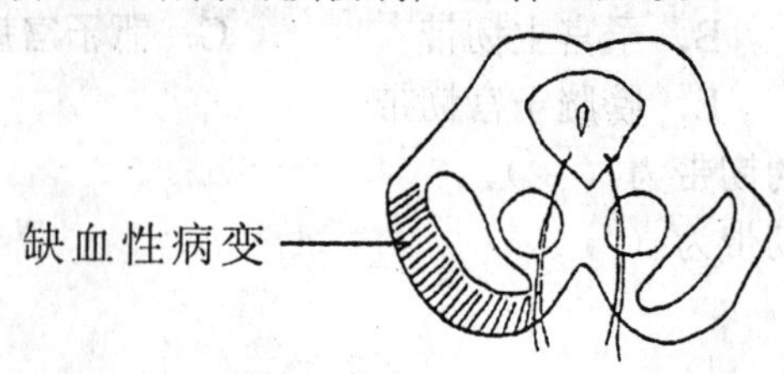

2. 一位 18 岁女性，患心内膜炎。一天突然昏倒，诊断为脑血管栓塞。一周后神志清楚但不能说话，6 个月后体格检查结果如下：

（1）右上肢痉挛性瘫痪，肌张力增高，腱反射增加，上肢病理反射（弹指反射）阳性；

（2）伸舌时舌尖偏向右侧，无肌萎缩；

（3）右侧面下部肌瘫痪但上部仍完好；

（4）全身浅、深感觉未见异常。

试根据所学解剖知识分析病变的部位、侧别，并逐项解释所出现的体征。

参考答案

一、选择题

（一）A 型题：1. C；2. B；3. E；4. A；5. B； 6. E； 7. C；8. B；9. D；10. A 11. A；12. D；13. E；14. A 。

（二）B 型题：15. E；16. A；17. C；18. D；19. A； 20. D 。

二、名词解释

1. 颈内静脉和锁骨下静脉在胸锁关节的后方汇合形成头臂静脉处所成的夹角称为静脉角，左侧有胸导管注入，右侧有右淋巴导管注入。

2. 为连于肩胛骨的喙突与肩峰之间的韧带，三者合称喙肩弓，架于肩关节的上方，可防止肱骨头向上方脱位。

3. 出入肝门的一些结构被结缔组织包绕，共同构成一索条状结构，称为肝蒂。

4. 前庭裂为两侧前庭襞之间的裂隙。

5. 肾门向肾内续于一个较大的腔隙，称为肾窦，窦内含有肾动脉的主要分支、肾静脉的主要属支、肾小盏、肾大盏、肾盂、神经、淋巴管和脂肪组织等。

6. 盆膈为封闭骨盆腔下口的主要结构，由肛提肌、尾骨肌和覆盖在两肌上、下面的盆膈上、下筋膜组成。

7. 脉络膜占眼球壁血管膜的后 2/3。脉络膜富有血管和色素细胞，其内面与视网膜的色素上皮层紧密相贴，外面与巩膜疏松相连，起营养视网膜外层和遮光作用。

8. 在中枢神经系统内除皮质外，形态和功能相似的神经元胞体集聚成团处，称为神经核。

9. 大脑动脉环由大脑后动脉、后交通动脉、颈内动脉、大脑前动脉和前交通动脉在脑底环绕视交叉、灰结节及乳头体吻合而成。此环使两侧颈内动脉系和椎—基底动脉系互相交通，具有调节血流的作用。

10. 斜方体由蜗腹侧核和蜗背侧核发出的 2 级传入纤维，大部分在脑桥被盖部腹侧缘附近，横行穿过纵行的内侧丘系，相互交叉后至对侧而形成的结构。

三、填空题

1. 腭帆游离（后）缘　腭垂　两侧腭舌弓和腭咽弓　舌根

2. 纤维膜　角膜　巩膜　血管膜　虹膜　睫状体　脉络膜　视网膜　视部　盲部

3. 平上颌第二磨牙相对的颊粘膜处　舌下阜　十二指肠大乳头　膀胱　阴道前庭

4. 椎动脉　胸廓内动脉　甲状颈干　肩胛背动脉　肋颈干

5. 胫腓关节　小腿骨间膜　胫腓韧带连结

6. 动眼神经　动眼神经的副交感神经　动眼神经　尺神经　交感神经　舌下神经　舌神经　舌咽神经

7. 结合臂　脑桥臂　绳状体

8.主动脉裂孔　第十二胸椎水平　食管裂孔　第十胸椎水平　腔静脉孔　第八胸椎水平

9. 窦房结　房室结　房室束　左、右束支　Prukinje 纤维

10. 动眼神经　滑车神经　三叉神经的上、下颌神经　展神经　颈内动脉

11. 椎旁节　椎前节　脊髓侧角的中间外侧核　椎旁节和椎前节

12. 视交叉　视束　灰结节　漏斗　乳头体

四、问答题

1. 肝门静脉的主要属支有：肠系膜上静脉、肠系膜下静脉、脾静脉、胃左静脉、胃右静脉、胆囊静脉、附脐静脉。

门腔吻合途径有：

1）肝门静脉→胃左静脉→食管静脉丛→食管静脉→奇静脉→上腔静脉→右心房；

2) 肝门静脉→脾静脉→肠系膜下静脉→直肠上静脉→直肠静脉丛 {直肠下静脉 / 肛静脉→阴部内静脉}

→髂内静脉→髂总静脉→下腔静脉→右心房；

3）肝门静脉→附脐静脉→脐周静脉网→

①腹壁浅静脉→大隐静脉→股静脉→髂外静脉→髂总静脉→下腔静脉→右心房；

②胸腹壁静脉→胸外侧静脉→腋静脉→锁骨下静脉→头臂静脉→上腔静脉→右心房；

③腹壁上静脉→胸廓内静脉→头臂静脉→上腔静脉→右心房；

④腹壁下静脉→髂外静脉→髂总静脉→下腔静脉→右心房。

2. 上运动神经元为锥体细胞，其胞体位于中央前回和中央旁小叶前部以及其它一些皮质区域内，轴突组成下行的锥体束。其中，终止于脑神经运动核的纤维组成皮质核束；终止于脊髓前角运动细胞的纤维组成皮质脊髓束。

下运动神经元为脑神经运动核的细胞和脊髓前角运动细胞，它们的轴突分别组成脑神经的运动纤维和脊神经的运动纤维。

损伤表现：上运动神经元损伤后瘫痪范围常较广泛，表现为痉挛性瘫痪，肌张力增高，腱反射亢进，病理反射阳性，早期无肌萎缩，晚期可出现废用性萎缩。下运动神经元损伤后瘫痪范围常较局限，表现为弛缓性瘫痪，肌张力减低，腱反射减弱或消失，无病理反射，早期即有肌萎缩。

五、论述题

1. 缺血区影响了右侧锥体束（皮质脊髓束和皮质核束）。

右侧皮质脊髓束损伤表现为：左侧肢体痉挛性瘫痪，肌张力增高，腱反射亢进，病理反射阳性，早期无肌萎缩，晚期可出现废用性萎缩。

右侧皮质核束损伤表现为：左侧鼻唇沟变浅或消失，口角下垂，不能鼓颊、露齿，流涎；伸舌时，舌尖偏向左侧。

2. 病变部位为左侧大脑皮质中央前回中、下部锥体细胞损伤。

①左侧大脑皮质中央前回中部锥体细胞属支配对侧上肢运动的上运动神经元的胞体，损伤后出现皮质脊髓束通路上运动神经元损伤后的表现。

②左侧大脑皮质中央前回下部锥体细胞属皮质核束通路上运动神经元的胞体，其损伤后对右侧舌下神经核来说属核上瘫，故出现第二个表现。

③左侧大脑皮质中央前回下部锥体细胞属皮质核束通路上运动神经元的胞体，其损伤后对右侧面神经核来说也属核上瘫，故出现第三个表现。

④感觉中枢没有损伤故全身感觉正常。

考题示例五

一、选择题

1．关于桡骨和尺骨

A．二骨的长度相似　B．二骨均参与桡腕关节　C．二骨的头在旋后时均旋转

D．桡骨与肱骨滑车相关节　E．桡骨是前臂主要传重或传力的骨

2．胸锁关节

A．由锁骨和胸骨构成　B．与上肢的活动无关

C．有一关节盘将关节腔分隔为二　D．仅能作前、后方向的运动

E．以上全不对

3．腭扁桃体

A．位于口腔内　B．咽隐窝内　C．咽鼓管圆枕处

D．腭咽弓后方　E．以上都不是

4．下列肌中何者一侧收缩时，使舌尖伸向对侧

A．颏舌肌　B．舌骨舌肌　C．茎突舌肌　D．腭舌肌　E．舌纵肌

5．腮腺管开口于：

A．上颌第二磨牙处　B．上颌第一磨牙处

C．平对上颌第二磨牙牙冠的颊粘膜处　D．平对上颌第一磨牙牙冠颊粘膜处

E．以上都不是

6．梨状隐窝位于：

A．鼻咽部　B．口咽部　C．喉咽部　D．喉腔　E．鼻腔

7．使血钙升高的激素来自：

A．甲状腺　B．垂体　C．肾上腺　D．胸腺　E．甲状旁腺

8．房室结位于

A．冠状窦口后方的心内膜下　B．冠状窦口前上方的心内膜下

C．上腔静脉前方的心外膜下　D．下腔静脉口前方的心外膜下　E．以上全错

9．胫后动脉

A．伴行于腓深神经　B．延续为足背动脉

C．分为足底内侧动脉和足底外侧动脉　D．发自股深动脉

E．行于比目鱼肌的深面

10. 眼睑由浅入深的层次为

A. 皮肤　皮下　睑板　睑结膜　B. 皮肤　皮下肌层　睑结膜

C. 皮肤　睑板　肌层　睑结膜　D. 皮肤　皮下　肌层　睑板　睑结膜

E. 皮肤　肌层　睑板　睑结膜

11. 关于内侧丘系的描述，正确的是

A. 起于对侧脊髓后角　B. 起于同侧脊髓后角　C. 起于对侧薄、楔束核

D. 起于同侧薄、楔束核　E. 起于脊神经节

12. 关于视觉性语言中枢的描述，正确的是

A. 位于距状沟两侧的枕叶皮质　B. 位于角回　C. 存在于两侧大脑半球

D. 损伤后引起双眼对侧视野偏盲　E. 以上均不对

13. 闭孔神经

A. 支配大腿外侧部的皮肤　B. 内含来自骶 2～4 的脊神经

C. 支配大收肌　D. 经过收肌管　E. 支配闭孔内肌

14. 患者有足下垂和第 1、2 趾相对缘皮肤感觉丧失，损伤可能涉及

A. 胫神经和腓浅神经　B. 腓总神经　C. 腰骶干　D. 臀下神经　E. 腓深神经

15. 关于固有口腔，何者错误

A. 是指口腔位于上、下牙弓后内侧的部分　B. 向后经咽峡通咽

C. 当上、下牙列咬合时，不能与口腔前庭相通

D. 顶壁为腭　E. 下壁为口腔底

16. 关于直肠和肛管的下列说法，何者错误

A. 无结肠带　B. 不是直的　C. 无肠系膜

D. 仅下 1/3 无腹膜覆盖　E. 不受躯体神经支配

17. 下列哪个动脉通常不是桡动脉的分支

A. 桡侧返动脉　B. 掌浅支　C. 拇主要动脉

D. 骨间后动脉　E. 第一掌背动脉

18. 关于内耳的说法，错误的是

A. 膜迷路是包埋在骨迷路内封闭的膜性管和囊

B. 基底膜上有螺旋器为听觉感受器

C. 椭圆囊有三个膜性半规管两端共 5 个开口

D. 壶腹嵴是位觉感受器，感受直线的变速刺激

E. 膜迷路和骨迷路间为外淋巴

19. 关于手部的神经分布，下述何种说法为错

A. 鱼际肌由正中神经支配　B. 第 1、2 蚓状肌由正中神经支配

C. 小鱼际肌由尺神经支配　D. 小指掌侧皮肤由尺神经分布

E. 骨间肌均由尺神经支配

20. 下列何肌不受闭孔神经支配

A. 缝匠肌　B. 长收肌　C. 短收肌　D. 大收肌　E. 股薄肌

二、填空题

1. 眶的交通较多，其中经__________和__________与颅中窝相通；经__________与颞

下窝及翼腭窝交通。

2．肩关节由肩胛骨的__________和__________构成。

3．单侧收缩可使头向同侧屈，面部转向对侧的肌包括__________和__________。

4．临床上，通常把__________以上的部分称为上消化道，__________以下的部分称为下消化道。

5．鼻咽部的侧壁上，相当于下鼻甲的后方约 1cm 处，有__________，咽腔经此通过__________与__________相通。

6．泌尿系统由__________、__________、__________和__________四部分组成。

7．肾上腺由外层的__________和内层的__________组成。

8．胸导管的收集范围为__________占全身__________的淋巴液，最后注入__________。

9．脾是一个__________器官，其主要功能是参与身体__________反应，胚胎时期，有产生各种__________的功能。

10．眼球自前极至后极的矢状轴称______，瞳孔中央到视网膜中央凹的直线称______。

11．神经系统的基本活动方式是__________。

12．内侧膝状体接受__________纤维，发出纤维组成__________。

13．小脑幕切迹正好围绕__________，其上方有__________和__________，在颅内压增高时可能被挤入小脑幕切迹。

14．管理小腿内侧面皮肤感觉的神经是__________，管理大腿外侧面皮肤感觉的神经是__________，管理食指近节背面皮肤感觉的神经是__________，管理第 1－2 趾相对缘皮肤感觉的神经是__________。

15．仅含传出纤维的脑神经有________，________，________，________和________。

三、名词解释

1．颈动脉结节　2．膀胱三角　3．肺循环　4．巩膜静脉窦　5．神经核

四、问答题

1．试述运动拇指的肌有哪些？

2．试述左、右主支气管的区别

3．试述眼球壁的构成及各层的分部

4．脊神经含哪几种性质的纤维成分

五、论述题

1．某人患十二指肠球部溃疡穿孔，需立即进行十二指肠球部及胃大部切除，然后施行胃肠吻合术，请问：

① 十二指肠的上端和下端各连于何器官？

② 十二指肠可分几部分？

③ 切开腹膜腔后，如何才能准确迅速地找到十二指肠球部

④ 胃肠吻合术是将空肠的近侧段与胃残端相吻合，切开腹膜腔后，如何寻找空肠起始端？

2．试述心脏各腔的出、入口和主要结构

3．中脑右侧大脑脚底中部损伤并涉及到同侧动眼神经根，将产生哪些表现？并说明其机制。

参 考 答 案

一、选择题

1. A；2. C；3. E；4. A；5. C；6. C；7. E；8. B；9. C；10. D；11. C；12. B
13. C；14. E；15. C；16. D；17. D；18. D；19. A；20. A。

二、填空题

1. 眶上裂　视神经管　眶下裂　2. 关节盂　肱骨头　3. 斜方肌　胸锁乳突肌
4. 十二指肠　空肠　5. 咽鼓管咽口　咽鼓管　中耳鼓室　6. 肾　输尿管　膀胱　尿道
7. 皮质　髓质　8. 左侧上半身及整个下半身　3/4　左静脉角　9. 淋巴　免疫　血细胞
10. 眼轴　视轴　11. 反射　12. 来自蜗腹、背核的上行听觉　听辐射
13. 中脑　海马旁回　钩　14. 隐神经　股外侧皮神经　桡神经浅支　腓深神经终支
15. 动眼神经　滑车神经　展神经　副神经　舌下神经

三、名词解释

1. 颈动脉结节是第六颈椎横突较大的前结节，颈总动脉经其前方，当头部受伤出血时，可向此结节压迫颈总动脉，进行止血。

2. 膀胱三角位于膀胱底内面两输尿管口与尿道内口之间，此处由于无粘膜下组织，粘膜与肌层紧密相连，故无论在膀胱充盈或空虚时，均无粘膜皱襞，是膀胱结核、肿瘤的好发部位。

3. 肺循环又称小循环，为血液沿下述途径的循环。当心室收缩时，血液从右心室流入肺动脉干，经其各级分支最后至肺泡壁的毛细血管网。血液在此进行气体交换，排出二氧化碳，吸进氧气后，使静脉血变成动脉血，再经肺静脉返回左心房。

4. 巩膜静脉窦是巩膜与角膜交接处深部的环形小管，是房水回流的通道。

5. 在中枢神经系统内除皮质以外，形态和功能相似的神经元胞体集聚成团处，称为神经核。

四、问答题

1. 外展：拇短展肌、拇长展肌；内收：拇收肌；屈：拇短屈肌、拇长屈肌、拇收肌；伸：拇短伸肌、拇长伸肌；对掌：拇对掌肌。

2. 左主支气管：细长，走向倾斜，与气管中线延长线的夹角为45º～50º；
右主支气管：短粗，走向较为陡直，与气管中线延长线的夹角为22º～25º；
此外，气管隆嵴偏向左侧。

3. 眼球壁由外、中、内3层被膜构成。(1) 外膜（纤维膜）：包括角膜和巩膜；(2) 中膜（血管膜）：包括虹膜、睫状体和脉络膜；(3) 内膜（视网膜）：分视部和盲部，后者又分为虹膜部和睫状体部。

4. 脊神经含4种纤维成分：(1) 躯体传入（感觉）纤维：分布于皮肤、骨骼肌、腱和关节；(2) 内脏传入（感觉）纤维：分布于内脏、心、血管和腺体；(3) 躯体传出（运动）纤维：支配骨骼肌；(4) 内脏传入（运动）纤维：支配平滑肌、心肌和腺体等。

五、论述题

1. (1) 上端连胃，下端借十二指肠空肠曲连空肠；
(2) 可分为：上部、降部、水平部和升部；

（3）先找小网膜游离缘（肝十二指肠韧带）；

（4）先找十二指肠悬韧带。

2. 如下：

心　腔	入　　口	出　　口	主要结构
右心房	上腔静脉口、下腔静脉口、冠状窦口	右房室口（三尖瓣口）	界嵴、梳状肌、卵圆窝
右心室	右房室口（三尖瓣口）	肺动脉口	三尖瓣、肉柱、乳头肌、腱索、隔缘肉柱、动脉圆锥
左心房	左、右上、下肺静脉口	左房室口（二尖瓣口）	梳状肌
左心室	左房室口（二尖瓣口）	主动脉口	二尖瓣、肉柱、乳头肌、腱索、主动脉前庭

3.（1）大脑脚底中部通过锥体束，损伤右侧的锥体束可出现：

①左侧鼻唇沟变浅或消失、口角下垂、不能鼓腮露齿、流涎；伸舌时，舌尖偏向左侧（损伤右侧的皮质核束所致）。

②左侧肢体痉挛性瘫痪，肌张力增高，腱反射亢进，病理反射阳性，无肌萎缩，晚期可出现废用性萎缩（损伤右侧的皮质脊髓束所致）。

（2）因动眼神经支配除外直肌、上斜肌外全部眼球外肌，并含有副交感缩瞳纤维，故损伤右侧的动眼神经根可出现：右侧上睑下垂，眼外斜视，眼球不能向上、下、内方运动，同时出现右眼瞳孔散大，对光反射消失。

考题示例六

一、选择题

A 型题

1. 参与组成小脑上脚的神经纤维有

A. 脊髓小脑后束　　B. 脊髓小脑前束　　C. 脑桥小脑束

D. 橄榄小脑束　　E. 前庭小脑束

2. 分隔右心室腔为流入道和流出道的是

A. 前瓣　　B. 隔瓣　　C. 节制索　　D. 室上嵴　　E. 以上都不是

3. 鼓室内侧壁的前庭窗

A. 正对耳蜗顶　　B. 被第二鼓膜覆盖　　C. 位于鼓岬后上方

D. 其后上方有圆形的孔称蜗窗　　E. 以上都不是

4. 有关眼球的描述哪个是错误的？

A. 角膜的感觉神经来自鼻睫神经

B. 瞳孔放大的神经纤维来自颈上神经节的节后纤维

C. 动脉的供应来自颈内动脉的分支眼动脉

D. 瞳孔缩小的神经纤维是翼腭神经节的节后纤维

E．睫状体能调节晶状体的曲度

5．内囊

A．是中空性囊袋　B．损伤其任何部位，即可引发“三偏症”

C．后肢的损伤在临床较为重要　D．前肢内有锥体束的纤维　E．以上都不是

6．与舌咽神经无关的核团是

A．上泌涎核　B．疑核　C．三叉神经脊束核　D．孤束核　E．以上都不是

7．成人脊髓圆锥下端平齐

A．第二骶椎下缘　B．第三骶椎下缘　C．第一腰椎下缘

D．第三腰椎下缘　E．以上都不是

8．下列神经属节后纤维的是

A．内脏大神经　B．迷走神经内的副交感纤维

C．腰内脏神经　D．盆内脏神经　E．以上都不是

9．拇指不能收，系哪条神经受损

A．尺神经　B．桡神经　C．正中神经

D．眼神经　E．以上都不是

10．听觉感受器与下列结构有关

A．半规管壶腹　B．椭圆囊斑　C．Corti 氏器　D．球囊斑　E．以上都不是

11．泪腺

A．其分泌纤维发自三叉神经　B．血供来自视网膜中央动脉

C．泪液最终流入中鼻道　D．位于鼻眶内侧壁的泪囊窝内

E．其分泌纤维发自面神经

12．有关膈神经的描述哪项是错误的？

A．经肺根的前方　B．是一条混合性神经　C．经前斜角肌前方

D．是一条纯运动神经，支配膈肌　E．由颈丛发出

13．手部止血压迫

A．肱动脉　B．桡动脉　C．尺动脉

D．锁骨下动脉　E．桡、尺动脉

14．关于胸导管的描述哪一个是错误的

A．起于乳糜池　B．穿食管裂孔入胸腔　C．最终注入左静脉角

D．接受全身 3/4 的淋巴液　E．是全身最大的淋巴管

15．颈外静脉

A．其属支与颈外动脉的分支伴行

B．与锁骨下静脉汇合处称静脉角

C．其周围有颈浅淋巴结排列

D．注入头臂静脉

E．位于胸锁乳突肌深面

16．下列哪个不是眼球的折光装置

A．房水　B．角膜　C．睫状体　D．晶状体　E．玻璃体

17．视神经乳头

A．对光线特别敏感　　B．此处有视网膜三层细胞所组成
C．眼底镜下位于视网膜的颞侧　　D．此处有视网膜中央动脉穿出
E．以上都不是

18．最近的研究显示 Parkinson's 病与下列结构损伤有关
A．下丘脑　B．旧小脑　C．红核　D．背侧丘脑　E．黑质

19．外侧丘系是传导下列感觉兴奋的通路
A．本体感觉　B．触觉　C．听觉　D．视觉　E．以上均不对

20．瞳孔对光反射与下列脑神经有关
A．第 II 对和第 VI 对　B．第 III 对和第 VI 对　C．第 II 对和第 III 对
D．第 III 对和第 VII 对　E．第 II 对和第 VII 对

21．运动性语言中枢（Broca 区），位于 Brodmann's 分区法的哪一区
A．3、1、2 区　B．4、6 区　C．44、45 区　D．17 区　E．41、42 区

22．卵圆窝位于
A．左心房的后壁　B．左心室侧的室间隔上　C．右心室侧的室间隔上
D．右心房后内侧壁房间隔的下份　E．上述都不对

23．关于奇静脉的描述哪一点是错误的？
A．起始于膈下方的右腰升静脉　B．其属支包括肋间后静脉　C．弓形跨过右肺根
D．汇入到右锁骨下静脉　E．其属支包括半奇静脉

24．有关面神经的描述中，何者错误？
A．在耳神经节内换元的含有味觉纤维
B．通过内耳道离开颅后窝
C．其分支包括岩大神经和鼓索
D．含有在翼腭神经节内换元的副交感节前纤维
E．分布于鼻和口腔周围的肌

25．室间隔
A．位于正中矢状面　B．全部是肌性部分组成　C．房室结位于隔内
D．呈 45° 斜位凸面向前方及右侧　E．有肺动脉瓣的隔瓣附着于隔上

26．内脏运动神经
A．其交感神经的中枢位于骶 2~4 节段
B．第三对脑神经的副交感纤维能使瞳孔扩大
C．鼓索内含有副交感神经的节前纤维
D．白交通支和灰交通支与十二对脑神经的交感神经节相交通
E．以上都不对

27．正中神经
A．发自臂丛的后索　B．支配所有的鱼际肌
C．在臂部有许多分支　D．在前臂穿过旋前圆肌　E．支配所有的蚓状肌

28．中耳
A．通过咽鼓管与鼻咽相通　B．与筛窦相通　C．有一圆窗被镫骨底封闭
D．未被鼓索穿过　E．被前庭蜗神经穿过

29. 下列结构均属于右心房除外

A. 梳状肌　B. 界嵴　C. 隔缘肉柱　D. 冠状窦口　E. 卵圆窝

30. 下列主动脉的分支哪一个是错误的

A. 胸廓内动脉　B. 肋间后动脉　C. 冠状动脉

D. 食管支（动脉）　E. 头臂干

二、填空题

1. 右心室的房室口上有________瓣，右心室的出口上有________瓣。心传导系统应包括的结构为________、________、________和左、右束支，最后形成________。

2. 中耳除鼓室外还包括咽鼓管、________和________。鼓室的下壁为________壁、内侧壁称________壁、该壁中部凸起称________，该凸起的后上方有________、后下方有________，为________所封闭。声波经鼓室的________窗，最终传至 听觉感受器即________。

3. 动眼神经的副交感节前纤维发自________，至________换元后，节后纤维分布于________和________。

三、英译汉

1. atrioventricular node
2. renal artery
3. common carotid artery
4. iris
5. pharyngotympanic tube (auditory tube)
6. medulla oblongata
7. lateral ventricle
8. sciatic nerve
9. hypothalamus
10. hepatic portal vein

四、画图：脑干中脑上丘的横切面图，并标出十个结构的名称。

五、问答题

1. 试述肝门静脉的主要属支以及肝门静脉与上、下腔静脉间的吻合和主要的侧支循环途径。门静高压时会出现什么临床症状，分别用你所掌握的解剖知识来加以解释说明。

2. 针刺手背桡侧半皮肤，请叙述痛觉的具体传导途径（指明该传导通路在脊髓、脑干各部、间脑、内囊等的位置）。

参 考 答 案

一、选择题

A 型题

1. B; 2. D; 3. C; 4. D; 5. C; 6. A; 7. C; 8. E; 9. A; 10. C; 11. E; 12. D
13. A; 14. B; 15. C; 16. C; 17. D; 18. E; 19. C; 20. C; 21. C; 22. D; 23. D

24. A；25. D；26. C；27. D；28. A；29. C；30. A。

二、填空题

1. 三尖　肺动脉　窦房结　房室结　房室束　Purkinje 纤维网

2. 乳突窦　乳突小房　颈静脉　迷路　鼓岬　前庭窗　蜗窗　第二鼓膜　前庭或蜗（第二鼓膜）　螺旋器

3. 动眼神经副核　睫状神经节　瞳孔括约肌　睫状肌

三、英译汉

1. 房室结　2. 肾动脉

3. 颈总动脉　4. 虹膜

5. 咽鼓管　6. 延髓

7. 侧脑室　8. 坐骨神经

9. 下丘脑　10. 肝门静脉

四、画图

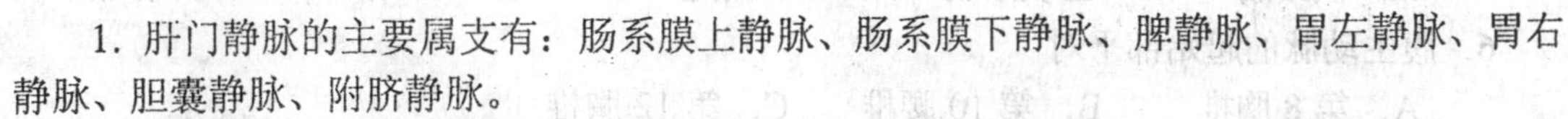

五、问答题

1. 肝门静脉的主要属支有：肠系膜上静脉、肠系膜下静脉、脾静脉、胃左静脉、胃右静脉、胆囊静脉、附脐静脉。

门腔静脉之间吻合途径有：

1）肝门静脉→胃左静脉→食管静脉丛→食管静脉→奇静脉→上腔静脉→右心房；
食管静脉丛曲张破裂后可引起呕血；

2）肝门静脉→脾静脉→肠系膜下静脉→直肠上静脉→直肠静脉丛 {直肠下静脉 / 肛静脉→阴部内静脉}
→髂内静脉→髂总静脉→下腔静脉→右心房；
直肠静脉丛曲张破裂后可引起便血；

3）肝门静脉→附脐静脉→脐周静脉网→
①腹壁浅静脉→大隐静脉→股静脉→髂外静脉→髂总静脉→下腔静脉→右心房；
②胸腹壁静脉→胸外侧静脉→腋静脉→锁骨下静脉→头臂静脉→上腔静脉→右心房；
③腹壁上静脉→胸廓内静脉→头臂静脉→上腔静脉→右心房；
④腹壁下静脉→髂外静脉→髂总静脉→下腔静脉→右心房。
脐周静脉网曲张后可在腹壁见到曲张的静脉，如海蛇头状；
另外还可出现脾肿大和胃肠淤血出现腹水等。

2.

手背桡侧半的皮肤 ←（周围支经桡神经）— **脊神经节** —（中枢支经后根进入脊髓上升 1～2 个节段）→ **后角固有核**

—（纤维经白质前连合交叉组成脊髓丘脑侧束）→ 上升经过延髓、脑桥和中脑的被盖部（脊髓丘系）→ **背侧丘脑的腹后外侧核**

—（形成丘脑中央辐射经内囊后肢）→ 大脑皮质中央后回中部和中央旁小叶后部

考题示例七

一、选择题

（一）A 型题

1．下列肌中不跨过膝关节的肌为

A．腘肌　B．比目鱼肌　C．半膜肌　D．股薄肌　E．缝匠肌

2．髁管位于

A．枕骨　B．蝶骨　C．颞骨　D．下颌骨　E．额骨

3．能屈肘关节并能使前臂旋后的肌是

A．肱肌　B．肱二头肌　C．肱桡肌　D．旋后肌　E．肱三头肌

4．下列何者为联合关节

A．膝关节　B．肩关节　C．腕关节　D．髋关节　E．下颌关节

5．下列肠管中无系膜的为

A．横结肠　B．乙状结肠　C．阑尾　D．升结肠　E．回肠

6．腹主动脉的起始部平对

A．第 8 胸椎　B．第 10 腰椎　C．第 12 胸椎

D．第 2 腰椎　E．第 4 腰椎

7．盆内脏神经为

A．交感节前神经纤维　B．交感节后神经纤维　C．副交感节前神经纤维

D．副交感节后神经纤维　E．躯体传出纤维

8．胼胝体属于大脑白质中的

A．连合纤维　B．联络纤维　C．投射纤维

D．下行传导纤维　E．上行传导纤维

9．动眼神经的出颅部位为

A．眶下裂　B．眶上裂　C．圆孔　D．卵圆孔　E．破裂孔

10．下列何结构不位于颅中窝

A．视神经管　B．垂体窝　C．内耳门　D．圆孔　E．颈动脉沟

11．直肠上动脉发自于

A．肠系膜上动脉　B．肠系膜下动脉　C．髂内动脉

D．髂外动脉　E．阴部内动脉

12．射精管开口于

A．尿道前列腺部　B．尿道膜部　C．尿道球部

D．尿道海绵体部　E．尿道舟状窝

13．成人脊髓的终端（下端）平对

A．第 12 胸椎下缘　B．第 1 腰椎下缘　C．第 2 腰椎下缘

D．第 3 腰椎下缘　E．第 4 腰椎下缘

14．肱骨中段骨折易损伤

A．桡神经　B．尺神经　C．腋神经　D．正中神经　E．肌皮神经

（二）B 型题

[题 15～18]

A．网膜孔上界　B．网膜孔下界　C．网膜孔前界

D．网膜孔后界　E．网膜孔右界

15．肝尾（状）叶为（　）

16．十二指肠上部为（　）

17．覆盖于下腔静脉前面的腹膜为（　）

18．肝十二指肠韧带为（　）

[题 19～20]

A．第 4 颈椎下缘　B．第 6 颈椎下缘　C．第 2 胸椎下缘

D．第 4 胸椎下缘　E．第 6 胸椎下缘

19．气管杈相当于（　）

20．食管的第一狭窄平对（　）

二、名词解释

1．肝门静脉　2．胸骨角　3．肺根　4．声韧带　5．肾柱　6．会阴　7．脉络丛　8．上运动神经元　9．局部淋巴结　10．纹状体

三、填空题

1．咽可分为三部，分别称为__________、__________、__________。

2．鼓室有六个壁，上壁称为________，邻接__________；下壁称为__________；前壁称为__________；此壁外上方有________开口；后壁称为________；此壁有__________开口；外侧壁大部为__________；内侧壁称为__________。

3．填出下列结构的狭窄部位：

(1) 食管的第三狭窄位于________；

(2) 输尿管的第一狭窄位于__________；

(3) 男性尿道的第二狭窄位于__________；

(4) 输卵管的狭窄部位为__________；

(5) 喉腔中最狭窄的部位为__________。

4．腋动脉的主要分支有________、________、________、________、________。

5．前臂骨之间的连结包括__________、__________和__________。

6．写出与下列功能有关的神经

(1) 角膜感觉__________　(2) 泪腺分泌__________，

(3) 眼球向外__________　(4) 手指内收__________，

(5) 瞳孔开大__________　(6) 睑裂闭合__________，

(7) 舌前 2/3 味觉__________　(8) 舌后 1/3 的一般感觉__________。

7．小脑按形态和机能一般分为三叶，分别称为________叶、________叶和________叶。

8．斜角肌间隙为__________、__________和__________围成的间隙，内有__________和__________通过。

9．心脏防止血液倒流的装置有________、________、________、________。

10．主要的硬脑膜静脉窦有________、________、________、________、________

__________和__________。

11．交感神经的节后神经元位于__________和__________节内，其节前神经纤维__________，而节后神经纤维__________。

12．含有副交感内脏运动纤维的脑神经有__________、__________、__________和__________。

四、问答题

1．试述瞳孔对光反射的途径。

2．什么叫核上瘫？什么叫核下瘫？试各举1例说明其损害表现。

五、论述题

1．一病人从高处落下，头部着地，失去知觉，经救治后神智恢复，检查有下列体征：

（1）右鼓膜破裂；

（2）右外耳道流出清亮的液体；

（3）右口角下垂，下睑外翻，鼻唇沟变浅；

（4）右侧舌前部失去味觉，右眼角膜干燥；

（5）X线摄片证明病人右颞骨岩部有一线形骨折处伸到乳突区。

根据病征回答下列问题：

（1）右耳流出的是什么液体？

（2）叙述液体从骨折处流出外耳道的路径。

（3）损伤了什么神经？损伤了哪一段？

（4）为什么病人能提起右睑，但不能眨眼？

（5）为什么右眼角膜干燥？

（6）泪腺位于何处？管理泪腺分泌的节后神经元的胞位位于何处？

（7）为什么会发生味觉丧失？

（8）口角下垂和鼻唇沟变浅是什么原因？

2．一位5岁男性患儿，在一次高烧后发现左下肢不能活动，2月后检查发现：

（1）头、颈、两上肢及右腿活动良好；

（2）左下肢肌瘫痪，关节不能运动，肌张力低下，肌萎缩；

（3）左膝反射消失，病理反射阴性；

（4）全身浅、深感觉正常。

试分析病变的部位、侧别、损伤的结构及症状发生的原因。

参 考 答 案

一、选择题

1．B；2．A；3．B；4．E；5．D；6．C；7．C；8．A；9．B；10．C；11．B；12．A；13．B；14．A；15．A；16．B；17．D；18．C；19．D；20．B

二、名词解释

1．肝门静脉为肠系膜上静脉和脾静脉在胰头后方汇合而成的短而粗的静脉干。它收集食管腹段、胃、小肠、大肠、胰、胆囊和脾的静脉血进入肝，最后汇入肝血窦。具有两个特点：①为介于两种毛细血管间的静脉干。②无功能性静脉瓣。

2. 胸骨角为胸骨柄与胸骨体连接处微向前突的角，其两侧平对第2肋，是计数肋的标志。

3. 肺根是由进出肺门的支气管，肺动、静脉和支气管动、静脉，淋巴管，神经等结构由结缔组织包绕后形成的结构。

4. 声韧带位于声襞内，为弹性圆锥张于杓状软骨声带突和甲状软骨前角后面的游离上缘，是发音的主要结构。

5. 肾柱为在肾的额状切面上，位于肾锥体之间的皮质部分。

6. 会阴是指封闭骨盆腔下口的所有软组织。狭义的会阴是指肛门和外生殖器之间的软组织。

7. 软脑膜及其所含的血管与室管膜共同构成脉络组织，脉络组织某些部位的血管反复分支成丛，夹带其表面的软脑膜和室管膜突入脑室称为脉络丛，具有产生脑脊液的功能。

8. 上运动神经元是指锥体系中位于中央前回和中央旁小叶前部的锥体细胞和其他皮质（额、顶叶等）区域内的锥体细胞及其轴突（锥体束）。

9. 人体某器官或某部位的淋巴都引流至一定的淋巴结，这些淋巴结称为该器官或部位的局部淋巴结。

10. 端脑内部基底核中的尾状核和豆状核在前腹侧近脑底处相连，两核在水平切面上呈灰白相间的纹理，故将两核合称为纹状体。

三、填空题

1. 鼻咽　口咽　喉咽

2. 盖壁（鼓室盖）颅中窝　颈静脉壁　颈动脉壁　咽鼓管　乳突壁　乳突窦　鼓膜　迷路壁

3.（1）膈食管裂孔　（2）接肾盂处　（3）膜部　（4）输卵管峡　（5）声门裂

4. 胸肩峰动脉　胸外侧动脉　肩胛下动脉　旋肱前动脉　旋肱后动脉

5. 桡尺近侧关节　前臂骨间膜　桡尺远侧关节

6. 眼神经　面神经　展神经　尺神经　交感神经　面神经　面神经（鼓索）舌咽神经

7. 绒球小结叶　前叶　后叶

8. 前斜角肌　中斜角肌　第1肋　锁骨下动脉　臂丛

9. 瓣膜　腱索　乳头肌　纤维环

10. 上矢状窦　下矢状窦　横窦　乙状窦　海绵窦　岩上窦

11. 椎旁节　椎前节　短　长

12. 动眼神经　面神经　舌咽神经　迷走神经

四、问答题

1. 答：

光源→视细胞（感受器）→双极细胞→节细胞→经视神经、视交叉、视束，上丘臂→顶盖前区→两侧动眼神经副核→动眼神经副交感节前神经纤维→睫状神经节→节后神经纤维→瞳孔括约肌→两侧瞳孔缩小。

2. 答：

（1）核上瘫：大脑皮质中央前回下 1/3 皮质内的锥体细胞及其轴突——皮质核束（以上为上运动神经元）损伤引起的瘫痪称为核上瘫。

（2）核下瘫：脑神经运动核及其轴突组成的脑神经运动纤维（下运动神经元）损伤引起的瘫痪称为核下瘫；

以舌下神经的核上瘫和核下瘫为例：

舌下神经的核上瘫：是指管理舌下神经核的皮质核束在舌下神经核以上任何部位的损伤，由于舌下神经核接受对侧皮质核束支配，故损伤后表现为病灶对侧的舌下神经瘫痪，伸舌时舌尖偏向病灶对侧；由于是上运动神经元的损伤，故舌肌不发生萎缩。

舌下神经的核下瘫：是指舌下神经核及其轴突——舌下神经运动纤维的损伤，表现为病灶侧全部舌肌瘫痪，伸舌时舌尖偏向病灶侧，久之则出现舌肌萎缩。

五、论述题

1．答：

（1）脑脊液。

（2）蛛网膜下隙中的脑脊液→破裂的脑蛛网膜→硬脑膜下隙（腔）→破裂的硬脑膜→破裂的颞骨岩部→中耳鼓室→破裂的鼓膜→外耳道流出。

（3）损伤了面神经在面神经管内的一段。

（4）上提右睑由上睑提肌完成，该肌由动眼神经支配，该病人右动眼神经未受损，故可上提右睑；眨眼由眼轮匝肌完成，此肌受面神经支配，现已损伤，故不能眨眼。

（5）右眼角膜干燥是因为泪腺分泌障碍所致。该病人因损伤了面神经中司泪腺分泌的副交感节前神经纤维而产生泪腺分泌障碍。

（6）泪腺位于眼眶上壁前外侧的泪腺窝内，管理泪腺分泌的节后神经元胞体位于翼腭窝内的翼腭神经节。

（7）面神经的管内分支鼓索内含有司舌前 2/3 味觉的特殊内脏感觉纤维，此病人该分支损伤，故产生右侧舌前部味觉丧失。

（8）面神经中的特殊内脏运动纤维支配面肌，此病人该神经损伤后引起面神经核下瘫，故产生口角下垂和鼻唇沟变浅。

2．答：

该患儿的病变部位发生在左侧腰骶髓，损伤了左侧腰骶段脊髓的前角细胞，是小儿麻痹症所致。据此产生下列情况：

（1）左侧腰骶髓前角细胞所支配的左下肢肌瘫痪。

（2）由于此系下运动神经元损伤，故肌张力低下，肌萎缩，同时因反射弧中的中枢及传出神经部位受损，故正常反射和病理反射均消失。

（3）由于仅损伤了左腰骶髓的下运动神经元，脊髓白质内浅、深感觉的传导束未受损，而其他部位的下运动神经元也未受损，故头、颈、两上肢、右下肢活动良好，全身浅、深感觉正常。

（倪衡建　徐慧君）

考题示例八

Examination of Human Anatomy (Systemic Anatomy)

Ⅰ. **Choice questions (0.5 points for each choice question).**

Type A items: Each of the following statements is followed by five suggested answers, select the one which is best in each case.

1. Which of the following statements about joint is wrong.
   A. The shoulder joint is the most movable joint in the body.
   B. The knee joint is the most complicated joint in the body.
   C. The temporomandibular joint contains articular disc.
   D. The wrist joint can do rotate movement.
   E. The articular surface of the sacroiliac joint is not smooth.
2. Except flexing the elbow joint, the biceps brachii can make the forearm
   A.adduct B.abduct C.pronate D.supinate E.circumduct
3. The major duodenal papilla is located in
   A.duodenal bulb B.the descending part C.the horizontal part
   D.the ascending part E.the superior part
4. The paranasal sinus which opens into the superior nasal meatus is
   A.posterior group of ethmoidal sinus
   B.anterior and middle group of ethmoidal sinus
   C.sphenoid sinus D.frontal sinus E.maxillary sinus
5. Which of the following statements about seminal vesicle is wrong
   A.is located behind the base of the urinary bladder
   B.is medial to the ampulla of ductus deferens
   C.is long oval in shape
   D.its excretory duct take part in the formation of the ejaculatory duct
   E.is not the organ for storing sperms
6. The female mammary glands:
   A.is located between deep fascia and pectoralis major m.
   B.contains about 25～30 mammary lobes.
   C.the incision in operation on mamma should be made circully.
   D.the lymph in lateral part of mamma is usually drained to the pectoral lymph nodes.
   E.all the above statements are wrong.
7. Which of the following organs is intra-peritoneal organ.
   A.ovary B.descending colon C.kidney D.liver E.gallbladder
8. In tympanic cavity, the fenestra vestibuli is located at
   A.lateral wall B.labyrinth wall C.carotid wall D.tegmental wall E.mastoid wall
9. Which of the following vertebral bodies corresponds to the level of the sixth thoracic spinal segment.
   A. the third thoracic vertebral body B. the fourth thoracic vertebral body
   C. the fifth thoracic vertebral body D. the sixth thoracic vertebral body

E. the seventh thoracic vertebral body

10. Which of the following nerves do not pass through the superior orbital fissure.

A. The oculomotor n. B. The trochlear n. C. The ophthalmic n.
D. The optic n. E. The abducent n.

11. Which of the following ganglia are not parasympathetic one

A. The ciliary ganglion B. The otic ganglion C. The trigeminal ganglion
D. The submandibular ganglion E. The pterygopalatine ganglion

12. Which of the following nuclei is only supplied by contralateral cortico-nuclear tract.

A.nucleus of oculomotor nerve B.nucleus of trochlear nerve
C.motor nucleus of trigeminal nerve D.upper half of nucleus of facial nerve
E.hypoglossal nucleus

13. Which of the following arteries does not take part in the formation of the cerebral arterial circle.

A.anterior communicating artery B.anterior cerebral artery
C.middle cerebral artery D.posterior communicating artery
E.posterior cerebral artery

14.chorda tympani

A.is a branch of mandibular nerve B.is a visceral motor nerve
C.passes through the stylomastoid foramen
D.receives taste sensation from posterior 1/3 of the tongue
E.all the above statements are wrong

15. Which of the following muscles is not supplied by the median nerve.

A.pronator teres B.adductor pollicis
C.the first and second lumbricales D.flexor carpi radialis
E.radial half of flexor digitorum profundus

16. Whithin the submandibular triangle, the structure which lies deep to the hyoglossus is

A.lingual artery B.lingual nerve C.hypoglossal nerve
D.deep part of submandibular gland E. duct of submandibular gland

Type B items: A. B. C. D. E. are suggested answers, Arabic number with its statement is question. From the five suggested answers, select the one which is best for each question.

A.peroneus longus B.tibialis anterior C.extensor hallucis longus
D.soleus E.flexor hallucis longus

17. The muscle which can evert （外翻） the foot is

18. The muscle which can inert the foot is

A.superior oblique muscle B.superior rectus muscle
C.inferior oblique muscle D.inferior rectus muscle E.lateral rectus muscle

19. The muscle which turns the eyeball inferolaterally is

20. The muscle which turns the eyeball superomedially is

Ⅱ. **Fill in following blanks. (0.5 point for each bank)**

1. The intervertebral disc consists of two parts: the outer or peripheral parts is called ___(1)___, the inner part is called ___(2)___.

2. Spheno-ethomoidal recess is situated between ___(3)___ and ___(4)___.

3. The esophagus has three constrictions, the first constriction is located at ___(5)___, ___(6)___ cm from the incisor teeth; the second one lies, at the place where it is crossed by the ___(7)___, ___(8)___ cm from the incisor teeth; the third one is the diaphragm's place where it pierces the ___(9)___, ___(10)___ cm from the incisor teeth.

4. The parietal pleura is divided into four parts: ___(11)___, ___(12)___, ___(13)___ and ___(14)___.

5. The uterus consists of three portions: ___(15)___, ___(16)___ and the neck. The neck is divided into two parts: ___(17)___ and ___(18)___. The uterus is supported by four ligaments: ___(19)___, ___(20)___, ___(21)___ and ___(22)___.

6. From the surface of the heart, we can distinguish atria from ventricles by ___(23)___, we can also distinguish right ventricle form left ventricle by ___(24)___ and ___(25)___.

7. The left coronary artery gives off: ___(26)___ and ___(27)___. The artery of sinoatrial node comes from ___(28)___.

8. The carotid glomus lies in ___(29)___.

9. Macula lutea locates near ___(30)___, about ___(31)___ on to the ___(32)___.

10. The second constriction of ureter lies at ___(33)___.

The second constriction of male urethra lies at ___(34)___.

11. Fill in the nerve supply for the following muscles.

pronator teres: ___(35)___

tibialis anterior: ___(36)___

12. The basal nuclei consists of the caudate nucleus, the claustrum, the amygdaloid nucleus and ___(37)___.

13. The ventral posteromedial nucleus of the dorsal thalamus receives afferents from ___(38)___.

14. The motor area (primary motor area) is located in the ___(39)___ and the ___(40)___.

Ⅲ. Explain the following Anatomical names (two points for each name)

1.paranasal sinuses

2. Inguinal ligament

3.oropharynx

4.sinoatrial node

5.ciliary ganglion

6.lacrimal passages

7.spinal segment

8.general visceral motor nuclei

9.visual area

10.the genu of the Internal capsule

Ⅳ. Questions and Answers (fifty points)

1. Please describe the names of those muscles which act as flexor and extensor during the movement of knee joint, and the nerves supplying these for muscles.

2. The patient who has severe inflammation of the right foot is send to the hospital, he is given the drug orally. Please describe the course in detail that, the drug goes from the oral cavity to the right foot.

3. Please describe the formation of the biliary ducts and the opening site of common bile duct.

4. (1) Please describe the visual pathway in detail.

(2) Please describe the pupile to constrict when the pupil of one eye which is injured on optic nerve or the pupil on the healthy one is shone by light.

Answer

Ⅰ. **Choice guestions**

1. D 2. D 3. B 4. A 5. B 6. D 7. A 8. B 9. B 10. D 11. C

12. E 13. C 14. E 15. B 16. A 17. A 18. B 19. A 20. B

Ⅱ. **Filling in following blanks**

(1) anulus fibrosus (2) nucleus pulposus (3) the superior concha

(4) the body of the sphenoid bone (5) its commencement (6) 15 cm

(7) the left principal bronchus (8) 25 cm (9) esophageal hiatus (10) 40 cm

(11) the costal pleura (12) the diaphragmatic pleura (13) the mediastinal pleura

(14) the cupula of pleura (15) the fundus of the uterus (16) the body of the uterus

(17) the supra vaginal part of cervix (18) the vaginal part of cervix

(19) the broad ligament of uterus (20) the round ligament of uterus

(21) the cardinal ligament of uterus (22) the uterosacral ligament (23) the coronary sulcus

(24) the anterior interventricular groove (25) the posterior interventricular groove

(26) the anterior interventricular branch (27) the circumflex branch

(28) the right coronary artery or the left coronary artery

(29) behind the point of bifurcation of the common carotid artery

(30) the center of the posterior part of the retina (31) about 3.5mm

(32) temporal side of the optic disc

(33) Where the ureter crosses the pelvic brim and iliac vessels.

(34) the membranous portion (35) the median nerve (36) the deep peroneal nerve

(37) the lentiform nucleus (38) the trigeminl lemniscus (39) the precentral gyrus

(40) the anterior part of paracentral lobule

Ⅲ. **Explain the following Anatomical names**

1. The paranasal sinuses distribute around the nasal cavity, and include the frontal sinuses, the ethmoidal sinuses, the maxillary sinuses and the sphenoidal sinuses. They are air-containing sacs.

2. Inguinal ligament is the lower border of the aponeurosis of the obliquus externus abdominis, and stretches from the anterior superior iliac spaine to the pubic tubercle.

3. The oropharynx is continuous above with the nasopharynx at the level of the soft palate, and below with the laryngopharynx at the superior border of the epiglottis, and it opens anteriorly into the mouth through the isthmus of fauces.

4. The sinoatrial node is located at the junction between the right atrium and the superior

vena cava, and covered only by epicardium. It is called the pacemaker because it initiates each cardiac cycle and sets a basic pace for the heart rate.

5. The ciliary ganglion is situated between the optic nerve and the lateral rectus near the apex of the orbit, It is a parasympathetic ganglion. The parasympathetic preganglionic fibres are relayed in the ganglion, and the parasympathetic post ganglionic fibres supply the sphincter pupillae and the ciliary muscle.

6. The lacrimal passages are composed of the lacrimal puctum, the lacrimal ductule, the lacrimal sac and the nasolacrimal duct. The tears pass through the lacrimal passage to enter the nasal cavity.

7. The spinal segment is the region of the spinal cord associated with a given pair of spinal nerve. The spinal cord consists of a sequence of 31 segments , namely 8 cervical segments, 12 thoracic segments, 5 lumbar segments 、5 sacral segments and 1 coccygeal segment..

8. The general visceral motor nuclei are parasympathetic preganglionic neurons that provide autonomic innervations of the smooth muscles, the cardiac muscles and the glands. They include accessory oculomotor nucleus, superior salivatory nucleus, inferior salivatory nucleus and dorsal nucleus of the vagus nerve.

9. The visual area surrounds the calcarine sulcus on the medial surface of the occipital lobe, corresponding to area 17 of Brodmann. The visual area receives the afferent fibers arised from the lateral geniculate nucleus of thalamus by way of the geniculocalcarine tract.

10. The genu of the internal capsule is medial to the apex of the lentiform nucleus. The corticonuclear tract occupies the genu of the internal capsule.

Ⅳ. Question and answer

1. Flexion: sartorius supplied by the femoral nerve

biceps femoris
semitendinosus
semimembranosus } supplied by the sciatic nerve

gastrocnemius
soleus
popliteus } supplied by the tibiae nerve

Extension: quadriceps femoris supplied by the femoral nerve

2. The drug → the oral cavity→ the oral part and laryngeal part of the pharynx → the esophagus → the stomach and the duodenum → the jejunum and the ileum → absorbed by capillaries → the superior mesenteric vein → the hepatic portal vein → the sinusoids in the liver → the hepatic veins → the inferior vena cava → the right atrium → the right ventricle → the pulmonary artery → the pulmonary capillaries in the lungs → the pulmonary veins → the left atrium → the left ven-

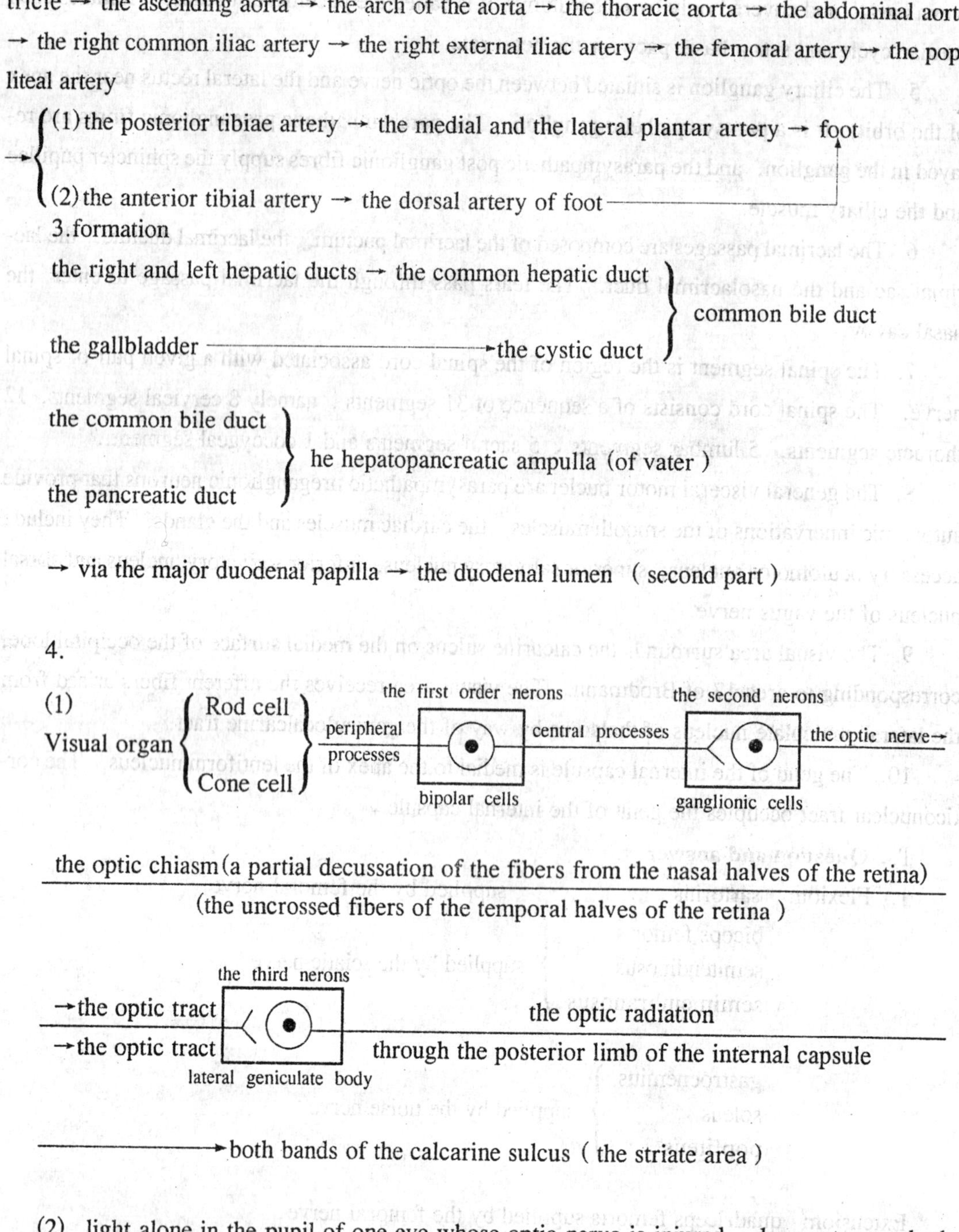

tricle → the ascending aorta → the arch of the aorta → the thoracic aorta → the abdominal aorta → the right common iliac artery → the right external iliac artery → the femoral artery → the popliteal artery

→ (1) the posterior tibiae artery → the medial and the lateral plantar artery → foot

(2) the anterior tibial artery → the dorsal artery of foot

3.formation

the right and left hepatic ducts → the common hepatic duct
the gallbladder → the cystic duct
} common bile duct

the common bile duct
the pancreatic duct
} he hepatopancreatic ampulla (of vater)

→ via the major duodenal papilla → the duodenal lumen (second part)

4.

(1)

(2) light alone in the pupil of one eye whose optic nerve is injured, does not cause both pupil to constrict, but light shone on the pupil of the healthy one cause both pupil to constrict.

(张书琴 王 滨)

图书在版编目（C I P）数据

人体解剖学实习指导与参考 / 张书琴，徐慧君主编 一7版.
一长春：吉林科学技术出版社，2011.2
ISBN 978-7-5384-2556-7

Ⅰ. ①人… Ⅱ. ①张… ②徐… Ⅲ. ①人体解剖学一
医学院校一教学参考资料 Ⅳ. ①R322

中国版本图书馆 CIP 数据核字（2011）第 008155 号

人体解剖学实习指导与参考

主　　编　张书琴　徐慧君
出 版 人　张瑛琳
责任编辑　吴文凯
封面设计　薛雯予
开　　本　787mm×1092mm　1/16
字　　数　549 千字
印　　张　23.5
印　　数　1—10000 册
版　　次　2011 年 1 月第 7 版
印　　次　2011 年 1 月第 10 次印刷

出　　版　吉林出版集团
　　　　　吉林科学技术出版社
发　　行　吉林科学技术出版社
地　　址　长春市人民大街 4646 号
邮　　编　130021
发行部电话/传真　0431-85677817　85635177　85651759
　　　　　　　　85651628　85600611　85670016
储运部电话　0431-84612872
编辑部电话　0431-86037590
网　　址　www.jlstp.net
印　　刷　吉林省东文印务有限公司

书　　号　ISBN 978-7-5384-2556-7
定　　价　39.80 元
如有印装质量问题可寄出版社调换